"传承与创新：浙江地方历史与文化学术研讨会"
2012年12月21—22日，杭州，中国
会议主办：浙江大学中国古代史研究所
　　　　　浙江省地方志学会
　　　　　浙江省历史学会
会议承办：浙江省地方志办公室

本书承蒙浙江省地方志办公室、浙江大学七七学长基金资助

传承与创新

浙江地方历史与文化学术研讨会论文集

孙竞昊　鲍永军 ◎主编

Chuancheng yu Chuangxin
Zhejiang Difang Lishi yu
Wenhua Xueshu Yantaohui Lunwenji

ZHEJIANG UNIVERSITY PRESS
浙江大学出版社

"传承与创新：浙江地方历史与文化" 学术讨论会

序　言

　　编修史志是中华民族优秀的文化传统，在存史、资政、育人等方面具有独特作用和深远影响。习近平总书记在今年 2 月 25 日考察首都博物馆时强调"高度重视修史修志，让文物说话、把历史智慧告诉人们，激发我们的民族自豪感和自信心，坚定全体人民振兴中华、实现中国梦的信心和决心"。李克强总理对地方志工作作出了"修志问道，以启未来"等重要批示。

　　浙江素有"文化之邦"、"方志之乡"之称，不仅拥有悠久的编史修志传统，也是方志理论研究的发祥地之一。明朝范钦 1561 年所建的宁波天一阁，是中国现存最早、收藏方志最多的私家藏书楼；清乾隆年间编修的《四库全书》，广为采录全国方志，浙江在数量上居各地之首；清中叶浙人章学诚被公认为我国方志学的创始人；1985 年，中华书局出版的《中国地方志联合目录》所列 8200 多种方志中，浙江方志就占了全国总数的 1/13。由此可见浙江在我国方志发展史上所作的特殊贡献。近年来，我们借助浙江方志研究的历史传统，大力开展地方志学术研究和学科建设。浙江大学有陈桥驿、仓修良等方志学术大家，历史系为省地方志系统培养和输送了大批人才。我们要十分珍惜"方志之乡"这块金字招牌，努力采取有效的措施把这块金字招牌擦得更亮，千万不能在我们这一代方志人手上丢掉。我们要以浙江悠久的方志文化和丰厚的方志资源为基础，争取在方志理论研究上多出成果，为建立完整系统的方志学学科体系做出应有贡献。

　　2012 年 12 月 20 至 22 日，浙江大学（中国古代史研究所）、浙江省方志办、浙江省历史学会、浙江省地方志学会在杭州合作举办了"传承与创新：浙江地方历史与文化"学术研讨会。来自中国社会科学院、清华大学、浙江大学、复旦大学、南京大学、上海交通大学、南开大学、浙江省社科院等高校和科研院所与浙江省地方志系统 80 余名专家学者参加了会议，就多个议题展开了热烈、深入的讨论，这本厚重的论文集就是这次研讨会的重要成果。

　　这本论文集内容丰富，包括"浙江区域历史文化"、"浙江史志编纂研究"、"浙江史学与文士"、"浙江地方制度和历史地理变迁"、"中外交流与浙江城乡社会"、"地方空间、经济与社会"、"近代浙江经济、社会与文化转型"、"民国时期浙江政治格局与社会变迁"、"地方文化、习俗的传承与变迁"、"江南史的审思"等多方面，对浙江地方历史与文化的传承和创新进行了一次跨越时空经纬的梳理、总结与探讨。

　　长期以来，浙江省方志办与浙江大学历史系、浙江省地方志学会与浙江省历史学会建立了良好的互动合作关系，在深入、全面地记载和研究浙江历史文化的共同目标下各有侧重，互相协作。这次研讨会的成功举办与论文集的出版，是精诚合作的结晶。希望今后进一步加强联系与协作，共同推进对浙江历史文化的挖掘和研究，为进一步繁荣我省地方史志事业、建设文化强省做出应有的贡献。

浙江省社会科学院党委书记　张伟斌

2014 年 7 月

前　　言

2012 年 12 月 20 至 22 日,浙江大学(中国古代史研究所)、浙江省人民政府地方志办公室、浙江省历史学会、浙江省地方志学会在杭州合作举办了"传承与创新:浙江地方历史与文化"学术研讨会。浙江省社科院党委书记张伟斌研究员、浙江大学党委副书记周谷平教授等领导出席开幕式。以浙江本地学者为主体的海内外史学界、方志学界浙江历史文化研究专家 80 余人与会,就多个议题展开了热烈、深入的讨论,本书就是这次研讨会的重要成果。

浙江是中国历史悠久的经济和文化发达地区之一。早在远古时期,今天浙江所属的区域就出现了高度的史前文明,良渚文化即是一颗璀璨之星,先秦时代的越文化也曾几与中原文化比肩。在大一统的帝制时代,浙江区域经济与文化独树一帜。尤其是从南朝以来,中国经济和文化的中心从黄河流域向长江流域南移。宋元以降,特别是在明清时期,包括浙江在内的江南地区毋庸置疑地成为全国经济、文化、思想和学术的中心,并且催生了经济、文化、社会领域诸多崭新的力量和气象。近代开埠以降,浙江在国家内忧外患的困难境遇中不但没有衰微,反而成为中国近代化的领头羊之一。特别是 20 世纪 70 年代末改革开放的 30 多年来,浙江的经济社会发展再创辉煌。浙江在历史发展长河中的一个又一个奇迹,让我们进而关注区域的自身历史文化因素。浙江拥有长期积淀的优秀文化传统和人文精神,而一代代的浙江人在承继这些历史遗产的同时,勇于创新,与时俱进。所以,这次关于浙江地方历史与文化的讨论会以及该论文集的主题定为"传承与创新",以彰显浙江精神。

浙江物华天宝,人杰地灵。浙江地方史志的研究、写作和编纂具有悠久的传统和鲜明的特色,涌现出了众多杰出的史学家、方志学家、史学名著、方志名作。浙江的地方志从官修的通志、府志、州志、县志,到私撰的镇志、山志、湖志、水利志、寺志,数量之多,体裁之众,质量之高,在全国名列前茅。这是我们今天从事区域历史研究和文化传承的主要资源。

同时,作为江南地区的一个核心组成部分,浙江区域历史的研究在半个多世纪来的海内外中国史学研究中占据显要的位置,今后也势必吸引着更多学者的关注和投入。浙江大学把江南史研究列为一个重要的社会科学支持方向,也基于历史系中国史研究同仁的最大交集和学科的传统优势以及丰富资源。

浙江大学历史专业历史悠久,其前身为 1928 年浙江大学文理学院创设的史学与政治学系,先后经历浙江师范专科学校历史专科、浙江师范学院历史系、杭州大学历史系等办学时期。期间曾有一批蜚声海内外的著名学者如张荫麟、陈乐素、谭其骧、向达、贺昌群、刘节、沈炼之、钱穆、方豪、张其昀、顾谷宜等先生先后在此执教,留下了丰厚的学术积累。就中国古代史学科而言,1978 年开始招收研究生,1981 年中国古代史被国务院学位委员会审批为首批硕士学位点,1986 年获批为博士学位授予点,1994 年被批准为国家文科基础学科人才培养和科学研究基地。1998 年四校合并组建新的浙江大学后,2000年 3 月成立了浙江大学中国古代史研究所,2005 年获历史学一级学科博士点。前辈学者徐规、陈桥驿、梁太济、黄时鉴、仓修良、孙达人、龚延明、何忠礼等在海内外享有声誉,多人在江南(浙江)地方史研究领域成果显著。

浙江大学中国古代史专业是国家“211 工程”计划重点建设学科,浙江省重点学科,中国古代史研究所属浙江大学人文社科 B 类“强所”,有中国史一级学科硕士点,中国古代史二级学科博士点和中国史博士后流动站。基于“地利”、“地气”,中国古代史研究所与中国近现代史研究所的多数同仁从事江南(浙江)地方史的研究,并将之作为研究生培养的主要取向。孙竞昊教授、梁敬明教授正领导着一个十几个人的团队从事江南史研究的系列课题。

2012 年底的这次盛会以及该论文集的出版,显示了浙江大学、浙江省地方志系统、省内兄弟院校、研究机构以及民间有志于地方史志研究的专家、学者,还有省外的同仁,合力推进浙江地方历史与文化研究与江南史研究,为建设文化强省、繁荣学术文化做出新的贡献。

会议论文的出版,首先归功于诸位作者的热情参与和支持。浙江省方志办潘捷军主任、章其祥副主任,浙江大学人文学部党委书记、副主任沈坚教授,人文学院副院长吕一民教授,历史系主任梁敬明教授始终给予关心和支持。会议与论文集的出版得到了省方志办的资助,浙江大学七七学长基金也给予了出版资助。浙江大学出版社副社长黄宝忠先生和责任编辑胡畔女士为论文集的出版付出辛勤劳动,博士研究生江略和张权在论文编辑、校对上做了大量工作。在此,谨表达衷心的谢意!

孙竞昊　鲍永军

2014 年 6 月 30 日于杭州

目　录

萨满主义与吴越文化:理解吴越的一种方式

陶　磊

（浙江大学历史系）

吴越文化有广义与狭义的不同理解,广义的吴越文化是吴地与越地自上古至今的文化,是一个地域的全部文化的总称;狭义的吴越文化是春秋战国时期的吴国与越国的文化,时代上至多可扩展到整个青铜时代。本文讨论的对象是先秦时期吴越之地的文化,这与前两种理解都有不同,是指为中原文化夺取主体地位前的源于吴越本地的文化,大致相当于 20 世纪 30 年代学者所讨论的吴越文化,[①]这是首先要说明的。

学者对于上古史前文化与春秋战国时期吴越文化之间的连续性,已有论证。[②] 尽管吴地与越地在考古学文化上存在着差异,吴地表现出的受中原文化更多的影响,有所谓宁镇地区与太湖地区的不同,在随葬器物上有有鬲与无鬲的差异以及随葬品是否有青铜器的不同,然在古代文献中,古人对吴越文化的认知都是同质的,而共有的土墩墓的葬制也利于作这样的理解。古人的讲法,所谓"同音共律,上合星宿,下共一理"(《吴越春秋·夫差内传第五》);现代学者归纳吴越的共同特征包括:(1)语言相通,(2)习俗相同,(3)共同的经济生活,(4)相似的民族性格。[③] 似乎可以这样认为,考古学上所表现出的差异固然是吴越文化不同的证据,但这种不同未必可以视为两种文化具有本质上差异的证据。毋庸置疑,吴受到了中原周文化比较大的

[①] 关于"吴越文化"概念的诸种内涵的讨论,可参考董楚平为《中华文化通志·地域文化典》之《吴越文化志》(董楚平、金永平等撰,上海人民出版社 1998 年版)所撰写的"导言"。

[②] 比如李伯谦论证了良渚文化与马桥文化之间的连续性,见其《马桥文化的源流》,载《中国原始文化论集》,文物出版社 1989 年版。曹峻论证了马桥文化的本土性,见其《马桥文化的再认识》,《考古》2010 年第 11 期。马桥文化是越文化的源头。

[③] 孟文镛:《越文化史》,中国社会科学出版社 2010 年版,第 675—678 页。

影响,毕竟他们所奉的政治首领是周人,历史上的太伯、仲雍奔吴而立吴国,其为吴地带来了周人的文化,是情理之中的事情。而上述考古发现的器物上的差异,正是受此影响的表现。除此之外,吴王有比较清楚的世系记录,越国的世系则不清楚,这也是受周文化影响所导致的差异。但这些差异并不能说明吴越在文化上存在着文与野的特征上的差异。太伯、仲雍奔吴,史载太伯尚且端委而治,至虞仲就开始断发文身,入乡随俗了,断发文身也是野。这里反映的其实是文化的碰撞与适应的问题,太伯是周人,其初抵吴地,仍保持周人之礼,是很自然的;但时间一长,其与土著文化发生冲突是必然的,结果是虞仲主动适应当地习俗,改变了自己的文化。这种改变不止于此,在江苏丹阳发现的一般认为是吴王余眜的墓中发现有人殉,应该也是适应当地文化的一种表现。如果将器物上保持周人的习惯与风俗上遵循当地的习惯相比较,很容易看出,周人到吴地并未带来当地文化上大的变革,相反是自身适应了当地的文化。从这个意义上讲,相对于中原文化来说,吴越文化之为同质的看法是可以成立的。

通常认为,相较于中原文化,吴越文化是一种边缘文化,这是中原中心论下的一种观察。今天看来,这种观察应该加以限制,即这种判断只适用于秦汉以后的中国历史。在上古时期,吴越之地也是文明的发生地点之一,进入三代时期,尽管有越为禹后之说,有太伯奔吴之事,但这些传说与历史并未将吴越带入中原文化的范围圈中,春秋战国时期的吴与越似乎也没有真正成为华夏共同体的成员。吴王夫差黄池之会诸侯,征鲁以百牢,显然违背周礼,这实际上是对华夏共同体的基础的挑战。对于华夏族群来说,吴为太伯之后,是当然的华夏共同体成员,而吴自身似乎也为这种情绪所左右,去征讨齐国;然在吴国方面,其是否真正认同这种共同体成员的身份是很成问题的,其争霸行为与楚国其实没有太大差别,本质上是一种武力的炫耀,只不过他具有重叠的身份而已。其后的越王勾践也加入到争霸的行列,并且还向周天子表示了尊敬,然其性质都是一样的。从吴越参与争霸的事实来看,这个地域文明的力量在当时是不容忽视的。如果将目光再向上追溯,良渚的文明于其时代同样显示出了不容忽视的辉煌。也就是说,这个地域文明在上古时期应该是有独立主体地位的文明,并不是边缘文化。① 只是到了秦汉以后,这个地区在政治上被真正纳入华夏共同体,并且在一定时期还是政治中心的所在地;而在文化上也不断被渗透,原本具有地域特色的吴越文化日趋边缘化。新的吴越文化则是混融的文化,其中居主体地位的是中原传来的文化。这是理解吴越文化首先应该树立的认识。

对于真正的吴越,我们知道得不多,只是因为考古学的发展,使我们理解了这个地区的文化是自成一体的,有着鲜明的个性与特色,比如分布于这一地区的土墩墓,与中原以及其他地区都不相同。② 这种特色如何去理解,是今人所无法回避的。此外,所谓"人"字形墓室,也是困扰学者的一个问题。这些还只是考古上所表现出的难以理解的内容。从整个地域文明的角度看,良渚文明为什么突然消逝,多年来一直是学者热衷讨论的话题。不仅良渚,春秋时期的吴、越的强盛,也显示出了昙花一现的特点,这一点,似乎尚未引起学者的足够注意。在笔者看来,这些现象其实都是可以从这个文明的总体特质去理解的。这是本文讨论的中心话题。

一、吴越文化缺乏祖宗崇拜

运用萨满主义讨论吴越地区的文化,张光直先生已发其端。他曾经提出良渚玉琮是萨满巫师通天的法器,所谓神徽是巫师骑虎的形象描述,目的也是通天。这些见解尽管不能得到尽数的认同,毕竟引起了学者无限的遐想,给人很深的启发。这些讨论目前看来还是非常有限的,张先生运用同样的理论去解释中原的器物与图像,容易给人吴越之地与中原没有差别的印象。张先生认为萨满主义堪为中国古代文明的基质,吴越之地的文明为古代文明之一支,自然在此范畴运用范围之中,这样去运用自然也无可厚非,但问题是,既然同为萨满主义文明,吴越之地文明为什么会表现出与中原如此鲜明的不同。中原的文明基本是连续发展的,而吴越给人的印象则是昙

---

① 昆山东山村崧泽文化遗址表现出的社会不平等的迹象,在时间上早于中原地区,说明此地的社会复杂化进程在较早时期就开始了,参李伯谦《崧泽文化大型墓葬的启示》,《历史研究》2010年第6期。

② 李之龙的《从良渚文化社会组织形态分析其文化个性与文明进程》(《华夏考古》2003年第2期),提出核心家庭是良渚时期社会组织的基础,与同时期其他地域的文化不同。这与本文分析的吴越文化中存在男女平等的观念是相应的。

花一现。这个问题涉及文明的根本，是不容回避的。

笔者认可张先生的基本判断，即萨满主义是中国古代文明的基质，但萨满主义本身似乎还可以进行深入的梳理，同为萨满主义，不同地域可以表现出不同的性格，而这些不同的性格则可能会影响到文明的表现形式。吴越地区的文明与中原的不同，可能正在于其中所隐含的萨满主义的因子，与中原地区的萨满主义是不同的。事实对于这个判断是有利的。笔者近年一直致力于萨满主义中存在的巫统、血统分疏现象与中国古代文明的研究，就目前的工作情况看，这个路径是切实可行的，用这种二分框架理解古代文明中的一些现象是基本有效的。[①] 当然这只限于中原文明。这种二分框架突破了张先生所运用的阐释框架，这意味着有可能在此基础上考察吴越之地文明之与中原文明的差异的根源。

与中原文明相比，吴越之地似乎并不存在巫统与血统的分疏，前面提到越人早期的政治世系不清楚，这说明越人对于血统世系没有足够的重视。越人与中原接触很早，《史记·越王勾践世家》据传说认为越王为禹之苗裔，这种可能性不能说不存在，但越王为禹之后裔不等于越人都是禹族的后代，这是两个问题，就像吴王是周人，而吴地百姓则为土著。而据考古发现，崧泽文化中有中原二里头文化特征的遗物，[②]也就是说，夏人对吴越之地确有影响。越王家族与吴王家族似乎不同，他们一直到勾践之父允常，才有了明确的世系。这当然可以用吴王是尚文的周人的后代，所以重视血统来解释，但越王若真为夏人后裔，其似乎应该也有世系记录保留，毕竟夏人的世系在《夏本纪》中有保存。这个现象如何解释，笔者以为只能通过吴越之地的文化特征来说明，因为越地土著文化不尚血统，而夏人是尚质的文化，那么越王家族自然也不在意自己的世系的存续问题。相传禹入裸国，裸身而入，衣冠而出，这或许是夏人适应不同文化的方式，越王的无世系从这个角度看，或许可以讲通，它是完全遵照所在地文化习俗的结果。越地风俗后世有所谓"快菩萨，慢祖宗"的说法，尽管那是佛教兴起后的事情，但也可以看出越地之人血统观念的淡薄。清康熙《会稽县志·风俗志》讲"父母死，不以戚，

---

　　① 笔者近年出版的《从巫术到数术：上古信仰的历史嬗变》(山东人民出版社 2008 年版)、《巫统血统与古帝传说》(浙江古籍出版社 2010 年版)、《斯文及其转型研究》(浙江大学出版社 2012 年版)都是以萨满主义中巫统、血统相分疏的理论为基本线索的。

　　② 参李伯谦《我国南方几何形印文陶遗存的分区、分期及其有关问题》，《北京大学学报》1981年第 1 期。

乃反高会召客，如庆其所欢，事惑于堪舆家，则有数十年暴露其父母而不顾者"，[①]这里折射出的则是受血统观念支配的礼俗远没有受巫统观念支配的风习强大。这虽然都是后世的风俗，但从文化观念上看，这与中原文化显然存在着质的差异。追溯到原初阶段，实际上就是这里讲的是否存在巫统、血统分疏的问题。在吴越早期的考古发掘中，并未发现类似中原反映祖先崇拜的所谓男根崇拜遗迹，这说明这里的文化确有其自身的特点。中原因为存在着巫统、血统的分疏，而在文明的演进中，血统的观念越来越强，后来成为中国文化区别于西方文化的一大特征。而吴越显然没有这个分疏，血统观念在后来的文化发展中始终不甚明显。

不重血统，意味着这里的萨满主义是纯粹的以巫为中心，建基于这样的文化特质之上的文明与文化，与中原自然是不同的。以良渚为例，其所表现出的文明与文化特征与中原确然不同。笔者经常举的一个例子就是方圆在良渚文化中是统一的，并未出现中原的天地分离、方圆分立这样的事情。这意味着在吴越之地并未出现类似绝地天通以限制民神杂糅的政治事件，也就是说，政治与宗教在吴越之地始终未得到相对彻底的厘清。不仅最高的政治领袖可以通天，一般的首领同样也可以通天。通常认为的具有通天法器性质的玉琮在良渚的诸多遗址中都有发现，而大型祭台也不限于一般认为是政治中心的莫角山遗址。这种文化与文明，其必然的结果就是社会资源无节制地投入到宗教活动中，并且这种社会的政治必然也是不稳定的政治，因为人皆可以通神，很难出现大家公认的具有绝对权力的政治权威，而这一点正是中原文明不断前进的制度基础。良渚为什么会骤然衰落，解释很多，其在文明的发端期即已衰落，固然有水灾之因素，但不合理的政治宗教体制与结构恐怕才是关键因素。中原也曾面临水灾，但中原的政治宗教结构可以保证大禹治水能够成功，片面强调自然灾害对良渚文明毁灭的作用恐怕是不妥当的。

不同的政治宗教结构与萨满主义的不同特征是联系在一起的，只有血统观念逐渐强化，才会提出限制他人权利的问题，有这样的问题意识，才会有体制上的创新。而缺乏这种观念，始终是用原始平等的观念来看待他人，当然也就不可能实现制度上的突破与革新。在最近发掘的余杭玉架山聚落

---

① 　此据台北成文出版社 1983 年影印《康熙会稽县志》，资料来自网上"新浪爱问资料"。下同。

遗址中,最高等级的 200 号墓葬的主人是一位女性,①这很有意思,这说明这位女性于此聚落中地位最高,极有可能是政治首领。这与笔者的分析正相吻合,因为血统观念不强,巫师往往同时兼为政治领袖,而巫师以女性居多,其文明性质属于纯粹的巫统文明。而中原文明经过颛顼绝地天通,经过巫统与血统的博弈,到西周时期,基本确立了血统文明的性质。

东周时期,吴越的文明仍可用巫统文明来概括。尽管年代相对晚近,但关于吴国与越国的文献资料并不丰富,这本身也是其文化未像中原那样形成尚文的文化传统的反映,《诗经》有十五国风,吴越不在其列。这也是与不同的文化基质联系在一起的。尚文是血统文化的特征,这必以存在巫统、血统的分疏为基础。关于春秋时代的吴越记载都是与战争联系在一起的,并且两国都有全民动员的特点,从一些断片的记载中可以看出,这个时期吴越人也存在人们常讲的轻死易发的特征。而吴越的青铜剑名闻天下,这都可以视为这里的尚武风气的证据。尚武与尚质联系在一起的,是巫统文化的特征,吴越的尚武也是这里的文化基质中缺乏血统观念的很好的写照。

东周时期,吴越之地的政治宗教结构似乎也没有发生根本的改变。关于吴越的各种制度,我们知道得相当有限,描述他们的政治宗教结构不是一件容易的事情,但有一点可以帮助我们判断,这个时期该地区的政治宗教结构与良渚时期相比,并未发生根本的改变。这就是考古发现的分布广泛的土墩墓。土墩墓往往建在山丘之上,这个习俗与萨满主义有很大关系。萨满巫师死后往往葬在山上,那里离天很近。有些葬在高山之巅的萨满甚至被认为是升天了。良渚时期也有葬在高祭台上的情况,用意笔者以为是相同的,都是想离天近些,或者表示已经升天。②而大量土墩墓的存在,意味着死后升天的权利并不为少数人独享,而是一个均布的权利。这就与前面分析的良渚的情况一样,宗教权力结构没有出现类似中原的限制与集中的态势。

除政治宗教结构可能没有发生变化外,政治首领同时兼为巫教领袖的角色的现象可能也没有发生变化。有关资料极少,我们同样要求助于对考古发现的解释来说明这个问题。在吴越考古中,有一种特殊的"人"字形的

---

① 《浙江余杭玉架山遗址发现了由六个相邻的环壕组成的良渚文化完整聚落》,中国文物信息网 2012 年 2 月 24 日。

② 陈元甫《土墩墓与吴越文化》(《东南文化》1992 年第 6 期)已提出土墩墓与良渚高台土冢的类似。

墓室结构,目前发现已有多处,①其中最具代表性的是印山的越王陵。墓室为什么要造成"人"字形,而且是王陵?笔者以为,这种形状是上古良渚神徽中"介"形冠在后世的延续。② 将"人"字形墓室与地面的椭圆形石床结合起来看,其形状与河南濮阳西水坡 45 号墓的墓圹形状有相似之处,都有象征天地的意思,只不过"人"字形与圆形的天穹难以直接联系起来罢了。这种墓室构造,意味着王同时又是具有神性的宗教领袖,是最大的巫,他们以天地为家。可以认为,从上古到秦汉,吴越之地的文化基质总体上没有发生变化,是比较单一的以巫为中心的萨满主义。

必须说明的是,单一的萨满主义并不绝对地排斥血统观念,事实上,王位在一个家族内传递,本身就是一种血统观念的表现。那么,单一的萨满主义与中原的存在着巫统、血统分疏的萨满主义,关键的区别在哪里?表面上看,二者的区别是崇拜的对象不同,实质上,笔者以为,在于社会资源由谁来掌握。由侍奉神灵的人掌握资源,或者说掌握资源的人倾力侍奉神灵,这应该就是单一的萨满主义。如果并非侍奉神灵的人掌握资源,或者掌握资源的人不倾力侍奉神灵,而是将相当资源投入人事中,那就不能算是单一的萨满主义。更甚者,侍奉神灵的人以及神灵之事被排斥在社会资源的分配之外,那就是纯粹的世俗社会,就不能算是具有萨满主义的基质了。所以,王位在一个家族内传递,并不能说明整个社会就是血统、巫统并重。

二、从巫术到数术的文化链条

仅仅确认吴越文化具有萨满主义基质,对于认识吴越文化还不够,阅读吴越风俗史,不难发现,这个地区除了巫术盛行外,数术同样很受重视,前引《会稽县志·风俗志》讲的堪舆家就是所谓数术。巫术与数术,属同质文化,所不同的是其中所反映的理性发展水平有差异,二者都讲神,但数术中的神受宇宙法则的制约,数术实际上是巫术的发展形态。现在要讨论的是,吴越之地的数术之风,是传播的结果,还是独立发展起来的?这个问题又涉及古

---

① 张玮《"人"字顶木椁墓墓主族属的初步研究》(《东南文化》2011 年第 3 期)对已发掘的"人"字顶木椁墓有比较完备的搜集。对于作者所认为的"人"字顶木椁墓是普遍采用的葬俗,笔者不敢苟同。

② "介"形冠的提法是黄厚明于其博士论文《中国东南沿海地区史前文化中的鸟形象研究》(南京艺术学院,2004 年)中提出的。

代宗教文化中从巫术到数术的发展在地域上的差异的问题。

笔者曾经专门从信仰嬗变的角度讨论过从巫术到数术的发展,但对于地区上的差异没有充分注意。关键在于,笔者并未意识到古代萨满主义的文化基质还存在着中原与周边的不同。而这一点现在看来,对于认识从巫术到数术进化过程中的地区差异是很重要的。如所周知,目前发现的战国秦汉的数术文献都不是在中原,而以秦楚之地为主要出土地。而在文献中,吴越也有不少数术实践的记载。这是一个值得关注的现象,在这个现象背后,笔者以为正是不同的文化基质在发挥着作用。相同时期,中原文化表现出的最突出的现象是对礼的重视。其所以如此,中原文化在发展过程中基于血统观念的文化越来越发达,相应的表现就是礼学的兴盛。周边因为血统观念始终不发达,所以在文化的发展过程中,巫术得到了自然而充分的发展,即所谓数术盛行一时。从这个意义上讲,吴越之地的数术文化,当是独立发展起来的。

以风水为例,吴越之地可能很早就注意到了墓葬的风水问题。学者曾对部分吴越贵族墓的墓地风水进行整理,发现大部分墓地是考虑到了这个问题的。[①] 见表1。

表1 部分吴越贵族墓的墓地风水

墓 葬	墓 地	封 土	墓 坑	墓 室	墓 道	墓 室	墓 向
北山顶	有风 有水	圆形 丘状	曲尺形	长方形	长方形	长方形	西(270°)
青龙山	有风 有水	圆形 丘状	"甲"字形	长方形	长方形	长方形	西(270°)
大真山	有风 无水	长方形馒斗状	"甲"字形	长条形	长条形?	长条形	东(93°)
印 山	有风 无水	长方形覆斗状	"甲"字形	长条形	长条形	长条形	东(90°)
邱承墩	有风 无水	长方形覆斗状	"中"字形	长条形	长条形	长条形	东(110°)
鼻子山	有风 无水	长方形覆斗状	"甲"字形	长条形	长条形	长条形	东(100°)
龙 山	无风 无水	长方形覆斗状	"甲"字形	长条形	长条形	长条形	东(105°)

这里的风水与后来讲的风水,内在的观念与评价标准并不相同。后世的风水术,强调的是给后人带来好的运气,墓地要能藏气。这里的墓地大多有风而无水,标准正好相反。这当是与不同的文化基质联系在一起的。后世风水的关键是希望祖先的尸骸与宇宙元气相接触,并将此元气传给自己

---

① 张敏:《吴越贵族墓的甄别研究》,《文物》2010年第1期。

的后人,[①]是与血统观念联系在一起的。而吴越的土墩墓多建于山丘之上,目的是与天更近,其所关切的不是自己的子孙的荣华富贵,而是逝者自己的灵魂可否升天的问题。严格意义上讲,它不是后世的风水术。但后世的风水不能说与其无关,区别只在于一个希望有风,一个希望有水。风与水,都与气联系在一起,但一隶属于天,一隶属于地,这种区隔正是两种文化的不同的体现。没有吴越墓葬对风的重视,恐怕未必会有后来墓葬对水的重视。同样是面对墓葬问题,不同的文化基质所发生的文化现象会有不同,本是很自然的事情。但谁是这种文化现象的创造者呢? 无论是从时间上看,还是从这种文化现象的性质看,都应该是吴越。

因为是数术文化的发生地之一,数术对人的活动的规范是比较全面的。人的活动,可以从个人生活与群体政治两个层面来把握,墓葬的风水问题是个人问题,在秦汉简《日书》中,其所规定的大多是个人层面的问题。就对人的活动的影响而论,数术在政治层面上的运用与表现可谓更加醒目。首先要说明的是,在中原文化中,数术是很难在政治层面上运用的,道理很简单,中原文化到西周以后,血统观念主导的文化愈来愈兴盛,这种文化同样对政治发生影响,即所谓礼在政治上的运用。但在吴越比较单一的萨满主义文化氛围中,政治更多的是与巫术、数术相结合,或者说是巫术、数术更多地运用于政治中。

关于吴越的文献不多,但巫术、数术运用于政治,却给人印象深刻。如《越绝书·越绝外传记地传》记载:"江东中巫葬者,越神巫无杜子孙也。死,勾践于中江而葬之。巫神,欲使覆祸吴人船,去县三十里。"这是借助巫之神灵对抗吴国。南宋嘉泰《会稽志》卷十三载:"旧经云:晋太元中,谢辅为郡守,掘郡厅柱下深八尺,得古铜罍。可容数斗,题作越王,字文甚分明……余不可识。以为范蠡压胜之术,遂埋之。"[②]压胜,当即厌胜,也是一种巫术。晋人的理解有一定道理,在王宫台殿之下埋铜罍,应该是出于厌胜的目的。

无论是吴国还是越国,其筑城都有因天气之数以克制敌国的观念与实践,看下面两节文字:

> 阖闾曰:"善。夫筑城郭,立仓库,因地制宜,岂有天气之数以威邻国者乎?"子胥曰:"有。"阖闾曰:"寡人委计于子。"子胥乃使相

---

① 参拙稿《上古墓葬所见之宇宙论:风水起源的一种考察》,待刊。

② 转引自孟文镛《越国史稿》,中国社会科学出版社 2010 年版,第 447 页。

土尝水,象天法地,造筑大城。周回四十七里,陆门八,以象天八风,水门八,以法地八聪。筑小城,周十里,陵门三,不开东面者,欲以绝越明也。立阊门者,以象天门通阊阖风也。立蛇门者,以象地户也。阖闾欲西破楚,楚在西北,故立阊门以通天气,因复名之破楚门。欲东并大越,越在东南,故立蛇门以制敌国。吴在辰,其位龙也,故小城南门上反羽为两鲵鲺以象龙角。越在巳地,其位蛇也,故南大门上有木蛇,北向首内,示越属于吴也。(《吴越春秋·阖闾内传第四》)

越王曰:"寡人之计未有决定。欲筑城立郭,分设里闾,欲委属于相国。"于是范蠡乃观天文,拟法于紫宫,筑作小城,周千一百二十二步,一圆三方。西北立龙飞翼之楼,以象天门,东南伏漏石窦,以象地户;陵门四达,以象八风。外郭筑城而缺西北,示服事吴也,不敢壅塞,内以取吴,故缺西北,而吴不知也。北向称臣,委命吴国,左右易处,不得其位,明臣属也。(《吴越春秋·勾践归国外传第八》)

这里的法天而筑城的举措,体现的是数术观念在政治实践中的运用。有趣的是,越国筑城,一方面要显示服从于吴;另一方面又要显示志在取吴,并且要将这种目的掩盖起来,所谓"吴不知也"。这意味着吴越双方对于形势之术的理解有共同的基础,并非个体意志的自由体现。也就是说,这个时期,数术在吴越已经相对成熟。后来汉长安城的修建,也是取法于天,也是受数术观念支配的结果,但时间上明显要晚于吴越。东周时期的中原国家,就目前所掌握的资料看,均无此观念与行为。《周礼·匠人》:"匠人营国。方九里,旁三门。国中九经、九纬,经涂九轨。左祖右社,面朝后市。市朝一夫。"从这些表述看,匠人所营之国是一个方方正正的城市,无所谓数术理念。从这个比较中,可以看出吴越的数术文化是自然发生并影响广泛的。

数术在政治上的运用除体现于具体的制作外,还被运用于对于政治行为得失的评议之中。《吴越春秋》中常出现《玉门》之术,如勾践被囚时,范蠡就曾有议论:"大王安心,事将有意,在玉门第一。今年十二月戊寅之日,时加日出。戊,囚日也;寅,阴后之辰也;合庚辰岁,后会也。夫以戊寅日闻喜,不以其罪,罚日也。时加卯而贼戊,功曹为腾蛇而临戊,谋利事在青龙。青龙在胜光而临。酉,死气也,而克寅。是时克其日,月又助之。所求之事,上下有忧,此岂非'天网四张,万物尽伤'者乎? 王何喜焉?"(《勾践入臣外传第七》)越灭吴后,文种在被清除前,也提到了《玉门》,他说:"吾见王时,正犯玉门第八也。辰克其日,上贼于下,是为乱丑,必害其良。今日克其辰,上贼下止,吾命须臾之间耳。"(《勾践伐吴外传第十》)不仅越人用《玉门》,吴人也用,如伍子胥评夫差初临政之事,说:"且大王初临政,负玉门之第九,诚(一作诚)事之败,无咎矣。今年三月甲戌,时加鸡鸣。甲戌,岁位之会将也。青龙在西,德在土,刑在金,是日贼其德也。"(《勾践入臣外传第七》)范蠡、文种、伍子胥皆系楚人,《玉门》有可能是楚地的数术,但从越王、吴王都能接受这种解释看,其更可能是吴越之地的数术。从数术的角度评论政治行为,与中原国家以礼为标准来衡量政治得失在性质上有相似之处,但体现的是两种不同的文化。汉人京房,以其易术评论政治,与这里范蠡、伍子胥等的观念与行为属于同一性质,都是数术在政治上的一种运用方式。

除这种政治评论性质的运用外,明乎数术还是为政的总的原则。勾践曾问计倪伐吴之策,计倪对曰:"夫兴师举兵,必且内蓄五谷,实其金银,满其府库,历其甲兵。凡此四者,必察天地之气,原于阴阳,明于孤虚,审于存亡,乃可量敌。"(《吴越春秋·勾践阴谋外传》)这里虽为兴师举兵而言,然其内容实关乎政治,其所言阴阳、孤虚,都是数术性质的内容。《越绝书》有《计倪内经》,其中有不少数术内容,这里就不赘述了。

尽管在吴越之地目前尚未发现战国秦汉时期的简牍,并且上面引用的文献都是汉代人的撰述,目前尚无直接的证据证明吴越数术兴盛之况。但我们读《国语·越语》所记范蠡的话语以及张家山汉简《盖庐》伍子胥论兵的文字,其中充斥着阴阳家的思想,而数术与阴阳家在思想观念上是相通的,吴越作为数术的起源地之一,东周时期盛行数术应该是没有问题的。

三、吴越文化的单一特质

前面我们讨论了吴越之地的文化基质及其基本的发展脉络,从讨论看,吴越的文明与文化与中原相比,显然属于异质的文明与文化。这种异质性决定了吴越文明与文化的历史命运。本文开始曾提到吴越文明的昙花一现的特点,这种表征与此文明的特质是联系在一起的。与昙花一现的表征相对的是文明的连续性发展,或者叫可持续发展,中原文明基本具有这个特征。吴越确曾有过辉煌,文明初创期的良渚、春秋末期的吴越两国都曾风光一时。但这种风光所对应的时代,照笔者理解,都是文化转型期,而在文化转型期往往是最富创造力的时期,这种时期文明会焕发出异样的光彩,这与文明可否持续发展不是一个概念。良渚所处的时代正是文明初露曙光之时,而春秋时期则是文明理性觉醒之时,这种时期的风光并不能算是真正的风光,因为这种时期,历史的车轮会带动文明本能地前进。相反,昙花一现式的文明样态,说明文明自身存在缺陷。历史之风不会永远鼓动一支文明的风帆,使其一直进步,能否持续的进步取决于自身内部机制是否合理,是否具有不断前进的潜质。前面我们谈到良渚的政治宗教结构使其不能组织力量应对自然灾害,但话说回头,没有自然灾害,良渚文明就能像中原文明一样持续地发展下来吗?恐怕未必。这其实只要看春秋战国时期的吴越就能理解了,吴越的强盛可谓昙花一现,但越国没过多久因受楚攻击而分裂。再到后来,吴越之地的土著文化近于消逝,其力量无法与中原文明相抗衡。

吴越文明的特质究竟是如何引发其文明的表现与地位的?宋人田锡曾讲过一段话:"江南岁多不稔,农鲜服勤,信卜筮而佞鬼神,弃耕桑而从网罟,是以民无土著,家无积储。"[①]这里讲的信卜筮而佞鬼神是我们讲的单一的萨满主义文化基质的基本表现,家无积储,则是佞神的结果。现代不少学者讨论良渚文化骤衰的原因,也是这个思路,认为过度的宗教祭祀,使得社会资源过于集中在宗教事务上,影响了文明的进步。这个解释,笔者以为是可取的,单一的萨满主义,决定社会资源流动的单向性,而平面化的宗教结构,则可能导致全社会的资源都不约而同地流向神坛。没有财富的积累,文明怎么可能有持续的进步?

这里笔者想通过一些早期的图像来说明这里文明的单一性。如所周知,早期吴越之地的先民有对鸟的崇拜,图像艺术中有表现一鸟,有表现二鸟,有表现四鸟,图1是几幅河姆渡文化中的鸟图像[②]:

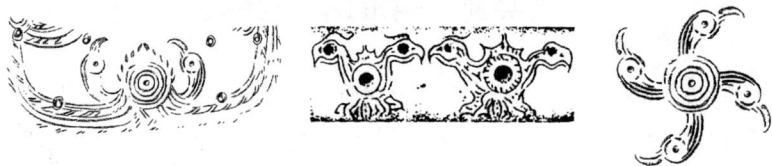

图1 河姆渡文化中的鸟图像

---

① 《太平令贾昭伟考祠》,《全宋文》卷88。转引自陈华文等著《浙江民俗史》,杭州出版社2008年版,第258页。

② 图像采自黄厚明的博士论文。

由这些图像,学者或认为此时河姆渡人已经有了类似《周易》八卦的观念。这个想法确实很吸引人,《系辞传》讲"易有太极,是生两仪,两仪生四象,四象生八卦",将其与上揭图像联系起来,确实可以引人遐思。无论是双鸟还是四鸟,中间都有圆圈,我们不妨将周边的鸟视为是由中间的圆圈幻化出来的。按照萨满主义的观念,鸟是精气的负载者,中间的圆圈一般认为是太阳,可以视为精气之根源,而鸟则将这精气传播到四面八方。双鸟、四鸟似乎正可以与两仪、四象相对应。从思维模式的角度看,我们不能否认,河姆渡先民可能已经具备了由一生多、成倍增长的观念,但这与太极生两仪、四象恐不能混为一谈,道理很简单,两仪也好,四象也好,其间的各组成部分并不相同,两仪中是一阴一阳,四象则是四种阴阳表现样式,而这里的双鸟或者四鸟都是相同的。也就是说,他们有由简到繁的演化观念,却缺少交互演化的复杂观念,而易所具备的正是这种交互演化的复杂观念。图像是观念的一种表现形式,又是文化精神的自然流露,这种单一的图像,某种意义上说,正是单一的萨满主义文化基质的体现。

上海青浦县崧泽文化遗址中层遗存有这样一件陶澄滤器,见图2[①]。

器中的刻画纹很值得注意,乍看很像日晷,但日晷不是360°完全刻度,而只标识最大的日出日落的方位以及其间的刻度。这里是

图2 陶澄滤器

360°完全刻画,所以不会是日晷。这个刻画,笔者以为表示的是天圆地方的宇宙观,中间的方框是方形大地,而环绕方框的刻画线条,则或是当时人所认识的周天度数。笔者关注的是中间的方框,其分九层,与中原后来的五服之制观念不同。中原的五服,是与地分五方联系在一起的,并与天之九数相区分。这里的九层方框,尽管其形与天不同,但数却是与天数一致的。天九地五,是区分天地意识的表示,这里所显示的则是天地不分。当然这件器物的年代早于文明的发生,我们不好确定其后是否发生变化。但同样是文明

① 黄宣佩、张明华:《青浦县崧泽遗址第二次发掘》,《考古学报》1980年第1期。

发生以前,中原的河图洛书,其天数与地数也是区分的,天数九,地数十。①也就是说在文明发生以前,中原文化就蕴含着相异的文化因子,而在吴越,似乎却是单一的。

　　1993 至 1995 年的马桥文化遗址发掘,良渚文化遗存中一件陶盆的底部发现有这样的刻画,如图 3② 所示:

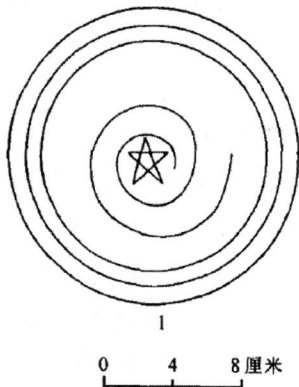

图 3　良渚文化遗存中的陶盆底部图案

　　这个图像也很有意思,中间的五角星加上一个单向的螺旋线,是很少见的。五角星,可以与地之五方联系起来,但一般的五方是东南西北中,不是这样来表现。东南西北中体系中,中之地位高于四方,有中央集权的意味在里面,这是中原文化的五方观念。这个五角星如表现的也是五方,那就很值得寻味了。这里没有中心,各方似乎是平等的。这个图像或许可以与江苏吴县澄湖发现的陶罐上的四字陶文联系起来,那四个字,李学勤先生释为"巫戊五禺",意义是巫使用的五对钺。③ 那么,五禺与五角星有没有关系?笔者以为是有的,巫掌神事,有方位之别,甲骨文中有北巫、④有东巫、⑤推想还有南巫、西巫等名目。钺是象征权力的兵器,所谓"巫戊五禺"应该就是掌

---

　　① 这是笔者最近的研究得出的看法,基本想法是将安徽含山凌家滩玉版上的钻孔理解为天数九与地数十,参拙稿《周易新解:萨满主义的视角》前言第二小节,待刊。

　　② 上海市文物管理委员会:《上海市闵行区马桥遗址 1993—1995 年发掘报告》,《考古学报》1997 年第 2 期。

　　③ 李学勤:《良渚文化的多字陶文》,《苏州大学学报》吴学研究专辑,1992 年。

　　④ 《甲骨文合集》34157。

　　⑤ 《甲骨文合集》5662。

管五方之事的巫所使用的钺。也就是说,吴越之地也有五方的观念。五角星似乎证实了这个观念的存在,其外围的螺旋线纹,所指示的或许就是巫舞之像。从这个图像引申出去,其所显示的是前面多次讲的平等的宗教权力结构,没有中心,大家权力相等。这与单一的文化基质是相适应的。纯粹的崇神文化容易导致平等观念的发生,就像西方的上帝之前人人平等一样,而血统文化则容易产生等级观念。

吴越的王,按照本文开始的理解,都是从中原迁徙而来,这本身就很值得注意。土著人中间那么长时间就没有出现权力的集中?这恐怕只能从前面讲的当地的宗教权力结构上去理解,因为是一种平等的结构,所以没有发生权力集中的过程。而单一的文化基质,也无法使社会积累足够的财富,使社会向复杂化的方向发展。

外来的王,并没有能改变当地的文化基质,而是在适应当地的文化基础上成为土著的领袖,这意味着这种内部对于基于血统观念的等差型文化有抵制力量,这也证明吴越与中原的差异是文化基质上的差异。王虽为外来,但文化的单一性并没有得到改变,社会资源流动的单向性也没有从根本上发生变化。东周时期的吴越,在被中原人拉上战车之后,就没能再从战车上下来,这是这种文化的特性所决定了的。因为这个原因,其在历史的舞台上注定要昙花一现,且也只能是昙花一现。

四、吴越文化泛览

前面三部分内容都是从整体的角度去理解吴越文化的,有些问题因为材料限制,不能充分展开,这只能寄望于将来从地下发现更多的吴越的材料。不过,鉴于吴越的文化特征,也要有一点发现不了太多文字材料的思想准备。吴越的文化是崇神尚质的文化,即便是文字的运用上都有这个特征。吴越的古代文字,学界习称鸟虫书,这与当地对于鸟与蛇的崇拜是联系在一起的,[①]也就是说,即便是要运用文字记录一些事情,他们仍不能摆脱固有的信仰干扰。所以,我们也不敢奢望,将来可以发现很多的春秋战国时期的

---

① 孟文镛《越国史稿》(第510—512页)总结归纳了学界关于鸟书出现原因的三种解释:一是出于装饰的效果,二是出于"书幡信"的作用,三是与越族的鸟崇拜有关。笔者赞成第三种观点,详参王士伦《越国鸟图腾与鸟崇拜的若干问题》(《浙江学刊》1990年第6期)。

吴越国的文献。

崇神的文化,其必然的表现就是对人的自身价值的忽视。谈吴越文化,往往会提到这里轻死易发的民风,勾践的三百死士,其疯狂的举动足以令人震撼,其所显示的则是对生命的轻视。而阖庐之女滕玉因为其父将吃剩的鱼给她,便觉受了无法忍受的污辱而自寻短见,脱离这种文化,这也是无法理解的。另外,阖庐将观礼之百姓闭于滕玉之冢,以为其殉葬,一方面固然是十足的暴君形象,另一方面也折射出吴越人的不爱惜生命。吴越之墓中,殉人的现象始终存在,说明在这个地区,仁爱的精神没有得以孕育,这与其文化是紧密相连的。不畏死亡,无视别人的生命的价值,可以说是吴越文化的一个特点。

与不畏死相应的,则是不乐生。勾践的卧薪尝胆,常常被视为励志的素材,其为回国而尝夫差之溲,或被视为大丈夫能忍辱负重的表现,但励志也罢,忍辱负重也罢,并不是所有的人都能接受这些行为。励志的方式有很多,想回国也不必非得尝人之溲,这里其实有一个文化观念问题,即如何确立生的价值。如果生不是为了自己,而是为了神,那加于自己的任何苦楚都可以忍受,别的文化中也有这种现象,为了神而虐待自己。勾践的行为也可以视为是虐待自己,是片面的价值观念的体现,这应该是与其所浸处其间的单一的文化联系在一起的。① 单一的文化,片面的价值观,使人无法在侍奉神灵的同时,又领会人生之乐趣。如此,不仅可以残忍地对待自己,也会残忍地对待别人。

不能领会人生的乐趣,自然也难以创造丰富多姿的文化。吴越之地的陶器,学界习称为几何印文陶,其纹饰相对简略,更有很多器物干脆素面,不加修饰,这也是与其文化的基质联系在一起的。重神,轻生,则必尚质,尚质则非文。陶器装饰的简单化处理,就是非文的体现。至于人们常提起的绍兴坡塘发现的伎乐铜屋,其中女性不穿衣服,其实也是不尚文的表现,未必可以视为淫乐的证据。

另外,吴越人的生活中有好酒的习俗,所以勾践奖励生产人口的人家都有两壶酒。而这里的稻作生产,也是与酿酒联系在一起的。这恐怕也是由

----

① 勾践本人的崇神实例不见记载,但从其接受文种九术第一术"尊大事鬼,以求其福","立东郊以祭阳,名曰东皇公;立西郊以祭阴,名曰西王母。祭陵山于会稽,祀水泽于江州"诸事来看,他是很重视神灵祭祀的人。这里勾践的非常举动,是与复仇联系在一起的,与崇神似乎看不出直接的联系,但单一的文化导致其选择偏执的行为。而单一的文化所指向的并非是重生,而是重神。

重神的文化衍生出的生活习俗。在这里,酒是致幻之物,而非人生的享受。因为喝酒也可以通神。可以认为,吴越文化中,人生的观念与习俗,很多是与片面崇神联系在一起的。

吴越文化还有一点值得注意,即不轻视女性。轻视女性是重视男性血统观念的文化的产物,中原文化越到后来,这种观念表现得越明显。在吴越我们看不到这种观念的明显体现,勾践返国后,范蠡建言要"同男女之功"(《国语·越语下》),显然,女性对于国家的贡献是得到认可的。勾践奖励生育,生男与生女的差别是,生男给犬,生女给豚,看不出中原的弄璋与弄瓦的区别,男女基本是平等的。这种观念恐怕与崇神的文化也有关系,事神以巫,巫多为女性,女性受到尊重是情理之中的事情。如所周知,阖庐用宝剑为其女滕玉陪葬,勾践传越女剑法,也就是说,在越国,女性习武应该是存在的,习武也是一种权利,这里也可以看出男女地位的平等性。

有一点必须指出,吴越的神不是像中原文化中那样既有天地四方之神,又将很多有大功绩的人尊为神灵。吴越有天地之神,比如勾践将环会稽三百里以为范蠡地,并约定,"后世子孙有敢侵蠡之地者,使无终没于越国,皇天后土、四乡地主正之"(《国语·越语下》),其中的皇天后土、四乡地主就是天地之神。但吴越似乎没有将英雄尊为神的风习,范蠡于越可谓有大功绩,其离开后,勾践"命工以良金写范蠡之状而朝礼之,浃日而令大夫朝之",可谓给了范蠡极大的荣耀,但在后世风俗中,并没有对范蠡的崇拜。大禹之所以被尊为神灵,未必是因为大禹是治水英雄,更重要的原因恐在于大禹与巫有特别的联系,巫术有一种法术名目叫"禹步",可见他本具有巫师的本领。中原文化进入之后,才有了将人塑造为神的事情,比如胡公。将人尊为神是中原文化的特征。

吴越的神多是与巫联系在一起的。吴越文化中的神灵体系似乎一直没有经过拣汰与整饬,表现出芜杂的特点,原始的特征比较明显。《越绝书·越绝外传记地传》言"巫山,越魍神巫之官也死葬其上,去县十三里许",魍应该就是魑魅魍魉之属,这些东西居然也是神职官员管理的对象。魑魅魍魉、妖魔鬼怪在吴越的神灵谱中,应该都是有其地位的。这是巫教的特征。

巫在这里常被称为神巫,在风俗信仰中有突出地位。随着中原文化的传播,吴越之地的文化尽管也发生着变化,但在这个地区的宗教风俗中,巫始终保持着醒目的位置,《越绝书》有巫里、巫山,表明巫在那个时期受到特别的关注；秦汉时代的越巫之名是见于史册的；佛教传入前的风气，则是所谓"东境旧俗，多趣巫祝"（《高僧传》卷三"昙摩蜜多"）。宋代巫术流行，以南方为盛，吴越之地巫风不减当年。洪迈《夷坚乙志》卷19《韩氏放鬼》："江浙之俗信巫鬼，相传人死则其魄复还，以其日测之，某日当至，则尽室出避于外，名为避放。"清康熙《会稽县志·风俗志》言立春风俗，"先一日，官毕出，迎春东郊。间里无贵贱少长，集观相饮乐征逐。至期用巫祷祭，曰作春福"；言正月十四日风俗，"用巫人以牲醴祀白虎之神，祭毕以红绿线钉画虎于门上，谓之遣白虎"。这些都说明吴越之地的巫风是相当盛行的。

综上所述，先秦的吴越文化，从文化基质的角度讲，是一种与中原不同的地域文化。中原的萨满主义基质中有着巫统、血统的分疏，而吴越文化中则缺乏具有明显血统意味的祖先崇拜，是一种单一的萨满主义文化。吴越文化的诸多特征，都可以从这个文化基质中找到解释。东周时期，这种文化经历了与中原不同的发展过程，因为缺乏血统观念为主导的文化，其所经历的是从巫术到数术的自然发展过程。这种单一的文化基质无法保持文明连续发展，这决定了这个地域的主体文化最终要被中原文化所取代。

（补记：本文是提交给"传承与创新：浙江地方历史与文化"学术研讨会的论文，会后听研究江南史的专家陈国灿先生介绍，日本学者有"江南无宗族"的说法，这或许也是吴越文化中缺乏血统观念的一个表现。）

从吴越争霸看浙江历史时期的人文精神

马雪芹

（杭州师范大学古代文学与文献研究中心）

吴越争霸战争是浙江早期历史上一件惊天动地的大事，也是浙江历史上光辉的一页和浙江越文化的奠基时期。长达数十年的吴越争霸战争，折射出强烈的浙江历史时期的人文精神，对浙江社会的发展和建设至今有重要的借鉴作用。

吴越争霸战争时期所折射出的人文精神，大致可以归纳为以下几点：

其一是勇于抗争、不屈不挠的精神。

夫椒之战后，越国勾践带领仅存的 5000 带甲之士困守会稽山上，被吴军团团围困。由于山上粮食有限，过了一段时间，被围在山上的越国军民已经没有食物来源，军民们"吃山草，饮腑（腐）水，易子而食"[1]，眼看就到了无法坚持的地步，真是日暮途穷，四面吴歌。这时，他们想到的不是放下武器投降，而是在面临绝境的时候，勾践与谋臣文种"执其手而与之谋"[2]，君臣共同探索救国图存之道，制订了一系列富国强兵的措施。

针对战后越国人口稀少的现状，他们首先从增加人口开始，大力鼓励生育，"命壮者无娶老妇，老者无娶壮妻。女子十七不嫁，其父母有罪；丈夫二十不娶，其父母有罪。将免（分娩）者以告，公令医守之。生丈夫，二壶酒、一犬；生女子，二壶酒、一豚。生三人，公与之母，生二人，公与之饩。当室者死，三年释其政；支子死，三月释其政；必哭泣葬埋之如其子。令孤子、寡妇、疾疹、贫病者纳宦其子"。从现在起，到这些出生的孩子成为战斗力，至少需要 20 年左右的时间。从中就可以看出越国全国上下对复国雪耻所作的长远计划和坚持不懈的决心。

---

① 贾谊：《新书》卷七《耳痹》。

② 文中凡未注明出处者，皆见《国语》卷二十《越语上》。

在增加人口的同时,越国还实行了一条广纳贤才的国策,对于贤达之士,必"洁其居,美其服,饱其食,而摩厉之于义。四方之士来者,必庙礼之"。这些政策的实行,使四方之士纷纷奔赴越国,为越国积蓄了丰富的人才资源。

不仅如此,国君勾践还亲自驾着船只,载着粮食和肉在国内巡行,对于国内游学或宦游的年轻人,"无不铺也,无不啜也,必问其名",作为人才库的储备。

在生活上,勾践以身作则,率领百姓艰苦奋斗,自己动手丰衣足食,"非其身之所种则不食,非其夫人之所织则不衣"。并且十年不向百姓征收赋税,这样越国的百姓很快就富裕起来,差不多每户民家都储存有三年的粮食。

为了保证军事装备和提高士兵的战斗力,勾践又请来著名的冶炼家欧冶子在越国铸剑,使越国士兵都有精良的武器,也使越国宝剑闻名天下;请隐居山中多年的越女出山教越军士兵练习剑术,使越国剑术成为越国之魂;请著名射者陈音教越国士兵射箭,使越国士兵的战斗能力不断增强;美女西施、郑旦受越国人民之托,远离家乡,来到吴国,以自己的青春和美貌麻痹吴王,解除吴王的警惕戒备心理,松弛吴国军士的战斗力,千方百计削弱吴国力量,为灭吴复国创造条件。总之,在敌强我弱、敌军压境的情况下,越国人民表现出的不是悲观失望、畏葸不前、屈膝投降,而是全民动员,全民准备,长期奋战,为复国灭吴而努力奋斗。

宋代学者王十朋用十个字对越国的这种不屈精神进行了高度的概括,即"慷慨以复仇,隐忍以成事"。正是因为有了慷慨复仇、隐忍成事的精神,越国人民才能在极其艰难困苦的条件下,不悲观,不绝望,不屈服,不后退;十年生聚,十年教训,最后消灭强吴,实现其复国雪耻的目标。所以"慷慨以复仇,隐忍以成事"应是越国成功的最根本的原因所在,也是越国民族精神的集中体现。

其二是审时度势、顺应潮流的智慧。

在敌我力量对比悬殊的情况下,硬碰硬的争斗除了使越国全军覆灭外别无他路。对此,越国从上到下心里都十分清楚。于是,以勾践为首的越国军民一方面积极准备灭吴复国,一方面又审时度势,根据实际情况制定出一套行之有效的对外政策:这就是首先向吴国求和以保存现有的实力。

经过一番精心策划后,越国派大臣诸稽郢去向吴国求和,吴王听了诸稽郢的一番言辞，心中略有所动，但在吴国重臣伍子胥的坚持下，第一次求和以失败告终。但越国并不气馁，而是从吴国另一位大臣伯嚭身上打开缺口。根据伯嚭贪图财宝美女的喜好，越国准备了大量的珍宝，在国内挑选了八名美貌女子献给伯嚭，这一招果然有效，伯嚭答应在越国求和的时候从中斡旋。

于是越国第二次派大臣文种到吴国求和，言辞比诸稽郢更加恳切，内容也更为具体："寡君勾践乏无所使，使其下臣种。不敢彻声闻于天王，私于下执事曰：'寡君之师徒不足以辱君矣，愿以金玉子女赂君之辱。请勾践女女于王，大夫女女于大夫，士女女于士，越国之宝器毕从。寡君帅越国之众，以从君之师徒，唯君左右之。'"听了这番语言，吴王心中大悦，已经在内心允许越国求和了。加之伯嚭受了越国的重礼，也不断地从中斡旋，所以尽管伍子胥的反对声比上次更激烈，但吴王最终还是接受了越国的求和，从越国撤兵回国了。

向吴国求和的成功，使越国有了充足的时间准备和充分的回旋余地。

越国复国强兵国策的实施之后，战后人口凋零、国弱民贫的情况得到改善，老百姓人人勤劳，家家富足，达到"民居有三年之食"的积蓄。百姓觉得时机已经成熟，向国君请求出兵攻打吴国以报国仇。勾践和几位谋臣仔细分析形势，评估双方的实力之后认为当时的实力还不足以和吴国抗衡，于是委婉地引导大家总结过去盲目出兵导致惨败的教训，劝大家不要为一时意气而轻举妄动，尤其是不要为了国君个人而出兵作战。勾践的话，无疑对越国百姓是一种极大的激励，让他们明白攻打吴国不是为了勾践一人的荣辱得失，而是为了整个越国和越国的百姓。过了一段时间，百姓们再次请求攻打吴国，而且语言铿锵，态度坚决，群情激奋，同仇敌忾。勾践君臣看到时机已经成熟，于是决定抓住时机，出兵攻吴。战斗动员中，勾践对军队提出了严格的要求："吾不欲匹夫之勇也，欲其旅进旅退也，进则思赏，退则思刑，如此，则有常赏。进不用命，退则无耻，如此，则有常刑。"在国人相互激励，"父勉其子，兄勉其弟，妇勉其夫"的情况下，勾践果断下令出兵，攻打吴国。当越国的士兵慷慨激昂地唱着《离别相去辞》，义无反顾地奔赴战场的时候，这场战争的胜负就已经见到分晓了。

越国对吴国的战争，从公元前482年（越王勾践十五年，吴王夫差十四年）六月开始，到公元前473年（越王勾践二十四年，吴王夫差二十三年）十一月越灭吴结束，历时十年，一共经历了三个阶段的战争。

如果勾践君臣不审时度势,在时机不成熟的时候过早行动,恐怕就达不到预想的目标。反之,在时刻掌握情况,细致分析形势,对于双方兵力的强弱、人心的背向、百姓的情绪等都做了全面的分析之后,认为时机已经成熟,才决定出兵攻打吴国,一下子就达到预期目的,取得了全面的胜利。

其三是以屈求伸、韬光养晦的策略。

一旦制定了灭吴复国的战略目标后,越王勾践和他的臣民们心怀大志,誓不屈服,但在行动上则采取了一条以屈求伸、韬光养晦的斗争策略。

首先是勾践夫妻和范蠡在吴国服役期间,完全是以贱隶的身份出现,他们居住于石室之中,勾践"服犊鼻,著樵头",夫人"衣无缘之裳,施左关之襦";勾践铡草喂马,夫人洒水扫除。一直过了三年,毫不懈怠,脸上从来没有流露出一丝一毫的怨恨之色。[①] 为了得到吴王信任,勾践甚至在吴王有病时亲口尝吴王的粪便以了解病情,让吴王对勾践君臣彻底放下了戒心。勾践夫妻君臣在吴国的三年,受尽了常人难以忍受的艰难和屈辱,经历了种种常人难以想象的痛苦和严峻的考验,曾经作为一国之君的勾践无论面临什么情况,都能逆来顺受,从不违忤吴王的意志,并且想方设法地取悦于吴王,最后终于得到赦免,返回自己的国家。

回到越国之后,勾践并没有忘乎所以,而是时刻牢记在吴国的耻辱,念念不忘复国雪耻的既定目标,对自己在各方面的要求都更加严格。吴国三年为奴的屈辱生活,使勾践从浮躁变得沉稳,从盛气凌人变得谦虚谨慎,从独断专行变得善于虚心听取臣下意见。他时刻反省自己当初的行为,"焦思苦身,克己自责"[②],并给自己制定了严格的规定,"非其身之所种则不食,非其夫人之所织则不衣"[③],夫妻两人完全过着和普通百姓一样的自给自足的生活。然后勾践"昼书不倦,晦诵竟旦",用心学习治国的方法,总结以往失败的教训,制定切实可行的现行国策;在个人行为上,他"服诚行仁,听谏进贤",以吴王所任用的太宰嚭为借鉴,以诚心仁德收服人心,以听谏纳言、任用贤臣为行为准则。同时,他深知向吴国复仇不是一天两天的事,要作好长期艰苦奋斗的准备,必须时刻磨砺自己的意志,于是他"苦身劳心,夜以接日;目卧则攻之以蓼,足寒则渍之以水;冬常抱冰,夏还握火;愁心苦志,悬胆

---

① 《吴越春秋》卷四《勾践入臣外传》。
② 《越绝书·外传本事》。
③ 《国语》卷二十《越语上》。

于户;出入尝之,不绝于口;中夜潜泣,泣而复啸"①,"冬披毛裘,夏披绨绤"②,几年一直坚持"身不安重席、口不尝厚味、目不视美色、耳不听雅音","焦唇干舌,苦身劳力;上事群臣,下养百姓"的生活③,以艰苦的生活磨练意志,以使不忘在吴国的三年耻辱。

国君的行动对其他臣民就是无声的命令,在勾践的带动和影响下,越国从上到下,都是咬牙坚忍。大臣们忍受艰苦生活的磨砺,坚守岗位,认真履行职责。他们不但自己坚忍不发,还时时告诫国君,一定要坚持忍受,绝对不能暴露自己的意图,如大夫扶同以"击鸟之动,故前俯伏;猛兽将击,必饵毛帖伏;鸷鸟将搏,必车飞戢翼;圣人将动,必顺辞和众;圣人之谋,不可见其象,不可知其情"等话语作为比喻,告诫勾践一定要在行动之前坚忍不发,"宜损之辞,无令泄",不能让夫差看出任何的破绽。范蠡则以"峻高者隤,茂叶者摧;日中则移,月满则亏"、"溢堤之水,不掩其量;熻干之火,不复其炽。水静则无沤澩之怒,火消则无熹毛之热"来作比喻,愿勾践"匿声,无见其动,以观其静"。大夫苦成以"水能浮草木,亦能沉之;地能生万物,亦能杀之"作为告诫,要勾践"虚心自匿,无示谋计",认为只要坚忍,最终就可达到灭吴的目的④。

综上可知,十年生聚十年教训期间,在越国统治集团内部,一直达成一个共识,这就是隐忍不发,韬光养晦。只有经过长期坚忍不拔的坚持,才有可能达到希望的目标。

勾践这一系列韬光养晦的做法,引起了吴国大臣伍子胥的注意,他说:"越王句践,疲吴之年,宫有五灶,食不重味,省妻妾不别所爱,妻操斗,身操概,自量而食,适饥不费;……越王句践,食不杀而餍,衣服纯素,不袀不玄,带剑以布。……越王句践,寝不安席,食不求饱;而善贵有道。……越王句践,衣弊而不衣新,行庆赏不刑戮。"⑤因而再三告诫吴王夫差,此人不死,必然成为吴国的大患,所以千万不能对勾践掉以轻心。可惜吴王不听子胥的话,最终导致了身死国亡的可悲下场。

吴王不仅没有听从伍子胥的劝谏,还因为听说越王勾践在归国以后"尽

---

① 《吴越春秋》卷五《勾践归国外传》。
② 《越绝书》卷十二《内经九术》。
③ 《吴越春秋》卷三《夫差外传》。
④ 《吴越春秋》卷五《勾践归国外传》。
⑤ 《越绝书》卷五《请籴内传》。

心自守，食不重味，衣不重彩。虽有五台之游，未尝一日登玩"，感觉越王确实按照当初的诺言，严守臣子的本分，俯首帖耳地唯吴国马首是瞻，感到十分欣慰，于是就将越国的封地从原来的方圆百里增加到纵横八百里，基本恢复了越国原来的国土面积，勾践韬光养晦的做法赢得了实际上的效果。

越国这种韬光养晦、隐忍不发的精神也同样在百姓身上体现出来，为了达到复国灭吴的目的，越国的百姓同样在忍受着各种痛苦，从事着超出本身负荷数倍的沉重劳动，但无人拒绝，无人抗议。他们深知，要想恢复国家的尊严不当亡国奴，再苦再累也要忍耐。虽然越国的妇女在采葛的过程中唱着倾诉苦辛的歌词；男子在深山伐木积年累月不能回家，心中有怨有思，但都一直在忍耐，在坚持。他们知道，这种忍耐是为了一个神圣的目标，这就是复仇雪耻，同时他们也坚信，他们所付出的代价是要加倍向敌人讨还的。

韬光养晦、以屈求伸的斗争策略，是越国复国雪耻的一个重要措施，也是至今流传在人们心目中的勾践君臣的坚忍不拔毅力的具体表现。

第四是亲士爱民、以人为本的情怀。

以人为本亲士爱民也是越国复仇成功的一个重要原因。人是战争取得胜利的基础和保证，勾践从吴国回来，面对国内现实，深知要完成兴国大业，没有足够的人口是不行的，于是决定复国雪耻的第一步准备就是从人开始，除了前面所说的增加人口、招徕士人外，在对待百姓方面，勾践也实施了一系列有益于百姓生存发展的措施。他听从文种和计倪等人的建议，一直对百姓实行休养生息政策。如当他问政于文种的时候，听到的回答是"爱民而已"。四个字道破了兴国的全部内容。当勾践进一步询问"爱民"的具体内容时，文种回答说："刑之无害，成之无败，生之无杀，与之无夺。"即实行刑罚的时候不要有害于百姓，国家的各种政策要有利于他们的生存而不是使他们遭受挫折和失败，给他们创造生存的条件而不是要他们死亡，给了他们的东西就不要再夺取。勾践听了文种的话，于是对百姓实行休养生息政策，"缓刑薄罚，省其赋敛"。百姓因之殷富，并且感念国君恩情，决心为国君雪耻复仇。除了本身富足之外，还不忘练习武艺，提高作战能力，虽为百姓，但"皆有带甲之勇"①。

后来勾践又问政于计倪，计倪就用人和爱民这两个问题谈了自己的看法，在对待老百姓的问题上，和文种表达了同样的意思，于是勾践"坏池填

---

① 《吴越春秋》卷五《勾践归国外传》。

堑,开仓谷贷贫乏,仍使群臣身问疾病,躬视死丧,不厄穷僻。尊有德,与民同苦乐。激河泉井,示不独食。行之六年,士民一心,不谋同辞,不呼自来,皆欲伐吴。遂有大功,而霸诸侯"①。勾践夫妇也亲自参加劳动,自食其力,与民共甘苦,尽量减轻百姓的负担。富足之后的越国百姓精神面貌发生了很大的变化,"男即歌乐,女即会笑"②。

对于越王勾践以人为本,亲士爱民的做法,战国时的墨子给予了高度的评价,他在其所著的《墨子·亲士》篇中将越王勾践和春秋时的晋文公、齐桓公相提并论,认为只有他们三人才能够得上当时贤君的称号。

第五是不事张扬、埋头苦干的作风。

不事张扬、埋头苦干也是越国在复兴过程中一个非常突出的特点。无论是夫椒之败以前还是其后,就吴、越两国的力量对比,都是不能同日而语的。尤其是夫椒之败以后,越国除了老弱病残及非战斗人员外,全国所有的兵力仅剩下 5000 人,可以说是非常衰微的了。在这种情况下,要恢复越国昔日的国土,最终消灭强大数倍于自己的吴国,其目标的实现确实非常困难。但越人硬是在这种情况下,以不屈不挠、坚持不懈的精神,经过长期的努力,最终使目标变成了现实,其成功的原因除了上面所说的各条以外,还有不事张扬、埋头苦干的务实作风。

越国君臣有复仇之心和兴国之略,但最后的落实都要体现在一个"干"字上,要和强大数倍于自己的吴国一比高下,绝不是逞一时之勇就可以办到的。所以从一开始,越国君臣就把苦干实干放在一个很重要的地位。首先从国君做起,勾践能做到粮食非自己亲手所种则不食,衣服非夫人所织则不衣,那么也可以推想到王室其他成员和其他臣子的做法也肯定会和勾践一样,这本身对全国人民就是一个极大的号召和激励。这段时期,越国全国上下万众一心实干苦干几乎就是一种号召,没有人去问为什么,没有人因为劳苦起而反抗。因为大家知道,目前的苦确实很苦,但比起当亡国奴的味道还是要好受多了。所以大家尽管很苦,但心中有希望,这种苦也就逐渐被淡化了。

在兴国方略上,越国也是从一点一滴做起,文种的"灭吴九术"虽说是阴谋,但都很符合实际,每一条的目的都是削弱吴国、富强越国,在长期的较量

---

① 《越绝书》卷九《外传计倪》。
② 《吴越春秋》卷六《勾践伐吴外传》。

中逐渐实现彼此力量的消长,最终达到灭吴兴越的目的。他们一方面不断地给吴国的君王和大臣进贡他们喜好的东西,金钱美女珍珠宝器应有尽有,有意识地引导和鼓励他们消费享受,以达削弱国力、消磨意志的目的。另一方面在越国则不断地鼓励人民艰苦奋斗、苦干实干,发扬励精图治的精神;在治国方略上不断地充实和完善各种方针政策:减轻赋税,劝课农桑;加强流通,发展经济;制造武器,修缮甲兵;不声不响地进行着各个领域的改革。使饱受战争摧残、百废待兴的越国大地上焕发出蓬勃的生机。

经过长时期的不事张扬和苦干实干,越王勾践终于带领越国臣民消灭了吴国,实现了越国的复兴,并进而称霸中原,在春秋晚期的争霸历史中充分展示了越国人民的智慧和力量。

第六是积极进取、敢为人先的勇气。

灭吴之后,越国君臣并没有停下自己的脚步,而是将眼光放在更加广阔的发展范围之上。灭吴战争结束以后,勾践即迁都于吴[1],占据了地理上的优势。然后积极发展外交关系,开始发挥大国的作用。以后又迁都琅琊,进军中原,开始了对霸业的追逐。经过一番苦心经营,勾践终于成为春秋末期的最后一位霸主,其子孙继承霸业近百年之久,是春秋时期称霸时间比较长的一个国家。

越国北上争霸的第一个措施是尊奉周室,结好诸侯,首先采取了施义于人,加强与周围国家的友好关系,以稳定各方面的形势的做法。

公元前473年(越王勾践二十四年,吴王夫差二十三年)灭吴战争结束后,勾践乘胜北上,在徐州(今江苏省徐州市)与齐、晋等国的诸侯会盟,得到各国诸侯的认可,确立了越国在诸侯中的霸主地位,越王勾践也成了春秋末期的最后一位霸主[2]。当时,越国的军队"横行于江、淮东,诸侯毕贺,号称

---

[1] 关于越国在灭吴后迁都于吴的事情,史书未见有明确记载,但勾践之后的第九代越王翳在其在位的33年、越国已迁都琅琊多年之后,又出其不意地"还都于吴",当为一证。又有2004年在无锡发掘出的鸿山越国贵族墓也可作为越国曾迁都于吴的佐证。另外从地理位置上讲,今苏州一带也比会稽的地理位置更占优势,对于要成就北上霸业的勾践来说,灭吴后迁都于吴是十分必要的。

[2] 关于春秋时期的霸主,一般的说法是"五霸",即齐桓公、晋文公、宋襄公、秦穆公、楚庄王,但先秦文献所指的"五霸"却是齐桓公、晋文公、楚庄王、吴王阖闾、越王勾践,直到东汉才将阖闾和勾践改为宋襄公、秦穆公,考察宋襄公和秦穆公并无在中原称霸的历史,所以事实上的"春秋五霸"还应该是齐桓公、晋文公、楚庄王、吴王阖闾、越王勾践。关于这一问题的详细论述,参见董楚平《吴、越霸业考实》,载《浙江社会科学》1994年第4期。

霸王"①。"泗上十二诸侯,皆率九夷以朝。"②

勾践二十五年(前 472),越国又派使者到齐、楚、秦、晋等国,以盟主的身份号令诸侯,要他们同心戮力辅佐周王室,并要求歃血为誓,订立盟约。当时,地处西北之地的秦国不听越王的号令,拒不参加会盟。于是勾践以越国的精锐之师,克服路途遥远、行军艰苦的困难,西渡黄河,以攻击秦国。越军来势凶猛,秦国的君臣十分惧怕,赶快引咎道歉,表示愿意听从越王的号令,这样越军还未和秦军交战就胜利班师。

通过这一次军事行动,越国在周王室的威望又大大提高,周元王亲自将代表四岳国命和周王室权威的胙肉赐给越国,以表示越国在诸侯中的崇高地位。

接着,越国还在诸侯中施行了一系列的"仁政",使其大国地位更加巩固。

仁政之一是归还各国在战争中失去的土地。在吴、越战争之前,吴国横行江淮之间,曾将自己近邻楚、鲁、宋等国家的土地据为己有。越国灭吴之后,陆续把这些被强占的土地归还原主,使这些国家对越国感恩戴德,死心塌地地成为越国的盟国。

仁政之二是对原吴国的百姓进行安抚。灭吴之后,勾践对原来吴国的百姓并没有采取奴役和歧视政策,而是把他们和越国百姓同等看待,组织他们兴修水利,恢复生产,满足他们基本的生活需要,给他们以休养生息的机会。所以被征服的原吴国百姓不但很少对越王勾践和越国百姓有怨恨情绪,反而乐于接受越王的统治,很快和越国百姓融为一体,使得越国的后方避免了战后的骚动和不安。

仁政之三是调和各小国之间的矛盾,使其能和睦相处。例如地处鲁国和滕国之间的邾国,过去国君的人选问题曾因为吴国的插手而导致国家内乱。吴国被灭后邾国求助于越国,越国帮助邾国重立新君,邾国的形势逐渐得以稳定。

除邾国外,越国还平定了地处今河南省北部的卫国的内乱,使卫国的政权在相当长的一段时间内相对稳定,再也没有发生内乱。

归还各国的土地,对原吴国百姓进行安抚,调解周围各国间的矛盾,使

---

① 《史记》卷四十一《越王勾践世家》。
② 《淮南鸿烈解》卷十一《齐俗训》。

得越王勾践在诸侯中拥有了很高的声望，越国的政治地位大大提高。

霸业初成之后，勾践感到原来的国都地处东南，难以控制全局，达到扩大成果、巩固霸业的目标。于是经过一番筹措规划，越国又在公元前468年将国都从江南迁到了苏北平原的东端——今江苏省连云港市境内的琅琊，为进一步巩固霸业奠定了坚实的基础，为越国的发展开拓了更加广阔的空间。

迁都琅琊的第三年（前465，周贞定王四年，越王勾践三十二年）冬天，勾践病死。勾践虽然死了，但他创建的霸业却没因之而终止。

勾践之后，越国的霸业继续持续，越国作为一个国家或政权，也一直存续到秦统一六国之时。

越国北上迁都应该是春秋时期江南地区各个国家的首创，在此之前，无论是同一地域的楚国和吴国都曾有过春秋霸主的经历，但他们谁也没有想到北上迁都，开拓更大的发展空间，都只是满足于江南一隅之地，眼界和胸怀都无法和勾践相比。从这点上说，越国臣民的进取和创新精神都是江南地区其他两个国家所无法比拟的。

吴越争霸时期所表现出的人文精神，对后世浙江的社会发展有着极为深远的影响和至关重要的作用，值得很好地探讨和研究。

浙江、钱塘、武林语源考

周运中

（厦门大学历史系）

浙江省会杭州,最早称为钱唐,其西有武林山、武林水,所以后世的杭州有武林门,因而杭州又有别名武林。浙江、钱塘、武林的由来,前人有很多争论,本文试考其由来。

一、浙江之浙源自诸暨

浙江的由来,前人很少论述。浙江又名之江,有人说之江得名于形似汉字的之字,或者说浙江因为曲折得名,其实二说本质相同,但是都是无稽之谈,因为自然界的所有河流都是曲折的,没有笔直的河流,所以这不可能成为浙江专名的由来。之江本来是浙江的音讹,要破解浙江的由来,首先需要明白上古音,其次需要关注浙江沿岸的古代民族与地名。

上古音的浙是章母月部,王力拟为[tɕiat],而上古时期浙江沿岸的地名留下的极少,我们注意到浙江东面有诸暨县,上古音的诸是章母鱼部,王力拟为[tɕya],暨是群母物部,王力拟为[giət],诸暨可能得名于古代的一支部族,叫做诸稽,《国语·吴语》说到一个越人诸稽郢,《史记·越世家》作柘稽郢。1979年江西省靖安县出土了徐令尹者旨荆炉盘,李学勤先生认为就是诸稽氏。[①]《国语·郑语》说祝融之后,分为八姓,"彭姓彭祖、豕韦、诸稽,则商灭之矣",《史记·楚世家》彭祖,《集解》引虞翻曰:"名翦,为彭姓,封于大彭。"《索隐》引《系本》云:"三曰籛铿,是为彭祖。彭祖者,彭城是。"《正义》引《括地志》云:"彭城,古彭祖国也。外传云殷末灭彭祖国也。虞翻云名翦。神仙传云彭祖讳铿,帝颛顼之玄孙。"诸稽氏与彭祖同出,相传出于彭城(今

---

① 李学勤:《从新出青铜器看长江中下游文化的发展》,《文物》1980年第8期。

徐州市），原来靠近徐国，所以徐国有此姓。徐国被吴国灭亡，此姓又南迁到越国。上古音稽是见母脂部，王力拟为「kyei」，所以诸稽的合音是［tɕyakyei］，急读则近浙江的浙，所以浙江很可能得名于诸稽氏。

二、钱塘即渐塘

关于钱塘之名，陈志坚先生总结前人有四种说法：

1. 来自越语，陈桥驿认为钱塘、余杭都是越语，陈志坚认为没有确证，类似地名不多。

2. 来自钱水，《水经注·浙江水》："阚骃云：山出钱水，东入海。"陈桥驿认为钱水是钱塘江，但是钱塘江之名来自钱塘，陈志坚认为此说合理。王莽把钱塘改名为泉亭，钟毓龙认为泉水是灵隐的山泉，即钱水。

3. 来自海塘，《水经注·浙江水》："《钱唐记》曰：防海大塘在县东一里许，郡议曹华信家议立此塘，以防海水。始开募，有能致一斛土石者，即与钱一千。旬日之间，来者云集，塘未成而不复取。于是载土石者皆弃而去，塘以之成，故改名钱塘焉。"《元和郡县图志》卷二十五杭州钱塘县："《钱塘记》云，昔州境逼近海，县理灵隐山下，今余址犹存。郡议曹华信乃立塘，以防海水，募有能致土石者，即与钱。及塘成，县境蒙利，乃迁理于此，于是改为钱塘。按华信汉时为郡议曹，据《史记》，始皇至钱塘，临浙江，秦时已有此名，疑所说为谬。隋平陈以后，县频迁置，贞观四年定于今所。"雇人当然要给钱，不可能因为给钱就叫钱塘，此说真是愚笨文人的胡编乱造，所以李吉甫已经发现此说之误，秦代就有钱塘之名。

4. 《海塘录》卷二十二引《淳祐临安志》："唐者，途也，所以取途达浙江者，其地有篯铿居之，篯，古钱字，因以为名。"

钱塘的本义，陈志坚未有定论。① 林华东先生提出钱塘源自泉塘，古代杭州泉水很多，泉水汇入西湖，形成池塘，于是得名钱塘。② 笔者认为林说大谬，因为中国南方所谓的塘不是池塘，而是堤坝。林著上文引《说文》："塘，堤也。"又说到《越绝书》记载越国水利工程有富中大唐、吴唐、石唐，林说不仅自相矛盾，而且释钱为泉也不能成立，因为西湖之东就是海岸，海岸

---

① 陈志坚：《杭州初史论稿》，杭州出版社 2010 年版，第 146—150 页。
② 林华东、林盈盈：《秦汉以前古杭州》，杭州出版社 2011 年版，第 7—9 页。

上不可能有泉水。即便是有泉,也不可能叫泉塘。因为塘不可能建在泉上,也不可能为了遮挡泉水而修塘。如果是山泉汇入西湖,早已不是山泉,不能再称为泉塘。林文引《淳祐临安志》卷十说西湖之中有泉眼,但是即使西湖之中有泉眼,西湖也不可能改名为西泉,西湖仍然是湖,所以不可能因为西湖之中有泉而称为泉塘。钱、泉音近,王莽改名,或取音近,本无道理,不足为据。

笔者认为钱塘来自钱水之塘,钱水就是浙江,也即渐江,《汉书·地理志上》丹阳郡说:"黟,渐江水出南蛮夷中,东入海。"黟县即今安徽省黟县,源出这里的渐江入海,当然就是浙江。既然浙江叫渐江,我们就不难想到钱塘的意思其实就是渐江的塘,因为上古音渐是精母谈部,王力拟为[tsiam],而钱是精母元部,王力拟为[tsian],读音极近,所以钱塘就是渐江的塘坝。原来渐江入海之地就在现在的杭州市区,所以钱塘一定在杭州市区偏西位置,很可能在杭州市宝石山向北到半山镇的丘陵之间,其西是钱塘县。

钱塘不是西湖的塘,而是海塘。陈志坚先生指出《世说新语》卷三《雅量六》注引《钱塘县记》说:"县近海,为潮漂没,县诸豪姓,敛钱雇人,辇土为塘,因以为名也。"《太平御览》卷七十四:"刘道真《钱塘记》曰:防海大塘在县东,去邑一里,往时郡议曹华家信富,乃议立此塘以防海水,始开,募有能运土石一斛,即与钱一升。旬日之间,来者云集,塘未成而谲不复取,于是载土石者弃置而去,塘以之成,既遏绝潮源,一境蒙利也。"此处引文说华信家富,与《世说新语》所谓豪姓吻合,陈志坚认为东汉的海岸已经不少人,所以才需要修筑海塘,海塘筑好,又使得县治东迁。[①]

但是钱塘是根据渐江得名,还是渐江是根据钱塘得名的呢?笔者认为渐江是根据钱塘得名的,先有钱塘,后有渐江。钱塘是来自钱姓,中国的钱姓基本都在江浙地区。[②] 钱姓始祖据说就是篯铿,其后代就是诸稽氏。

三、武林即麻栏

众所周知,杭州别名武林,今天还有武林门这一地名。宋末元初的杭州

---

① 林华东、林盈盈:《秦汉以前古杭州》,杭州出版社 2011 年版,第 174—176 页。
② 袁义达主编:《中国姓氏·三百大姓》中册,华东师范大学出版社 2007 年版,第 51 页,彩图 96。

人周密著有名著《武林旧事》，这里的武林就是杭州的代称。

武林地名，上古就有，《汉书·地理志上》会稽郡说："钱唐，西部都尉治。武林山，武林水所出，东入海，行八百三十里。"此处的武林水有误，没有这条长达八百三十里的大河。其实这是一种误解，武林水必有所本，应是今从余杭到杭州的余杭塘河，当时还没有整修为余杭塘，但是一定有一条长河从南苕溪向东流到杭州。南苕溪应该向东流，而不应该向北注入东苕溪，现代的流路是经过后来改造的。若如此，则武林山在今临安、余杭一带。

其实武林是个百越的地名通名，江西省境内也有武林，《史记》卷一百一十四《东越列传》说："元鼎六年秋，余善闻楼船请诛之，汉兵临境，且往，乃遂反，发兵距汉道。号将军驺力等为'吞汉将军'，入白沙、武林、梅岭，杀汉三校尉。"《集解》引徐广曰："在豫章界。"《索隐》："徐广云在豫章界。案：今豫章北二百里，接鄱阳界，地名白沙，有小水入湖，名曰白沙阬。东南八十里有武阳亭，亭东南三十里地名武林。此白沙、武林，今当闽越入京道。"南昌县或白沙阬的东南一百一十里有武林，武阳亭另见《汉书》卷二十八《地理志上》豫章郡："鄱阳，武阳乡右十余里有黄金采。鄱水西入湖汉。"因为武林是越语通名，所以江西也有。

《宋书》卷三十八《州郡志四》记载广州永平郡有武林县，在今广西平南县，这个武林也是越语地名。说明从浙江，经过江西，到广西，越语都是相通的。也就证明百越一名的存在是合理的，广西的西瓯和浙江的东瓯，原来确实是同源的民族。

武林的语源当然是越语，和武力、山林无关。上古音的武，明母鱼部，王力先生拟为 mia，郑张尚芳先生拟为 maʔ。上古音，林是来母侵部，王力先生拟为 liəm，扬雄《方言》卷十一说："蝇，东齐谓之羊。"郭璞注："此亦语转耳，今江东人呼羊声如蝇。"[①]江东人把 ang 读为 əng，所以武林的林，在其他地区可能读为 liam。今天的闽南话，林有 lim 和 na 两种读音。今天的粤语，还把林读为 lam。

这个武林的语源很可能就是古籍记载的越人的房屋麻栏，上古音，麻是明母歌部，王力先生拟为 meai，栏是来母元部，王力先生拟为 lan，所以武林和麻栏的读音很近。

关于干栏建筑，戴裔煊先生有详细研究，他指出干栏在古籍里又名干

---

① 周祖谟校笺：《方言校笺》，中华书局 1993 年版，第 70 页。

兰、干阑、阁阑、高栏,或者变异为麻栏、水栏、栏房、马郎房、罗汉楼。范成大《桂海虞衡志》说:"民居苫茅,为两重棚,谓之麻阑。"周去非《岭外代答》卷十《蛮俗》说:"编竹苫茅,为两重,上以自处,下居鸡豚,谓之麻栏。"这就是干栏建筑,也即竹楼。戴裔煊先生又举了很多明清文献,最后总结说壮族的民居叫麻栏。①

百越民族的地名通名武林,很可能就是民居麻栏的汉译。现在香港的西贡南面还有一个半岛,上面有地名称为麻篮笏(Ma Lam Wat),香港的原住民也是越人,所以这个地名应该也和越人有关。

元代安南人黎崱《安南志略》说:"武林洞,昔安南陈四世国主陈仁王,弃位隐其中,以成倒,号曰竹林道士,有《香海诗集》印行于世。"②此武林不知和越语武林是否有关,唯越南语属于南亚语系,不属中国南方百越的侗台语系,但是越南也有一些百越系的民族,待考。

---

① 戴裔煊:《干兰——西南中国原始住宅的研究》,蔡鸿生编《戴裔煊文集》,中山大学出版社2004年版,第9—10页。

② [越]黎崱:《安南志略》,中华书局2000年版,第24页。

浙江文化所务之"实"的内涵探微及其现代启迪

韩　锴　李迎春

（浙江省地方志办公室）

在当前的地方区域文化的研究过程中,浙江人公认自己的文化是务实,且一般地将实的涵义局限在功利上。但务实应该主要指把握当下,源于实际,正视现实,实事求是。实际上这一务实之内涵应当成为当代浙江精神的主要内容。梳理浙江文化务实思想发展的脉络,挖掘浙江文化务实思想隐含的含义,我们发现浙江文化之务实传统以强调面对现实、经世致用、不喜空谈、注重实干为主要内容,其核心是经世致用,讲求实效、正视现实、实事求是。在实践中我们往往有一种一味强调功利、陕隘理解务实的倾向,这种片面的理解容易导致物欲横流,缺乏理想。这是我们研究浙江区域文化不得不关注之一极。

一、务实思想的历史演进及其含义阐发

浙江文化侧重务实,从历史演进的实际情况看,它所经历的每个阶段都表现出既围绕务实又各有特色的显著特征。具体表现为:春秋时范蠡所务之实是相对于主观臆想而言的,所务的是基本国情之实;汉代王充所务之实是相对于虚妄而言的,是名实相符之实;宋代事功学派所务之实是相对于探索理义而言的,是社会功利、物质利益之实;明代王阳明所务之实是相对于理学争辩中事事物物之理不能穷尽而言的,是良知天性之实;明末清初黄宗羲所务之实是相对于无视社会现实的空洞研究而言的,是社会现实之实;清代乾嘉时期的朴学研究是针对义理阐发而言的,是研究方法之实。所以研究浙江文化的务实精神首先必须对浙江文化所务之实的实的涵义进行一番梳理。

(一)"国情人心之实":春秋范蠡的强国自存思想

范蠡是春秋末年辅佐越王勾践卧薪尝胆,消灭吴国的主要谋臣。《国语》中的《越语》主要记录了范蠡的言论。范蠡的理论充满了治国理政方面的务实性。范蠡认为,治理国家最重要的是把握住三件事:"持盈"、"定倾"、"节事"。"持盈"是说国家强盛时要设法保持住强盛。"定倾"是说国家遇到危险时要善于扼止恶化,挽危为安。"节事"是说在平时要处理好政事。这三者互相联系,又互相转化。范蠡认为持盈的妙诀是顺从天道,"持盈者与天"。"天道盈而不溢,盛而不骄,劳而不矜其功。"圣人就应效法天道,不骄傲,不伐功,不自满。定倾的关键在于"与人",即顺从人道。节事关键是要"与地",即遵循"地道"。①

这是个总原则,他只给人以观察问题的思路和方法,在具体运用中要结合敌我双方所处的实际态势选择具体对策。例如在越王勾践急于攻吴时,范蠡用这几条原则分析了越吴双方的国情,认为就越国内部情况看还不具备用兵的条件,急于用兵会犯"未盈而溢,未盛而骄,不劳而矜其功"的过错,会违反和触犯天道。范蠡认为,"勇者,逆德也;兵者,凶器也;争者,事之末也"。无知而勇,无德而争,必将招致失败。勾践不听,结果遭致兵临城下,越国几乎被灭的惨败。危难求贤臣,临险求睿智,勾践又请范蠡出谋划策。范蠡仍坚持持盈、定倾和节事三条原则性的治国方略,并根据当时吴越双方的情况对比,提出以"卑"事吴,"柔而不屈"的对策。勾践听从了范蠡的谋划,以奴隶之身事吴三年,以隐忍之心韬晦养性。三年后,得到吴王的宽容,释放回国。勾践回国之后问如何"节事",范蠡建议勾践采用一系列务实的对策。他说,地生万物,有其自然规律,无论物之美恶,各得其宜,皆有用于人,要遵循这一规律,不可违反,"时不至,不可强生;事不究,不可强成"。要像顺乎自然一样,权衡天下之实,并善于抓住时机采取措施。"待其来者而正之,因其所宜而定之。"要与人民同甘苦,"同男女之功,除民之害,以避天殃"。要亲自参加耕织劳动,率民耕耘,不违反农时,"百姓之事,时节三乐,不乱民功,不逆天时,五谷睦熟,民乃蕃滋"。要开田野,实府库,使君臣各得其所宜。事事谨慎,不要旷时废业,人为造成祸乱。要耐心等待时机,天时一定有变可用,人事一定有隙可乘,即"时将有反,事将有间"。如果天时没

① 参见俞纪东译注:《越绝书全译》,贵州人民出版社1996年版,第76页。

有变化，人事无隙可乘，切不可轻举妄动。在此期间只能利用时机进行"抚民保教"，以待时机之来临。

经过四年的生聚，越国强盛起来。勾践接连几次要用兵攻吴，范蠡又用"天道"、"人事"去分析吴国情况，或因天道尚属不备，或因人事无隙可乘，被范蠡劝阻，建议勾践进一步采取外柔内刚、外骄内慎、外荒内节以麻痹吴国的策略，使吴王夫差完全解除了对越国的戒备，并促使吴王更加骄横、放肆、拒谏、饰非。勾践又一次听从了范蠡务实的告诫，直到吴王众叛亲离之际，骤然兴兵，攻灭吴国。

范蠡不仅是一位冷静务实分析胜于情感冲动行事的政治理论家，也是一位善于观察由事态变化而引起心态变化并以自存为前提制定务实策略的谋略家。勾践灭吴之后欲将一半土地分封给他，范蠡拒绝不受。在长期接触中，他认识到勾践这个人"可与同患，难于处安"。范蠡还告诫大夫文种如下道理："飞鸟尽，良弓藏；狡兔死，走狗烹。"劝其引退，另找出路。大夫文种不相信，终被勾践赐死。范蠡却逃之夭夭，以务实的思维获得先见而另谋出路去经商，成为巨富。从范蠡的参政经历可以看出，他不但思维方式务实，分析方法务实，而且思维结果也实现了务实的目的，不仅治国理政思想务实，而且为人处世理念也极其务实。应该讲这是浙江文化务实特征的滥觞。范蠡称得上是政治思想务实的政治家和为人处世务实的谋略家。

（二）"名实相符之实"：汉代王充的"实事疾妄"思想

王充务实性思想的产生，与西汉董仲舒之后天人感应的神学儒学占据主导和东汉以降谶纬神学猖獗横行的时代背景分不开。王充生活的时代正是西汉天人感应的儒教神学和东汉的谶纬迷信学说大行其道的时候，他对此深表痛恨，并在《论衡》中提出"疾虚妄"、"务实诚"的思想，对当时无视现实的虚假现象和不良学风给予深刻的揭露和批判。因此有学者认为："王充之论特出于民间，援事实以疾虚妄，归自然于天，还理性于人，实有廓清思想界的非理性迷雾之功。王充是汉代对仲舒之学及谶纬之说进行理性批评的第一人。"①其思想之务实性则具体表现为，首先，他对"君权神授"思想进行了务实的批评，他否定自然界包括人的万事万物都是上天创造的。其次，他的务实性精神还蕴含在对"天人感应"之说的批评方面。他将灾异的原因用

---

① 董平：《浙江思想学术史——从王充到王国维》，中国社会科学出版社 2005 年版，第 5 页。

自然科学的知识加以分析,驳斥天能以灾害谴告人的虚妄论调。再者,王充思想的务实性还表现在他对人死神灭理论的阐述方面。王充是无神论者,他认为人的形和神是相连的,人死则形灭,形灭则神消,不存在鬼神之说。此外,王充思想的务实性还体现在他倡导学而知之、习而明之的敦厚淳朴风气上。他反对"圣人生而知之"的观点,强调任何人包括圣人在内,都要通过耳目等感官的闻见,在经验的基础上凭借理性思维来分析判断事物而获得真知灼见。他的这种观点被认为是以经验为依据来认识和解释万物的经验论者,体现了他崇尚实证的务实精神。

总体而言,王充的务实思想就在于其从实际出发,以事实为根据反对一切虚妄之论和浮夸之言。例如他论证雷火之间的关系时,用举例的方式进行说明:"雷者,火也。何以验之? 以人中雷而死,即询其身,中头则须发烧焦,中身则皮肤灼喷,临其尸,上闻火气,一验也;道术之家以为雷,烧石色赤,投于井中,石焦井寒,激声大鸣,若雷之状,二验也;人伤于寒,寒气入腹,腹中素温,温寒分争,激气雷鸣,三验也;当雷之时,电光时见,大若火之耀,四验也;当雷之击时,或燔人室屋及地草木,五验也。夫论雷之为火有五验,言雷为天怒无一效,然则雷为天怒,虚妄之言。"①在这段论述中他对五种现象以实证的方法来证明雷就是火,体现出他注重从现象本身出发去寻找原因的务实精神。他这种坚持"实事疾妄"的宗旨,主张凡事应讲求"验证"和"实效"的思想,已经初步体现了极其务实的实用主义的世界观和方法论。"其突出贡献则亦正在于其倡导了一种坚持独立的哲学思考的理性精神,并在这种精神主导之下对各种浮词spurious说、无根之谈进行了广泛的理性反思,黜虚妄之论,正世俗之谬,表现了对于真理的孜孜寻求,从而开创了一种以实诚为基本精神的新学风。"②由此可见,王充所务之实是相对于虚妄理论而言的,其所务之实是名实相符之实。应该说,就某种角度言,王充对先秦儒学的务实性特征,起到了在理论研究过程中拨虚妄之迷雾、反务实之本位的作用。

(三)"事功实利之实":南宋事功学派的"义利合一"思想

南宋是浙江务实精神发展的另一重要时期,这一时期形成了以陈亮、叶

---

① 黄晖撰:《论衡校释》,《新编诸子集成(第一辑)》,中华书局 1990 年版,第 309 页。

② 董平:《浙江思想学术史——从王充到王国维》,中国社会科学出版社 2005 年版,第 28 页。

适等为代表的事功之学。这种学说形成的原因与南宋这一特殊历史时期不无关系。首先是由于社会的急剧变革,南宋王朝内忧外患的严峻现实亟需寻求一条救国救民的道路。其次是宋代道学兴起之后,中国思想界深受程朱理学影响,已陷于讳言功利,脱离实际的境地。道学家所倡导的"存天理,灭人欲"思想有愈演愈烈之势,且对社会发展所起的阻碍作用逐渐显现。再者南宋时期工商业已在社会生活中占有日益显著的地位,两宋之际浙江一带出现了兼营商业的中小地主阶层,对社会发展起着不可忽视的作用,又因这些工商业者政治地位较低,且受到南北割据对经济发展的阻碍作用等因素的影响,使得这一部分人的各种诉求日益增强。因此,特殊的地理环境和时代背景、复杂的社会矛盾和文化交融等多方面原因迫使一批忧国忧民的进步学者不得不深入思考并积极寻求救国救民的道路。而事功学派针对空谈性命的理学,主张农工商并重,义利合一,讲求事功实利,关心国家社稷和百姓日用正是在这种背景下顺势而生的一种务实理论。因此可以说,以陈亮、叶适为代表的事功学派之所以能产生面向实际的务实思想是时代的必然和务实的应然。

陈亮务实思想的突出特点就是重功业,重公利。陈亮批评了朱熹等人将义利完全割裂的主张,他认为义本质上表达的是天下国家和人民百姓之公利,仁义是以功利为内容的,国家社稷之功利,正是仁行义事之体现。他指出三代圣王都主张义利统一,如:"孔子之称管仲曰:'桓公九合诸侯,不以兵车,管仲之力也。如其仁,如其仁。'又曰:'一匡天下,民到于今受其赐。微管仲,吾其被发左衽矣。'说者以为孔氏之门五尺童子皆羞称五伯,孟子力论五伯者以力假仁,而夫子称之如此,……故伊川所谓'如其仁'者,称其有仁之功用也。仁人明其道不计其功,夫子亦计人之功乎?"[①]在陈亮这里,英雄豪杰的功利心是值得称赞的,这种功利心成了主宰历史进步的力量,即使这种所为是不合礼义的,但因为有救时之志,处乱之功,仍然可称之为仁。他向朱熹之理学进行不懈挑战的行为,体现了他试图通过自己的理论来重建事功的社会秩序和重实的道德秩序的决心,也表现了他敢于特立独行、勇于开拓创新、将求真务实精神努力贯彻到底的勇气。他认为没有有利于国强民富的实际作为,空谈义理是无济于当时社会进步的。因此,有人认为:"纵观陈亮的王霸义利观,突出地贯穿了一个实用、实功、实利的思想。他一

---

① 陈亮:《陈亮集》(全二册),中华书局 1974 年版,第 289 页。

反 2000 年尊王贱霸、重义轻利的儒学传统,对王霸、义利、理欲等范畴进行了务实的论证,揭露了南宋道学的虚伪性和危害性。"①

叶适作为事功学派的另一集大成者,他所提倡的事功务实,重在批评道学家"以义抑利"之说,反对忽视"功利"专尚"义理"的空谈,主张"以义和利",认为仁义与功利是统一的。他注重研究与国计民生、国家危难息息相关的问题,认为财政对于一个国家而言是头等重要的事情,主张国家要善于理财才能富国强民。他还提出道德要以百姓的利益为核心且落实到"民利"上,并尖锐地批评当时空谈道德性命的风气,他说:"读书不知接统绪,虽多无益也;为文不能关教事,虽工无益也;笃行而不合于大义,虽高无益也;立志而不存于优世,虽仁无益也。"②可见,他认为能在社会上产生实际效果的东西才是有用的东西,否则即使其思想高高在上,也会因和之者寡而无济于事。他反对道学家不切实际功利地空谈义理和心性,反对主和派的苟且偷安,主张功利和义理统一,强调要"有的放矢"。他说:"立论于此,若射之有的也。或百步之外,或五十步之外,的必先立,然后挟弓注矢以从之,故弓矢从的,而的非从弓矢也。"③

总的来说,事功学派强调经世致用、力辟空谈,反对将理欲、公私、义利绝对对立,主张用以实功实利、治世事功作为评判伦理德性价值的标准,以挽救社会现实危机、重建政治、社会秩序。这对于研究和解决当时的现实问题具有重要意义。陈亮、叶适坚持"实事实功"不仅成为宋代思想史发展的一个重要环节,且对浙江乃至全国经济、文化、社会的进步产生了积极的促进作用。总之,宋代事功学派所务之实是相对于探索理义的社会利益而言的,是治世事功之实和物质利益之实。且一般而言,我们可以认为陈亮的务实侧重于功业之实,所务的是建功立业之实。叶适的务实则侧重于公利之实,所务的是公众利益之实。

(四)"实性良知之实":明代王阳明的"心外无理"思想

王阳明心学之务实一般不为人们所重,但如果我们进入心性儒学的深层进行思考,则王阳明心学的务实精神也是可感可悟的。我们知道,孟子心

① 葛荣晋:《中国实学思想史》(上卷),首都师范大学出版社 1994 年版,第 407 页。
② 叶适:《叶适集》,中华书局出版 1961 年版,第 607 页。
③ 叶适:《叶适集》,中华书局出版 1961 年版,第 830 页。

性儒学的传统经过传入中国之佛教关于本心禅定的环节而在阳明心学中得以光大。这种实心实性的本心,相对于外界日益变化的法相而言才是真实可信的。应该说所有外在于心的理都有例外性,以至于所有的理都处于可争议的境地。唯有修炼到止于至善的良知是人类行为的绝对命令,是个人做人做事的至上准则。只有这个良知是真实可靠的。这就是王阳明良知理论务实性的根本所在,也是凡人所难以理解的唯心主义为什么屡批屡现的根源所系。就王阳明学说的务实性而言我们可以从以下方面加以理解。

从着力于内圣,致力于修身的角度理解,王阳明也是一位注重务实的伟大思想家,他提倡"知行合一"、"致良知",强调真知必须通过深入实践才能获得,强调以仁之本心施于政事,明德亲民,止于至善,以恢复儒家"内圣外王"的内求本心良知、外求经世致用的传统。王阳明的青年时代与大多数学子一样也笃信程朱理学,当他努力格物以致生病之后,终于觉悟朱熹所言不切实际,从而走上批评日益凝固僵化的程朱理学的道路。他批评当时许多士人将程朱理学当作升官、发财敲门砖的社会风气,希望通过宣扬自己的实心实学,以纠正社会上读书不求内心至善的实效,仅为追求外在功名的空疏学风。由此可知阳明所务之实为先求内圣,后求外王的实效之实。这种实是从终极关怀角度理解的实,是从人文精神衡量的实。就人类个体与整体的终极关怀而言,人类应该追求的不是身外的物质,而是心理上的健康,良知上的至善。从应然的角度讲,外在于心的一切物质利益从最终意义上理解也应该是为了成就内心至善服务的。

王阳明生活的时代已是大明帝国危机四伏之时,社会现实亟需改革之际。"中国古代知识分子都具有强烈的忧患意识,作为忠臣志士的他自然是胸怀务实之忧心。王阳明的忧患意识有两个方面:一方面是对封建社会的命运表示出极大的忧虑,另一方面是忧虑那个经常萌发了且又时时被现实政治所吞没的'精神自我'。他越是对现实政治和现实社会失望,就越发进于自然之超越境界。于是他的主体意识也就越是扩张,并且越是坚信自己获得了独立的人格和绝对的自我。"①王阳明肯定"良知"、"吾心"是判别是非善恶的标准,认为人心才是宇宙的本体,世界的实相,认为"心外无物"、"心外无理"、"心即是礼"。良知是人之本心所固有的本来面目,是认识主体的绝对权威,并将这种权威的地位无限提升,以达到内圣外王所塑造的儒家

---

① 钱明:《阳明学的形成与发展》,江苏古籍出版社 2002 年版,第 76 页。

文化的理想人格,进而发挥了对明代官学权威的否定和冲击作用。

同时,他反对将知行分开,强调知行合一,并进一步认为知行关系中行比知更为难得,更为重要。他这里所说的知主要指人的道德意识,行则指人的道德行为。他认为要做到知行合一,就必然将道德意识转化为道德行为,进而将良知转化为德行,实行主体心理与行为从内到外的转换,由知善转换为行善。这就需要一种"工夫",这种工夫要求个人必须在日常生活中时时处处都要自觉地由良知出发去执行人的德行,做到由内心的善引出行为的善,进而在持续不断地修炼中达于"圣"的境界,并进而改造社会向善。

因此我们"可见阳明心学对于后世的重大意义在于造就了人人可以用自己的头脑来思考问题的局面,因而为启蒙精神的兴起提供了思想资料"①。他提出的"致良知"、"知行合一",强调发挥主观能动性,具有重要的启蒙价值和务实意识。此处,王阳明所务之实是相对于官方理学缺陷而言的,是圣心天性之实,良知为本之实,内心判定之实,德性完善之实,主体充实之实。这种务实从某方面讲就是人类终极的希望和诉求,是让外在客观世界符合人的主观良知的务实。如果一味地任由外在世界的自由演进,人类将滑入物欲主义,甚至陷入弱肉强食的泥潭。

(五)"观念体制之实":清初黄宗羲的"经世致用"思想

明末清初在整个中国历史上显得较为特殊,这一时期受明后期手工业发展的影响,资本主义开始萌芽。而明王朝自万历中叶以后,皇室和豪强肆意兼并土地,使得失去土地的农民越来越多,社会矛盾越来越激烈,以致宦官当权肆无忌惮,特务政治恶性发展,忠良遭陷害,恶作不间断,在政治、经济、财政等等方面出现了越来越严重的危机。表现在文化上,则是理学已堕入寻章摘句、支离繁琐的地步,王学末流也陷入谈空说玄的境地。为此,一些进步思想家对其进行了务实的总结和深刻的反思,反对理学的空谈误国,主张学问的经世致用,萌生了具有民主性倾向的观念。

清初思想家黄宗羲正是生活在这样一个社会政治剧烈变动的时代。针对当时社会的腐朽及经济的衰败,黄宗羲认为:"道无定体,学贵适用。奈何今之人执一以道,使学道与事功判为两途?事功而不出于道,则机智用事而

---

① 潘起造:《浙东学派的经世之学和浙江区域文化中的务实精神》,《中共浙江省委党校学报》,2005 年第 4 期。

流于伪；道不能达之事功，论其学则有，适于用则无。讲一身之行为则似是，救国家之急难则非也，岂真儒哉？"①这是黄宗羲学道与事功必须合一的务实思想所在。为此，他提出在政治上应"天下为主，君为客"，经济上应"工商皆本"，哲学上应理气心性一体圆融，史学上应通变以致用等观点。他说："儒者之学，经纬天地，而后世乃以语录为究竟，仅附答问一、二条于伊洛门下，便厕儒者之列，假其名以欺世。"②由此可见黄宗羲非常强调经天纬地的经世致用，主张将历史研究之任与解救当世之务结合起来，对于整个中国思想史作出了卓越的成就。

不仅如此，黄宗羲的贡献还在于他针对不合理的君主专制体制的现实提出一系列变革主张。如他提出要恢复宰相之职以纠正君主权力过于集中的弊端；要恢复学校议政以传承儒家为学参政的传统；要设置方镇以制约中央政府的胡作非为等。这些方面的措施都是他在探求明代灭亡的历史原因和经验教训中，广泛收集相关资料，认真研究相关现实而提出的。他纂写的《明夷待访录》以及《明儒学案》等书正是他经世致用思想的集中体现。正因为他"原于学术以经世这一根本目的，他往来穿行于不同的学术门类之间，兼综博会一切诸家之说，溶液经史，参贯古今，原始要终，而会归于一心，故能整合出境界宏阔、内容博赡而又独具新意的学术天地"③。因此，我们认为，清初黄宗羲所务之实是相对于空洞研究，针对客观现实而言的。其所务之实是社会现实之实。

（六）"研究方法之实"：清代朴学"追求资料真实"之理论

承明代学术之余烈，清初学界仍呈现出多姿多彩的以思想研究为主要兴趣的学术繁荣，学派争鸣。但清中叶以后，由于清朝统治者出于加强控制的目的，多次大兴"文字狱"以致学界风气大变，转以古典文本的整理与研究为主要领域，致使汉代经学之方法、风格与态度重新回归，文字、音韵、训诂、目录、辨伪、校勘、辑佚之学盛极一时，由此而导致我国古典文献的全面整理，并取得了辉煌的业绩。因此以古典整理为基本特征的"朴学"或"小学"，便成为清中叶之学术的代表性领域。尤其是在乾嘉时代，学者不与于此者

---

① 黄宗羲：《黄梨洲文集》，中华书局 1959 年版，第 77 页。

② 黄宗羲：《黄梨洲文集》，中华书局 1959 年版，第 220 页。

③ 董平：《浙江思想学术史——从王充到王国维》，中国社会科学出版社 2005 年版，第 382 页。

盖鲜。就浙江而言,更是多士班班,若星汉灿烂,成就斐然,犹竹林春笋。从业人物既众,取得业绩亦多。如萧山人毛奇龄,嘉兴人朱彝尊,德清人胡渭、俞樾,天台人齐召南,杭州人卢文弨、梁玉绳,吴兴人严可均,定海人黄以周,瑞安人孙诒让,他们在做学问中,由于环境的逼迫而走向训诂、辨伪、校勘、辑佚之学。他们追求的是做学问过程中注重资料真实的务实之路。他们所务之实是学术研究方法上追求文本资料真实的实。

二、务实思考的简单总结及其现代启迪

从浙江文化务实精神的展现过程看,务实精神的实是一个相对的概念,在外在事物中名与利相比利为实,名为虚;在过程与目的相比中,过程为虚,目的为实,在政治建设过程中国家富强、人民幸福为实,只图虚名、坚持主义为虚;在追求终极价值过程中,求本体安宁为实,求外在物质为虚;在对待外界事物上,切合实际为实,无着空话为虚;在做学问过程中注重资料正确为实,无视资料空头臆说为虚。所以浙江文化的务实之实,其内容是极为丰富且不断演进的,在不同时期、不同学派和不同学者那里都表现出务实的不同层面的含义。因此,全面理解务实的内涵,克服狭隘认识,扩展务实内涵,是我们不断深化浙江精神研究的必由之路。

一是全面理解务实。文化中的务实不能仅仅局限于物质文化的务实,从而只追求物质财富的增长。务实在本质上是有利于人的发展,即全方位地有利于人。实就是实际上利于人的本质的实现,离开了人,无所谓务实。实不实的检验标准是作为万物之灵的人。片面追求物质是务实,但这是浅层的务实,是穷困条件下的务实,如果他脱离了人的存在与发展,那就是务虚,即相对于人的实在感受而言的虚假,且社会越进步,物质利益之实会随之化实为俗,视俗为虚。如果我们全面地理解务实,那么文化中的务实应包括制度体制文化的务实,让制度变更适合于人,不要让人在这种体制中感觉永远走在路上,没有归宿感。这是黄宗羲的务实精神之所在。文化中的务实还包括精神文化的务实,即意识形态切合社会实际和人心实际,不是统治者对被统治者的刻意要求,而是自我心理健康的内在必然要求。这是当代政治学要轨治为治理的关键所在,更是王阳明心学所务之实的真现。文化中的务实也包括行为文化的务实,不是人人唯官是恭,唯上是从,而是依正义而行,循正义而为。文化中的务实更包括心态文化的务实,心之所想

为言之所出，以求其诚，口之所言为体之所行，以求其信。达于言与心合的诚和行与言切的信。而不是言不由心，行不由言，心口分立，行言相背。这是王充务实精神的旨趣所在。

二是克服狭隘弊端。从辩证的角度看待浙江文化中的这种务实精神，我们不难发现其弊端。人们理解的务实往往有狭隘之嫌，仅仅理解为一切从社会实际出发。而且，由于一些狭隘理解务实精神的"事功学者们"不注重于经济、财政、军事等方面的制度研究，对于形而上学问题的思考也是相对较少，有悖于正统文化所关注的内圣修炼层面，难免会受到各种责难和批评，朱熹曾批判说："若永嘉、永康之说，大不成学问，不知何故如此。"[①]又说："江西之学只是禅，浙学却专研功利。禅学，后来学者摸索一上，无可摸索，自会转去。若功利，则学者习之便可见效，此意甚可忧。"[②]从上述批评中可以看出，过分强调物质利益之务实不仅对浙江的务实的理解是片面的，而且对社会经济乃至精神层面的发展不可避免地会产生一些不利影响。如浙江人的务实精神使其形成了注重功利、讲究实际、重视实业、不尚空谈的偏面性，从而导致了一种世俗化倾向。这种世俗化的功利主义倾向往往注重的不是最好、最现代、最高级、最优，而是"什么才是最适合自己的"。这是导致浙江经济以"轻、小、民、加"为特点的原因所在，进而也是浙江民营企业规模小、生产的产品档次低、产业层次低端、组织形式落后等特点的原由所在。因此，要去除这一弊端，需要我们更为全面地理解务实的内涵。"务实"还应包括创业创新，侧重从政治生活层面上的向善、文化生活层面上的趋美和社会生活层面上的求和。

三是未来对策思考。浙江在2000年提炼出的浙江精神是"自强不息、坚韧不拔、勇于创新、讲求实效"。到2005年浙江精神又被进一步提炼为12个字"求真务实、诚信和谐、开放图强"。在省第十三次党代会报告中，浙江人的共同价值观被确定为"务实、守信、崇学、向善"。三次提炼浙江精神，务实始终在其中。但在改革开放三十年以后物质文明建设取得显著成效的今后，我们应该回归浙江文化务实之本意，更全面、正确地理解务实之实的内涵，着眼于浙江文化正视现实，不避问题，经世致用，实事求是地建设，以提升浙江文化的档次，切合实际地升华浙江文化的内涵，以适应时代的需

---

① 黎靖德编，王星贤点校本：《朱子语类》卷122，《吕伯恭》，中华书局1994年版，第2957页。
② 黎靖德编，王星贤点校本：《朱子语类》卷123，《陈君举》，中华书局1994年版，第2967页。

要。具体地讲,浙江务实文化精神的未来发展之路径及转变之对策应从以下几个方面入手:一是政府的宏观引导。通过政策导向、政策扶持和政策优惠等方面的文化引导措施,在宏观高度上不断提升浙江文化精神的层次。二是学人的努力方向,多多开阔眼界,走出去,引进来,增加浙江文化的开放性,以求在地球村时代的背景下塑造浙江文化精神的普世性和科学性。三是社会的不断进步。当社会经济发展到一定程度,各种条件具备后,人的追求也会发生变化,那些务实精神中不适合社会发展的部分自然会被转化和剔除。

萧山衙前出土仿古青铜鐎盉上龙纹的渊源

苏　辉

（中国社会科学院历史研究所）

1972 年，在浙江萧山衙前镇东北隅的洛思山上出土了兽面纹铜簋、铜鼎等 10 件仿古青铜器，现都收藏在萧山博物馆。由于原始记录的缺佚，这些器物是否同出已不可得知。[①] 因此，各器之间的相互联系也无从谈起。本文主要讨论其中的青铜盉。

一、器　形

这件鐎盉此前已著录在《萧山文物》一书中[②]，带 U 形的提梁，两端分别以活动衔环接于肩部以及兽形流口的背部，字母口盖作半圆形，上有直着脖子的卧兽立钮，盖缘所饰变形夔纹与提梁外表同，后世仿古青铜器上的变形夔纹多作如此造型，与先秦时期的夔纹绝不相类，属于宋至清代仿造古铜器所特有的特征。器体作牺形，兽首流口未凿空。三蹄足，上对应腹部扉棱（图 1、图 2）。腹部两侧均饰一对顾首折体龙纹，龙首相背，带有一条小龙作为花冠（图 9）。

图 1　　　　　图 2　　　　　图 3　　　　　图 4

---

①　张学惠：《萧山衙前出土的青铜器》图三，《东方博物》第 33 辑，2009 年 12 月。

②　萧山市博物馆、萧山市文物管理委员会：《萧山文物》第 65 号，西泠印社 2000 年版。

图 5　　　　　　图 6　　　　　　图 7　　　　　　图 8

　　宋人早期对于盉的认识比较模糊,常混同于鬲,如《考古图》卷 2.10"旅鬲"、卷 1.16"四足鬲",均带鋬和流,实际为盉形;或通称彝,如卷 4.11"单粟从"彝,其下说明云"此器与伯骹盉全相似",可见判断标准的游移性。至《宣和博古图》时,盉的辨析已经明确,器类也作单列,书中类似的有卷 19.49"周粟纹"盉(图 4),也是字母口的半圆形盖,环钮链接提梁盉,盉体亦作牺形,兽首状流,腹下三蹄足,显出春战之交青铜盉的形制。不同点在于器、盖表面饰勾连云纹,而腹部未见扉棱。在此时段之内青铜盉腹部出现扉棱的,只有上海博物馆藏吴王夫差盉(图 3)[①]、固始侯古堆出土的蟠蛇纹提梁盉(《中国青铜器全集》11.49)、绍兴坡塘出土的几何纹提梁盉(《中国青铜器全集》11.94)等几件器,年代均在春秋晚期到战国早期,它们器表纹饰以及用凸弦纹分栏的布局,都合乎图 4《宣和博古图》那件盉的特征,故而年代也都相近。

　　上述东周时期青铜盉与衙前盉相比,器身和三蹄足均类似,不过显著的不同也有三处:一是东周铜盉器身的扉棱只有一道,是在尾部蹄足之上,但提梁也有两道扉棱,属于较为显著的差异。衙前盉提梁无扉棱,但除了尾部之外,流颈肩部还有两道扉棱,这是不见于先秦铜盉的特点。二是春战之交的盉一般将提梁两端设在盖缘,萧山这件盉的提梁一端安在兽形流的颈部,属于非常罕见的样式,先秦时期只有甘肃泾川出土的一件四足盉(图 5)是同样的造型(《中国青铜器全集》7.50),并且泾川铜盉的盖纽也是一个卧兽,可以互相印证。此外,还有类似设计风格,如《中国青铜器全集》8.51 长治分水岭出土的三足鐎盉(图 6),器腹纹饰和前面提到的夫差盉相近,特别之

---

　　① 中国青铜器全集编辑委员会:《中国青铜器全集》第 11 卷"东周 5",第 48 号,文物出版社1997 年版。

处在于提梁作桥形身躯的神兽,前足和后足分立两端,兽首向前和流颈同向,也是属于少见的样式;相同的提梁还见于两件四足鐎盉,分藏在故宫博物院(图7)①和广东省博物馆(图8)②,并且这两件盉外表完全一致,好像是出自同一个工师之手,连尾部上翘着圆形短柄都是如此,由于无法获知两盉的流传,它们之间的联系只能暂时阙疑。但需要指出的是,衙前盉提梁一端以环形套接入┐形的横梁,这种连接构造在先秦时期却没有前例。三是衙前盉的盖成半圆形,且盖纽作高圆柱,在先秦时期也是找不到同样的形制。同时,盖缘的变形夔纹常见于宋元时期的仿古铜器,与早期变形夔纹大相径庭,所以,衙前铜盉应该是宋元以来的仿制品。上面举出的东周铜盉都是衙前仿古盉器形的由来,只不过衙前盉有所创新,仿古而不泥古,就是后代仿造青铜器一个普遍的特点。

东周的铜盉发展到汉晋时期,器身没有什么大的变化,但在腹中部伸出一支长柄用以把握,而去掉了提梁。容庚先生《商周彝器通考》引《玉篇》"鐎,温器有柄也",并指出:"忆汉富平侯家温酒鐎其制似如此,故改称为鐎以别于盉。其用乃以温酒。"认为春秋此类铜盉与之前商西周的盉不同,也当和汉器同名为鐎③。汉代这种铜器的自名有确切的依据,如1967年太原东太堡出孙氏家鐎,自名就是"鐎"④。不过,东周与汉代的器形既然有别,春秋时仍袭用早期形制,以提梁贯耳,与汉晋鐎壶必有横柄大异,且与《玉篇》定义有别,命名也不能强求一致,鐎只是汉人的称名,春秋时期的盉未必作此名称。1980年江苏吴县枫桥何山春秋晚期墓出土一件这样的提梁铜盉,其铭曰:"楚叔之孙途为之(盉)",⑤可知春秋时代仍然沿用盉的通名。盉在两周之际出现了盚的别名,器形稍有变化,用粗矮袋足,可见通名与专名只是表里。又如汉代的鋗与商周的簋,汉代的鋗镂与商周的卣(包括汉代的鎣和商周筒形卣)在器形上有相似性,或许还有渊源关系,然命名已不同。故宋以来学者亦多通称东周时此类铜器为盉,仍是可以信从的。也有学者

① 杜迺松主编:《故宫博物院藏文物精品大系·青铜礼乐器》,第125号,上海科学技术出版社、商务印书馆(香港)有限公司2007年版。
② 邓炳权:《广东省博物馆藏品选》,金石第17器,文物出版社1999年版。
③ 容庚:《商周彝器通考》,燕京学社1941年版。本文依据上海人民出版社2008年点校本,下面简称《通考》。
④ 山西省博物馆编:《山西省博物馆馆藏文物精华》,第98号,山西人民出版社1999年版。
⑤ 中国社会科学院考古研究所:《殷周金文集成》(修订增补本),第9426号,中华书局2007年版。

将春秋这类铜盉命名为鐎盉,以便和商、西周的铜盉有所区分,不失为一个解决办法,故衙前出的这件铜器是仿古鐎盉。

二、纹 饰

衙前仿古盉器腹的折体龙纹造型华丽,非常引人注目,给人留下深刻印象的有三点:

1.全身鳞、甲毕现,造型华丽。

2.头部花冠是一俯视的直体卷尾龙纹。

3.肩部有别于一般龙纹的耸突。

相似的纹样在扶风庄白西周窖藏所出的析尊(图 15)、析觥(图 16)、析方彝(图 17)上均可见,这是昭王末年的一组器。[1] 析器以外,相同的龙纹还见于不少铜器,如英国学者罗森夫人提到《美集录》A420 的见尊[2](图 13)和《通考》654 的见盉[3]。李学勤和艾兰两位先生发现了藏于英国伦敦埃斯肯纳齐行的鲜簋装饰有这种龙纹[4],并在讨论鲜簋时提到,类似的还有《西清古鉴》8.33 的麦方尊(图 19)和辽宁省喀左县马厂沟窖藏所出的匽侯盉(图 14),三十四年鲜簋的龙形花冠已经和大龙的头部分开,是晚出的形态,故论定在穆王三十四年[5],析器大约是在昭穆之间[6]。随后,彭裕商先生列出了岐山贺家村 M112 所出的乍宝用簋[7](图 18)。最新的发现则是 1999 年郑

---

① 李学勤:《西周中期青铜器的重要标尺》,《中国历史博物馆馆刊》1979 年第 1 期。

② 中国社会科学院考古研究所:《美帝国主义劫掠我国青铜器图录》,科学出版社 1962 年版,第 696 页;学者一般将此书简称《美集录》。此器又著录在《通考》第 537 器。

③ Jessica Rawson,Western Zhou Ritual Bronzes from the Arthur M. Sackler Collections(《赛克勒所藏西周青铜礼器》),Washington,D. C.:Arthur M. Sackler Foundation,1990,pp. 462—463.

④ 李学勤、艾兰:《欧洲所藏中国青铜器遗珠》彩版 9,文物出版社 1995 年版。下文简称《遗珠》。

⑤ 李学勤、艾兰:《鲜簋的初步研究》,《中国文物报》1990 年 2 月 22 日,收入《遗珠》。

⑥ 李学勤:《西周中期青铜器的重要标尺》,《中国历史博物馆馆刊》1979 年第 1 期。

⑦ 彭裕商:《麦四器与周初的邢国》,载《徐中舒先生百年诞辰纪念文集》,巴蜀书社 1998 年版,第 147—150 页。彭文《陕西出土商周青铜器》三.一所录,此器彩照及纹饰拓片后来发表了《周原出土青铜器》,第 1492—1495 页。又,彭先生认为荣子方尊的圈足也是这种收翼龙纹,似不确,如图 11,荣子方尊圈足是顾首垂冠折体下卷尾龙纹,但没有用小龙作冠饰,肩部也没有收翼形成的耸突。

州洼刘 ZGW99M1 所出的陆卣和陆尊(图 12)[①]。彭裕商先生认为,这种纹饰起于西周康王之世,盛行在昭、穆时期[②],是合理的。

图 9 图 10 图 11

图 12 图 13 图 14 图 15

图 16 图 17 图 18

关于折体龙纹肩部的耸突,笔者认为应该是表现龙背上的翼,只不过没有张开,而是收拢的形态。文献中将有翼的龙称为应龙,《广雅·释鱼》:"有鳞曰蛟龙,有翼曰应龙,有角曰龙,无角曰龙。"铜器纹饰中,为了表现昆虫的翼和飞禽的翅收拢,均在肩或背部凸起(图 10)。折体龙纹肩部的凸起也是同样的道理,如乍宝用簋纹饰拓片,表现的是这类龙纹背部双翼的俯视图,翼尖也从躯体弯折处伸出,较之他器更加形象,与张翼的龙纹,如甘肃灵台

① 郑州博物馆编:《郑州青铜器》第 34 陆卣、第 38 陆尊,香港国际出版社 2001 年版,第 20、24 页。书中分别称两器为"陆"铭凤纹提梁卣、"陆"铭龙纹铜尊,所谓的凤纹和龙纹均指有翼龙纹,前后矛盾。发掘简报见张松林等《郑州巿洼刘村西周早期墓葬(ZGW99M1)发掘简报》,《文物》2001 年第 6 期。
② 彭裕商:《麦四器与周初的邢国》,载《徐中舒先生百年诞辰纪念文集》,巴蜀书社 1998 年版,第 147—150 页。

百草坡西周墓所出漂伯卣颈部的龙纹相比,差别更是明显。

清宫旧藏的铜器中也有装饰了收翼龙纹的,《西清古鉴》8.48 伯龢尊(图 20)、9.30 即月尊、10.36 夔龙尊也是在腹部和圈足饰有收翼龙纹,但都被容庚先生判定是伪器。[1]《通考》555 又有伯龢方尊,容庚先生云:"《铜器集》著录,云铭有王元年伯龢父等三十五字。案此器形制花纹与邢侯尊(《古鉴》8.33)略同,乃西周前期器,不当有西周后期伯龢父铭文。疑铭文伪刻,或此器乃仿造之精者。"[2]此说有理,这些铜器也都是后来的仿制品。

麦方尊器形现存只有《西清古鉴》的摹本,其上的收翼夔纹较之析器、匽侯盉等的纹饰已经失去了灵动的风格而显得有些呆板,在绘画以及版刻的工艺过程中免不了会造成纹饰部分的失真,如果再按照失真的图版来仿造铜器,必然导致纹饰变形放大的情况,仿古的伯龢尊、衙前鑴盉在收翼夔纹的复制上却没有显出太大的走样,说明制作纹样的铸范技工应该不是依据《博古图》之类的绘图本,而是直接临摹先秦古器而成,故相对于麦方尊的图像来说,与西周时代的收翼夔纹反而差别不大。

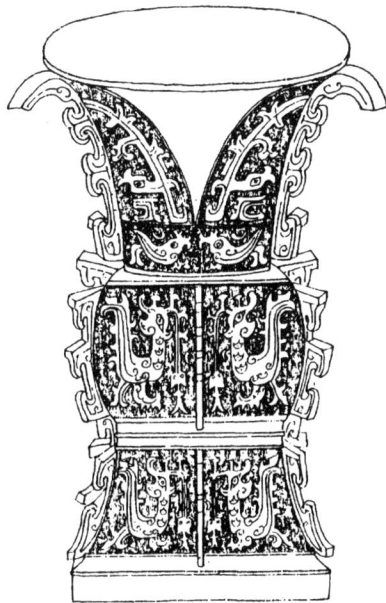

图 19　麦方尊

图 20　伯龢尊

---

①　容庚:《〈西清〉金文真伪存佚表》,《燕京学报》1929 年第 5 期。

②　《通考》第 305 页。

通过纹饰的讨论，可知衙前仿古盉的龙纹临摹自西周早、中期青铜器的收翼龙纹，如果说盉对于春战之交器形的模仿可以达到 80％ 的相像度，那么其上所饰收翼龙纹的逼真程度甚至超过了器形。只不过是春秋战国之际的铜器却装饰了西周早中期的纹饰，不管从哪个方面来说都是非常奇怪的造型，以时代不相符合的器形和纹饰组合在同一件器中，这是后世仿古铜器的又一个显著的特点。当然，仿古铜器的设计者与工匠未必意识到了这种"混搭"，因为当时对于先秦青铜器的断代研究只是刚起步，还无法对器形、纹饰都做出精确的年代判定，夏、商、周三个朝代的青铜器尚且不能分辨，更何况是西周与东周的差别。也许对于仿古鐫盉的设计铸造者来说，他们心目中的先秦青铜器就是如此。

三、余 论

先秦青铜器得到后世的推崇并形成收藏的风气，宋代是一个关键的时期。从刘敞开始倡导，所著《先秦古器记》虽佚，但在学术史上的影响实不可磨灭。至欧阳修《集古录》推波助澜，金石铭刻之学大兴，在士大夫阶层成为风尚。其后李公麟的《考古图》一出，则在铭文之外，兼及器形图像等方面，古器物学的规模渐成。加上统治者"崇礼复古"的需要，在恢复"三代之典"的礼制改革背景下，官府仿古铜器的铸造蔚然成风，并运用于各种祀典，南宋之后余绪不断。

北宋的仿古礼器多据聂崇义《三礼图》，但是由于聂氏未及见三代真器，书中绘图均属向壁臆构、闭门造车，随着目验先秦青铜器的机会增多，陆续有学者、官员意识到《三礼图》的谬误并上奏朝廷，终于在政和五年徽宗下旨对《三礼图》和郡县学绘画图像进行改正，并毁去郡县学两壁旧绘《三礼图》。不久，以皇家收藏为主编绘的《宣和殿博古图》修成，客观上起到了提供古器式样的作用①。此后所造的铜礼器在仿真程度上有了较大的改观。衙前仿古盉能够非常接近先秦铜器的造型与纹饰，的确是受惠于此，这也确定了此盉铸造年代的上限。

后世仿古铜器的用途和性质大致可分为坛庙寺观的礼器、文士的雅好

---

① 韩巍：《宋代仿古制作的"样本"问题》，载《宋韵——四川窖藏文物辑粹》，中国社会科学出版社 2006 年版。

赏具、用于渔利的伪器三种,①衙前此盉的流口没有凿空,可见不是实用的器具,因此,后两种可能性很小,应该属于宗庙或学宫用于祀典的礼器。宋元时期在庙学和义塾多参照古礼以行释菜等祭典,②"孔子庙遍天下,其制度沿革多不同,然皆所以尊崇圣人而阐明其道,使君子小人有所瞻仰感化,同归于学则一而已矣。是故殿廷庑门有常度,容貌佩服有常仪,尊罍簠簋有常数,师弟子有常员,祭祀有常礼,苟奉天子之命,司牧民之寄者必有志于其间也"③,上海横溪义塾有礼殿供奉孔子及四哲像,"设两斋栖师弟子,具祭器,严春秋二丁"④。仿古鑪盉便是厕身于尊、罍、簠、簋之类的祭器中,起到宣扬师道、弘大儒学的作用。

最后需要注意的是,存世的仿古铜器已有不少,但器形作盉的极其罕见,因而衙前仿古盉的价值还有待进一步的深入探究。

2012 年 11 月初稿

2013 年 4 月二稿

---

① 郑嘉励:《从黄石墓铜器看南宋州县儒学铜礼器》,《浙江文物考古研究所学刊》第 9 辑"纪念浙江省文物考古研究所成立二十周年论文集",科学出版社 2009 年版。

② 申万里:《元代庙学考辨》,《内蒙古大学学报》2008 年第 4 期。

③ 程端礼:《枣强县学修饰两庑及从祀先贤像记》,《畏斋集》卷五,《丛书集成》续编影印《四明丛书》本。

④ 戴良:《上海横溪义塾记》,《九灵山房集》卷十一,《四部丛刊》初编本。

临海东部沿海成陆考

彭连生

（浙江省临海市杜桥镇宣传办）

杜桥、桃渚位于临海东部沿海、台州湾北岸，东濒东海，海岸线长，港湾纵横。境内大部分为滨海沉积平原，沿岸滩涂广褒，地形西高东低，西北群山叠嶂。头门岛、东矶列岛拱卫，港湾、滩涂、丘陵、岛屿等地貌类型齐全。其中，杜桥境内古有"三沟、六浦、一条江"，桃渚古有桃渚港，后有黄公河，南北大河，自西北向东南倾注东海。

沿海涂地经过垦殖和天然淤涨，海岸发生了变化，已成滨海沃野，富庶粮仓。

一、成陆过程

杜桃平原属滨海平原，靠近沿边山麓与小杜线外的土壤差异明显，据地质勘探资料表明，小杜线今杜桥和桃渚公路西南侧为新海相沉积，外侧属老海相沉积，由此可知为台州湾的组成部分。

据 1979 年 10 月临海县地理学组对临海县东部沿海地区考察报告：在桃渚的百亩地山、四岔海边大坑头、方山、前门山、牌位岩，上盘沙基山等地在地质新构造运动中均存在三级剥蚀面的存在，海拔最高在 80—220 米左右。杜桃平原范围内均存三级海成台地，一级台地海拔为 5—10 米，地面呈波状起伏，平原上河汊湖塘众多，沉积物有滨海沉积的磨园度极好的砂砾石（大岙砾石层）和沙、淤泥，下部为海相沉积的青灰淤泥，构成海积台地。在近山麓一带有明显的因海水侵蚀而形成的海蚀穴，海蚀痕及海岸线层，今遗留有海蚀平台台地和因海浪淘蚀受海水冲蚀而形成的海蚀地貌、海岸线崖。地貌痕迹有上盘金杏墩西山麓、大岙、方山老鼠尾巴、四岔铧锹崖、杜桥塘岸童岩下、童岩下至三石徐徐岙堂一带的海岸线线崖。海蚀台地在 30—40 米海拔在四岔方山老鼠尾巴、蒲蓝头。50—60米在桃渚四岔间广泛分布,如西毕山、中旧城、城隍山、石相山、红鸡山等,桃渚城附近石柱下,千丈岩一带广泛存在海蚀平台外,还有明显的海蚀地形。

杜桥、桃渚一带自中白垩纪以后一直受新构造运动影响,为一间歇性的抬升地区,形成了三级剥蚀面,下更新世时,曾受剥削作用,到下更新世末发生海浸,遭受海水淹没,因而发育了各种海蚀地貌。中晚更新世,又继续上升形成多级海成台地。第四纪全新世时又一次发生海浸,形成了现在的杜桃平原。

从今流传民间传说、民谣、古地名及地质地貌综合分析,杜桃平原一带,古时曾被海水淹没,桃渚四岔、杜桥白石、西洋山后葛、雄溪垦步一带当时可能为古海湾,后形成潟湖,而今出露为河网密布的淤积平原。又根据残留的海蚀地貌分布情况和5—10米杜桃平原滨海相沉积,估计当时海水约比现今地面高10米左右。因而杜桃平原形成时的古海岸线,可沿高出10米左右的等高线划出了解以前的古海岸线状况。在桃渚明霞洞发现蚶壳水生化石,2008年在桃渚上塘村前至下山头村发现村农浚挖河渠时翻出的许多碳化淤沉涂泥底的各种贝类。2006年杜桥杜南村新建耀达商城时在5—8米深土层中也出土比较多的蛏、蛤蜊、螺蛳等碳化贝壳。在各种基层土层中均有发现,这一些发现,是为东部沿海处于海中的有力佐证。

在距今6000年前,杜桥处于一片浅海之中,《山海经·海内南经》中就有"瓯居海中"的记载。[按:东汉顺帝永和三年(公元138年),分章安县东瓯乡置永宁县]因此晋郭璞注释语:"今临海永宁县即东瓯,在岐海中。"唐代的张守节在其所撰的《史记正义》中进一步解释为:"东瓯,台州临海是也。"其中《方舆纪胜》载:"玉岘山,在府东百九里海中,旧名黄石山。……今其地亦名黄礁。"根据以上史籍记载可知,在《山海经》时代,临海东部沿海处于茫茫浅海之中。

此后由于地壳缓慢抬升以及丘陵上的泥沙经风雨冲刷在山麓形成沉积自然淤涨,东南沿海山麓地带才始露出小块的冲积平原。

杜桥、桃渚境内在的土地大都为海积平原,在漫长的历史长河中,一直处于不断淤涨状态中。由于潮汐和海浪顶托作用,杜桥北部山麓的山溪挟带的泥沙在凤凰山、嵩山、大汾石马山、岸头一线附近大量落淤沉积,至春秋末期,在今大汾沙巷一线形成一条东西走向的古沙堤,沙堤北侧是一片与浅海贯通的潟湖,潟湖的缺口处可供船只进出,至今在前所杜桥一带还流传

"老大好当,陈岙门难过"、"东峙门头船难过"的民谣和传说。桃渚沙门、下山头、瀛峙、杜桥胜利百丈岸、雉溪垦埠、沙滩白石等待岩、蔡岙虾部口、杜西村高墈头、沙巷、湖头、市场长沙、前所沙岗头等地名,来印证古海岸线一线情况。

20 世纪 50 年代在兴修水利时,杜桥镇北郊白石溪头村群众在等待岩洋平浦浚挖河浦时曾挖到古船桅杆和船板,前所沙岗头挖河时挖到大船船桅,礁背村在三礁地附近挖出许多沉船,横路村村民在村西、村南二池塘中均发现横倒的古船桅露头。在双桥头村中一池塘中也发现古船桅杆。川南桩头村一池塘中也挖到古船桅杆,后地遂名桩头等。1958 年在章安墩头树岙里挖到古沉船板,杨司谢张村大樟树下挖到古船肋板,1963 年村北滥田塘底下挖到沉船木桅杆,1961 年在杜桥中学校园内浚挖大园井时在深三米处地方挖到船板,颜色呈红色。其间在今下街路原供销社蔬菜厂处挖泥做砖,发现古陶罐。1962 年 9 月在上盘城山村巡检司北城脚挖到海冲积存的海贝蛎壳层。1970 年在疏浚百里大河在章安街下浦坦挖到古沉船。1997 年春,前所蟹钳岭西南麓台州发电厂工地出土北宋影青瓷谷仓,铭文:"乾德六年(968)岁在戊辰八月未日造记。"太平山南麓老前所中学校园内出土汉代夯土的建筑台基和大型瓦当。1997 年 9 月 15 日前王村小楼修建厕所取土时在 1.5 米深泥层中挖到汉晋青瓷器、盘、壶一件,钵三件,二系瓶一件。2006 年在章安回浦小区内挖水井挖到古大树桩。2009 年 12 月,在杜桥镇方田洋村与湖头村上丁之间百里大河方田洋桥西侧前十米外浚挖河道出土古木残迹,浙江考古研究所考证为一排古木排列是汉唐时期的一临水建筑物构件。以上发现的出土遗物均表明在商周时期杜桥西北侧尚是古潟湖和海湾的佐证,文物出土情况也表明这一带已成陆地。

古沙堤如一道篱笆环列在东西丘岗地带前,拦截着陆地径流挟带的泥沙及上涨的潮水中的悬沙,使之在堤内加速落淤沉积,加快成陆过程。杜桥和桃渚的地形总体上是西北部为丘山地,大小不一,南部地势低平,自北向东南倾斜,地势平坦,土层深厚,地面高程一般为 4—6 米,为广阔的滨海平原。杜桃平原河道沟浦纵横交错,水塘密布,地下水位较高,遇害汛期低洼处易遭内涝。从杜桥、桃渚的成陆过程来看,是典型的滨海平原,由灵江、桃渚港海冲泥沙经海浪搬运回流,淤沉积堆成土从而形成平原。滨海平原主要分布在椒江口以北章安、杜桥、上盘、桃渚等地区,河口呈扇形,海泥砂沉积平原。北宋熙宁时这一带古称杜渎,因海水涨入遂沟浍,故以渎得名。20

世纪五六十年代后称杜桃平原,长约 20 公里,宽约 8 公里,沿海岸筑海塘和堤坝。

据采访地方耆老所言:五六十年代,杜桥镇大汾湖头村周边均高出田野的宋时间盐墩残存,后改墓葬地。湖头村与其他村地形相比落差一米余,低洼这一特征,亦可推当时内曾有小片湖沼地形成。杜东村安堂、楼下村煎盐墩,一般地势高,含盐分高,土地黏而硬,大汾汾东村今公路边、杜前村牌门今新客站址均建盐仓,至明代遂废改葬族人墓葬地。宋元盐仓基址等反映此地一带已经成陆地。

至商周时期,杜桥、桃渚西北部的丘岗地带的沿边山麓有大片的土地与湖沼群出现,这片新淤沉成陆的土地后来一直成为外来移民定居开发的理想场所。到汉代杜桥以中原人口南渡逐渐发展,两晋中原烽火连年,北方士民相继南渡,从章安境地出土的东晋"太和四年(369)八月一日冀州(今河北省高邑县)","兖州济阳郡济阳县都乡观化里朱伟妻"等古墓铭文砖,更直接反映了东晋北方人口迁徙章安的现象。

杜桥西洋湖山下出土西晋元康二年(292)王氏、元康三年(293)左氏、元康四年(294)明氏;阳屏出土永康元年(300)丁氏;惠因寺出土东晋兴宁三年(365)章氏;大汾石龙山出土太和六年(371)许氏等墓砖,以证人口南迁。秦始皇兼并六国后,为开拓疆土,进行了一次大规模的强制性移民。《史记·秦始皇本纪》载,三十三年(公元前 214 年)"发诸尝逋亡人,赘婿,贾人略取陆梁地"。《汉书·高帝纪》亦谓:"秦徙中县之民南方三郡,使与百越杂处。"这些移民主要来自黄河流域。北方人口的南迁,使章安、杜桥一带人口户数剧增,到汉代,人口已繁衍相当规模,为此,朝廷于西汉昭帝始元二年(公元前 85 年),在章安建立回浦县,东汉光武帝建武元年(25)改称章安县。据1991 年后文物考古出土的汉晋古墓,前所太平山、杜桥岸头、大汾石马山、方田洋村东侧、湖田村前嵩山、蔡岙、西岙、上王、洋平、白石溪头、岙口头、凤凰山北麓坐坦头、斜岙、垦埠等一线沿边山麓均有汉晋古墓葬群的发现和出土。后随之晋代"八王"之乱后,中原烽火连年,北方士民相继渡江南下,杜桥、桃渚濒海山麓不断涨淤的土地自然成为聚居开发的目标。

从各个时期文物出土点分布情况中,也可以发现对当时沿海成陆的部分踪迹。90 年代随着基建勘探发现,镇内前王村小学旁边建农宅时,取土挖到沙垅,即厚厚的淤积的沙层(古沙堤)。由于潮沙和海浪顶托作用,河口上游北郊溪口、白石、岙口头等山溪性河流的泥沙在下游丘岗附近大量落淤沉积,到春秋末期,在今大汾胜利百太岸、石马头山、嵩山、凤凰山一线形成一条东西走向的古沙堤。

也可从广褒的平原上找到许多以潟湖、湖沼、岛礁等地貌特征命名的地名村落印证。杜桥地区:独船峙(胜利)、东屿、西屿、华屿(东边)、赖峙(后洋)、等待岩(王界山)、外洋萧山、吕公山(横路)、穿山(穿山)、牛屎山(湖田)、嵩山、牛屎屿(垦呑陈)、老紫鼠山(新潘)、雁山(市场)、狮子山(市场)、竹峙山(九华)。上盘地区:黄峙、水鸭峙、水牛礁、百礁、白茅山、长腰屿、老鼠峙、箬帽峙、棺材头礁、穿礁。桃渚地区:西毕山(西毕)、城隍山(中城)、屯峙(滕峙)、石相山(下山)、白箬峙、小方山、壳墩峙(鲤鱼山)、双屿(旧城)、绣球屿(中城),前所地区:三礁(妥桥、礁背)。章安地区:金鳌山(章安)、长嘉峙(章安)、峙泥山(谢张)、乌龟山(古桥山井头)等这些山礁、岛屿原都是海中的山礁,海浪搬运淤积成平原后,岛屿、山礁露出地面横亘桑田,就也证明在成陆过程中。

据地方文献及各姓氏宗谱记载与各出土文物碑刻旁证:民国《临海县志》卷之四,疆域、叙水:杜渎,在县东五百二十里承思乡。海水涨入沟浍遂成渎,广褒二三里,溉田百余顷,民甚利焉《府志》。按杜渎旧在石柱山则,《台州外书》云:"宋姚宽尝为杜渎场监,在今北监(涧)、杜渎场之侧有石柱山甚奇,下皆煎盐所。"此记载为北宋熙宁五年创建的杜渎场,场地大致范围今在北涧至桃渚及石柱山下沿边山麓一带,包括今天的桃渚城一带湾里涂地。至明清滩涂不断涨淤形成了新杜渎场地。"雍正七年督臣李卫檄台州知府江承玠开浚,并筑堤抵御咸潮,修建七闸以为蓄泄,曰轻盈,三石、涂下、嵩浦、西浦、竹屿、推船沟,由是千顷沙碛斥卤之地俱成沃壤。"(《浙江通志》)总督李卫《重开杜渎场河记》云:"临海东鄙滨海琅银、鼠屿二山相距四十里,中有河道,民享其利。""清嘉庆年间,陶江浦口宽四丈,深二丈二尺,三石浦口,推船沟浦口各宽三丈二尺,深一丈六尺,礁下浦、涂下浦今涨。"(《民国临海县志》)

又见明黄淮《桃渚千户所迁域记》:"桃渚属海门卫城,在临邑海崖之巅,势甚孤危,适足以饵寇,且潮汐冲激,弗克宁居,乃集藩宪及都司臣僚,佥议内徙十里许,地曰:芙蓉,规划既定,召匠抡材,乃筑乃构,聿底于成。"从文献和实地调查情况看,从现桃渚靠海方向"十里许"应是明代曾筑城池的现在中旧城村,村内残存迹可辨,长约八百余米。估计在明代这里是处在桃渚港的一部分近海,而且涨潮时,经常受到海水的冲击。清续修《临海县志》:"旧城山，在鲤鱼山东，三面滨海，东临圣塘门，接轻盈山，南襟海涂，北扼桃渚港，为海防要区，上有古城，相传明倭寇时，城移中旧城，后移桃渚寨云。"今考证旧城为明洪武二十年（1387）九月，汤和、方鸣谦所建的桃渚城，又名桃渚（枝）头城，下旧城。

桃渚港，在县东南桃渚寨前后，桃渚港出芙蓉峰，东流经桃渚城东南，出新闸，雄溪、武坑二水自西来会，亦曰前港（南港），又东过旧城山之北，经青唐入海。"旧时古港口宽四五里，深三丈二尺不等"，又采访老者，旧闻桃渚港长约10里，阔三丈多，深一丈多。这条古港在宋明时期与大海相连，途经旧城山双屿、鲤鱼山、草板塘、狗头、坝脚下（三联）、瀛屿、腾屿、武坑闸、中旧城直上溯至桃渚城一线，古港经过从宋至清千年演变，这条古港至今已全部涨淤，原宽广的港道已改变成河渠和片片土地。

从部分现存的古地名桃渚瀛屿来分析，"瀛"是大海，"屿"高出的小山，二峙对立成门户，在明代时是白茫茫的大海敞开的门户。至清初时前面东苟（狗）塘筑成，康熙时成为浙海关家子口盈（瀛）屿分口的海防驻地，从武坑闸至旧城山脚双屿塘之河，大大小小已围垦15塘，已向东推进。连盘的大圆渚、小圆渚地名，在清代雍正年间已出现，"渚"为水中间的小块陆地，由于自然涨淤，水系环绕，成了渚地。今小圆渚地名尚存，大圆渚遗迹今在连盘老街新堂后向东部方向，面积约100亩左右，今已改为街道。大圆渚前面的草板塘、长兴塘约在清道光年间已成陆。连盘浦后村有地名"坝脚下"即今三联村。

2008年第三次全国文物普查，在连盘呑里发现万历十二年的"毛公之墓"明代墓葬，从这些零星资料来看，也正好说明这一点，古桃渚港也随着逐渐自然涨淤和围垦慢慢消失。

光绪三年《汾川李氏宗谱》载："北宋时沿海人民稀少，土田未辟，惟择高而肥者耕作，南宋以来人口渐多，即属污下地亦也开垦，一旦潮汐往来，禾苗即受其害。"光绪三十四年《涂川项氏宗谱》怡萱公墓铭："吾父不禄，某月某日将卜葬六柱闸之原，请立石于圹中，乞伯父一言以垂久远"，"万历四年，君与金氏合葬于六柱闸之原"。六柱闸原址今在山项后地村前，明代中期已经成陆。今名存，在清代中官路大道南侧。

上葛葛氏明洪武年间迁涂下桥上葛，得渔盐之利，荒涂沃土，分迁松浦葛地，先行筑灶烧盐，逐步围涂改地。（《松浦葛氏宗谱》）明洪武开煎后，包邦徙子固信，以智能勇敢，充作灶丁，所承灶五角，灶山之岗，后迁横楼上包。

(《临海嵩浦包氏宗谱》)大明定鼎杜渎开场,身充灶户就地起墩,因名其里墩头。(《台临墩头王氏宗谱》)"涂川山势嵯峨下临沧海,土地沃衍,火耕水耨,渔卤山樵"(《临海涂川项氏宗谱》),涂川其地近海而多田,国家驰禁以来物阜安康,环川而居者。(《临海涂川项氏宗谱》)东洋濒海筑成田外涂地高。(《台临东洋陈氏宗谱》)"轻盈峁里徐氏散居于新峁,下盘、沙基、沙塘岗诸村或在山腰或在山之麓。蜂屯蚁聚滨海名山。"(光绪十三年《轻盈峁里徐氏宗谱》)这些文献表明杜桃平原成陆者以人口集聚,海涂涨淤,围涂改地形成聚于海隅,负山带海,土沃地饶,其民朴而裕淳的滨海创业生活情景。

1949 年 6 月临海解放以后,50 年代初由农业生产合作社组织围垦,当时都选高涂围垦,面积不大,围垦区集中在市场推船沟至大峁一线。1957年成立临海县海涂围垦指挥部。1958 年人民公社成立后,北起洞港,南至松浦,依靠集体力量沿海全线展开大规模围垦工程。1958—1974 年期间围垦海田 4.96 万亩涂地。2007 年 8 月北洋涂,2008 年 5 月南洋涂大面积围垦 4.33 万亩,加快了沿海平原的成陆。

今实测从汉至今已过千余年,以杜桥镇解放街为起点至杜下浦闸海塘至全长 10 公里,以桃渚城为起点至南门港海岸线长 11.76 公里。杜桥逐步成陆,随江潮涨落,宽深浅不常,涨淤不同,要比上盘、桃渚涂来的要早,这要从人口集聚开发和台州湾口泥沙冲流流向情况比较来看,自然成陆是漫长的。

二、海岸线的变迁

宋代的海岸线基本以岛礁、山屿、港湾纵横,山麓自然分布。杜桥部分基本上以今杜桥至前所的大路线 75 省道段北侧一带。宋代海岸线大致以大汾百丈岸、大汾、上葛、沙巷、牌门、杜桥、安堂、楼下、塘岸、三石徐一线。杜桥至桃渚小杜线公路内侧山麓一带为符,以后由于河口输沙和海域来沙的沉积以及人工促淤的复合作用,不断向东南推移,境内古沙堤内侧的潟湖也基本埋塞殆尽。从 60 至 80 年代在杜桥西外里坑,大汾道士周及西湖村西峁、湖山下、杨司谢杨、桃渚杨家峁、上盘城山、白沙岛等地发现新石器物来看,推测四五千年的海岸线和人类活动的踪迹。北宋熙宁五年(1072)建杜渎盐场,杜桥、桃渚为杜渎场辖地,修筑杜渎堤纳潮煎盐。次年(1073),提举使沈括来两浙考察水利,翌年给朝廷的《奏疏》中就曾建议:"温、台、明以东海滩盐地可兴筑堤堰,围里耕种,顷亩浩瀚,可尽行根究修筑,收纳地利。"到"靖康之难"宋室南渡后,北方士民大批南迁,滨海之地士民爱居迁徙略增。杜桥地区唐末大汾李氏迁居大汾,北宋建隆三年蒋氏迁居大汾山头蒋,淳化年间董氏迁居洋平,熙宁间陆氏迁居塘岸陆宅山,政和郑氏迁居杜镇桑园、楼下,严氏迁居上林三石严,南宋庆元年间丁氏迁居湖头村上丁,淳熙年间朱氏迁居杜前牌门,淳祐年间金氏迁居穿山,德祐年间王氏迁居杜镇桥头王,德祐二年潘氏迁潘家和市场新潘,嘉定四年陈氏迁居市场。桃渚地区:唐末黄氏迁居芙蓉,南宋末王氏、罗氏迁居北涧等。这时南宋小朝廷的半壁江山,处于生齿日繁而疆土日窄的状态中,人口与土地的矛盾日益突出,为此朝廷大力奖励州县官员兴修水利,把兴修水利的成效作为考核官吏政绩的主要内容之一,州郡的长官都秉任"提举圩田"或主管圩田的职务,因此史称南渡后,水田之利富于中原,故水利大兴。南宋《嘉定赤城志》载,至宁宗时(1195—1224)临海县新围 5612 亩,涂田 24771 亩,使临海东部沿海的海岸线向东南推进了一大步。

高涂积淤,围涂造田,海岸线也逐步外移扩涨,其间河流沟浦也随之增多而延伸。南宋嘉定十六年(1223)记载的莲盘津渡(连盘岙里),沿海的市场山烽堠、三石洋烽堠(炮台)、圻头洋烽堠、竹崎山烽堠、磊石坑烽堠、石相山烽堠及城山村的连盘巡检司等海防遗迹和津渡看当年的海岸线。

据《民国临海县志》载:"蛟巇山,在县东南 180 里海中,上多支子,且有田及民庐。"《嘉定赤城志》)内有石仓,同治以来涂涨渐高,已与内地合而为一矣。轻盈山,在县东南一百六十里海中,上有渔业者居焉。(《嘉定赤城志》)可见当年宋嘉定年间时,今桃渚蛟巇山和上盘轻盈山都处在海水之中,东南山麓便是海岸。至明洪武二十年在旧城山海崖边修筑桃渚城(下旧城),那时海岸有所扩涨,山麓边可以通行,上盘至旧城人即从下盘岭进出。

光绪三年重修《汾川李氏族谱》载:"大明定鼎,以海滨斥筑巨岸五万余丈,环御潮汐,大汾李原和出资在海滨筑土城御潮,东起杜下浦朱家沟西跨蟹儿岭,辟田 30 余顷。"民国 37 年重修《临海涂川潘氏宗谱》载:"明嘉靖二年甲申七月,予告御史临海秦武撰潘氏宗谱序:涂川临海之东鄙,地负海而多山,其地距海十余里,居民荷锄结纲,率以渔盐为业。"从这一文献记载和地方百姓口碑和地名推测今大致在老鼠屿、朝西堂、下洋屋、礁背、塘下、横塘、东横、西横、汇头、癞头闸、横岸、方塘、垦岙陈、潘家堂、三房湾里、水路涨、上盘、新塘岸、老塘岸一线的明代海岸线。

又明蔡潮《霞山集·竿山闸记》:"……竿山渡,瓯闽吴会往来者经焉","……永乐初筑堤建闸……闸界以内白莲、洪福、金仙、寿安、法兴凡五塘……","……及正德七年海翻闸废,膏腴变咸涂,行旅弱于舟渡,民告病滋甚,嘉靖初年,乡民疏请得旨,拟复旧观"。"嘉靖二十年(1541)七月暨望,风飓海溢,坏田庐淹民命,不可胜计,闸址荡为巨浸。……涉历寒暑筑堤四十余丈,高五丈,厚倍之,堤内外投石塞渊约深四丈余,旁障石为防,参错钩联,长与堤称,仍架梁闸上为庄逵,视旧观有加焉。民德公如父母,名其闸与塘皆曰'胡公',复作亭勒石肖像以祀之(台州知府胡叔廉)。"竿山坝今遗迹在杜桥镇雉溪花山村,名存。看今天的地理环境此外是一个浅港湾,明后期今瀛峤、新闸、新山是一片大海洋。那清代的海岸线又在哪里?清乾隆三十一年(1766)海溢,土堤坍塌,山项横楼李拔尤呈请杜渎场朱家庆大使添筑杜渎场新堤,又称长沙坝。东自上盘大岙长腰峙,西至前所老鼠屿。这一线今大致是老鼠屿、新殿、德海堂、草坦、湖塘下、杜下浦、四份、土城、闸头、小海门、小田、推船沟、上畔闸、土城下、夹石头、大岙、长腰峙等线。民国重修《临海尤氏宗谱》:"琅银柱门护龙坝于嘉庆三年(1789)徐尤王三姓虑海潮荡溢为首募捐各姓,师轮、莲宣等为首挨户鸠工捐资,吾族近坝功加倍乐成。"上盘镇东面的海岸线已经在旧城至金樱墩,长腰峙山麓外处,上盘去旧城均走下盘岭进入。乾隆年间旧城有古埠九处:大跳、小跳、白岩前靴、脚头、石牛、长沙头、黄岙、关头、田岙、汇水庵,至清光绪三年(1877)时已涨成为陆地(汾川李氏族谱)。"乾隆三十年,市场竹峙山外一带,南涂涨高,芦苇成林……"(民国37年《长沙潘氏宗谱》)康熙年间,武坑、瀛峤等地均设盐廒收盐,随着海涂涨高去煮盐渐远,瀛峤盐民苦之,乾隆年间移灶于近海地面办煎。康熙年间在狗头、六份头、狗腰、墩头山、晚稻岙一线围筑的苟(狗)塘。道光间(1821—1850)和海岸线已经在鲤鱼山村前的长兴塘、双峙上面。

光绪年间,川南镇草坦河墈下人岁岁苦于修坝,宣统元年(1909),由山项东际李惑斋等倡议并筑城,至民国时期基本以这一线为海岸线,距今南洋坝约2公里。上盘以金杏墩村外,磊石坑、八甲、大跳、均沿海山麓为一线。连盘一带鲤鱼山村外、双屿外一线,桃渚以方山村外摇渡头闸、天德闸外这一线为主。南洋涂海岸线在今川南湖墈下、土城村团横,卜盘闸距离海口1.5—2里不等。清末至民国时期,也在当地留下了草坦老湖墈头、湖堪下、新湖墈头、大湖墈头、土城、老土城的名称。民国24年在川南杜下浦村草龙庙修建杜下浦闸,闸址今在川南轮窑厂处,今遗址尚存。据说团横村前三石浦闸民国 9 年已修建,30 年代由汇头金寄梓倡导重建,今闸尚存,旁建禹王庙。据当地老人讲,徐金团后有一道土城,民国土城(海塘)在村前今三石浦老闸址,从川南旧城村闸头路廊起到民国海塘筑了二塘,新中国成立后至海口筑四塘,民国海塘址今南洋一路防护林后,塘河还在。

1993 年新编的《临海水利志》载:杜桥地区民国海岸线原在老松浦闸,旧杜下浦闸、山石浦闸,老推船沟闸一线。上盘地区原在上盘闸、眼泪港陡门、下盘闸、新城闸一线,达道、黄屿、白沙诸岛为潮涨浸没的海岛。1958 年围达道塘,1965 年围北洋大塘,1974 年围白沙塘,从而诸岛屿与内陆连成一片,海岸线相继 1.5—3 公里不等。1974 年修筑枫林坝,1989 年围大跳闸至短株村海塘。在没有围塘之前,大跳闸外是波涛的大海,大跳、短株、长沙头,旧城等处居民均住在山上海岸边。今长沙头部分住址遗存尚在。桃渚地区:东向直落海岸在旧城村后双峙闸一带,方山直落海岸在摇渡头闸外。北片是在天德闸外,当年这些闸外都是滩涂,潮涨海水直淌闸口,此段进内河都是感潮河段。1965 年围蒲兰头海塘,1977 年围红脚一期海塘,1987 围二期海塘,海岸线推至 2.5 公里以外的断棚嘴和石牛一带,潮水直淌至洞陡门河段。洞港海塘原在十三坟头塘、箸帽礁塘、猪屿塘一带,1970 年围成洞港大塘,海岸线推至 1 公里外的洞港堵口坝,竹西湾与朱门一带。

据《临海水利志》1949—1989 年的资料,东部沿海堤线已普遍向外海推出 1—2 公里不等。清代的围筑大都是自然积淤围筑,投入人力财力不大,进程比较缓慢,真正海岸线向外拓展的还是新中国成立以后国家号召围涂筑塘才形成大面积的土地。2007 年 8 月 18 日,北洋涂围垦工程开始,拦海大堤由北洋堤和白沙堤组成,总长 7.07 公里,首期围垦 3.27 万亩(21.8 平方公里)。2008 年 5 月 10 日,南洋涂围垦工程开工,围涂总面积 1.06 万亩(7.1 平方公里)。再看光绪年间临海舆图局编绘的临海县五里方图,就更清楚地看出清代海岸线的大致范围及 1968 年 11 月航拍,中国人民解放军总参谋部测绘局的浙江临海县上盘市等高线军事地图与今天的海岸线相比较,更准确地分析海岸线变化的情况。

三、地名、村庄、水闸的变迁

杜桃平原位于台州湾北岸,长期灵江沿途侵蚀的大量泥沙挟带冲洗东海,历来处于不断淤积状态。古时曾经沧海、沙滩、港湾,浅海泥涂,由于潮汐涨落,泥沙沉积,滩涂向外扩展,经历代先民围垦筑塘和自然涨淤成一片片涂地。随着海退人进,人口不断迁徙聚居,开荒扩种,内开河渠造闸,海潮被阻于坝外,蓄水养淡,沧海桑田,村落相继开成,新的地名也相继出现。

临海人多地少,海涂辽阔,土壤肥沃,人民把围垦造田作为扩大生产的一项途径,沿海土地大都由海涂围垦和坡地开荒而成。沿海平原开发汉晋就已开始,杜桥毗邻古郡章安,受当时的政治文化诸多影响,从事农耕土地开发。宋代大兴水利,兴筑堤塘,修渠造闸,筑坝开渠,扩大耕地,农田、土地不断开发出来。吴越国时,对杜桃平原也进行开发,在杜桥上王惠因寺建立钱氏庄园,发展农业。有史记载最早为吴越天福八年(943)鸿祐禅寺僧围垦桃渚东洋石井岐涂田(址今三门县小雄金家岙)。民国3年重修《芙蓉黄氏宗谱》系图载:"黄文叟,讳升,生于北宋熙宁三年四月初六日亥时卒於宣和四年三月初九子时,公生平才略过人,善于治家,赤手筑涂四千余顷,积赀巨万……"但大多数仍然处于自然成陆状态,较大规模的开发自明代开始。

土地是人类赖以生存的载体,其中海积平原与内陆平原存在着较大的区别,内陆面积是固定的,海积平原是不断拓展的,是沿海民众向大海要土地的唯一资源。而成陆一部分是自然涨淤而积,另一部分是先民围垦造田加速海岸线向外推移。明清至民国时期,沿海各庄均以地界为准,绅士族首率众修堤筑塘,俗称夹溜塘。所围塘地变为荡田广种收租,后养淡转变良田据为己有。清代部分大姓殷富大户,如杜桥镇川南下项项氏、大汾李氏、桑园楼下郑氏等地各大户均出人力财力前往桃渚东洋一带围垦涂地,筑塘开涂造田,均以小规模,后冠以姓立庄世守,作为族产。

今桃渚镇中的下项庄、川下村大汾庄、太和庄、双淮涤等地都是从杜桥迁徙过去围涂造田开发的住户,还有一些当年围垦的海塘,后迁入开发逐成地名。

比如今桃渚镇桃渚新塘、上塘、草板塘、狗塘、石桌塘、武坑塘、双淮涤塘、北塘、塘前、荷花塘、下塘、小泗淋塘、东洋。杜桥镇如塘岸、横塘、横岸头、双甲塘、百丈岸、岸头、垦埠、横撇头、东横、西横、荷莲塘、塘下、方塘、塘里。上盘镇如西洋坝、岩下坝、土城下、涂岙、老塘岸、新塘岸等形成演变地名。

还有从今遗存一些废弃的水闸遗址也可以看出海岸线不断向外拓展的变迁史。明洪武十七年(1384)三月,御史蔡民玉(1352—1397)建言立闸四十事,按地脉所宜,凿河盘绕,建闸大小36所,总萃之古桥闸。界至章安以东,武坑以西,北至溪口,南至大海。雍正七年(1729)浙江巡抚李卫督台州知府江承玠开新河建七闸,其河起于上盘晾银山,讫于前所老鼠屿,全长四十余里,建里山(礁下、三礁)、嵩浦、涂下、三都(三石)、竹屿、推船沟、转盈(上盘)七闸。现从推船沟、牛沟、下朱沟、长沙浦、上盘浦、三石浦、杜下浦、松浦、三礁浦、陶江等水系中今还看到一些水闸旧址。如松浦水系东际村朝西堂前的潘龙闸、河塝下的松浦闸、杜下浦河系中的山项洪家六柱闸、川南戴家老闸、杜下浦村外草龙庙杜下浦闸,桃渚地区的天德闸,方山村的摇渡头闸(义诚闸)、新闸、涧陡门、绣球屿闸、武坑闸、瀛屿闸、颜家闸、连盘闸及新山村中的桃渚闸、雉溪闸、狗塘闸。上盘镇如下盘平岩闸、上盘闸、狗塘闸等有些今已成为地名。

据《宋史·河渠志》载:"古人治水之法,纵有浦,横有塘,七里为一纵浦,十里为一横塘。"浚浦筑塘,兴筑堤塘需要大量土方,土方的来源取自所筑堤塘沿线两侧,大量取土后形成的沟洫,经修整后排滞灌溉用的塘河。今山项境内横河,自前所镇道感堂,妥桥三礁路廊,经墩头、东际、西堑、洪家、独木堂、三石徐一线。川南境内横河自东岸横塝、东横、西横、横岸、三房、前进,至上盘水路涨一线,这也是当年塘河的遗踪。旧时海塘外延老闸废弃,改建闸桥或拆毁,随着海岸线的退涨成涂,新塘筑成,旧塘随之湮废或变行道。今大致遗迹可寻,塘坝址或塘河依稀辨认。

走访村间今在川南草坦村下朱沟见到清嘉庆十九年(1814)五月建的显神庙,土城村闸头前康熙四十三年(1704)建三石浦殿,咸丰元年(1851)仲春,重建杜下浦殿。还在一村民家中见到出土土城村闸头前荡地墓葬中的清康熙三十一年(1692)十二月的陶制丹书墓记砖。旧立三石浦口清咸丰四年闰七月"义冢碑记":"土城一带洪水冲毁决堤,荡地民棺被洪水冲走,松浦、河塝下亦遭淹没。一些遗存物中可以佐证人口已迁至海口居住。"

自随着高涂淤涨,海塘外延,旧塘坝改建成官路大道,称新下官路,今基本旧迹可考。清同治、光绪间下官路为前所城、老鼠屿、新殿、德海堂、湖塝下、厂横、下朱沟、杜下浦、四份、土城、闸头、小海门、小田、三房路、推船沟、土城下、厂横至金杏墩一线。此线路外就是海岸、塘坝、海涂地。

北宋熙宁五年(1072)建杜渎盐场,场署设桃渚监罗(今北涧村),筑杜渎河堤。杜渎盐场东南坵海,西北据山,所辖场地东至海,西至分水岭界(岭根),南至海门界(前所),北至黄泥山界(三门沿江沈加王),延袤85里。嘉庆六年十月有大汾团、涂下团、连盘团、轻盈团、东洋团,各据自己庄内沿海地面煎盐，咸丰年间同治后，后滨海涨荡地，场区范围随之拓展，围建新场，老盐田垦殖转产和自然废场。沿海灶地皆辟或荡田，不复产盐，东洋团据东洋、芙蓉沿海地面，同治间东洋团早已涨为涂田，后因江水冲淡俱废，仅为上盘沿海数村。民国时期杜渎盐场在上盘隆兴亭、大峃、阎王殿、小团（沙基）、白茅、西山头、下旧城、双崎等一线滩涂上。嘉庆年间，草坦为煎丁办盐之比，台州府设廒征盐，川南土城下石涂团、徐金团、杜连团、大汾新殿李西团等为聚团公煎之地，还筑墩刮泥淋卤的盐墩，煎卤成盐的灶头，后盐田缩减，其中徐金团是三石徐氏，汇头金氏迁居海口的盐户，后渐渐成为村落地名。至 2003 年 12 月上盘的盐田全部废止，终止千年晒盐历史。

50 年代初，桃渚天德闸和洞港闸外还没有筑塘围垦时，桃渚涧陡门民国 3 年（1914）建的利水闸（梅峃陡门），还是上游山场水泻外东海的主要阻潮闸，至天德闸段还是通往大海的感潮地段，雉溪黄公河至新闸村也是属咸潮河浦段。民国 35 年（1946）建洞港口大闸五洞，民国 20 年建连盘石卓塘岩头闸（颜家闸）；民国修建的老闸三石浦闸、淘江闸、摇头渡闸、天德闸等海口老闸，至今尚在。

据临海初长甸人陈尔文（1869—1940）撰《海岸变迁略说》谓："海门太和山之南岩头一带，鼠屿山、礁背、草坦、三石洋、竹屿、上盘、连盘一带，俱为鱼鳖所居……二百年间变成桑田。光绪年间测量地图海门岩头涨至塘八里，涂涨至上盘达道山，今则沿海一带至海口，加涨一二里不等。"1959 年 7 月建大跳闸，至 1965 年围筑达岛至大跳一线滨海塘，上盘沿海海岸线已定，白沙岛已与内陆连成一片，不再退落可通往来，涨潮乘船去岛的情况。今见北洋涂大坝是 1975 年围筑。1970 年至 1973 年在上盘新建的杜建、山建、海建、新建、王崎等新村，移民迁居开发海涂。1973 年溪口移民迁移上盘达岛建新村，1972 年 3 至 10 月，雉溪童燎水库移民迁移方山蒲兰头，利兰，南门坑猪崎。南洋涂一线 1958 年迁居松浦闸口，形成村落。1979 年迁居杜下浦南建村，1990 年迁回原地卢家，形成新的工业聚集区。旧时上盘金杏墩，旧城等一带村民在 1965 年前没有围塘之前，推门即海的景象。清光绪三年（1877）《大汾李氏族谱》载：明天启年间，二十二世李大开从大汾迁居旧城村内，康熙年间，潘氏从杜桥潘家迁居长洋屿。川南东岸旗杆里项氏是清乾隆迁下去的，历家历氏是清顺治年间迁下去的。人口迁徙形成村落。部分成陆还可以从留存各行政村地名来看，沿海平原以江、河、湖、泊、塘坝、堤岸、洋、路崎、墩等为名，村落中找到部分命名的历史信息。

现在东部区块的医化园区是 2003 年 12 月启动建设,不久将建成具有海港城市特色的一座新的综合性现代化临港新城。

沿海平原成陆过程复杂,在漫长广阔的时空环境中几经沧桑变幻,境内冲积平原、沼泽、潟湖等类型地貌交替出现。还需要大量足以说明成陆过程的地质、宗谱、古人札记、金石等定性、定量资料加以说明。总的来说,沿海成陆是历代先民与自然抗争,不断围垦筑塘,开渠造闸,海退人进,开发土地的结果。

试论萧山县秦置与汉置二说[①]

莫艳梅

（浙江省杭州市萧山区地方志办公室）

萧山,先后有余暨、余衍、永兴、萧山等县名。余暨的建县时间,清乾隆以前的省志、府志、县志均记载为秦置,清乾隆十六年(1751)《萧山县志》始传疑汉置。1987 年版《萧山县志》首次提出萧山的建县时间在元始二年(公元 2 年)或元始二年以前的西汉时期。此后的地方志书包括萧山的乡镇志、部门志、行业志,对萧山的建县时间写得五彩缤纷。有写西汉初始建县的,有写西汉元始二年始建县的,有写西汉初至元始二年间建县的,有写西汉时始建县的,有写西汉元始二年前建县的,有写西汉景帝前元三年(前 154)已置余暨县的。时至今日,萧山的建县时间扑朔迷离。现略作考论,以就教于方家。

一、秦置与汉置二说

清乾隆以前的地方志书一直持秦置余暨说,为什么后来发生了变化?他们的史料依据是什么?

(一)秦置余暨说的文献记载

1. 现存最早的《浙江通志》,即明嘉靖四十年(1561)《浙江通志·地理志》记载:"秦始皇二十五年,大兴兵,使王翦灭楚。二十六年,罢封建置郡县,初分天下三十六郡,以吴越地置会稽郡,治吴,领县二十四,其在浙者曰

---

① 编者注:本文中地名等专有名词采用标准简化字,如余杭、余暨、余衍、余姚、余汗、鄮,等等。参见陈桥驿主编:《浙江古今地名词典》,浙江教育出版社 1991 年版;魏嵩山主编:《中国历史地名大辞典》,广东教育出版社 1995 年版。

钱唐、富春、余杭、山阴、诸暨、余暨、剡、余姚、上虞、大末、句章、鄮、鄞、乌程、由拳、海盐、乌伤，凡十七县。……昭帝始元二年，以闽越地置回浦、冶二县，属会稽郡，时会稽郡领县二十六。"①

上述记载秦始皇二十六年置会稽郡时，有 24 县，余暨县名列其中；汉昭帝始元二年(前 85)，又增设回浦县、冶县，合计 26 县。

2. 现存最早的《绍兴府志》，即明万历十五年(1587)《绍兴府志·疆域志·领县》记载："越国时领邑不可考。秦置会稽郡。汉因之。领县二十四：吴、曲阿、乌伤、毗陵、余暨、阳羡、诸暨、无锡、山阴、丹徒、余姚、娄、上虞、海盐、剡、由拳、大末、乌程、句章、余杭、鄞、钱塘、鄮、富春。昭帝始元二年，以闽瓯旧地置冶、回浦二县，属会稽。共领二十六。"②

该志记载秦置会稽郡，汉因之，共 24 县；汉昭帝始元二年(前 85)，又增设回浦县、冶县，合计 26 县。也就是说，除回浦县、冶县是汉昭帝始元二年(前 85)建置以外，其余的皆为秦置县(含余暨县)。

3. 现存最早的《萧山县志》，即明嘉靖三十六年(1557)《萧山县志·沿革表》记载："县之置，自秦始。……秦始皇二十六年，初并天下，始置余暨县，会稽郡领之。西汉，制因秦旧。"③该志记载秦始皇二十六年置余暨县。

4. 明万历十七年(1589)《萧山县志·地理志·沿革表》记载秦置余暨县，与明嘉靖三十六年《萧山县志》记载的基本相同。

5. 清康熙三十二年(1693)《萧山县志·疆域志·沿革》记载："自秦始置县，名余暨，新莽改为余衍，吴改永兴，唐天宝初改为萧山。名凡四易，五代、宋、元及明皆仍旧名，而县之隶于越郡，自夏以来未有异也。国朝亦如旧制，称萧山焉。""秦始皇二十五年始置余暨县，会稽郡领之。"④

该志与明嘉靖《萧山县志》略有不同，即明嘉靖《萧山县志》写秦始皇二十六年置余暨县，清康熙《萧山县志》写秦始皇二十五年置余暨县。

———————————

　　① 嘉靖《浙江通志》，天一阁藏明代方志选刊续编，第31—32页。

　　② 万历《绍兴府志》，绍兴丛书编辑委员会编《绍兴丛书》第一辑地方志丛编第一册，中华书局2006年版，第505—506页。

　　③ 嘉靖《萧山县志》，万历三年(1575)增刻本，萧山市地方志办公室翻印，第15页。

　　④ 康熙《萧山县志》，康熙三十二年(1693)刻本，萧山市地方志办公室翻印，第3—4页。

6.清康熙十二年(1673)《绍兴府志》①、清康熙二十二年(1683)《绍兴府志》②、清康熙五十八年(1719)《绍兴府志》③,均记载秦置余暨县,其记载的文字与明万历《绍兴府志》记载的基本相同。即会稽郡26县除回浦县、冶县是汉昭帝始元二年(前85)建置的以外,其余24县(包括余暨县)皆为秦置县,汉因之。

7.清雍正《浙江通志·建置·绍兴府·萧山县》引载毛奇龄《萧山县志刊误》云:"予县自秦始皇分郡时即有,其县名曰余暨,两汉因之而不改,至三国吴时,改名永兴,而唐天宝间,则又更名萧山。此其因革,亦自瞭然者。云间陆伯生作《广舆记注》:萧山为汉县。以为县始于汉,已可怪矣。"④

毛奇龄《萧山县志刊误》称秦分郡时即有余暨县。此书后来收录在《四库全书存目丛书》史部第214册。

8.清代著名学者全祖望《浙东分地录》记载:"若汉初会稽之属,原只二十四县,太守治吴,其亲辖者为曲阿、毗陵、阳羡、无锡、丹徒;西部都尉治钱塘,其分辖者当为娄、海盐、乌程、由拳、余杭、富春、乌伤、太末(乌伤、太末在东,然由富春而上,剡在部内)。东部都尉治鄞,其分辖者当为余暨、诸暨、山阴、余姚、上虞、剡、句章、鄮;皆秦之旧也。《吴地记》曰:东瓯亡于汉武帝建元二年,汉迁其民于江淮,其后遗民稍稍复出,于是始立为回浦县,其时闽越犹未亡也。十六年,复有事于闽越,分其国为二,东越王余善与越繇王丑并立。元鼎二年,二国尽平,亦迁其民而虚其地。以其遗稍出者,立冶县,于是增设会稽南部都尉治回浦,而以冶属焉。"⑤

该文称余暨为秦之旧也,对会稽郡26县建置情况的记述,与前面的《浙江通志》《绍兴府志》记述的会稽郡26县的建置情况大同小异,即秦置会稽郡时为24县(含余暨县),汉时增设回浦县、冶县,合计26县。

9.清初张文虎《螺江日记续编》记载:"萧山旧名余暨,以夏少康封其庶

① 康熙《绍兴府志》,康熙十二年(1673)刻本,绍兴丛书编辑委员会编《绍兴丛书》第一辑地方志丛编第二册,中华书局2006年版,第21—23页。

② 康熙《绍兴府志》,康熙二十二年(1683)刻本,绍兴丛书编辑委员会编《绍兴丛书》第一辑地方志丛编第三册,中华书局2006年版,第20—21页。

③ 康熙《绍兴府志》,康熙五十八年(1719)刻本,绍兴丛书编辑委员会编《绍兴丛书》第一辑地方志丛编第四册,中华书局2006年版,第14—15页。

④ 浙江省地方志编纂委员会编:雍正《浙江通志》标点本,中华书局2001年版,第351页。

⑤ 全祖望:《浙东分地录》,《鲒埼亭集外编》卷49,谭其骧主编:《清人文集地理类汇编》(第二册),浙江人民出版社1986年版,第23—24页。

子无余于越,而萧山适当越西尽处,故秦分郡县谓之余暨。暨者,及也。言越始封之君无余,声教所及也。即《禹贡》'朔南暨'之暨。盖吾越有二暨,一余暨,以无余得名;一诸暨,又以越王无诸得名。二暨之名本于二君。而俗传萧山为诸暨所分,称为暨余,真诞妄无根之言。详见西河先生《县志刊误》。按此亦沿《县志刊误》,谓余暨为秦县。"①

该文不仅记载了余暨为秦县,而且记载了余暨因越国始祖无余而得名,诸暨因秦汉闽越王无诸而得名,二暨之名源于二君。

以上列举的十多种文献均记载秦置余暨县。

(二)汉置余暨说的文献记载

1.清乾隆十六年(1751)《萧山县志·建置》记载:"分疆画野,夏造殷因。立郡领县,创自嬴秦。或部而路,或州而军。随时统辖,有并有分。汉曰余暨,吴曰永兴。天宝而后,乃更今名。地惟其旧,名则从新。越书吴录,图牒纷纶。近规世史,远摭旧闻。征信传疑,以俟后人。志建置。"

又载:"《元和郡县志》:萧山本曰余暨,吴王弟夫槩邑。谨按:《史记·吴世家》:'阖闾弟夫槩见秦越交败吴,吴王留楚不去,夫槩亡归吴,自立为吴王。阖闾闻之,乃引兵归攻夫槩。夫槩败奔楚,楚昭王乃复入郢,而封夫槩于堂谿,为堂谿氏。'考内外传及《吴越春秋》等书,无夫槩封余暨一事。即《史记》称阖闾五年伐越败之,未云得其寸土,焉能越境以封其弟耶?《元和志》所载虽本于《水经注》,但下云:'吴大帝改曰萧山。'以唐玄宗新更之名误作三国,并汉晋六朝沿革皆阙焉,其脱漏可知。是书罕有刻本,或好事者传写之讹,亦未可定。而后之言地理者遂据此书为信史,谓秦以前已有其县,名曰余暨,因将秦置汉置聚讼不已,皆《元和志》为之作俑也。"②

清乾隆《萧山县志》认为:唐代李吉甫《元和郡县图志》记载的"余暨,吴王弟夫槩邑"不可考,"吴大帝改曰萧山"亦误,后人以为余暨在先秦时已为"邑",称余暨为秦县,都是《元和志》为之作俑。又"按:秦分天下为三十六郡,《史记·始皇本纪》注有郡名无县名,余暨之名见于正史始此(《汉书》)"③。故传疑余暨为汉置县。

---

①　清代浙江巡抚采进本,萧山市地方志办公室翻印。
②　乾隆《萧山县志》,乾隆十六年(1751)刊本,萧山市地方志办公室翻印。
③　乾隆《萧山县志》,乾隆十六年(1751)刊本,萧山市地方志办公室翻印。

2.清乾隆五十七年(1792)《绍兴府志·地理志·沿革考》记载:"萧山县,周蕃篱。《史记》:吴孰哉居蕃篱。《索隐》注:宋忠曰:孰哉,仲雍字;蕃篱,今吴之余暨也。春秋时吴王弟夫槩邑;无彊败,入楚。《元和郡县志》:萧山本曰余暨,吴王弟夫槩邑。《汉书·地理志》注:应劭曰:吴王阖闾弟夫槩之所邑。《史记·越世家》:楚威王大败越,杀无彊,尽取吴故地。汉始县其地曰余暨。《汉书·地理志》:会稽郡县二十六,余暨。《汉书》应劭注:汉分诸暨、山阴地为下诸暨,后易名余暨……《宋书·州郡志》曰:永兴令,汉旧余暨县,吴更名。"①

清乾隆《绍兴府志》对《元和郡县图志》之"余暨,吴王弟夫槩邑"并没有置疑,但"汉始县"的依据是:《汉书·地理志》始见"余暨"县名,应劭注"汉分诸暨、山阴地为下诸暨,后易名余暨"以及《宋书·州郡志》"永兴令,汉旧余暨县"等。

3.清乾隆以后至清末,浙江无通志。民国时期,绍兴无府志。

民国二十四年(1935)《萧山县志稿·疆域·沿革》、来裕恂民国三十七年《萧山县志稿·地理·沿革》,基本因袭了清乾隆《萧山县志》的说法。

民国《重修浙江通志稿·疆域考·各县建置沿革》,赘述了对《元和郡县图志》之"余暨,吴王弟夫槩邑"的置疑,但结果仍然是"秦置、汉置均难得确证"。②

4.1987年版《萧山县志·萧山建县时间考》,除了因袭旧《萧山县志》关于《元和郡县图志》"余暨,吴王弟夫槩邑"不可考的说法以外,还首次提出了萧山的建县时间在元始二年(公元2年)或元始二年以前的西汉时期,依据之一是:《中国历史地图集》(谭其骧主编,中华地图学社1975年版)之秦时会稽郡图22个县③中没有余暨县,又因其地图"政区设置以公元2年(元始二年)为准",故推断"余暨县的设置至迟当不晚于元始二年,即在元始二年或元始二年以前的西汉时期"④。

以上文献均记载汉置余暨县。

① 乾隆《绍兴府志》,乾隆五十七年(1792)刻本,绍兴丛书编辑委员会编《绍兴丛书》第一辑地方志丛编第五册,中华书局2006年版,第65—66页。

② 民国浙江省通志馆编:民国《重修浙江通志稿》,浙江图书馆抄本。

③ 谭其骧主编《中国历史地图集》,秦会稽郡图中共22县,分别是:丹徒、曲阿、江乘、秣陵、丹阳、娄、吴、阳羡、鄣、乌程、由拳、海盐、钱唐、余杭、山阴、句章、诸暨、鄮、乌伤、大末、歙、黟。

④ 萧山县志编纂委员会编:《萧山县志》,浙江人民出版社1987年版,第1069页。

志书有一定的传承性和权威性。清乾隆《萧山县志》始提出汉置说,后来的文献编纂者,本着对地方官书"尊重"的态度,多沿用汉置说。但居压倒优势的说法不一定都正确。

二、汉置说的误区

笔者认为,清乾隆以后的地方志书持汉置余暨说的依据有五,误区也有五:

误区之一:《元和郡县图志》记载的"余暨,吴王弟夫槩邑"不可考。

这是持汉置说的最早观点,也是推翻秦置说的最主要观点。因为,史书上往往"城"、"邑"与"县"互称,古籍称邑者,其时多为县。否定了余暨先秦时期称"邑",就否定了余暨秦时为"县"。

笔者则认为:清乾隆十六年(1751)《萧山县志》始载汉置余暨县,其推翻秦置说的几个观点均站不住脚。

其一,清乾隆《萧山县志》云:"《史记》称阖闾五年伐越败之,未云得其寸土,焉能越境以封其弟耶?"该志认为,阖闾五年(前 510)伐越,并没有得到越国寸土,即吴王阖闾之时越未臣吴,阖闾不可能封越地余暨给其弟。

这是后人的主观臆断。

《吴越春秋·阖闾内传》载:阖闾五年,"吴王以越不从伐楚,南伐越。越王允常曰:吴不信前日之盟,弃贡赐之国,而灭其交亲。阖闾不然其言,遂伐,破檇李"。说明阖闾五年之前越国与吴国有盟约,越国是吴国的属国即"贡赐之国",越国有随从吴攻打他国的义务。阖闾五年,吴伐越的原因,主要是越国不听话、不从吴伐楚。此次战争也称檇李之战,吴王阖闾胜,越王允常败。《史记·吴太伯世家》记载:"(阖闾)四年,伐楚,取六舆潜。五年,伐越,败之。六年……大败楚军于豫章,取楚之居巢而还。"说明当时的吴王阖闾非常强大,吴王阖闾要封吴国的属国越国的余暨给其弟,也是有可能的事。

其二,清乾隆《萧山县志》云:《元和郡县图志》"吴大帝改曰萧山",亦误,应为"吴大帝改曰永兴"。据此认为《元和郡县图志》非信史。

据此,这可能不是唐代李吉甫《元和郡县图志》之错。因为,在《元和郡县图志·江南道·湖州》有载:"武康县,上,东北至州一百五里。本汉乌程余不乡之地,汉末童谣云:'天子当兴东南三余之间。'故吴大帝改会稽之余暨为永兴,而分余不乡置永安县,属吴兴。晋平吴,改为武康。"①②这里的"吴大帝改会稽之余暨为永兴"并没有错。因此,《元和郡县图志·江南道·越州》之"吴大帝改曰萧山",也可能是"吴大帝改曰永兴,唐天宝元年改曰萧山",传抄至明清以后,其中间的几个字被抄漏脱文了。

再者,《元和郡县图志》是流传至今保存比较完整的最早的一部全国地理总志,被认为是"地理鼻祖"③。该书所记述的政区沿革,不限于唐代,并追溯到周、秦、两汉。唐代以前很多重要聚邑、城、关津等,也多因它的记载而得以考知其地望。由此可见,《元和郡县图志》不仅是一部唐代重要的疆域地理总志,也是一部划时代的历史地理著作,成为后世总志撰述的典范。④ 因此,修志者不应该明知其"吴大帝改曰萧山"为文字"脱漏"而否定其书其文的史料价值,继而据此否定余暨为秦县。

其三,清乾隆《萧山县志》云:"秦置汉置聚讼不已,皆《元和志》为之作俑也。"即认为余暨秦置汉置聚讼不已,皆源自《元和郡县图志》。

这也是后人的主观臆断。因为,"余暨,吴王弟夫椒邑"之说,并非唐代李吉甫(758—814)《元和郡县图志》最早引载,而是北魏郦道元(?—527)《水经注》最早引载:"故余暨县也。应劭曰:阖闾弟夫椒之所邑,王莽之余衍也。"⑤此后,除了唐代颜师古(581—645)认为"应说非也"之外,南宋嘉泰《会稽志》、南宋王象之《舆地纪胜》、《元一统志》、明嘉靖《萧山县志》、明万历《萧山县志》、明万历《绍兴府志》、清康熙《萧山县志》、清康熙十二年《绍兴府志》、康熙二十二年《绍兴府志》、康熙五十八年《绍兴府志》、清雍正《浙江通志》、清乾隆《绍兴府志》等文献,分别对应劭注进行了实录或认可。清代赵一清(1711—1764)《水经注释》:"按此是应劭说,而颜师古非之,然吴伐越,封勾践以百里之地,则或取其余地以封夫椒。未可知也。"⑥意旨夫椒之战后,越败,吴胜,吴王夫差取越地余暨封给夫椒是可能的。未可知的事,不一定就不存在。这一诠释为后来的集大成者《水经注疏》(杨守敬等撰)所采用。

---

① 李吉甫撰:《元和郡县图志》,嘉庆元年孙星衍岱南阁丛书刊刻本。
② 李吉甫撰,贺次君点校:《元和郡县图志》,中华书局1983年版,第606页。
③ 程晋芳:《元和郡县志·跋》,《勉行堂集》卷五,嘉庆二十五年刻本。
④ 工育民:《中国历史地理概论》,人民教育出版社1987年版,第22页。
⑤ 郦道元(?—527)著,陈桥驿、叶光庭、叶扬译注:《水经注全译》,贵州人民出版社2008年版,第998页。
⑥ 赵一清撰:《水经注释》,乾隆五十九年赵氏小山堂刊本。

正史过于简略,以无正史记载来判断无夫瓯邑封于余暨之事,过于武断。以唐代李吉甫《元和郡县图志·江南道·越州》版本抄漏之误来推断《元和郡县图志》非信史,进而推断余暨不是秦县而是汉县,更是偏激。汉置余暨说始于清乾隆《萧山县志》,清乾隆《萧山县志》推翻秦置余暨说的几个观点均不足为据。

误区之二:《汉书·地理志》始见"余暨"县名,因此认为余暨是汉置县;又因为《汉书·地理志》所载各郡的户口数是元始二年的数字,因此认为余暨县的建置时间是元始二年或元始二年以前的西汉时期。

这是持汉置说的主要观点。

笔者则认为:《汉书·地理志》始见"余暨"县名,所载各郡的户口数是元始二年(公元2年)的数字,只能说明此前已有余暨县,而不能说明此时建余暨县,当然也不能排斥秦时已置有余暨县。因为,《汉书·地理志》总共记述了汉平帝元始二年的西汉王朝103个郡国及其下辖1587个县级政区的名称和地理沿革,还介绍了175座山名和361个陂泽、湖池名称,所记地名超过4500处。但写明秦人旧县的,只有丽邑、蓝田、宁秦、栎阳、夏阳、频阳、临晋、咸阳、废丘、雍、蒲反、曲沃、鄢、郢、班氏、东垣16个县,[1][2]其余1000多个县,包括"会稽郡,秦置"条目下的26个县的建置情况并没有涉及。如果据此就认为《汉书·地理志》没有写明秦旧县的都是汉置县,那么秦代36郡岂不是只管理16个县? 显然不是。

误区之三:《宋书·州郡志》载有"永兴令,汉旧余暨县",因此认为余暨县是汉置县。

这是正史中唯一写明"汉旧余暨县"的史书。但值得一提的是,在《宋书·州郡志》里,原会稽郡26县,只有3县是秦县,分别是曲阿、由拳(今嘉兴)、丹徒。另外23县,包括吴(今苏州)、山阴(今绍兴)、余暨、上虞、余姚、诸暨、剡、无锡、阳羡、毗陵、娄、海盐、乌程、乌伤、句章、余杭、鄞、钱唐、鄮、富春、冶、回浦、太末,都是"汉旧县"。[3] 如果据此认为"汉旧县"就是汉置县,显然也与历史事实不相符合。

在二十五史中,《旧唐书·地理志》也有类似的表述。而且在《宋书·州

---

① 史念海:《秦县考》,《禹贡》半月刊,第七卷,第六、七合期,1937年,第271页。
② 后晓荣:《秦代政区地理》,社会科学文献出版社2009年版,第120页。
③ 沈约撰:《宋书·州郡志》,中华书局1974年版,第1030—1040页。

郡志》中记为秦县的曲阿、嘉兴、丹徒 3 县,在《旧唐书·地理志》中均为汉县。分别是:"丹徒,汉县"、"丹阳,汉曲阿县"、"嘉兴,汉由拳县"、"吴,汉为吴县"、"会稽,汉郡名"、"山阴,垂拱二年,分会稽县置"、"诸暨,汉县"、"余姚,汉县"、"剡,汉县"、"萧山,仪凤二年,分会稽、诸暨置永兴县,天宝元年,改为萧山"、"上虞,汉县"、"晋陵,汉毗陵县"、"义兴,汉阳羡县"、"无锡,汉县"、"昆山,汉娄县"、"海盐,汉县"、"乌程,汉县"、"钱塘,汉县"、"余杭,汉县"、"富阳,汉富春县"、"郯,汉县"、"信安,后汉新安县"、"金华,汉乌伤县"、"临海,汉回浦县"、"闽,汉冶县"。① 如果据此认为"汉县"就是汉置县,显然也与历史事实不相符合。

误区之四:《太平寰宇记》载有"汉分诸暨、山阴地为下诸暨,后易名余暨",因此认为余暨是汉置县,而且是从诸暨县、山阴县分割而出。

但经过辨析,笔者认为,最早引载此说的《太平寰宇记》有诸多问题:一是北宋乐史《太平寰宇记》初刻本极少,流传不广,至明代海内宋版已无踪影,今存日本东京宫内厅书陵部的唯一宋版残本《太平寰宇记》无"萧山县"条目内容,清代以来流传的版本"最严重的弊端莫过于参糅混杂了相当数量非乐史原作,而是后世,可能多为明清时人补易窜入的伪文"②,王文楚③对《太平寰宇记》所引《汉书》应劭注"汉分诸暨、山阴为下诸暨,后易名余暨"所作的校勘记认为:"按《汉书》应劭无此注,不知所据。"④不容忽视;二是历代《萧山县志》、《诸暨县志》、《山阴县志》、《绍兴府志》、《浙江通志》、元明清《一统志》以及其他史籍均无以"上诸暨"、"下诸暨"为县名、乡名、村名、山水名的明文记载。"上诸暨"(浦阳江中上游,萧山县南部与诸暨县交界以上一带)、"下诸暨"(浦阳江下游,萧山县南部临浦一带)系地域泛称(民间口头语)。单凭清本《太平寰宇记》里所引应劭一说就确定余暨是汉置县,而且从诸暨、山阴分割而出,由"下诸暨"易名而来,似乎难以让人信服。再者,"汉分诸暨、山阴地为下诸暨,后易名余暨",也没有明确指出"下诸暨"就是"下诸暨县",后易名"余暨县"。三是《太平寰宇记》同载的"吴大帝改诸暨为永

---

① 刘昫等撰:《旧唐书·地理志》,中州古籍出版社 1996 年版,第 300 页。

② 乐史撰,王文楚等点校:《太平寰宇记·前言》,中华书局 2007 年版,第 8 页。

③ 王文楚,1933 年 11 月生,浙江南浔人。现任复旦大学历史系历史地理研究所教授,中国古都学会理事、历史地理专业委员会委员。王文楚先后点校了北宋《元丰九域志》(中华书局 1984 年版)、《太平寰宇记》(中华书局 2007 年版)。

④ 乐史撰,王文楚等点校:《太平寰宇记》,中华书局 2007 年版,第 1943 页。

兴",亦误,应为"吴大帝改余暨为永兴",此前已有正史《宋书·州郡志》记载吴(孙权)改余暨为永兴。因此,《太平寰宇记》有关萧山建置沿革的内容是否乐史原作,还需要进一步地考证与探究,谨慎运用。(笔者另有《〈太平寰宇记〉"汉分诸暨山阴地为下诸暨后易名余暨"辨析》一文)

误区之五:1987 年版的《萧山县志·萧山建县时间考》,以谭其骧主编的《中国历史地图集》(1975 年版)之秦时会稽郡图中无余暨县,来佐证汉置余暨县。

对此,笔者是这样认为的:《中国历史地图集》只能代表当时的研究成果。21 世纪初出土里耶秦简中的洞庭与苍梧两郡名,既不见于传世的秦代文献,也为历来考证秦郡学者所不知,已是一项颠覆性的发现。[①] 后晓荣著《秦代政区地理》,在谭其骧《中国历史地图集》主张的秦 46 郡 323 县、马非百《秦集史》提出的秦 46 郡 424 县的基础上,又提出秦 54 郡 732 县,其中包括意外发现的"浙江县"。他认为"浙江"不是水名,而是地名,秦末汉初官印有"浙江都水"(《征存》48),其"都水"是管理水利之官。"浙江"在秦汉时,当与"钱塘"、"丹阳"一样,是一小县名,正如"云南"在西汉时是一小县名,现为大地名一样。还有"皖县","皖"之后成为安徽的简称。他认为"秦代会稽郡浙江县在《汉志》中无,或许是西汉时废,反映了秦汉之际政区变化的一些情况"[②]。而西泠印社"战国秦汉封泥文字国际学术研讨会",又提出浙江、江东、江南、豫章是新见秦郡名。[③]《史记·高祖功臣侯者年表》云:堂邑侯陈婴,"以自定东阳,为将,属项梁,为楚柱国。四岁,项羽死,属汉,定豫章、浙江,都浙,自立为王壮息,侯"。意即陈婴以秦"东阳令史"近取浙江时,已有其政区名。当然,这一系列的研究成果,仍然不是最终的研究成果,学者们对秦汉政区地理的研究远远没有结束。至今没有发现的,并不等于它就不存在。

上述地方志书记载汉置余暨说的五个理由,也是汉置余暨说的五个误区,不足以成为汉置余暨县的依据。

---

① 周振鹤:《秦代洞庭、苍梧两郡悬想》,《复旦学报(社会科学版)》2005 年第 5 期。

② 后晓荣:《秦代政区地理》,社会科学文献出版社 2009 年版,第 415—416、421 页。

③ 孙慰祖:《官印封泥中新见秦郡考——关于浙江、江东、江南、豫章四郡始置年代》,《美术报》2011 年 2 月 26 日,第 35 版。

三、秦置说的考论

自秦始皇设郡置县时就有余暨县。以前持秦置说的,本身没有提出什么史料依据,给后人留下极大的考论空间。

(一)余暨为吴王阖闾弟夫槩邑

从清乾隆《萧山县志》推翻秦置说的论述中,可以看出持秦置说的主要论点是"余暨,吴王阖闾弟夫槩邑"。经查,此话源出于东汉应劭《汉书集解》。到底是否有夫槩邑? 如果有,夫槩邑又在什么地方?《水经注》以及后来的文献记载:一说在余暨(今萧山),一说在诸暨的槩浦(今诸暨市应店街镇,毗邻萧山区楼塔镇)。与史载西施故里,一说在余暨(萧山),一说在诸暨,情形相同。令人费解。萧山、诸暨的西施故里之争更是口水比海水多,一浪高过一浪。

究其原因,笔者认为,先秦时期并无诸暨地名,那时的诸暨本曰余暨。南宋罗泌《路史·国名纪·高阳氏后》记载:"暨(既),彭姓。沂之承有蒅亭,即古暨国。(注:杜云缯县东北有蒅亭,今缯城在承县东。)其派者为诸暨,本曰余暨,有暨浦、诸山,隶越。"[①]清乾隆《绍兴府志·地理志·沿革考》记载:"诸暨县,古暨国,高阳氏后。《路史》:高阳氏后。暨,彭姓。沂之承有蒅亭,即古暨国,其派者为诸暨,本曰余暨,隶越。……春秋时句无地,或曰夫槩王之故邑。"清乾隆《诸暨县志·建置·沿革》记载:"皇古。罗泌《路史·高阳氏后》:'暨,彭姓。沂之承有蒅亭,即古暨国。(注:杜云缯县东北有蒅亭,今缯城在承县东。)其派者为诸暨,本曰余暨。有暨浦、诸山。隶越。'"据查,古暨国(今山东省苍山县车辋镇一带)为大彭国的分封国。殷商灭古暨国后,古暨国的先民(暨、既姓),从此流散到诸暨本曰余暨的越地,那里有暨浦、诸山。"隶越",说明是在越国时期,即先秦时期。也就是说,先秦时期,余暨包括今萧山、诸暨。秦以后,诸暨从余暨析出,诸暨先后更名为疏虏、诸暨、暨阳、诸暨,余暨先后更名为余衍、余暨、永兴、萧山。史载余暨(萧山)是夫槩邑、西施故里,又载诸暨是夫槩故邑、西施故里,是后人以撰写时的地名而言。(笔者另有《〈路史〉"古暨国其派者为诸暨本曰余暨"疏证》一文)

---

① 罗泌:《路史》,四部备要本,第336页。

可以说，余暨（含今萧山、诸暨）是吴王阖闾弟夫槩之邑，有诸多文献记载，还有域内夫槩山、夫槩溪、夫槩里（槩浦乡、夫槩乡、夫山乡）诸多史实。地因人名，名从主人。古籍中还有称余暨、诸暨为余槩、槠暨的。李锦芳《论百越地名及其文化蕴意》指出，"朱"、"余"、"诸"等起头的地名，多因某官、某首领、某君王曾占据、居住此地而得名。清初张文虤《螺江日记续编》记载余暨因越国始祖无余而得名，诸暨因秦汉闽越王无诸而得名；南宋嘉泰《会稽志》记载余暨是夫槩之邑，诸暨是无诸旧封、夫槩故邑，上取诸下取槩而名，是有一定渊源的。正如前面所述，清乾隆以后的地方志书对夫槩邑的置疑，据此否定余暨为秦县，不足为据。至于夫槩邑是什么时候封的，谁封的，唐宋以前的史籍没有记载，宋代以后的史志各说纷纭[1]，还有待于进一步考证和探究。（笔者另有《吴王阖闾弟夫槩邑考录》一文）

（二）余暨是越国的标志性属邑，至秦汉亦是重要的政区分界

余暨是历史上出现的第一批越语地名（大约在公元前 500 年前后，距今 2500 多年）[2]，战略位置显要，是吴越的要冲。《越绝书》记载的固陵、杭坞、防坞、石塘等军事要地，均在今萧山境内。特别是固陵城，又称浙江南路西城，范蠡敦兵城，[3]是吴越陆路、水路的主要通道。当年越王句践入吴为奴、西施入吴为妾，均是取道余暨之固陵城到吴国的。《吴越春秋》有载："越王句践五年五月，与大夫种、范蠡入臣于吴，群臣皆送至浙江之上。临水祖道，

---

① 夫槩邑谁之封，代表性的说法有几种：一是吴王阖闾伐越王允常并取得胜利时封的夫槩邑；二是吴王夫差打败越王句践时封的夫槩邑；三是越王允常封的夫槩邑，目的是挑起内讧、乘虚袭吴。明嘉靖《萧山县志·地理》记载："《旧志》云：吴王阖闾弟夫槩之邑……夫槩之封，其允常见伐之际乎。"清乾隆《诸暨县志·建置》记载："据宋嘉中施宿《会稽志》，槩浦，在县北十九里，吴王阖闾弟之子夫槩所封，是封槩浦为阖闾弟之子，则或者因乱而奔，厥父奔楚，厥子奔越，皆仇国也，而越人用之为谋主以图吴，即如吴之用伍员及伯州犁之孙嚭者然，殆未可知。揆诸时势，当在槜李御吴以前，抑或夫槩既已奔楚而吴王为择远地以封其子，如汉之王淮南四子者然，亦未可知。"

② 《越绝书》卷八《地传》中记载的公元前 500 年前后的越族地名，有 80 处左右。由于越族中心在宁绍地区，这些地名也绝大多数集中在这个地区，例如大越、埤中、鄞、余暨、甬东（甬句东）、若耶、杭坞、练塘、朱余，等等。在这个地区以外，如今诸暨以南的句无，今金衢盆地中的姑末，今杭嘉湖平原的诸儿、武原等。为数不多，这是历史上出现的第一批越语地名。"陈桥驿主编：《浙江古今地名词典·浙江》，浙江教育出版社1991年版，第3页）

③ 《越绝书·记地传》："浙江南路西城者，范蠡敦兵城也。其陵固可守，故谓之固陵。所以然者，以其大船军所置也。"

军阵固陵。"①《越绝书》佚文:"余暨,西施之所出。"②这里的"出"虽然有二说,一说是出生于余暨,一说是从余暨出去、离开的意思。但不管是哪种诠释,春秋中晚期,越国北部的广大地区还是一片沼泽地及季节性积水区,越国北上入吴和吴国南下入越,主要是通过越国西北之余暨固陵城出入境的。

吴、越两国疆界,历来有两种说法,一说以"御儿"(语儿,今嘉兴境内)为界,一说以浙江(今钱塘江)为界。西汉司马迁《史记·货殖列传》记载:"浙江南则越。"东汉会稽人王充《论衡·书虚篇》记载:"余暨以南属越,钱唐以北属吴。钱唐之江,两国界也。"经查,《春秋》经传记载吴越战争有八次③,前四次大概没有发生国界的重大变化,两国之界维持在杭嘉湖平原中部,第五次即鲁哀公元年(越王句践三年,吴王夫差二年,公元前494年吴越夫椒之战)这一次,吴军深入越境,一直打到会稽山,越国屈膝求和,越国疆域缩小。两国国界以今钱塘江划分,大概就是这以后的事。但是作为一种行政区划的界线,则《论衡》的说法显然具有更大的意义。秦置会稽郡,东汉永建四年(129)吴郡、会稽郡分治,此二郡仍以旧吴、越国界即钱塘江为界。吴郡和会稽郡的建置,一直延续到南朝刘宋,长达350年,而这条以钱塘江为界的行政区划界线也一直稳定不变。从这个意义上讲,位于钱塘江以南的余暨县,与位于钱塘江以北的钱塘县一样,秦时为县是没有疑义的。

(三)考古实物证明,先秦时期余暨已是人口聚集、经济发达之地,这为秦置余暨县奠定了基础

先秦时期的文化遗存,是我们考证萧山建县时间的实物旁证。

20世纪70年代至21世纪初,在今萧山中部的城区范围,考古发掘古

---

① 赵晔撰,薛耀天译注:《吴越春秋译注》,天津古籍出版社1992年版,第261—267页。

② 司马彪撰,刘昭注补:《后汉书·郡国志》,中华书局1965年版,第3489页。

③ 公元前544年,"吴人伐越"。公元前510年,"吴伐越",即槜李之战。公元前505年,"越入吴,吴在楚也"。公元前496年,"吴伐越",即槜李之战。公元前494年,"吴王夫差败越于夫椒"。公元前482年,"越子伐吴",即姑苏之战。公元前478年,"越子伐吴",即笠泽之战。公元前475—473年,"越围吴","越灭吴",即围困姑苏之役,越灭吴。

越国至秦汉以后的土墩石室墓葬群达 300 多座,出土器物 3000 多件。① 这些古墓葬中,商周时期至两汉的墓葬数量占 70% 以上。说明这一历史时期萧山城区或附近已经是人口密集区域。其中,北干山南麓—西山—柴岭山—溪头黄一带,古代墓葬几乎一个连着一个。

2011 年 3—12 月,在湘湖蜈蚣山考古发掘的商代末期至春秋末期的土墩墓群,是有史以来萧山发现的最大规模的土墩墓群,已出土文物 700 多件,尤以一座人字形木结构墓穴最为特别,与 20 世纪 90 年代初在绍兴出土的印山越王陵十分相似。②

另外,在新街镇长山山顶,考古发掘商周时期石室土墩墓 15 座,出土器物 193 件。③ 在临浦镇施家渡村田螺山,考古发掘春秋中期的石室墓 1 座,出土器物 15 件。④ 在所前镇张家坂村金山(沉湖山),考古发掘创下了 4 个省内第一。⑤

萧山越王城是春秋战国时期越国的重要军事城堡。20 世纪 80 年代末

---

① 20 世纪 70 年代,在北干山发现了古墓葬群。1984 年 6—12 月,杭州市、萧山县文物部门在城南先后抢救性清理古墓葬 128 座,其中西周墓 1 座、战国墓 4 座、汉墓 92 座、六朝墓 14 座、唐墓 1 座、宋墓 8 座、元墓 4 座、明墓 4 座。较完整的有 81 座,其中土坑墓 50 座,砖室墓 31 座。共出土随葬品 1394 件,其中有几件是春秋战国时期的原始瓷豆、印纹陶罐、陶纺轮,两汉时期的居多。1985 年,杭州市、萧山县文物部门在城厢镇西山东麓,发现从春秋战国时期到元、明代的古墓葬 125 座,出土文物 1250 件。1986 年 8 月 8—11 日,县文物管理委员会在城南清理古墓 2 座,出土编号器物 17 件。城南西山隧道古墓葬考古发掘,1998 年对西山古墓葬进行抢救性考古发掘,历时 21 天,共发掘墓葬 19 座,出土器物 59 件。2011 年,在柴岭山一带,发掘商周时期的古墓葬 20 多座,出土大量器物。(资料来源:萧山区博物馆)

② 张婷、陈伟:《摸金校尉摸出萧山迄今最大规模土墩墓群——商周古墓群出土文物 700 多件》,《萧山日报》2012 年 1 月 6 日,第 2 版。

③ 2000 年 5—6 月,对位于海拔 151 米、延绵 1200 多米的新街镇长山山顶古墓葬群进行考古发掘。墓室大多东西向,与山脊走向一致,只有少数与山脊走向垂直。从 15 个墩中,发掘出商周时期 193 件原始瓷、青铜器、石器、印纹硬陶等器物。其中,最长的一个达 3 米,由 30 多块巨石和无数小块石垒成。南方从商周时期保存下来的青铜器较少见,仿青铜器的原始瓷鼎也很有特色。(资料来源:萧山区博物馆)

④ 1999 年 5 月,省、市文物考古工作者联合在临浦镇施家渡村"杭金衢高速公路"工地的田螺山路段进行抢救性考古发掘。发现春秋中期的石室墓,出土 15 件随葬品,其中 9 件为原始瓷盅式碗,6 件为仿青铜器的原始瓷簋,腹饰有网格状划线和戳印重圈组合纹,极为少见。(资料来源:萧山区博物馆)

⑤ 1999 年 5—7 月,省、市文物考古工作者在所前镇张家坂村金山(沉湖山)考古发掘创下四个省内第一:第一次在山腰发现良渚文化遗迹,第一次发现省内仅见的早期陶甊配件,第一次发现绝无仅有的唐代带销式半环青铜扣,第一次发现号称"浙江第一网"的 16 枚新石器时代石质网坠。此外,还发现以残存柱洞为主要形态的建筑遗迹及一座小型土坑墓,发现唐代砖室墓葬两座、唐代土坑墓一座、宋代砖室墓一座。(资料来源:萧山区博物馆)

至 90 年代初，在城区的湘湖城山之巅，考古发掘大量的印纹硬陶、原始青瓷和夹砂陶片，出土了省内罕见的春秋战国时期大板瓦、筒瓦、杉树纹瓦当等建筑构件。现城垣依山脊而建，由泥土夯筑而成，内缓外陡。越王句践曾保此以拒吴，故名越王城。①

据考古资料证明，萧山还是越国的重要陶瓷生产基地。在今萧山南部的临浦镇、进化镇、浦阳镇一带，已发现春秋战国时期原始瓷和印纹陶窑址24 处，②占浙江省境内已发现的原始瓷和印纹硬陶窑址 59 处的 40%，③其中 3 处春秋战国时期的龙窑，是当时中国考古发现年代最早的龙窑之一。④足见萧山在春秋战国时期陶瓷制造业的发展与繁荣。

先秦时期，余暨人口聚集，经济发达，为秦置余暨县奠定了基础，也为秦以后的持续发展奠定了基础。

需要说明的是，萧山境内春秋战国时期的原始瓷和印纹陶窑址绝大多数密集在南部的进化镇。有人认为进化镇、临浦镇原属绍兴，后来划归萧山。其实不然。隋初，废永兴县，并入会稽县（今绍兴县）。⑤ 当时的永兴县政治、经济、文化中心全部东移至会稽县。唐仪凤二年（677），从会稽县、诸

---

① 明嘉靖《萧山县志·地理》记载："城山，去县西九里。其山中卑四高，宛如城堞。吴伐越，次查浦。句践保此拒吴，名越王城，又名越王台。前两峰对峙如门，曰马门。石上两窍通泉，围不逾杯，深不盈尺，冬夏不竭，曰佛眼泉。山半有池，曰洗马泉，中产嘉鱼。越拒吴时，吴意越之乏水，以盐米在馈，越取双鱼答之，遂解围去。"

② 萧山中部的春秋战国时期的窑址有：茅湾里印纹陶窑址、城隍山印纹陶窑址、纱帽山印纹陶窑址、沿池山印纹陶窑址、马面山印纹陶窑址、西山印纹陶窑址、牛面山印纹陶窑址、太公堂印纹陶窑址、前山印纹陶窑址、唐子山印纹陶窑址、安山印纹陶窑址、后山印纹陶窑址、茅草山印纹陶窑址、馒头山印纹陶窑址、祝家村尖湾印纹陶窑址、傅家村石浦湖印纹陶窑址、泗化村冯家山印纹陶窑址、泥桥头村后山印纹陶窑址、进化镇下畈底村大坎山印纹陶窑址、大汤坞村梅园印纹陶窑址、大汤坞村狮子山印纹陶窑址、大汤坞村蜈蚣腿印纹陶窑址、横塘倪印纹陶窑址、白鹿塘马面山窑址，合计24 处。（资料来源：萧山区博物馆）

③ 王屹峰：《浙江原始瓷及印纹硬陶窑址群的调查与研究》，《中国古陶瓷研究》2007 年第 13辑。

④ 萧山博物馆：《萧山发掘出土三座春秋战国时期的龙窑》，浙江省人民政府网（http://www.zj.gov.cn/gb/node2/node723lyxwuserobject13ai32625.html）。

⑤ 南宋嘉泰《会稽志·历代属县》："隋平陈，废山阴、永兴、上虞、始宁为会稽县，并余姚、鄞、鄮入句章县，及剡、诸暨，统县四……垂拱二年，复置山阴县。仪凤二年，复置永兴县。开元二十六年，割鄮县置明州。天宝元年，改永兴县为萧山县。大历二年，因刺史薛兼训之奏，省山阴县。七年，刺史陈少游复奏置焉。贞元元年，刺史王密奏置上虞县。元和十年，又省山阴入会稽县。十年复置。梁开平中钱镠析剡立新昌县。皇朝因之。领会稽、山阴、萧山、诸暨、上虞、余姚、剡、新昌八县。"（资料来源：[宋]沈作宾修，施宿等纂：《嘉泰会稽志》，明正德五年（1510）刻本，绍兴丛书编辑委员会编《绍兴丛书》第一辑地方志丛编第一册，中华书局 2006 年版，第 10 页）

暨县划了 7 个乡复置永兴县,[①]而这 7 个乡不一定是废县以前的永兴县疆域,其与会稽县接壤的地域比如进化,原属永兴还是会稽、时归永兴还是会稽,不得而知。萧山县、会稽县、诸暨县 3 县的四至疆域,自南宋嘉泰《会稽志》始有记载,[②]此前的 3 县四至疆域(包括进化镇的隶属)已无从考证。1950 年,绍兴县的进化区 15 个乡划归萧山县,萧山县的钱清镇划归绍兴县。1956 年,萧山县的进化区 3 个乡又划归绍兴县,与诸暨县相邻的部分地域也有些调整。[③] 这几次大的变动,说明了这相邻 3 个县的古今紧密关系:你中有我,我中有你。

四、秦置余暨县后的县治

秦置余暨县的县治在哪里?

据查,秦至隋代,余暨(永兴)县的县治城址无考。但据上述考古实物资料,今萧山城区大量密集的商周至秦汉的古墓群多达 200 多座,表明这一历史时期萧山城区或附近已经是人口密集区域,这可以为我们寻找萧山初次建制时的位置提供一丝线索,或是一个重要的旁证。[④]

明万历《绍兴府志》记载:萧山县"第四都领图四,元六图。宋为长兴乡,永兴旧县治也,领里三:鸡鸣、安正、亚父"。该志记载长兴乡(今闻堰镇、浦

---

① 明嘉靖《萧山县志·沿革表》:"高宗仪凤三年,分会稽县西境五乡、诸暨县二乡复置为永兴县。"

② 南宋嘉泰《会稽志》:"紧萧山县,本吴王阖闾弟夫槩之邑,以县西萧山为名,在府西北一百里九十步,东西六十二里,南北九十里。东至山阴县界五十三里,以西小江中流为界,自界至山阴县五十三里。西至临安府钱塘县界二十三里,以浙江中流为界,自界至钱塘县三十里。南至诸暨县界六十五里,以壤岭为界,自界至诸暨县六十五里。北至临安府钱塘县三十五里,以浙江中流为界,自界至县四十七里。东南到山阴县界五十一里,西南到临安府钱塘县界四十八里,东北到山阴县界四十九里,西北到临安府钱塘县界一十五里。"

③ 1987 年版《萧山县志·建置》记载:"中华人民共和国建立后,本县与绍兴、诸暨两县相邻的部分地域,在行政区划上有几次变动,即:1950 年 10 月,绍兴县进化区 15 个乡及临浦镇原属绍兴县部分划归本县,计耕地 54100 亩;本县钱清镇划归绍兴县。1956 年 2 月,绍兴县安昌区 11 个乡划归本县,计耕地 67327 亩;本县进化区莲东等 3 个乡划归绍兴县,计耕地 8919 亩;本县河上区径游等 3 个乡的部分地方划归诸暨县,计耕地 23508 亩(1957 年 3 月仍划归本县);诸暨县岳驻乡部分划归本县,计耕地 2809 亩。以上共划入耕地 133736 亩,划出耕地 8919 亩,相抵共增耕地 111817 亩。"(资料来源:萧山县志编纂委员会编:《萧山县志》,浙江人民出版社 1987 年版,第 67 页)

④ 施加农:《探索萧山文明的源头》,萧山区地方志办公室编:《萧山历史文化研究》,方志出版社 2006 年版,第 238 页。

沿镇一带)为永兴县的旧县治。有旧就有新。永兴县的新县治在哪里？明嘉靖《浙江通志》记载："萧山县治，在北干山南二里，后带运河。唐仪凤二年，割诸暨、会稽西北鄙地建今治，宋、元因之。"该志记载唐仪凤二年(677)建新县治在北干山南二里，至宋、元未变。因此，笔者认为，三国吴改余暨县为永兴县，至隋开皇九年(589)废县以前的永兴县治在长兴乡，即旧志所说的"永兴旧县治"，唐仪凤二年复置永兴县(割诸暨、会稽西北鄙地复置永兴县)时建新县治在北干山南二里，此后一直未变。

1987年版《萧山县志·县城》记载："据康熙《萧山县志》有'永兴旧治当在长兴乡萧然、北干间'的记载，则今城厢镇一带，在县名为永兴时(三国吴黄武年间至唐天宝元年)就为县城。"①该志记载的永兴县治始终在今城厢镇一带，实属断句错误和引文失当而导致的史实错误。清康熙《萧山县志》记载原文当如下断句："永兴旧治当在长兴乡。萧然、北干间原属荒野，故开元时有韦知微事。其改县治当即在改县名时。"此文的原意之一是，永兴县旧治在长兴乡，这是正确的；原意之二是，改永兴县名为萧山县名时迁治至萧然、北干间，用毛奇龄的话说，这是"臆说，不足据"(毛奇龄《萧山县志刊误》卷一)。即永兴县在隋开皇九年废县前，其县治在古长兴乡，今闻堰镇、浦沿镇一带；唐仪凤二年复置永兴县时，其县治在北干山南二里，后带运河，今城厢镇一带，唐天宝元年(742)改永兴县为萧山县时，其县治未变。

五、结　语

现存最早的明代《浙江通志》《绍兴府志》《萧山县志》，均记载秦置余暨县，虽然没有引经据典，但较之后来的汉置说论据不足或论断错误，笔者更采信最早的地方志官书的明文记载。

汉置余暨说至今已因袭传承了260多年。其间，修志者也作了一些考辨，给后人以有益的启示。但由于掌握的资料有限，加上纠结于正史过于简略的记载，或多或少地存在一种抱残守缺，因此很难有突破前志的见解。

笔者根据罗泌《路史》"古暨国。其派者为诸暨，本曰余暨，有暨浦、诸山，隶越"等文献记载，首度提出了先秦时期余暨含今萧山、诸暨。又根据王文楚校勘《太平寰宇记》发现"《汉书》应劭无此注"等成果，首度置疑了"汉分

---

① 萧山县志编纂委员会编：《萧山县志》，浙江人民出版社1987年版，第89页。

诸暨、山阴地为下诸暨，后易名余暨”的说法。这一考论，就合理地诠释了余暨（萧山）、诸暨历史上几大争论未决、久辩不衰的问题。一是二暨的分属问题：不是余暨从诸暨析出，而是诸暨从余暨析出。著名历史地理学家陈桥驿先生亦称余暨是历史上出现的第一批越语地名、诸暨是历史上出现的第二批越语地名，[①]即先有余暨、后有诸暨。二是史载余暨、诸暨都是西施故里、夫槩邑的不解之谜：原来二暨在先秦时期统称余暨，今萧山、诸暨都是西施故里、夫槩邑，是没有错误的，只是后人不解其中缘由而导致了千年之争议。见图1。

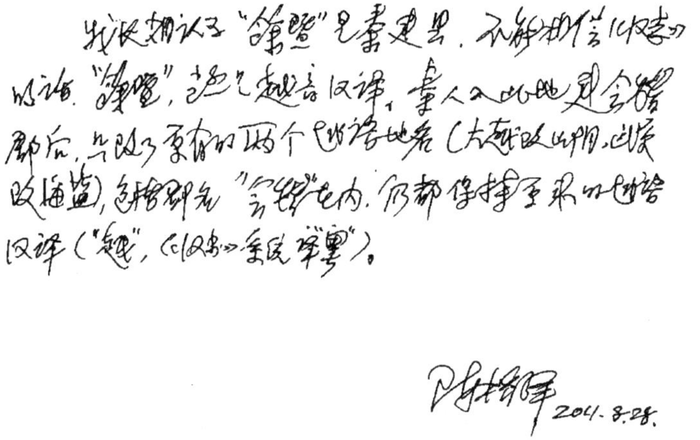
我长期认为“余暨”是秦建县，不解如何信《汉书》的话。“余暨”之名乃越语汉译，秦人入此地建会稽郡后，只改了原有的两个越语地名（大越改山阴，由拳改海盐），包括郡名“会稽”在内，仍都保持原来的越语汉译（“越”，《汉书》写成“於粤”）。

陈桥驿 2011.8.28.

图1

先秦时期余暨疆域广大，人口聚集，经济发展，地位显要：余暨（今萧山、诸暨）是吴越之要冲（海陆交通枢纽），吴王阖闾弟夫槩之邑，越王允常之都邑，越王句践之军事重地，春秋战国时期越国重要的陶瓷生产基地，等等。秦始皇在原吴越地区置会稽郡，在面积广大的余暨地区分置余暨县和诸暨县，可以说，既兼顾了当时的边防形势，也达到了分而治之的政治目的，亦在情理之中。而汉置余暨说的诸多依据，现在看来均站不住脚，于理于情亦不合。

秦始皇二十六年（前221）统一中国，重新区划全国，设置郡县，此时的余暨县，比西汉元始二年（2）的余暨县要早223年。至今（2012），萧山大约有2233年的建县史。

---

① 陈桥驿主编：《浙江古今地名词典·浙江》，浙江教育出版社1991年版，第3页。

从政区建置看孙吴对浙江的开发

陈健梅

（浙江大学历史系）

一、绪　论

　　孙吴割据江南以前，中央王朝在南方地区的经营主要是开疆拓土。秦汉时期，江、淮以南经济和社会的发展远远滞后于中原地区。汉武帝时，"楚、越之地，地广人稀"，"无冻饿之人，亦无千金之家"。[①] 终汉一朝，这种情况没有改变，反映在两汉时期南方所置统县政区幅员广大，县级政区分布不平衡。

　　孙吴立国江东以后，对南方地区进行了大刀阔斧的深入开发和分郡设县的政区建设。其中，浙江所在的扬州为孙吴立国之本，伴随着对山越的征讨孙吴时得到了较为深入和全面的开发，表现为郡县的大量析置和县治分布的相对均衡。作为偏居一隅、立国时间短暂的割据政权，孙吴在南方尤其是今浙江境内的政区建置是政区沿革史上不可逾越的阶段。从公元222年（吴黄武元年）曹魏封孙权为吴王，至公元280年（吴天纪四年）晋灭吴，孙吴立国江东不到六十年，如果上推到东汉兴平二年（195）孙策渡江平定江东，也还不到一百年的时间。从孙策开始，孙吴在疆域的经略过程中，同时对政区建置经营擘画，不遗余力。孙吴在浙江地区新置临海、东阳、吴兴三郡，此外，还一度置废东安、故鄣两郡；[②] 新置建德、桐庐、新昌、新城、吴宁、丰安、海昌、永安、临水、平昌、定阳、永康、武义、临海、南始平、罗阳、松阳、罗江等

---

　　① 《史记》卷129《货殖列传》，中华书局1959年版，第3270页。
　　② 陈健梅：《孙吴政区地理研究》，岳麓书社2008年版，第324页。

十八县。①

尽管孙吴在浙江的政区建置受到诸多历史地理因素的影响,但从总体上来看,区域经济的开发在其中起着首要的作用。汉末中原动乱,大批移民南下,为孙吴立国江东、开发南方提供了良好的物质基础。因为县级政区具有一定的稳定性,所以能比较真实地反映地区开发程度,地区开发的深浅也首先表现在县级政区的置废上。谭其骧先生在《浙江省历代行政区域》一文中提出:"县则历代标准大致相似,虚置滥设者较少。一地方至于创建县治,大致即可以表示该地开发已臻成熟;而其设县以前所隶属之县,又大致即为开发此县动力所自来。"②孙吴统治下的长江流域及其以南地区,所领荆、扬、交、广四州,其隶属郡县数比东汉有显著增加,新析置郡县的增加,正是经济发展、人口增长的结果,其中尤其是三吴(吴、会稽、丹杨)为孙吴立国的根本所系,经营辟划,更是不遗余力,直至西晋初所增置之县,其开辟之功,亦当归之于孙氏。③ 孙吴对浙江山区的开发也是对山越的征伐过程,讨平山越的直接战果是"强者为兵,羸者补户"④。

山越问题是孙吴立国江东以后首先面对的问题,陈寿评曰:"山越好为叛乱,难安易动,是以孙权不遑外御,卑词魏氏。"⑤陆逊所谓"腹心未平,难以图远"⑥。孙吴山越问题尤以扬州为剧,扬州为孙吴立国之本,其开拓经营可谓用心良苦,孙吴在扬州征讨山越的编户齐民过程集中在孙策和孙权时期,这一过程直接影响了孙吴政区的设置,谭其骧先生云:"迨孙氏立国江东,三吴为根本所系,经营辟划,不遗余力,而新县林立矣。"⑦要之,孙吴早期亦即孙策、孙权时期于扬州所辟置诸县主要来自征讨山越、编户齐民的略地过程,经过孙策和孙权的征讨开辟,到了孙亮时期,扬州境内的山越问题已不再突出,南方广大地区处于相对稳定的发展中,此后三位吴主于扬州的置县大多与置郡同时,如孙亮于抚河流域所置八县与临川郡的设置以及浙南所置之罗江县与临海郡的设置,孙休于闽北所置三县与建安郡的设置,孙皓于袁水上游所置两县与安成郡的设置等。县级政区的新置与郡级政区的

---

① 《孙吴政区地理研究》,第 324 页。
② 谭其骧:《长水集》,人民出版社 1987 年版,下同,第 404 页。
③ 谭其骧:《浙江省历代行政区域——兼论浙江个地区的开发过程》,载《长水集》,第 404 页。
④ 《三国志》卷 58《陆逊传》,第 1344 页。
⑤ 《三国志》卷 60《贺全吕周钟离传》,第 1395 页。
⑥ 《三国志》卷 58《陆逊传》,第 1344 页。
⑦ 《浙江省历代行政区域——兼论浙江各地区的开发过程》,载《长水集》,第 404 页。

划小相一致,说明了在编户齐民的基础上地区开发已经取得了一定的规模和稳定的成果。

伴随着对山越的征讨,孙吴在扬州境内的新置郡县遍及山崖海隅,包括了今天皖南、苏南、浙江、福建和江西的江南丘陵地区得到了深入而全面的开发。就浙江省而言,由于三国鼎峙,"强邻大敌非造次所灭,疆场常守非期月之戍"①,因而征役频仍,加之南方地区疫疠横行、山越扰攘,孙吴经济的发展可谓举步维艰。"自三国以来南地日益开发,骎骎与北国争雄长,然亦自有其程序,殊不如一般所想象,东晋渡江后南方遂成另一天地也。"②"孙吴对蛮越的开发,乃建立了东晋及南朝南渡偏安的根基。"③作为一个服从于军事需要的割据政权,孙吴对南方的开发虽然没有出现一个经济繁荣、文化昌明的局面,但其开辟之功为东晋南朝南方地区的全面发展创造了良好的经济基础和人文环境,孙吴的政区建置又在一定程度上巩固了经济开发的初步成果。

二、孙吴对浙西北的开发与东安郡的置废及县级政区的建置

今浙江省境东汉末兼为吴郡、丹杨郡和会稽郡辖境,从县级政区密集带的分布来看,孙吴的开发主要集中在浙西北的东苕溪流域、富春江流域、衢江、东阳江流域和浙东南沿海的灵江、瓯江和飞云江流域,钱塘江两岸的平原区孙吴时没有出现新的县级政区。可以看出,孙吴对浙江的开发与对山越的征讨是一致的。

兴平二年,孙策渡江,协助其舅丹杨太守吴景赶走扬州刺史刘繇后,即开始讨平吴郡乌程严白虎、邹他等地方屯聚势力,降服东汉会稽太守王朗,④以钱唐为吴郡都尉治。⑤ 孙策初步略定今杭嘉湖平原地区,因致力于征讨皖南和江夏黄祖,未及深入经略浙江腹地,孙吴对浙江的开发规模略定

---

① 《三国志》卷57《骆统传》,第1336页。
② 周一良:《南朝境内之各种人及政府对待之政策》,载《魏晋南北朝史论集》,中华书局1963年版。
③ 高亚伟:《孙吴开辟蛮越考》,载《大陆杂志》1953年第7期,第13页。
④ 见《三国志》卷46《孙破虏讨逆传》裴松之注引《吴录》,第1105页;又见《三国志》卷13《王朗传》:"孙策渡江略地,……(王朗)败绩,浮海至东冶。策又追击,大破之。"第407页。
⑤ 《三国志》卷55《程普传》:"策入会稽,以普为吴郡都尉,治钱唐。"第1283页。

于孙权时期。

孙权对浙西北的开发表现为富春江流域和东苕溪流域一系列新县的辟置。建安末至黄武中,孙权析富春置建德①、桐庐②、新城③、新昌④四县。从四县析置由来来看,孙权对富春江流域的经略路线当自富春江下游而上,这与孙策在浙北所奠定的基础有关。孙权以钱唐为军事据点,逆富春江而上,于建安末置建德县,控制富春江流域,在此基础上进一步析置桐庐、新昌和新城县。富春江流域后来没有增加新的县级政区,说明孙权讨平山越、编户齐民的开发比较全面和彻底。天目山区孙吴以前的县级政区分布在东、西苕溪流域和天目溪流域,其中西苕溪流域的故鄣、安吉、原乡和天目溪流域的于潜为丹杨郡辖县,东苕溪流域的乌程为吴郡辖县。孙权时于东苕溪流域析置永安⑤和临水县⑥,从孙策对乌程和贺齐对余杭地方势力的征讨来看,两县的分置当是征讨山越的结果。谭其骧先生认为浙西北的开发以"自(余)杭县溯钱塘江而上极于徽港下游、桐溪中游为主线",以孙吴时自富阳析置新登(新城)、桐庐、建德、寿昌(新昌)为典型;"自余杭溯东苕溪而上为辅线",以孙吴析置临安(临水)县为典型。并认为"浙西之地于全省不过十之三,而(孙吴)辟县多至十一,此则须归功于贺齐、陆逊、诸葛恪诸人开辟山越"⑦。

显然,孙权在浙西北的征讨遭到了山越的剧烈抵抗,黄武五年(226),丹阳、吴、会稽三郡山民"复为寇贼,攻没属县"。黄武七年(228),孙权分三郡险地十县为东安郡,以全琮领太守,⑧郡治富春,⑨平讨山越。东安郡的设置

---

① （唐)李吉甫:《元和郡县图志》卷25"江南道"睦州建德县:"本汉富春县地,吴黄武四年分置建德县。"中华书局1983年版,第607页。

② 《元和郡县图志》卷25"江南道"睦州桐庐县:本汉富春县之桐溪乡,黄武四年分置桐庐县。第607页。

③ （北魏)郦道元:《水经》卷40浙江水注:"(新城)县,故富春地,孙权置。"见陈桥驿:《水经注校证》,中华书局2007年版,第936页。

④ 《宋书·州郡志》吴郡寿昌令:"吴分富春立新昌县,晋武帝太康元年更名。"从开发进程看,新昌与建德、桐庐、新城皆析自富春,此推定为孙权所置。

⑤ 《太平御览》卷170引《地理志》:"吴分余杭为永安。"中华书局1960年版。

⑥ 《宋书·州郡志》吴兴太守临安令:吴分余杭为临水县。又,《三国志》卷60《贺齐传》:"(建安)十六年,吴郡余杭民郎稚合宗起贼,复数千人,齐出讨之,即复破稚,表言分余杭为临水县。"第1379页。

⑦ 《浙江省历代行政区域》,载《长水集》,第413—414页。

⑧ 《三国志》卷47《吴主传》,第1133页;又,卷60《全琮传》,第1382页。

⑨ 《三国志》卷60《全琮传》裴松之注引《吴录》,第1382页。

是孙吴在浙西北与山越矛盾尖锐化所采取的措施，七年罢省东安郡，说明矛盾缓解，孙吴稳定控制了这一地区。

三、孙吴对衢江、东阳江流域的开发与东阳郡的析置

孙皓宝鼎元年（266），分会稽为东阳郡。[①] 吴末东阳郡领九县，其中乌伤、太末为汉旧县，自会稽郡度属，长山、新安为汉末所置，余五县（吴宁、丰安、平昌、永康、武义）为吴所置。[②] 东阳郡辖境相当于衢江及其支流东阳江流域、瓯江水系的松阳溪流域部分地区。

东阳郡的析置源自孙吴对衢江、东阳江流域的开发。东汉末年衢江、东阳江流域已经得到初步开发，初平三年，析太末置新安（今衢州市）[③]、析乌伤置长山（今金华市）[④]。孙吴继续东汉的开发路线，孙策时析诸暨置吴宁、[⑤]丰安[⑥]，孙权时析新安立定阳，[⑦]析乌伤立永康[⑧]、武义[⑨]，析太末立平昌，[⑩]析章安立松阳。[⑪] 从县治分布来看，孙吴的开发进一步深入至衢江上游和武义江沿线，并逾仙霞岭达松阳溪上游。谭其骧先生认为这一区域的开发以"自诸暨溯浦阳江下婺港、溯衢港而上"为主线，以"自龙游溯灵溪而上，逾仙霞岭脉下瓯江流域"为支线，并认为孙氏平昌、松阳县的开辟"不来自瓯江下游之温州而来自衢州"，《元和志》以为松阳析自回浦，似与衢港流

---

① 《三国志》卷48《三嗣主传·孙皓》，第1166页。

② 《孙吴政区地理研究》，第88页。

③ 《续汉书·郡国四》会稽郡太末县刘昭注：初平三年，分立新安县。见范晔《后汉书》，中华书局1965年版，第3489页。

④ 《续汉书·郡国四》会稽郡乌伤县注引《英雄交争记》：初平三年，分县南乡为长山县。第3489页。

⑤ 《续汉书·郡国四》会稽郡诸暨县注引《越绝书》：兴平二年分立吴宁县。第3489页。又，《宋书·州郡志》东阳太守吴宁令：兴平二年孙氏分诸暨立。

⑥ 《续汉书·郡国四》会稽郡太末县刘昭注：建安四年，孙氏分立丰安县。第3489页。《宋书·州郡志》东阳太守丰安令：兴平二年孙氏分诸暨立。按：《续志》与《宋志》言置县时间及析置由来不同，然均以县为孙策所置。

⑦ 《宋书·州郡志》东阳太守定阳令：建安二十三年吴分新安立。

⑧ 《宋书·州郡志》东阳太守永康令：赤乌八年分乌伤上浦立。

⑨ 《通典·州郡十二》东阳郡（婺州）武义：吴赤乌八年，置武义县。中华书局1988年版。

⑩ 《续汉书·郡国四》会稽郡太末县刘昭注：建安二十三年，立遂昌县。第3489页。《宋书·州郡志》东阳太守遂昌令：孙权赤乌二年分太末立曰平昌，太康元年更名。

⑪ 《太平寰宇记》卷99"处州"白龙县："本章安县之南乡，汉献帝八年，吴立为县。《吴录》云：'取松阳木为名。'"中华书局2007年版，第1984页。

域无涉,"斯则盖政区之划分,有不尽与移民来源相符者,而《元和志》之说,又未必无可置疑"①。然从置县时间看,松阳早于平昌。再者,《元和志》之说未必误。综合松阳县的析置由来、置县时间与郡属(松阳县于孙亮时即划属临海郡)考虑,其开辟当来自瓯江下游,谭先生所言逾仙霞岭下瓯江流域的支线至平昌不再深入,其开发晚于自瓯江而上的开发。至于谭先生所质疑之"若谓'章安'、永嘉之人已西向繁殖于数百里而遥之松阳,则何以中间临海、仙居、丽水、缙云、青田诸县,反迟至吴、晋、隋、唐始立县耶"? 则当考虑孙吴的开发是在对山越的征讨中进行,不完全符合移民进程,孙吴远至松阳溪上游开辟松阳县,目的是为了控制瓯江流域。正如其于逆富春江而上的开发,首先远至上游析置建德县,以控制整个富春江流域,然后才进一步析置桐庐等县。随着开发的深入与成熟,宝鼎元年(266),孙皓分置东阳郡成为必然。②

东阳郡的建置不尽符合政区建置的山川形便原则,其跨仙霞岭而有平昌县,并据有浦阳江流域的丰安县,显示出地区初步开发,其路径与山川自然形势不完全吻合的情况在政区建置上的反映。

四、孙吴对浙东南沿海的开发临海郡的析置

孙亮太平二年(257),析会稽东部为临海郡。③《舆地纪胜》卷 12 台州:"东汉末吴分冶县为东南二部都尉。东部临海,南部建安。"王象之注云:"此据张勃《吴录》,无年月可考。"《元和志》台州:"吴大帝时分章安、永宁置临海郡。"王象之辨之曰:"《寰宇记》云吴大帝置章安县④,吴少帝孙亮置临海郡,则与《宋志》合。缘《元和志》以置临海县之时即以为置临海郡,故有大帝少帝之异。今从《寰宇记》,分置县与置郡之年月作两次书,庶得其实。"⑤又,胡三省误为永安三年分会稽东部都尉为临海郡。⑥ 临海郡"初治临海,寻治章安"⑦,吴末领七县,其中章安、永宁为汉旧县,自会稽郡度属临海郡;余五

① 《浙江省历代行政区域》,载《长水集》,第 412 页。
② 《三国志》卷 48《三嗣主传·孙皓》,第 1166 页。
③ 《二国志》卷 48《三嗣主传·孙亮》,第 1153 页。
④ 按:此误,当为临海县。
⑤ 《舆地纪胜》卷 12"台州"下。
⑥ 《资治通鉴》卷 80《晋纪》武帝泰始十年注。
⑦ 《舆地纪胜》卷 12 台州引《赤城新志》。

县(临海、南始平、罗阳、松阳、罗江)为吴所置。① 临海郡辖境相当于今浙江象山港以南灵江、瓯江流域(不包括松阳溪上游的遂昌)的浙南地区。

临海郡的析置源自孙吴对浙东南沿海的开发,孙吴在浙东南沿海设县置郡说明其开发已初具规模,并达到了一定的深度。谭其骧先生认为浙东南沿海的开发以自奉化沿海滨而下为主线,西汉于椒江口出现回浦县(今临海市东南章安),东汉于瓯江口出现永宁县(今温州市),孙吴时开辟至飞云江口,出现罗阳县(今瑞安市)。自章安溯灵江而上为支线,孙吴立临海、南始平(今天台)于灵江中游和始丰溪。② 在孙权辟置新县的基础上,孙亮以灵江流域的章安、临海、南始平,瓯江流域的永宁、松阳和飞云江流域的罗阳置临海郡。

五、藩卫明陵与吴兴郡的析置

宝鼎元年(266),孙皓分吴、丹杨为吴兴郡。③《舆地纪胜》卷4安吉州乌程县引《吴兴记》云:"吴景帝封孙皓为乌程侯,及即位,改葬父和于此,遂立吴兴郡。"吴末吴兴郡领九县,如孙皓分郡诏。其中孙吴新置永安、临水两县,余七县为汉旧县。④

吴兴郡辖境北至今江苏宜兴,南至今浙江天目溪,东至今湖州、余杭一线,包括天目山区东、西苕溪流域和天目溪上游地区。吴兴郡析置的直接目的是藩卫明陵。《吴书·孙皓传》注引孙皓分郡诏曰:"今吴郡阳羡、永安、余杭、临水及丹杨故鄣、安吉、原乡、于潜诸县地势水流之便,悉注乌程,既宜立郡以镇山越,且以藩卫明陵,奉承大祭,不亦可乎! 其㪍分此九县为吴兴郡,治乌程。"⑤据孙皓诏书,吴兴郡的设置有三个原因:其一,地势水流之便。吴兴郡涵盖了太湖水系的东、西苕溪流域和荆溪流域,包括西苕溪流域的永安、故鄣、安吉、原乡,东苕溪流域的临水、余杭和荆溪流域的阳羡,以及东、西苕溪所汇注的乌程;其二,镇抚山越。基于这一原因,吴兴郡还囊括了位于天目山区新安江流域的于潜;其三,"藩卫明陵,奉承大祭"。孙和遭遇坎

---

① 《孙吴政区地理研究》,第94页。
② 《浙江省历代行政区域》,载《长水集》,第413页。
③ 《三国志》卷48《三嗣主传·孙皓》、卷59《吴主五子传·孙和》。
④ 《孙吴政区地理研究》,第75页。
⑤ 《三国志》卷48《三嗣主传·孙皓》裴松之注引晧诏,第1166页。

坷,最终成为孙吴政权之争的牺牲品。孙皓即位,不能不有心理上的悲伤,设郡奉祭也是一种平衡和弥补。吴兴郡作为相对稳定的郡级政区为后世所沿袭,以致成为"三吴"之一,说明孙吴吴兴郡的分置符合自然、经济地理的科学性。

六、富庶的平原屯田区与相对稳定的政区建置

周瑜所谓"铸山为铜,煮海为盐,境内富饶,人不思乱,泛舟举帆,朝发夕到"①的盛况当指孙吴境内富庶的滨海平原区而言,以太湖流域和钱唐江两岸平原区最为典型,两大区域在地形上连成一片,后汉时这里分属吴郡和会稽郡,孙吴赤乌中自吴郡析置毗陵典农校尉。② 一般来说,在矛盾尖锐化的环境下,开发方能加剧,这在孙吴征讨山越、编户齐民的过程中尤为典型。与之相反,孙吴扬州境内矛盾相对缓和的两大平原区除了屯田校尉和屯田都尉外没有新的政区建置,直至孙皓天纪四年,除新置海昌屯田都尉(盐官)和省无锡为屯田外,两大区域内的县级政区数仍然与后汉末同。③ 屯田区主要服务于军事,除边境屯田外,孙吴屯田区主要集中在这两大区域。边境屯田具有临时性和机动性,而该区域内的屯田分别置有郡级和县级政区,这需要有优越的自然条件和稳定的社会基础。

吴郡所辖的太湖流域与钱塘江流域为孙吴最早略定的疆域,是孙氏的后方家园,所谓"孙氏创业,肇基于此"④。孙策平定江东以后,以朱治为吴郡太守,孙策自领会稽太守,屯吴。⑤ 孙权统事亦屯吴,建安十四年(209),徙丹徒。魏黄初二年(221),文帝封孙权为吴王。⑥ 孙氏立足于富庶的太湖流域,南讨西征,直至徙理建业,这里成为京畿要地。太湖流域自古有三江五湖之利,自然条件优越,川泽沃衍,有海陆之饶。东汉末,太湖流域吴郡辖县有丹徒、曲阿、毗陵、无锡、吴县和娄县。因为优越的自然条件和重要的地

---

① 《三国志》卷54《周瑜传》注引《江表传》,第1261页。
② 《宋书·州郡志》晋陵太守:吴时分吴郡无锡以西为毗陵典农校尉。又据《三国志》卷52《诸葛瑾传》注引《吴书》:赤乌中,诸郡出部伍,会佃毗陵。第1236页。据此,毗陵典农校尉置于赤乌中。
③ 这里所论不包括该区域内别属吴兴郡的阳羡和乌程两县。
④ 《元和郡县图志》卷25"苏州",第600页。
⑤ 《三国志》卷46《孙破虏讨逆传》,第1104页。
⑥ 《三国志》卷47《吴主传》,第1122页。

理位置,孙权省无锡以西为屯田,置毗陵典农校尉,辖丹徒(武进)、曲阿(云阳)、毗陵三县,[①]这一郡级屯田区后被西晋继承为毗陵郡。[②]

钱唐江两岸的平原区孙吴时分属吴郡和会稽郡,北岸的杭嘉湖平原为吴郡辖境;南岸的甬绍平原自然区域包括曹娥江流域和甬江流域,这一自然地理单元在孙吴后期为析出临海郡、建安郡、东阳郡后的会稽郡所在。东汉末,北岸杭嘉湖平原区分布有由拳、海盐、余杭、钱唐四县,属吴郡;南岸甬绍平原区分布有余暨、诸暨、山阴、上虞、剡县、余姚、句章、鄮县、鄞县和始宁十县,属会稽郡。孙吴时,这一区域除北岸新置海昌屯田都尉外,[③]没有出现新的县级政区。西晋初陆云描述这里的农耕盛况是:"火耕水种,不烦人力。举锸成云,下锸成雨。"[④]此亦当是孙吴时该区的富庶情况。

---

① 《宋书·州郡志》晋陵太守。

② 《晋书》卷15《地理志下》"毗陵郡":"吴分会稽无锡以西为屯田,置典农校尉。太康二年,省校尉为毗陵郡。"中华书局1974年版,第460页。

③ 《三国志》卷58《陆逊传》:"(陆逊)出为海昌屯田都尉,并领县事。"第1343页。

④ 《答车茂安书》,《嘉庆重修一统志》卷294"绍兴府"引,四部丛刊续编本,上海书店据商务印书馆1934年版重印。

唐末南方割据中北人武力的作用

陈志坚

（浙江大学历史系）

从唐末黄巢起义军攻占长安(880)至后梁建立(907)这近三十年时间内,已经形成了五代十国时期的南北割据大势。南方割据的特点是出现了诸多割据王国并存的局面,而在这些诸多王国的形成过程中,北人武力,尤其是以忠武军为代表的河南人,[①]起到了十分重要的作用。

一、北人的武力优势

北人之所以能在南方大有作为是基于这样一个事实,即北人的战斗力相对于南人占有十分明显的优势。对此我们可以回顾一下唐后期藩镇局势。

张国刚将唐后期藩镇划分为四个类型。其中,河南藩镇称为"中原型",因为要保护漕运和防备河朔骄藩,一直拥有强大的兵力。而东南型藩镇是唐中央赖以生存的"赋税之地",故限制其兵力始终是唐朝的基本方针,有时甚至不足以防盗贼。[②] 陈寅恪将河北视为"以战斗为职业之胡化藩镇区域"[③],此语揭示了武力、胡化风俗和藩镇体制之间有着密切联系。若不考虑与唐中央之关系问题,则河南藩镇与河北藩镇并无重大区别。一样拥有重兵和完备的藩镇统治体制,其民众也习于战事,民风强悍。即以河南淮蔡一镇为例,可见一斑。《旧唐书·吴元济传》曾说:"申、蔡之始,人劫于希烈、少诚之虐法,而忘其所归。数十年之后,长者衰丧,而壮者安于毒暴而恬于

---

①　此处所指河南是指唐后期与河北藩镇相对而言的河南诸藩镇。

②　张国刚:《唐代藩镇研究》,湖南教育出版社1987年版,第77页。

③　陈寅恪:《陈寅恪史学论文选集》,上海古籍出版社1992年版,第348页。

搏噬。……地虽中州,人心过于夷貊。"其民风之剽悍,不输于河北。唐末及五代初,朱全忠主要依靠河南人的武力,可与河北诸强藩,甚至李克用之沙陀相抗衡,也可见河南人的武力确实颇为可观。忠武军就是河南诸镇中较为突出的例子。

元和年间平定淮西后,割蔡州隶属忠武军,之后忠武军遂领有陈、许、蔡等三州之地。在唐后期,忠武军是唐中央最为依赖、战斗力最强的武力之一。会昌时安定回鹘、讨平泽潞,咸通时镇压裘甫起义、庞勋起义,都是主力之一。如讨平泽潞一役中,以忠武军居功最多。在镇压唐末农民起义中,忠武军亦有力焉。乾符四年(877),郑畋奏称:"贼(指王仙芝起义军)往来千里、涂炭诸州,独不敢犯其境(指忠武军一道)。又(忠武帅崔安潜)以本道兵授张自勉,解宋州围,使江、淮漕运流通,不输寇手。"[1]忠武监军杨复光又组织"忠武八都",屡败义军。[2] 陈州刺史赵犨就说:"(黄巢)与忠武久为仇雠","忠武素称义勇,淮阳(指陈州)亦为劲兵"。黄巢悉兵围陈州三百余日而不能下。[3] 最后在王满渡之决战中,除李克用的沙陀兵外,忠武军亦是主力。[4] 忠武军之精兵"服短后褐,以黄冒首,南方号'黄头军',天下锐卒也。"[5]"李承勋以百人定岭南,宋涯使麾下效其服装,亦定容州。安南有恶民,屡为乱,闻之惊曰:'黄头军渡海来袭我矣!'相与日夜围交趾城,鼓噪:'愿送都护北归,我须此城御黄头军。'"[6]其威名远扬,直达岭南。又崔安潜镇西川时,以蜀兵怯弱,募陈、许壮士,与蜀人相杂而用之,分为三军,亦戴黄帽,号黄头军。[7] 忠武黄头军战斗力极强,以致陈寅恪怀疑黄头军出自回纥,与沙陀同为胡族。因为"舍胡兵外,殆不易得其他可用之武力也"[8]。忠武黄头军是否出于胡族且不论,其武力之强殆无可疑。唐末时,秦宗权只凭蔡州一州之兵力,四出纵横,竟然一时无人能敌,亦可见一斑。

---

① 司马光著、胡三省音注:《资治通鉴》,中华书局 1956 年版,卷 253,第 8315 页。
② 刘昫等著:《旧唐书》,中华书局 1975 年版,卷 184,第 4772—4776 页。
③ 薛居正:《旧五代史》,中华书局 1976 年版,卷 14,第 193 页。
④ 刘昫等著:《旧唐书》,中华书局 1975 年版,卷 19 下,第 718 页。
⑤ 宋祁等著:《新唐书》,中华书局 1975 年版,卷 167,第 5120 页。
⑥ 司马光著、胡三省音注:《资治通鉴》,中华书局 1956 年版,卷 249,第 8194 页。
⑦ 司马光著、胡三省音注:《资治通鉴》,中华书局 1956 年版,卷 253,第 8334—8335 页。
⑧ 陈寅恪:《唐代政治史述论稿》,上海古籍出版社 1980 年版,第 158 页。又,《陈寅恪读书札记——旧唐书新唐书三部》中有关黄头军的札记共十三条。王永兴有专文为之疏证(见《陈寅恪先生史记述略稿》,北京大学出版社 1998 年版),可供参考。

反之,南方诸道素无战乱,兵力寡弱,民不习战,南人武力显然远逊于北人。唐晚期,南方的军队甚至连维持社会治安都有困难。当时江淮一带江贼众多,"劫贼徒上至三船两船,百人五十人,下不减三二十人。……三二十人挟持兵仗,凡复镇戍,例皆单弱,止可供亿浆茗,呼召指使而已"。根本无力抵挡。值得注意的是,这些江贼多来自河南诸镇,其中"濠、亳、徐、泗、汴、宋州贼多劫江南、淮南、宣润等道,许、蔡、申、光州贼多劫荆襄、鄂岳等道"①。裘甫起义初期,略地攻城,无往不克,但一遇上忠武等道的北方军队就不堪一击,由此亦可见南北武力相差甚远。在这次镇压中,因为缺少骑卒,统帅者王式就征召原被发配到江淮的吐蕃、回鹘族百余人,这些善骑射之胡人,"虏久羁旅,所部遇之无状,困馁甚"②。他们在江淮一带显然无用武之地。又,唐末时,在河南无法立足的黄巢转向南方后,纵横千里,如入无人之境,也充分暴露了南方武力之弱。

总之,北人在武力上相对于南人占有明显优势,这是不争的事实。正因如此,在战乱频仍的唐末时期,北人——尤其是以忠武军为代表的河南人大量南下后,得以充分展示这一特长。

二、南方割据初期的形势

在北人大量南下之前,南方已是割据纷起,其特点有二:一是割据力量细分化,大多仅据有一州之地;二是割据力量多出自地方武装。

割据初期,南方诸道有不少节度使想趁中央威权瓦解之机自图割据,如淮南高骈、浙西周宝,浙东刘汉宏等。但是南方诸道素来缺乏割据传统和割据基础,难以在短时间内凝聚起较强大而稳固的割据势力。而恰好相反,这一时期,新的武装力量纷纷涌现,控制了地方实权,使得各个藩镇都出现十分明显的权力下移、割据细分化的现象。以下将各道加以逐个分析:

淮南道。和州先为秦彦所据,③后又为孙端所据;④滁州为许勍所据;⑤

---

① 杜牧:《樊川文集》,上海古籍出版社1978年版,卷11,第169页。
② 司马光著、胡三省音注:《资治通鉴》,中华书局1956年版,卷250,第8207页。
③ 崔致远著、党银平校注:《桂苑笔耕集校注》,中华书局2007年版,卷3,第87页。
④ 司马光著、胡三省音注:《资治通鉴》,中华书局1956年版,卷257,第8477页。光启三年四月壬午条后《考异》引《妖乱志》。
⑤ 崔致远、党银平校注:《桂苑笔耕集校注》,中华书局2007年版,卷3,第87页。

庐州为杨行密所据;[①]舒州先后为陶雅和许勍所据;[②]光州先后为李罕之和王绪所据;[③]寿州为张翱所据。[④] 这些人以一州之地行割据之实,高骈虽为节帅,却无力调派他们,甚至听任他们之间互相攻战。[⑤]

浙西道。董昌据有杭州;[⑥]柳超据常熟;王敖据昆山;王腾据华亭;宋可复据无锡。"群盗所在盘结。"[⑦]

浙东道。钟季文据明州;卢约据处州;蒋环据婺州;杜雄据台州;朱褒据温州。[⑧]

江西道。钟传据抚州,后又据洪州;[⑨]而抚州则为危全讽所据;[⑩]卢光稠据虔州。[⑪]

湖南道。闵顼据潭州;邓处讷据邵州;周岳据衡州,后又据潭州;蔡结、何庾据道州;鲁景仁据连州;陈彦谦据郴州;唐行旻据永州。[⑫]

鄂岳道。路审中据鄂州;吴讨据黄州;骆殷据永兴;杜洪据岳州;[⑬]后杜洪乘虚据鄂州,而邓进思复乘虚陷岳州。[⑭]

荆南道。雷满据郎州;向瓌据沣州;[⑮]张瓌据复州;[⑯]成汭据归州。[⑰]

福建道。陈岩据福州;廖彦若据泉州。[⑱]

以上所勾画的割据形势只能是取某一时间横截面,举其大致而已。实

---

① 宋祁等著:《新唐书》,中华书局1975年版,卷188,第5454页。

② 司马光著、胡三省音注:《资治通鉴》,中华书局1956年版,卷256,第8464页。

③ 宋祁等著:《新唐书》,中华书局1975年版,卷187,第5442页,卷190第,5491页。

④ 司马光著、胡三省音注:《资治通鉴》,中华书局1956年版,卷256,第8464页。

⑤ 崔致远、党银平校注:《桂苑笔耕集校注》,中华书局2007年版,卷5《奏论抽发兵士状》及卷12《滁州许勍委曲》中有集中反映。具体分析可参考拙作《〈桂苑笔耕集〉史料价值试析》一文,载《韩国研究》第3辑。

⑥ 宋祁等著:《新唐书》,中华书局1975年版,卷225下,第6466页。

⑦ 宋祁等著:《新唐书》,中华书局1975年版,卷186,第5416页。

⑧ 宋祁等著:《新唐书》,中华书局1975年版,卷190,第5487—5488页。

⑨ 宋祁等著:《新唐书》,中华书局1975年版,卷190,第5486页。

⑩ 宋祁等著:《新唐书》,中华书局1975年版,卷190,第5486页。

⑪ 欧阳修著:《新五代史》,中华书局1974年版,卷41,第444页。

⑫ 宋祁等著:《新唐书》,中华书局1975年版,卷186,第5422页。

⑬ 宋祁等著:《新唐书》,中华书局1975年版,卷190,第5485页。

⑭ 司马光著、胡三省音注:《资治通鉴》,中华书局1956年版,卷256,第8465页。

⑮ 宋祁等著:《新唐书》,中华书局1975年版,卷186,第5421页。

⑯ 宋祁等著:《新唐书》,中华书局1975年版,卷186,第5424页。

⑰ 宋祁等著:《新唐书》,中华书局1975年版,卷190,第5483页。

⑱ 宋祁等著:《新唐书》,中华书局1975年版,卷190,第5492页。

际情况远较此为错综复杂,一州之内经常并存有几个武装力量,各州也大多曾数易其手。能较稳固地占有一州之地的武装力量并不太多,而能兼顾两州以上的割据势力就更少了。如钟传先占据抚州,后来又占据洪州,而原来抚州就无力兼顾,为危全讽所据。又如杜洪先有岳州,待占据鄂州后,岳州也不能守,为邓进思所陷。这表明当时的割据武装力量都比较弱,仅足以维持一州之地的割据。这就导致整个南方的割据局面呈现十分细碎的特点。

这些众多的割据武装力量之所以薄弱,是因为他们都是来自地方的新兴武装力量,也就是说,这些武装力量基本上由南方人构成。

这些武装力量一般有两种形式,一是土团、乡兵,二是所谓的"盗贼"。

乡兵、土团、义军等都是地方民众为保卫乡土而自发组织的一种军事武装。早在乾符二年(875),董昌等人就在浙西"召募乡里之众",征讨王郢起义。[①] 到乾符五年(878),已出现"杭州八都"的称号,可见其组织已较完善。[②] 唐末时期,董昌就凭这支八都兵武装割据一方。又如福州道,"黄巢转掠福建,建州人陈岩聚众数千保乡里,号'九龙军'"[③]。后陈岩也凭此占据了福州。江西道,"江南大乱,众推(钟)传为长,乃鸠夷僚,依山为壁,至万人……(王)仙芝遣柳彦章掠抚州,不能守,传入据之"[④]。可以看到,乡兵土团对保护乡里起到了重要作用,而能领导这些力量的人就形成了地方势力,并凭此进行小规模的地方割据。

还有一种势力是所谓的"盗贼",也十分活跃。如浙西道,"群盗所在盘结"。浙东的杜雄、朱褒、卢约等人被称为临海贼、永嘉贼、遂昌贼。[⑤] 荆南的朗州人雷满以亡命少年千人袭据朗州,向瓌亦集夷獠数千,陷据沣州。[⑥] 此类例子甚多。可以看到,他们也都是依赖本乡土的人进行割据活动的。

三、北人在南方割据形成中的作用

不久之后,由于北方割据形势的发展,导致有大量北人武力南下(主要

① 钱俨著、傅璇琮、徐海棠、徐吉军主编:《五代史汇编》,杭州出版社 2004 年版,《吴越备史》卷 1,第 6172 页。

② 司马光著、胡三省音注:《资治通鉴》,中华书局 1956 年版,卷 253,第 8331 页。

③ 司马光著、胡三省音注:《资治通鉴》,中华书局 1956 年版,卷 256,第 8438 页。

④ 宋祁等著:《新唐书》,中华书局 1975 年版,卷 190,第 5486 页。

⑤ 司马光著、胡三省音注:《资治通鉴》,中华书局 1956 年版,卷 254,第 8379—8381 页。

⑥ 宋祁等著:《新唐书》,中华书局 1975 年版,卷 186,第 5421 页。

是以忠武军陈、许、蔡三州为代表的河南人)。这些南下的北人武力经过分化、组合,分别与几个南方割据势力相结合,形成了几个军事力量相对较强的割据势力。这几个割据势力较快地完成了区域性统一,建立了吴、吴越、楚、闽等割据王国。

在这几个王国的形成过程中,北人武力的意义体现在两个方面:

对内方面,是在一个地区内打破原有的力量均衡,以形成区域性统一。上文已述,割据初期,南方各地都存在大量的仅占一州之地的小割据者,力量薄弱,互相保持了力量均衡,也保持了细碎的割据局面。如果要打破这一均衡,就需要有一个拥有较大武力优势的割据力量。而正是南下的北人武力提供了这样一种区域性统一所需的武力优势。

对外方面,一个割据王国的形成也意味着不被其他力量统一,也就是说,在更高层次上,与其他割据力量达成新的力量均衡。这一点对于吴国这个直接与北方为邻的割据来说,意义尤为重大。如果没有能与北人相抗衡的武力,就难以抵挡北方的进攻,而吴国所拥有的大量北人武力正好为吴提供了这个力量。其他诸国情形亦相类似。

以下将南方诸割据王国(除南汉外)的立国经过略加分析,以便对北人在此过程中的作用有一更明确和直观的认识。

吴。吴国的创建者杨行密起于庐州,初期主要依靠本乡土人,如田頵、朱延寿等。也有少量北人,如洺州人李神福,"从州将王重屯淮海,因投于行密"[1]。还有陈州人刘存、淮西人崔太初等人。[2] 在击败秦彦、赵锽等势力后,又招集其精锐,如上蔡人李简等,[3]此时的杨行密已颇具实力。

但是蔡州秦宗权的部将孙儒等率万余之众南下时,杨行密军队仍然无力抵挡,节节败退,甚至望风奔溃,可见双方的战斗力有着相当大的差距。孙儒部众以骑兵为主,万余之众中,"有骑七千"[4],占七成左右。孙儒败后,其部"众多降于行密"[5]。这使得杨行密军队的战斗力大为增强。其"所得孙儒之众,皆淮西之骁果也,选五千人豢养于府弟,厚其衣食,驱之即战,靡

---

① 路振著、刘晓东等点校:《二十五别史》,齐鲁书社 2000 年版,《九国志》卷 1,第 5 页。
② 路振著、刘晓东等点校:《二十五别史》,齐鲁书社 2000 年版,《九国志》卷 2,第 36 页。
③ 路振著、刘晓东等点校:《二十五别史》,齐鲁书社 2000 年版,《九国志》卷 1,第 13 页。
④ 宋祁等著:《新唐书》,中华书局 1975 年版,卷 188,第 5467 页。
⑤ 司马光著、胡三省音注:《资治通鉴》,中华书局 1956 年版,卷 259,第 8550 页。

不争先。甲胄皆以黑缯饰之,命曰'黑云都'。"[1] 这支"黑云都"精兵不但作为亲军,[2]也是对外作战的主力军。其性质和作用类似于唐代藩镇的牙兵和宋代的禁军,其在杨行密军中的重要性不言自明。杨行密军中许多骁将也是得之于此时,如蔡州人柴再用、李厚、郑璠、许州人刘权、沙陀人安仁义等。[3] 到此时,在淮南地区,已经没有其他势力能与杨行密军队抗衡了。从景福二年(893)到乾宁三年(896)这三年间,杨行密横扫庐、舒、黄、寿、蕲州等地,迅速完成了区域性统一。

乾宁四年(897)朱全忠击败了劲敌兖州朱瑾,统一了河南。而朱瑾率其部众及河东援兵劲骑数千投奔了淮南。史称淮南得"河东、兖、郓兵,军声大振"。其中"史俨、李承嗣皆河东骁将,李克用深惜之"。[4] 还有城濮人侯瓒、沙陀人米志诚等也是此时得之。[5] 同年,朱全忠倾力进攻淮南,欲一举吞并之。在此危难之际,正是这支新来归的劲旅作为主力,奋力作战,在清口一役中击退了朱全忠的强大攻势。此役之后,杨行密"遂保据江淮之间,全忠不能与之争"[6]。这一战役的胜利对吴之立国,意义非同小可。而由此可以看到,北人武力在关键时刻发挥了关键作用。

吴越。吴越国的创立者钱镠初期也是依赖本土军队——八都兵。在孙儒败后,其部众也有不少投奔钱镠,而钱镠爱其骁悍,"以为中军,号武勇都"[7]。当时钱镠的部众主要是八都兵,诸将本与钱镠地位相当,又与董昌颇有瓜葛,钱镠得蔡州精兵以为亲军,可以牵制这些力量。故武勇都指挥使一职授给了顾全武,顾为余姚人,非八都兵之将领。而八都兵将领杜棱等人都力谏钱镠,以为武勇都"狼子野心……请以土人代之"。胡注指明:"土人,

---

① 薛居正:《旧五代史》,中华书局1976年版,卷134,第1781页。

② 欧阳修著:《新五代史》,中华书局1974年版,卷61,第749页。

③ 路振著、刘晓东等点校:《二十五别史》,齐鲁书社2000年版,《九国志》卷1,第14页、20页,卷2,第33页,36页,卷3,第41页。

④ 司马光著、胡三省音注:《资治通鉴》,中华书局1956年版,卷261,第8621页。

⑤ 路振著、刘晓东等点校:《二十五别史》,齐鲁书社2000年版,《九国志》卷1,第16页,卷2第31页。

⑥ 司马光著、胡三省音注:《资治通鉴》,中华书局1956年版,卷261,第8631页。

⑦ 司马光著、胡三省音注:《资治通鉴》,中华书局1956年版,卷203,第6699页。武勇都的建立,又据《九国志》卷5《杜建徽传》称为是乾宁中俘获淮南将安仁义之降卒后所设。按,武勇都早已设立,据《吴越备史》卷1天复二年十一月条"(武勇都右指挥使)徐绾本孙儒之党来降"可知,《九国志》所述有误,今不从。

谓浙西人也。"①于此似乎也可略知其中端倪。

钱镠击败董昌、兼有两浙,是吴越立国关键性一役。此役不但要与南方董昌作战,还要抵挡北方杨行密的进攻,困难极大。然而在南北两条战线上,都是武勇在作主力奋战,几乎不见其他部众作战的记载。毫无疑问,在此役中武勇都起到了关键性的作用。《十国春秋》卷84《顾全武传》中也说:"是役也……全武之功为多。"在平董昌后,顾全武又率武勇都主动北攻,连败淮南兵,夺得嘉兴、松江、无锡、华亭、苏州、昆山等地。基本确定了吴越国的北境。武勇都在吴越立国的过程中确实起到了主力军的作用。

楚。孙儒败后,其将刘建锋、马殷收余众七千,转战进入湖南,占据潭、邵二州。此时湖南全境尚有五六个仅据一州之地的割据者。光化元年(898)马殷遣李琼、秦彦晖、张图英、李唐等将率兵攻略湖南各州,次年,湖南皆平。李琼诸将,都是原蔡州将。② 另外还有许德勋、姚彦章、王璟等人亦是忠武军三州之地的老部下。③

在对外方面,他们也抵住了淮南的强大压力,多次有威胁的进攻均被击退。如淮南将冷业曾大举攻楚,许德勋率锐卒"定南刀"大败之;又,淮南将聂彦章攻楚,被俘,马殷释归,许德勋谓曰:"楚国虽小,旧臣宿将故在也,愿吴朝勿以为念。"④可以说,楚国正是依赖这批旧臣宿将才立稳脚跟、开创出一方割据之业的。

唐末时期,割据势力林立,关系错综复杂,有时巧妙的外交手段能发挥很大作用,但如果缺乏武力的支持,也是存之不久的。唐末的割据势力如吴越、楚、江西、鄂岳等,都因畏淮南之强大而称臣于朱全忠,以求得到他的援助。但江西、鄂岳之地终于亡于吴,这恐怕与其战斗力太弱有重要关系。这两个割据力量都没有北人武力集团加入,基本以土人组成军队。王茂章过江西时,曾评论危全讽的军队说:"扬州有士三等,公众正当其下。"⑤说明江西军队的战斗力只及得上吴国最弱的军队。后来吴国能一战而定江西,正

---

① 司马光著、胡三省音注:《资治通鉴》,中华书局1956年版,卷263,第8669页。《九国志》卷5《杜建徽》载有类似内容,《资治通鉴》当据此书。

② 路振著、刘晓东等点校:《二十五别史》,齐鲁书社2000年版,《九国志》卷11,第117、119页;吴任臣著:《十国春秋》,中华书局1983年版,卷72,第1000页,《李唐传》。

③ 路振著、刘晓东等点校:《二十五别史》,齐鲁书社2000年版,《九国志》卷11,第114、116、118页。

④ 吴任臣著:《十国春秋》,中华书局1983年版,卷72,第995页。

⑤ 宋祁等著:《新唐书》,中华书局1975年版,卷190,第5488页。

是由于战斗力悬殊之故。

与此形成鲜明对照的是荆南。荆南仅以三州之地立国，首先是外交策略的成功。但它同时也有较强的武力可恃，朱全忠派高季昌守荆南时，又遣驾前指挥使倪可福将兵五千戍荆南以备吴、蜀。[①] 这支军队正是北人武力，战斗力颇强，先后击败了吴、楚、雷彦恭、梁叛将李洪等各种势力的多次进攻，经受住了考验。以荆南三州之地，任何一次大败都会导致灭亡，但荆南就是凭着自己较强的武力站稳了脚跟，开创了一个仅有三州之地的小国。

闽之立国也值得一提。唐末时，王绪等人先后占据光、寿二州，后为秦宗权所逼，率众渡江，转战至闽。王绪被部下王潮、王审知等取代后，又先后攻占泉州、福州等地，很快尽有五州之地，创立了闽国。王潮、王审知及其部众为光州"贼盗"，似与河南道无关。但光州地接淮蔡，原为淮西镇之属郡，淮西被平后始归于淮南道。故其民风慓悍，性近中原。如上文所述，唐后期劫掠江淮的江贼中即有光州贼，与许、蔡、申等州并举，也可见一斑。所以把光州视为河南道之一州，似亦无不可。而且王潮及部众之武力相对福建道之地方武力是占有明显的武力优势的。所以，闽之立国此例实质上与本文所论并不矛盾。

在前蜀立国中，北人也扮演了重要角色。实际上，其创立者王建就是原"忠武八都"的都头之一。其部众干将也都是许昌故人。《九国志》卷6《前蜀列传》中几乎全都是忠武军一道的人。王建晚年也因为"老将大臣多许昌故人"，忧不能为太子用。[②] 此外，王建在统一四川的过程中，先后击败了陈敬瑄、顾彦晖、杨守亮、李继业等势力，也从中吸收了不少北人武力。还有一些原秦宗权部下如许存、赵匡凝、赵匡明等人都率众降王建。[③] 前蜀军队的战斗力相当强，曾大败凤翔李茂贞。后梁建立后，也唯有前蜀和吴敢公开与朱全忠对抗。蜀人素称怯弱，而前蜀能成为南方割据王国中势力最强者之一，这与前蜀拥有较多的北人武力是分不开的。

四、后 论

以上本文论述了在唐末南方割据诸国（除南汉外）的形成过程中，北人

① 司马光著，胡三省音注：《资治通鉴》，中华书局1956年版，卷265，第8783页。

② 欧阳修著：《新五代史》，中华书局1974年版，卷63，第790页。

③ 宋祁等著：《新唐书》，中华书局1975年版，卷190，第5484页。

武力——主要是以忠武军为代表的河南人起到了十分重要的作用。

但应注意的是,本文所论述的时间仅局限于诸割据王国形成时期这一阶段。而且,尽管本文强调了武力在这一过程中的作用,但并不认为割据仅仅取决于武力。武力是割据的必要条件,但决非唯一条件。另外,武力作用在各国会因其具体情况不同而有异。

北人武力对整个唐末五代割据大势的影响又是如何呢?对此,我们可以换个角度来看,即假设北人武力没有南下的话,南方割据会如何发展呢?合理的推论有二:一是有可能较长时期地保持细碎的割据局面;二是有可能北方势力突破淮河一线,甚至可能统一南方。从这一角度来看北人武力的作用,大概会使我们对其在南方割据的作用和意义有更深的理解吧。

再进一步来看整个五代十国时期。从经济实力看,南方并不输于北方,甚至开始超过北方。而且,北方战火不断,常常陷入大乱的局面,而南方少有大战,相对要平稳的多。但南方诸国一直无所作为,最后竟坐以待毙,终于被重整旗鼓的北方轻易地统一了。南方甚至没有出现局部统一的局面,南唐曾作过一番努力,占领了楚和闽,但很快就以失败告终。这其中的主要原因,应该归结为五代十国时期北人武力没有再次大量南下补充新的力量,从而导致南方武力不仅没有增强,反而逐渐衰退;不但没有能打破南方割据并存的均衡局面以形成南方的局部统一,而且对北方也只能保持着一种防御姿态而无力北面争锋。

如上所论,唐末五代十国时期,由于北人、南人武力强弱之差异而导致政局变化之关系,可谓大矣。然则此一现象在南北朝时期早已有之。陈寅恪在《魏书司书睿又传江东民族条释证及推论》一文中论曰:"南朝之政治史概括言之,乃北人中善战之寒族为君主领袖,而北人中不善战之文化高门,为公卿辅佐。互相利用,以成此江左数百年北人统治之世局也。"又"在南朝前期北人善战,吴人不善战……","然江左侨寓之寒族北人,至南朝后朝,即梁代,亦成为不善战之民族。当时政府乃不能不重用新自北方南来之降人以为将帅"。[①]

对照两个历史时期,其间之异,固可看出时代之变化;而其间之同,则更可发人深思。本文之大胆推论,亦可作为陈寅恪大论之注脚。然而所论是否有当,本文殊不敢自信,愿就教于通识者。

---

① 陈寅恪:《陈寅恪史学论文选集》,上海古籍出版社1992年版,第262—263页。

宋代江浙城市社会救助体系探析*

陈国灿

（浙江师范大学中国历史研究所）

两宋时期，随着各级城市普遍突破原有政治和军事性质所构成的限制而获得空前发展，经济、社会和文化领域都发生一系列深刻的变革，由此引发以乡村为核心的传统社会救助体制的重大调整，开始形成面向城市的新型社会救助体系。江浙地区是宋代城市最为发达的区域之一，其城市社会救助的活跃程度和发展水平也走在各地前列，在全国具有一定的代表性和典型性，从中可以看出此期社会救助演变的时代特征与历史趋向。本文试就此作一番考察和分析。

一、城市社会贫富分化的加剧

晚唐以降，江浙地区的城市发展日趋活跃，逐渐确立起在全国的领先地位。但随着城市人口的增加和社会竞争的日趋激烈，城市居民的贫富分化现象不断加剧。特别是宋室南渡后，江浙各地人多地少的矛盾日益突出，土地兼并之风愈演愈烈，促使更多的农村居民涌入城市，城市人口的增长进一步加速，贫困群体的规模越来越大。据笔者估算，到南宋中后期，浙西的镇江、江阴、湖州、嘉兴、常州，浙东的庆元、温州、台州、婺州，江东的饶州、信州、宁国（宣州）、池州，江西的赣州、抚州、吉州等府州城都有 10 万人左右，浙东首府绍兴和江西首府隆兴均有 30 万人左右，建康府城和平江府（苏州）城分别有八九十万人和近 70 万人，都城临安的城内外居民更是高达一百五

---

* 本文系教育部人文社科项目"宋代城市社会救助体制研究"（09YJA770058）的阶段性成果之一。

六十万人。① 这数量庞大的城市人口,有相当部分属于"一日微于一日"的贫困市民。临安号称繁华,"富冠天下",但淳熙十六年(1189)宋孝宗诏令该府"将贫乏老疾之人措置赈给",事后知府张构报告说,在城九厢和城南、城北两厢需要救济的贫困居民,"共抄札到二十六万八千余口"。② 这还是临安鼎盛期的情况,此后更是每况愈下。宋理宗时官至右丞相的杜范在谈到临安城社会状况的变迁过程时说,嘉定(1208—1224)年间,"人谓已非淳熙之旧";绍定(1228—1233)、端平(1234—1236)年间,"耳目所接,景象萧条,又非嘉定之旧";至嘉熙四年(1240),"得于所见,又非端平之旧"。③ 温州"向者家给人足,素号乐土",到理宗时赵汝腾出任知州,看到的却是"闾阎困瘁,几不聊生;庾帑空虚,殆无以立"④的景象。婺州原是浙东颇为兴盛的工商业城市,到南宋后期,学者王柏叹息说,"金华今日之贫,与三十年前亦不可以并称","昔之为富家巨室者尚有数年之储,今无兼岁之蓄矣"。⑤ 乾道二年(1166)由宣州升置的宁国府,"素为江左佳邑",但宋宁宗以后,"市井萧条"。⑥ 吉州素为"富州",到理宗时已徒有虚名,"凋瘵之余,不幸犹蒙富州之名;民不幸十室九空,而公家犹意其储蓄"⑦。平江府昆山县号称"壮雄",到宋度宗咸淳(1265—1274)年间,已是"时异事殊,公私交困","市井萧索"。⑧ 正如笔者在另文所指出的:"在南宋市民阶层中,真正富裕的属于少数,大多数处于贫穷状态。从这个角度讲,所谓城市的繁荣实际上是少数人财富的增长,而不是市民阶层的普遍富裕。"⑨

进一步来看,江浙城市的贫困群体主要有"贫民"和"穷民"两部分。

所谓"贫民",以下等坊郭主户和不入等的客户为主,他们收入微薄,而

① 陈国灿:《宋代江南城市研究》,中华书局 2002 年版,第 111—130 页。

② 徐松辑:《宋会要辑稿》食货,68 之 85,中华书局 1997 年影印。

③ 杜范:《清献集》卷 10《八月已见札子》,文渊阁《四库全书》本,台北"商务印书馆",1986 年影印。

④ 赵汝腾:《庸斋集》卷 3《温州到任谢表》,文渊阁《四库全书》本,台北"商务印书馆",1986 年影印。

⑤ 王柏:《鲁斋集》卷 7《赈济利害书》,《续金华丛书》本,民国十三年永康胡氏梦选楼刊印。

⑥ 杜范:《清献集》卷 8《便民五事》,文渊阁《四库全书》本,台北"商务印书馆",1986 年影印。

⑦ 欧阳守道:《巽斋集》卷 6《上徐守书》,文渊阁《四库全书》本,台北"商务印书馆",1986 年影印。

⑧ 谢公应、边实:《咸淳玉峰续志》"风俗"条、"户口"条,《宋元方志丛刊》本,中华书局 1990 年版,第 1099 页。

⑨ 陈国灿:《论南宋江南地区市民阶层的社会形态》,《史学月刊》2008 年第 4 期。

且很不稳定,"一日失业,则一日不食"①,常常需要救济才能勉强维持生计。特别是在灾荒年份,更有赖于官府的救助。如宋孝宗时,朱熹在江东南康军赈济,将当地坊郭居民分为上、中、下三等,其中下等居民是指"贫乏小经纪人,及虽有些小店业,买卖不多,并极贫秀才"②,属于主要救助对象。后来真德秀在太平、广德等地救济,也采取类似的方法,将城乡居民划分为甲、乙、丙、丁、戊五等,"惟城市则济戊户而桑丙、丁"③。随着社会贫富分化现象的加剧,贫民在城市人口中所占的比重越来越大。宋光宗绍熙五年(1194),临安府奉诏救济城内外贫民,"计五万余家,约三十万人"④。宋理宗宝祐五年(1257)十二月,浙东庆元府救助府城诸厢贫民,共有"二万三十四口"⑤。按照当时庆元府城10余万人的人口规模,⑥仅纳入官府救济范围的贫民就占了其中的1/5。

所谓"穷民",包括丧失自主生活能力的老弱病残之人、无依无靠的鳏寡孤独者以及既无职业又无居所的流浪乞丐等。与贫民相比,穷民的生活更为艰难,往往只有依靠社会救助才能生存。事实上,当时江浙各地城市所设的官方救助机构,有不少就是专门面向穷民的。如绍兴元年(1131),浙东绍兴府救助街市乞丐,"抄札五厢界处应管无依倚流移病患之人,发入养济院",差"医官二名看治,童行二名煎煮汤药,照管粥食"⑦。绍兴三年(1133),浙西湖州知州王回于州城奉胜门内霸王庙旁"为屋二十七楹,号利济院",收养"孤病贫乏老病之人","月给钱五百文,米六斗"⑧。绍兴十三年(1143),临安府设置养济院,"将城内外老疾贫乏之不能自存及乞丐之人,依条养济,遇有疾病,给药医治"⑨。宝祐五年(1257),庆元知府吴潜以"四明为浙左大都会,城邑市井人物阜繁,则夫鳏寡孤独与瘖聋跛躄之民宜不能

---

① 徐松辑:《宋会要辑稿》食货,12之6,中华书局,1997年影印。

② 朱熹:《晦庵别集》卷10《审实粜济约束》,《四部丛刊初编》本,商务印书馆,1919年影印。

③ 真德秀:《西山文集》卷7《申尚书省乞再拨太平广德济粜米》,《四部丛刊初编》本,商务印书馆,1919年影印。

④ 蔡戡:《定斋集》卷6《乞赈济札子》,文渊阁《四库全书》本,台北"商务印书馆",1986年影印。

⑤ 梅应发、刘锡:《开庆四明续志》卷8《赈济》,《宋元方志丛刊》本,中华书局1990年版,第6014页。

⑥ 陈国灿:《南宋城镇史》,人民出版社2009年版,第231页。

⑦ 徐松辑:《宋会要辑稿》食货,60之8,中华书局,1997年影印。

⑧ 谈钥:《嘉泰吴兴志》卷8《公廨》,《宋元方志丛刊》本,中华书局1990年版,第4724页。

⑨ 周淙:《淳祐临安志》卷7《养济院》,《宋元方志丛刊》本,中华书局1990年版,第3290页。

免"，遂创设广惠院，"合城内外六厢瘭寡孤独瘖聋跛躃者廪于斯，额以三百人，视年之老穉为给之多寡"。① 宝祐六年（1258），江东转运副使余晦见建康城内外"鳏寡废疾之无所养者"多流离于街头巷尾，"图所以为赈赡之策"，于城中觅一闲地，营建房舍 60 余间，用以收养"无告之民"，取名"实济院"，"使天民之穷，免至夭折"。②

除了贫民和穷民，在特定情况下，城市贫困群体还包括因灾荒等因素而形成的流民。入宋以后，随着人口的持续增长和土地开发的不断深入，江浙各地的环境破坏问题日益突出，导致自然灾害频繁发生。据《宋史·五行志》记载，从宋高宗建炎二年（1128）至宋度宗咸淳十年（1274），在不到 150 年的时间里，江浙各地发生所发生的水灾，较具规模的就多达 110 余次。每逢灾荒，大批农民游离失所，纷纷涌入城市，以求官府救济。如乾道三年（1167），两浙水灾，"久饥之民，相比而集于城郭"。临安府以"饥贫人户多在本府城内外求乞"，奏请"支拨常平义仓米斛，委官于近城寺院一十二处煮粥给散养济"。宋孝宗下诏准许，并令绍兴、平江、镇江、台州、秀州、常州、湖州等地官府参照临安府的做法，对灾荒流民"疾速养济"。事后绍兴府报告说，该府"先就在城置场煮粥，给散济养"，后来考虑到"城外乡村阔远，切虑饥流人奔赴不及"，遂又在"城南大禹寺、城西道士庄添置两场"。③

二、官方救助体制

城市居民贫富分化现象的不断加剧，不仅引发一系列社会问题，也直接影响到统治的稳定，促使政府采取相应的政策和措施，以缓解社会矛盾。另一方面，城市人口的大幅增长和市民阶层的发展壮大，要求政府改变传统荒政的既有模式，将救助范围由乡村扩大到城市，救助活动由临时性的赈灾救荒延伸到日常性的生活救济。因此，在浙江城市社会救助体系的形成过程中，官方扮演了主导者的角色。

从江浙城市官方救助体制的发展过程来看，北宋时期主要表现为相关

---

① 梅应发、刘锡：《开庆四明续志》卷 4《广惠院》，《宋元方志丛刊》本，中华书局 1990 年版，第 5970、5971 页。

② 周应合：《景定建康志》卷 23《庐院·实济院》，《宋元方志丛刊》本，中华书局 1990 年版，第 1706 页。

③ 徐松辑：《宋会要辑稿》食货，68 之 148 至 149，中华书局，1997 年影印。

救助政策的制订和救助体制的初步构建。这当中,中央政府起着主导作用。从北宋中期起,宋廷越来越多地注意到城市居民的贫困化问题,并陆续采取了一系列相应措施,以避免社会贫富矛盾的激化。宋仁宗嘉祐二年(1057)八月,"置天下广惠仓",用以救助"在城老幼贫乏不能自存者"。① 这是宋政府在全国范围设置以城市为重点的救助机构的开始。宋神宗熙宁十年(1077),颁布"惠养乞丐法",规定:"诸州岁以十月差官检视内外老病贫乏不能自存者注籍,人日给米豆共一升,小儿半之,三日一给。自十一月朔始,止明年三月晦。"②宋哲宗元符元年(1098)十月,又颁布"居养法",规定:"鳏寡孤独贫乏不得自存者,知州、通判、县令、佐验实,官为居养之,疾病者仍给医药。"③宋徽宗即位后,进一步加强官方救助力度,推进救助活动的制度化。他诏令各地城镇广设居养院、安济坊、漏泽园等救助机构,并明确各救助机构的职能,规范其活动行为。《宋史》卷178《食货志六上·振恤》载徽宗诏令曰:

> 诸城、砦、镇市户及千人以上知监者,依各县增置居养院、安济坊、漏泽园。道路遇寒僵仆之人及无衣丐者,许送近便居养院,给钱米救济;孤贫小儿可教者,令入小学听读,其衣衫于常平头子钱内给造,仍免入斋之用;遗弃小儿雇人乳,仍听宫观寺院养为童行。

相对而言,在此期的官方救助活动中,地方政府更多地是朝廷相关政策与制度的执行者和实施者。虽然江浙地区的部分官员根据本地的实际情况,也兴办了一些有特色的救助机构,如宋神宗熙宁九年(1076),越州大疫,知州赵抃创设病坊,"处疾病之无归者"④。元祐四年(1089),杭州"饥疫并作",知州苏轼创设安乐坊,以收养疫病之人。⑤ 但这些皆属特殊情况下的应急举措,并非正常的救助活动。

宋室南渡后,江浙城市在进一步走向繁荣的同时,市民贫富分化现象进一步加剧。然而,南宋朝廷的救助政策和措施基本上沿袭北宋旧制,鲜有新

① 李焘:《续资治通鉴长编》卷186,嘉祐二年八月丁卯,中华书局年版2004年版。
② 李焘:《续资治通鉴长编》卷280,熙宁十年二月丁酉,中华书局2004年版。
③ 李焘:《续资治通鉴长编》卷503,元符元年十月壬午,中华书局2004年版。
④ 曾巩:《元丰类稿》卷19《越州赵公救灾记》,文渊阁《四库全书》本,台北"商务印书馆",1986年影印。
⑤ 李焘:《续资治通鉴长编》卷436,元祐四年十一月甲午,中华书局2004年版。

的拓展和创制。因此,官方救助的重心由朝廷下移到地方官府。江浙各地官员越来越多地自主开展救助活动,构建本地的救助体系。如江东首府建康除居养院等朝廷下令设置的救助机构外,又有诸多地方创设的机构,包括救助往来客旅疾病的安乐庐、收养遗弃婴儿的慈幼庄与及幼局、济养鳏寡废疾之人的实济院等。

从江浙城市官方救助的类型来看,主要有预防性、补救性、补偿性三种。预防性救助是通过对贫穷群体的日常救济,帮助他们维持最基本的生活。如江西吉州吉水县丞黄闳和县令黄某在常平使者的支持下,利用修葺常平仓多余的材料和部分没官房屋,于县城南创建居养院,"为屋十楹,日赡二十人",常平司岁给米 50 斛以助,"自是,生有以养,疾有以药,没有以藏矣"。[①]宋理宗宝祐四年(1256)至开庆元年(1259),浙东庆元府每年救助的在城贫乏之民,分别有 17609 人、20034 人、17650 人和 20439 人。[②]补救性救助是通过临时性赈济,帮助受灾的城市居民恢复生活能力。如绍兴元年(1131)十月,绍兴府城发生火灾,延烧"四厢共二百三十余户",宋高宗下诏,"令户部每户支钱二贯文";绍兴七年(1137)二月,尚书省奏言,"镇江府、太平州居民遗火,细民无不暴露艰食",高宗令"于常平、义仓内各支拨二千硕,分委兵官抄札被火百姓贫乏之家,每家计口支米二升"。[③]补偿性救助是对部分特定群体的优待抚恤,帮助他们稳定生活。如宋室南渡后,不少皇族宗室生活艰难,成为官方救助的对象。绍兴二十八年(1158),宋廷以临安、绍兴等地的"孤遗宗子、宗女、宗妇等所请钱米微薄不可赡养",规定年 15 岁以上者,"每月添支钱一贯,米一石";年 14 岁以下者,"减半添支"。[④]

从江浙城市官方救助的对象来看,主要面向各类贫穷群体。对于一般城市贫困居民来说,他们生活本来就十分艰难,到冬春时节,粮食短缺,物价上涨,加上工作机会减少,不免陷入无以为继的困境。因此,每遇寒冬和春荒,官方都要进行大规模的救济活动。如绍兴三十一年(1161)二月,宋高宗下诏,"临安府城内外贫乏之家,人给钱二百,米一斗,及柴炭钱";同月,又令

---

① 程珌:《洺水集》卷 7《吉水县创建居养院记》,文渊阁《四库全书》本,台北"商务印书馆",1986 年影印。

② 梅应发、刘锡:《开庆四明续志》卷 8《赈济》,《宋元方志丛刊》本,《宋元方志丛刊》本,中华书局 1990 年版,第 6013—6014 页。

③ 徐松辑:《宋会要辑稿》食货,59 之 23、29,中华书局,1997 年影印。

④ 徐松辑:《宋会要辑稿》帝系,6 之 30,中华书局,1997 年影印。

"逐州府差官抄札实贫乏之家,于见桩管常平仓钱米内,依临安府例赈济"。① 嘉定十二年(1219)十二月,都省奏言:"岁晚严寒,细民不易,合议优恤。"宋宁宗遂下诏令:"丰储仓所于桩管米内支拨二万石赴临安府,日下分头差官疾速抄札的实贫乏人户,即遍置场,赈济五日。"②至于老幼孤寡、疾病残废之人,由于缺乏自主生活的能力,官方对他们的救助一般由各种专门机构负责。除了朝廷下旨设置的居养院、养济院之类的救助机构外,还有地方官府各自设置的名目众多的救助机构。如前文提到的北宋时赵抃在越州创设的病坊和苏轼在杭州创办的安乐坊,南宋宝祐三年(1255)建康知府马光祖创置的安乐庐等,主要救助疾病之人;宝祐五年(1257)庆元知府吴潜创设的广惠院和次年江东转运副使余晦在建康创办的实济院,主要收养各类穷民;淳熙八年(1181)浙西严州淳安县创办的安老坊,嘉泰四年(1204)江阴军创设的安济院,淳祐十一年(1251)平江府昆山县创办的怀安坊等,专门用于收养孤老;隆兴二年(1164),知湖州郑作肃创设的收养遗弃小儿钱米所,嘉定十年(1217)江东转运使真德秀在建康设置的慈幼庄,宋理宗时临安府开办的慈幼局等,主要收养遗弃婴儿和孤儿。

从江浙城市官方救助的方式来看,有赈济、赈贷、收养、放免、资助等多种。赈济是向贫困群体免费发放钱米。如绍熙五年(1194),临安府奉旨救助城内外贫民,知府蔡戡报告说:

> 臣窃计五万余家,约三十万人,大人、小儿各半,大人日给一升,小儿日给半升,日支米二千二百五十石,月支米六万七千五百升,半年为期,约用米四十万五千石。③

赈贷是向贫困居民平价或减价出售粮食等生活必需品。南宋中期,知徽州宋济"以水旱转粟崎岖,民多艰食,虽有常平仓及平籴仓,然必得报,不许专发",乃"别积米五千石,建实备仓贮之。米价稍涌,亟以原直售民"。④ 收养是帮助无自主生活能力的贫乏之人维持生活,前面提到的居养院、济养

---

① 徐松辑:《宋会要辑稿》食货,59之37,中华书局,1997年影印。
② 徐松辑:《宋会要辑稿》食货,68之108,中华书局,1997年影印。
③ 蔡戡:《定斋集》卷6《乞赈济札子》,文渊阁《四库全书》本,台北"商务印书馆",1986年影印。
④ 彭泽:《弘治徽州府志》卷5《恤政》,《天一阁藏明代方志选刊》本,上海古籍书店,1981年影印。

院等都属此类。放免是减免贫民的税收和相关费用。如每逢严冬,宋廷和部分地方政府都会采取减免公私房舍租钱和部分税收的措施,帮助贫乏之家渡过难关。南宋人周密谈到临安府此类救助活动的情况时说:"若住屋则动蠲公私房赁,或终岁不偿一环。诸务税息,亦多蠲放,有连年不收一孔者,皆朝廷自行抱认。"①资助是针对特定情况的额外救助。如乾道五年(1169),宋孝宗下诏,规定贫民"每生一子,给常平米一硕,钱一贯,助其养育"②。

三、民间救助活动

与系统性和制度化的官方救助不同,宋代江浙城市的民间救助多为自发性的个体行为,即便形成一定的组织,也是以个体自愿为基础,并不具有规定性和强制性。

就活动形式而言,江浙城市的民间救助主要有两种类型:一种是社区救助,即一定街区范围内的救助活动。如居住于浙东婺州义乌县城的徐文献,"质厚惇饬",乐善好施,"比邻竞者平之,病者药之"。寒冬时节,"视并舍茕独困痒,日赋之食,至于春乃罢,率以为常"。③ 时人龚明之《中吴纪闻》卷6《朱氏盛衰》载,苏州城巨富朱冲广施钱财以济街区贫疾之人。"每遇春夏之交,即出钱米药物,募医官数人,巡门问贫者之疾,从而赒之。又多买弊衣,择市姬之善缝纫者,成袡衣数百,当大雪寒,尽以给冻者。诸延寿堂病僧,日为供饮食药饵,病愈则已。"楼钥《攻愧集》卷86《皇伯祖太师崇宪靖王行状》载,宗室赵伯圭日常对里巷贫者多有救助,在寒冬雨雪时季,"令人走闾里赈施,婴孩遗弃则募乳者收育之"。与带有浓厚宗族互助特点的传统乡村民间救助不同,城市社区救助具有救助对象的不确定性和救助活动的开放性,反映出城市社会与乡村社会的差异。另一种是同业救助,即同业者之间的互助活动。从某种意义上讲,这是最能体现城市民间救助特征的一种形式。宋代城市工商业的繁荣和市民群体意识的增强,推动各种行业组织的兴起。特别是到南宋时期,江浙城市的行业组织名目繁多,包括工商业领域的

---

① 周密:《武林旧事》卷6《骄民》,中国商业出版社1982年版,第121页。
② 徐松辑:《宋会要辑稿》食货,59之45,中华书局,1997年影印。
③ 吕祖谦:《东莱吕太史文集》卷10《义乌徐君墓志铭》,《续金华丛书》本,民国十三年永康胡氏梦选楼刊印。

"行"、"团"、"作"组织,文化演艺领域的"社"、"会"组织等。时人吴自牧说:

> 市肆谓之团行者,盖因官府回买而立此名,不以物之大小,皆置为团行,虽医卜工役,亦有差使,则与当行同也。①

《都城纪胜》也说:"市肆谓之行者,因官府科索而得此名,不以物之大小,但充合用者,皆置为行。"按照《西湖老人繁胜录·诸行市》的说法,南宋都城临安有"四百十四行"。这些行业组织一方面协助官府分摊科配和进行行业管理,另一方面又具有加强同业者之间联系、维持工商业秩序、协调市场活动的职能,进而发挥组织行业救助和从业者互助的作用。南宋人刘宰提到的建康府城"行院"组织,便是行业救助的典型案例。其略云:

> 向在金陵,亲见小民有行院之说。且如有卖炊饼者,自别处来,未有地与资,而一卖饼诸家便与借市,某送炊具,某贷面料,百需皆裕,谓之护引行院,无一毫私心。②

在同业救助活动中,还有一种特殊的形式,即士人群体的互助组织。流行于江西部分州府的青云约、魁星约等,皆属此类。生活于南宋后期的文天祥谈到,江西新淦等地的部分士人结社立约,有"所谓青云约、魁心约者",共同出资,帮助"无所取资"的士人应举赴试。③

就活动主体而言,参与城市民间救助的主要三类人:一是士人,包括部分官员。他们大多本于传统儒学所倡导的仁义思想和社会理想,将参与社会救助活动视为仁义的实践与推广。如前文提到苏轼在杭州创设安乐坊,"哀集羡缗得二千,复发私囊得黄金五十两"④,以充所需之费。曾任制置发运副使的胡弈脩寓居杭州城,"平居盛冬雨雪,里巷间告饥,则必计供家外,尽散以给之,所活前后先虑万人"⑤。二是工商富室。这类人有的出于同情贫者的心态参与社会救助,如前文提到的苏州富商朱冲,原本是"收拾毁弃

---

① 吴自牧:《梦粱录》卷13《团行》,中国商业出版社1982年版,第104—105页。

② 车若水:《脚气集》,文渊阁《四库全书》本,台北"商务印书馆",1986年影印。

③ 天文祥:《文山先生文集》卷宗9《新淦曾叔仁义约籍序》,《四部丛刊初编》本,商务印书馆,1919年影印。

④ 苏辙:《栾城集》后集卷22《亡兄子瞻端明墓志铭》,《四部丛刊初编》本,商务印书馆,1919年影印。

⑤ 李之仪:《姑溪居士全集》卷宗19《故朝请郎直秘阁淮南江浙荆湖制置发运使赠徽阁待制胡公行状》,文渊阁《四库全书》本,台北"商务印书馆",1986年影印。

及破缺残器物沿门贩鬻"的小贩,后来积蓄资本,改做药肆生意,遂致大富,因而对贫穷之人的处境颇有感受。有的出于慈善之心而施舍贫困者。如周密《武林旧事》卷6中提到,南宋临安的"大家富室"对贫乏之人"随时有所资给"。也有部分富室是在政府的鼓励和劝诱下加入救助行列。如宋高宗绍兴元年(1131),朝廷以"米价踊贵,细民阙食",要求各地官员"广行劝诱富家"粜米,并颁行赏格:

> 粜及三千石以上之人,与守阙,进义副尉;六千石以上,与进武副尉;九千石以上,与下班祗应;一万二千石以上,与进义校尉;一万五千石以上,与进武校尉;二万石以上,取旨优异推恩。①

三是僧道人员。佛道均倡导慈善和救济思想,以此作为宗教修炼的一种形式。宋代江南地区崇佛兴道之风颇盛,佛道人员也成为参与城市民间救助活动的一个重要群体。事实上,当时各级政府创办的救助机构,大多交由僧人负责具体管理。如苏轼在杭州创办的安乐坊,"以僧主之",并规定"三年医愈百人,与紫衣"。到宋徽宗崇宁二年(1103),治愈之人已达三千,朝廷遂"赐紫衣及祀部牒各一道"②。

从民间救助活动的内容来看,主要集中于饥寒救济,目的在于帮助贫乏困顿之人能维持基本的生活。吴自牧《梦粱录》对南宋临安富室的救济活动有具体介绍,其略云:

> 杭城富室……数中有好善积德者,多是恤孤念苦,敬老怜贫。每见此等人买卖不利,坐困不乐,观其声色,以钱物周给,助其生理;或死无周身之具者,妻儿囷措,莫能支吾,则给散棺木,助其火葬,以终其事。或遇大雪,路无行径,长幼啼号,口无饮食,身无衣盖,冻饿于道者,富家沿门亲察其孤苦艰难,遇夜以碎金银或钱会插于门缝,以周其苦,俾侵晨开户得之,如自天降。或散以绵被絮袄与贫丐者,使暖其体。③

在部分城镇,由大家富室轮流救济,使原本分散的个体救济活动发展成

---

① 徐松辑:《宋会要辑稿》食货,68之56,中华书局,1997年影印。
② 徐松辑:《宋会要辑稿》食货,60之4,中华书局,1997年影印。
③ 吴自牧:《梦粱录》卷18《恤贫济老》,中国商业出版社1982年版,第162页。

为有一定组织性的连续救济活动。文天祥曾谈到家乡江西吉州庐陵一带富室救济活动,他说:

> 所居里,凡千余家。常年家中散米一日,不收钱,诸大家以次接续赈粜,可及三十日;隔一日粜,可当两月。[①]

四、江浙城市社会救助的特点

城市和乡村是两种不同的社会组织,对社会救助也有着不同的需求。因此,宋代江浙城市的社会救助既有别于此前历史上的传统形态,也有着与乡村社会救助不同的自身特点。

与传统荒政和宗族救助相比,宋代江浙城市的社会救助两个突出变化:一是救助活动重点不再停留于临时性的赈灾救荒,而是转移到日常生活救济。城市居民的贫困化虽也有部分是由于灾荒所致,但更多地是由于日趋激烈的社会竞争和经营活动的成败。因此,赈灾救荒并不是其社会救助的重点,而日常性的生活救助实际上是调节社会关系、缓和贫富对立、避免社会矛盾激化的一种方式。这是城市社会自我调整的反映。二是救助对象的广泛性。传统荒政主要面向灾荒民众,具有明确的针对性;宗族救助则严格局限于本族成员的范围,具有很强的狭隘性。宋代江浙城市的社会救助,尤其是官方救助,完全打破了这种传统模式,其救助对象不再是特定群体或个体,而是面向社会所有需要救助的群体,其中既有灾民,也包括普通贫乏居民、老弱病残之人、鳏寡孤独者、流浪乞丐以及生活困难的官宦士人、皇室宗亲等,可以说涉及除富裕之家以外城市社会的各个阶层和群体。在这种变化的背后,蕴含着长期以来广为流行的"尊贵有别"、"上下有序"的等级观念的瓦解,使得救助活动呈现出由"恩赐"性质转向人们普遍享有的社会权利的发展趋势。更进一步讲,宋代城市变革的本质之一是市民阶层作为一种相对独立的社会力量开始崛起,它不仅改变了城市社会基于世袭性身份划分的既有结构,而且在一定程度上也引发超越贵贱等级关系的公民意识的觉醒。城市新型社会救助体系的出现,正是这种社会变革的反映。诚如有

---

① 文天祥:《文山先生文集》卷 5《与知吉州江提举万顷》,《四部丛刊初编》本,商务印书馆,1919 年影印。

学者所指出的，宋政府救助活动的"无分主客户"原则，"体现了宋朝社会救济的进步性，反映出宋朝社会救济已带有公民权利的意味"。[1]

与乡村社会救助活动相比，宋代江南城市社会救助的一个突出特点是救助内容的相对完整和系统。特别是官方救助，其内容包括赈饥、救寒、助医、助葬等，几乎涉及人们生活的各个方面。其中，赈饥是解决贫困居民吃的问题，救助对象包括不同层次的贫穷群体，普及面广泛，规模庞大。如南宋都城临安的官方赈饥活动，其规模经常达到十几万乃至几十万人。淳熙十三年（1186）十二月，宋孝宗诏令临安府赈济城内外贫民，"于封桩库、丰储库支拨钱米，将城内外贫乏老疾之人，措置计口赈济"，列入赈济范围的贫民有 20 万人。[2] 次年正月，再次进行大规模赈济，"每口支钱四百文，米二斗"，共支出"钱一十万贯，米五万石"。[3] 按每口赈济的标准推算，接受赈济的贫民有 25 万人。淳熙十六年（1189），临安府再次赈饥，接受赈济者 26.8万余人。[4] 这固然反映出该城居民贫困化问题的严重程度，但也说明官方赈饥活动已尽可能地面向全体贫困居民。救寒是解决贫困居民穿和住的问题。由于当时大多数城市贫民并无私家房舍，而是租赁公私房屋居住。每至冬季，工作机会减少，不少人无力支付房租，不免流落街头，冻饿而亡。对此，官方救助主要采取减免僦舍钱的办法。周密《武林旧事》卷 6《骄民》说，南宋临安"都民素骄"，"若住屋则动蠲公私房赁，或终岁不偿一环"。称临安居民终年不需支付房租，这不免有些夸张，但当时官方减免贫民房租的举措显然是十分常见的。对于居无定处的街头流浪人员和孤寡废疾之人，则采取设置避寒场所的方法，进行暂时安置。如嘉定二年（1209）十二月，天气寒冷，临安府奉旨对街头乞丐进行安置，"支给钱米，责付煖堂"[5]。助医是解决贫困居民的养病医治问题。具体分为治病和施药两方面，前者主要有诸如安济坊、安乐庐、养济院之类的救助机构负责，采取收养医治的方式；后者主要由分设于各州府的官营药局负责，采取平价售药或免费发放药品的方式。如南宋平江府药局创设于绍定四年（1231），共费钱 7845 缗，米 323 斛，

---

① 张文：《宋朝社会救济研究》，西南师范大学出版社 2001 年版，第 364 页。
② 徐松辑：《宋会要辑稿》食货，68 之 84，中华书局，1997 年影印。
③ 徐松辑：《宋会要辑稿》食货，68 之 85，中华书局，1997 年影印。
④ 徐松辑：《宋会要辑稿》食货，68 之 89，中华书局，1997 年影印。
⑤ 徐松辑：《宋会要辑稿》食货，68 之 106，中华书局，1997 年影印。

有屋 35 楹,又以钱 2 万缗作市药之本。① 庆元府惠民药局由守臣胡榘于宝庆三年(1227)创设,共有 14 处药铺。宝祐五年(1257),该药局免费散药 3835 帖,开庆元年(1259),又散药 2493 帖。② 助葬是解决贫困居民的丧葬问题,也包括无主尸骨的掩埋。对于大多城市贫穷居民来说,维持日常生活尚且困难,根本无力购地安葬尸骨。至于流浪乞丐,更是只有暴尸街头了。因此,早在北宋时期,宋政府就已建立漏泽园制度,即由官方设置漏泽园作为公共墓地,用以收葬贫乏之家死者、无主尸骨和客死他乡者。《宋史》卷19《徽宗纪》载,宋徽宗崇宁三年(1104)二月,诏令各地设置漏泽园。南宋时,继续实行这一制度。绍兴十四年(1144),有臣僚建议,"自临安府及诸郡凡漏泽旧园悉使收还,以葬死而无归者",宋高宗下诏,"临安府先次措置,申尚书省行下诸路州军,一体施行"。③ 在江浙地区,部分城市还进一步建立起颇为完备的助葬体系。如建康府先后在城外设置了 10 多处公共墓地,包括四门义冢 8 所,南北义阡 2 所,覆舟山下义冢 1 所,每处墓地都有系统的规定,委派专人负责管理。

五、结　语

通过对江浙地区城市社会救助的考察和分析,不难看出,入宋以后,传统社会救助开始发生一系列引人注目的变化。这种变化表面上看是以城市为中心的新型救助体系的逐渐确立,由此形成城乡两种救助体制并存的格局,实质乃是传统荒政向构建社会保障体系发展的一个初始形态。从更广阔的历史视野来看,尽管此期的城市社会救助并未达到成熟和完备的程度,却从一个侧面透视出中国古代都市文明的发展和市民意识的不断增强,这是此期社会变革的一个重要反映。

---

① 吴渊:《退庵先生遗集》卷下《济民药局记》,文渊阁《四库全书》本,台北"商务印书馆",1986年影印。

② 梅应发、刘锡:《开庆四明续志》卷 2《惠民药局》,《宋元方志丛刊》本,中华书局 1990 年版,第 5950—5951 页。

③ 徐松辑:《宋会要辑稿》食货,60 之 9,中华书局,1997 年影印。

浙江金华儒学发展历程

龚剑锋　金晓刚

（浙江师范大学人文学院江南文化研究中心）

"邹鲁"之词屡见于史书典籍,《庄子·天下篇》载:"其在于诗、书、礼、乐者,邹鲁之士,缙绅先生多能明之。"①司马迁也曾对齐地与邹鲁的风气作过比较,说:"邹鲁滨洙泗,犹有周公遗风,俗好儒,备于礼。"②而该词,在中国各地亦不绝于耳,类似"滨海邹鲁"、"江南邹鲁"称呼等等。因春秋时孔子诞生在鲁国、战国时孟子诞生在邹国,故以"邹鲁"作为儒学兴盛之地的代称。浙江省金华市自宋元以来,此地名儒接踵,人文荟萃,逐渐成为儒学文化发展的一个重镇,奠定了"江南邹鲁"的地位,素有"小邹鲁"之雅称。金华儒学发轫于南北宋之交,极盛于南宋乾熙、淳道之际,历宋、元、明三代盛传不衰;流派众多,名家迭出,内容丰富,辐射面广,在学术发展史上产生过重大的影响。

一、南北宋之交以范浚为代表的金华儒学

在两宋之前,江浙之地儒学发展基本处于消沉状态,鲜有影响全国的大家,处于浙江腹地的金华一代,儒学思想更是寂然无声。而在北宋中期之后,随着二程学说的南传,尤其是宋室南渡,给浙江带来了勃勃生机。而在在二程理学尚未传入婺州之前,婺中即有范浚的香溪之学卓然崛起。

范浚(1102—1150),字茂明,兰溪香溪镇人,世称香溪先生。家世显贵,独能不近荣利,笃志圣贤之学。他主张治学贵在自得,故其学乃是直宗孔孟"遗经"的婺州土生土长的本土之学。朱熹曾两造其门拜访求学,皆未遇,录

---

① 庄子:《庄子》卷33《天下》,中华书局2010年版,第125页。

② 司马迁:《史记》卷129《货殖列传》,中华书局,1975年标点本,第1005页。

屏书《心箴》以去,后原文注入《孟子集注》。绍兴中,范浚作《进策》二十五篇,全面而系统地陈述了抗金立国的兴复大计,其中对于任相、御将、用人、战略、制度、形势、兵制、钱谷等等具体事宜,都有切实可行的论述。可惜为秦桧所阻,不得进。又因秦桧当国,屡诏不起,在宝惠书院设帐授徒,闭门讲道,今存《香溪集》二十二卷。

范浚之学,以治心养气为本,阐发心性之学,推明"理一分殊"之理,而以"皇极"、"大中"之道贯穿乎其间。朱子在所作《香溪范子小传》中称"其学甚正"。其实,朱子所谓"其学甚正",是就范氏的心性之学而言。然而范氏并非专重心性,而是以此为本,进而在对世情时势进行实际考察分析的基础上,探讨国是民生之大计,以期成就圣王济世安民之事业。再如朱子称范氏"文辞多本诸经而参诸子史"①,说明他的治学方法是文道并重、六经与子史并重的,这与程朱理学重道轻文、重经而轻子史之见有所区别。也正是范氏的这一治学方法,实开启了婺学文道并重、经史并重、经子并重的治学之风。因而可以说,范浚乃是婺州之学的实际开创者。清乾隆年间,浙江督学使雷鋐为范香溪祠题有"婺学开宗"四字匾额,而《光绪兰溪县志》则谓雷氏之题词:"以明婺之道学由于先生,婺学之开宗,浙学之托始也。"②范氏之学,不仅为"婺学"的特色定下了基调,而且也是"浙学"之先导。

二、南宋前期吕祖谦、陈亮、唐仲友三家鼎峙的金华儒学

南宋初期,道学在全国范围内发展为朱熹的闽学、吕祖谦的婺学与陆九渊的金溪之学三家鼎立之局。清代学者全祖望云:"宋乾、淳以后,学派分而为三:朱学也,吕学也,陆学也。三家同时,皆不合甚。朱学以格物致知,陆学以明心,吕学则兼取其长,而复以中原文献之统润色之。"③这段话,既确定了吕祖谦婺学在学术界的重要地位,也赞许了其能"兼取其长"的恢宏器局以及兼得"中原文献之统"的内涵特色。

吕祖谦(1137—1181),字伯恭,金华人,因其祖籍为莱州,故学者称东莱先生;谥号成公。他与朱熹、张栻齐名,为南宋道学三大师之一。其一生除

---

① 朱熹:《香溪范子小传》,光绪《兰溪县志》卷5,光绪刻本。

② 光绪《兰溪县志》卷3《志建置》。

③ 黄宗羲原著、全祖望补修:《宋元学案》卷51《东莱学案》,《黄宗羲全集》第5册,浙江古籍出版社2005年版,第7页。

短期从政而外,主要是治学、讲学及著述。著作宏富,几乎包括有六经以及文史、百家等全部内容,其中体现了自己的学术特色。吕学的基本特色,主要有三个方面:

一曰"得中原文献之统"。吕氏祖居山东莱州,后迁北宋都城开封,南渡时,吕祖谦的曾祖吕好问又随驾南迁,定居于婺州金华。山东是孔孟家乡,中原是道学发源地;而吕氏世代都是学有根柢的著名儒者,又是宋代"累朝辅相"之世臣,先后有吕蒙正、吕夷简、吕公弼、吕公著、吕希哲、吕好问等任宰相之职,封侯赐爵,他们都能把儒家思想贯彻实行到国计民生的具体政务中去。因此,吕氏既是渊源有自的文献世家,又是卓有政绩的仕宦显族,故其所谓独得"中原文献之统",在于其不仅兼重道德和知识,而且也兼重道德和事功,故能悉得儒学之正传。这一家传的学风,吕祖谦都能加以继承与宏扬而始终贯彻于他的著作和教学实践之中。

二曰"多识前言往行以畜德"。吕祖谦在《杂说》中说:"看史非欲闻见该博,正是要识前言往行以畜其德。大抵事只有成己成物两件。"[①]他认为所以要"多识前言往行",就是为了吸取古圣贤的优秀品德和"成己成物"的历史经验,"以畜其德","以观其用"。这也是吕氏家学的一个特点。吕祖谦继承和发扬这一家学的特色,体现在对历史的重视上。所以在他的著作中,都贯穿着"由经入史"的精神。

三曰"不私一说,兼取众长"。吕祖谦的高祖吕希哲,在继承家学的基础上,又从焦千之、胡瑗、孙复、石介、二程、张载等诸大儒游,闻见由是益广;伯祖吕本中,历登二程高弟游酢、杨时、尹焞之门,又能恪守家学。这种"不名一师"、"不私一说"的治学态度,形成了吕氏的家风。吕祖谦继承并发扬了这种治学家风。当时学派众多,除了朱、吕、陆三家之外,主要还有胡宏、张栻的湖湘之学,陈亮的永康之学和陈傅良、叶适的永嘉之学等。吕祖谦与朱熹、张栻、陆九渊、陈亮、陈傅良、叶适都相友善,平日讲学讨论,往复交流,共同营造了良好的学术风气。他认识到各派之间既有异同,又互有长短,所以他旨在汲取他家之长而不作争论;而且,他还在其他学派之间起着和解协调的良好作用。全祖望云:"小东莱之学,平心易气,不欲逞口舌以与诸公角,

---

① 吕祖谦:《杂说》,《吕祖谦全集》第 2 册,浙江古籍出版社 2008 年版,第 259 页。

大约在陶铸同类,以渐化其偏,宰相之量也。"①正由于吕祖谦具有兼取众长的襟怀,才使得他所创建的婺学成为一个兼容并包、开阔宏大而独得孔门正传的学派。

然而与此同时,在婺州范围内与吕祖谦并兴之盛的又有陈亮、唐仲友三家。全祖望《说斋学案序》云:"乾淳之际,婺学最盛。东莱兄弟以性命之学起,同甫以事功之学起,而说斋则为经制之学。……东莱、同甫互相讨论,臭味契合,东莱尤能并包一切,而说斋独不与诸子接,孤行其教。"②以上二说都一致称述了乾、淳之际婺州吕、陈、唐三家并兴之盛,并指出了各家的旨趣特色;全氏还进而论及三家之间的关系。

陈亮(1143—1194),字同甫,学者称龙川先生,永康人,故世称其所传之学为永康学派。他一生坚持主张抗金,十九岁时写成《酌古论》,自谓"独好霸王大略,兵机利害,颇若有自得于心者"③。乾道五年(1169),他向孝宗连上五疏,即为《中兴五论》,提出了中兴复仇的方案。因权臣所阻,其疏未能进呈帝览。十年后,即于孝宗淳熙五年(1178)再度赴临安上书,劝孝宗利用当前大有可为的时机,北向复仇,不可苟安于东南一隅。上书三次,书中激昂慷慨,列举历史事实,山川形势,军事部署,有利于抗金的政治措施,以及鼓励民气等。孝宗预备擢用他,为大臣所阻,仍回乡授徒。淳熙十五年(1188)春,特意跑到建业、京口等地考察形势,回到临安再次上书孝宗,陈述复仇之义,激励孝宗力图恢复。因孝宗即将禅位光宗,没有结果,又渡江而归。光宗即位,陈亮应试,其对策很中光宗之意,被亲擢为第一名,授金书建康军节度判官厅公事之职,未及上任而殁,未能展其抱负。

陈亮认为国仇未报,是学者的大耻辱大责任,于是反对空谈心性,专讲经世致用的实务,主张以开物成务作为政治大本。他潜心考究古今之变,在政治上积极主张报仇雪耻,恢复中原,统一全国;坚决反对议和妥协,苟安东南。在具体措施上,他建议徙都建业,筑行宫于武昌,不要龟缩在临安。龙川还主张因时制宜的治国之道,主张不可守旧不变,而应该根据时代的发展和实际情况进行适时的变更。

---

① 黄宗羲原著、全祖望补修:《宋元学案》卷51《东莱学案》,《黄宗羲全集》第5册,浙江古籍出版社2005年版,第7页。

② 黄宗羲原著、全祖望补修:《宋元学案》卷60《说斋学案序》,《黄宗羲全集》第5册,浙江古籍出版社2005年版,第7页。

③ 陈亮:《酌古论序》,《陈亮集》(增订本),中华书局1987年版,第15页。

同时与吕、陈并称为婺中三家的唐仲友(1136—1188),字与政,号说斋,金华人。绍兴间中进士,兼中宏辞。通判建康府,上万言书论时政,孝宗纳之。因知台州时为朱子所劾,遂奉祠不出。益肆力于学,从学者常数百人。其著作有《帝王经世图谱》等诸种。其学旨在以经学立治术,以深究帝王治世之大谊。上自象纬、方舆、礼乐、刑政、军赋、职官,以至一切掌故,本之经史,参之传记,以求见先王制作之意,推之后世,可见之施行。而且痛辟佛、老,贬斥心学,崇尚务实之学。而其治学方法,则主张"不专主一说,苟同一人","稽之于圣经,合者取之,疑者阙之"。这显然体现了婺学务实经世而不专主一家的治学特色。

诚然,在婺州同时并兴的三家之中,当推东莱吕氏之学的影响为最大。因为他不仅在婺中的学术地位足以领袖诸家,而且也是全国范围内三大学派之一。因而可以说,东莱吕氏之学,最足以称为婺学之代表。

三、南宋后期以何基、王柏、金履祥、许谦为代表的金华儒学

朱熹殁后,宗派林立,黄榦一支,号称嫡脉。黄榦的后学又分为两派:江西一派和浙江一派。浙江一派,即黄榦传给何基,何基传给王柏,王柏传给金履祥,金履祥传给许谦。何基、王柏、金履祥、许谦,史称"金华四先生",《宋元学案》又称"北山四先生"。宋元时期的朱子学,以"北山四先生"最为纯粹,成为朱学的正统和嫡脉。清人黄百家亦称:"北山一派,鲁斋(王柏)、仁山(金履祥)、白云(许谦),既纯然得朱子之学髓,……是数紫阳(朱熹)之嫡子,端在金华也。"①何、王、金、许一脉,以朱子之学为宗,并以传承朱学为己任,他们师门兴盛,硕儒辈出,学脉不断,其后学延至数百年,人称"北山学派"。北山学派成为元代朱子理学的重镇,明代初年朱子理学的重要倡导者。

何基(1188—1268),字子恭,金华人,居金华山下,世称北山先生。师事朱子高弟黄干。其治学宗旨,在于熟读四书。他说:"《集注》义理自足,若添入诸家语,反觉缓散。"②善能确守师说,有汉儒之风,著有《何北山先生文

①　黄宗羲原著、全祖望补修:《宋元学案》卷82《北山四先生学案》,《黄宗羲全集》第5册,浙江古籍出版社2005年版,第7页。

②　何基:《何北山先生遗集》卷4《何北山先生行状》,金华丛书本。

集》三十卷。传何基之学者,除王柏之外,还有其子王钦、从子王凤,门人张润之、王侃、吴梅、张必大、金麟、童偕、童俱、余泽、倪公晦、倪公度、倪公武等。其中以王柏最为高弟,而金履祥因王柏而亲自受教于何基之门。

王柏(1197—1274),字会之,号鲁斋,金华人。王柏之祖王师愈,为程颐弟子杨时的及门弟子,曾与朱子、吕祖谦往来论学,为朱、吕之讲友。王柏之父王翰从朱子、吕祖谦问学。王柏早年受朋友汪开之(吕祖谦弟子汪独善之孙)的影响,始学"为己之学",后闻何基受学于黄干而得朱子之传,经朱子弟子兰溪杨与立的推荐,乃从学于何基。故其学实亦兼得朱、吕两家之传。聘任丽泽、上蔡两书院之师。著有《书疑》九卷、《诗疑》二卷等。以后几十年,王柏汲汲于研讨理学而不求功名官职,传播朱子理学。王柏门人,重视朱学的传授,大多学脉悠长。其中以金履祥最为重要。

金履祥(1232—1303),字吉父,兰溪人,居仁山下,世称仁山先生。凡天文、地形、礼乐、田乘、兵谋、阴阳、律历之书,靡不毕究。已而向往濂、洛之学,师事同郡王柏,复登何基之门,自是讲贯益密,造诣益邃。宋末,国势阽危,执政者束手无措。然而身为朱门嫡传的理学家金履祥,竟能独进奇策:他请以舟师由海道直趋燕、蓟,俾捣虚牵制,以解襄、樊之围。而且,他陈述海道中的岛屿险易,历历有据。可见他的计策,并非冒险的空谈,而是经过实地调查所得的可用之策。可惜当时不能用,卒至于亡国。宋亡后,屏居金华山中。兰溪唐良骥,建齐芳书院,延金履祥讲道著书。著有《大学章句疏义》、《论语孟子集注考证》、《尚书注》和《仁山集》六卷等。传其学于许谦、柳贯,皆为元代理学大家,成为宋末元初传承朱学的重要桥梁。

金履祥诸弟子,许谦最能传其师之学。许谦(1269—1337),字益之,世称白云先生,金华人。受学于金履祥,长而正值宋亡家破,乃屏迹东阳八华山中,力学不已。后听说金履祥在兰江讲道,乃往就为弟子。时金履祥年届七十,门下弟子数十人,许谦独得金履祥器重。居数年,得师所传。金履祥殁后,许谦专事著述讲学。地方官闻其名屡荐,许谦几辞不就,隐居东阳八华山中,学者翕然往从,远而幽、冀、齐、鲁,近而荆、扬、吴、越,学者负笈重趼而至,著录者前后千余人。许谦为教凡四十年,对程朱理学的发扬和传播起了很大的作用。时人黄溍谓其"出于三先生(何、王、金)之乡,克任其承传之重;三先生之学,卒以大显于世。然则程子之道得朱子而复明,朱子之道至许公而益尊"①。《元史》亦高度评价许谦传播朱子之学所做出的贡献,"先是,何基、王柏及金履祥殁,其学犹未大显,至谦而其道益著,故学者推原统绪,以为朱熹之世嫡"②。许谦与北方著名理学家许衡齐名,并称"南北二许"。许谦于四书及九经、三传皆有所考订发明。著有《读书丛说》《读四书丛说》《诗集传名物钞》及《白云集》等。许谦门人众多,有叶仪、戚崇僧、蒋玄、李序、范祖干、欧阳元、朱公迁、方用、揭傒斯、吕洙、吕溥、吕权、吕机、朱震亨、唐怀德、胡翰、卫富益、合剌不花、王毅等。

四、群儒并兴的元代金华儒学

元代的婺州学术,以两支为最盛:王梓材《宋元学案·丽泽诸儒学案》云:"东莱学派,二支最盛:一自徐文清(侨)再传而至黄文献(溍)、王忠文(祎);一自王文宪(柏)再传而至柳文肃(贯)、宋文宪(濂),皆兼朱学,为有明开一代学绪之盛。"③即一支由徐侨传王世杰,再传石一鳌,三传陈取青、黄溍,陈取青传子陈樵,黄溍传王祎;另一支则由何基传王柏,再传金履祥、闻人诜,金履祥传许谦、柳贯,闻人诜传子闻人梦吉,而柳贯、闻人梦吉同传于宋濂。而徐侨、王柏皆兼传朱、吕二家之学,柳贯、黄溍又与黄景昌、吴莱同学于受陈亮事功之学影响最深的方凤,而宋濂则先后受学于闻人梦吉、柳贯、黄溍、吴莱,且又私淑于许谦和陈樵。因此至明初宋濂,可谓融合诸家之学而集婺学之大成。

柳贯(1270—1342),字道传,浦江人。受经于金履祥,究其旨趣;又学史于牟应龙,学文于方凤,并遍谒方回、龚开、仇远、胡之纯、胡长孺、戴表元等故宋遗老以求其学,故学问皆有本末。虽宗程、朱,然亦深受婺学影响而博通经世之学。自经史诸子、兵刑律历、数术方技,乃至异教外书,皆无所不通。虽主要以文章著称于世,但其为文皆本乎经史而崇实用。官至翰林待制兼国史院编修官,学者私谥文肃先生。其文与黄溍、虞集、揭傒斯齐名,世称四先生。著有《字系》《近思录广辑》及《文集》四十卷等。

黄溍(1277—1357),字晋卿,义乌人。受业于石一鳌、方凤,能博极天下

---

① 黄溍:《文献集》卷8《白云许先生墓志铭》,文渊阁四库全书术。
② 宋濂等:《元史》卷189《儒学一》,中华书局1976年版。
③ 黄宗羲原著、全祖望补修:《宋元学案》卷73《丽泽诸儒学案》。《黄宗羲全集》第6册,浙江古籍出版社2005年版,第7页。

之书,而约之于至精。剖析经史疑难,及古今因革制度名物之训,旁引曲证,多先儒所未发,以文驰名四方。官翰林直学士、知制诰、同修国史兼经筵官,卒谥文献。天资介特,世称其清风高节,如冰壶三尺,纤尘弗汗。著有《日损斋集》、《义乌志》等。

吴师道(1283—1344),字正传,兰溪人,曾学于金履祥。他初好工辞章,后读真德秀的《西山遗书》,幡然向"为己之学",曾以"持敬致知"求教于许谦,许谦告之以"理一分殊"之旨,其学大进,他是许谦学侣,二人在师友之间。

闻人梦吉(1293—1362),字应之,金华人。受学于父闻人选,七经传疏,皆手钞成集,训诂牴牾者,别白是非,使归于一。其学以诚为本,诲学者必先道德而后文艺。历处州学录,西安教谕,至福建副提举。卒,门人私谥凝熙先生。宋濂、张丁等皆出其门,皆为明初著名学者。

吴莱(1297—1340),字立夫,浦江人。生有奇质,方凤悉以所学授,自是益博极群书而探究甚深,自六经、诸史、百家,至于制度沿革,阴阳律历,兵谋术数,山经地志,字学族谱之属,无所不通;尤以文学驰名于世,其文有"崭绝雄深"之称。宋濂、胡翰皆尊师之。今存《渊颖集》十二卷。

唐怀德,金华人。授业于许谦,足不出户十年。博通经史,许谦批他"徒博则陆沉之书橱耳",让其"穷理"。著有《破万总录》、《六经问答》、《书学指南》、《存斋集》。

朱震亨,义乌人。初学诗文声律,少时负气任侠,后又学医,既壮从学许谦于八华山中。许谦为其讲明天命人心、格物致知之学,朱震亨潜心体认天理、人欲之别数年,其学愈加坚定。朱震亨通医术,能把朱子的格物致知和持敬涵养之学运用学医实践中,儒医并用,终成一代医宗,著有《格致余论》,并能在行医时教化他人,传播理学。朱震亨与当时名儒宋濂、胡翰、戴良、黄溍、叶仪往来问学,非常密切。

吕洙,字宗鲁,曾从许谦学习,许谦"服其精敏",可惜早卒,著有《周易图说》、《太极图说》、《大学辩疑》。其弟吕溥,字公甫,也学于许谦。吕溥日常行事严格按朱子所定之礼,著有《大学或问》、《史论》、《竹溪集》。吕权,字子义,是吕溥的族子,从许谦学,刻苦用功,有时读书竟夕不睡,可惜早逝。其弟吕机,字审言,情于《资治通鉴》,有笃行。

戚崇僧,金华人,吕祖谦之高弟戚如琥后人,其家学为吕氏之学。他初苦学诗文,二十七尽弃所学,而学于许谦,清苦自处,被同门推为高弟。著有

《四书仪对》（二卷）、《昭穆图》（一卷）、《春秋纂例》等。而朱震亨是戚崇僧的内兄，又与吕洙的兄长吕汲是连襟关系，从中可见许谦弟子之间的密切关系。

蒋元，东阳人。从许谦学习，著有《四书书笺》、《四书疏义通》、《大学章句纂要》、《中庸注》。其子蒋允升，曾受教于蒋元的同门方麟、李亦，后到黄溍之门学习，可惜早逝，著有《时敏斋稿》。

五、元末明初以宋濂为集大成者的金华儒学

明移元鼎，社会动荡，然而婺州学术却空前兴盛，名家迭出。考其渊源，基本上由元代的许谦、柳贯、黄溍、吴师道、闻人梦吉、吴莱等诸大家发展而来。然而许多学者早年皆隐晦不仕，直待有明建国，以礼访求，然后成为国初文臣，展其所学。尤其是被称为有明一代文臣之首的宋濂，一代礼乐制作的裁定既多出其手，又可谓集婺学之大成。元明之际，襄助朱元璋成就帝业的儒士如宋濂、王祎、胡翰、苏伯衡、许元、朱廉、叶仪、吴沈亦是金华儒学的杰出代表。

宋濂（1310—1381），字景濂，自金华迁居浦江。从闻人梦吉受《春秋》，继从柳贯、黄溍、吴莱学古文词。明初总修《元史》和《大明日历》，拜翰林学士承旨，兼修国史。为明代开国文臣之首，制度典章多所裁定。宋濂博极群书，孜孜圣学，道德文章，师表当世，名遍寰宇，文传外夷，而循循然接引后进。著有《浦阳人物记》、《龙门子凝道记》、《燕书》和《宋学士集》等。宋濂主张文道合一，集诸家之大成的气象，继承了吕祖谦既重心性道德，亦重经史、文章与事功的学术风格，又进一步发扬了东莱吕学的优良传统，博通诸家之说而取其长，成为婺学的集大成者。

范祖干，金华人，受业于许谦，许谦以为范祖干能传其学。《宋元学案》说：范祖干之学"以诚意为主，而严之以慎独持守之功"①。元至正中任西湖书院山长，后辞归养亲，有孝行。洪武年间，仍与门人讲学不辍，弟子有邢沂、邢旭父子及汪与立等人，成为明代朱学的重要传人，著有《大学中庸发微》、《读诗纪》、《柏轩集》。

---

① 黄宗羲原著、全祖望补修：《宋元学案》卷82《北山四先生学案》，《黄宗羲全集》第6册，浙江古籍出版社2005年版，第262页。

胡翰(1307—1381),字仲申,金华人。他从吴师道学经,从吴莱学古文词,从许谦获朱子性理之学,文章誉东南,黄溍、柳贯读其文赞不绝口。尝至京师遍交当时名士,后避乱南华山中著书。明代洪武初,任衢州教授,聘修元史,后归居长山之阳,称长山先生,著有《胡仲子文集》。

戴良(1317—1383),字叔能,号九灵,受学于柳贯,并从黄溍、吴莱游。余阙行部至浦江,亦尽授以平日所学。元末任月泉书院山长及淮南行省儒学提举。当时与胡翰、宋濂、王祎合称四先生。戴良以诗文著称于世,亦通经史百家之学,天文、地理、医卜、佛老之书,皆精究其旨,尤深于《春秋》。著有《春秋三传纂元》《春秋经传考》《治平类要》等。

王祎(1322—1374),字子充,义乌人。师从柳贯、黄溍,遂以学行著名。太祖召授江南儒学提举,后同知南康府事,多惠政。洪武初年,诏与宋濂为总裁,参与修元史,书成,擢翰林待制。以招谕云南,死于节,谥忠文。王祎著有《王忠文公集》及《大事记续编》。其子王绅为宋濂的及门弟子,其孙王稌师从方孝孺,颇有学行。

苏伯衡,字平仲,为苏辙后裔,其父苏友龙与胡翰同出于许谦之门。苏伯衡能传其家学,博洽群籍,为古文有声誉。洪武年间为国子学录、翰林编修,与宋濂同为洪武儒学的中坚。宋濂致仕曾力荐苏伯衡代己。他与方孝孺友善,后屈死文字狱,著有《苏平仲文集》。

叶仪,字景翰,金华人。其立志艰苦,取《四书分程》读之,义有未明者经常求教于许谦,遂学业大有长进,得到许谦的看重。许谦命其子许元、许亨学于叶仪。许谦去世后,叶仪开门授徒,东南之士多从之。洪武年间,起用为五经师学者,称为南阳先生,著有《南阳杂稿》。

许元,许谦的长子,从学于许谦之高弟叶仪,能接续家学。明太祖在金华时访问许谦之后人,许元为他讲《孟子》的王道和仁政思想,被提拔为祭酒,曾设立国子监条例,对洪武儒学影响较大。许亨,许谦之次子,与兄同学于叶仪,能传家学,工于文辞,与宋濂有往来。

吴沉,字浚仲,兰溪人。吴师道之子,能传家学,以学行闻名。洪武初授翰林院待制,颇受朱元璋器重。

朱廉,义乌人。师从黄溍,推崇朱子,洪武初召修元史,深得朱元璋的信任。后为太子教授朱子学,颇能坚守朱子理学。

明代洪武年间的名儒,大都因许谦、柳贯、吴师道、黄溍等人而上溯北山四先生。正如时人刘基所说:“圣天子龙兴江右,文学之士彬彬然为朝廷出者，金华之君子居多。"①明代初期，北山后学不仅对政治决策、文化教育、民风士习有很大影响，而且在理学传承方面起了重要作用。清人阮元曾说："元、明之间，守先启后，在于金华。"②诚哉斯论，金华儒学确为洪武儒学的主流。

六、明中叶后金华儒学的式微

明初以后，婺州儒学日趋衰落，不复有明初"烝烝皇皇，跄跄跎跎"景象。值得一提的是明中期的大儒兰溪章懋与永康程文德。章懋（1436—1521），字德懋，号闇然翁，兰溪渡渎村人，明天顺六年（1462）以第一名中举（解元），成化二年（1466）会试第一（会元）成进士。明代婺学之盛，当推章懋之功。章懋自幼深受乡学影响，其思想以践履为主，又有较强的事功意识和经世精神，并常以继承金华朱学为自任。又对婺州后学说："吾婺有三巨担：自东莱、何、王、金、许没而道学不讲；自（宗）忠简、（潘）默成逝而功业不彰；自吴（莱）、黄（潘）、柳（贯）、宋（濂）谢而文章不振，后学可不勉哉？"③黄宗羲在《明儒学案》里称他："金华自何王金许以后，先生承风而接之，其门人如黄傅、张大轮、陆震、唐龙、应璋、董遵、凌瀚、程文德、章拯，皆不失其传云。"④程文德（1497—1559），永康人，字舜敷，号松溪。少时立志于学，初受业章懋，后赴余姚师事王阳明，得"良知良能"学说要旨，以笃学修行。明嘉靖八年（1529）以一甲二名榜眼进士及第，对程文德的策论，嘉靖的批语是："探本之论。"遂取为第二，授翰林编修。清代金华理学式微，人才凋落，已无明代影响全国的一二名儒，更不复宋元"小邹鲁"之彬彬盛貌，与昔日形成鲜明落差，诚如齐召南所云："即婺自章枫山后，未闻再有硕儒，盖学之不讲亦已久矣。"⑤稍有成就的有嘉庆、道光年间的金华张作楠、同治光绪间的义乌朱一新，而永康胡凤丹、胡宗楙父子编纂的《金华丛书》《续金华丛书》及胡宗楙撰写的《金华经籍志》，则集金华儒学文献之大成。

明中后期以后，金华儒学的衰落，有着众多的原因。一是由于受儒学内

---

① 刘基：《苏平仲文稿序》，苏伯衡：《苏平仲文集》卷首，文渊阁四库全书本。
② 阮元：《研经室集》卷2《拟国史儒林传序》，中华书局1993年版，第168页。
③ 章懋：《枫山语录》，文渊阁四库全书本。
④ 黄宗羲：《明儒学案》卷45《诸儒学案上三》，中华书局1985年版，第1074页。
⑤ 齐召南：《学耨堂文集序》，王崇炳：《学耨堂文集》卷首，乾隆二十五年刻本。

在发展逻辑所致。在元代时期,"金华之学,自白云一辈而下,多流而为文人"①,儒学的义理渐渐变为词章之学,思想性大大削弱,特别是明中后期余姚王学的兴起,金华在明初的儒学重镇地位让位于宁绍等地,有无杰出学术领导,使学术群体失去向心力。二是受社会时代与政治的影响。特别是明初朱元璋,雄猜成性,嗜好杀戮,对文武众臣无情摧残、打击,婺州文人也不能幸免,或杀或放,多无善终,造成了婺州儒学传播的断层,大有一蹶不振之态势。

---

① 黄宗羲原著、全祖望补修:《宋元学案》卷82《北山四先生学案》,《黄宗羲全集》第6册,浙江古籍出版社2005年版,第262页。

《水浒》中宋江征方腊的行军路线与
杭徽通道的开辟

何勇强

（浙江省社会科学院）

有关《水浒》地理的研究，主要有以下两方面：一是对《水浒》中地理错误的指正，二是对一些具体地理位置的考订。后者又以梁山泊、杭州等地为多。而对《水浒》中杭州地理的研究又大多是从作者对杭州地理环境的熟悉程度来论证作者的籍贯与生活、创作地点。本文则拟从《水浒》中宋江征方腊之役行军路线与历史上童贯征方腊行军路线的比较研究来揭示宋元时期杭州地区交通路线的发展变化，分析杭徽通道开辟对《水浒》创作的影响。

一、历史上宋征方腊之役行军路线

为说明问题，先让我们看一下历史上真实的宋征方腊之役的行军路线。现存史籍的记载以宋人杨仲良《皇宋通鉴长编纪事本末》一书最为详尽。上面即以《皇宋通鉴长编纪事本末》为主，辅以《宋会要辑稿》中的相关记载，对宣和年间宋征方腊之役的行军路线加以分析。

《皇宋通鉴长编纪事本末》卷 141 记载：

〔宣和二年〕十一月戊戌朔，方腊僭改元，号永乐，以其月为正月。……丙寅，方腊陷青溪县。

十二月戊辰，方腊陷睦州，贼众二万，杀官兵千人。于是寿昌、分水、桐庐、遂安等县皆为贼据。甲申，方腊陷歙州休宁县……丙戌，方腊陷歙州……于是婺源、绩溪、祁门、黟县等官吏皆逃去。后四日，又陷富阳、新城，遂逼杭州。……

〔宣和〕三年正月……戊子，方腊陷宣州宁国县，进逼宣州。乙未，方腊陷杭州。……乙卯，方腊陷崇（宁）〔德〕县，进围秀州，知州宋昭年等击却之。……甲子，王禀等破贼于秀州城下，斩首数千级，秀州平。是月，方腊陷婺州，又陷衢州，守臣彭汝方死之。

二月壬午，方腊陷旌德县。癸未，王禀等克杭州。乙未，方腊陷处州，余党逼信州。

三月丙申，贼再犯杭州，王禀等战于城外，斩首五百级。官军与贼战于桐庐，败之。……壬寅，贼帅吕师囊屠仙居县。戊申，官军复歙州。贼攻台州不克，解围去。辛亥，刘镇、杨可世至歙之潘村，遇贼万余，迎战，复有万众冲后军。镇、可世分兵击之……壬子……刘延庆与贼战于宁国，败之。王禀等复富阳县。丁巳，复新城县。戊午，王禀等至桐庐桐州港遇贼，以战舰攻之，夺溪桥。翌日，复桐庐县，凡获一千五百余级。……壬戌，王禀克复睦州。

四月乙丑，王禀等于睦州南门外对溪岸斩贼一百九十级。丙寅，王禀等又斩贼九百六十七级于睦州南门外对溪岸。刘光世兵至衢州，贼万人出城，我师大捷，斩获二千二百五十六级，生擒贼首郑魔王。戊辰，贼将吕师囊攻台州，通判李景渊击走之。……辛未，刘光世自衢将之婺，军行一舍，贼万众再犯衢，将官叶处厚与贼战，为贼所掩，处厚溺死。光世闻之，引军还，拟贼后。丙子。刘光世复龙游县……丁丑，贼陷天台、黄岩两县。己卯，王禀兵至建德、寿昌县境白沙渡，斩贼九百一十五级，夺其粮舟百余。刘光世复兰溪县……郭仲荀复上虞县……辛巳，刘光世至婺州，薄城下……复婺州。癸未，王禀复青溪县。丁亥，郭仲荀至南宝洞……姚平仲收复浦江县，刘镇等驻帮源洞后。戊子……刘镇将中军，杨可世将后军，王涣统领马公直并裨将赵明、赵许、宋江，既次洞后，而门岭崖壁，峭坂险径，贼辄数万据之。刘镇等率劲兵从间道掩击，夺门岭，斩贼六百余级。是日平旦入洞后，且战且进，鸣镝纵火，焚其庐舍。〔王〕禀等自洞前望燎烟而进，禀领中军，辛兴宗领前军，杨惟忠领后军，总裨将王渊、黄迪、刘光弼等与刘镇合围夹攻之。贼二十余万众腹背抗拒，转战至晚，凶徒糜烂，流血丹地。……翌日，搜山。庚寅，王禀、辛兴宗、杨惟忠生擒方腊于帮源山东北隅石洞中……

方腊起于睦州青溪县，其地位于钱塘江上游，杭州之西，太湖西南。方腊起事之后，攻城略地，分三路扩张：

①东线沿钱塘江西进，过杭州后沿大运河北上：青溪→睦州（包括寿昌、分水、桐庐、遂安）→富阳、新城→杭州→崇德→秀州

②西线从太湖之西北上：休宁→歙州（婺源、绩溪、祁门、黟县）→宁国→宣州→旌德

③南线：向南扩张，东至沿海的台州，西至江西的信州。南线扩张并非方腊主力，行军路线多而杂乱，涉地较广，且与本文《水浒》中宋江行军路线关系不大，故不赘述。

而宋朝的征伐路线完全与方腊的扩张路线相对应。方腊起事之后，宋廷即下诏："金陵乃喉襟之要害，占据江宁府，守把镇江，次议讨贼。此其上策。"①即以江宁府、镇江大本营，沿太湖两岸东西并进。东线由王禀指挥，从扬子江口出发，西线由刘镇指挥，从江宁府出发，而童贯坐镇镇江，尾随东路军之后，指挥全局。

东线王禀军行军路线如下：

> 扬子江口→秀州→杭州→富阳→新城→桐州港之战→桐庐→睦州→睦州南门对溪岸之战→白沙渡之战（在建德寿昌县境）→青溪→帮源洞

对西线战事，《宋会要辑稿》的记载详于《皇宋通鉴长编纪事本末》，《宋会要辑稿》兵 10 之 18 记载如下：

> 〔宣和二年〕二月，贼陷宁国、旌德县，刘延庆却守金陵，刘镇移广德军，杨可世赴宣州，合兵讨击。……二十七日，杨可世由泾县过石壁隘，斩首几三千级，复旌德县。……二十九日，刘镇败贼于乌村湾，复宁国县。……三月十日，杨可世、刘镇等克复歙州。……初，王禀、刘镇两路军预约会於睦、歙间，包围帮源洞，表里夹攻。至是（四月二十三日），刘镇、杨可世、王涣、马公直率动兵从间道夺贼门岭。二十四日，平旦入洞，纵火为号，王禀、辛兴宗、杨惟忠、黄迪望燎烟而进，与刘镇合兵，贼腹背受敌，凡斩万余级。二十六日，生擒腊於东北隅石（润）〔洞〕中。

可表示如下：

---

① 《宋会要辑稿》兵 10 之 17。

西线刘镇军：广德➡乌村湾之战➡宁国

　　　　　　　　　　　　　　　　　➡潘村之战➡歙州➡帮源洞

杨可世军：宣州➡泾县石壁隘之战➡旌德

此外，宋军还有刘光世军在南线婺州、衢州等地的战事，事杂，且与本文关系不大，不叙。详见图1。

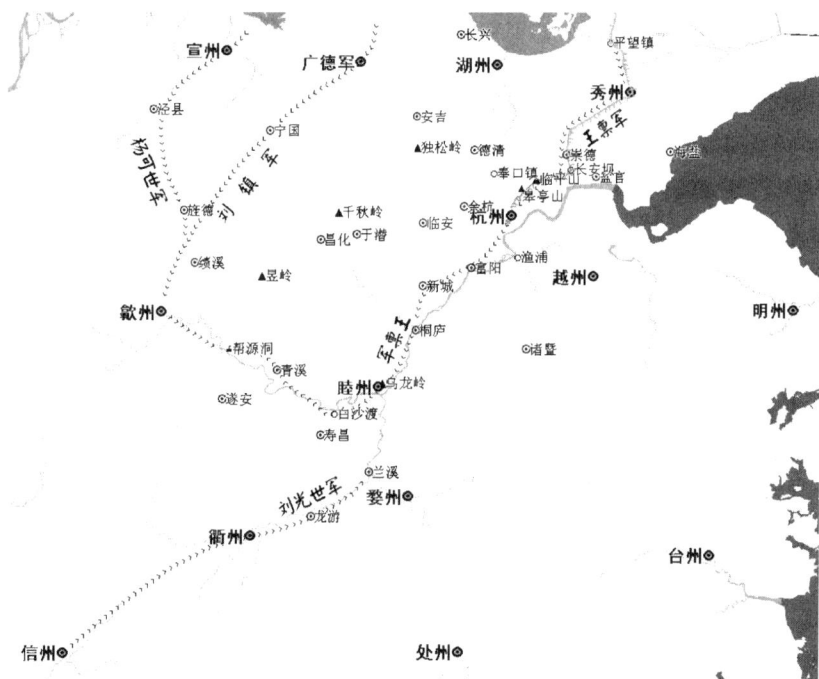

图1　宋征方腊行军路线

二、《水浒》中宋江征方腊行军路线

《水浒》中110至117回内容涉及宋征方腊。宋江征方腊行军路线与历史上真实的童贯征方腊大致相同，也是兵分两路，沿太湖东西两岸南下。第一百十二回中，宋江与卢俊义计议，宋江说："目今宣、湖二州，亦是贼寇方腊占据。我今与你分兵拨将，作两路征剿，写下两个阄了，对天拈取，苦拈得所征地方，便引兵去。"结果宋江阄得东线，卢俊义得西线。据《水浒》记载分述如下：

东线宋江军先后攻克润州(111回)、常州(112回)、无锡与苏州(113回)。苏州之后,宋江的行军路线,《水浒》第114回有非常详细的记载:

> 吴江县已无贼寇,直取平望镇,长驱而进,前望秀州而来。
>
> 宋先锋却移兵在槜李亭下寨。
>
> 再说宋江把颁降到赏赐,分俵众将,择日祭旗起军,辞别刘都督、耿参谋,上马进兵,水陆并行,船骑同发。路至崇德县,守将闻知,奔回杭州去了。
>
> 却说这宋先锋大队军兵,迤逦前进,来至临平山,望见山顶一面红旗,在那里磨动。宋江当下差正将二员花荣、秦明先来哨路,随即催趱战船车过长安坝来。
>
> 宋军冲杀过去,石宝抵当不住,退回皋亭山来,直近东新桥下寨。
>
> 宋先锋军马已过了皋亭山,直抵东新桥下寨,传令教分调本部军兵,作三路夹攻杭州。

东线主力由宋江亲自率领,沿大运河南下。宋江另外派出一支水军,由石秀与水军将领李俊、阮氏兄弟等率领,去攻打沿海江阴、常熟、嘉定、昆山等城。这支部队后来行军到海盐,进入钱塘江,遇上风潮,被冲入大洋,很多人被淹死,仅阮小七等少数人进赭山门,被冲上钱塘江岸生还。

至于西线卢俊义军的行军路线,也在第114回中,燕青向宋江汇报西线军情,对此有非常详细的描述:

> 自离宣州,卢先锋分兵两处:先锋自引一千军马攻打湖州,杀死伪留守弓温并手下副将五员,收伏了湖州,杀散了贼兵,安抚了百姓,一面行文申复张招讨,拨统制守御,特令燕青来报捷。主将所分这一半人马,叫林冲引领前去,收取独松关,都到杭州聚会。小弟来时,听得说独松关路上每日厮杀,取不得关,先锋又同朱武去了,嘱付委呼延将军统领军兵,守住湖州,待中军招讨调拨得统制到来,护境安民,才一面进兵,攻取德清县,到杭州会合。

宋江、卢俊义南征方腊第一阶段战事,其行军路线可简述如下:

东线宋江军：宋江主力：润州➡常州➡无锡➡苏州➡平望镇➡秀州（槜李亭）➡
崇德➡临平山➡长安坝➡皋亭山➡东新桥➡杭州
水军分队：润州➡江阴、太仓、昆山、常熟、嘉定等外➡海盐➡
赭山门➡杭州

西线卢俊义军：宣州➡湖州————➡独松关（林冲军）➡杭州
╰╌➡德清（呼延灼军）➡奉口镇➡杭州

即宋军分宋江、卢俊义两军沿太湖东西岸南下，两军又各分两路，共四路大军，到杭州会合。攻下杭州之后，宋江、卢俊义、吴用商议攻打方腊之策，说："此去睦州，沿江直抵贼巢；此去歙州，却从昱岭关小路而去。"最后，仍兵分两路：先锋使宋江带领正偏将佐三十六员，攻取睦州并乌龙岭，副先锋卢俊义管领正偏将佐二十八员，收取歙州并昱岭关。最后宋、卢二军分别攻占睦州、歙州，在青溪会合，攻占帮源洞，剿灭方腊。其情形与历史上真实的方腊之役大致相同。详见图2。

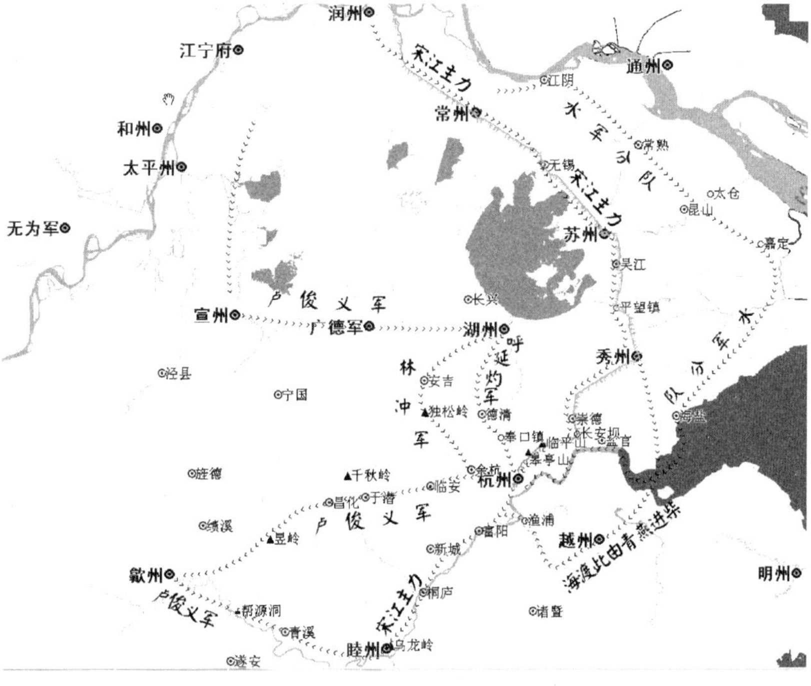

图2 《水浒》中宋江征方腊行军路线

所不同者，主要有以下两点：

135

一是战争地点的变化。在历史上,方腊向北扩张,东线最北至秀州,西线最北至宁国,并未攻占宣、湖、常、润、苏诸州,因此也没有在这些地方与宋军交战;但在《水浒》中,方腊显然攻占了这些城市,并与宋军恶战。《水浒》对宋江与方腊军在润、常、苏三州的战事浓墨重彩,有非常精彩的描写。这自是文学表达的需要,可置不论。

二是行军路线的变化。在历史上,宋征方腊,兵分两路,一由宣州取歙州,一由杭州取睦州,然后合围青溪。但到《水浒》小说中,行军过程复杂了很多,同样是兵分两路,一由宣州、湖州取杭州,一由常州、苏州、秀州取杭州,两军合围杭州。攻占杭州之后,再次兵分两路,一由杭州取睦州,一由杭州取歙州,然后合围青溪。笔者以为,行军路线的复杂化,不仅是文学表达自身的需要,也反映了宋元时期杭徽地区交通线路的变化。

三、杭徽地区历史上的交通道路

杭州与徽州的交通线路,主要有以下几条:

一为钱塘江道,即从杭州沿钱塘江西进,经杭州富阳、新城、睦州、青溪至徽州。这是历史上宋征方腊主力部队行军的路线,也是《水浒》中宋江征方腊主力部队行军的路线,其重要性可见一斑。方腊起义的始地发青溪县,因地处睦、徽之间,是杭徽道上的交通要冲,也一度非常繁华。方勺《泊宅编》载:"青溪为睦大邑,梓桐、帮源等号山谷幽僻处,东南趋睦而近歙。民物繁庶,有漆褚材木之饶,富商巨贾,多往来江、浙。"①这条通道的东段,因有钱塘江通航,较为顺畅;而它的西段,即青溪至徽州段,交通却非常不便,甚至可称为艰难险阻。方勺《泊宅编》载:"自青溪界至歙州界,有鸟道萦纡,两旁峭壁,仅通单车。方腊之乱,曾待制出守,但于两崖上驻兵防遏,下瞰来路,虽蚍蜉之微皆可数,贼亦不敢犯境。"就说明了这种状况。

二为湖州道,即从杭州北上湖州,然后从湖州西进宣州,再从宣州南下徽州。这条道路相对迂回。《水浒》中宋军西路军即卢俊义军攻打杭州即从湖州道而来。湖州道又可分为两路,东路从杭州至奉口镇、德清县、湖州,《水浒》中呼延灼军进攻杭州即走此道。西路可称为独松岭道,从杭州、余杭、独松岭、安吉西进,《水浒》中林冲军进攻杭州即走此道。《水浒》中对这

---

① 方勺《泊宅编》卷5。

条道路描写不多。

宋征方腊之后不久，金兵南侵，北宋灭亡。南宋建立后，金兵继续南侵，一路追逐宋高宗。宋高宗经扬州、江宁，从太湖东面，沿大运河南逃到杭州。走的正是宋征方腊主力部队所经路线。而金兀术追击宋高宗，走的却是太湖西线。建炎三年十二月，兀术从建康出发，由溧水南行，攻陷广德军、安吉县、余杭县，然后进入杭州。走的正是独松岭道。宋时尚无独松关，但有独松岭。据说，兀术路过独松岭时，说："南朝可谓无人，倘以羸兵数百守此，吾岂能遽渡哉！"[1]其险要可见一斑。

三为渔浦道。宋江南征杭州，到秀州时，与柴进定下一个间谍计划，派柴进、燕青去青溪，到方腊身边做间谍。《水浒》第116回描写柴进、燕青西进路线："且不说两路军马起程，再说柴进同燕青，自秀州欈李亭，别了宋先锋，行至海盐县前，到海边趁船，使过越州，迤逦来到诸暨县，渡过渔浦，前到睦州界上。"这条道路实际上是浙东地区前往睦州、徽州的通道。从越州萧山的渔浦渡钱塘江，然后由钱塘江西进。对杭州而言，走渔浦等于饶远路去徽州，并没有实际使用价值。但在军事上，妙用此道，却能有效避开杭州城防，产生出奇制胜的效果。因此，历史上渔浦也常常成为兵家必争之地。如唐末杭州刺史与浙东观察使刘汉宏进行战争，刘汉宏即派军队"营于西陵，将图浙西，既烧渔浦，劫富春"[2]，进而威胁杭州。宋江屯兵秀州时，杭州尚在方腊军的控制之下，宋江派柴进、燕青去当间谍，从海盐渡海到越州，再从渔浦渡江，正好避开了方腊的杭州防线。

四为千秋岭道。即从杭州出发西行，经余杭、临安、于潜，从于潜北上，过千秋岭，进入宣州宁国县，再从宁国入徽。此道也有一段迂回曲折的路程，但较之钱塘江道、湖州道以及独松岭道，已为近便多了。此地也历来是军事要道。唐末杨行密与钱镠争淮浙，淮南将李涛即从进攻临安。钱镠命儿子钱元瓘率军抵抗。钱元瓘在千秋岭伐木开道，"绝其归路"[3]。后淮将李神福再攻临安，也是无功而返。胡三省注："自临安退还宣州，有千秋岭之险。"[4]南宋初建，高宗一面南逃，一面部署军队阻挡金军，千秋岭也是防控重点。建炎三年，尚书省言："浙西路当控扼处，自吴江外，惟千秋、襄阳、垂

---

① 徐梦莘《三朝北盟会编》卷135。
② 《吴越备史》卷1。
③ 《吴越备史》卷1。
④ 《资治通鉴》卷262。

脚三岭为险要。"因命两浙提点刑狱公事王翮、知建德县林师说负责千秋岭防务，"控扼宣州来路"①。到建炎四年十月，由于形势紧急，甚至有人建议掘断千秋岭通道。其中言道："千秋岭通彻太平、宣州、广德军、建康府，正系冲要控扼去处。东西两山，上阔一千余丈，万一贼马奔冲，直趋（木）〔本〕府至越州，或取严州直趋温、台、明、越州，若不掘断，临时措置不久。又恐传送机密文字、纲运往来不便，欲开掘中间，量留三五尺以通传送文字、纲运、商旅，稍有警急，并工掘断。"②也说明了千秋岭地理位置的重要。

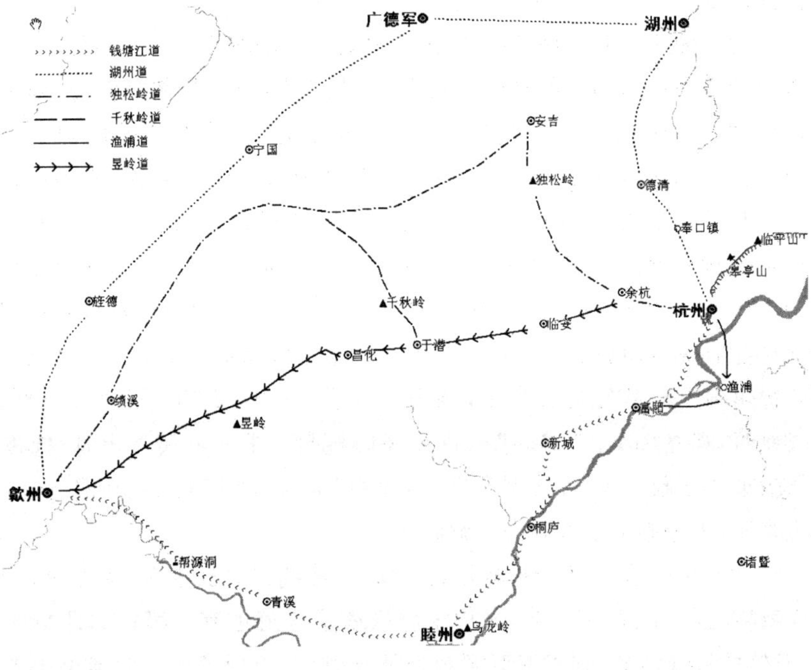

图 3　杭徽地区历史交通

五为昱岭道，即今人所称的杭徽古道，从杭州出发西行，经余杭、临安、于潜、昌化，达至徽州。见图 3。因其道经昱岭，故可称为昱岭道。《水浒》中卢俊义与宋江合围杭州后，即从此道进攻歙州。由杭至徽，以昱岭道最为近便。其形势险要，也为后世兵家所重。明王禕撰《昱岭关铭并序》，谓："昱岭关，在杭徽之交，因山为险，与千秋、独松称三关，而三关莫险于昱岭。"③

---

① 李焘《建炎以来系年要录》卷 20 建炎三年二月庚午条。
② 《宋会要辑稿》方域 10 之 7。
③ 王禕《王忠文集》卷 12。

清顾祖禹《读史方舆纪要》卷 98 谓："昱岭关,在杭州府昌化县西七十里,西去南直徽州府百二十里。岭高七十五丈,地势险阻,右当歙郡之口,东瞰临安之郊,南出建德之背。置关于此,盖三郡之要会也。"

独松、千秋、昱岭,浙西三关,即是杭州→余杭向西的三条通道,它们分别是:西北向安吉的独松岭道,西向于潜再向北的千秋岭道,以及经于潜、昌化直通徽州的昱岭道。三条通道中,以昱岭道路途最近,形势最险。但使人奇怪的是,昱岭道虽出现在小说《水浒》中,却没有出现在宋征方腊的真实历史中,甚至没有出现在稍此之后南宋对付金兵追逐的严密布防中。进而查阅北宋以前文献,竟未搜索到"昱岭"二字。笔者怀疑:在宋江、方腊之世,昱岭道即后世盛称的徽杭古道,在那时可能还没有被开辟出来。

四、岳飞与昱岭道的开辟

那么,昱岭道究竟何时被开辟,如何被开辟呢？这就涉及一个赫赫有名的人物——岳飞。事详郑玉《师山集》卷 5《重修横山路记》:

> 歙东南境接杭之昌化,自昱岭关至郡城百里,而远出入山谷间无跬步夷旷者,其间自小坑口至溪子里,旧路由溪下崎岖坑涧中,厉揭二三十度行者,以为病。其险绝处高则架木为栈,低则叠石为塘,修葺无时,官民劳费,至不可胜计。会宋岳武穆王飞提兵过郡境,至则溪水大涨,军不可前。王命大众伐山开道,由三岭出,遂为康庄,且省其程三之一焉。出其途者咸歌舞之,盖二百年于此矣。

则昱岭道由岳飞行军经过,伐山开道而成。郑玉在文中对岳飞开道之功大加颂扬,称"功在吾州,比之秦渠、蜀堰,历千万世而不可忘"。文中还讲到岳飞经过昱岭时间及行军缘由,谓"武穆王以绍兴元年提兵讨杨么过此"。岳飞绍兴元年确曾行军过此,却不是讨杨么,而是讨盗匪李成。当时李成攻打洪州,岳飞奉命前往讨伐。[①] 岳飞途经徽州,《建炎以来系年要录》与《三朝北盟会编》都有记载,而《三朝北盟会编》所记更详。《三朝北盟会编》卷 144:

---

① 《宋史》卷 365《岳飞传》。

〔绍兴元春正月〕岳飞以通泰州镇抚使方退屯于江阴军。戊申，被命已本进发。癸丑，到宜兴取老小。到徽州，有百姓诉其舅姚某搔扰。飞白其母责之曰："舅所为如此，有累于飞，飞能容，恐军情与军法不能容。"母亦苦劝而止。他日，飞与兵官押马，舅亦同徒刑。舅出飞马前而驰，约数十步，引弓满，回身射飞，中共鞍鞯。飞邓马逐舅，擒下马，令王贵、张宪捉其手，自取佩刀破其心，然后碎割之。归白其母。母曰："我钟爱此弟，何遽如此？"飞曰："若一箭或上或下，则飞死矣。为舅所杀，母虽欲一日安，不可得也。所以中鞍鞯者，乃天相飞也。今日不杀舅，他日必为舅所害，故不如杀之。"母意说，解飞，留老小于徽州，率军马趋洪州会〔张〕俊。

则岳飞杀舅的故事也发生在此次行军途中。郑玉记文中还记载了岳飞过昱岭后的另一轶事："故老相传军过岩寺镇，夜宿人门外，居民无有知者。黎明启户，见爨迹宛然，方知王兵已过矣。"可见岳飞治军严明，军容整肃。

郑玉文中提到的"坑口"等地名，至今仍存。而在徽州，至今仍有岳飞掘断徽州龙脉的传说，谓徽州有龙脉，要出 108 个天子。宋高宗闻之恐慌，因命岳飞前往掘断龙脉。事虽无稽，却可能是岳飞开通杭徽道一事在民间记忆中的曲折反映。

也正因为岳飞开通之功，昱岭之名，北宋之前不见于载籍，南宋之后却渐有记载。如《乾道临安志》卷 2 记杭州陆路，"西至昱岭二百四十三里入徽州界"。又范成大有《昱岭》诗："竹舆摇兀走婆娑，石滑泥融侧足过。昱岭不高人已困，晚登新岭奈君何！"[①]

昱岭道虽地势险要，但江南地区在历史上向来和平，较少战事发生。昱岭地区唯一有大规模战争发生的年代，正是《水浒》作者生活的元朝末年。当时红巾军起义，徐寿辉部从长江中游东进，曾在此一带与元军反复争夺。朱元璋占应天府后，也从昱岭南下攻城略地，与张士诚及元朝军队展开混战。相关战事在元、明史籍中多有记载，顾祖禹在《读史方舆纪要》卷 98 中对当时形势有非常精要的概括：

元至正十二年，徐寿辉遣项普略等掠徽、饶、信诸州，遂陷昱岭关，攻杭州，董搏霄击却之。已而群贼复自昱岭关寇于潜，搏霄复

---

① 范成大《石湖诗集》卷 7。

击之。自临安而西,败贼于于潜,复其县。又败贼于昌化,复收昱岭关。十七年,徽州为贼所破,元将李克鲁会军昱岭关。败贼兵于关西,遂复徽州。既而太祖自金陵南下宁国,克徽州,道昱岭,败克鲁之军,取建德路,于是两浙版图,以渐平定。昱岭信为西面之咽喉矣。

《水浒》作者正生活在那个年代,曾久居杭州,长期在江南一带活动,对昱岭战事自然相当熟悉,难怪《水浒》中写到方腊之役,要对历史上并不存在的昱岭之战作如此浓墨重彩的描写。

五、余 论

徽州是中国一个独特的文化区域,因徽商和徽州文化而享有盛誉。在徽州的发展史上,南宋无疑是一个重要的转折时期。当时杭州成为首都,广大的江南丘陵为其腹地,杭徽通道的开辟,无论是在军事上还是在经济上,都迎合了当时的历史需求。适值当时中国经济重心、文化重心南移,徽州顺势而上,逐渐发展成为一大文化名郡,不仅成为徽州故土,而且诞生、哺育了一代又一代的文化巨人。杭徽通道的开辟,大大缩短徽州与当时经济、文化中心——太湖流域的距离,它对徽州经济、文化所起的作用,是可想而知的。

探析永嘉学派经世致用传统对孙诒让实业救国思想及实践的影响：以孙坑开矿为例

周田田

（浙江省瑞安市地方志办公室）

19 世纪末至 20 世纪初，中国在甲午战争中战败和清政府奉行的投降政策，大大助长了列强瓜分中国的野心，纷纷抢夺修筑铁路、开采矿山和建立工厂的权利，疯狂掠夺中国的资源和主权，中华民族出现了严重的民族危机，激起广大人民爱国救亡的义愤，"中国者，中国人之中国。可容外族之研究，不容外族之探捡；可容外族之赞叹，不容外族之觊觎者也"①。"今日救亡之术，固当以振兴实业为唯之先务。"②爱国志士提出"救亡图存"的社会主张，中国掀起一股"实业救国"热潮。1901 年后，浙江出现了历史上第二次兴办实业的高潮。许多浙江绅商选择了实业救国的道路，各种工厂、矿山在浙江各地纷纷出现。有着永嘉学派经世致用渊源的温州，历来敢于改革创新求突围，勇于实践探索重功效，在这种社会急剧变化的时代背景下，必然有所作为。便出现了一个兴学自强、实业救国的群体，对浙南近代的教育、经济产生了重大的影响。在这个群体中，最为著名、影响最为深远的首推孙诒让（1848—1908 年，浙江瑞安人，晚清朴学大师）。这位融精英文化与大众文化于一体的朴学大师，面对清末列强侵略、国势衰微、民智晦盲的情形，椎心泣血，"窃谓今日事势之危，世变之酷，为数千年所未有，中国神明之胄，几不得齿于为人类"③，并扼腕时艰，走出书斋，宣传变法，介绍新知，兴办学堂，培养人才，创立实业，以应时需，表现出强烈的救国创新图强，身

---

① 鲁迅：《中国地质略论》，《鲁迅全集》第 8 卷，人民文学出版社 1981 年版，第 3 页。

② 胜因：《实业救国悬谈》，见《辛亥革命前十年间时讼选集》第 3 卷，生活·读书·新知三联书店 1960 年版，第 511 页。

③ 孙延钊撰，徐和雍、周立人整理：《孙衣言孙诒让父子年谱》，上海社会科学院出版社 2003年版，第 263 页。

体力行永嘉学派经世致用思想，不仅为浙南初等师范教育作出巨大贡献，而且积极投身发展农工商业，是温州近代实业救国的先行者，试图实现以实业所得来资助教育，用教育来改进实业，凭发展实业而救国的目标，推动了浙南近代工商交通业发展，当时有"南孙北张（张謇，中国近代实业救国论的最有影响的代表人物）"之说。放眼近代知识分子群体，能因时而动，乘势而起，积极投身实业救国热潮，深深介入经贸活动，又能在学术上达到"称得上是上承乾嘉，下启王国维的一代学术大师"[①]高度的，已是寥若晨星，追踪溯源，永嘉学派经世致用思想无疑是铸就这一奇迹的人文精神因子，孙氏的实业救国思想与实践无不闪烁着永嘉学派人文精神的光辉。

本文试图通过永嘉学派经世致用传统对孙氏实业救国的心路历程影响以及孙坑开矿前因后果的阐述，力图清晰体现永嘉学派人文精神对孙氏开拓、创新、务实的品性熔铸的过程，并力求使孙氏这种振兴民族工业，以拯救国家于危难、百姓于水火的爱国爱民思想鼓舞后人，并发扬光大。

一、孙氏耳濡目染永嘉学派经世致用思想的有利环境

南宋可谓是中国近代思想启蒙的历史起点，也是温州经济文化发展史上最重要的时期。温州不仅出现了"其货纤靡，其人善贾"的浓郁经商之风，而且形成了强调现实主义、注重经世致用、倡导重视工商的永嘉学派。

永嘉学派，又称"事功学派"、"功利学派"等，是南宋在浙东永嘉（今温州地区）形成的一个儒家学派，也是中国农耕文化环境下独树一帜的文化群，对后世影响深远，成为温州区域文化的核心。因其代表人物多为浙江永嘉人，因此得名。

永嘉学派具有很强的务实精神与现实性特征，经世致用是其思想灵魂。主要体现在：

（一）政治方面：强调以民为本，改革弊政，要求抵御外侮。

（二）经济方面：他们看到温州及东南沿海一带人多地少，意识到必须通过发展工商业等渠道来解决民生就业问题，这样于国于家都有裨益。因此特别重视发展工商业，主张工商业与农业并重。

（二）学术思想方面。

---

① 魏桥等：《熟读浙江七千年》，哈尔滨地图出版社 1995 年版，第 193 页。

1. 强调功利,注重事功。发展"实事实理"学风的永嘉学派代表人物之一的陈傅良说:"所贵于儒者,谓其能通世务,以其所学见事功。"提倡要时时把握客观世界的发展变化和现实条件,不断调整自己的思想认识、前进方向和做事方法,以顺应形势,获取最大的功效。

2. 主张注重实际,重视史学礼制及民生实际问题的研究。永嘉学派围绕救国兴国主题,研究现实生活中的经济、政治、国家、法制、教育、风俗、民情等各个领域,并希望通过考求历代国家成败兴亡的道理、典章制度沿革兴废,找寻振兴南宋的途径。提倡学问、学术要经世致用,服务于社会生产实践。著名思想家黄宗羲一针见血地指出永嘉学派的实用性特点:"永嘉之学,教人就事上理会,步步着实,言之必使可行,足以开物成务。"①

永嘉学派经世致用思想对后世产生了极大影响,为人们从实际出发寻求适合发展自己道路提供理性的价值参照。如19世纪末,维新志士就运用永嘉学派的思想为变法提供理论依据。谭嗣同在《致唐才常书》中说:"来书盛称永嘉以为可资经世。善乎言哉!"永嘉学派经世致用思想对温州本地的影响则更大、更直接,推动了温州社会的进步,为温州人文精神的形成起了先导作用,并奠定了坚实的基础。孙氏的实业救国心路历程就是典型一例。孙氏一生"爱国爱乡,好学兴教,重商务实,应时革新",集中体现了永嘉学派经世致用思想精华,永嘉学派经世致用思想在孙氏的强国富民实践中得到体现、落实和提升,并构筑和创建温州新时代人文精神的强大基础。孙氏耳濡目染永嘉学派经世致用思想的有利环境:

1. 瑞安是永嘉学派的发祥地和传播中心。被人们誉为"东南小邹鲁"的浙江瑞安,有宋以来,学人蔚起,书声比户,人才辈出,王开祖(先世避南唐兵乱,自福建迁温州瑞安县)、林石、周行己、许景衡、叶适、陈傅良等永嘉学派代表人物均出生于此。由于地缘文化一直如影相随,永嘉学派所提倡的功利思想、重商思想、注重实践和经世致用、强调直面"当下"的思想对孙氏产生很大影响,对躬亲实践的执着成了孙氏价值观的基础,并在近代中国变局中进行了创造性的转化——从晚清致力旧学研究的旧知识分子成为与时俱进的时代之子。

2. 受父亲、叔父的影响。他的父亲孙衣言(1814—1894),晚清儒学官员、古文辞家。平生治学严谨,学宗永嘉经世之说,"表彰永嘉学术,为公毕

---

① 黄宗羲整理:《宋元学案》卷52,《艮斋学案》,黄宗羲按语。

生志力所在"。在 40 多年的宦游生涯中，始终以振兴永嘉之学为己任，毕生致力于阐述永嘉遗学，特别注意搜辑乡哲遗佚文献，如编成《永嘉集》74 卷，在孙诒让协助下点校整理《永嘉丛书》13 种，编纂《叶文定公（水心）年谱》、《永嘉学案》及《瓯海轶闻》（它的编纂带动了温州地区一场整理研究乡邦文献的热潮），同时还建玉海楼以藏书，并开放藏书楼，为振兴永嘉学派经世致用呕心沥血，被誉为"晚清特立之儒"。叔父孙锵鸣（1817—1901），衣言弟，官翰林院侍让学士，以重宴鹿鸣加侍郎衔。是李鸿章的房师。被评为"清穆雅正，省其为人，诗在苏子瞻、陆务观之间"。晚年与兄衣言整理乡邦文献，并身体力行永嘉学派。兄弟俩都精通永嘉学派，并积极倡导永嘉学派爱国爱乡、经世致用的学说，引聚大批温郡各县学者，设塾办学，著书立说，校批编印先哲文献，影响深广。正是由于这种潜移默化的影响，使孙氏这位朴学大师有着与众不同的鲜明特点——继承永嘉学派经世致用的衣钵，在学术考证的同时，关心国事，富有民族气节。

3. 玉海楼成了孙氏研究、秉承和发扬永嘉学派思想的典范。孙衣言在《玉海楼藏书记》中提到"为次儿小十筑河上，乃于金带桥北别建大楼，南北相向各五，专为藏书读书之所，尽徙旧藏，度庋之楼上，而以所刊永嘉丛书四千余版列置楼上，以便摹印"①。孙衣言于光绪十四年（1888）为子孙诒让藏书读书而建玉海楼。玉海楼以永嘉经制之学垂为世训，保存了大量浙江地方文献，以多名家批校本和瓯郡乡邦文献、多孙氏手校批本为世人瞩目，为保留永嘉学派典籍、弘扬永嘉学派学风、培养永嘉学者和志士，使永嘉学派文脉代代相传等方面发挥了重要作用。自 1888（建楼）—1908 年（离世），玉海楼成为孙氏治学、研究和发扬永嘉学派的主阵地。一方面，造就他扎实的经学根底，以研究经书义理和所载的典章制度，针砭时弊，完成了《周礼政要》、《墨子间诂》、《契文举例》贯穿其一生治学的三部代表作。另一方面，这20 年间，是晚清东西学冲突与融合最为剧烈的时期，他勇敢地跳出经学考据的藩篱，将经世致用广布于世，把研究、秉承和弘扬永嘉学派经世致用传统推向高潮，以达到"振世救敝"的改良目的。

---

① 孙延钊撰，徐和雍、周立人整理：《孙衣言孙诒让父子年谱》，上海社会科学院出版社 2003 年版，第 233 页。

二、孙氏是身体力行永嘉学派经世致用思想的典范

孙氏汲取永嘉学派思想精华,致力于发掘永嘉学派思想中的开物成务、富民强国的有益成分,从关注社会现实、要求改革的立场出发,并用所学解决社会问题,他在《孙太仆年谱序》中说:"吾欲以经术措诸世用,亦本其先人之训。"孙氏认为西方政治文明和发达的科技其实都是借鉴中国古代典籍《周礼》、《墨子》。因此,他秉承永嘉学派经世致用的治学目的,埋首《周礼》、《墨子》研究 20 余年,著成《周礼正义》、《墨子间诂》。试图通过这两部书来唤起国人对自身民族文化的重视,从自己的祖先那里寻求救国之策。1876年中英烟台条约签定后,温州被迫辟为对外开放的商埠,帝国主义的经济掠夺,对于要求改革图强的孙氏,更有一种主体意识的觉醒和经济独立发展的紧迫感,"平居深念,欲以提倡经营温州矿业,启发地方富源为当务之急",甲午战争中国惨败,在"外患之刺激既盛,内情之愤懑更深"[1]的情况下,孙氏进一步猛醒,深感自己多年潜心研究经学,"刍狗已陈,屠龙无用",他跨越学术上的鸿沟,勇于任事,创新图强,提出一系列匡时济世、变法图强的主张,苦心孤诣设计各种社会改革方案,在晚清学术语境和政治背景下,进行实践和理论创新,率先在教育、实业等领域引入西方文明。光绪二十一年(1895)在家乡瑞安创办"兴儒会",亲自制订了《兴儒会略例》二十一条,提出一系列自办实业的经济主张,"合全国各行省四万万人为一体","各省府厅州县,如有五金煤矿可以开采及丝茶盐诸商务或尚未振兴,或已兴而宜再图发展者,由分董函知总会立册记载,以俟他日筹划施行"。主张筹集资本,允许民间筹资勘矿、开矿,收回西人开矿权,"以圉异族之犷暴","以致中国之隆平"。针对当时政治弊端,他还不顾身家性命写成《变法条议》四十条,对晚清的财政税收、货币度量、农林水利、商工交通,提出一系列改革主张更新政治经济、力挽外溢利权的变法图强主张,积极寻求富国强民的实业救国道路。并身体力行永嘉学派,积极创办地方实业。如倡议筹集股本万元,创办富强矿务公司,经营孙坑铅矿;在瑞安设立大新轮船股份公司,开发内河交通及沿海航运;并与永嘉、平阳等地绅商集资创办东瓯通利公司;在温州率先创办

---

① 陈学恂主编:《中国近代教育史教学参考资料》上册,人民教育出版社 1986 年版,第 153 页。

富强人力车公司，一次性购进 100 多辆黄包车，发展温州市内交通；为开发瓯绸，创蚕学馆，引种湖桑；拟办精盐厂；筹备开发南北麂渔业和垦业及设商会等。综观作为中国近代实业救国一部分的孙氏实业救国实践轨迹，我们不难发现：在救亡图存的爱国主义精神和实事求是的治学做人态度的基础上，孙氏富有实业救国为核心的实效功利至上的人生价值观始终与永嘉学派精神一脉相承又与时俱进，顺应了中国近代发展的潮流，是身体力行永嘉学派的典范。

三、孙坑开矿是孙氏继承和光大永嘉学派 经世致用思想最显例子

"诒让尝谓《周礼》矿人专掌治矿，此古今矿政之权舆。既设有专官，其矿所出之地又咸有图。官民之取之者，此官咸按图以授之，而又有厉禁以防其弊。《汉书·地理志》郡县置铜官、铁官者数十处。唐、宋亦有坑冶，皆即古矿官之职。惟明季奄宦用事，矿税之扰，流毒海内，后世遂以开矿为弊政。奸民私开往往滋事，地方有司遂请封闭矿硐，垂为厉禁，此因噎废食不察之论也。"[1]我国矿产开发可追溯到石器对代的晚期。汉代开始实行"盐铁官营"政策，禁止民间弘采私铸。明中期后，允许民间从事矿产开发并从中征税。"税由此大兴矣。"如永乐年间浙江矿课岁额高达 82070 两（明初，浙江各地岁课矿场为 2800 余两），导致地方负担加重、矿民疲困、治安混乱等问题。明朝矿税害民，清矫明弊，但政策多变，为防人民私造兵器抗清，至康熙四十年便实行矿禁。[2] 规定：开矿必须官府查明无碍民田房屋坟墓，才得开采。可见，当时平民百姓要想办矿是非常困难的。孙氏认为"山中有矿，自行开掘，则权犹在我。可保祖宗丘墓否则外人必来开采，一切任其所为，蛮力万无可拒，地方种族必受害无穷，想贤者必早筹及此矣"[3]。孙氏清醒地意识到国家主权是民族生存的基础，主张政府须放弃"厉禁"，鼓励民间开矿，这样既可强国富民，又可抑制列强对中国矿产资源的掠夺。

据民国《重修浙江通志稿》载："浙省铅锌矿分布各处……以永嘉、汤溪、

---

① 孙延钊撰，徐和雍、周立人整理：《孙衣言孙诒让父子年谱》，上海社会科学院出版社 2003年版，第 318 页。

② 刘欣：《我国矿产资源法制建设历程》，中国环境法网，2007 年 12 月 20 日。

③ 张宪文：《孙诒让遗文辑存》，浙江人民出版社 1990 年版，第 118 页。

青田亦有启发之价值……""永嘉孙坑,有孙氏众山产铅;大双坑,有金氏众山产铁。孙、金两族人签议,请瑞安孙诒让为谋开采。"光绪三十年(1904),永嘉县孙坑(1948年8月后属浙江省青田县)一带有锌铅铜矿,其附近的大双坑金族众山有铁矿,孙、金两族众合议,请孙氏"上山",孙坑人请孙氏上山的一个重要原因,是孙氏出身官宦世家,朝中有人[其父孙衣言道光三十年(1850)进士,由翰林累官太仆寺卿],如他能参与,则申请立案、资金筹集、人才招揽都易于解决。孙欣然应允。但"一代经师"为什么毅然放弃"矻矻治经生之业",跋山涉水去穷乡僻壤开矿呢?这正是孙氏秉承、弘扬永嘉学派务实精神力求经世致用的极致发挥,原因如下:

(一)开拓办学资金渠道。孙氏继承永嘉学派的"治国救世"的办学目的,在穷经皓首的同时,选择了倾力办学,光绪二十二至三十四年(1896—1908)十多年时间,苦心经营,筹措经费五十多万元,亲自兴办和积极筹划倡导,领导温处十六个县先后开办各类新式学堂三百余所,向年轻一代传播西方科学技术,为地方启蒙运动和刷新乡土社会风气起着巨大作用,为浙南近代教育奠定了良好的基础。中山大学王季思教授说:"学术界流传'温州出科学家'与此有关",可见其影响之深远。孙氏热心办学,而当时清政府国帑空虚,不可能拨给教育经费,自筹也相当困难。"或募绅民之捐助;或抽商税之毫厘;或请拨书吏陋规;或酌提祠庙田产。"[①]但由于热心者或感缺乏财力;殷富者或未重视及此,因而乐输之款不多。光绪二十七年(1901)他在致刘绍宽(1867—1942,浙江苍南人,浙南著名的教育家、经史学家)信中提到:"敝里刻亦议开学堂而苦乏资,弟更历事变,万事灰心,愧未能力赞其成也……更法虽已见谕旨,而举办仍未见踊跃,中国通患如是,真不疗之痼疾也。如何!如何!"[②]他在致永嘉县尹太令书中也提到:"敝处前因开办师范学堂经费支绌,恭遵部章,劝募富绅义捐,而因风气未开,应者绝少。"他费了九牛二虎之力集得资金3.8万元,而仅办温州师范学堂就需3.6万元。光绪二十三(1897)年瑞安务农会开办后,县人稍有财力者多愿向农业投资,同时也有人出钱捐助方言馆(光绪二十三年二月开办),无力兼顾学计馆,因此,学计馆(光绪二十二年创办)在本地续募捐款应者寥寥,"馆中原有基金生息,逐月不敷应用,曾已动用母钱过半"。当时经费问题极形迫切,"众谤群疑,纷

---

① 张宪文:《孙诒让遗文辑存》,浙江人民出版社1990年版,第38页,第180—181页。
② 张宪文:《孙诒让遗文辑存》,浙江人民出版社1990年版,第38页,第180—181页。

然四集,繁冗万状",孙氏常常为缺乏大宗办学资金问题弄得焦头烂额,所以企盼开发"无穷地宝",以资挹注。

(二)宝贵资源恐被侵略者掠夺。他在《周礼政要》"矿政篇"按语中提到:"以中国自有之富,弃之不取,而日忧罗掘之穷,为计已左,而慢臧海盗又启彼族之觊觎,以致俄夺东三省之矿利,德夺山东之矿利,英于扬子江上游,法于云南边界皆首要索开矿之权。十年以后,中国矿利尽归西人噬脐之悔,不可复及,不可不深思长虑也。"观点很明确,地下宝贵资源必须尽快开发,以免被侵略者掠夺,贻害无穷。

(三)开矿获利以解民困。咸丰十一年(1861)二十日,金钱会首潘英、郑禹云等率金谷山会众千余人前往廿五都潘岱,"焚烧孙侍读家","家资及御赐顷刻皆尽"。"秋九月,衣言奉亲挈家避兵于永嘉孙坑、以集善乡居毁于金钱会党也。同治元年(1862)正月,金钱会起义失败,地方战事息止。衣言自孙坑携家还归瑞安,傡居城内水心殿街许氏屋。"咸丰十一年秋,金钱会起义。其叔孙锵鸣奉旨组团练镇压,起义军愤而毁孙氏潘岱岘下祖居,孙氏时年十四,随祖父母、父母避居孙坑,对该地地瘠民贫有所了解。孙家年年都要往孙坑接济些财物,逢年过节,孙坑的人也派人送山货给孙家,来往十分密切。"摩顶放踵,以利天下",他想为山区人民办些实事,开矿获利,使其摆脱贫困。

(四)较为宽松的经济政策背景。在全民族救亡强国的强烈呼声中,在日益深重的民族危机压迫和近代工业经济利益的驱动下,清朝中央和地方政府采取了较为宽松的经济政策,"光绪二十三年(1897)浙省议采衢、严、绍属矿产,各由绅商自行筹设矿局禀请开办,是为本省振兴矿业之始"[①]。光绪二十四年(1898)我国近代第一部矿业法规《矿务铁路公共章程22条》制定。光绪三十年(1904)清廷准商部奏,颁行《路矿暂行章程》三十八条。光绪三十三年(1907)公布《大清矿务章程》。由于清廷实行奖励实业等新政,客观上促成温州近代民族经济的真正起步。

(五)同姓同宗商洽较便。"至是年(1904)三月,查有永嘉孙坑、郑山、前山、横山、呈山、黄山等处均产铅矿,而孙坑则为孙氏族众聚居之地,商洽较

---

① 汪林茂著,金普森、陈剩勇主编:《浙江通史》,浙江人民出版社2005年版,第223页。

便，因议先从孙坑着手，遂有富强矿务公司之组织焉。"①孙坑是孙姓族众聚居之地，"五百年前是一家"，办矿遇到一些具体问题，诸如土地征用，山林赔款，劳动力募集都"商洽较便"，因此，孙氏就筹措孙坑开矿事宜。

诚然，办矿决非轻而易举之事，孙氏奔走呼号，积极筹划，心力交瘁，主要做了以下几方面工作：

（一）组建公司。1904年3月，孙、金两族推举民众代表孙世彪、金显巽等各14人出名与孙诒让订立合同，由孙氏报官立案，并集股组建富强矿务公司，经理一切。合同（《富强矿务公司纪事录》）主要内容为：孙坑山地归公司后，孙氏族众，不取租钱，不得价卖，唯以山业抵作公司股本十分之一。公司第一次集股本万元，孙氏族众应享有干股千元，以后随公司股本增加，以五千元为止。干股只许提息，不得取本，亦不得以干股权让与他人。干股之外，族众愿投实股者听，每届添招时，预留十分之二尽其投入，以示优待。大双坑山地，自开采之日起，每年由公司给租24元，永不增加，亦不得另租或卖与他人，并不许私挖矿砂；自光绪三十年（1904）甲辰起三十年内，两矿山地暂归公司管业、完粮、（蕴藏的）矿产悉听公司开挖。三十年限期届满后，倘彼此仍愿续办，再订合同或议重新组织，则从两族众公意，但永远不许加入外国人股份；两山采炼纯净之矿物售价，除公司开支外，每年以纯收益5%报效国家。孙氏立政集股招工师开采，约费五六千金，赏绌罢工，合并声明。从合同内容中可深深体昧到孙氏开矿为谋求国家强盛的一番苦心。

（二）现场勘察。富强矿务公司成立后，呈报当地政府立案。孙诒让曾写信给好友费念慈（1855—1905，字峩怀，江苏武进人，光绪十五年进士，官翰林院编修）托其转商矿务大臣盛宣怀（江苏武进人），请派员来温勘察孙坑矿产情况。孙氏与费念慈交往始于光绪十一年（1885），俩人在金石学、《周礼》版本等学术问题上切磋甚密，孙氏在《古籀余论》后叙中说："迩年杜门课子，旧友云散，唯峩怀收罗彝器，时以拓本寄赠……"费氏对孙氏非常景仰："于朋旧中所愿师事者唯先生一人。""光绪二十七年（1901）辛丑，清廷重议更制，两次下诏，通令京外各大臣，参酌古今中西政治，对朝章、国故、吏治、民生、科举、学校、军制诸端，各抒所见，陈候甄择施行。侍郎盛宣怀与诒让不识面，而闻诒让治《周礼》学，且知其乡人翰林院编修费念慈与诒让论学甚

---

① 孙延钊撰，徐和雍、周立人整理：《孙衣言孙诒让父子年谱》，上海社会科学院出版社2003年版，第318页。

相契，即托费驰书，乞请代撰条陈。要以掯撅周制、证通时务为内容，冀有合于朝旨所谓参酌古今中西之意，旋再来电索之甚急。诒让乃于旬日之间（杜门十日），草成《变法条议》四十篇以答之，费、盛受读后，顾虑颇多，因不果上。盖所言废拜跪、除忌讳、革官监、裁冗官、革吏役、改兵制、伸民权各事，皆时人所不敢发者也。"①光绪二十七（1901）年由于费念慈的介绍，孙氏曾为盛宣怀代拟《变法条议》四十条。由于以上原因，盛宣怀循其请，光绪二十四年（1904）6月，矿务署派了一位英籍工程师，由翻译王省三（丰镐，清末曾任浙江交涉使）陪同到现场勘察。另据瓯海关税务司德国人史纳机

图1　孙诒让为郭潄霞赴湘鄂调查矿务诗卷手迹，孙坑铅矿山景（2013年3月张宏瑞摄自玉海楼）

（1903.4.17—1904.5.5在温任职）光绪二十九年（1903）7月5日《致布莱顿函》中说："趁权力号邮船来中国的一位美国来矿工程师杰姆逊先生，我想你知道他这次是从北京来温州的，他将从这里出发到内地进行勘探工作。"同年7月15日，史纳机《致布莱顿函》又说："杰姆逊曾在安溪（孙坑，今为青田温溪）地方进行勘测，他说那里虽有大量铁矿，但因邻近没有煤矿，对一个要大规模开采的企业来说铁实际上没有用处。杰姆逊于昨天离温前往处州、衢州和广州，他将不再折回温州，而且赴杭州。"光绪三十一年（1905）1月16日瓯海关税务司英国人穆厚达《致朗白脱函》说："采矿工程师德莱克先生于本月初上旬从上海来到此间，要在温州地区进行普测。"②从以上函件内容可看出孙坑办矿对勘察非常注重。经勘察，断定孙坑虽有各种矿藏，但产量不多，含银量只有千分之一二，利源有限。而山区交通不便，设厂提炼不合算，若将矿物向外运销，又非先筑轻便铁道不可，需大垫本钱。尽管困难重

---

① 孙延钊撰，徐和雍、周立人整理：《孙衣言孙诒让父子年谱》，上海社会科学院出版社2003年版，第296页。

② 杭州海关译编：《近代浙江通商口岸经济社会概况——浙海关、瓯海关、杭州关贸易报告集成》，浙江人民出版社2002年版，第79页。

重，孙氏仍初衷不改。

（三）参观学习。派郭漱霞（凤鸣，瑞安利济医院医生兼《利济学堂报》总校）去湖南、湖北调查那里的开矿情况，并征聘技术人员来温办矿，赠诗送行：

> 光绪甲辰（1904年）秋，吾乡同人议兴矿务，属漱霞姻世兄渡海溯江，游历湘鄂，调查矿贪污、冶，临行出吴绫属书，漫成小诗四首，并以送行，即求海正！
>
> 矿学榛芜几百年，奇书蟫蠹地员篇，越山金锡推天府，可有吴王解铸钱。
>
> 曲突何人识远谋，铜官今已遍趀陬，无穷地宝长扃锸，枉费司农仰屋筹。
>
> 昆弟君家各振奇，峥嵘楝萼照华楣，秅生锻灶消长日，谁识雄心在救时。
>
> 西行饱看楚山青，万里江流接洞庭，此去布帆定安稳，蓬窗细读矿人经。

（四）送验样品。光绪三十三年（1907）孙氏致刘绍宽信中提到要刘绍宽将洋矿师代为送验的孙坑铅矿化验单交人翻译，"外附孙坑化验单，此洋矿师李御代送验，必不相诳。但禾宅侯恐有私意，望以此单付守庸译之。弟意不欲轻失此大利，必须妥商也。倘能开办，全郡学务均有款"①②。

光绪三十四年（1908）春，孙氏患寒咳者累月，自觉体力、脑力均日渐衰弱，离去世只有几个月了，但对孙坑铅矿开发仍寄以厚望，"然犹时常往返永瑞间筹划学务及路矿事，未尝少息"③。

民国三年（1914），孙坑复由孙延钊（孙诒让子）等改组富成公司继续开采。"民国四年（1915），瓯海矿业公司代表虞柏顾（廷恺）与孙氏宗人协议，决定以富强公司所办未成之孙坑铅矿，委托其计划进行。原订的继续有效，

---

① 宪文：《孙诒让遗文辑存》，浙江人民出版社1990年版，第196页。
② 孙延钊撰，徐和雍、周立人整理：《孙衣言孙诒让父子年谱》，上海社会科学院出版社2003年版，第36页。
③ 浙江省地方志编纂委员会整理：民国《重修浙江通志稿》标点本，第12册，方志出版社2010年版，第8241页。

矿区计广 70 余亩,当时即曾开掘,但纯用土法。"①民国六年(1917)停工。"曾在山坡六十公尺深之直井一,继在坑底开斜井,均随脉而进,其余如二十七都孙坑、上牌坑、孙坑水春湾、孙坑龙后、孙坑五罗及二十八都黄坦、垟村、大龙山、其大村、横坑、郑山、半路坑,各矿均未开采。"②孙坑开矿未成的原因:

(一)企业资金少,规模小,技术力量薄弱。据永嘉县署的《温州府永嘉县光绪三十四年实业统计表》记载:"光绪二十九年(1903)曾有杭商雇洋矿师诣瓯赴彼处,相度矿苗旬余,因无佳矿,遂止。""清初以来,唯云南有铜矿、银矿,户部、工部专恃滇铜以资鼓铸,而他省则民间私行淘采不足比数。近年来有奏请开办者,虽略有端倪,而规模不广,资本亦微,其弃于地者仍不少矣。"③"浙省是项矿物因无法冶炼,每运销沪上,颇难获利。故虽有采掘,因亏本而停顿。总之,本省此项矿亦产,因矿脉微薄,不适大规模之经营,故矿商因而裹足从事。"④民间采矿,即使有开采者,亦采法不精,运载维艰,多以亏折而中辍。

(二)孙中山在辛亥革命后曾指出:"能开发其生产力则富,不能开发其生产力则贫。从前为清政府所制,欲开发而不能,今日共和告成,措施自由,产业勃兴,盖可预卜。"⑤他认为在清朝,是不可能靠振兴实业来救国的;必须用革命手段推翻清朝,才能为振兴实业创造必要的政治前提。如果把这段话再拓展延伸,那就是:没有共产党,就没有新中国。

孙氏一生正处于鸦片战争之后,辛亥革命之前。这个时期,列强步步进逼,清廷屈膝投降,国家日益衰微,他目睹社会痼疾,满怀爱国热忱,然而生不逢辰,一介书生要想办矿获利谈何容易,结果只能是一个美好的愿望。

据《青田县志》载:1954 年,华东地质局 301 队在孙坑一带普查找矿,历时四年,编成《301 队 1954 年地质报告》。1980 年下半年,省地矿局第十一地质大队三分队对孙坑铅锌矿区进行踏勘,完成《浙江青田孙坑矿区铅锌矿初步地质设计》。1983 年 11 月—1986 年 11 月,省地矿局第十一地质大队

---

① 汪林茂著,金普森、陈剩勇主编:《浙江通史》,清代卷(下),浙江人民出版社 2005 年版,第 12 页。
② 《孙中山选集》,人民出版社 1956 年版,第 130 页。
③ 《孙中山选集》,人民出版社 1956 年版,第 120 页。
④ 《孙中山选集》,人民出版社 1956 年版,第 120 页。
⑤ 《孙中山选集》,人民出版社 1956 年版,第 120 页。

二分队,对孙坑铅锌矿进行普查,投资 91.4 万元,提交《青田孙坑铅锌矿区地质普查报告》。1983 年,投资 13 万元改造矿厂,年产 4 品级铅精矿 400 吨,5 品级锌精矿 210 吨,产品销往温州冶炼厂,1987 年,出口 429 吨。20 世纪八九十年代,青田矿业蓬勃发展,成为全县支柱产业,(孙氏打算开发的铅矿)所产的铅锌精矿远销国外,孙氏未竟事业终变成现实。

由于历史条件的限制,孙诒让的实业救国思想和实践,尽管在当时不可能完全实现,但留给后人的经验和影响是深远的。永嘉学派经世致用思想在孙氏一系列的实业救国思想与实践中得到体现、落实和提升。他的强烈的忧国忧民的爱国思想,变法图强的改革创新精神,永不言弃的实践毅力,经世致用的务实作风,是中国近代实业救国伟大民族精神的缩影,也是我们深刻了解 20 世纪中国文化思想传统的人文读本。

从高似孙《史略》看唐代史学发展

李　凡

（浙江大学历史系）

南宋浙江鄞县学者高似孙所著《史略》，是我国现存最早的一部史籍专科目录，国内长期失传，南宋以来官私目录均未著录，清末方从日本抄回宋刊孤本。《史略》对唐代的史家、史著、史学多有著录论述，内容丰富，由于传世版本罕见，研究者寥寥。本文梳理《史略》所录唐代史籍，探析唐代史书的编撰、"三史"学研究等问题，并揭示高氏疏略之处。

一、唐代史学的繁荣

唐统治者极为重视史学的鉴戒功能，《史略》著录了唐代官修八部前朝正史。姚思廉《梁书》、《陈书》、李百药《北齐书》、令狐德棻《周书》、魏征等《隋书》修成后，唐太宗又诏修《五代史志》。《史略》摘录郑樵《通志》的言论予以高度评价："《隋志》极有伦类，而本末兼明……《隋志》独该五代，南北两朝纷然殽乱未易贯穿之事，读其书则了然如在目。"①房玄龄等重修《晋书》，唐太宗为晋宣帝、武帝本纪和陆机、王羲之传撰写史论，题为"御撰"。李延寿的《南史》、《北史》为私修官审的形式，高氏列之于通史类。

《史略》中辑录的唐代私修前朝史有：春秋战国事刘允济《鲁后春秋》；东汉事王越客《后汉释论》；魏晋南北朝事袁希之《汉表》，员半千《三国春秋》，吴兢的《齐史》、《梁史》、《陈史》、《周史》，张太素《后魏书》、《北齐书》，元行冲《魏典》等十八部；隋代除《五代新记》与《六代略》的部分内容外，还有张太素《隋书》，吴兢《隋史》，张太素《隋后略》，杜宝《大业拾遗》、《大业杂记》，杜儒童《隋季革命记》，刘仁轨《刘氏行年记》，韩显《壶关录》等十一部。

---

① 　（宋）高似孙著，周天游校笺：《〈史略〉校笺》，书目文献出版社1987年版，第71页。

　　唐代官修当代史,包括国史、实录、起居注、时政记等多方面内容。国史虽几经修撰,然情况复杂,举步维艰,最终未能形成完本。《史略》一书中仅著录了吴兢《唐书》一百卷、韦述《唐书》一百三十卷两部纪传体国史。

　　实录是以年月日为序纪事的编年体史书,起于萧梁,至唐而盛,对前任皇帝撰修实录成定制。《史略》著录自高祖至武宗十六代皇帝二十五部实录,今存者只有韩愈所撰《顺宗实录》五卷。

　　唐初,沿隋旧制,在中书省设起居舍人二人撰写起居注。唐起居注的数量不可考,《史略》、《新唐志》中仅载有《大唐创业起居注》和《开元起居注》,《旧唐志》则仅载《大唐创业起居注》。

　　时政记,创于武则天长寿年间,是一种由宰相专职的原始记录资料。《史略》对此背景也有论述,转引李吉甫与宪宗的对话,道出了时政记时辍时作的原因。

　　除官修国史外,还有私修唐史,主要为编年体。《史略》辑录了吴兢《唐春秋》三十卷、韦述《唐春秋》三十卷、陆长源《唐春秋》六十卷、柳芳《唐历》四十卷、崔龟从等《续唐历》二十二卷、刘珂《唐年历》一卷、王彦威《唐典》七十卷等编年体唐史。

　　《史略》卷五《杂史》条,辑录大量唐代私著杂史:温大雅《唐创业起居注》三卷、裴垍之《唐圣述》一卷、《今上王业记》六卷、吴兢《太宗勋史》一卷、裴垍之《高宗实迹》一卷、吴兢《唐书备阙记》十卷、李康《明皇政录》十卷、赵元一《明皇杂录》二卷、温畬《幸蜀记》一卷、郑棨《开天传信记》一卷、包谞《河洛春秋》二卷、《天宝记》十卷、姚汝能《禄山事迹》二卷、凌准《邠志》一卷、刘肃《大唐新语》十三卷、徐岱《奉天记》一卷、崔光庭《幸奉天录》一卷、赵元一《奉天录》四卷、张读《建中西狩录》十卷、《文宗朝备问》一卷、李肇《国史补》三卷、林思《补国史》六卷、《逸史》三卷、祚彦休《阙史》三卷、封演《封氏见闻记》五卷、《唐末见闻录》八卷、谷况《燕南记》三卷、郑澥《平蔡录》一卷、路隋《平淮西记》一卷、薛图存《河南记》一卷、李德裕《太和辨谤录》三卷、《太和记》一卷、李潜用《乙卯记》一卷、《甘露记》二卷、《开成纪事》三卷、李石《开成承诏录》二卷、李德裕《文武两朝献替记》三卷、李德裕《柳氏旧闻》一卷、李德裕《上党纪叛》一卷、李德裕《会昌伐叛记》一卷、令狐澄《正陵遗事》二卷、柳玭《续正陵遗事》二卷、郑言《平剡录》一卷、沙冲穆《太和野史》十卷、裴廷《东观奏记》三卷、郑樵《彭门纪乱》三卷、张云《咸通解围录》一卷、尉迟枢《南楚新闻》三卷、郭廷海《广陵志》三卷、程柔《唐补记》三卷、《云南事状》一卷、韩偓

《金銮密记》一卷、《会稽录》一卷。

高氏重视杂史的价值，《史略》卷三《通鉴参据书》条，对司马光采书之广博极力推崇，转引洪迈议论，论述了杂史的重要意义："试以唐一代言之：叙王世充、李密事，用《河洛记》；魏郑公谏争，用《谏录》；李绛议奏，用《李司空论事》；睢阳事，用《张中丞传》；淮西事，用《凉公平蔡录》；李泌事，用《邺侯家传》；李德裕太原、泽潞、回鹘事，用《两朝献替记》；大中吐蕃尚婢婢等事，用林恩《后史补》；韩偓凤翔谋画，用《金銮密记》；平庞勋，用《彭门纪乱》；讨裘甫，用《平剡录》；纪毕师铎、吕用之之事，用《广陵妖乱志》，皆本末粲然，则杂史、琐说、家传，岂可尽废。"

杂史的兴盛，对研究唐代历史具有重要价值。由于安史之乱，玄宗朝的实录、起居注等文献资料缺失。《隋书·经籍志》杂史类辑录的 70 余条中，为当时人记当时事者甚少，但在《新唐书·艺文志》杂史类辑录的 180 余条中，唐人记唐代史事者占整个著录的三分之一，且绝大部分都撰述于"安史之乱"以后，说明杂史的兴盛。杂史数量众多，为后世史学研究提供丰富的史料。

二、唐代的"三史"学研究

初唐之际，沿承六朝习尚，"三史"指《史记》、《汉书》、《东观汉记》；开元时，《东观汉记》渐为《后汉书》所取代。《史略》卷一《诸儒史议》条，引用唐代殷侑《请试史学奏》所云"三史为书，劝善惩恶，亚于六经"[①]，此"三史"即指《史记》、《汉书》、《后汉书》。南宋时，《东观汉记》已佚失大部，《史略》将《东观汉记》列于卷三非正史类。

高似孙对《史记》极为推崇，他说："史始乎太史公，终乎太史公"，"太史公凿天之初，完古之阙，成仲尼之所俟，涉猎贯穿，驰骋古今数千载间，前乎所未有，后乎所不得及，此其所以成终始乎？"[②]

谢保成认为："唐代对'三史'的态度，以《汉书》地位最高，《史记》最下，这是南北朝以来扬班抑马的延续。"[③]然而，事实是否如此呢？我们首先看

---

① 《〈史略〉校笺》，第 17 页。
② 《〈史略〉校笺》，第 19、20 页。
③ 谢保成：《隋唐五代史学》，商务印书馆 2007 年版，第 159 页。

《史略》中有关"三史"的研究概况。

《史略》卷一中著录唐人研究《史记》的著作共 14 部、957 卷,分别为:许子儒《史记注》130 卷[①];王元感《史记注》130 卷;陈伯宣《史记注》130 卷,今存 87 卷[②];徐坚《史记注》130 卷;李镇《史记注》130 卷;司马贞《史记索隐》30 卷;张守节《史记正义》30 卷[③];刘伯庄《史地名》20 卷[④];窦群《史记名臣疏》34 卷;裴安时《史记纂训》20 卷;李镇《史记义林》20 卷;韩琬《续史记》130 卷;许子儒《史记音》3 卷;刘伯庄《史记音》20 卷[⑤]。另外,《旧唐书》卷135 载有裴延龄《史记补注》,《新唐书》卷 200 儒学下载有褚无量《史记至言》12 篇、尹思贞《续史记》(未就),《新唐书艺文志补》卷 2 载有强蒙《史记新论》5 卷、无名氏《太史公史记问》1 卷,《群书考索》前集卷 12 载有司马贞《补史记》。如均可靠,那么唐朝可考的研究《史记》的著作共有 20 部,篇幅达 1000 卷。

《史略》卷二中著录唐人研究《汉书》的著作共 15 部、444 余卷,分别为:颜师古《汉书注》120 卷;唐高宗与郝处俊等撰《御诠定汉书》87 卷[⑥];敬播《汉书注》40 卷[⑦];颜游秦《汉书决疑》12 卷[⑧];李喜《汉书辨惑》30 卷[⑨];元怀景《汉书仪苑》;姚班《汉书绍训》40 卷;务静《汉书正义》30 卷;颜胤《汉书集义》20 卷[⑩];沈遵《汉书问答》5 卷[⑪];孔文祥《汉书音义抄》1 卷[⑫];刘嗣《汉书

---

① 《旧唐书》卷 46、《新唐书》卷 58、《通志》卷 65 均作 130 卷,但据《旧唐书》189 卷上云:"子儒注《史记》,竟未就而终",疑不止 130 卷。

② 《崇文总目》云"今篇残缺",但《新唐书》卷 58 作 130 卷,已佚失部分。

③ 《文献通考》卷 200 作二十卷。

④ 《新唐书》58、《通志》卷 65 作《史记地名》。

⑤ 《旧唐书》卷 46、《新唐书》卷 58、《宋史》卷 202、《文献通考》卷 200 作《史记音义》,《旧唐书》作三十卷。

⑥ 《旧唐书》卷 46、《新唐书》卷 58、《通志》卷 65"诠"均作"铨"。《旧唐书》作八十一卷,郝处俊等撰。

⑦ 《通志》卷 65 避讳,"敬播"作"恭播",下同。

⑧ 高氏误,《新唐书》卷 58、《通志》卷 65、《旧唐书》卷 46 作颜延年。颜游秦为延年之叔父。

⑨ 《旧唐书》"辨"作"辩","李喜"作"李善",《新唐书·艺文志》前载有李喜《汉书辨惑》三十卷,后载有李善《汉书辨惑》二十卷。据《李善传》,应为李善传。

⑩ 高氏误,应为顾胤撰。《旧唐书》卷 46、《新唐书》卷 58、《通志》卷 65 均作《汉书古今集义》,其中旧、新唐书作顾胤,《通志》避讳,"顾胤"作"顾允"。

⑪ 《崇文总目》"沈遵"作"沈遵行"。

⑫ 《旧唐书》卷 46、《新唐书》卷 58、《通志》卷 65 均作《孔氏汉书音义抄》二卷。《旧唐书》"祥"作"详"。

音义》26 卷①；敬播《汉书音义》12 卷；阴景伦《律历志音》1 卷②；刘伯庄《汉书音义》20 卷。另外，《旧唐书》卷 46 载有《汉书正名氏义》13 卷、《汉书英华》8 卷，《新唐书》卷 201《文艺传》上载有王勃《汉书指瑕》，《新唐书艺文志补》卷 2 载有康国安《汉书注》、刘轲《汉书右史》10 卷，《唐会要》卷 77 载有王元感《汉书注》，《宋史》卷 203 载有刘巨容《汉书纂误》。如均可靠，那么唐朝可考的研究《汉书》的著作共有 22 部，篇幅达 500 卷。

《史略》中著录唐人研究《后汉书》的著作共 2 部，分别为：章怀太子李贤《后汉书注》、韦机《后汉书音》27 卷，另卷 5 霸史类著录有王越客《后汉释论》20 卷，若加之，也仅仅 3 部而已，篇幅约 150 卷，其他文献也未尝见其研究著作。

考察唐朝的"三史"著作，《史记》、《汉书》的研究著作数量相当，但在篇幅上，《史记》的研究著作远远超过《汉书》和《后汉书》，尤其《后汉书》研究者寥寥。所不同的是，《汉书》、《后汉书》均为唐统治阶级所重视。前者唐太宗朝时颜师古曾为太子李承乾注之，房玄龄又令敬播撮其要，高宗朝又招集群臣注之。后者由章怀太子李贤倡导注之，而《史记》的研究著作均为私人著述。

《史记》的写作目的是"究天人之际，通古今之变，成一家之言"，横贯古今，秉承实录精神，不惧统治者淫威，被称之信史、良史，而被统治者视为谤书。《汉书》则是专为著录西汉二百余年功绩的断代史，其写作目的是"综其行事，旁贯五经，上下洽通"，意在巩固皇朝统治，代表官方的意识形态，因而自南北朝以来为统治阶级所重视。然而，不受官方意识形态束缚的私人著述更能反映一个时代的学风和学术导向。因此，虽然《汉书》、《后汉书》为唐统治者所重视、倡导，但在一定时期内《史记》在民间仍然受欢迎。刘知几《史通·鉴识》篇云："《史》、《汉》继作，踵武相承，王充著书，既甲班而乙马；张辅持论，又劣固而优迁。然此二书，虽互有修短，递闻得失；而大抵同风，可为连类。"他虽然在体例上抑马扬班，但对二者都有肯定，评价比较公允，也可基本代表唐人的观点。

其次，从史记学的形成来探讨唐代《史记》之地位。"史记学"一词由宋人王应麟提出，并称"史记学"为《史记》之学，形成于唐代。另外，综观《史

---

① 《旧唐书》卷 46、《新唐书》卷 58、《通志》卷 65 均作刘嗣等撰。

② 《旧唐书》卷 46、《新唐书》卷 58、《通志》卷 65 均作《汉书律历志音义》。

记》在唐以前"传者甚微"，而在唐代得到极大提高。观《隋书·经籍志》，唐以前注释《史记》的只有裴骃、徐野民、邹诞生三家，注《汉书》的则有二十种，而谢承、司马彪、刘义庆、华侨等都曾以《后汉书》为名而著东汉史，这一点《史略》中也有所反映。到东汉中期以后，《史记》已得到人们的普遍承认，桓灵时《太史公书》已正式称为《史记》。

魏晋南北朝时期，史学地位提高，从经学独立出来，《史记》地位明显上升，少数民族首领也重视研读《史记》。这一时期，社会兴起史汉优劣论，最著名的莫过于晋张辅尊马抑汉，此外葛洪也甲马而乙班，范晔则是《史记》"文直而事核"、《汉书》"文赡而事详"的持中之论，而非过去的抑马扬班"一边倒"。

唐以前，《史记》的史学地位远不及《汉书》，甚至也不及《后汉书》。但到唐代，统治者阶层虽未对其进行官方作注，但注重史学鉴戒功能的统治者不可能不重视《史记》，《史记》科为"三史科"之一就是最好的例证；民间兴起注释《史记》之风，《史记》注释之书成绩斐然；文学上，《史记》也取得了相当高的地位。种种证据表明，不管在史学上还是文学上，此时期《史记》地位得到极大提高，并在唐代得到确立。

至于《后汉书》，在唐初并未取得正史地位，成书于唐中宗景龙四年(710)的刘知几《史通》中，谈及"三史"，多指《东观汉记》。章怀太子李贤为《后汉书》作注，但是影响有限。从《后汉书》注的参与人员看出来，有张大安、刘纳言、许叔牙、史藏诸等七人，其中，除张大安当时贵为宰相外，其他均为地位不显者。《后汉书》对吕后专政、外戚专权有详细记载，李贤注《后汉书》的目的是讥讽母后临政，反对武氏外戚专权。那么，至少在权倾朝野的武后时期以及杨氏外戚专政的玄宗朝，关于《后汉书》的研究则不太可能兴盛。研习《后汉书》之学者甚少，也可以作为地位不高的佐证。唐朝学者往往将《史记》、《汉书》并称，而无《后汉书》，这也从侧面反映出《后汉书》之地位不及《史记》、《汉书》。唐朝"三史"中，《史记》、《汉书》地位相当，《后汉书》最下。

三、《史略》著录史籍疏略之处

《史略》成书时间不足一月，时间仓促，因此错误疏漏之处在所难免。其主要不足之处表现在：

未经详细考证,错误较多。包括书名、卷数及内容错误。例如:杜延业《晋春秋略》,误作杜延笃。《明皇杂录》列于赵元一名下,实际作者为郑处诲。杂史类前辑录令狐澄《贞陵遗事》,为二卷,后载柳玭《续贞陵遗事》,亦为两卷,然文献明明记载《续贞陵遗事》一卷,显然,高氏疏于考查,想当然地认为《续贞陵遗事》也应为两卷。高氏辑录《壶关录》时,曰"韩昱述安史之乱,李密、王世充事",而《通志》则为"昱遭安史之乱,追述李密、王世充事","遭"误作"述",一字之差,谬之千里,也因此误将《壶关录》列于唐当代杂史,实则为唐人所记的隋杂史。

不辨内容,辑录繁复,一书列入多种分类。如杜延笃业《晋春秋略》列于"历代春秋"条,又列于"史略"条;温大雅《大唐创业起居注》,先列于"起居注"条,后又列于"杂史"条,且前后书名不一致,后无"大"字,作《唐创业起居注》;《河洛春秋》列于"历代春秋"条,又列于"杂史条",前作包胥撰,后作包谞撰;前载杜毅《大业记略》,后赵毅《大业略记》,然据考证,只有赵毅《大业略记》一书。

辑录疏漏。最明显的莫过于未将唐代的集大成之作《史通》、《通典》予以著录。高氏在卷一《史记》评议中就引用了《史通》的言论,在唐国史、实录撰写中也多处提及刘知几,然而《史通》不见于史评条;《通典》不见于史典条,也不见于通史条。显然,高氏对其书其人并非不知晓,却未将其代表作单独辑录。

史书分类不合理。如卷三主要辑录的是编年体史书,包括历代春秋、历代纪、实录、起居注、时政记、唐历、玉牒等,却又将《会要》、《续会要》等会要体史书也辑录其中。

由于高氏成书仓促,辑录较粗糙,分类体系也未完善,错误甚多。但高氏对目录学上的创新,第一次按照史籍本身的特点进行分类,著录不少失传史籍,对于史学研究颇具价值。

试析明清江南资本与劳动力市场结构、形态、特征及性质

孙竞昊

（浙江大学历史系）

本文所谓"江南地区"的地理界域，按狭义限定于长江三角洲地区，为明清苏州府、松江府（清时又划出海门厅、太仓州）、常州府、杭州府、嘉兴府、湖州府所辖，包括今上海市、江苏南部、浙江北部，兼及安徽东南部和浙江东部的小部分地区，地处太湖盆地（即长江三角洲平原）、杭嘉湖平原。所论"明清时期"为终明一朝和鸦片战争以前的清朝，偶有史料或前涉或后及，但皆不悖结构性的分析。

明清江南地区，在商品经济突兀发展的过程中，初步形成以市场为枢纽、存在一定内在联系和共同点、粗具近代意义的"经济区"。相对于资本主义市场体系，这里的商品（或产品）市场、劳动力（或劳动）市场、资本（或金融）市场发育得很不成熟，很不充分，然而的确出现一些异于前代的变动。在考察了区域商品生产与交换的结构、形态与功能后，本文接着依次检验该地区的资本和劳动力市场，从而期冀对整个经济结构形成一个系统分析体系。[①]

---

① 本文的基本内容来自20世纪80年代后期课题《明清江南商品经济结构及历史价值析评论纲》，曾见诸学术期刊：《明清江南地区商人资本市场结构与功能初探——兼析该地区货币财富形态的品性》，《浙江学刊》1996年第4期；《明清江南劳动力市场结构与性能探析——一项关于雇佣劳动现象的历史考察》，《江汉论坛》1997年第1期。关于明清江南商品生产与交换结构的考察，可参阅笔者的旧文：《明清江南地区商品生产结构的市场窥测》，《学术界》1995年第3期；《明清江南商品市场经济结构与市场机制探析》，《华东师范大学学报》1996年第5期；复以《试析明清江南商品经济结构、形态、特征及性质》为题，收入牟发松、陈江主编：《历史时期江南的经济、文化与信仰》，华东师范大学出版社2014年版，第133—161页。受当时学界氛围制约，写作风格和学术规范都存在明显的缺陷，今次匆匆整理未及全面纠正，是为憾事。

一、明清江南资本市场结构－商人资本
性质－社会财富形态

明清江南地区市场上的商人资本由外地资本与本地资本组成。考察活跃在江南市场上的资本的结构、功能,有助于认识和把握该地区商品经济发展的程度和性质。

(一)前资本主义社会"资本市场"结构的涵义

在资本主义生产方式占统治地位的社会里,货币资本、生产资本、商品资本这三种资本形态的变化和循环是社会再生产过程的必经阶段。资本作为中轴线使经济运动和社会生活有机地结合起来。马克思在分析资本循环时指出,货币资本的独立性,从数额和时间上看,它都是部分地直接进入资本循环,但是"生产过程已经完全建立在流通的基础上,流通也成为生产的一个单独的要素,一个过程阶段,只是作为商品来生产的实现,和作为商品来生产的多种生产要素的补偿。在这里,直接从流通中产生出来的资本形式——商业资本——只表现为资本在它的再生产运动中的一种形式"①。货币资本作为商业资本的替代物,只作为生产资本的要素执行职能,因此资本市场结构构成资本主义社会再生产过程的有机组成部分。但是,在自然经济占统治地位的社会里,土地所有制是一切生产的基础,货币资本在分散、孤立的各生产单位之间难以与生产有机衔接,基本上表现为滞留在流通领域的商人资本形式,其职能是沟通买卖双方,即"唯一必要的事情是这两极作为商品已经存在,不管生产完全是商品生产,还是投入市场的只是独立的生产者靠自己的生产满足自己的需要以后余下的部分。商人资本只是对这两极的运动,即对它来说已经存在的产品的运动,起中介作用"②。因此,独立的商人资本形式是我们分析前资本主义形态的商品经济的重要内容。明清江南地区的商人资本相当活跃,其对该前资本主义性质的商品经济的存在和发展有实质性意义,以此为切口剖析江南生产结构,甚为适宜。

---

① 马克思:《资本论》第 3 卷,人民出版社 1975 年版,第 367 页。
② 马克思:《资本论》第 3 卷,人民出版社 1975 年版,第 364 页。

（二）商人资本的运动和作用的双重性

资本的原始形态是商人资本（兼及高利贷资本）。凡是存在商业的地方，就存在商人或商业资本，"不仅商业，而且商业资本也比资本主义生产方式出现得早，实际上它是资本在历史上更为古老的自由的存在方式"①。这种"商人资本的存在和发展到一定的水平，本身就是资本主义生产方式发展的历史前提"。

商人资本承担着社会生产和消费中介的职能，它集中货币财产，从而战胜土地财产，发展起"作为生产的普遍形式的商品生产"②，即资本主义生产。资本主义生产方式的产生是商品流通和商品生产发展的结果。

马克思进而指出："商业对各种已有的、以不同形式主要生产使用价值的生产组织，都或多或少地起着解体的作用。但是它对旧生产方式究竟在多大程度上起着解体作用，这首先取决于这些生产方式的坚固性和内部结构。"③这涉及前资本主义生产方式下商人资本的双重性。

无论从逻辑上还是从历史上看，商人资本对固有生产方式的作用表现出双重性的特征，它可以促进生产的商品化，但又不得不生存于现有经济结构的夹缝中。马克思把商人资本的独立发展与社会的一般经济发展成反比作为前资本主义生产方式的一个规律，认为："生产越不发达，货币财产就越集中在商人手中，或表现为商人财产的独特形式。"④

商业、商人资本倘要超越对旧经济结构的单纯破坏作用而为向资本主义生产方式的转型提供契机，就必须渗入产业，占据生产领域，克服与生产资本联系的间接性、偶然性等因素，从而使生产从属于商人资本，瓦解以土地所有权为核心的自然经济结构。"只有在商业支配生产本身和商人成为生产者或生产者成为单纯商人的地方，资本才能产生。"⑤马克思把商人支配生产作为资本主义生产方式产生的两条途径之一。

研讨明清江南商品经济发展的程度和性质，须从分析商人资本与产业

---

① 马克思：《资本论》第3卷，人民出版社1975年版，第363页。
② 马克思：《资本论》第3卷，人民出版社1975年版，第133页
③ 马克思：《资本论》第3卷，人民出版社1975年版，第371页。
④ 马克思：《资本论》第3卷，人民出版社1975年版，第365页。
⑤ 马克思：《政治经济学批判》，中共中央马克思恩格斯列宁斯大林著作编译局编译：《马克思恩格斯全集》，第46卷下册，人民出版社1979年版，第389页。

资本的关系入手,探讨商人资本是否直接与生产连接,在多大程度上影响生产结构和经济关系等。

(三)明清江南商人资本的基本性能

明清时期流通在江南市场上的商人资本非常可观,来自全国各地的商人广泛地活动在江南地区。徽商、晋商、关陕商和广东、福建等地的商帮所拥有的资产量额大得惊人,万历时的徽州商人"藏镪有至百万者,其他二三十万,则中贾耳"。而"山右商人","其富甚于新安"①。清时,有山西票商"亢氏号称数千万两"②。

这些资金雄厚的外地客商(与江南本土商贾相对应的称呼),以徽商、晋商为例,最初多是因家乡土地瘠薄或人稠地狭、田赋苛重等因素而弃"本"趋"末"的。他们或告贷为本,文献中常有类似"每族党子弟告贷大户"的记载;或乡族合股,如采取"伯兄合钱"、"昆季同财"的合伙形式。资本的原始来源多数是地租或官俸,而与工商业利润无缘。后主要依靠经营与国家专卖制度有关的盐、茶等生意发迹暴富,"富室之称雄者,江南则推新安,江北则推山右。新安大贾,鱼盐为业……山右或盐、或丝、或转贩、或窖粟"③。他们在江南还兴办典当、钱庄、票号等高利贷和旧式信用业务,与生产环节联系疏远。诸如此类的商业经营受到政府与官僚的控制或操纵,甚或有些直接倚凭特权经商,如和珅的典当铺的资本高达三千万两。这种商人资本聚集、产生和经营的方式注定了它自身极难向产业资本转化。

与外地商人资本相比,江南本地商人资本可以说是小巫见大巫,鲜有巨商与商帮。在本地区商品生产与交换发展的基础上,的确崛起了一批新型富户。生活在嘉、万时期的张瀚云:"余尝总览市利,大都东南之利,莫大于罗绮绢纻,而三吴为最。即余先世,亦以机杼起,而今三吴之以机杼致富者尤众。"④也有通过贱买贵卖的传统商业方式致富的,如正德、嘉靖时无锡三大富商安国、邹望、华麟祥,其生财之道为:"居积诸货,人弃我取。"⑤

但在与商品市场发生关系的江南富户中,纯粹商人型的属少数,多是由

---

① (明)谢肇淛:《五杂俎》卷4,地部,上海书店出版社2001年版。
② (清)徐珂:《清稗类钞》第17册"农商类",中华书局2010年版,第69页。
③ (明)谢肇淛:《五杂俎》卷4,上海书店出版社2001年版。
④ (明)张瀚:《松窗梦语》卷4,"商贾纪",中华书局1985年版。
⑤ (清)康熙:《无锡县志》卷22,"义行"。

地主兼营工商业，或工商业者再转化为地主。本地商人资本分散、细小，难以形成资力雄厚之商帮，其活动基本局限于地方市场特别是市镇范围内。然而，在前资本主义生产方式的社会里，只有长距离贩运贸易才有可能聚集起大规模的商人资本。江南地区中仅苏州洞庭商人是个例外，其从商之初因与徽商相近："湖中诸山，以商贾为生，土狭民稠，民生十七八，即挟赀出商。楚、卫、齐、鲁，靡远不到，有数年不归者。"①即也不是基于商品生产的发达。与徽商、晋商的不同之处是，本地商人处于江南商品生产基地，他们得近水楼台的地利之便，经常远途贩运江南出产的丝、棉纺织品，而这类产品最能反映出商品经济发展的水平。

总体观之，活跃在江南市场上的是庞大的外地资本与分散、细小的本地资本，它们在江南商品经济生活中扮演了不同的角色。兹拟沿循外地资本的活动轨辙展开考察。

明清江南地区的棉、丝织造水平在全国独占鳌头，外地客商为赚取较高地区差价而踊跃从事长途贩运，这无疑刺激了商品性的生产，在江南市场结构的形成及功能的发挥方面起了不容忽视的作用。外地商人资本大多都能渗入到市镇市场，与当地商人资本冲撞，于是受到保护本土利益的当地政府的干预，而无法直接与生产者接触。

连接商人资本与生产的中间环节（称障碍也未尝不可）就是中国经济发展史上的土特产品——牙行。"牙"的称谓大约始于唐，然其前身还可追溯到汉时的"驵会"或"阻佁"，下延至近代的所谓"经纪人"。牙商（又称牙子、牙人、牙侩等）熟悉地方生产特点、市场行情，周旋于购销双方之间，代客商买卖货物，抽取佣金。因为贩运商是经营成批的大宗产品，而占绝对优势的分散的小生产者只能提供剩余产品，所以牙行在收购、集中产品方面的作用是很有必要的。凡设立行号，需向户部或地方衙门领取牙贴，交纳"牙税"——即特种经营税。宋以降，虽有官牙、私牙之分，但都是作为政府对商品交易征税的工具，以利于国家操纵、控制商业活动，颇具官商性质。明清时期，牙行遍布丝、棉纺织业发达的市镇，在丝棉纺织品交易中起着中间商的作用。作为中间商，牙行需要起码的垫支资本，而且牙行又把持仓储、转运诸环节，通常与邸店、塌房（货栈）、旅栈、船埠码头的业务连接起来，如此

---

① 同治《苏州府志》卷 3，"风俗"，引"县区志"。

之大的投资,"非藉势要之家不能立也"①,只能由本地有钱有势的地主、商人充任此职。牙行垄断农工产品交易,它们向四乡和城镇的小商品生产者收购、汇总产品,然后卖给客商。由于江南地区商品性生产发达而具有单方面输出产品的功能,所以发生在这里的实为本地产品与外地商人资本的交换关系。"富商巨贾操重资而来市者,白银动以数万计,多或数十万两,少亦以万计。"②这些巨额资本分批分量"投牙",由牙行或"居停主人"代为收购产品,评定价格。牙行贱买贵卖,如清人褚华记述其祖在明末松江开设布庄,经营棉布收购批发业务:"秦晋布商皆主于家,门内客常数十人,为之设肆收买,俟其将械行李时,始估银与布捆载而去,其利甚厚,以故富甲一邑。"③商人资本经牙行分散化为小宗与商品生产者联系,使其难以积累起资本进行扩大再生产。加之出售产品的生产者多为农副业结合的小农家庭,获利甚微,个体家庭生产结构反因商品化得到强固,即避免了不堪重赋贫困潦倒所导致的破产厄运,商品经济在这里倒产生出挽救自然经济的功效。明后期出现较多的外地商客向小生产者预购、借支、放贷等业务也得通过牙行,"商人支配生产"的渠道依旧障碍重重。居间贸易的牙行制度对长途贩运贸易几无影响,外地商人利用地区差价、商业垄断等优势,照样赚取高额利润,却由于牙行的阻挠和牵扯失去了投资江南产业的兴味。

在江南市镇上还有许多专业性店辅,如经营棉纺织品的字号,又称布号。清乾隆间苏州平江人顾公燮《消夏闲记摘抄》追记到:"前明数百家布号,皆在松江、枫泾、洙泾乐业,而染坊、踹坊商贾悉从之。"④朱家角镇"商贾凑聚,贸易花布,京省标客往来不绝"。⑤ 另一棉纺织重地嘉定,"布商盛于南翔,花商盛于罗店,至新泾镇凉鞋,安亭、黄渡镇蓝靛,亦为商贾所集"⑥。大一些的布号兼设染、踹作坊,或与包工头合办染坊、踹坊。明代中期布号多由当地富户开设,属于商业资本性质。布号收购的白坯布匹需向牙行收购,加工后的青兰布匹再卖与外地商人,如此繁杂的环节,使资本益发分散、细小。但随着商品经济的高涨,明末清初苏松地区的布号已多由外地商人

---

① (清)叶梦珠:《阅世编》,卷7"食货五"。
② (清)叶梦珠:《阅世编》,卷7"食货五"。
③ (清)褚华:《木棉谱》,"晋棠布商"。
④ (清)顾公燮:《消夏闲记摘抄》中卷《芙蓉塘》。
⑤ 崇祯《松江府志》卷3"镇市"。
⑥ 乾隆《嘉定县志》卷12"风俗"。

开设。[①] 这无疑是在日趋正常的市场竞争中雄厚的外地资本对本地中、小资本排挤、兼并的结果，这种态势反映了商品经济的发展对自由贸易制度的追求。外地商人由行商转为坐贾，势必与当地牙行发生冲突。明中叶在上海地区的一些新兴市镇中，牙行势力薄弱，很多外地商人开设布号，自设布庄收布，但仍须领有当地政府的官帖（即牙贴）。由此可见，受官府管制、本土色彩浓重的牙行制度虽有松动，但没有质的变化。不过，领有官贴、控制踹染作坊的布号，已经把收布、加工、销售及贩运等业务统一起来，加强产供销的有机联系，使商业资本与生产直接接触。只是这种关系仅限于局部地区，在丝织业中也不明显。

商人通过买卖关系、借贷关系、交换关系甚至垫支追加资本来控制生产，尽管可以控制市场、价格以及原料供应，占有小生产者的剩余劳动，但改变不了中国以耕织结合为特征的小农经济结构，产生不出新的生产关系。马克思虽然从逻辑上把"商人支配生产"作为"从封建生产方式过渡的两条途径"之一，但是"它并没有引起旧生产方式的变革，而不如说保存了这种生产方式，把它当作自己的前提予以维持"[②]。实事上，明清江南地区并不存在由商人支配生产而导向手工工场出现的范例。

外地商人资本在商品产地江南地区的细分化以及与众多小商品生产者的特殊关系（无论间接，还是少许直接的联系，基本上属于纯粹商业交换性质），表明了商人资本向产业资本转化的重重困难。得不到外地商人资本雄厚资金的支持、投人，使得本地手工作坊和手工工场数量少、规模小，缺乏扩大再生产的必要资本积累，由此间接地影响了"生产者变成商人和资本家"这条"真正革命化的道路"[③]的畅通。

此外，还要澄清一个问题，即在某些行业中出现的"商人雇主制"，同样也不具有商人资本向产业资本转化的性质。前面提到的依附于布号的踹坊、染坊，多有包头的投资（不变资本），但雇工的工资（可变资本）却由布号支付，故而只能算作商人支配生产的一种辅助形式。与此相仿的还有清时在苏州、杭州等大城市存在于丝织业中的"账房"制度。"帐房"是大商业资本，它将丝行、染坊、车户、牵经按头、机户、附属行店等承担丝织业生产工序

---

① 参见徐新吾：《商人资本在棉手工业中的发展和资本主义萌芽》，转载于《中国资本主义萌芽》下册，巴蜀书社 1987 年版。

② 马克思：《资本论》第 3 卷，人民出版社 1975 年版，第 374 页。

③ 马克思：《资本论》第 3 卷，人民出版社 1975 年版，第 373 页。

和分工的独立商业单位和生产联系起来,加强了经济的协调发展,但并没有改变本身和所控制各单位的性质,依旧属于没有出路的"商人支配生产"方式。

"账房"这种在大中城市存在的商人资本,其前身大都是外地资本,历久变成当地资本后,也没有向产业资本转化的显著趋势。"账房"制度可能与清代盛行的工商会馆有关。工商会馆依然是一种外地商帮组织,地方畛域色彩和乡土观念浓厚,只是在苏、杭等大城市建立起常驻机构。它们虽然染指生产部门,目的却是适应长途贩运购销量扩大的需要,加之苏、杭作为重要的政治都市,其专制主义统制严密,账房拥有的商业资本极难向产业资本转化。即便嘉庆、道光间在苏州、上海等地私自兴起的工商业会馆,也主要是商业性组织,仅有小部分资本流向与生产领域疏远的技艺性行业和饮食、服务性行业。

(四)明清江南商人资本的基本性质

外地商人资本由于在江南地区难以转化为产业资本,于是除继续滞留在流通领域从事长途贩运贸易外,还大量投资到收益丰厚的高利贷和金融信用业。遍及明清江南各处的典当铺是徽商等外地行帮经营的重要行业。典当业是典型的高利贷资本,它典当贷出的货币基本上用于个人生活消费,而非贷给生产者转化为产业资本,"高利贷资本作为生息资本具有特征的形式,是同小生产,自耕农和小手工业主占优势的情况相适应的"[1]。高利贷资本在前资本主义生产方式的社会阶段里异常活跃,"高利贷在生产资料分散的地方,把货币财产集中起来。高利贷不改变生产方式,而是像寄生虫那样紧紧地吸在它身上,使它虚弱不堪"[2]。典当铺利用农业生产收获的季节差异、价格的波动、天灾人祸以及地主富户的奢侈消费等进行经营,积累了大量的货币,却侵蚀了生产者的劳动、生活条件,破坏了生产资本的集中,所以说,"高利贷资本有资本的剥削方式,但没有资本的生产方式"[3]。与高利贷这种生息资本相对立的是现代信用制度,马克思指出:"现代银行制度,一方面把一切闲置的货币准备全部集中起来,并把它投入市场,从而剥夺高利

---

① 马克思:《资本论》第3卷,人民出版社1975年版,第672页。
② 马克思:《资本论》第3卷,人民出版社1975年版,第674页。
③ 马克思:《资本论》第3卷,人民出版社1975年版,第676页。

贷的垄断，另一方面建立信用货币，从而限制贵金属的垄断。"①这种制度用流通信用代替货币而与生产资本密切联系起来。明清江南地区虽也有以外地商人资本为主体设置的钱庄、银号、票号，但也仅仅适用于包括长途贩运贸易在内的商业交换，且仅局限于流通领域，它们的兴盛恰恰从侧面反映出商业资本向产业资本转变的艰难。因此，银庄、银号依然是旧式金融信用机构，还具有高利贷生息资本的特点。进入近代以后，它们大多衰落，或成为现代银行的辅助组织。

巨额的商业资本、高利贷资本、信用资本难向产业资本转化，使得商品经济的繁荣因商业的过度发展而带有不容低估的虚假性。在前资本主义生产方式下，它们常常演化为一种"无组织力量"，"使这种生产方式陷入贫困的境地，不是发展生产力，而是使生产力萎缩，同时使这种悲惨的状态永久化，在这种悲惨的状态中，劳动的社会生产率不能像资本主义生产中那样靠牺牲劳动本身而发展"②。明清江南地区商品市场经济的发展尽管比以前、也比同时期的其他地区更为稳定、健康些，可也没跳出这个窠臼。嘉、道时期，江南地区农村经济一度凋敝，城镇手工业衰落，而商业活动却异常繁盛，说明了商人资本与社会生产的背离。③

强大的外地商人资本没有在当地向产业资本转化，而与生产联系密切的本土商人资本又颇分散、细小，只能充当配角在地方小市场范围发挥作用，故而外地商人资本左右了明清江南市场。江南包括村市—市镇—中心城市(指苏州、杭州)的多级地区市场体系是建立在广泛的商品性生产的基础上的，但担当长途贩运的外地商人资本运动的不规则和盲目性造成了市场等级结构的不严格和商业繁荣的不稳定，由此既危害了商品生产的稳步发展，又使生产结构在商品化的动荡中保持了质的坚韧。加之外地商人资本移动的随意性所导致的投机盈利的短期行为，市场的发育和扩张遭到扭曲。如星罗棋布的市镇市场是孤立地、分散地、多方向、多渠道地向埠外扩散，由外地商人资本从事将江南丝、棉等产品输往各地的单向型贩运贸易。这不仅造成了市场流通渠道的紊乱，而且当地经济也受制于由外地商人所操纵的产品利润的波动状况。同时，还造成市镇地方经济对地区中心城市

---

① 马克思：《资本论》第3卷，人民出版社1975年版，第682页。

② 马克思：《资本论》第3卷，人民出版社1975年版，第674页。

③ 参看李龙潜：《明清经济史》，广东高等教育出版社1988年版，第517页。

经济的离心倾向,破坏了地区市场网落的序列和整体功能。而没有能像英国近代之始的毛纺织业那样,由商人资本聚积、吸收或联系小资本以对生产发生作用,产生出一些大规模的互相关联的企业、公司,并建立起适应资本自由运行的、充分发达的民族市场。

(五)明清江南财富的货币形态及其性质

商人资本的活跃和商业的高度繁荣使明清江南地区社会财富的形态发生了显著的变化,人们普遍认为"银之用广,富贵家争藏银"[①]。作为交换价值的货币的贮藏,远比纯粹自然经济状态下作为使用价值的实物(以粮食为主)的储藏进步,从而反映出商品经济的发达使得交换价值成为人们生活、生产的核心。"穷奢极欲的富者所要的,是作为货币的货币,是作为购买一切东西的手段的货币。……而小生产者需要货币却首先是为了支付。"[②]由于普遍地把钱用作购买、支付手段,那么交纳货币这种租赋转化物的广大小生产者就成为国家、地主、商人、高利贷者的盘剥对象,小生产者投放市场的产品便不具备纯粹的商品性质。而产品的商品属性愈不完全,自然标志着交换价值愈没有从广度和深度上占领社会生产的全部,货币就愈表现为真正的财富本身,而和财富在使用价值上的有限表现相对立。建立在此基础上的货币贮藏就几乎表现为来源于地租、商人资本和高利贷资本的转化物。马克思曾有趣地区分了"货币贮藏者"和"资本家",他说:"这种绝对的致富欲,这种价值追逐狂,是资本家和货币贮藏者所共有的,不过货币贮藏者是发狂的资本家,资本家是理智的货币贮藏者。货币贮藏者竭力把货币从流通中拯救出来,以谋求价值的无休止的增殖,而精明的资本家不断地把货币重新投入流通,却达到了这一目的。"[③]由于向产业资本过渡的艰难,货币资本只能作为"支付手段准备金",没有蜕去"独立的致富形式"。货币资本从流通中的退出即货币贮藏显示出保守性,如此"交换价值"的积累实为"使用价值"积累的一种变化了的表现形式,而且特别在古代中国存在着向土地转移的通道,明清江南地区概莫能外。因而这里的货币财富贮藏又染有地租贮藏的色彩,不是资本贮藏,更非为了商品性生产增殖的资本积累。

---

① (清)包世臣:《安吴四种》,卷26,"再答王亮生书"。
② 马克思:《资本论》第3卷,人民出版社1975年版,第676页。
③ 马克思:《资本论》第1卷,人民出版社1975年版,第175页。

西方资本主义的产生与资本原始积累是同时进行的。资本原始积累的多种来源与货币财富的大规模聚集为资本主义生产方式的诞生提供了物质保障。与此相反,中国商品经济发展程度最高的明清江南地区,商人资本大都游离于生产领域之外,真正意义上的生产资本积累进展缓慢,且常为一些经济的和超经济的、必然的和偶然的因素所打断,加之市场扩张受到限制(尤指国内市场的"内耗性"和缺少广阔的海外市场而言),没有出现"商业革命"的迹象,因而急剧的"原始资本积累"阶段始终没有到来。

缺乏原始资本积累,是明清江南地区资本主义生产方式难产的重要原因。从发展意义上看,江南地区未尝不可以说是处于"普遍贫穷"的状态。江南人民的辛勤劳作带来了商品经济的高度发展,创造了巨大的物质财富,使本地区的生活水平较国内其他地区稍高一些,但大部分财富除交纳租、赋外,被外地商人资本掠去了。而外地商人资本不单从事长途贩运贸易,还通过旧式金融信用业、高利贷业将江南脂膏榨取殆尽。明清江南地区的商品性生产由于"贫血",即缺乏充足的追加资本而受到量的限制和质的规定。

二、明清江南劳动力市场结构－雇佣劳动的性质－结构转化的可能性

(一)前资本主义社会"劳动力市场"与"雇佣劳动"的含义

货币是资本的最初表现形态,主要以商人、高利贷资本(这里所称的"资本"无非是货币财富的代名词而已)的形式生存于前资本主义生产方式的各个社会历史阶段。货币变为资本的关键是劳动力成为商品,因此严格意义上的劳动市场是资本主义生产方式与之俱来的产物。但在此以前,很早就存在劳动力的买卖现象,其中一些采取了雇佣劳动的形式。国内几十年的资本主义萌芽问题的论战基本上是围绕着雇佣劳动这个中心问题展开的。

完全的自由雇佣劳动制度是资本主义生产关系的核心,表现为劳动者同其占有的劳动条件的分离,并由此导致旧生产方式的解体。但是,如何理解这种"分离"呢?中外历史上不仅一直存在丧失生产条件的劳动者,而且还常常出现一定规模的雇佣劳动。雇佣劳动作为私有制社会里的一种剥削方式,以直接生产者为谋生而出卖自身劳动力为前提。在前资本主义社会,

"雇佣劳动是一种例外,一种副业,一种救急办法,一种暂时措施"[1]。即仅为一种辅助的劳动形式和次要的生产关系。只有到了资本主义社会,雇佣劳动才成为普遍的社会生产形式。

历史上的雇佣劳动力有不自由、不完全自由和完全自由之分。中国古代的雇佣劳动力大都与人身依附关系结合在一起,不过也时常存在着自由身份的雇工,可其来源多属流民。两宋以来,随着商品货币关系的突兀性发展,许多雇工的身份无论从事实上抑或从法律上都趋于"自由"。特别在明清江南地区,较为自由的劳动力的买卖和雇佣在工业、农业、服务业、商业等领域中已经不是个别、偶发的现象了。那么,可否据此推定已经萌生出新的生产方式呢?

根据经典作家对人类社会经济运动的系统考察、精辟分析[2],以下几点可以作为资本主义生产关系确立的重要标志:其一,受雇者必须有起码的人身自由,并且与生产条件(尤其是土地)脱离,以保证雇佣关系的稳定性;其二,自由劳动者必须受雇于资本,即雇主的生产组织和经营方式具有"合理化"性质,如同马克思所说,"资本以雇佣劳动为前提,而雇佣劳动又以资本为前提。两者相互制约,两者相互产生"[3];其三,必须在同一资本下雇佣一定数量的劳动力。因为唯有集中劳动和协作,才能发展起以剥削剩余价值为旨趣的资本主义生产,而商品生产才能变成资本家。这是马克思所说的向资本主义生产过渡的"真正革命化的道路"。[4]

依此尺度,从劳动力市场的视角,探析雇佣劳动生产、经营组织的性能,有益于对明清江南商品经济予以历史定位。

(二)明清江南手工业、商业、农业雇佣劳动的分析

资本的形成是以自由劳动者从农业的分离为起点的。列宁指出这种分离过程经历了三个逻辑阶段:第一阶段是农业和手工业在市镇分离,第二阶

---

① 恩格斯:《反杜林论》,中共中央马克思恩格斯列宁斯大林著作编译局编译:《马克思恩格斯全集》第20卷,人民出版社1971年版,第296页。

② 我在此受到吴承明等先生观点的启发。参见许涤新、吴承明主编《中国资本主义的萌芽》,人民出版社2003年版,第10—24页。

③ 马克思:《雇佣劳动与资本》,中共中央马克思恩格斯列宁斯大林著作编译局编译:《马克思恩格斯选集》第1卷,人民出版社1972年版,第366页。

④ 马克思:《资本论》第3卷,人民出版社1975年版,第373页。

段是城市手工工场业的独立形式，第三阶段是城市大工业的出现。[①] 鸦片战争前的中国尚未走到第三个阶段，即使在商品经济发达水平臻至古代中国巅峰的明清江南地区，前两个阶段的发展也很不顺利、很不完善。

江南农村的商品性生产是以个体家庭为单位的小农经济为主体，农业与手工业在家庭内部顽强地结合在一起，使得作为地方小市场中心的市镇成为四乡农副产品的集散与加工基地。市镇上为市场而生产的手工业也多由分散、孤立的独立家庭作坊承担。这种以农村商品性生产为基础、市镇以依附于农村的城乡"融合"关系难以导致农业与手工业在市镇的分离。在这种背景下，迈向"城市工场业"的第二阶段的路途异常艰难。鉴于这种状况，苏州、杭州和大市镇（兼及府、县治）中寥若晨星的较大规模的手工作坊或手工工场，是我们勘察是否出现新生产关系迹象的出发点。

以西欧资本主义生产关系的产生途径作为参考体系，我们看到，中世纪的新型城市，与农业对立导致了手工业与农业的分离，城乡商品货币关系的发展反而使农村处于城市的附从地位。摆脱封建统治关系的城市，其工商业的发展也冲破行会羁绊，产生新的生产关系。出现典型意义上的自由的资本雇佣劳动。因此只有在城市中才会出现真正的雇佣劳动和劳动力市场。

与中国传统政治型的城市相比，明清江南新兴的市镇具有商品经济的突出功能，苏、杭以及一些府、县城邑的经济职能大为增强，在这些城镇中存在众多的劳动力买卖现象和一些雇佣劳动组织，这已为广大论者认可。但诸多量化研究表明：仅在工艺要求水平较高的丝帛织造业中以及棉纺织业的踹、染阶段，才出现少量较为规范的雇佣劳动，即集中生产的手工作坊或手工工场，它们与广泛的小商品生产相比，只能算作孑然兀立、时隐时现的孤岛散屿。

半个世纪以来，关于明代"资本主义萌芽"说佐证的资本雇佣现象是众所周知的几则史料，兹择取关于江南地区的典型个案进行辩析。

一为徐一夔《始丰稿》卷一"织工对"中对元末明初杭州丝作坊的一段记载："余僦居钱塘之相安里，有饶于财者，率居工以织。""工对曰：'……吾业虽贱，日佣为钱二百缗，吾衣食于主人，而以日之所入，养吾父母妻子，虽食

---

① 列宁：《19世纪末俄国的土地问题》，中共中央马克思恩格斯列宁斯大林著作编译局编译：《列宁全集》第17卷，人民出版社1988年版。

无甘美,而亦不甚饥寒。'"①这里确有雇佣劳动存在,但生产组织规模狭小,充其量为个体家庭手工作坊的稍加扩大,似不能算作资本生产;且雇工身份也并不"自由",有奴役劳动成分。②

二为明代丝织业中出现了一种"呼织"、"趁织"的雇佣形式。蒋以化《西台漫记》卷 4 记载万历年间:"我吴市民罔籍田业,大户张机为生,小户趁织为活。每晨起,小户数百人,嗷嗷相聚玄庙口,听大户呼织,日取分金为饔飧计。大户一日之机不织则束手,小户一日不就人织则腹枵,两者相资为生久矣。"③这反映了松散的雇佣状态,即尽管采取了集中劳动的形式,但雇主与雇工之间缺少固定的契约关系,一般情况下雇主还直接参加劳动,"在前一个阶段也存在着对资本的依附和雇佣劳动,但还未形成任何牢固的形式,也未包括大量的手工业者和大量的居民,还没有引起各个生产参加者集团之间的分裂"④。

在上面两个案例中,雇工来去自由,没有形成一个稳定的雇工阶级(如同农业中的"短工阶级"),也就不可能存在固定的资本雇佣关系。随着商品货币关系的发展,也出现雇佣劳动固定化的趋势。康熙《苏州府志》"风俗"载:"明万历苏民无积聚,多以丝织为生。东北半城皆居机户,郡城之东,皆习机业。织文曰缎,方空曰纱,工匠各有专能。匠有常主,计日受值。有他故,则唤无主之匠代之,曰换找。无主者,黎明立桥以待。缎工立花桥;纱工立广化寺桥;以车纺丝者曰车匠,立濂溪坊。什百为群,延颈而望,如流民相聚,粥后俱各散归。若机房工作减,则此辈衣食无所矣。每桥有行头分遣……"⑤有了劳动力买卖的场所,并不等于形成了劳动力的市场。但这类雇佣关系的确反映了资本与劳动的对立,即工匠基本丧失了从事独立个体生产的物质条件,沦为受雇者。当然,这种状况也颇复杂,"无主者"像鸟那样飞来飞去,反映出资本雇佣关系的不纯粹性。

---

① (明)徐一夔:《始丰稿》,卷 1,"织工对"。

② 参见彭泽益:《"织工对"史料能说明手工业资本主义萌芽问题吗?》,《经济研究》1958 年第 4 期。

③ (明)蒋以化:《西台漫记》卷 4,"记葛贤"。

④ 列宁:《俄国资本主义的发展》,中共中央马克思恩格斯列宁斯大林著作编译局编译:《列宁全集》第 3 卷,第 306 页。

⑤ (清)陈梦雷《古今图书集成·职方典》卷 676,"苏州府部·风俗考"。关于这则史料渊源的考索,参见经君健:《校对一条史料》,《历史研究》1962 年第 6 期;许大龄:《读〈校对一条史料〉》,《历史研究》1963 年第 3 期。

　　总之,这种雇工是较为自由的,但作为自由的雇佣劳动者还有着更为深刻的涵义:即"他们在双重意义上是自由的:摆脱了旧的保护关系或农奴依附关系以及徭役关系而自由了,其次是丧失一切财物和任何客观的物质存在形式而自由了,自由得一无所有"①。而前述的雇佣劳动者多数是在竞争中破产后从农副业的个体生产中排挤出来的本地人,他们一旦赚够可以独立经营的资金,便倏地又转为小商品生产者了。相对而言,外地雇工群的形成更有意义。明清时期,由于农村劳动力的大量剩余和发达的工商业的吸引,外出打工现象非常普遍。苏、松一带的踹、染作坊多雇佣专业技能娴熟的"江宁人"。这类外地雇工在更大程度上摆脱了土地的束缚,与生产资料的分离比较彻底,有利于资本雇佣关系的稳固。而外地雇工往往以行帮的形式出现,其首领"行头"虽以承包或合营的方式而投入部分垫支资本,但可变资本却由踹坊、染坊所依附的"字号"或"布号"支付,如此繁多的层次和环节,使得行头和开设字号的商贾都难具备雏形资本家的性格。

　　单纯地考察劳动力是否自由、自由度多大并不具有实质性意义,判断资本雇佣关系的根本还在于辩析雇主的生产组织和经营的性质,即考察资本本身。马克思说:"资本不是物,而是一定的、社会的、属于一定的社会形态的生产关系,它体现在物上,并赋予这个物以特有的社会性质。"②明清江南私人手工作坊或手工工场虽然生产的是"作为资本的产品",但多数属于规模狭小的小业主性质的手工作坊,向以赢利为目的、榨取剩余价值的大规模商品生产的跃进异常艰难,几无可能。况且在企业组织内部,还保留着东家带徒弟、"相资为生"的浓厚宗法关系色彩,离"理性资本主义"生产的组织结构与"合理化"的经营方式相距甚远。③

　　随着相对自由的商品市场经济的发展,明清时期的官手工业受到私人手工业的有力竞争而呈式微之势,但就江南地区的丝织造业而言,私人手工作坊的规模远不及官府统属的手工工场,明代中前期和清代中前期的官办丝织工场不仅规模大,而且官府手工工场里的劳动力使用和生产关系发生了相当显著的变化,有的论者认为这里已经显示出国家资本主义方式的若

---

　　① 马克思:《政治经济学批判》,中共中央马克思恩格斯列宁斯大林著作编译局编译:《马克思恩格斯全集》第 46 卷上,人民出版社 1979 年版,第 510 页。

　　② 马克思:《资本论》第 3 卷,人民出版社 1975 年版,第 920 页。

　　③ "理性资本主义"的概念和涵义十分有益。参见马克斯·韦伯在其著《新教伦理与与资本主义精神》、《世界经济通史》等中的相关论述。

干征象。我们依旧从劳动力的分析入手。明中叶,设在苏州、杭州以及江宁的官织造局将世袭服役的班匠制改为匠户的劳役代金制,即由强制性劳动改为比较自由的出资募雇,至清初又废除匠籍,手工业者的身份趋于自由,徭役制度几近消迹。在官办丝织工场里,除强令刑徒罪犯服役外,征雇的身份较为自由的工匠尚存被强迫管制的徭役性质,况且其酬薪低微,远不比受雇于私人作坊。工场的运作一如官僚衙门式的机制,因其产品不经过流通环节而直接供给宫廷、官府,其经营便不具备追求市场利润的合理性。这样的国家资本绝无资本主义属性可言,因此这里不存在近代意义上的资本雇佣关系。另外嘉靖时官手工业衰落、凋蔽,南宋以来"包税人"、"领织"与"市买"形式得到发展,大机户承揽了官局的织造任务,他们向民间中小织户收购产品,再政府结买。这种政府与机户的关系完全是摊派的性质,而大机户与中小机户只不过是一种法定的定购、交换关系,看不出资本雇佣劳动的痕迹。因此从劳动力市场、雇佣劳动看,传统官手工业的发展与演变有着天然的质的限制。

明清江南地区的商业、金融信用组织,如店铺、典当铺、商号、银号等,其内部也存在着大量的劳动力雇佣现象,但内部血亲宗法色彩浓重,这与商人资本组织的家族、地域构成有关。即使血缘关系松疏的"伙计制"也是如此。小说《金瓶梅》中描写的西门庆与替他经商的伙计之间显然属主仆关系。纵然后起的会馆、公所存在着典型意义上的商人资本雇佣劳动现象,也与资本主义生产关系的发生联系不大,因为从本质上说,"不是商业使产业革命,而是产业不断使商业革命"[①]。在生产关系、产业结构的改变后才有意义。至于在饮食、娱乐等服务性行业中雇佣劳动的使用更无意义,反倒折射出商人资本不能转为产业资本的势态。

最麻烦也是分歧最大的是农副业中的雇佣劳动问题。明清江南农村,普遍有"伴工"、"忙工"、"短工"活动的记载,长工的人身依附关系也大为削弱,而且明清律令有关条款的规定亦有益于"雇工人"的自由。但是地主富农与长工、短工之间的所谓"平等"只是一种表面形式,往往只限于"结合"而言。长工、短工这种较为自由的劳动力不是从事工资劳动的农业工人,而多是源于土地兼并、天灾人祸、劳动力剩余而失去或缺少土地的农民,他们与土地的分离是暂时的,这种形式的出外就工不啻为充佃的补充形式。而地

---

① 马克思:《资本论》第 3 卷,人民出版社 1975 年版,第 412 页。

主雇佣长工常用于家庭非生产性劳动,雇佣短工则是农忙季节亟需劳动力所致。这类现象与历史上久已存在的农业雇佣劳动并无二致。出现部分质变的是从事商业性生产的经营地主、富农或佃富农经济。

马克思指出:"典型形式的雇佣劳动即作为扩展到整个社会范围并取代土地而成为社会立足基地的雇佣劳动,起初是由现代土地所有权创造的,也就是说,是由作为资本本身创造出来的价值而出来的价值而存在的土地所有权创造出来的。"①那么,从事交换价值生产的经营地主、富农、佃富农经济是否能使土地关系变为资本性质从而产生资本雇佣劳动关系呢?

土地本身不是资本,"资本的形成不是来自土地财产(在这种场合,至多是来自作为农产品商人的租地农民)"②。西欧中世纪末期,农业雇佣工人的出现是由于城市的资本主义生产关系侵蚀农业。由于领主制下土地所有权的硬化性格一时难以改变,于是最早的农业资本家——商人租用领主土地转而采用资本主义方式经营。土地变转化为虚拟资本,与资本主义商品经济形态相适应。

同西欧中世纪的封建领主制相比,由于中国古代土地所有制的软化性格,土地买卖频繁,极少商人和佃富农租地经营商业性农业,只能作为特例。地主、富农农副业的商品化生产,主要是由于高额利润的诱使。生产者多是僮仆;明清奴婢制度尤其发达,纵令使用法律身份较为自由的雇工,也不能算作资本雇佣关系。因为土地连"虚拟资本"的形式都不具备,更谈不上企业型的经营和创造资本了。况且在明清江南地区,这种经营方式十分稀疏,又极不稳定。与其雇佣劳动亲自组织生产,还不如出租土地坐享其成,如明人张履祥在《补农书》中卷所述,地主雇佣长工从事商品性生产的经济效益并不理想。反而"落得许多起早晏眠,费心劳力。特以非此劳碌,不成人家耳。……终岁勤动,亦万不得已而然",不若"地尽出租,宴然享安逸之利,岂不甚美"③。

在城镇工商业生产关系没有发生突破性变革的背景下,农村的商品性生产不可能自行萌生新的生产方式和资本雇佣关系。明清江南农村经济生活的景

---

① 马克思:《政治经济学批判》,中共中央马克思恩格斯列宁斯大林著作编译局编译:《马克思恩格斯全集》第 46 卷,上册,人民出版社 1979 年版,第 234 页。

② 马克思:《政治经济学批判》,中共中央马克思恩格斯列宁斯大林著作编译局编译:《马克思恩格斯全集》第 46 卷,上册,第 508 页。

③ (清)张履祥:《补农书》中卷。他引自明崇祯末年浙江归安佚名的沈氏所撰的《沈氏农书》。

观,可以从描绘常州一带农村耕织结合的小农经济图卷里得到富有代表性的反映:"乡民食于田者,惟冬三月。及还租已毕,则以所余米春白,而置于困,归典库以易质衣。春月则阖户纺织,以布易米而食,家无余粒也。及五月,田事迫,则又取冬衣易所质米归,俗谓之种田饭米。及秋,稍有雨泽,则机杼声又遍村落,抱布贸米以食矣。"①正是这种汪洋大海般的商品性小生产者的不停的勤苦劳动,带来了明清江南地区商品经济的空前高涨。

(三)从劳动力市场看结构转化之艰难

通过对手工业、商业、农业诸领域中劳动力使用和生产关系的考稽,我认为明清江南地区的劳动力市场发育得很不健全,很不成熟,不具备近代意义上的劳动力市场的结构与性能,其关键在于劳动雇佣关系没有冲破前资本主义生产方式的樊篱。资本与劳动的结合程序低,终其原因是由前资本主义性质的商人资本的独立作用而造成从事商品生产的产业资本不发达所致。社会产品大都为土地所产,而非资本所产;商品化的财富更多地表现为商人资本形态,而非产业资本形态。只有在社会分工、城乡对立、生产力突飞猛进的背景下,集中生产的、以追求市场利润、剩余价值的资本"合理性"经营得以吸引大多数农村人口离开土地转化为工商业人口时,真正典型意义上的劳动力市场才会出现,经济结构、社会形态也才会发生革命性的变革。鸦片战争之前,在商品市场经济最为发达的江南地区,我们还没看到这种曙光。

三、明清江南资本与劳动市场市场的限制及其意义

江南市场机能主要受资金雄厚的外地商人资本控制,由于多重阻障,它们的商业资本无法在当地向生产资本转化,却利用生产力发展水平不平衡所造成的地区差价牟取高额利润,通过长途贩运贸易、高利贷业、旧式金融信用业带走大量财富。活动范围局限于市镇等地方小市场的本地商人资本分散、细小,无力转化为从事扩大再生产的产业资本,而且妨碍着外地商人资本的转化。故此该地区财富虽然普遍表现为货币形态,但大都滞留在流通领域,或用作贮藏手段。由于缺少产业资本投入,商品性生产没能出现质

---

① (清)黄印:《锡金识小录》卷1,《力作之利》。

的跃进,这是资本主义生产方式难产的一个重要原因。

具体来说,巨额的商人资本基本上没有向产业资本转化,除继续从事纯商业活动外,还在江南地区从事高利贷业和带有高利贷色彩的金融信用行业,生产作用弊大于利。外地商人的庞大资本左右了江南的商业生产活动,于是,生产活动受外地商人资本操纵的江南经济区的市场又带有不稳定的性能,但这种不稳定与西欧近代因为海外市场的拓展所引起的巨大需求而造成本土市场价格波动的"价格革命"不可同日而语,生产结构因受到商品化的调整反而得以凝固。同时,商人资本的独立作用造成市场过度繁荣的虚假性,尽管这种虚假性不同于传统的政治因素所造成的虚假性。

庞大的商业资本极少向产业资本转化,使得江南资本市场和劳动力市场的发育更不成熟,而孤立的商品市场繁荣的表象后面依旧是没有质的突破的"简单商品生产"的结构。商品生产单位以商业化的小农家庭经济为主,而仅有的产业资本多使得集中劳动的生产组织弱小(其中许多具有小业主性质),规模较大的手工作坊成工场稀少。尽管存在着比较普遍的雇佣劳动现象,但雇佣劳动者主要是从土地排挤出来的过剩人口,只是众多的小手工作坊和发达的服务副业更大程度上具有吸收和消化的能力。许多雇佣现象是暂时的、不稳定的,尤其表现在农业集中劳动方面。而商业、服务性行业的雇佣现象没有任何进步意义。虽然在一些较大的手工作坊和工场中出现类似近代资本雇佣劳动关系,但这种并不普遍的现象也如中国古代社会许多早熟的其他现象一样司空见惯。因此,明清江南并没有形成近代意义上的劳动力市场。只有在社会分工城乡对立、生产力突飞猛进背景下,集中生产的以追求剩余价值的"合理性"经营才能吸引农民离开土地,转化为工商业人口,这时价值规律才能起决定作用,与此相适应,剩余价值规律也得战胜地租规律。而明清江南市场经济并不具备这种向资本主义商品嬗变的功能和条件。

明代《守巡二道修造军火器械碑》研究

赵　晶

（浙江大学人文学院艺术学系）

杭州碑林所藏《守巡二道修造军火器械碑》（以下简称《军火器械碑》）是国内罕见的一方记载明代嘉靖时期火器生产制造情况的碑刻实物（图1）。该碑立于嘉靖三十年（1551），碑高106厘米，宽54.5厘米，厚18厘米，碑文纵5列，首列11行，字径2厘米，余4列20行，字径1.2厘米，行字数不等。[①] 碑文记载了嘉靖三十年贮藏于杭州前卫后千户所自明初以来所造军火器械及当年度新造、添造的军火器械的总数情况。浙江地方官员将查验过的军火器械清单呈报给巡按浙江监察御史并立碑为证，"以防弃毁侵盗之弊"[②]。《军火器械碑》作为反映明代火器生产制造的碑刻实物，其中所记载的各型火器

图1　守巡二道修造军火器械碑

可以与相关史料相印证，其所列的军火器械清单对于研究嘉靖中后期倭寇之乱大规模兴起之际明代军队火器的生产及装备情况具有十分重要的作用，是不可多得的研究中国古代火器发展历史的宝贵资料，具有重要的文物价值和史料价值。

---

① 《杭州市志》第11卷，中华书局2000年版，第715页。

② 《武林坊巷志》卷3作《巡西道修造军火器械碑》，碑记立碑原由及明洪武以来所造军火器械数目。

一

（一）明代火器发展概况

明代是中国古代火器发展的巅峰，现存明人著作中有关明代火器生产、装备的史料比较丰富，其中郑若曾《筹海图编》，戚继光《纪效新书》、《练兵实纪》，赵士桢《神器谱》，茅元仪《武备志》，何汝宾《兵录》，焦勖《火攻挈要》，毕懋康《军器图说》等对火器记载尤为详细，是研究明代火器装备和中国火器发展历史的重要材料。此外，《明实录》、《明会典》、《续文献通考》、《明史》等各类史籍中亦多有关于明代火器制造、装备情况的记载。

由于清代统治者固守骑射为本的传统观念以及出于对汉人的防范心理，在清初大规模战事结束后，对火器的发展长期采取漠视态度，导致中国火器发展在清代出现停滞甚至倒退的现象。鸦片战争前，清军中火器装备的普及程度甚至不及明代后期的军队，在鸦片战争中出现清军火器装备比英军落后近二百年的状况，用先进火器武装起来的西方殖民者给近代的中国人造成"船坚炮利"的深刻印象。清代火器发展的长期停滞，使得近代以来的中国人对历史上中国火器发展的历史亦认识不足，不了解自唐末以来各类火器在战争以及在中国军队装备中的重要地位，乃至一些著名的学者都片面地认为"外国用火药制造子弹御敌，中国却用它做爆竹敬神"[1]。这种根深蒂固的观念影响至今，在大量影视作品中，20世纪以前的中国军队往往被描绘成一支以弓箭、大刀、长矛为主的冷兵器军队，除了明清时期配有少量粗糙火炮外，两千年中几无变化。

与传统观念大相径庭，中国人不仅发明了火药，同时也最先用于军事。火药自唐末五代开始用于军事后得到迅速推广，人类历史上的一次重大军事变革逐渐拉开帷幕，中国毫无疑问是这一变革的主要推动者之一。宋元时期，火药及新式火器在长达数十年的宋金、金蒙、宋蒙以及元末战争中得到大规模的使用，军事装备逐渐由冷兵器时代向火器时代过渡。明朝建立以后，这一转变趋势更加显著，中国火器发展进入了黄金时期。从世界范围来看，14世纪中国火器经由阿拉伯人传入欧洲，14—17世纪的欧洲也正在

---

① 鲁迅：《电的利弊》，《伪自由书》，人民文学出版社1980年版，第9页。

进行着冷热兵器的交替,在这个转变过程中,中国基本上与西欧处在同一发展阶段上,双方制造的火器也各有所长,并相互影响。

明代中国军队所使用的火器种类繁多,涵盖了从大型火炮到单兵手持火铳的各种类型,并在实战中得到不断改进,中国人还建立了世界上第一支以火器装备为主的部队——神机营,这比欧洲西班牙主要使用火器的火枪兵要早近百年。明初火器的制造数量是惊人的,现存明初永乐十八年(1420)制造的手铳实物,已编号至"天字"六万五千八百七十六号。[①] 至迟至16世纪中叶,从"戚家军"的火器装备比例来看,当时的明朝军队已经是一支主要依赖于火器作战的军事力量了。

明代在生产制造本国火器的同时,对当时世界上其他地区较先进的火器装备亦十分注意,非常重视引进及仿制外来先进火器。有明一代,有过三次较大规模的改进或仿制外来较先进火器的行动。第一次是明初永乐时期,因征交趾,发现交趾当地所制的"神机火箭"十分精巧,遂加以引进,并大量装备到神机营中[②]。

第二次是在明代中期的正德、嘉靖时期,其标志就是佛郎机炮的引进和装备。明代中叶,随着大航海时代的兴起,葡萄牙人沿着达·伽马开辟的绕过好望角到印度的航线继续向东,于正德年间占领位于马六甲海峡的满剌加国,随后穿过马六甲海峡先于西班牙人到达中国沿海,他们带来了欧洲当时较为先进的佛郎机火炮。在与葡萄牙人的接触中,明人迅速认识到这种新式火炮的巨大威力,随即加以仿制和改进,并装备到军队中。

嘉靖中叶以后,随着倭患的日益严重,佛郎机炮作为明军的重要火器装备,被大量用于对倭寇的战斗中,发挥了重要的作用。这一时期,新式火绳枪——鸟铳的引进和仿制使得明军单兵手持火器的作战效能得到重大改进和提升,传统手铳迅速被新式火绳枪所取代。万历时期,赵士桢又进一步加以改进,结合鲁迷铳(土耳其制造的火绳枪)的优点,提高了鸟铳射击的精度和射程,增加杀伤力。

第三次是在明代末年的天启、崇祯时期,明朝又从澳门的葡萄牙人以及荷兰人那里引进了当时欧洲更先进的"红夷大炮"加以仿制,主持这项工作的代表人物即徐光启,这也成为明代引进外来火器装备的绝响。

---

① 王兆春:《中国科技史·军事技术卷》,科学出版社1998年版,第161页。
② 陆容:《菽园杂记》卷五,中华书局1997年版,第56页。

图2　手持鸟铳进行三排列队射击的明军士兵

在火器的使用上,针对早期火器装药再发射较慢的缺点,明代军队很早就开始采用三行列阵,轮流装填弹药进行射击的先进战法,洪武二十一年(1388)在平定云南的麓川思伦发叛乱之战中,沐英率领的明军便采用了这种作战方式。① 火绳枪在明军装备以后,仍然延续了这种战术。明代毕懋康《军器图说》中有一幅明军三排列阵用鸟铳射击的插图,清晰地反映了这种战术。(参见图2,手持鸟铳进行三排列队射击的明军士兵,选自毕懋康《军器图说》,明崇祯刻本)

明代异常重视火器的发展,这与伴随明代始终的严重外患有很大关系。明朝在北方边境上始终面临游牧民族的压力,起先是蒙古,明末则是满洲。在东南沿海,主要威胁是倭寇和后来的西方殖民者。在单兵对战中,以骑兵为主,弓马娴熟的游牧民族士兵对以步兵为主的明军有着巨大的优势,明军唯有通过先进的火器和坚固的城池方可有效抵消这种优势。明人对此十分清楚,嘉靖时期的名臣曾铣、谭纶等都屡次强调,明军的优势"莫先于火器"②,他们认为"中国长技,火器为上"③。正如马克思所说,火药把骑士阶层炸得粉碎,预告着新型社会的到来。火器时代的到来,宣告了骑兵主宰战争时代的结束,当然这种取代并不是一蹴而就的,而是伴随着这种新式武器的不断进步而逐渐过渡的,事实上直到20世纪上半叶,骑兵仍然是各国军队的一支重要力量。

(二)明代的火器制造机构

明代最主要的火器生产制造的机构是军器局和兵仗局。另外,从现存明代火器实物来看,洪武初年作为造币机构的宝源局也曾一度制造过火器。

---

① 谷应泰:《明史纪事本末》卷12,《太祖平滇》,中华书局1977年版,第173—174页。
② 唐鹤征:《皇明辅世编》卷6《曾襄愍铣》,《四库存目丛书》,齐鲁书社1996年版,影印明崇祯刻本,史部第98册,第323页。
③ 谭纶:《再议增设重险以保万世治安疏》,《谭襄敏奏议》卷6,文渊阁《四库全书》第429册,第731页。

军器局中央和地方均有设置,在中央设于工部下,地方则设在布政使司下。兵仗局则属于内府宦官系统中的"八局"之一,由掌印太监一员管理。其他如针工局、鞍辔局、盔甲厂等部门也涉及军器制造,其间多有省并,均由内廷宦官管理。此外,在京和各省的都司、卫、所,还设有杂造局生产军需装备。

普通军器的生产数量,洪武十一年(1378)曾定:"天下岁造军器数盔甲等项一万三千四百六十五件,马步军刀二万把。"①至于地方各卫所的军器制造,景泰二年(1451)亦规定:"天下卫所每卫一季成造盔甲、枪、刀、弓各四十件。圆牌二十面,弦八十条,箭一千二百枝,撒袋四十副,铳箭四百枝。每千户所一季成造盔甲、枪刀、弓各十件,圆牌五面,弦二十条,箭三百枝,撒袋十副,铳箭一百枝。"②对火器制造,明代规定军器鞍辔局每三年造"碗口铜铳三千个,手把铜铳三千把,铳箭头九万个,信炮三千个,椴木马子三万个,檀木槌子三千把,檀木送子三千根,檀木马子九万个"③。

明代建国之初,战事尚未完全结束,这一时期中央和地方卫所均可进行火器生产。永乐以后,随着国家的安定,对火器制造开始加以严格限制,禁止地方生产火器,规定:"凡火器系内府兵仗局掌管,在外不许成造,其铜铁手把铳、碗口铳,边关奏讨及添造必须镇守、巡抚等官公同会议该用数目,明白奏准铸造给用。"④各边关所需火器要由"镇守"、"巡抚"等合议后报朝廷,由内府兵仗局生产后再发给地方使用。朝廷抱着"利器不可示人"⑤的态度,对火器的生产、贮存要求严格,注重保密,并严禁火药原料输往国外,以防火器制造方法外传敌国,对自己构成威胁。甚至对火器演习也做了细致规定,要求凡"火药操演务要密切关防,不许漏泄式样,违者重罪"⑥。

正统六年(1441),边将黄真、杨洪"立神铳局于宣府独石"⑦,一度又开始在地方上制造火器,但明英宗却担心在京城外造火器会导致火器技术泄密,遂"敕止之"⑧。种种严格限制虽然起到了保密的作用,但由于手续繁琐,耗时较长,存在诸多不便,一旦地方上军情紧急,只会延误战机。所以,

---

① 万历《明会典》卷192,中华书局1989年版,第972页。
② 正德《明会典》卷156,文渊阁《四库全书》第618册,第537页。
③ 正德《明会典》卷156,第537页。
④ 正德《明会典》卷156,第538页。
⑤ 《明史》卷92《兵志四》,中华书局1974年版,第2261页。
⑥ 正德《明会典》卷156,第538页。
⑦ 《明史》卷92《兵志四》,第2264页。
⑧ 《明史》卷92《兵志四》,第2264页。

伴随着边患的日益严重,这种对火器制造严加控制的政策很快便难以为继了。到正统十四年(1449),首先从四川开始,各边逐渐开始自行生产火器。

(三)立碑时的外部形势

《军火器械碑》立碑的嘉靖三十年正好是明代中叶倭寇之乱大规模兴起的转折之年,该碑也是见证明代嘉靖时期倭寇之患的重要实物材料。从碑文中我们看到,杭州前卫后千户所原贮洪武等年军火器械为 33429 件,但嘉靖三十年从年初到立碑的七月,仅仅半年便又制造了约 10000 件,使总数达到了 43000 多件,增幅惊人,远远超过了景泰二年制造定额的规定。究其原因,乃是当时愈来愈紧张的沿海局势造成的。

在朱元璋剪灭元末群雄的过程中,割据江苏、浙江地区的张士诚、方国珍余部有不少败逃至沿海岛屿,并与日本浪人勾结,骚扰沿海地区,这股势力形成了明代早期的"倭寇之乱"。鉴于严峻的海防形势,朱元璋在正式称帝前就已在沿海一些地区派兵戍守,以加强海上力量。明代立国以后更是十分注重海防,为防交通倭寇,洪武时期一度还有"片板不许入海"的规定,同时遍置卫所于沿海地区,在每年春季派水军出海巡航防倭,秋季方才返回。洪武十七年(1384),朱元璋派大将汤和巡海,在山东、江苏、浙江等地沿海筑城,以加强防御,并多次派人前往日本,要求日本对海盗加以约束。经过诸多努力,倭患逐渐平息,海疆形势得以好转。永乐、宣德时期郑和七下西洋,扩大对外交往,中国的海上边疆平静了一百多年,明朝海禁政策亦逐渐松弛。至明代中叶,随着大航海时代的到来,葡萄牙人于正德时期率先抵达中国,此后西欧商人及殖民者纷至沓来,位于浙江宁波的双屿港逐渐成为东亚地区最重要的海上贸易集散地。嘉靖时期,由于一系列突发事件的影响,使得本已宽松的海禁政策又转向严厉,"倭寇"之患便又开始严重起来。

嘉靖二年(1523),发生了日本南北朝使者"争贡",进而杀掠中国百姓的严重事件,这直接导致日本失去进行合法朝贡贸易的机会,此后嘉靖帝逐渐开始倾向于采取较为严厉的海禁政策,遂罢除市舶司。嘉靖二十六年(1547),明廷采纳巡按御史杨九泽的建议,起用朱纨提督浙、闽海防军务,巡抚浙江。[①] 朱纨到浙江后采取一系列措施厉行海禁,包括"革渡船,严保甲,

---

① 《明史》卷 205《朱纨传》,第 5403 页。

搜捕奸民"①,规定"凡双樯艅艎,一切毁之,违者斩"②,并"日夜饬兵甲,严纠察"③。对于交通倭寇的人,朱纨采用铁腕手段,"不俟命则以便宜斩之"④。嘉靖二十七年(1548),朱纨又派都指挥卢镗带兵攻破海上走私贸易商人的聚集地宁波双屿港,抓获并斩杀了大批海上走私商人,并彻底填塞港口。这一系列措施严重打击了东北亚地区的海上贸易活动,使沿海大批依赖贸易为生的人失去生活来源,也损害了闽浙地区参与海外贸易的部分地方士绅的利益,迅速激化了矛盾。贸易不成的地方豪强遂与日本浪人结合,进行武装走私和劫掠,形成愈来愈严重的倭寇之乱,严重威胁沿海诸省的安全。其中最主要的几股"倭寇"力量,如王直、徐海等均为原先在双屿港从事走私贸易的商人。对突然严重起来的倭寇之患,明代的有识之士已经指出,其原因正是"海禁乍严,遂致猖獗"⑤。

为了扫平倭寇,明政府投入了大量的人力物力,付出了巨大的代价。但朝廷越是严行海禁,失去生计的海上走私商人就越是通过暴力手段通过武装走私或劫掠来进行对抗,进而导致"倭患"越来越重,陷入恶性循环。直到明穆宗登基后,明政府及时调整政策,取消海禁,开放贸易,在军事上亦加强打击,倭寇之患遂得以逐渐平息。

朱纨十分重视海防建设,其在位期间"号令严明,赏罚必信,规模法制卓有条绪"⑥,所以在任期间倭患形势并不十分严重,但随着嘉靖二十九年(1550)朱纨被逮而自杀,无人总领闽浙沿海的边备,东南沿海的倭乱遂趋于猖獗。嘉靖三十一年(1552),大海盗王直攻入定海,又至烈港,参将俞大猷率数千水军将其包围,王直以火箭攻击官军,突围而出,随后在日本建立自己的根据地,自称"徽王",成为势力最强大的一股倭寇力量,一时之间,"海上之寇,非受直节制者不得自存"⑦。愈来愈严重的倭寇之乱一直延续到嘉靖末年,富庶的江南成了战争的前沿,几乎年年遭到倭寇的侵扰掠夺。沿海各处仅能凭城固守,杭州"堂堂会城,闭门旬日,已有垂破之势"⑧,竟与北方

---

① 《明史》卷 205《朱纨传》,第 5404 页。
② 《明史纪事本末》卷 55《沿海倭乱》,第 846 页。
③ 张燮:《东西洋考》卷 6,中华书局 1981 年版,第 113 页。
④ 《明史》卷 322《日本传》,第 8351 页。
⑤ 《明史纪事本末》卷 55《沿海倭乱》,第 852 页。
⑥ 严从简:《殊域周咨录》卷 2,中华书局 1993 年版,第 75 页。
⑦ 郑若曾:《筹海图编》卷 5,中华书局 2007 年版,第 323 页。
⑧ 《明史纪事本末》卷 55《沿海倭乱》,第 852 页。

的边镇无异。《军火器械碑》立碑的嘉靖三十年正是大规模的倭寇之乱兴起之际,整个东南沿海已是风声鹤唳、山雨欲来,面对严峻的海防形势,驻守杭州的明军开始大量制造储备军火器械,以备征战守城需要。碑文真实反映了大规模倭患兴起时,海防前沿地区生产武器备战的情况。由于生产任务繁重,还先后两次酿成了严重的生产事故,据万历《杭州府志》记载:

> 嘉靖三十一年夏六月……时海寇初起,军中需火药甚急,诸匠人就厅碾药,碾急,火起药中,仓卒不可避,人焚死者甚众。有未死者皆灼肤裂体,惨不忍视,扶出见河水,辄投其中,明日皆死。①

这次事故就发生在立碑的次年,随后军火生产迁到城内的旗纛庙中,结果七年后又发生了因赶造火药而引起火灾事故:

> 嘉靖三十七年秋八月,旗纛庙灾。自三十一年六月,杭州府管局通判厅碾药失火之后,有司虑有不虞,特就庙中碾药,以庙高,火不易侵也。然一药发火,群药皆燃,势不可救,庙遂尽,人死者十之二三。虽未若管局厅之甚,然亦惨矣。于是碾药皆于空阔地面,不复敢近屋宇也。②

<h2 style="text-align:center">二</h2>

《军火器械碑》碑文不长,主要列举了当时生产的各类军火器械名称及数量,是研究当时明军装备的极佳材料,下面对碑文内容略加考释。原文自上而下书写,现改为从左向右横排,每列字数不变,其后为考释内容。

守巡二道修造军火器械碑

守、巡二道:分别是指布政司参政、参议和按察司副使、佥事。明朝建立后,在地方上改元代的行省为承宣布政使司,全国设十三布政使司,设布政使(从二品)主管政务,布政使下有参政(从三品)、参议(从四品)等,"分守各道,及派管粮储、屯田、清军、驿传、水利、抚民等事"③。地方上又设提刑按

---

① 万历《杭州府志》卷7,《中国方志丛书》影印万历七年刊本,台北成文出版有限公司1983年版。
② 万历《杭州府志》卷7。
③ 《明史》卷75《职官四》,第1839页。

察使司,设按察使(正三品)一人,掌一省刑名按劾之事,下设副使(正四品)及佥事(正五品)若干,分道巡查,"其兵备、提学、抚民、巡海、清军、驿传、水利、屯田、招练、监军,各专事置"①。布政司、按察司所分诸道各省多寡不一,浙江共两道,以钱塘江为界,分别为浙东道和浙西道,杭州属浙西道。此碑系当时分守浙西道左参政和分巡浙西道佥事所立。

浙江等处承宣布政使司分守浙西道左参政王

王:指王昺,山东章丘人,②嘉靖二十八年(1549)六月,"以迟误供应织造料价",从陕西左布政使降职为浙江布政司左参政。③

浙江等处提刑按察司分巡浙西道佥事陈　　为

陈:据雍正《浙江通志》卷118,为陈宗虞,江苏仪真人。另据《明世宗实录》,嘉靖四十三年(1564)闰二月,时在江西布政使右参议任上的陈宗虞因"贪纵不职"被革职,令其"冠带闲住"。④说明其后又调任江西布政使右参议一职。

预防地方以备不虞事除外今将验过各道会

呈

巡按浙江监察御史王　　详允委官修造并本

王:指王应钟,嘉靖二十九年(1550)为巡按浙江监察御史,⑤王应钟字愍复,福建候官人,嘉靖辛丑(1541)进士,授翰林院庶吉士,历任浙江道监察御史、巡盐监察御史、巡按浙江监察御史、山东右参政、山东按察副使等职,年九十卒。⑥

明代有巡按御史对军品的盘查检验的制度,对于制造的军器要求巡按御史会同按察司官"五年一次吊卷查盘,如有成造不如法及侵欺等项情弊就便追问"⑦。成化二年(1466)规定:"天下卫所照依原定则例督匠按季成造军器,完日会同原办物料有司掌印官员查点见数,如法试验。堪中,仍用油漆调朱,于点过军器背面书写某卫某所某年某季成造字样。""若各该卫所官旗人等仍前侵欺物料,以致缺料、成造及不如法者,将指挥、千百户各降一等

---

① 《明史》卷75《职官四》,第1840—1841页。
② 万历《杭州府志》卷11。
③ 《明世宗实录》卷349,台北"中央研究院"历史语言研究所校印本,1962年。
④ 《明世宗实录》卷531。
⑤ 万历《杭州府志》卷10。
⑥ 详见乾隆《福州府志》卷50、道光《济南府志》卷25。
⑦ 正德《明会典》卷156,第538页。

叙用,不许管事。旗军人等各发极边卫分充军。"①弘治十三年(1500)又补充规定:"各处巡按御史,都、布、按三司,分巡分守官查盘军器,若卫所官旗人等侵欺物料、挪前补后、虚数开报及三年不行造册奏缴者,官降一级带俸差操,旗军人等发边卫充军,其各该都司并分巡、分守官怠慢误事者参究治罪。"②此碑的树立也正是呈送巡按浙江监察御史的。

门原贮洪武等年堪用军火器械件数为此行

委杭州府同知丘　督令委官右卫千户王恩

丘:查万历《杭州府志》,为丘道明,福建上杭人,嘉靖二十五年(1546)起任杭州府同知。③又据万历《杭州府志》,嘉靖二十九年任命曲入绳为杭州府同知,查此碑说明直到嘉靖三十年曲尚未到任,万历《杭州府志》所记并不准确。

仁和县县丞黄尚寅募匠镌石立碑垂示永久

黄尚寅:广西桂平人,万历《杭州府志》、康熙《仁和县志》均载其嘉靖三十一年为仁和县丞,根据此碑则其至少嘉靖三十年已任此职,可纠府、县诸志之误。

以防弃毁侵盗之弊看守人役毋得仍前损坏

查出治罪不便滇至立碑者

嘉靖三十年柒月　　　日

杭州前卫后千户所武林门原贮洪武等年军火器械叁万叁千

杭州前卫:明代军队采取卫所制度,各省设立都指挥使司管理所辖各卫所军队,每卫5600人,分前、后、中、左、右五个千户所。洪武八年(1375)设浙江都指挥使司,改钱塘卫为杭州左卫,仁和卫为杭州右卫。洪武九年(1376),又改杭州左卫为杭州前卫。④

肆百贰拾玖件

计开

总旗号带柒拾陆条

总旗:总旗及下文小旗都是明朝军队的编制单位,同时也是对该编制单

---

① 正德《明会典》卷156,第538—539页。
② 正德《明会典》卷156,第539页。
③ 万历《杭州府志》卷13。
④ 民国《杭州府志》卷41《兵制》,杭州弘文兴记印书局1922年版。

位军官的称呼。明代大致以 5600 人为一卫,1120 人为一千户所,每千户所设十个百户所,每百户所设两总旗,十小旗。

号带:旗帜下的长飘带。

小旗□贰百捌拾陆面

□:为一省略字符号"匕",代表"号带"二字。

铁盔帽叁百柒拾顶

长鎗肆百壹拾玖根

长枪:戚继光《练兵实纪》杂集卷五:"(长枪)用毛竹之细者,长一丈七八尺,上用利刃,重不过四两,或如鸭嘴,或如细刀,或尖分两刃。"长枪柄也常用木制,长度也较灵活,非必一丈七八尺。郑若曾《筹海图编》谓:"(长枪)其杆椆木第一,合木轻而稍软,次之。要劈开者佳,锯开者纹斜易折。"[①](参见图 3,竹柄长枪,选自戚继光《练兵实纪》,清刻本)

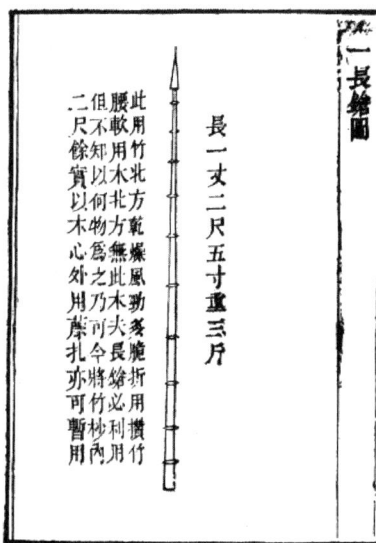

图 3　竹柄长枪

图 4　佛郎机母铳和子铳

旗鎗壹百柒拾玖根

铜将军大小肆个

铁将军壹个

---

① 《筹海图编》卷 13 下,第 948 页。

铜将军、铁将军:指铜制或铁制的大型铳炮,根据大小还可分为大将军、二将军、三将军、四将军和五将军。因将军炮质量较重,不便移动,多用于城守防御作战。《筹海图编》载:"海寇所恃全在于铳,吾亦以铳为应。中军大船之前,仍用次等船载佛郎机大铳数架以镇之,两翼中船之前亦用,再次船以载铜将军大铳数十架以列之,其小船亦各载鸟铳、铅筒数百以备于四面。"①

大佛郎机叁管

大佛郎机:佛郎机是阿拉伯人对欧洲人的称呼,即"Frank"的音译,明人延用了这个称呼,将大航海时代首先来华的葡萄牙人称为"佛郎机",此后亦有时称西班牙人为佛郎机,此处指仿自葡萄牙人的一种新式火炮。佛郎机又称佛郎机铳、佛郎机炮,是由欧洲人发明的火炮,流行于 15 世纪至 16 世纪的欧洲,各国所制略有差异,采用母铳、子铳的构造。每门佛郎机母铳配多个子铳,子铳事先装填好弹药,发射时将子铳装入母铳,发射完毕退出空子铳,然后换装其他装好弹药的子铳进行再次发射。佛郎机炮大小不一,"大者重千余斤,小者百五十斤,巨腹长颈,腹有修孔"②,相比当时明军使用的各型火铳,具有射程远、威力大的优点。(参见图 4:佛郎机母铳和子铳,选自郑若曾《筹海图编》,明嘉靖刻本)

万历《明会典》记载嘉靖二年(1523)造"大样佛郎机"三十二副,其规格为母铳长二尺八寸五分,重三百余斤,每把另配短提铳四把。③《筹海图编》又记载了另一种称为"大佛郎机"的大型火炮,系中国工匠对佛郎机炮的进一步改进,其形制进一步加以放大,又名"发矿"。《筹海图编》卷十三谓:"发矿者,乃大佛郎机也","其制出于西洋番国,嘉靖年始得而传之,中国之人更运巧思而变化之,扩而大之以为发矿","每座约重五百斤,用铅字一百个,每个约重四斤"。④ 佛郎机炮是明代中叶从西方引进的威力最大、最重要的火器,是东西方火器互相交流影响的一个重要例证。

佛郎机铳系由早期来华的葡萄牙殖民者带入中国,据《明史·佛郎机传》记载,嘉靖初明军在广东驱逐葡萄牙人的西草湾之战中,缴获了葡萄牙人的火炮,将其命名为佛郎机。西草湾之战是西方殖民者来华后第一次和

---

① 《筹海图编》卷 13 上,第 883 页。
② 《明史》卷 92,第 2264 页。
③ 万历《明会典》卷 193,第 976 页。《续文献通考》卷 134 作嘉靖二年,《国榷》卷 53 作嘉靖三年。
④ 《筹海图编》卷 13 下,第 899、902 页。

中国政府军进行具有一定规模的武力交锋,此役明军取得了胜利,但在战斗中所缴获的佛郎机炮并非中国人第一次接触这种火器。在此前数年的明代正德年间(1506—1521),佛郎机已随葡萄牙人入华而传入中国,明人很快认识到这种新型火炮的威力,旋即对其进行仿制。

明代中国人对于所接触到的先进火器,反应异常敏感而迅速,佛郎机炮的引进是一个典型的例子。葡萄牙人和中国官方发生正式联系是在正德十二年(1517),使者为托马斯·佩雷斯(Tome Pires),船队由费尔隆·伯列士·德·安德拉吉(Fernao-Peres de Aadrade)率领,①此事在明代多种笔记及地方志都有记载,《明史·佛郎机传》误记葡使来华是正德十三年(1518),对此张维华《明史欧洲四国传注释》考辨甚详。

葡萄牙人初到中国便有意鸣放佛朗机炮,这给明人留下深刻印象。明人黄佐嘉靖《广东通志》记载:

> 佛郎机国……古无可考,素不通中国,正德十二年,驾大舶突至广州澳口,铳声如雷,以进贡请封为名。②

张燮《东西洋考》卷 5"吕宋"条所引与此略同。《明史·佛郎机传》也记载:

> 御史何鳌言:"佛郎机最凶狡,兵械较诸蕃独精,前岁驾大舶突入广东会城,炮声殷地。"③

19 世纪的英国学者麦术尔曾提到,安德拉吉"以通常航海的仪式驶入港口","当他们对此表示惊骇的时候,他为自己辩解,提到中国在驶达葡属马六甲时在这点上的做法"。④ 为葡人鸣炮的行动进行辩解,似乎葡人此举乃出于礼节。但一般认为军舰鸣放礼炮起源于 17 世纪的英国,16 世纪早期是否有此仪式尚有疑问,且葡萄牙人在正式进入广州前已经在广州外洋的小岛上停泊弥月,各国船队进入广州港从无鸣炮的举动,显然,葡萄牙人的这一举动带有炫耀武力、宣扬国威的意图。葡萄牙人绕过好望角一路往东,相继占领果阿和马六甲等地,一直没有遇见强有力的抵抗,对中国情况

---

① C.R.博克舍编著《十六世纪中国南部行纪》,何高济译,中华书局 1990 年版,第 3 页。
② 嘉靖《广东通志》卷 66,岭南美术出版社 2006 年版,第 1743 页。
③ 《明史》卷 325,第 8430 页。
④ 门多萨:《中华大帝国史》,何高济译,中华书局 1998 年版,第 20 页。

特别是军事实力亦不了解,并不清楚中国人是否也有大炮之类的火器。对此,西班牙人门多萨在 1585 年出版的《大中华帝国史》一书中提到:

> 没有比在中国发明炮一事更令那些最早到广州做生意的葡萄牙人惊讶,也最使我们晚后到菲律宾去的西班牙人觉得惊讶。①

葡人此次来华,既有通商要求,也负有侦查中国情况,了解其实力的使命。从中国方面的记载来看,鸣炮的举动虽然让广州的地方官员感到震惊,但葡萄牙人炫耀武力的目的并没有达到。明代中国人对火器并不陌生,已经装备有大小各种型号的火铳和火炮,但明人对葡萄牙人的佛郎机炮还是十分注意的。从当时人的记载中我们可以看到,对新来乍到的西方殖民者,首先留下较深印象的还是他们所携带的精良武器,明人旋即进行仿制,并迅速推广到各地。嘉靖时成书的《筹海图编》记载了时任广东佥事的顾应祥的记录,涉及葡萄牙人首次来华及所携佛郎机炮的情况:

> 佛郎机,国名也,非铳名也。正德丁丑,予任广东佥事署海道事,蓦有大海船二只,直至广城怀远驿,称系佛郎机国进贡。其船主名加必丹,其人皆高鼻深目,以白布缠头,如回回打扮。即报总督陈西轩公金。临广城,以其人不知礼,令于光孝寺习仪三日,而后引见。查《大明会典》,并无此国入贡,具本参奏。朝廷许之,起送赴部。时武庙南巡,留会同馆者将一年。今上登极,以其不恭,将通事明正典刑,其人押回广东,驱之出境去讫。其人在广久,好读佛书。其铳以铁为之,长五六尺,巨腹长颈,腹有长孔,以小铳五个,轮流贮药,安入腹中放之。铳外又以木包铁箍,以防决裂,海船舷下每边置四五个,于船舱内暗放之,他船相近,经其一弹,则船板打碎,水进船漏,以此横行海上,他国无敌。时因征海寇,通事献铳式一个并火药方。此器曾于教场中试之,止可百步。海船中之利器也,守城亦可,持以征战则无用矣。后汪诚斋鋐为兵部尚书,请于上,铸造千余,发与三边。②

另外,明代严从简《殊域周咨录》卷 9《佛郎机》条记载了嘉靖元年驱逐

---

① 《大中华帝国史》,第 118 页。按,"发明"疑是"发现"之误译。
② 《筹海图编》卷 13 下,第 903 页。

葡萄牙人及仿制佛郎机炮的经过：

> 有东莞县白沙巡检何儒，前因委抽分曾到佛郎机船，见有中国人杨三、戴明等，年久住在彼国，备知造船铸铳及制火药之法。（汪）鋐令何儒密遣人到彼，以卖酒米为由，潜与杨三等通话，谕令向化，重加赏赉，彼遂乐从。约定其夜，何儒密驾小船接引到岸，研审是实，遂令如式制造。鋐举兵驱逐，亦用此铳取捷，夺获伊铳大小二十余管。嘉靖二年，鋐后为宰冢，奏称："佛郎机凶狠无状，唯资此铳与此船耳。铳之猛烈，自古兵器未有出其右者，用之御虏守城，最为便利，请颁其式于各边，制造御虏。"上从之，至今边上颇赖其用。

由此可知，嘉靖元年明政府驱逐葡萄牙人的西草湾之战中，[①]广东的明军已经开始使用佛郎机火炮了，此时距葡人来华仅五年。其后明廷又采纳汪鋐的建议，在北方的边镇上用佛郎机炮防御蒙古人的入侵。而据王守仁《书佛郎机遗事》一文记载，他在平定宁王之乱时，"见素林公闻宁濠之变，即夜使人范锡为佛郎机铳，并抄火药方，手书勉予竭忠讨贼"[②]。则正德十四年（1519）明朝已有人知道如何制造佛郎机炮了，此时距葡人来华仅仅不过两年。

图 5　安在木架上的佛郎机

图 6　小号佛郎机

---

① 《明史·佛郎机传》称："嘉靖二年，逐寇新会之西草湾。"《明实录》亦将此战列于嘉靖二年，实误。

② 王守仁：《王阳明全集》卷 24，上海古籍出版社 1992 年版，第 921 页。

木架叁座

木架:指配合佛郎机炮使用的木制底座,这里的三个木架专门配三个大佛郎机。《筹海图编》卷十三:"(佛郎机)其一种有木架,可低可昂,可左可右。"(参见图5,装在木架上的佛郎机,选自《筹海图编》)

提铳壹拾贰把

提铳:即子铳,佛郎机的配套装置,预先装火药后,再放入母铳中,发射完退出,换装另一子铳。因其较小便于提携,故又称提铳。每个佛郎机配提铳不等,或三或四或九。此处十二把配三个大佛郎机,则每个大佛郎机配提铳四个。戚继光《练兵实纪》:"凡佛狼机,每座提铳九个。三人中,以一人定铳管放,以二人装提铳、运送。平时学习只用三个提铳。"[①]

小佛郎机壹管

小佛朗机系明人对佛朗机的缩小改进版,即郑若曾所说的:"约而精之,以为铅锡铳……乃小佛朗机也。"[②]小号佛朗机重量较轻,便于携带。根据下文,此小佛郎机亦配木架一座,提铳四把。万历《明会典》载嘉靖七年(1528)曾造小佛朗机四千副发往"各营城堡备敌"[③]。据王兆春考证,1984年河北省抚宁县城子峪段长城出土的嘉靖二十四年所造三套完整的佛朗机即小样佛朗机。每套各有一母铳,八件子铳,母铳重4千克,口径22毫米,长630毫米。由前膛、装弹药室和尾部构成,尾部中空,可安装木柄。子铳重0.8千克,口径16毫米,长155毫米。[④](参见图6,小样佛朗机,选自王兆春《中国火器史》)

木架壹座

提铳肆把

铅子贰拾陆个

铅子:各类铳炮的发射弹丸。

大小地火炮叁□伍个

地火炮:未详,从字面意思推之,疑是地雷一类的武器。明代有一种"地火鼠",用于守城,与铁刺等混和置于一开窍的纸壳内,用导线连出,守城时掷出城外,落地后开炸以杀伤敌军,疑与此地火炮相似。

---

① 戚继光:《练兵实纪》卷4,中华书局2001年版,第95页。
② 《筹海图编》卷13下,第903页。
③ 万历《明会典》卷193,第980页。
④ 王兆春:《中国火器史》,军事科学出版社1990年版,第129页。

□:疑为"拾"字。

铜子铳叁百叁拾玖把

子铳:佛郎机铳及其他较大型火器的配套设备,详见"大佛郎机"及"提铳"条注释。

弩弓玖拾捌张

弩箭皮筒贰拾贰个

箭袋贰百陆拾贰个

圆牌伍拾贰面

圆牌:圆牌和下文长牌都是不同形状的盾牌,一般用木制造,也有用皮、藤、竹制。圆牌南方多用藤制,"北方无藤,则用柳木加革代之"①。圆牌亦可用于骑兵,长牌用于步兵。《武备志》载:"牌之制其来尚矣,《武经》载牌二,一曰步,其式长;一曰骑,其式圆。然骑用牌非利器也。近世南兵用圆牌而间之以腰刀,先之以标枪,亦一奇也。"②(参见图 7,圆形藤牌,选自茅元仪《武备志》卷 104,明天启刻本)

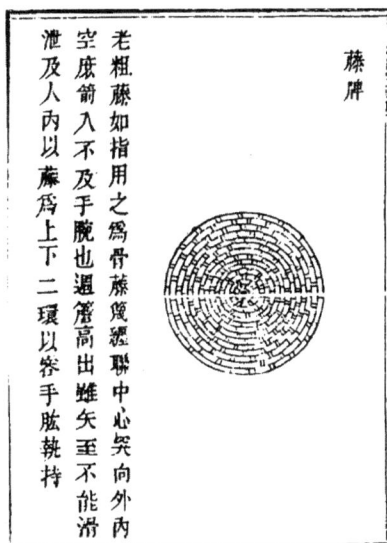

图 7　藤制圆牌

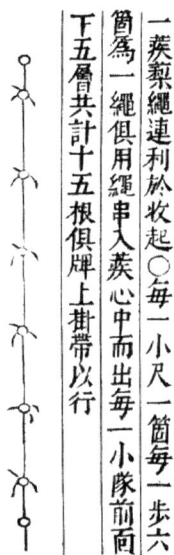

图 8　用绳串在一起的铁蒺藜

---

① 《练兵实纪》卷 4,第 96 页。

② 茅元仪:《武备志》卷 104,《四库禁毁书丛刊》,北京出版社 1997 年版,影印明天启刻本,子部第 24 册,第 423 页。

长牌捌面

竹叉篱叁拾伍根

铁蒺藜壹小篓重捌斤

铁蒺藜:铁制的仿蒺藜状的尖刺物体,一般有四个长长的尖刺角,置于地上时三角着地,一角朝上用于刺马或人。用绳相连,以利于用毕收起。铁蒺藜作为防御武器在明军中普遍使用,染毒药的铁蒺藜又称"鬼箭"。《格致镜原》卷42引《稗史类编事始》介绍道:"铁蒺藜、铁菱角等起于隋炀帝征辽东,置之要路水中,以刺人马。非也,按,诸葛亮与司马懿相持于武功、五丈原,亮卒,懿追之亮,长史杨仪多布铁蒺藜,则三国之际已有其物,非自隋炀帝始也。汉文帝时晁错言守边议,云:具蔺石、布、渠答。注云:渠答,铁蒺藜也。此又汉初事耳。"除铁制外,另有用陶、瓷做成的蒺藜罐,罐外表作蒺藜状凸起,内装火药,辽宋时期即已出现,国家博物馆收藏有一件宋代陶制火蒺藜,高10厘米,带刺最宽处为16厘米,弹体呈圆罐状,上部有隆起的小圆口,圆底,器腹布满上锐下粗的铁蒺藜。[①]《纪效新书》:"蒺藜,绳连,利于收起。每一小尺一个,每一步六个,为一绳,俱用绳串入蒺中心而出。""铁蒺藜,粪汁炒,染毒戳脚,曰鬼箭,撒地以为阻路守险之用。"[②]明代还将铁蒺藜作为火器的发射弹药,碑文提到的铁蒺藜质量较轻,内部应不装火药,当作装填弹药使用。(参见图8,用绳串在一起的铁蒺藜,选自王圻《登坛必究》,明万历刻本)

铜碗口贰个

铜碗口:铜碗口及下文铁碗口是指铜制或铁制的形体粗短的中型火铳,又叫碗口铳。碗口铳自明初洪武年间即开始制造装备明军,用于守城及机动部队,也装备在战船上用以海战。碗口铳因其铳口部分形似碗而得名,碗口部分用于放置石制或铁制球形弹丸。戚继光《练兵实记·杂集》:"碗口炮,腹小、口大、项短。药少子重,发出无力,不堪用。如用之,必须腹长三尺以上,而铅子合口,送至腹底,发出乃急且中也。"[③]出土实物中碗口铳大小形制不一,军事博物馆藏有明初洪武五年(1372)宝源局铸碗口铳,口径110毫米,长365毫米,重15.75千克(一作15.25千克),铳膛呈直筒形,有"水

---

① 王育成:《中国古炮考索》,《中国史研究》1993年第4期,第27页。
② 戚继光《纪效新书》(十八卷本)卷15,第241、245页。
③ 《练兵实记·杂集》卷2,第239页。

军左卫所进字四十二号"字样,应系水军战船上装备的。(参见图9,洪武五年碗口铳,中国革命军事博物馆博藏)

图9 洪武五年碗口铳

铜弹子壹仟壹百贰拾伍个

铁碗口肆拾个

铁弹子贰万玖仟贰百贰拾伍个

铁锤鋄大小贰百肆拾捌付

铁锤鋄:配合佛郎机使用的工具,即铁送子,或称铁凹心送,用于向炮管内送铅子,类似于对半切开的长管,也有木制的送子。《练兵实纪》:"凡佛郎机……先看母铳腹内是否光圆匀净,子铳口周围牙肩是否齐整,子母二铳合入是否严谨,铅子是否亦合子铳口一半,火药袋内药是否分两,火线是否长短合式,锤剪是否锋利,锤送堪否,架机候高候下、候左候右是否活便,乃看装药、安位、下子是否如法。"①"每佛郎机一架,子铳九门,铁闩二根,铁凹心送一根,铁锤一把,铁剪一把,铁锥一件,铁药匙一把,备用火药三十斤,合口铅子一百个,火绳五根。"②王圻《登坛必究》卷29附有一铁送子图,可供参考。(图10,铁送子,选自《登坛必究》)

① 《练兵实纪》卷4,第95页。

② 《练兵实纪》杂集卷5,第314页。

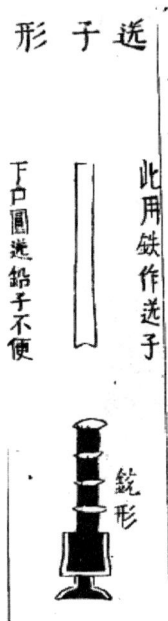

图 10　铁送子　　　　　图 11　洪武十年制铜手铳

火药袋壹百玖拾肆个

火药袋:用于安放火药的佛郎机配套装置,见"提铳"条。

铳箭捌拾枝

铳箭:置于铳管内由火铳发射的箭。

铁手铳捌个

铁手铳:铁手铳和下文铜手铳指铁制和铜制手铳,《明会典》中又称作"手把铜铳"、"手把铁铳"。手铳是一种小型单管火器,用于单兵手持作战,其原型为南宋时期出现的竹管突火枪。金属手铳至少在元初已经出现,目前最早的实物为 1970 年 7 月黑龙江阿城县出土的一件铜手铳,年代约在13 世纪后期。明代的火铳继续有所改进,生产量巨大,制作也更为精良。手铳从前至后分为前膛、药室、尾銎三部分,前膛较长用于装弹丸,药室安装火药,尾銎中空,可按木柄用于手持。手铳大小不一,《明会典》记载铜手铳每个"重五六斤至十斤"[①]。1965 年山东梁山县曾出土明初洪武十年(1377)

---

① 正德《明会典》卷 156,第 537 页。

造杭州护卫所使用的铜手铳，[1]口径 21.5 毫米，长 440 毫米，重 1.75 千克。[2]（参见图 11，洪武十年制铜手铳，中国革命军事博物馆藏）

嘉靖三十年分新造军火器械陆仟壹

百伍拾柒件

计开

青布铁甲贰拾陆付

青布铁甲：铁制铠甲，部分地区也用皮制。正德《明会典》卷 123："凡青布铁甲，每副用铁四十斤八两。"[3]弘治十六年（1503），令"南方卫所铁甲改用水牛皮造，绵绳穿吊"[4]。嘉靖二十二年（1543），"令盔甲厂改鹿皮鞓带为透甲牛脂皮，鞓带改直领对襟摆锡丁甲为圆领大襟"[5]。

柳叶甲陆付

柳叶甲：据《格致镜原》，"甲面用厚密青白绵布，钉甲用火漆小丁"[6]。

弓伍拾张并弦

箭壹千伍百枝

弩弓壹拾张并弦

弩箭叁百枝

斩马刀贰拾把

斩马刀：形似佩刀而长柄，以其适合劈砍敌兵马腿而得名。（参见图 12，斩马刀，选自刘效祖《四镇三关志》，明万历刻本）

神机箭壹百伍拾枝

神机箭：箭身绑有火药推进装置，以增加射程及威力。《筹海图编》记载其制造方法为："矾纸为筒，内入火药，筑令满实，另置火块，油纸封之，以防天雨。后钻一孔，装药线，用箭竹为干，铁矢簇，如燕尾形，末装翎毛大竹筒，入箭二矢或三矢，望敌燃火，能射百步。利顺风，不利逆风。水陆战皆可用，用之水战，能燔舟篷，用之陆战，能毁巢穴，中毒必死。"[7]《武备志》卷 126"神机箭"条与此略同。（参见图 13，神机箭，选自《筹海图编》）

---

[1] 《梁山县发现明初木船》，《文物》1956 年第 9 期，第 74 页。

[2] 《中国火器史》，第 77 页。

[3] 正德《明会典》卷 156，第 537 页。

[4] 《续文献通考》卷 134，浙江人民出版社 2000 年版，第 3996 页。

[5] 万历《明会典》卷 102，第 970 页。

[6] 万历《明会典》卷 192，第 970 也。

[7] 《筹海图编》卷 13 中，第 943 页。

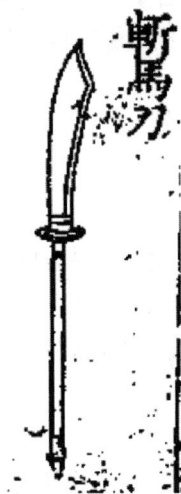 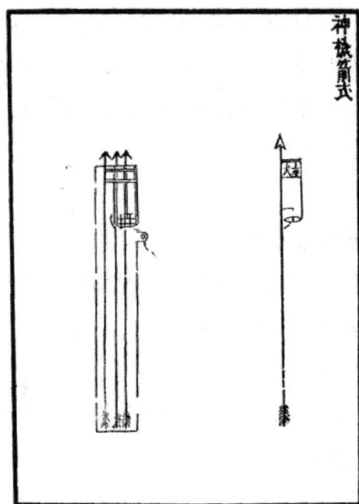

图 12　斩马刀　　　　　　图 13　神机箭

箭筒壹拾个

铁管铳伍拾管铅子壹千个

铜手铳铅子贰千个

佛郎机铅子一号壹百个

　　　　　二号壹百个

　　　　　三号壹百壹个

小佛郎机铅子柒百叁拾肆个

本年分添造军火器械叁千肆百柒拾

件

计开

一号佛郎机壹架铅子伍拾个

提铳肆个

木马捌拾伍个

木马:又称木马子,与火炮火铳配合使用的附属装置,装填火药后塞入木马,对火药加以密闭,间隔火药和铅字,可以使火药爆炸威力加大,增加铅子的射程。《练兵实记杂集》卷 5《佛狼机解》:"此器最利,且便速无比……其放法,先以子铳酌大小用药,旧用木马,又用铅子。"

二号佛郎机贰架铅子壹□个

□:疑为"百"字。

202

提铳捌个

盔帽伍拾顶

斩马刀叁拾把

铁管铳壹拾把

弓叁拾张并弦

箭叁千枝

钢叉壹拾把

铁扒壹拾把

扒的头部是在一个特制的腰鼓形横木上安置多根短铁齿,用以击扎敌军。(见图14,铁扒,选自《武备志》)

圆牌壹拾面

长牌壹拾面

神机箭陆拾枝

本门通连洪武原造今年新贮添造

计总数肆万叁千零伍拾陆件

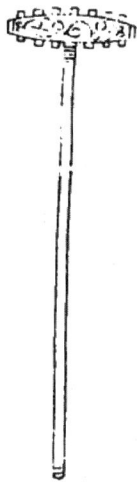

图 14　铁扒

三

从《军火器械碑》所列军火器械来看,明代中叶的嘉靖时期,地方上军工生产中各类火器的生产数量已具有相当规模。当时生产的火器中已经有从西欧引进仿制的佛朗机炮,反映了中西火器互相交流影响的真实历史。但大型火器(包括铜将军、铁将军、大佛朗机三种)仅有十件,地方上大型火器生产数量与京城兵仗局等部门相比显然有较大差距。成化元年(1465)京城曾一次造各样大将军炮 300 件,载炮车 500 辆。① 嘉靖二年(1523)明政府曾由军器局一次造三十二副大样佛朗机供各边进行试用,嘉靖七年(1528)一次造四千副小样佛朗机,嘉靖二十二年(1543)一年造中样佛朗机 205 副,第二年又造马上使用小佛朗机 1000 副。② 相比之下,地方上佛郎机的生产

---

① 何汝宾:《兵录》卷 12,《四库禁毁书丛刊》,北京出版社 1997 年版,影印明崇祯刻本,子部第 9 册,第 662 页。

② 万历《明会典》卷 193,第 976 页。

数量和规模要小的多,此类大型火器仍然主要依赖南北二京的兵仗局及军器局供给。

在碑文所列杭州生产的诸类军火器械中,大多数为火器的配套装置,普通弓箭在生产总量中已经不占主要地位。较新式的佛郎机炮传入中国还不太久,但已经普遍制造装备,并有大小不同型号。值得注意的是,直到立碑当年,单兵手持火器还是以各类传统的铜、铁手铳为主,未见有生产更先进的火绳枪,即鸟铳的记载。

鸟铳又称鸟嘴铳,与明军中原先装备的手铳相比,鸟铳具有射程远、精度高、点火装置方便、便于手持瞄准的优势。关于鸟铳传入中国的年代,李约瑟《中国科学技术史》认为 1548 年鸟铳通过日本传入中国,[①]这应该是部分地采用了明人郑若曾的说法。郑若曾《筹海图编》记载:"鸟铳之制,自西番流入中国,其来远矣,然造者未尽其妙。嘉靖二十七年(1548),都御史朱纨遣都指挥卢镗破双屿,获番酋善铳者,命义士马宪制器,李槐制药,因得其传而造作,比西番尤为精绝云。"[②]郑若曾的记载提及在双屿之战中,明军得到鸟铳和精于制造的"番酋"工匠,随后由马宪和李槐加以仿制。[③] 李约瑟可能以"番酋"为日本人,所以认为 1548 年鸟铳从日本人那里传入中国,但需要指出的是这里的"番酋"并不一定指日本人。

位于浙江宁波的双屿港(今舟山佛渡岛)是 16 世纪前期东亚的贸易集散中心,岛上居民以中国海上贸易走私商人为主,也有大量西方来华贸易商人和日本人。外国人中葡萄牙人的数量最多,嘉靖时期来华的葡萄牙人平托在其《远游记》一书中甚至声称岛上有约 1500 名葡萄牙人。郑若曾所说的"番酋"还是以葡萄牙人的可能性较大,双屿之役中就有许多葡萄人被俘。明人对日本较熟悉,或称"日本",或称"倭",或贬其为"倭虏"、"倭寇",一般不称其为"番酋"。郑若曾《筹海图编》同时提到,早在双屿之战前,中国人已经有零星接触鸟铳这种新型火绳枪,所谓"其来远矣"。

此前的正德年间,随着葡萄牙人的到来,明人就已经接触到鸟铳这种新式火绳枪,并至少在嘉靖二年(1523)在和葡萄牙人的西草湾之战中缴获过部分鸟铳。只是这种早期的火绳枪还比较粗糙,性能并不突出,与明军装备

---

① 李约瑟:《中国科学技术史》,第 5 卷第 7 分册,科学出版社、上海古籍出版社 2005 年版,第24 页。

② 《筹海图编》卷 13 下,第 909 页。

③ 马宪即唐顺之《武编前集》卷 5 中提到的"匠头义士马十四"。

的手铳相比并无明显优势,所以未受到多少关注,相比之下明人对威力更大的佛郎机炮更感兴趣。在西草湾之战以后的数十年间,火绳枪技术又有了很大进步,在双屿港被毁前四年(公元 1544 年,明嘉靖二十三年,日本天文十二年),葡萄牙人已经将鸟铳带至日本的种子岛,日本工匠对传入的鸟铳进行了进一步改进,大量进行仿制,其威力和可靠性得以进一步加强。

我们从《军火器械碑》所列的火器清单来看,虽然在三年前的双屿之战中缴获了不少鸟铳,但此时驻守省会杭州的明军还没有大规模制造和装备鸟铳这种较新式的单兵手持火器。而在七年后的嘉靖三十七年(1558),明廷已经由兵仗局制造了 10000 支经过中国工匠改进后的鸟铳装备部队,[①]这为我们判断明代军队大规模装备鸟铳的时间提供了可靠的时间坐标,明军中大量装备鸟铳的时间应在嘉靖三十年至三十七年之间。

---

① 万历《明会典》卷 193,第 976 页。

谈迁精神和沈鸿精神

柴伟梁

（浙江省海宁市史志办公室）

海宁位于浙江省北部，钟灵毓秀，贤才荟萃，如国学大师王国维、军事家蒋百里、小说家金庸等。他们在创造社会财富，构建优秀精神产品的同时，也淋漓尽致地体现了自身的具有鲜明浙江特色的人文精神，他们有远见卓识，又勤奋好学；他们求真务实，又尊重科学。历史学家谈迁和机械工程专家沈鸿是海宁历史上很具典型意义的两位贤士，他们对历史和科学的坚守值得我们后人景仰和学习。

一、谈迁精神

谈迁（1594—1658），字孺木，号观若，我国明末清初著名的历史学家，是海宁的一个老秀才，典型的下层职业学者。海宁麻泾港人。[①] 谈迁自称为"江左遗民"[②]。

谈迁一生贫穷，但他一门心思扑在事业和学术研究上，而忽视钱财、物质享受的多少，他不想做官，也不想经商；他虽是个乡村秀才，却是个心系国史的知识分子，以国家为视野，以记录国家历史为己任；他目标明确，矢志不渝；他做事认真，毅力持久。谈迁一生编著有《枣林集》、《枣林诗集》、《枣林杂俎》、《北游录》、《西游录》、《海昌外志》等，而他的最大目标就是编一本对得起时代的明史，并为此奋斗终身，他的《国榷》（共 108 卷）前后编写了 30 多年。《国榷》是一部集大成的编年体明史著作，首尾完整，秉笔直书，补了

---

① 今属海宁市马桥街道。

② 太湖以南的江南地区以钱塘江为界分为浙东和浙西两部分，浙西基本上包括杭、嘉、湖三地。明代时，海宁属杭州府管辖。浙西又称江左；这里的遗民指明朝遗民，显示谈迁忠于明朝，不愿做清朝人的思想。

《明实录》的不足，也纠正了《明实录》中的一些错误。具有较高的史料价值，一直为后学称颂。

明天启年间（1621），谈迁的母亲去世，他在家守孝，读陈建①所著《通纪》，觉得错误很多，便下决心自编明史。谈迁家境非常贫寒，买不起书；他只得硬着头皮去周边一些大户人家那里去借书看，但别人有时不让他看，有时让他看却不让他借，他只有厚着脸求别人，待在他们家里抄书，有时抄得慢了，还免不了受别人的白眼。他每次出去总是节衣缩食，常常是饱一顿饥一顿。而不管路远路近，一律步行，有时候走上几天才能到目的地。如此历经八年，至1629年，《国榷》初稿完成；1630至1642年的十多年间，谈迁一边迫于生计，当家庭教师糊口；一边仍到处收集资料，修改完善《国榷》书稿。到1642年，谈迁到南京入张慎言、高弘图幕下，收集整理明天启以后的史料；三年以后，终于完成这部首尾俱全的编年体明史著作。

但是，清顺治四年（1647）农历八月的一天，成为谈迁的灾难之日。他精心编纂的《国榷》被小偷偷走了，没有留下底稿。

史稿丢失后，谈迁伤心极了，他对朋友朱一是说："余发种种，尚腼然视息人间，为书稿未传其人也，今且奈何哉？"②他的头发已经花白，尚不肯死，留在人世间，就是因为史稿没有传播。现在，史稿丢掉了，该怎么办啊？确实，花了26年完成的稿子，就像自己的孩子，倾注了巨大的情感，一旦失去，是何等伤心！谈迁在失书后也曾说："噫，吾力殚矣！"这确实是肺腑之言，对于54岁的他来说，精神打击之大，是可想而知的。著名学者钱谦益，当时也在修明史，据说已经成稿250卷。结果，顺治七年（1650）遭遇绛云楼失火事件，精神彻底崩溃，"始自知衰迟庸劣，天不复我以斯文"，而"精力才力，俱不能斩新整顿"，③于是，遁入空门，潜心佛典，不再从事明史纂述工作。

从此，《国榷》第一稿就从人间蒸发了。不管谈迁如何寻找，如何痛哭，《国榷》被盗成为一个铁定的事实。在政治上，谈迁本无多大兴致，为明朝出谋划策，也只是以高弘图记室④的身份参与。明朝灭亡了，他虽感到十分的心痛，但那不是他个人能左右的事。而这部《国榷》，可是他的命根子啊！他千辛万苦，省吃俭用，胼手胝足，直熬到两鬓染霜，是为了什么？就是为了达

---

① 陈建，广东东莞人，明代著名学者。他的《通纪》是历史上第一部编年体明史。
② 朱一是：《为可堂集》卷28《谈孺木先生墓志铭》。
③ 钱谦益：《牧斋有学集钞补遗·与李映碧论史书》，《中华文史论丛》1983年第3期。
④ "记室"相当于现在的文秘。

成编明史的宏愿。他是以他自己的方式在为明朝贡献自己的一生。但是，如今书被盗了，他什么都没有了。

对谈迁而言，重立志向后的具体工作并不容易。因为自己没有什么藏书，要重新开始，他还得又一次去跑那些他本不愿意去跑的乡绅大族，他又要经历饿肚子、晒烈日、受白眼等这些生理和心理上的痛苦。但谈迁是一个有股"傻劲"的学者，他说："田夫守株，愚人刻剑，予病类之矣。"有些人也许会相信"失书"是天命，是上天不让自己做好这件事。谈迁虽然也信天命，但在学术研究上他还是更多地相信人力。他相信自己能够感动上天，相信自己能最终取得成功。意外的事故难不倒他，谈迁发誓说："吾手尚在，宁遂已乎！"①从头再来吧！痛哭之后，他毅然下决心重新收集，重新编撰。

于是，在丢失书稿的一个月后，谈迁鼓起很大的勇气，给邻县的前内阁大臣钱士升②写信，信中详细说了自己编书的经历、内容以及《国榷》书稿被盗的情况，信中他还表达了向钱相国要求借书抄录有关史料的心愿。

钱士升获悉他的处境后，为他的坚忍不拔的精神所感动，同意提供给他编书所需的史料。于是，谈迁来到了钱士升家，抄录《明实录》等书籍。受钱相国借书的鼓舞，谈迁增强了再次搜集资料的信心。于是，年过半百已满头白发的他为了更真实完整地记录明代史实，又一次行动起来，投入到这一场浩大的学术战斗中去了。

又经过艰苦的六年，到顺治十年（1653），《国榷》书稿再次形成，而这次稿件由于谈迁积累了更丰厚的历史知识和审辨能力，更加注重内在质量，因此，这一次形成的手稿比被盗的那一稿来说，选辑更为精良，质量也上了一层。

谈迁感慨万千，他不知这六年是怎么过来的，家庭连吃饭都成问题，时局又处于新旧交替之际，而他怀着一腔为明修史的志愿，疾步奔走，埋头抄录。他的这种求真务实、不屈不挠的精神，被后人称为"谈迁精神"。

谈迁精神感动了一代代的历史家，成为一种百折不挠的典范和象征，激励着历代学人。吴晗曾写《爱国的历史家谈迁》一文，在文章的结尾处他说："这篇短文的目的，介绍这本书（指《国榷》），也介绍这个人（指谈迁）。这书

---

① 意为：我的手还在，难道就这样停止了吗？

② 钱士升（1574—1651），字抑之，号御冷，嘉善人。万历四十四年（1616）状元及第，授翰林院编修。崇祯六年（1633）任礼部尚书兼东阁大学士。

的编写经过,这人对历史的求真精神和顽强的研究精神是值得我们学习的。"来新夏在其新著《清人笔记随录·自序》中说:"八十年代之末,乃着手重修笔记提要之作,并以《北游录》一篇居首,以谈迁重纂《国榷》之志自喻。"来新夏编纂《近三百年人物年谱知见录》和《林则徐年谱》两书,经历了类似谈迁的经历。

谈迁的精神同样也感动了一代代普通行业的人,在老百姓中广为流传。2003 年 8 月,有一则报道说:大孤山矿厂电钳工黄振榜用 5 年时间写出一本长达 10 万字的《动力设备的检修与维护》,哪知在专家审查时意外遗失。他不气馁,再次用半年多时间将这部书完成并得到理想应用,被工友们誉称为"现代谈迁"。

谈迁的故事同样进入了公务员和领导人才的考试题目中,他的"有志者,事竟成"的信念成为公务领导的一项必备美德。如"湖南领导人才网"上有一道公共知识题,就是以《谈迁失书重新振作》为题,请应试者写一篇议论文。谈迁的故事更是理所当然地进入了当代学生的课堂,成为学生爱国主义的表率和勇敢坚毅的象征。在某学校的小学五年级思想品德课上,老师让学生读谈迁编纂《国榷》过程的课文。并提出如下问题:

一、《国榷》是谁写的? 这是一部什么书?

二、谈迁开始写《国榷》时遇到哪些困难?

三、他是怎么克服这些困难的?

四、他是在什么情况下完成这部书的?

五、《国榷》一书写完后发生了一件什么事?

六、碰到书被盗的打击,谈迁开始是怎样的心情?

七、人们都认为谈迁会怎么样?

八、但谈迁是怎么想的?

九、从这里,我们可以看出谈迁做事怎么样?

十、谈迁重写《国榷》,是容易了还是更难了?

十一、谈迁是如何第二次编纂《国榷》的?

十二、人们称赞什么? 敬佩什么?

十三、谈迁的故事给了你什么启发?

围绕这些问题,最终让学生了解并感悟到谈迁虽然家里贫穷,但他克服种种困难,立志为国家留下一部真实的史书。说明谈迁不畏贫穷,志向远大。老师通过"谈迁失书再编"这样一件事教育学生:一个人要具有锲而不舍、百折不挠的可贵精神。

二、沈鸿精神

1906 年,在谈迁去世 200 多年后,海宁又诞生了一位令人敬佩的人物,他就是自学成才的典范——著名机械工程专家、中国科学院院士沈鸿。他和谈迁一样,也是家境贫寒,但人穷志坚,一生为了自己的目标努力学习,刻苦钻研,自主创新,为新中国机械制造行业做出巨大贡献。

1906 年,沈鸿(1906—1998)出生在海宁硖石一个小作坊主家里,祖父是篾匠。沈鸿 7 岁时,父亲就生病去世。因此,家中生活比较困难,靠母亲做针线活有点微薄收入。1915 年,沈鸿到硖石米业小学上学,读书非常认真。但由于生活实在太过困苦,1919 年沈鸿无奈辍学。他只读了四年小学。随后沈鸿到上海协泰新布店当学徒,开始走上独立的生活,那年沈鸿才13 岁。

沈鸿是个勤快而有志气的人,在布店里他样样都干。刚刚过去的五四运动又激发了他振兴中华而学习科学知识、探求爱国真理的热情。他把自己的兴趣投向五花八门的机械。他还发奋自学,补初中的课程,还去上夜学。读书使他开阔了眼界,他去买来《世界十大成功人传》认真阅读。这本载有爱迪生、法拉第、瓦特等著名科学家的书对他的一生影响巨大。在这本书,他体会到自学成才的道理。

确实,沈鸿一生注重学习,早年沈鸿虽然被迫终止了求学路,但他对知识的渴望从没停止。沈鸿曾说:"我是爱读书的,读得不好是另外一个问题,反正我是不停不息的,没有一天不读书的,生病也要读书,要想点问题。"沈鸿儿子吴英回忆说:"我从未见父亲偷过闲,只要家里没有客人,父亲总是在他的书房兼手工作坊里读书报、文件或敲敲打打……确实,说父亲把他一辈子的有效生命时间全部用在了工作和学习上一点也不过分。"①

沈鸿看书的范围很广,并不局限于机械制造领域,他经常看哲学、历史、自然科学、经济、古典文学、人物传记、国际时事类的书,到晚年已达到触类旁通的境界。沈鸿特别善于利用工具书,在他充盈四壁的藏书中,各种工具

---

① 吴英:《理想 勤奋 认真——对父亲深深的怀念》,载《无限忠诚——纪念沈鸿诞辰一百周年》,第 20 页,海宁市史志办公室、海宁市图书馆编。

书占了很大比重。其中中、俄、英等文的百科全书就有七套。也正是因为沈鸿注重学习并注重实践，给他一生带来硕果累累，也赢得无数人的尊敬。

1937年9月，沈鸿毅然放弃了自己辛苦经营了六年的工厂，带着锁厂的八名工人和十台机器，向延安进发，决心为抗日救国贡献自己的一份力量。在延安的八年时间里，他克难攻坚，共自主研发、设计制造生产军火的各种成套设备134种。他先后五次被评为劳动模范或劳动英雄。其中1942年，他被评为特等劳模，奖状是毛主席亲笔题写的"无限忠诚"四个大字。

在百废待兴的年代，面对西方国家的经济技术封锁和军事威胁，新中国必须建立起强大的、独立的现代制造业体系，而研制作为重型制造基础的万吨水压机成了关注的焦点。20世纪50年代，中国的科技基础比较薄弱，许多科技人员对自力更生研制重大装备缺乏信心，不少人有依赖苏联专家和国外技术的心理。当时，就基础和经验而言，造万吨水压机确实有很大风险。然而，沈鸿却毅然地站出来，向中央提出建议，主动承担了主持建造万吨水压机的重任。他认真吸取"大跃进"期间许多项目不顾实际条件、忽视科学规律最终导致失败的教训，他深知万吨水压机的研制事关重大，也深知要确保研制成功，必须保证方案的科学性和可行性，必须特别强调质量和实效，不能为追求进度而放松对产品质量的要求。为了验证技术方案的可行性，确保水压机的质量，江南造船厂先后制造了一台120吨和一台1200吨模拟试验水压机，把问题在模拟样机上解决了以后，再造万吨水压机。为了选定切实可行的设计方案和技术路线，他深入基层和现场，调查已有的水压机和相关资料、技术条件，鼓励大家反复研究每一个技术环节，精益求精。水压机可锻钢锭重量是衡量水压机性能的重要指标，当时普遍倾向于"能大尽量大，能好尽量好"，而沈鸿则冷静地分析了实际需求，实事求是地确定了重量限额，并采用拼焊技术成功地解决了制造万吨水压机的技术难题。经过精心组织、设计、试验和制造，沈鸿和他的同事们终于在1962年6月制成世界上第一台全焊结构的12000大型水压机。这台水压机是新中国工业建设和科技发展的标志性成就之一。

新中国的发展壮大对装备制造业不断提出了重大需求。为满足国民经济发展和国防事业对大规格、高品质金属材料和设备的迫切需求，摆脱依赖进口，打破国外的封锁，中央决定由我国自行设计建设若干个重大工业项目。沈鸿受命专门负责"九大设备"的研制工作。在制造九大成套设备问题上,有些人对国产设备信不过,主张进口国外产品。为了消除顾虑、统一认识,时任机械工业部副部长的沈鸿到所有承担九大设备设计、制造的院、所和工厂进行动员,做耐心细致的宣传和教育工作。为了做好九大设备设计方案的前期工作,沈鸿积极了解国内相近设备的运行情况,搜集国外同类设备的技术资料,广泛听取技术人员和工人的意见,正确地判断重大设备设计的先进性、合理性和实用性。在沈鸿的领导和精心组织下,第一重型机器厂、沈阳重型机器厂等厂家、设计和科研单位顺利完成了研制任务,再次提升了我国制造重型装备的能力。"九大设备"的技术含量高,用途广泛,代表着 20 世纪 60 年代中国机械制造技术的最高水平,自 70 年代起陆续投产以来,在国内居于不可取代的领先地位,迄今仍发挥着重要的作用。

由于沈鸿在中国机械工业上作出的杰出贡献和他中科院院士的身份,别人总要问他的学历,他就风趣地说:"我用 12000 天学习对付别人大学 1200 天的功课,我学习不停,我怎么笨也不比别人学得少。"他被全国政协副主席钱正英称为"恐怕是中国科学院唯一一位没有高学历的院士"。①

他的这一种自学成才、自强不息、自主创新、对党无限忠诚的精神也被后人称为"沈鸿精神"。

"沈鸿精神"受到多位国家领导人的赞赏和肯定。江泽民在沈鸿从事机械工作 50 周年大会上题词:"沈鸿和他的《党员必读》——理论联系实际的作风,好学不倦的精神";陈云曾为他题词:"理想、勤奋、认真";国务院副总理曾培炎在沈鸿百年诞辰纪念会上说:"我们要学习沈鸿同志热爱祖国、忠于理想的献身精神,学习沈鸿同志崇尚真理、实是求是的科学精神;学习沈鸿同志开拓进取、自强不息的创新精神;学习沈鸿同志刻苦钻研、百折不挠的奋斗精神";全国人大常委会副委员长、中科院院长路甬祥在沈鸿百年诞辰上作了标题为《发扬沈鸿自主创新精神,振兴我国装备制造业》的发言。

"沈鸿精神"也受业内人士的推崇。路甬祥在沈鸿百年诞辰的讲话中说:"我们要认真学习沈鸿同志自力更生、艰苦奋斗、求真务实、敢于创新的精神,大力提升我国机械科技的自主创新能力,为建设创新型国家不断做出应有的贡献。"原机械工业部部长段君毅为 1993 年出版的《沈鸿文选》所作的序言中说:"沈鸿同志自幼酷爱读书,孜孜不倦并自学成才,虽年近九十高

---

① 《自主创新的带头人——忆沈鸿同志》,载《百年沈鸿——我们共同拥有的财富》,中国机械工业联合会编。

龄仍不遗余力，钻研不止。在工作中他一贯坚持自力更生、艰苦奋斗，同时又积极主张吸收国外先进科技为我所用，从不故步自封。谦虚谨慎、一丝不苟、实事求是、敢于坚持真理也是他一贯的优良品德和作风。沈鸿同志受到广大的知识分子和青年的崇敬，早已成为他们学习的楷模。"沈鸿的学生林宗棠在《建设创新型国家，深切呼唤沈鸿精神》一文中说："自力更生、自主创新、博采众长是沈鸿的精神。"

"沈鸿精神"更受普通老百姓人的尊敬。2011 年 5 月成立的沈鸿纪念馆成为海宁乃至全国的党史教育基地和廉政教育基地，发挥着广泛而深远的教育和引导作用，普通百姓和广大学生踊跃参观沈鸿事迹并深深为他的精神所感动。如工商嘉兴分行于 2012 年 5 月参观沈鸿纪念馆，参观后他们说："通过对沈鸿展览馆的参观，使大家受到一次爱国主义精神、勤奋学习精神、廉洁自律精神的教育。"[1]海宁市紫微小学是沈鸿曾经就读的学校（当时叫米业小学），他们十分注重学习沈鸿精神，在 2010 年沈鸿研究会年会上，紫微小学老师曾就他们学校学习沈鸿所做的探索进行发言：一、与校本研究相结合，建立沈鸿纪念室，组织学生参观沈鸿纪念馆；二、发动学生收集沈鸿事迹的图片、文字资料，开展"沈鸿为校争光，我为沈鸿添彩"主题队会；三、与雏鹰争章品牌活动相结合，学校创设"沈鸿章"；四、与学校特色创建相结合，把科技教育当作学校特色来抓。[2]

---

[1]　见中国工商银行嘉兴分行网站，发表于 2012 年 6 月 4 日，作者金正华。

[2]　见海宁市紫微小学网站，发表于 2012 年 2 月 2 日。

论硖石米市的形成及其对市镇发展的影响：兼析米市凋敝的原因

刘　峰

（浙江省海宁市史志办公室）

　　浙江省海宁市地处素有"丝绸之府，鱼米之乡"之称的杭嘉湖平原南缘，南枕钱塘江，与杭州萧山、绍兴上虞市隔江相望，西连余杭，北依桐乡市和嘉兴市区，东临海盐县。海宁之地，历史悠久，物产丰富，自然景观与人文景观并胜，历来受文人墨客推崇。明代著名史学家谈迁赞曰："宁虽偏僻，介在杭嘉间，襟带江河，舟航马足，固五父之逵也。"①海宁市市政府所在地硖石镇，古称峡石、夹谷，因镇内有东、西两山夹峙而得名，唐以后改称硖石。古籍中有多处记载硖石之东、西二山本相连，后被秦始皇使人凿开。② 明诗人高启诗云："硖石颇奇怪，长河出连山。绝壁两岸开，行舟过其间。"③此诗形象地描写了硖石独特的地形地貌。

　　浙江省本为农业大省，但钱塘江南岸地区自古以来因地理、土壤等因素粮食多不能完全自给，须从安徽、湖南等省份进口大米。海宁横亘于钱塘江北岸，境内之盐官码头为横渡钱塘江的最佳地点。自江南运河而来、目的地为钱塘江南岸的大米必在海宁境内稍停留后再从盐官转运。故而初在海宁西部的长安镇形成了规模极大的米市。清晚期，太平天国的战乱导致硖石镇西部长安镇的米市凋零。咸丰十年（1860）长安米市东移至硖石，硖石也

---

　　① （明）谈迁著：《海昌外志》点校本，海宁市史志办公室点校，方志出版社 2009 年版，第 1 页。

　　② 明代潘廷章著《硖川志》记载：硖石古称夹山，初本两山相连，秦始皇初游到此，发囚徒十万凿之，遂分两，一曰东山，一曰西山，今市河两涯山根犹露，相传秦始皇凿此也。《太平寰宇记》记载：故由拳县，在今县南五里。秦始皇见其山有王气出，使诸囚和死者来凿此山。其囚倦，并逃走，其号为囚倦山，因置囚倦县。后人语讹，便名为由拳山……宋代《图经》记载：秦郡县天下，定江南郡会稽，置长水县，即吴槜李，地陷为谷，因目长水，城曰谷水。已乃置县硖石山，曰由拳。转见赵福莲著：《走读海宁》，浙江摄影出版社 2005 年版，第 3 页。

　　③ （明）谈迁著：《海昌外志》点校本，海宁市史志办公室点校，方志出版社 2009 年版，第 8 页。

获得了一个难得的发展助推器,数十年间长盛不衰。本文将主要讨论硖石米市形成的历史、地理因素及其对市镇发展的影响,并尝试探析米市消失之原因。

一、硖石米市形成的历史考察

硖石米市的形成,不是偶然的因素使然,而是长期的历史演变、硖石的交通区位优势和经济发展的综合作用使然。就其因主要有三:一是受浙江省粮食供需状况影响的;二是硖石在区域交通网中的位置所决定;三是硖石其时已经崛起为区域中最重要的经济重镇。

"浙江的气候、土壤与水利,均比较宜于稻作,故为我国产米最丰省份之一。"但是从微观的角度来看,浙江省内各地区"因自然环境之差别,米产亦各有丰吝"。"嘉湖所属各县,属于我国著名的平原区,土质肥沃,极宜于耕植。河道横继,尤便于灌溉,故米产最丰,构成浙省米粮之最大供给地。温、台两属各县,高温多湿,土壤甚佳,稻产因亦甚丰,常年均有余米出境。萧山、绍兴、上虞、余姚、慈溪等县之沙地带,则因土质不宜植稻,民食须仰赖外区,成为他区余米的一大销场。金、衢二属,就土壤、气候言,固甚宜淤稻作,但因境内多山,稻田有限,故米产并不丰多。至丽处两属,则因山岭横穿,土质贫薄,灌溉不便,米产最为缺乏。因此各地有盈有虚,为求相互调剂,遂发生食米的交易与移动,其路线可按各地之生产环境得之。但此种补充作用,不仅发生于省内各区,亦常发生于本省与外省之间。因之食粮的交易,亦有区际运销与各省际运销之别。"①直到民国时期,浙江省内"嘉湖金衢各属,年有余米,敢属差强自给(所缺有限);杭宁绍温台处各属,则均感不足"。可见,因区域内各地产量之丰与歉有别,粮食流动古已有之。

另一个原因就是海宁所在的长江三角洲地区本为全国粮食主产区,宋代谚语"苏湖熟,天下足"广为流传就是最好的证明。而至明代,由于商品经济的日益发展,促使长江三角洲地区的农民广种桑、麻、棉等经济作物,减少了水稻的种植,使得本地区成为粮食的输入区。这一现象在杭嘉湖平原地区表现得尤为明显。康熙帝南巡江浙时亲自"询问米贵之由。百姓皆谓数

① 张培刚、张之毅著:《浙江省粮食之运销》,商务印书馆 1940 年版,第 1—2 页。

年来湖广米不至,以致价值腾然"①。雍正年间浙江巡抚程元章上奏称:"杭嘉湖三府属地,地窄人稠,民间以育蚕为主,田地大半植桑,岁产米谷,除办漕外,即丰收之年尚不敷民食,向藉外江商贩接济。"②乾隆十三年(1748)清高宗的上谕也说:"浙西一带地方所产之米,不足供本地食米之半,全藉江西、湖广客贩米船,由苏州一路接济。"③这一现象一直维持到民国时期未改变。至20世纪40年代初,"浙江虽是个稻产区域,但米的生产仅足够全省全年消费量的四分之三……每年产米据浙江建设厅的估计约三千八百万担,而全省二千万以上的人口,每年食米消耗量,需五千二百万担,所以还需从外面输入一千四百万担"④。

于是湖南、湖北、江西和安徽等产粮大省的粮食顺长江而下,经江南运河分销到江浙各地。海宁横亘于钱塘江北岸,目的地为钱塘江南岸的粮食需经水路抵达海宁后再转运过塘。钱塘江入海口最宽处达100公里,而到海宁盐官时收缩至仅3公里左右,使之成为观潮胜地。同时,盐官渡口也自然成为横渡钱塘江的最佳地点。米市在海宁地区的形成乃水到渠成。由于粮食的转运对促进经济的发展与和调节各地粮食的平衡极有益处,故地方官员也乐见其成。清光绪三十三年(1907)浙江藩司专门行文,明令"凡由海宁落塘运米至上虞转发至浙东各地,均由地方官发给四联护照"⑤。

海宁地区崛起的米市最初在西部的长安镇。从各种史料中可见,在雍乾时期长安米市已很是繁盛。乾隆上谕称海宁县长安镇"街市绵长,人烟稠密,上接杭州省城,下接嘉兴湖州,以达苏州。商船络绎,实为来往米布货物聚集之区"⑥。时人称"岁供苏浙籴买,士人亦多赴江西,湘,楚一带贩卖。乾嘉以后,则多贩运至浙江海宁之长安镇"⑦。其因是江南运河自嘉兴而

---

①《续修四库全书》编纂委员会:《续修四库全书 370 史部·编年类》,上海古籍出版社 2002年版,第 373 页。

②《雍正朱批谕旨》卷 211 下,雍正十二年程元章奏折,转见樊树志著:《江南市镇:传统的变革》,复旦大学出版社 2005 年版,第 389 页。

③《清实录·高宗》卷 314,乾隆 13 年 5 月乙酉上谕,见何泉达编:《清实录江浙沪地区经济资料选》,上海社会科学院出版社 1959 年版,第 39 页。

④ (民国)行政院农村复兴委员会编:《浙江省农村调查》,商务印书馆 1934 年版,第 3—4 页。

⑤《海宁粮油志》,浙江人民出版社 1991 年版,第 70 页。

⑥ 乾隆三十九年二月十八日浙江巡抚三宝奏,见《宫中档乾隆朝奏折》,第 35 辑,第 38 页。转见方行等主编:《中国经济通史·中册·清》,经济日报出版社 2007 年版,第 731 页。

⑦ (民国)《六合县续志稿》卷 14《实业》,转见戴鞍钢等主编:《中国地方志经济资料汇编》,汉语大词典出版社 1999 年版,第 707 页。

来,抵崇德镇后折向西去。自运河而来,需南运至钱塘江南岸的大米走崇长港抵长安,稍停留后经上塘河到盐官再过江,十分便利,所以"浙西米市昔年全在长安"。然则世事难料,"洪杨之役(指太平天国战乱)镇毁于火。元气大伤,恢复不易。于是硖石米行应时而起,数十年来贸易颇盛。长安地位遂为所夺"。① 至于太平天国期间太平军与清军在此地激烈交战所带来的恶劣后果,咸丰年间海宁人冯氏所撰《花溪日记》(又名《太平天国日记》)有详尽记载:"被烧房屋十之七,沿乡数里尽伤残。被掳千余,死难被杀万余。鱼池积尸,两岸皆平,前后所陷市镇,惟此最惨。"作者以"白骨黄茅,炊烟断绝"来形容所见惨状。②

硖石虽位居海宁东北一隅,但自秦时开凿市河,将长水河与洛塘河沟通,使北面之百顷鹃湖与南边之千顷硖石湖相连,在此形成一个错综复杂的水系:有长水塘、长山河与横塘河分别与嘉兴、桐乡和海盐相连;东西横贯硖石的洛塘河则沟通海宁的中部和西部,舟楫可直通沪、杭、苏。就地理位置而言,硖石虽不是海宁的中心,却成为海宁水路交通枢纽。硖石的市河虽长仅 2810 余米,但河床很深,十五吨以下的船舶均可通行,成为浙江通商之重要河道。见图 1。

由于交通便利,自然人气集聚。人们逐渐向市河两侧迁移居住,逐渐形成了一河两街的民居建筑风格。岸边建有水榭、水阁或石埠,淘米洗菜,上下货物,均十分便利。人气集聚,市场也自然形成。附近的乡民将自产的农副产品运至市镇上出售,再换回其生活必需品。有《过硖石》诗云:"青山夹长溪,溪上有鱼市",③证明当时市场就是沿市河展开形成的。明末时,海宁境内各市镇中"硖石为最饶庶,袁花次之,长安又次之,郭店为下。转塘、黄岗,特村墟数廛也"④。种种资料显示,硖石在其时就已成为海宁区域中最重要的经济市镇。民国时期社会经济调查所就认为硖石米市形成的地理因

---

① (民国)《硖石米市状况》,载《工商半月刊》第 3 卷第 5 号,1931 年 3 月 1 日,调查第 15 页。《浙江粮食调查》也认为"海宁县之长安镇,原为浙西米市之一。洪杨乱起,该地惨遭浩劫,元气大伤。硖石镇(亦属海宁)乃起而代之"。见该书第 13 页。

② 海宁冯氏著:《花溪日记》,载中国史学会主编:《中国近代史资料丛刊—太平天国 6》,上海人民出版社 2000 年版,第 667 页。

③ (明)谈迁著:《海昌外志》点校本,海宁市史志办公室点校,方志出版社 2009 年版,第 288 页。

④ (明)谈迁著:《海昌外志》,点校本,海宁市史志办公室点校,方志出版社 2009 年版,第 24 页。

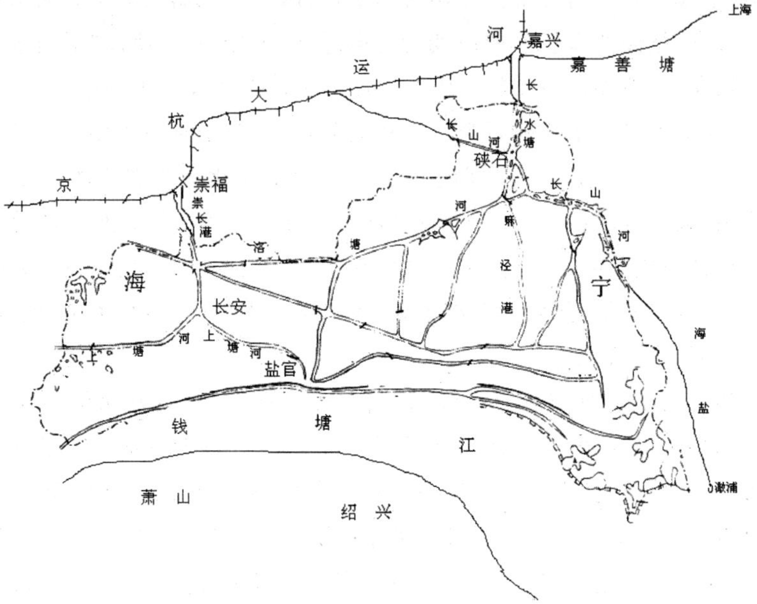

图1　海宁水系简图,参见《海宁市志》及嘉兴政区图

素是因为"其地河流纵横,交通便利,沪杭铁路又道出于斯,故不特本省平湖、嘉善、嘉兴等处以及江苏省芦墟、同里、金山、青浦等处之米,均可由水道汇集于此。即远如皖北三河,皖南之宣城,常年亦有大量运来"①。

　　太平天国的战乱,不仅导致长安米市东移,就是盐官等镇的商业也遭受重大损失。《海宁州志稿》云:"咸同以前,城(指盐官城)外有丝布等行,乡货骈集,市廛称盛。自遭寇乱(指太平天国的战乱——引者)蹂躏无遗。土产各货散售于各市镇,尤于硖石居多。"②可见,这一战乱后,硖石乘势承接了本区域的商业功能。

　　硖石米市形成后,各地来海宁之米的路线也稍作改变。"所有到硖石的大米,由江苏及嘉湖两地来者概走内河;安徽来者经长江大运河,过嘉兴由

---

　　①　(民国)行政院农村复兴委员会委托研究,社会经济调查所编:《浙江粮食调查》,社会经济调查所印行,1935年,第15页。
　　②　(民国)《海宁州志稿》卷3"舆地志·市镇"。

长水塘到硖石。"①光绪十六年(1890)硖石米业公所的成立,②标志着硖石完全取代长安而成为新的米市。

二、硖石米市的四大特点

(一)硖石米市被称为"黄米市场",究其因是由今硖石及其周边地区的粮食消费习惯造成的。此地区灌溉便利,主产粳稻。粳稻米较其他稻米强度大,出米率高,但是难消化。对于当地以种桑养蚕等轻体力活为主的劳动人民来讲,长期食用这种大米容易造成消化不良。所以在食用前一般先混合米糠进行发酵③,发酵后的白米便变成了黄色,所以称黄米。发酵后的黄米容易消化,就是孕妇等体弱者也适于食用。而与之相对,地处杭州武林门外、京杭大运河端点的湖墅米市便称为"白米市场"。

(二)硖石米市实为分销转运市场,米市来米基本都过钱塘江后外销。"硖石镇不仅为本地区余粮的集散中心,而且毗连浙江的江苏、安徽边区之余米亦以此为转运出口之地;至于浙东缺米县份,特别是绍兴、萧山、余姚诸县沙地,莫不以此为最大供给来源。"由此衍生出一个有趣的现象,硖石米市"乃米之散集市场,故米市之盛衰全依供求二方之需要为转移。凡产米与销米之区皆属丰年,则无交易可言。反之皆遇歉岁,则亦无交易可言。必待供求相应,而贸易盛矣"④。而杭州的湖墅米市,所来之米必须在先满足本地区的需求后,才有外销。《浙江粮食调查》称,硖石米市"所集之米粮,大部输送他处;湖墅则不然,杭州市区内常年九十余万石米粮之消费,十九取给于是,故转口他处者,反属少数"⑤。

根据米源产地,"硖石来米向有'内河'、'外江'之分。内河包括江苏及本省各地,外江包括安徽各地。由此运米之船户及中介之经售行亦有内河

① 陈宰著:《硖石米市与米业风俗》,载《中国民间文化——稻作文化田野调查》,学林出版社1994年版,第68页。

② 《海宁硖石镇志》,浙江人民出版社1992年版,第5页。

③ 其方法一般是先将碾过的米和由糙米碾成的米糠混合,经2至3个月的密封发酵。具体参见张培刚著:《浙江粮食的一个特殊习惯》,载《张培刚选集》,山西经济出版社1997年版,第165—166页。

④ (民国)《硖石米市状况》,载《工商半月刊》第3卷第5号,1931年3月1日,调查,第15页。

⑤ (民国)行政院农村复兴委员会委托研究,社会经济调查所编:《浙江粮食调查》,社会经济调查所印行,1935年,第28页。

与外江之别"[1]。1909 年沪杭铁路开通后,另有自上海依铁路而来的"洋米",产于越南、泰国等地。

(三)硖石米市的交易与行业管理机制十分成熟。硖石米市最早成立的行业管理组织为光绪十六年(1890)成立的米业公所,地址设在方便弄后街。初米业公所为商业行会性质,其职能只限于联络感情、相互关照以维护本行业利益。在米业公所的组织下成立了"米业同仁会",为同行业的福利机构,负责救危机困等事项,运转经费来自会员的捐赠。光绪二十六年(1900)米业公所集资创办了米业小学(今海宁紫微小学的前身),凡属米业同仁子弟均可入学。

随着历史的进步,米业公所也发展为近代商会性质的组织。民国十八年(1929)硖石米业公会成立,承担维持米市行业管理的职责。硖石米市的米行、碾米厂和零售米店皆得加"入米业公会",受米业同业规约约束。"硖石米业工业公会殊有力量,各同业如有越轨行为,公会即能根据同业规约起而约束。"

由硖石米业公会制订的米业同业规约共十五款,对于米市的价格、同业间新开或增开分号、货物的交割、款项的结算、量器的运用及违反行规的处罚等有关交易事项俱有明文规定。尤其是对米价的规定殊为严格,要求"米价逐日由公会议定通知同业一律遵守"。同时,规约很重视引入地方政府的管理。在十五款的规约中,对于加入米业公会的基本条件就是在"遵照工商业登记规则之规定呈请主管官署登记";严重违反行规的要"呈请主管官署加以处罚";对于米业公会处罚不服的可"呈请县政府核辨";全年营业情况要经公会汇总后"报县政府备查"。当然,最重要的就是,此同业规约是在"呈奉县政府核准后施行"的。[2]

在浙西两大米市之中,"湖墅为浙江省会所在地,凡西北两路来米,多以此为终点。其运往浙东者,亦由此转运至闸口,则其米市交易,理应较他处为发达。乃以交易制度,积重难返。萧绍一带大袋帮之米客,多望望然而去,转而集中硖石采办"。反观硖石米市"以米市事权之集中,交易惯例之便利,不特能承袭长安之局面,且已驾杭州之湖墅而上之",其势"蒸蒸日上"。

① 张培刚、张之毅著:《浙江省粮食之运销》,商务印书馆 1940 年版,第 14 页。
② 参见(民国)行政院农村复兴委员会委托研究,社会经济调查所编:《浙江粮食调查》,社会经济调查所印行,1935 年,第 19—20 页。

究其因有以下几点:

1. 其交易程序及方式较湖墅"为良";

2. 交易环境公平,对外帮运米来船无"苛扰";

3. 金融条件优越,"有钱庄四家,又有中国银行办事处",对支持米市的运转大为有利;

4. 硖石米业公会管理得当,所以此地"尚少见有如其他各地之恶习也"①。

硖石米市交易最讲求信誉,交易协议一旦达成,"不管行情如何涨落,都恪守信用,绝不后悔"②。

地处小市镇(硖石当时甚至不是海宁的县治所在)的米市能超越地处省城的米市,足见其交易与管理制度之完备。硖石米市还编有《行情报讯》专刊,"最盛时每天发行四百份,分发上海、无锡、苏州、杭州和各地同行"③,极大地便利行情互通。同时,各地也以"硖石米市行情作为粮价涨落的参考依据"④。故调查者亦感叹:湖墅米市"如不急谋改革,因循坐误,则其长路营业(指杭州城里的米店除由米市购米外,亦直接向产米地购买,通常称之为长路米店),将见夺于硖石,亦未可知也"⑤。

(四)市场分工十分齐全。围绕硖石米市运行的行当主要有:经纪业、米行、碾米厂及搬运工等。经纪业在米客与米商之间介绍业务、收取佣金。米行根据业务之大小可分为大袋行、小袋行和乡货行。大袋行就是指其装米的米袋较一般为大,每袋米合一石七斗之多,"以做钱塘江南岸及上海生意为主"。大袋行业务最大,有资料称其可占市场份额的70%。最大的"广顺米行资金逾一万银元(当时米价每石五元),年营业额达二十万元"。小袋行"专做本县及邻县各集镇生意,资金及营业额均较逊"。其用袋仅装一石二斗。其市场份额约为20%。而乡货行中规模较大的资金仅几百石米,小的

---

① (民国)行政院农村复兴委员会委托研究,社会经济调查所编:《浙江粮食调查》,社会经济调查所印行,1935年,第15页。

② 高海昌著:《再谈硖石米市与米业》,载(台北)《海宁同乡会讯》,1983年第十二期,第55页。

③ 陈宰著:《硖石米市与米业风俗》,载《中国民间文化——稻作文化田野调查》,学林出版社1994年版,第71页。

④ 高海昌著:《再谈硖石米市与米业》,载(台北)《海宁同乡会讯》,1983年第十二期。

⑤ (民国)行政院农村复兴委员会委托研究,社会经济调查所编:《浙江粮食调查》,社会经济调查所印行,1935年版,第13—14页。

更仅十余石。从各乡镇收购大米后再上米市交易或贩运外地,[①]据 1931 年的调查,"大袋行每年营业约六七万石,小袋行年约三四万石,乡货行年约万石"[②]。1935 年硖石米市有大袋行有 7 家,小袋行 5 家,乡货行共 60 家。[③]

米市中不可或缺的还有碾米厂。"向来硖石到米均属白米。近数年来糙米来者渐增,故碾米业因之而起。"硖石来米中未加工的稻谷数量极少,所以砻谷厂也少,多为加工糙米的碾米厂。"碾米厂在冬季新米上市之时营业最旺,至夏季则非常清淡。"1935 年时硖石有碾米厂"约十余家",其中规模较大的有泰和、开泰、康泰、泰隆、泰昌、泰丰、泰顺福等七家,动力也以柴油机居多。[④] 同时,各大碾米厂的仓库还提供为大袋行暂存大米的服务。

硖石米市的运输初全靠水运,"由产地直接雇船沿运河而至硖石"。就是在沪杭铁路通车后,"除沪杭路一带之销路由铁路运输外,其销往绍属各县者概由硖石下船沿海塘至对江之临浦、闻堰卸货焉"[⑤]。硖石米业"转运多用帆船,大者载米可一千余石,普通三百余石。装米来者以当地行家自买船贩运为最多,居十之二三;农民直接运来者,不及十分之一;硖石行家去运者绝无"[⑥]。大量的来船,催生了庞大的"脚班"(搬运工)队伍,高峰时"全镇专为米业服务的脚班有二百多人"[⑦]。其他如接船(将外江来船介绍给经售业)、斛手(职业计量大米)、运输行、麻袋行、栲栳店等行业也一应俱全。

---

① 陈宰著:《硖石米市与米业风俗》,载《中国民间文化——稻作文化田野调查》,学林出版社 1994 年版,第 68 页。

② (民国)《硖石米市状况》,载《工商半月刊》第 3 卷第 5 号,1931 年 3 月 1 日,调查第 19 页。

③ 参见(民国)行政院农村复兴委员会委托研究,社会经济调查所编:《浙江粮食调查》,社会经济调查所印行,1935 年,第 20—21 页。

④ 参见(民国)《硖石米市状况》,载《工商半月刊》第 3 卷第 5 号,1931 年 3 月 1 日,调查第 19 页。

⑤ (民国)实业部工商访问局编:《硖石米市状况》,《工商半月刊》第 3 卷第 5 号,1931 年 3 月 1 日。

⑥ (民国)行政院农村复兴委员会委托研究,社会经济调查所编:《浙江粮食调查》,社会经济调查所印行,1935 年版,第 24 页。

⑦ 陈宰著:《硖石米市与米业风俗》,载《中国民间文化——稻作文化出野调查》,学林出版社 1994 年版,第 69 页。《浙江粮食调查》中称当时约有百余人,参见该书第 18 页。还有的资料称其数量更为惊人,达三四百人,参见邹怡著:《民国市镇的区位条件与空间结构(下)——以浙江海宁硖石镇为例》,载《历史地理》第 22 辑。

三、米市的兴起与市镇的繁盛交相辉映

硖石米业的兴起,以硖石崛起为区域中的经济重镇为基础。米市的形成,则为历史给予硖石的最好回馈。

1. 米市的兴起推动硖石商业区的形成

米市的兴起,最直接的作用就是推动了以米市街为中心的商业区的形成。据曾就读于米业小学的高海昌先生记述,米市街口是一座拱门,进入拱门就是顶上为过街楼的米市街,米行就分布其中。过街楼可以"遮风挡雨",成为其儿时上学的必经之路。"街分上下岸,下岸濒临市河,全是木结构的吊脚楼。"[①]

由于米市的人气汇集,所以渐渐形成以米市街为中心、沿市河南北走向的商业区。据邹怡先生的走访考证,"在市河北关桥至塘桥之间的市河两岸构成硖石镇商业街道的主干",主干中部东西走向的干河街,为高级商业街;市河东侧的上东街和下东街是舍舟入市的通道,"亦有店铺";东南方向的横港河段"店家亦属不少"。"这些路段与市河两岸构成了全镇的商业街道"。据不完全统计,在20世纪40年代,该区共有各种店铺986家。[②] 在如此狭小的空间拥有这样数量的店铺,就是以今天的标准衡量,其密度也是相当惊人的。

2. 硖石金融、通信、交通业等行业的发展

光绪八年(1882),上海招商局"骈利号"开辟申硖客运专线,首次实现自硖石乘客轮可直达上海。光绪二十九年(1903),硖石第一个邮政分局在镇区干河街设立。宣统元年(1909)沪杭铁路通车,在海宁境内共设许村、长安、周王庙、斜桥、硖石等五站,其中"硖石地处交通最为繁盛,转运亦较多"。到20世纪30年代,海宁全境内"各商场以硖石为最繁盛。因该处扼沪杭交通之要冲,内地交通,亦四通八达;其次为袁花、长安等镇,惟较硖石有霄壤之别。硖石商业之经营形式,合股与有限或无限公司为多,独资次之。其他各镇尚未脱农业经济领域"[③]。民国六年(1917)商办捷利电话股份有限公

---

① 高海昌著:《再谈硖石米市与米业》,载(台北)《海宁同乡会讯》,1983年第十二期,第49页。

② 参见邹怡著:《民国市镇的区位条件与空间结构(下)——以浙江海宁硖石镇为例》,载《历史地理》第21辑。

③ 戴鞍钢、黄苇主编:《中国地方志经济资料汇编》,汉语大词典出版社1999年版,第638页。

司在硖石成立,开拓了米业经营者的视野。"如由原公顺隆米行改组的硖石聚兴米行,十分注意掌握市场信息,在上海设立联络点,用专线电话随时传达行情。"①硖石小镇的金融业规模也很惊人,在 1937 年全面抗战爆发前,硖石开设有县立农业银行 1 家,钱庄 15 家,可直接通汇上海、杭州、苏州、湖州、绍兴等周边大城市。②

联想到硖石米市中"行家恒能待客垫付款项为主因,其对萧绍二帮之放账,常年均达巨额,且时期有长至二三月者。据硖石米业中人言,近年以来,硖石米市之赖以维持者,此'银锁链实'为一主要力量"③。湖墅米市则因"商业凋敝"、"金融恐慌"而屈居硖石米市之下,我们有充足的理由相信上述现代文明成果在硖石的兴起是与米市发展互动而产生的良好结局。硖石米市的兴起对于当地其他事业的发展,如文化建设(设立米业小学)等亦大有裨益。

四、硖石米市的逐渐凋敝

硖石本地无大量米粮出产,亦无大量消耗米粮的人口,其米市的兴起与繁盛是历史选择的结果。同理,硖石米市的凋敝也是时势使然,非人力所能强阻也。

其一就是交通的发展。中国自元至清近 600 年间,"交通工具实质上不见得有什么进展。在陆路上的交通工具更无可说,水上的交通也不过是海船的发展和舟的种类之加多而已"。而自鸦片战争被迫"国门洞开"之后,国人在短暂地对外国的现代化交通工具表示"惊讶和厌恶"之后,遂逐渐接受。于是"同治、光绪年间,铁路、轮船和邮电都先后兴办,而汽车公路之建造和民用航空之施行,也自国民政府成立后正式开始。中国交通事业算是逐渐走上现代化的路子"④。

"硖石米市之所以能兴盛,皆由其时各地交通不便所致。浙东宁绍各县……所需粮食需从海宁盐官经钱塘江摆渡运至对江上虞集散,且以此最为方便……粮商从安徽、江苏等地采办大米,由硖石水运至盐官在过塘至浙

---

① 《海宁粮油志》,浙江人民出版社 1991 年版,第 70 页。
② 参见政协海宁县文史资料工作委员会编:《海宁文史资料》第 31 辑,第 6 页。
③ 《浙江粮食调查》,社会经济调查所印行,1935 年,第 14 页。
④ 白寿彝著:《中国交通史》,上海书店出版(据 1937 年版复印),1984 年,第 208 页。

东,故而量大面广。"①而陆路交通的发展,对其在区域交通网中的地位不可能不产生冲击。"因交通发达",传统粮食产地之米"多直接运销于缺米区域。同样,缺米区域亦多直接往产地采购",②自然减少了中间转运市场的交易量。

沪杭铁路开通后,从上海来的进口米在硖石不用停留就可直达杭州。"故凡本省米、苏米或皖米来少,而须洋米进口之年份,于硖石米市,最为不利。"③"1937 年钱塘江大桥通车后,皖米开始直接车运至临浦集散",无须从盐官过塘,于是"硖石米市销量锐减"④。米业运输的减少,甚至导致"原从事渡江运粮的源隆、乾大等过塘行因此停业"⑤。

表 1 为 1930 年至 1935 年硖石来米情况:

表 1 硖石米市 1930 年至 1935 年硖石来米情况(单位:市石)⑥

年份	内河来米	外江来米	合计
1930	620,000	200,000	820,000
1933	550,000	140,000	690,000
1934	450,000	200,000	650,000
1935	450,000	85,000	535,000

从中可以发现,硖石来米已明显呈逐年下降趋势。

其二受战乱影响。硖石米市得于"兵燹",而亦毁于"兵燹"。1937 年 12 月 23 日海宁全境沦陷,"日伪开卡林立,对米粮控制尤严……皖米根本绝迹,苏、常、嘉湖地区的大米也不易运硖……大袋行老板纷纷逃离出外,大量资金流向沪杭大城市。百多年兴盛繁荣的硖石米业,从此衰弱"⑦。仅剩的"少数米行也只在白天营业数小时"。日人 1942 年的调查证实高海昌先生的说法,当时"长江来米中断,邻县及四乡几乎成为米市粮食的唯一来源",

① 沈士芳著:《硖石米市和米业公会》,载(台北)《海宁同乡会讯》,第二十一期。
② 张培刚、张之毅著:《浙江省粮食之运销》,商务印书馆 1940 年版,第 14 页。
③ 《浙江粮食调查》,社会经济调查所印行,1935 年,第 15 页。
④ 高海昌著:《再谈硖石米市与米业》,载《海宁同乡会讯》,第十二期。沈士芳先生也持此意见,见《硖石米市和米业公会》,载(台北)《海宁同乡会讯》,第二十一期。
⑤ 《海宁粮油志》,浙江人民出版社 1991 年版,第 9 页。
⑥ 参见张培刚、张之毅著:《浙江省粮食之运销》,商务印书馆 1940 年版,第 15 页。
⑦ 高海昌著:《再谈硖石米市与米业》,载(台北)《海宁同乡会讯》,第十二期,第 61—62 页。

"当时米行共有 6 家"①,其惨淡景象,亦可得知。为进一步控制粮食运输,便利军粮的筹集,1943 年 10 月 15 日,日伪政权在硖石成立"海宁县米粮统治委员会"和"粮食采购办事处"。② 民间粮食购销,已趋凋敝。

其三,抗争胜利后,各米行业主虽有心重振米市,奈何经济衰退、官吏贪腐等原因,米市逐渐萎缩。据有关资料,与海宁咫尺之遥的上海 1946 年 12 月的物价比上年同期上涨 12 倍;一年后又上涨 14.7 倍。八个月后,也就是到了 1948 年 8 月,物价再度上涨 56 倍。同期大米价格上涨幅度分别为 8.2 倍、15 倍和 62 倍。③ 在如此恶劣的经济环境下,广大工商业者只得纷纷歇业。仅 1947 年 2 月一月时间,硖石就有 26 家米行歇业。④

无奈之下,国民政府于 1948 年 8 月 19 日颁布《整理财政及加强管制经济办法》,规定"全国各地各种物品及劳务价格,应照民国三十七年八月十九日各该地各种物品货价依兑换率折合金元券出售"⑤,意图平抑物价。但是此举导致了严重的抢购风潮。当日,海宁"本县各地米店存米抢购一空,硖石米市无米交易"⑥。在如此急剧动荡的局势下,硖石米业一蹶不振。到新中国成立前夕,米市中仅存米行十四户。⑦

其四是受新中国粮食政策的影响。在新中国成立之初,硖石米市曾有短期、部分的恢复,但是在 1953 年末全国开始实行粮食统购统销政策后,硖石米市承担的历史使命已经完成,此地"遂成历史遗迹"⑧。

1993 年出版的《海宁同乡会讯》登载了苏凤竹先生回米市街怀古所见:"米市街路牌,赫然尚在。下岸都已拆除,个别地段的过街阁楼犹存。几根朽木,顶着上面的天棚……单面编门牌七十八号,为住宅区而不复成市……今日米市街,如此而已。三五年后,开发拆建,更将难寻陈迹。"⑨近百年之米市,与历史渐行渐远,终不复见。

---

① 转见邹怡著:《民国市镇的区位条件与空间结构(上)——以浙江海宁硖石镇为例》,载《历史地理》第二十一辑,第 160 页。

② 《海宁粮油志》,浙江人民出版社 1991 年版,第 9 页。

③ 参见虞宝棠著:《国民政府与民国经济》,华东师范大学出版社 1998 年版,第 452 页。

④ 《海宁粮油志》,浙江人民出版社 1991 年版,第 10 页。

⑤ 《中华民国金融法规选编》,档案出版社 1989 年版,第 784 页。

⑥ 《海宁粮油志》,浙江人民出版社 1991 年版,第 11 页。

⑦ 《海宁硖石镇志》,浙江人民出版社 1992 年版,第 9 页。

⑧ 高海昌著:《再谈硖石米市与米业》,载《海宁同乡会讯》,第十二期,第 62 页。

⑨ (台北)《海宁同乡会讯》,第二十一期,第 20—21 页。

浙江省博物馆藏遂安古文书及其他

倪　毅

（浙江省博物馆）

作为个案资料的典型代表，民间文书已成为传统历史文献的重要补充，成为历史研究尤其是地方史研究的重要材料。各地契约文书的大量发现，使契约学渐成显学。其中尤为引人注意的是徽州及闽台地区古文书研究，已形成完整体系。而近年来学者们也开始注意到浙江地区民间文书的搜集和整理研究。目前已取得初步成果的有石仓契约研究、龙泉诉讼档案研究等。就民间文书的现存状况来说，浙江的民间文书在浙江省内各县市档案馆、图书馆、博物馆、高校等科研单位和私人藏家处都有所收藏。

据杨国桢在《明清土地契约文书研究》一书中介绍，江浙土地契约，大宗发现分藏于日本东京大学东洋文化研究所和浙江省博物馆。[①] 据初步统计，浙江省博物馆藏契约文书总数达万余件，其中已编号的 9 千余件；尚未编号千余件，具体数量仍在统计中。此外还有千余件太平天国时期的文书。

这批古文书，时间跨度从明代至民国。从地域范围看，除大量浙江地区的，还有少量江苏、安徽、湖南、江西地区文书。浙江地区内，又以遂安、金华地区、萧绍地区占大宗，目前这批文书正在分类整理中。本文对遂安古文书的基本情况作简单的梳理。

遂安，位于浙江省西部，新安江畔，毗邻安徽。"地限僻邑，路出通衢，为两浙之咽喉，系三安之要害"[②]，建置于东汉建安十三年（208）。遂安人杰地灵，素有"文献名邦"之称。明朝万历间遂安知县吴撝谦在纂修《遂安县志》时就指出："（遂安）毓秀钟灵，贤哲辈出。若虚舟倡绝学于瀛山，子南师陆氏于临汝，皆卓然后学之宗也。宋林处士，缙云孤臣，尤挺为中流之柱。史家

---

① 杨国桢：《明清土地契约文书研究》，中国人民大学出版社 2009 年版，第 4 页。

② 姚桓等纂：《民国遂安县志·卷首·县治图》，上海书店出版社 1993 年版。

所当特书以示法者。"①1959 年,因兴建新安江水库,遂安的县城狮城淹没水下。遂安县撤销建置,与淳安县合并。

由于馆藏古文书按照入藏时间进行编号,所以我们首要的工作是将遂安地区文书从上万件古文书中筛选出来。经初步整理,已编号的浙江省博物馆藏古文书中,明确标明遂安的有 1830 余件,另有尚未编号整理的约百余件。由于文书时间跨度大、种类多,我们在对文书进行分类时,分别采取了时间与类型分类方法,以期进行纵横比较。首先需要说明的是,本文针对的是浙江省博物馆所藏遂安古文书,作为案例而言,这只是一个样本,在此基础上所得出的结论,都是样本性特征,具有一定的相对性,并不能因此而成为总体性特征,但多少具备一定的参考价值。

一、以时间为经的纵向解读

按时间分类,遂安文书中明确标明时间的有 1745 件,跨度从明代至民国,其中清代文书数量最多。

明代:61 件。明代文书以万历和崇祯年间为主。而明成化二十一年(1485)一件分山界合同是已知所有文书中最早的一件。内容是汪家两兄弟订立合同分划山界,见图 1:

> 十五邻下汪建广与弟汪建贵各有山段俱坐落土名东源祝家山上培,四至号第相连,难以分拨界至,二家情愿凭到族兄汪建正写立合同议约,各收一纸。其山外至坞口岭脊为界,里至铺基边小降为界,其外□并自己殊划租分并栽种木植,不依号第俱伪,验税查分,自今立约之后,如有不遵合同之情,其罚食米五石与不晦人用。今恐人口难信,立此合同文书为用。
>
> 合同二纸
>
> 　　　　成化二十一年九月十二日立约人汪建广　建贵
> 　　　　　　　　　凭议人汪建正
> 　　　　　　　　　抄记

---

① (明)韩晟修:《万历遂安县志·县志旧序》,《中国方志丛书·华中地方》第 571 号,文成出版社有限公司,1983 年影印本,第 37 页。

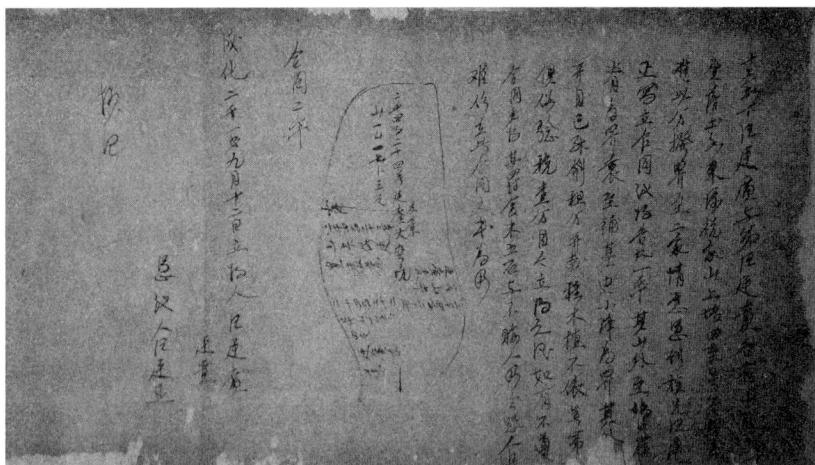

图1　明成化二十一年的分山界合同

　　合同中还画出山界草图,标明山界土名,所属人名及种植作物。这是一份家族内划分山界的议约。议约中值得注意的"凭议人汪建正"这个角色。由于议约涉及划分山界,这里的凭议人显然不仅仅只是中间人。他更重要的工作是平衡两家利益,做出合理的划分。虽然具体的划分细节并未在议约中反映出来,但可以想象,面对议约双方的利益需求,中人在其间说合调节,达出最后另双方满意的结果。同时,议约中写明违反约定的惩罚措施,那么显然,"凭议人"在事后还需要担任监督者及施罚人的角色。定规、监督、惩罚,通过这样一份议约,一个微型的民间宗族秩序俨然呈现在我们眼前。

　　清代:1500件,上起顺治,下至宣统。其中最大宗的为乾隆年间及道光年间,几乎占所有清代遂安文书总数的二分之一。细看这两个时期的文书,多以买卖租佃契约为主,某种程度上说明这两个时期民间经济活动的活跃。如乾隆三十六年(1771)一张卖地契:

　　　　立卖契令弟政鹦将土名如坂地并石坦身读应股地一分一尽出卖与兄　边为业,当日面议价银二两足,其银当日收足,其地并石坦任凭兄边执契管业,其税在本户,契外再不必另立推约过割,恐口无凭,立此卖契存照。

　　　　乾隆卅六年九月　日立卖契令弟政鹦　凭族兄敬存笔

这是一份乾隆年间的白契，契约字迹粗糙，内容也较为简单。"其税在户"，"不必另立推约"，说明这块土地交易发生在同族同户兄弟间。有意思的是，就在同一张契纸上，这份契约的后面又写有另一份转契：

> 立转契族弟政鹏，今将前契一尽出转与族兄边为业，其前价一并收足，其前契内地坦听凭受人执契管业归户无异，恐口无凭，立此转契存照。
>
> 乾隆卅七年六月　日立转契王政鹏　凭书王廷标笔

一年未满的时间，这块土地两次转手，虽然都在同族兄弟间交易，但也立契为据，可见契约文书在民间的普遍。

再看一份道光十二年(1832)的卖契推(图2)。这是一份粘有契尾的红契，字迹规整，内容完整。"契尾"是粘附在土地买卖契约末尾的官文书，是税契的证明。清代的"契尾"，始于顺治四年(1647)，由都察院印发各省，分发各州县地方官，在办理税契手续时使用，分两联："大尾"粘连原契，用县印盖给，与业户收执；"坐尾"由存根备查。[①] 这份契约的特殊之处在于立契人的身份是寺院僧人，交易标的物为寺院内田地：

> 立卖契推人僧源启，今因建造佛殿，借贷无价，凭抬递酌议，将寺内祖遗土名东山田一段，计税八分六厘，一尽出卖与童基敦名下为业，当日面议价文十七两二钱正，其钱自身收足，其田听凭受人执契收租，其税即向龙翔寺僧寂明户内起推入餐青来庄童正纲户内收税完粮，所该代纳一并收足，不必另立推约，亦不面同上册，本寺庙人等盖无异言，恐口无凭，立此卖契推人存照。
>
> 道光十二年十一月　日立卖契推人僧源启　余思成　余尚德
> (后略)亲笔

---

① 杨国桢：《明清土地契约文书研究》，第56页。

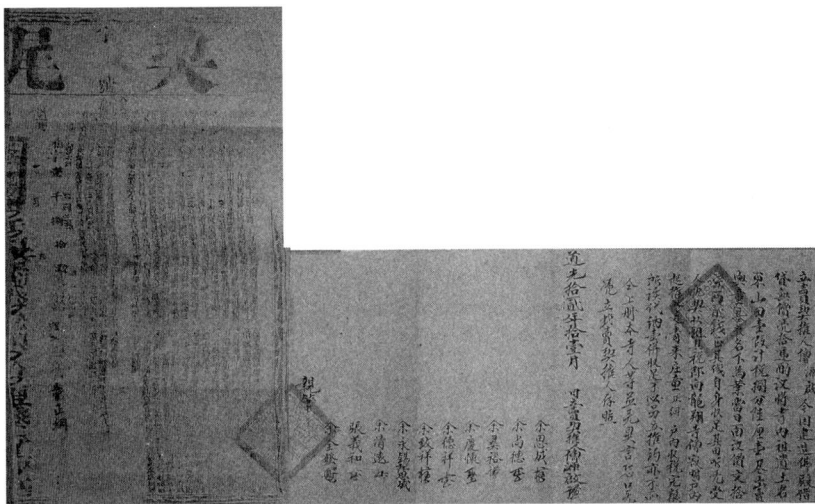

图2　道光十二年的卖契推

同样是红契,雍正十二年(1734)的洪士易立卖山契却没有契尾,取而代之的是一张正规印刷的官契纸。这是因为清初对"契尾"的使用几经反复。雍正六年(1728),以河南总督田文镜奏请,取消契尾,改颁官刷契纸契根,使契税和税据合为一纸。这份雍正十二年(1734)的契约是将两份原契与官契纸粘合而成(图3)。其中一份原契订在雍正八年:

> 族兄洪士易今因无钱使用,自情愿将土名大坞岭山一号,计税一亩,东至自山,西至悦山,南至地,北至降,四至分明,将四至内山一尽出卖与族弟捷边为业,当日面议价纹银一两正,其银是身收足,其山听凭执契管业,其税下遇大造过户供差,恐口无信,立此契文为用。
>
> 雍正八年正月　日立契人士易亲笔

其中"其税下遇大造",指大造黄册之时,因而我们看到另一份推约订立在四年以后,即雍正十二年:

> 族兄士易原出土名大坞岭山一号,计税一亩,系木字一千六百七号,出推与族弟士藩边名下,前去向径承过割,其当差代纳找价,一并收足,其税向士易名下推税过户供差,本身不必会面,恐口无信,立此推约为用。

231

雍正十二年五月　日立推约族兄洪士易亲笔。

粘在这两件原契后的是官府印刷的契纸。内容固定，买卖信息由立契人填写。契纸末端还标明"每张卖钱五文"，"勿得多取苦累小民"。

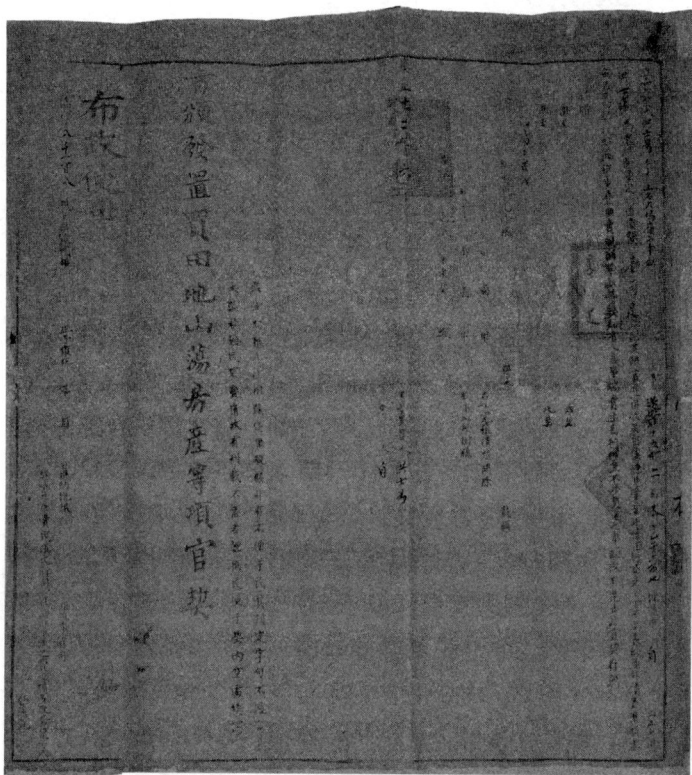

图3　雍正十二年的契约

民国时期：184件，界定在新中国成立前。在民国遂安文书中，我们发现"卖纸票"占一定数量。除遂安外，在浙江省博物馆藏其他地方的古文书中尚未发现这种卖纸票。卖纸票统一印刷，空白处填写信息。基本格式是：

立出卖纸票人　今因缺少灰本山价工食等项正用，自情愿托中将　本槽做出　件。今来出卖与　号内入手承买，当日凭中三面议定时值，每件　计价银英洋　总共纸价银英洋　。其洋银即日　其余价银立折支取核货应兑。其纸照依行规每　刀净每刀　张足。其簾面磨净　阔转手磨净　长。自当拣张剔破，倘

有破碎不足,照市扣价,其纸限定　交起,逐日送至　交卸,限定
为止,不敢舞弊抽漏,赢速亏迟,如限期不足,依杭盘揭价还洋或是
仍归交货,听凭客便,并不敢少刀少张,如减狭簾面,转手清槽,破
碎晒料,隐戤撕张等,倘若察出,一概自愿照依行规减价,不得异
言,自卖之后,赢亏两愿,恐口无凭,立此出卖纸票为据。

　　中人

立卖纸票字人
民国　　年　月　日立

例如民国二十一年(1932)吕有庆卖纸票据(图4):

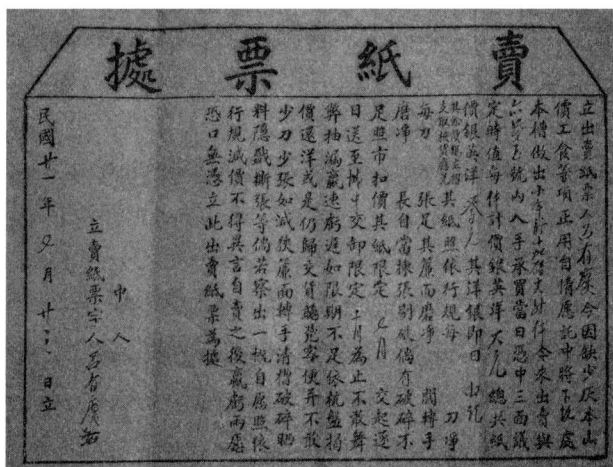

图4　民国二十一年吕有庆卖纸票据

　　从内容上看,票据中约定了纸张价钱、交货日期、交货地点、质量要求、
违约处罚等。根据这些内容可以判断这是商号与造纸人所签订的一种订货
协议。民国《遂安县志》中提到,"县南七八都产竹最多,开槽制纸需工不
少"①。大量"卖纸票据"的存在,也说明民国遂安造纸业的发展。

---

① 　姚桓等纂:《民国遂安县志·卷五·实业》。

二、按类别划分的横向分析

从具体内容上看,这批文书种类丰富。按类型划分,可分为交易租佃、司法文书、宗族乡约几大类。交易租佃契约是其中数量最多的。下面分类进行简单介绍。

交易契约:交易契约,指的是山田房产等买卖交易时签订的契约。杨国桢在《明清土地契约文书研究》中提到,"清代浙江土地买卖文契,种类和其他地区一样,有'活卖'与'绝卖'之分"[①]。绝卖即卖断,活卖指田土交易时未卖断,留有回赎、找贴的权利。由于活卖后会有"加价"、"回赎"等中间环节,因此又产生了"找贴契"、"找价"等补充性契约。在浙江省博物馆藏契约中,这种"绝卖契"以及"找契"大量存在于金华地区、萧绍地区文书中。遂安文书中,也有这种类型契约,但相对而言,数量较少,清代至民国时期大量的交易契约中,绝卖契仅十件,找契也只有十件。当然,需要再次强调的是,正如前文所言,这只是馆藏样本的特点。在遂安交易文书中,我们发现数量较多的是一种称为"卖契推"的文书,如乾隆二十七年(1762)洪兆祥立契推:

> 族侄兆祥今有土名靛青湾山一号,计税五分,前出各过三股之一,仍山三股之二,身读计税三分四厘,四至在号不述。今将四至内□便与族叔边彩边为业,当日面议,实得价文银六钱足,其银是身收讫,其山听凭执契管业,其税即便过割,将本庄洪士武户推入洪兆廉户收税完粮。其找价下产一并收足,不必另立推约,恐口无信,立此契推为用。
>
> 乾隆廿七年十二月　日立契推洪兆祥
>
> 　　凭叔洪士毅
>
> 　　代书堂兄兆烈

推约是土地买卖后的过户手续。从内容上看,这是将卖契与推约合二为一后产生的文书。这种"契推"在馆藏其他地方文书中尚未发现。

租佃契约:租佃契约一般包括田主订立的招佃契约及佃户订立的承佃契约。由于各地习惯不同,租佃契约的名目繁多。在江浙安徽一带,承佃契

---

① 杨国桢:《明清土地契约文书研究》,第 201 页。

约较为常见的是"佃约"、"租约"、"承字"、"领字"等。招佃契约,多以"租约"、"租批"的形式出现。在遂安文书中,除了传统的"佃约"、"佃批"外,我们还发现称为"抱约"和"给付"的租佃契约。"抱约"是一种承佃契约,在浙江省博物馆藏契约中仅在遂安地区发现。馆藏文书中最早的一份抱约是崇祯时期,可见至少在明代,就已经存在这种形式的租佃契约。抱约有的单独存在,也有的是与契推附和在一起。如乾隆二十七年洪兆烈立契推立抱约(图5):

> 立契推族侄兆烈,今因无办自情愿将土名孙家坂田一段计税五分五厘四至在号不述,将四至内田一尽出便与族叔士彩边为业当日实得价纹银二两七钱五分,足其银,是身收足,其田听凭受主执契管业收租,其税即便过割,听向经承将本庄洪兆烈户推入洪兆廉户收税完粮,其找价下产一并收足,再不另立推约,恐口无信,立此契推为用。

> 乾隆廿七年十二月　日立契推族侄兆烈　代书堂弟兆楷

> 立抱约族侄兆烈今抱到族叔士彩边土名孙家坂田五分五厘,即随抱,每年交还硬租谷一百三十七觔半,送至上门,不至少欠,如有少欠,听凭另佃,恐口无信,立此抱约为用

> 乾隆廿七年十二月　日立抱约族侄兆烈　代书堂弟兆楷

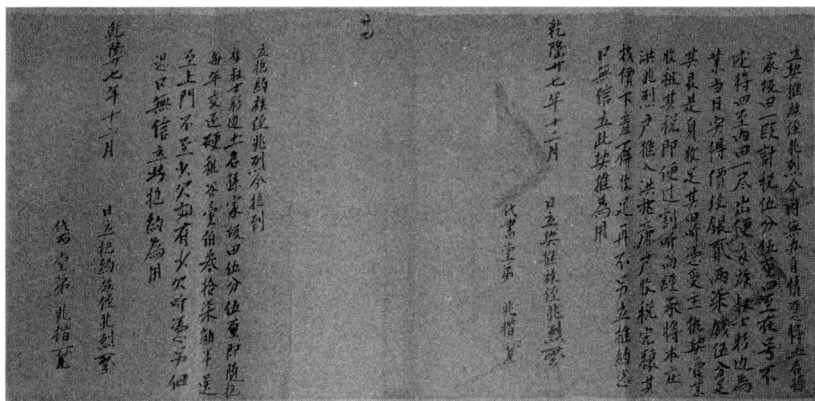

图 5　乾隆二十七年洪兆烈立契推立抱约

这里立契推人与抱约人是同一人。汪兆烈将出地出卖后随即租田佃种。也有立契推人并非抱约人的情况。如咸丰四年(1854)十一月遂安县良

贤立契推,将田地出卖与成富会,同时加进立抱约,将这块田地佃来租种。两份契约由同一人代书,写在同一张契纸上。

乾隆五十九年(1794)十二月的一份叶诗鹤立卖田契推约及抱约(图 6)则是将卖田契、推约、抱约以及契尾粘合在一起红契,也是遂安文书中仅有的一例。

图 6　乾隆五十九年的卖田契、推约及抱约

与"抱约"相对,"给付"是由田主订立的租佃契约。如乾隆四十七年(1782)徐静宜立给付:

> 立给付人徐静宜今将土名岩头揭林后山五分出给与邓边廷文名下前去耕种,当收佃价钱文二两五钱,每年交身租一百斤,恐口无凭,立此给付存照。
> 乾隆四十七年四月　日立给付人徐静宜

这份给付内容简单,但重点明晰,田主收取佃价,佃户享有耕种权,每年承担交租一百斤的义务。另一份道光二十九年(1849)的给付(图 7)内容则相对复杂,订立给付者是遂安汪一本祠堂董事,出租土地为祠堂田地。给付中增加了田主的要求,"其租每年遇熟送至上门,不得短少","如有拖身祠另给"等,并额外补充要求"租粮粗开,不能种豆,准交苞芦"等。

司法文书:主要是各类诉状约百余件,数量虽然不多,但内容丰富,涉及婚姻纠纷、田宅纠纷、钱债纠纷等民事内容以及殴打伤人等刑事案件。斗殴

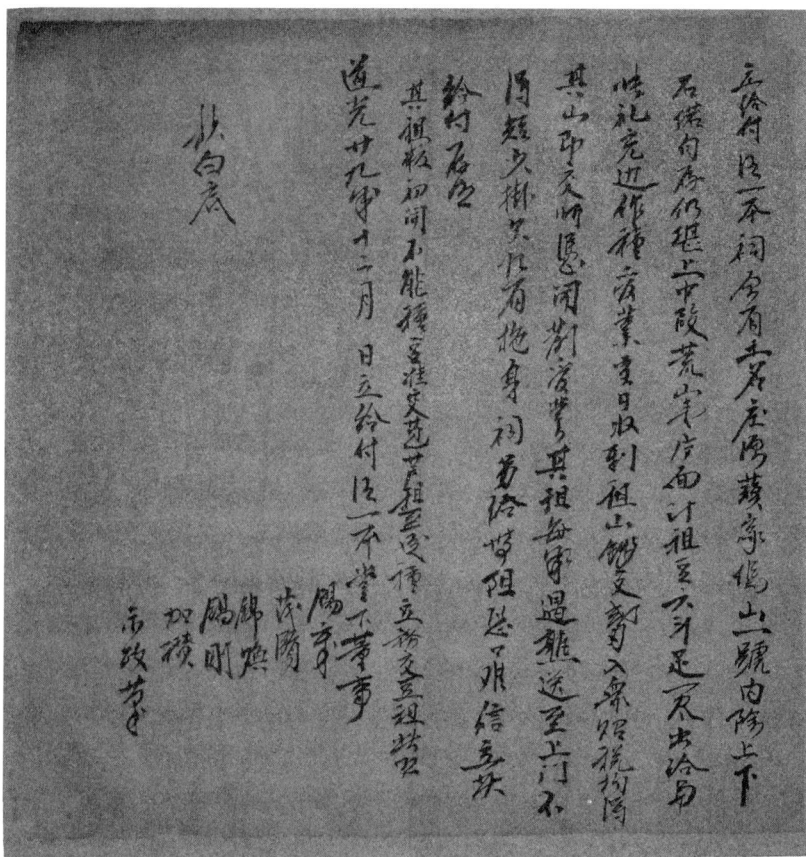

图 7　道光二十九年的给付

案件中有些是由钱债纠纷激化产生的。在传统观念中,钱债纠纷属于"民间细故",一般来说官府不愿受理,由于正常的诉讼渠道不易得到保障,钱债纠纷极易激化,引起斗殴伤人等案件,当事人往往继而以这些名目起诉,以引起官府重视,以求得到及时解决。官府处理田产纠纷时一般则要求将有关文字证据即契约等核实,比较慎重。例如道光十三年(1833)倪余氏呈控倪藩吟等强占田产盗卖的案件(图 8)。

　　该案中遂安县正堂的处理意见是将案件涉及的田地各契"先行呈验",这也说明田产买卖契约在纠纷发生时具备重要的法律效力。早在乾隆三十八年(1773),浙江布政使司就曾告示"民间执业,全以契券为凭。其契载银数或百十两,或数千两,皆以现银无异。是以民间议价立契之时,必一手交

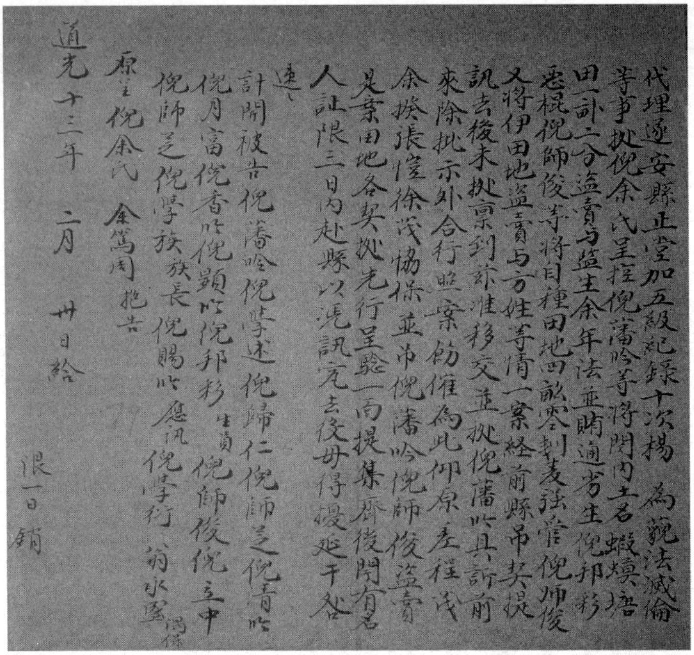
代理遂安縣正堂加五級紀錄十次楊 為藐法滅倫
等事批倪余氏呈控倪藩吟等將閉內土名蝦蟆塘
田一畝二分盜賣與藍生余年法並賄通劣生倪邦彩
恶棍倪師俊等將自種田地四畝零割麦強管倪師俊
又將伊田地盜賣與方姓等情一案經前縣吊契提
訊去後未據禀到亦准移交並批倪藩吟具訴前
來除批示外合行照案飭催為此仰原差程茂
余撥張[illegible]徐茂協保並吊倪藩吟倪師俊盜賣
是案田地各契[illegible]先行呈驗一面提集原被有名
人証限三日內赴縣以憑訊究去役毋得擾延干咎
速速
計開被告倪藩吟倪學述倪歸仁倪師芝倪青吟
倪月富倪香吟倪顯吟倪邦彩 生員 倪師俊倪立中
倪師芝倪學族 族長倪賜吟 應訊 倪學行 翁永堅 凴保
原呈倪余氏 余篤周 抱告
道光十三年 二月 卅日給
限一日銷

图8 道光十三年遂安县强占田产盗卖案件司法文书正堂的处理意见

银,始一手交契,从无将契券脱手付与他人收价之事。……盖有契斯有业,失契即失业也”[①]。契约的重要性及普遍性可见一斑。

诉状中还有不少是跟坟地有关的纠纷,如乾隆四十八年(1783)郑士力控告同族人郑兆洄将坟山“劈空罩占”,乾隆五十年(1785)洪光集控告洪初荇将祖父坟地挖葬强占等。而同时期的宗族议约中我们也发现不少关于安葬祖坟的合议,如乾隆四十五年(1780)安葬祖坟洪姓等人立合议等,也说明当时坟地纠纷相当常见。

宗族乡约:明清时期浙江的宗族组织日益完整,宗族内一般设有宗祠。从馆藏遂安文书来看,遂安地方至少存在汪姓、余姓、洪姓等几个较大的宗族。祭祖修祠是宗族中十分重要的事情,文书中有不少涉及宗祠的内容。如汪氏祀收租及祭祀账单、汪氏骆氏僧等祠庙会社祀产各户交粮清单等。此外,宗族文书中还有一部分议约、合议。这是宗族内针对某一事件制定相应规范的文字字据。遂安地区山林较多,山林管理具有一定难度,因而我们

① 《治浙成规》卷一,《严禁验契推收及大收诸弊以除民累》。

看到乡约中有不少是关于林木管理的。如道光二十一年(1841)汪一本堂方材公祀针对山场柴木盗窃的情形订立条约(图9),肃整禁规。条约内容包括"茶叶萝桐棕树毛竹及笋各色,务要通知禁首再许出源,违者罚文一两二钱"、"黑夜盗砍树木等物,查出逐出境外"等等。这是宗族规范承担民间私法职能的典型例证。

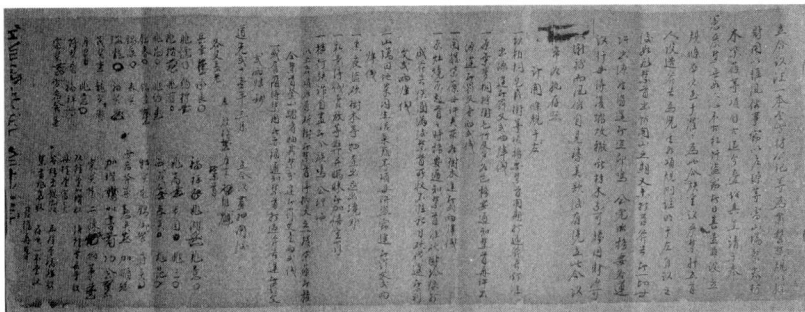

图9　道光二十一年汪一本堂方材公祀针对山场柴木盗窃订立的条约

除此之外,文书中还有反映科考教育的书院课卷及科考试卷、反映民国政府举措的政府公文等文书,此不一一例举。

三、余论:深入解读的思考

历史研究中,新史料往往会给研究带来某些新的突破。对文书研究而言,新发现的文书资料更能可以填补某一领域研究的空白。然而近年来区域史研究中对民间文书搜集的热潮,也让学者开始反思,新发现的量的累积,是否能带来新认识上质的飞跃。同时学者也担心细化的民间文书会导致社会史研究的"碎化"。对于这样的疑虑,我们首先要做的是正确认识民间文书的价值。从目前已取得显著成果的文书研究,如徽州文书、石仓契约等来看,其文书不仅数量宏大,更重要的是文书本身具有系统性、关联性、完整性、延续性的特点。这样的文书对于研究区域历史阐释区域文化具有重要的作用。那么相反,对于那些不具备这些特点的零星散落的文书,如何开拓思路,合理利用,挖掘其潜在价值,对于文书研究而言,也是很有意义的工作。以遂安古文书为例,谈一点浅薄的个人思考。

1. 还原最初,从表面出发

当研究遇到困惑时,我们需要做的是回到原点,抛开各种研究高度和深度,从原始状态出发,掌握基础信息。对民间文书而言,鉴于文书具备的文物特性,文书本身反映出的信息不容忽视。纸质、字体、笔触、戳印等等都是重要的信息点。在整理遂安古文书的契约文书时,我们留意到有些文书字迹规整,立契人的花押也相当繁复,有些文书字迹潦草,别字较多,立契人用简单的圆圈图案画押,这种不同反映的是立契人身份的区别。这样的区别对于契约本身的法律效力是否会有影响? 同样,在司法文书的各类状纸中,写状人的笔触也是一个值得留意的信息。一张控状中,控诉人在陈述案情之余,或多或少都会添加其他情节,或控诉对方道德如何败坏令人发指,或是表明自己如何蒙冤受苦等等,用怎么的字眼添加怎样的情节,似乎也关系到县官审案的态度与速度。虽然,在这里我们只是提出假设性议题,但诸如种种,都是可以做深入研究的重要细节,不可忽视。

2. 以总体史的眼光研究个案

民间文书往往体现的是非常细微的历史行为,一村内的田屋买卖,一户内的分产分业等等。鉴于此,契约文书常常作为个案研究的重要材料。关于个案研究,社会史学者提倡"以小见大"的研究方法。通过若干典型个案得出某种类型学范式,或是通过微观阐释得出某种宏大景观结论。这是社会史研究的理想模式。但这么做的基础是必须将"小"做透做精,一味求"见大"往往会使研究空洞。因而对于契约文书而言,可以采用"以小见小"的微历史研究方法,就事论事,以小见小,通过文书,还原特定时段、特定区域的微历史。这种特定时段可以是某一年某一月乃至某一天;特定区域可以是乡村或是宗族。历史不仅仅是留名青史的重要人物重要事件组成的,历史也远比史书记载的更丰富生动。社会的发展并不具备偶然性,而许多不为人注意的微历史事件之间往往存在着某种关联,这种关联也许恰恰成为社会发展的必然因素。进行微历史研究时,始终持有总体史的眼光,可以避免研究的"碎化","倘若一部微观史写得好的话,它应该是一部有着自身深厚内蕴的研究,但同时也会揭示出与在它之外的其他进程的事件的关联"①。以总体史为背景,读懂传统史集,了解时代话语,才能更好地读出作为个案的文书资料中有价值的信息。例如,前文中提到过的民国时期遂安"卖纸票据",它所涉及的不单纯是造纸业的问题。造纸业的发展,对内影响的是毛

---

① 玛丽亚·露西娅·帕拉蕾丝-伯克编:《新史学:自白与对话》,彭刚译,北京大学出版社2006年版,第76页。

竹的种植①,那么通过文书,我们是否可以找到山地竹林等相关买卖租佃信息,他们的价格变动是怎样的? 对外则关系到纸张的销路,销往哪些地区,影响如何? 此外,"卖纸票据"的交易钱粮均为"英洋","英洋"是墨西哥"鹰洋"的误写,民国时期民间货币流通情况相当复杂,可以通过比对这一时期交易文书上的货币种类,看看民间货币的具体使用情况。

3. 比较与多元的整合

民间文书虽然数量众多,但是往往存在雷同性,许多文书格式内容大致相同。在这种情况下,可以将比较研究作为一个切入点。尤其是各地契约文书搜集的数量和种类不断增加,为比较研究提供了可行性。不同地区之间的对比,同地区不同时段的类比等等,是研究各地契约制度以及区域历史的重要方式。遂安地处浙皖交界,建筑、文化等方面颇受徽派文化影响,将遂安文书与徽州文书比对研究,进而探寻新安文化与徽州文化的异同之处。

与此同时,多元的跨学科研究的范围可进一步扩大。跨学科研究是近来科学方法讨论的热点之一,通过超越以往分门别类的研究方式,实现对问题的整合性研究。在既有研究中,学者们借助社会学、法学、人类学等的理论方法对契约文书进行研究已经取得显著成果。浙江省博物馆王屹峰撰写《文澜阁的琉璃砖瓦及其产地——以古文书等相关依据为主的讨论》②,将历史建筑物质文化遗存与契约文书交互考证,讨论文澜阁琉璃砖瓦的制作烧造来源。这是将古文物的艺术史研究、历史文献考证以及田野调查相结合进行整合性研究的重要尝试。遂安文书中有不少关于宗族祭祀的内容,涉及祭祀器物、家庙神像等,结合田野调查与文物遗存,这些文书可以成为考察宗族家庙文化的资料。当然,这些只是初步设想的举例。面对内容如此丰富的古文书,我们可以思考并尝试用各种不同的理论层次、不同的方式方法来深化研究。

今天,狮城的古城墙静静躺在水下,"遂安"这个名称也从地图上消失。时过境迁,沧海桑田,唯有这些发黄的旧纸,模糊的字迹,仍然传载着历史,令人唏嘘喟叹……

---

① 遂安纸张主要是以嫩竹为原料,开槽造纸,所产品种主要为花尖纸、高白纸、黄尖纸等。

② 王屹峰:《文澜阁的琉璃砖瓦及其产地——以古文书等相关依据为主的讨论》,《第五届台湾古文书与历史研究国际学术研讨会论文集》,台湾逢甲大学出版社 2011 年版,第 123 页。

小白礁 1 号沉船猜想

龚缨晏

（宁波大学）

2008 年 10 至 11 月，中国国家博物馆水下考古研究中心与宁波市文物考古研究所在合作进行浙江省沿海水下文物普查时，根据当地居民牟永根提供的线索，在浙江省宁波市象山县石浦镇渔山列岛的小白礁附近发现了一艘清代沉船。沉船搁置在小白礁附近的海床上，南高北低，残长约 20.35、宽 7.85 米。已经确定的船体构件包括龙骨、肋骨、隔舱板、船底板等。船上的瓷器以"道光年制"款居多，少量为"嘉庆年制"款。船上有多种铜钱，包括"乾隆通宝"、"嘉庆通宝"、"道光通宝"以及日本"宽永通宝"和越南"景兴通宝"等外国铜币。此外，船上还发现了一方"源合盛记"玉印，一枚西班牙银币。根据道光款瓷器及"道光通宝"来推断，这是一艘"中等规模尖底木质外海商贸运输船，下沉于清代道光年间，下沉前应在宁波始发名经停宁波装货"[①]。这艘沉船后来被命名为"小白礁 1 号"。2011 年 4 月，国家文物局批准对小白礁 1 号沉船进行水下考古发掘。2012 年 5 至 7 月，考古工作者完成了沉船上所载文物的发掘工作。2013 年，将对沉船船体进行考古发掘。

小白礁 1 号的发现与发掘，是浙江省考古事业发展的一次飞跃。浙江省的考古事业，是在新中国成立后诞生的，已走过半个多世纪的历程。迄今为止，浙江省发现过许多与海洋文化密切相关的文物，例如八千年前跨湖桥跨越中的独木舟，七千年前河姆渡文化的木桨，唐代宁波的龙舟，宁波东门口的北宋古船，宁波和义路的南宋古船，象山县涂茨的明代古船。不过，这

---

① 王结华等：《新世纪宁波考古新发现》，宁波市文物保护研究所等编《宁波文物考古研究文集（二）》，科学出版社 2012 年版，第 3—11 页。中国国家博物馆水下考古研究中心等：《浙江象山渔山小白礁一号沉船遗址调查与试掘》，《中国国家博物馆馆刊》2011 年第 11 期，第 54—68 页。

些考古发掘都是在陆地上进行的,属于陆上考古的一部分。更加重要的是,这些发现具有很大的偶然性,是被动的。而本次小白礁考古,则是有计划的、主动的,是在大海中进行的,是真正的海洋考古,它标志着浙江省的考古事业已经成功地从陆地走向海洋。

虽然小白礁 1 号还静静地躺在大海之中,但它已向我们提出了一系列的问题。这艘沉船无疑是在清朝道光年间下沉的,但道光共有 30 年(1821—1850),特别是 1840 年爆发的鸦片战争中国历史发生巨变的标志性事件。小白礁 1 号是下沉于 1840 年之前还是在此之后,会直接导致完全不同的研究结论。因此,首先必须确定它的下沉时间。此外,还必须搞清楚它的始发港、经停港、目的地,它下沉的原因,船上人员的构成,等等。本文略陈管见,以供参考。

我们先从渔山列岛谈起。渔山列岛位于浙江省象山县东南海面上,具体位置为 28°54′,122°15′,距象山县城约 74.5 公里。渔山列岛共有个 54 岛礁,其中主要岛屿有两个,即南渔山和北渔山。[1] 南渔山虽然比较大,但由于缺乏淡水而少有人住。因此,人们所说的渔山通常是指北渔山(又称小渔山)。小白礁就是北渔山旁边的一处礁石。渔山列岛屿长期属于象山县管辖。民国元年(1912),单独成立了南田县。渔山属于南田县,不过人口很少。民国 18 年六月统计,共计 27 户,男 70 人,女 53 人,总人口不到 150 人。[2] 民国 29 年(1930),南田县被撤销,归入新成立的三门县。1952 年,南田、渔山等岛屿从三门县中划出,重归象山县管辖。[3] 现在,渔山岛是石浦镇下属的一个渔村,是海岛旅游的胜地。

史料表明,至少从明清时期开始,渔山列岛一直是洋航线上的一个必经之地。明代的《郑和航海图》已经清楚地标出了"鱼山",其位置正好在三门湾的外面。[4] 这说明,五百多年前郑和下西洋时,就是从渔山海域经过的。在清朝前期(17 世纪后期)民间所绘的一幅航海图上,除了画出了"小鱼山"及周边岛礁外,还有一些注文,指导水手在这一海域如何选择航向。其中,关于小鱼山的注文为:"船在鱼山外过,雅有一更开,用丁未,未取凤尾山,见积谷,琼有二更船开。"这里的"雅",实际上照录了渔民所用的方言"还"。

① 浙江省地名委员会:《浙江省海域地名录》,内部资料,1988 年,第 3 页。
② 《民国南田县志》,卷十二,第 1 页 b,上海图书馆藏。
③ 象山县志编纂委员会:《象山县志(1988 年)》,中华书局 1988 年版,第 46、49—50 页。
④ 向达整理:《郑和航海图》,中华书局 2000 年版,第 31 幅图。

"雅有",意为"还有",今天浙东沿海一些地方还有这样的说法。"丁未"则是指南针所表示的方向。此外,这幅航海图上还有如下注文:"船在外边过,看此形,取南、北杞山,谅是七更开";"船离鱼山半更开,对单任看此形"。此处的"任",很可能是"壬"之误。[①]

清朝康熙末年(18 世纪初)编成的《指南正法》中,把大、小渔山写成"大鱼"和"小鱼",并且说:"大鱼、小鱼,山上有淡水。小鱼北边有沉礁,当使开,不可近小鱼。"[②]这段珍贵的文字,不仅告诉人们可以在北渔山补充淡水,而且还提醒船员在小渔山的"北边"有暗礁("沉礁"),船舶航行时应当避开,"不可近小鱼"。有意思的是的,小白礁 1 号沉船正是在小鱼山的附近触礁沉没的。从《指南正法》的记载来看,航海者显然已经熟知小渔山周边的暗礁。当时小白礁沉船上面的水手不可能不知道小渔山周围的暗礁。因此,这艘船舶的沉没,不可能是由于船员不熟悉航道而在无意中触礁的,而更可能是由于某种外在的原因(例如风暴)而导致触礁的。

鉴于小渔山位于远洋航线上,所以,小白礁 1 号沉船不可能是一艘从事沿海贸易的船只,而应当是一艘从事远洋贸易的船只。那么,它打算驶往何处呢? 现在许多人认为,此船原本准备前往日本,或者说,这是一艘从事中日之间贸易的商船。我认为,此观点不一定正确。根据《指南正法》等文献,清代由宁波出发前往日本的航线,是从舟山普陀直接向东或东北的,而不会向南进入渔山列岛海域。

我认为,小白礁 1 号既然沉没于舟山群岛以南的三门湾口,所以它应当是向南航行的,而不是向东前往日本。当然,从北渔山向南航行,其目的地也有两种可能。第一种可能是前往福建、广东沿海。第二种可能是前往台湾、琉球或海外其他地区。下面我们对这两种可能性分别进行讨论。

道光年间,宁波与福建之间的海上往来十分频繁,大量福建商人在宁波贸易。宁波著名的天后宫,就是由福建商人建造起来的。不仅如此,宁波与广东之间也存在着直接的海上往来。在现藏英国的"叶名琛档案"中,就有一些关于宁波商人在广州活动的材料。例如,就在鸦片战争即将爆发的 1839 年,有个名叫冯万裕的宁波商人运载绍兴黄酒及药材等来到广州贸易,正好遇上广州在搜查鸦片贸易船,于是也被扣押。结果,船上货物发生

---

① 章巽:《古航海图考释》,海洋出版社 1980 年版,第 71—73 页。
② 向达整理:《两种海道针经》,中华书局 2000 年版,第 150 页。

腐烂,船员的开支增大,更加严重的是,要是错过季风,就无法于当年返回宁波了。于是,冯万裕只得向钦差大臣林则徐请求早日放行此船。在"叶名琛档案"中还可看到,在鸦片战争结束后的 1844 年,在广州的英国人曾控告"宁波某商霸占铁市"①。虽然道光时期宁波与闽、粤之间的海上商业联系非常密切,但小白礁 1 号的目的地不可能是福建或广东。因为该船所载的瓷器质量并不高,而同一时期福建、广东所产的瓷器无论在品质上还是在外观上都要优于小白礁 1 号所载瓷器。如果小白礁 1 号是开往福建或广东的话,那么船上的瓷器是不会有什么销路的。据此推断,小白礁 1 号的目的地不可能是福建或广东。

这样,小白礁 1 号的目的地更可能是台湾、琉球或海外其他地区。那么,具体目的地是什么地方呢?就目前所发现的材料而言,还无法作出肯定的判断,只能等待更多的考古学材料了。

那么,小白礁 1 号是从哪个港口出发的呢?虽然尚无可靠的材料来明确回答这个问题,但从这艘沉船所处的航线位置来推断,应当是从宁波港出发的,或者至少是经由宁波港的。

在小白礁 1 号沉船上,打捞出了许多作为压舱石的石板。迄今为止,人们普遍将这些石板视为宁波本地特产的梅园石,以此证明该船是从宁波出发的。其实,这种说法并不正确。因为压舱石是所有海船所必不可少的,否则船只在大海中航行时容易翻覆;并不是宁波出发的海船才有压舱石。更加重要的是,即使这些压舱石是宁波特产的,那么它也不是梅园石,而是所产的另一种宁波石材"小溪石";梅园石并不是用来做压舱石的。

梅园石和小溪石都是流纹岩,不过两者有很大的区别。对此,《民国鄞县通志》有非常清楚的说明:"小溪石淡红,为凝灰质流纹岩,其间亦偶夹砾岩状流纹岩或凝灰砾岩,倾斜甚平,层理清楚,成层普通一公寸左右。岩工即利用天然层理采取,故工程经济,石料便宜,旧宁属以此铺路及充坟料者极多";"梅园石为棕灰色之凝灰岩,成层厚而质细密。岩工采石无天然层理可依,采工自然较前者为费。但梅园石厚薄大小可任人自由,石质又细致,充雕刻、碑碣极为相宜,故其价格可高于小溪石"②。由此可见,梅园石价格

---

① 刘志伟:《鸦片战争前广州贸易体系中的宁波商人》,李庆新主编:《海洋史研究》,第二辑,社会科学文献出版社 2011 年版,第 109—120 页。

② 《民国鄞县通志·博物志》,第 73 页 b,上海图书馆藏。

很高,以此来充当没有什么商业价值的压舱石,对于商贸船来说,显然是不可能的。更加重要的是,梅园石的特点决定了它难以加工成石板状。相比之下,价格低廉的小溪石则适合于充当压舱石。如果将小白礁1号上的压舱石与宁波的小溪石作一化学成分的分析,也许可以为研究该沉船的出发港问题提供一些线索。

北渔山位于远洋航线上,而且周边暗礁密布,所以,为了保证船舶航行的安全,光绪二十一年(1895),上海海关出巨资在该岛建造了一个大型灯塔,被人誉为"远东第一灯塔"。近代,北渔山岛上的这座灯塔是浙东海域上的标志性建筑,非常著名。1915—1920年担任南田县长的吕耀钤在《南田竹枝词》中曾写诗赞曰:"灯高十丈大无伦,三角玻璃嵌罩匀,旋转不停光四射,重洋黑夜利征轮。"①但愿在海底沉睡了一百多年的小白礁沉船,能够像小渔山岛上的灯塔一样,放射出强烈的学术光芒,照亮我们尚未知晓的知识领域。

---

① 《民国南田县志》,卷三十三,第11页b,上海图书馆藏。

堂庙"公产"与村落的地缘小区认同：以椒江下游北岸的"保界"小区为例

屈啸宇　彭连生

（屈啸宇，复旦大学中文系艺术人类学与民间文学研究中心；
彭连生，浙江省临海市杜桥镇宣传办）

引　言

本文以椒江中下游村落社区的"保界"传统作为讨论对象。"保界"是椒江中下游地区最常见的村落小区形式，在笔者考察的椒江中下游地区（以临海县为中心），现存至少 912 个依然可以确认的"保界"。与字面意义不同，"保界"与保甲制度并无直接关系，根据本地发现的民间宗教文书，这一观念可能来源于正一道的"当境"范畴，即"保佑的本地界限"。在本地传统中，每一个"保界"都专指一个特定区域，在这一区域内的定居者都与同一组堂庙建立神祇护佑关系，其具体规模大至数个行政村，小至几户人家。具体而言，每个保界都有一座被认定为"保界庙"的村落庙宇，保界也因此在法事中拥有一个等同于该庙宇俗称的称呼，保界庙的神事参与权限定在特定的聚落或聚落群居民之内。

但"保界"观念不仅对应于一类特定庙宇，保界之内除了祠堂之外，各类其他堂庙同样具有相同的参与权限制方式。另一方面，保界庙与保界内的其他堂庙并不存在隶属关系，同时，保界庙之间也不存在类似滨岛敦俊在长三角村镇庙考察中所见的"上位／下位"等级关系，不同的庙宇之间存在少量的"分香"联系，但整体上并不存在具有实际民俗意义的庙宇谱系网络。最后，保界庙的主奉神祇法事中被称为"境主"，俗称"本保爷"或"当境老爷"，神祇本身与这一神格无关，除了神格明确的佛道主神比如释迦摩尼、三清四御等之外，不同的神祇都可以作为"境主"，其中又以白鹤大帝、平水尊王与关圣帝君最为常见。包括佛教庵堂在内，各类在宗教属性上不同的村落堂庙都有被聚落作为"保界庙"的案例，因此，"保界"是对于村与庙之间护佑关系的概括，正如所有保界庙神事所言，其信仰内涵仅限于特定地域的"境界平安"。

和"角"、"铺境"、"社"这样的地缘小区传统一样，保界提出了问题：什么在堂庙与定居者之间建构和维持着对定居地域的"公共"认同。而解答这一问题首先需要从微观视角出发，对保界内部的小区构建过程入手。从笔者选取的案例"保界"的领导者潘氏的族谱记述出发，本文将考察村落发展过程中，村落成员围绕"在地"堂庙形成的"小区"认同，由此对上述问题展开新的思考。

一、潘氏与五姓保界的堂庙重建

本文所讨论的"保界"位于椒江下游北岸的滨海平原地区，本地传统中这一地区称为"下乡"，区别于椒江中游北岸，府城所在的"上乡"。考察本地火居道士与民间仪式专家记述"保界"的科仪文书，这一地区从清中期到民国末年至少存在过 659 个归属某个"保界"的村落堂庙。这一保界位于椒江下游北岸，杜桥镇西北侧的台地上。自宋代设杜渎盐场起，杜桥地区与南岸的黄岩场成为浙东南地区重要的盐业中心之一。在盐业逐渐向海口东移的过程中，杜桥地区在嘉靖三年立涂下桥市，迁海正式结束的康熙二十二年恢复为杜渎场市，雍正四年改称为杜渎镇市，成为北岸重要的贸易据点。另一方面，杜桥镇区地处椒江海口三角洲北岸的地理中心，自宋至清，海塘拓地由涂桥市镇一直向东扩张，形成至今为止台州境内聚落分布最为密集的地区之一。

这一保界的保界庙称为协灵庙，该庙以平水大王为境主，俗称五姓殿，顾名思义，这座庙是由居住于周边的潘翁陈吴王五个宗族共有的保界庙，因此，这一保界一般也称为"五姓保界"，见图 1。

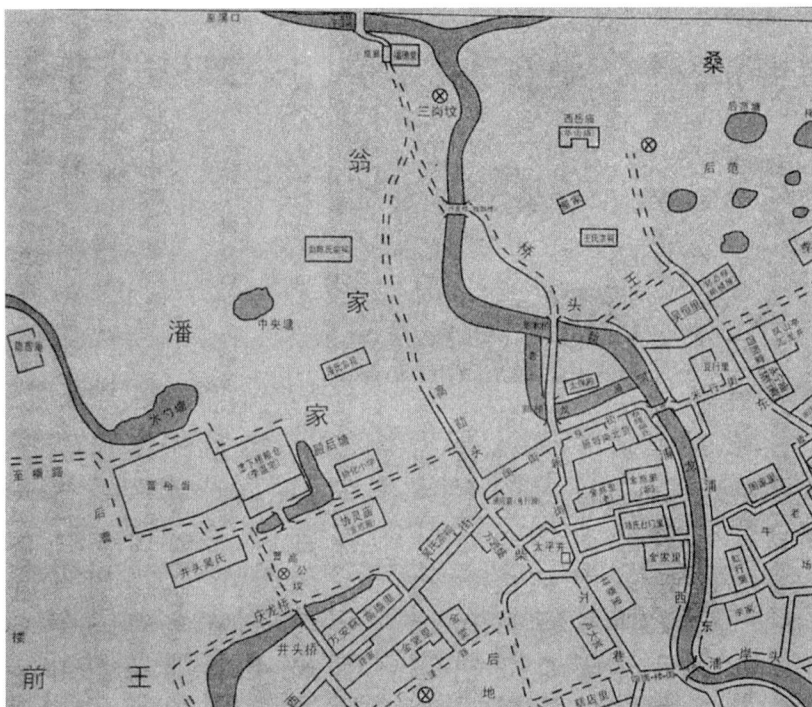

图 1　五姓保界示意图（民国）①（供稿者：彭连生）

如民国涂下桥镇区地图所见，以东南角的吴氏宗祠、东北面的龙浦河为界，在这座保界庙周围分布着东南面的通应庙，南面的廊庙万安院，西面的隐居庵，北面的福德堂（又名通济堂，即后文所称的闸头堂），中央的潘氏祠堂与翁、陈两姓联祠，东北角的王氏祠堂与东南角的吴氏祠堂。除了五姓的四座祠堂，保界中的其他堂庙都没有特定归属，因此属于这五个成员"共有"的地缘信仰场所，如上所述，它们是这一"保界"中的地缘"公共"信仰场所。

在五个宗族中，潘氏自成一村，陈氏与翁氏联祠共村，翁家以东的王氏族村桥头王村，以及靠近东南界镇街居住的吴姓也成为保界的五个成员聚落。② 这四个聚落在50年代组成杜西生产队，并成为之后的杜西行政村的主体。2011年的统计中，杜西村有557户，本地人口2036人，在杜桥镇区

---

① 《杜桥志》编纂委员会编：《杜桥志》，浙江人民出版社2009年版，第216页。
② 《杜桥志》编纂委员会编：《杜桥志》，浙江人民出版社2009年版，第96页。

村落中列第二位。^①

在这五族中,潘氏一族尤其突出。尽管相比于大汾李氏等本地仕宦大族,潘氏在举业上几无可称道的人物,清末动乱中也没有像马氏、葛氏依靠民团而掌握地方军政,但依靠有清一代形成的商业地位,这个宗族深刻影响着"下乡"地区。清代杜桥镇街的主要行市中,潘氏独占牛行,当地谚语有"潘家卖牛剥牛皮"语。民国 7 年,潘家的潘纯卿被委任为椒北猪牛只捐征收主任,本地民谣中有"第四把小交椅,潘家潘纯卿"的说法。^② 潘家集的牛只贸易一直持续到 1988 年,始终是本地最大的农产品贸易市场之一。^③ 因此,从清初开始,潘氏始终以保界领导者的面目出现。

按照现存族谱的记载,唐乾宁二年,潘氏迁住至椒江下游南岸的黄岩大沣,至宋末淳祐十一年,八世祖廷转迁临海涂川,定居该地二十二世后,大致在明代万历末年开始修纂族谱。这一版本的谱序说明了修谱缘起:

> 始祖乃居涂川至今又历二十二世,祖讳尚存,先容俱在……常思纂前修以垂于后第,恨年跻耄耋无一善足称,乃蒙府主周侯奖为乡约亭主,人为闾里劝抚,躬景昔,愧实深焉。今修是谱,俾世世子孙无离散沦没之忧,且令岁时享祀循序无忒,不忘本之意也……^④

可见,潘氏在本地的地位明末时发生了一定变化,开始能够作为一个宗族参与本地事务。但是,现存族谱中只记述了明代有几名以"经史"、"耿直"闻名乡里的成员,并无科举成功者,更没有清代中大量载入谱中的商业成功者。而且从这些明人行传的撰写者看,它们大都撰成于康熙展复之后的历次族谱编修。因此,潘氏的现存历史记述事实上在展复之后才撰写完成,谱中将这一点归因于迁海所造成的"谱籍星落",但细读谱文,这还包含了展复后本族主动的历史建构。

康熙三十七年族谱记载了潘氏杜桥始迁祖潘廷转的事迹:

> 始祖讳廷转,字舜举,号粤卤,安昌侯之后,大澧传下十五世讳桂,孙蟾夫公之次子也,时值南北交兵,德祐迁至涂川,避山倚水,

---

① 《杜桥志》编纂委员会编:《杜桥志》,浙江人民出版社 2009 年版,第 550 页。
② 《杜桥志》编纂委员会编:《杜桥志》,浙江人民出版社 2009 年版,第 534 页。
③ 《杜桥志》编纂委员会编:《杜桥志》,浙江人民出版社 2009 年版,第 390 页。
④ 《谱序》(万历三十七年,潘存光撰),见《涂川潘氏谱》(咸丰二年)。

柞木为巢。始祖尝曰：我非厌澧水而慕涂川，命也有数焉，大丈夫之志趣不以穷通。异兹者国家多难，大家世族东徙西流，不可胜数，即胸藏百万甲兵，谁能展一筹。……祖娶黄岩蔡氏，侧室厉氏，享年九十有六，有六子，男三，承四、承六、承七，葬本里大樟树下之原。又传其时良田万亩，广厦连云，人称荣阳潘氏为海滨第一家。①

为始迁祖做传的潘茂吉是迁海之后潘氏的第一代族长，他在"海滨第一家"之前加了"又传"两字，可见在清代潘氏领导者看来，家族展复之前的历史已经有了需要模糊掩饰之处。首先，潘廷转的号是"粤卤"，同时居住"避山倚水，柞木为巢"。另一方面，按其记载，潘廷转另有三名兄弟也同样迁至北岸，形成椒江北岸潘氏的四支，以居住于后来潘家里的廷转一支为首。而和他一同迁往北岸的几个兄弟中，一个居住在洪家场（后属于市场乡，族居村称潘家堂，又称新潘），另一个居住在洋屿，前者属于盐场地界，后者则直至清代才录入舆图，元明两代尚属于海塘拓地，可见这几个兄弟极可能都是当时杜渎场盐民的一份子。明弘治年间，廷转一房的一支依然以垦民身份至沿海的垦埠居住，"以煎盐捕鱼为生"②，并形成后来名为"新潘"的居村，可见直到明代中期，煮盐垦滩依然是潘氏一族重要的生计来源，而潘氏突出的商业成绩则主要记载于清代成员的行传之中。

潘氏谱对潘氏居村的记述同样是在入清之后清晰起来的。康熙以后，由于潘氏的兴盛，杜桥西北面台地形成的聚落被称为潘家③，俗称"潘家里"，并进入地方志的都图记载。咸丰二年撰谱时写成的《潘氏里居记》中描述了清代的潘氏聚落，并明确说明了本村的"保界"归属：

临海东南一百二十里，有涂镇焉，镇之北则余村潘氏聚族而居者也，星分台桓，地接瓯闽，凤山屿其东，椒江汇其西，虽舆图之书缺而未录，而比屋连云，村落宛然，抑何山明水秀，历历在望耶。……若夫合境康泰，岁时报赛，瞻声灵之赫濯，托鸿慈以庇佑者，则又有协灵庙也。在昔，崛起衣冠者不乏人，自曾耿变逆，迁徙流离，

---

① 《廷转公行传》（康熙三十七年，潘茂吉撰），见《涂川潘氏谱》（咸丰二年）。
② 《新潘宗派纪》（康熙十六年，撰者不详），见《涂川潘氏谱》（咸丰二年）。
③ 张联元：《台州府志》（康熙四十九年）卷二"乡都"，复旦大学图书馆藏善本。

故诗书颇多残缺,今则世际升平年,歌大有,蒙童可课,小子有造······①

该文的撰者王吉人属于桥头王氏,南宋德祐年间以盐民身份由温州永嘉场(盐场名)迁入,明中叶形成居村。该村和潘家在雍正后同样分属属于涂下桥庄(二十九都四图)和轻盈下半庄(二十九都二图)。五姓中翁、陈两姓居村属于涂下桥庄,井头吴氏则未见于乡庄记载,可能由于紧邻镇街(以井头桥相隔),图籍中未作一村。因此,尽管文中尚以"族"村区别空间,但如本文开头所言,围绕"保界",这几个横跨不同乡庄都图的村落却在"舆图之书"之外维持了同一个"村"的空间认知。因此,潘氏的族谱叙事形象与居村认同的建立具有某种同步关系,它们共同以康熙后沿海地区的迁海展复为起点。

椒江下游地区的展复正式开始于康熙八年,潘氏成员也大约在此后陆续从中游的府城、开石、大田等地回迁杜桥,但在康熙十五年,潘氏已经建造了保界内的第一座庵堂,位于保界最西面的隐居庵:

本堂者,康熙十五年仲冬,实我潘宗募造,曾延名衲梵修,已经尘了劫,遗□尤新,旋觉堂基□□如昨,洵废典之有数,宁今昔而殊观。乃者戊寅之岁,沙门朗征,凿石重兴······②

可见,隐居庵是潘氏回迁的产物,它的四亩庵田也成为五姓保界回迁后最早确立的"公产"。康熙十八年,潘氏立约规定:"(隐居庵)所有田产终为斯庵子孙永远香火,潘姓子孙不得藉端觊觎,是以应载诸谱以示不朽另传列前。"③康熙三十七年,隐居庵由三姓重塑佛像,成为三姓公产。康熙四十七年,潘翁陈三姓在隐居庵设谱局,而族谱中对于该庵的记载一直延续到民国37年。因此,这座庵堂不仅成为潘氏回迁的标志,同时也是展复后五姓保界重建的标志。

而在潘氏谱所述回迁之初修建的神庙中,"公产"份额最大的是闸头堂,与其他堂庙不同,潘氏谱专门记录了有关这座庵堂的相关契约文书。闸头堂法名通济堂,是五姓保界北面横泾水闸边修建的风水堂,保界诸堂庙中只

---

① 《潘氏里居记》(咸丰二年,蔼斋王吉人),见《涂川潘氏谱》(咸丰二年)。
② 《本堂募塑佛像疏》(康熙三十七年撰,著者不详),见《涂川潘氏谱》(咸丰二年)。
③ 《本堂募塑佛像疏》(康熙三十七年撰,著者不详),见《涂川潘氏谱》(咸丰二年)。

有它和隐居庵常驻僧尼。这座庵堂最早修建于万历七年,康熙十六年,潘翁陈三族重修庵堂并专门撰写了一篇《重修闸头堂记》：

> 白石之南,有横泾一河,水接四溪,筑闸造桥,浸灌稷黍,岁箱百室盈而妇子宁,其来旧矣。……万历七年间,三十五都五图张种买得基地二分二厘,创建堂宇,其基东至路南,南至官河,北至曾田,西至卖主田,中见曾市。迎代笔潘彦,架其成之,建堂,招僧看管,后潘陈二姓续亦附买横屋基地以全胜事,此诚互古之水利,永为后人之所天者也。顺治十八年,奉遣,又没于灰烬,幸今之回故土者,仍其旧制焉。予不欲泯前人之功,故乐代为之志,所有立约志后。① 康熙十六年孟夏望日书。

这座庵堂展复后的重建紧接于隐居庵,相比之下,它对于保界与潘氏本身的意义更为明显。如文中所见,万历首建闸头堂的址基由当时的张氏所捐,此时潘氏仅作为立约的代笔,并非该堂的捐产人,此后潘、陈两姓才逐渐增加在公产中的份额,翁氏则没有参与。但是这一局面到崇祯八年时发生了改变,这一年,闸头堂进行了重建。族谱中专门记载了这次重建中三族立下的约书：

> 约书：二十九都四图,翁潘陈相为立约,营修以厚民生事,切因横泾一河,接四溪通塞,旱涝关系匪轻,是以先辈费本造桥树闸,建堂看守。……故潘率银一十二两,翁陈其率银一十二两,凡载板盘石,挑泥杂工,亦是各半帮助。但匠人承值不便,俱托主持僧郑明。率用中间,不得推诿迟延。盖功业浩大,务宜协力共成,孚得推前攒后,以紊旧盟。……崇祯八年八月,潘四人,翁五人,陈三人,僧郑明。②

约书中可见,该堂驻僧的主要作用之一是宣示保界北面渠闸的所有权。而在这份约书吏,张氏已经完全在闸头堂捐产者行列中消失,取代它的是潘翁陈三姓。如上所述,协灵庙的保界是由五个宗族聚村所组成的,而其中占主导地位的是潘氏和翁陈两姓组成的宗族联盟。康熙十六年重建之后,闸

---

① 《重修闸头堂记》(康熙十六年撰,著者不详),见《涂川潘氏谱》(咸丰二年)。
② 《(闸头堂)约书》(崇祯八年年撰,著者不详),见《涂川潘氏谱》(咸丰二年)。

头堂成为康熙十六年、二十一年、三十年潘翁陈三次共同修谱的谱局。如上所见，谱中记述三姓重新闸头堂的主旨是展复之后的"仍其旧制"，因此，这座庵堂成为经历迁海之后，三姓重新拥有保界主要农业资源独占权的象征，而潘氏强调自身在其中的领导地位，则成为其保界领袖形象的重要依托。民国 37 年，闸头堂留下了族谱中的最后记载："……潘翁陈三姓旧有河堑，至今年久淤塞，为时局关系，会同三姓父老鸠工开浚。不辞劳悴，亲身督率，不数旬，即行告竣。……"①

尽管供奉本保"境主"，但事实上该庙是五姓保界东南界的一座小庙，仅有一殿两厢，在建筑规模和公产上较以上两堂少，这在本地各个保界中并不罕见。但由于该庙对于保界本身的特殊意义，它在潘氏谱中留下了篇幅最大的公产记录，列于潘氏谱祀产整一册的首篇。

潘氏谱中对于协灵庙公产的记述首先说明了庙宇最重要的庙产，协灵庙新旧两庙庙基的归属变更，它们列于协灵庙产记述的前三条：

> ——西街路廊原系张潘翁陈吴王曹七姓保障殿基，因年久荒坏，又因洪潮泛滥，殿宇倾坍，神像颓坏，众议买得街后高阜基地另造神庙，其旧基西首二间即是之前殿基东首一间，系族内维一承趾等八分出资共买，连接三间，造为路廊，恐年久为人侵占，内构为店，每年之税可为神庙寿旦福仪之资。
>
> ——本境场前庙，即今之五姓殿，系潘翁陈吴王张曹七姓保障，因海氛荒坏，迁建于此。
>
> ——庙右侧平屋，系五姓共建，以为庙祝栖身之所。②

参考本地的其他族谱材料，七姓保障庙建于万历年间，坍毁于成化年间，重建年代不详。综合第二条记载与口述史材料，清代的五姓殿并非明代毁后重建的七姓保障殿，而是明代七姓保界诸堂庙中的一座。第二条记中"海氛"可以理解为前文"洪潮泛滥"的同义词，但在清代本地文献中则多专指清初的明郑战争。因此，协灵庙事实上是展复后重建的新保界庙。

公产中的第二和第三条说明了新建保界庙大殿与厢房的归属，同时也重新说明了清代"本境"的成员构成问题。这两条记载撰成于乾隆五十四

---

① 《潘纯卿行传》（民国三十七年，项周楠撰），见《涂川潘氏谱》（民国三十七年）。

② 《协灵庙产》（乾隆五十四年撰，著者不详），见《涂川潘氏谱》（咸丰二年）。

年，而旧庙的承买人潘维一与潘承趾等则是康熙乾隆年间人，可见在清初展复之后，这一变化已经完成。尽管依然标明为七姓"保障"，但庙名已经改为五姓，在消失的两姓中，张氏不仅退出了参与闸头堂的行列，也在清代的五姓保界中消失。除了被潘氏所取代的张氏，近年进行的人口普查中，杜桥全境的曹姓人口只有 36 人，①可以推测作为一个宗族的曹氏在康熙展复可能不仅从五姓保界，也从杜桥镇的宗族版图中消失。因此，最迟至乾隆初年，以潘翁陈吴王这五姓共有协灵庙的格局已经基本成型，而通过对这一庙宇的记述，潘氏的保界领袖形象跃然纸上。

相比于庵堂和神庙，潘氏谱记述中对于宗祠的展复重建时间的则要靠后很多。潘氏何时始建宗祠在谱中并未严明，但回迁之后，潘氏对于宗祠祭祀的重建一直要等到乾隆四十五年才告完成，并在五十三年形成了系统的族祀。另一方面，迁海之后潘氏对于始迁祖墓圹的重建则更要等到咸丰二年才告完成。② 如族谱所载："潘氏其先世皆隐隐勿耀，祠祭旧无品仪，不无或丰或啬之弊，诸老每抚杯棬而慨然曰：吾祖其吐之矣。□于乾隆戊申岁，议定祭品……馂余均惠有法也。"③因此，尽管"仍其旧制"是潘氏谱展复记述的主题，但其实际内容却是以上述这些"保界"内的堂庙为中心的。正如康熙初年三族修谱以两座庵堂为基础，在潘氏重建宗祠祭祀的乾隆四十五年，也是协灵庙最终重建完成的时刻。因此，尽管宗族发展是族谱永远的叙述主题，但潘氏谱从清初展复开始的宗族历史却存在一个明显的叙述线索，即潘氏如何从一个普通宗族成为迁海展复重建运动的地缘领袖，而标示这一线索的，则是谱中所排列的保界堂庙重建过程。

联系这一保界形成的历史背景，这一过程可以得到进一步的理解。如上所见，这篇里居记以康熙十五年的曾养性之乱为始，为五姓保界描述了一个明确的时间段落，这也是潘氏族谱记述堂庙重建时的主要时间线索。对于潘氏以及五姓保界成员而言，曾养性之乱仅仅是从康熙八年迁海展复回

---

① 《杜桥志》编纂委员会编：《杜桥志》，浙江人民出版社 2009 年版，第 99 页。

② 始祖舜举公墓遗失久矣，考之谱牒，仅云葬本里大樟树下，亦究其莫知其处，族之人常憾焉。第□厥遗失之由，盖缘清初辛丑之秋，倭寇肆逆沿海，居民悉遭荼毒，守土者以捍卫为艰，而徙居民于内地，堑筑防御。余潘氏亦迁徙，自是而户口星散他乡者指不胜屈。越十八年，开垦招徕，间有得归故土之人，欲搜寻始祖坟墓，稍展孝思，奈经兵灾后，大樟没，……余与族人因相与议，立石碑以志，并恐年湮代远，不无沧桑之变，或致仍泯没于荒草之间也，亦未可知。（《始祖舜举公墓志》咸丰二年，十八世孙潘步洲撰，见《涂川潘氏谱》(咸丰二年)。

③ 《涂川潘氏祖庙祭仪纪》（乾隆五十三年撰，著者不详），见《涂川潘氏谱》（咸丰二年）。

迁运动开始之后一系列历史中的一个，迁海对于本地的冲击则是这些本地土著清代生活史的开端。作为这场大迁移首当其冲的地区，椒江中下游的迁海运动最大的特点不仅在于其剧烈程度，更在于它在迁移方向上的逆动。在迁海前后的近五十年间，迁海群体的迁入地在旱灾发生的次数和受灾严重程度上，均要高于迁出地。旱灾的时间地理分布上，在崇祯五年到康熙二十年的 39 年间，临海县发生 11 次旱灾，其中 5 次发生在康熙八年到二十年的展复期间，天台发生 6 次，仙居县发生 9 次；迁海的主要迁出地中，黄岩县发生 4 次，其中展复期间发生 2 次。[①] 可见，当迁海开始回迁时，椒江中游与下游存在巨大的气候落差。除了气候，从康熙八年开始展复到二十二年全面开禁这段时间，台州中北部还成为耿精忠与清军拉锯战的战场，仙居县"民死于贼者已十去六七"[②]，郡城"斗米值银五钱，百姓尽死"[③]，而上文提及的曾养性之乱则只是其中的主要事件。

因此，尽管迁海只持续了二十余年，但在椒江流域积累的区间压力却是空前的，而从康熙八年正式开始的展复回迁事实上也就成为整个地区的迁移运动。事实上，浙东南的禁海使得沿海盐赋空悬，因此海禁开始不久，杜桥境内由官方组织的盐屯可能已经开始，康熙元年即有记载"募民于沿海之地，煮盐通商免其丁役，授以田宅"[④]。而康熙八年回迁开始解禁，尽快充实海滨更是成为中央对于迁海地区的主要政策。以迁海面积最大的黄岩县为例，康熙二十年时，统计垦民人丁已达 22474 口。[⑤] 此后官方组织的招垦一直持续到乾隆二十六年，各路垦荒户进入海禁地区的时间最少要比迁民早十四年，滨海地区则要提前更多，同时一直伴有免赋政策。而对于迁海群体回迁之后的免除税赋政策实际持续时间则并不长，因此"土著常多迟归本乡者，反不能与垦户争"[⑥]。由此可见，椒江下游沿海地区的展复回迁实际上

---

① 中央气象局及沪、苏、皖、浙、赣、闽五省（市）气象局编：《华东近五百年气候历史资料》，1978 年。

② 王寿颐等：《仙居县志》（光绪二十年）卷十七，台北成文出版社，第 671 页。

③ 喻长龄等：《台州府志》卷 3"纪事上"民国二十五年刊印，影印版，台湾成文出版社 1970 年版，第 46 页。

④ 本地家谱材料，转引自《杜桥志》编纂委员会编：《杜桥志》，浙江人民出版社 2009 年版，第 10 页。

⑤ 王棻、陈宝善：《黄岩县志》（光绪三年）卷 5"赋役"，《中国地方志集成·浙江府县志辑》，上海书店 1993 年版，第 107 页。

⑥ 杨晨：《路桥纪略》（民国七年），临海博物馆馆藏石刻本。

是一个重新争夺定居身份的过程,本地的定居群体也随之变更,比如萧氏聚居的西外村就在康熙后彻底消失,而松浦的中央黄氏则在康熙年间从桃渚芙蓉迁入并发展为本地大族。[①] 潘氏与五姓保界的展复重建正是在对定居身份的争夺中展开的,从潘氏谱对于堂庙重建的记述中可见,潘氏族谱中自身形象的构建与居村认同正是在这一过程中展开的。

但堂庙如何成为"在地"定居者身份得以建立的基础,这需要从保界堂庙本身的"在地"性角度加以回答。如上所述,在"保界"传统中,堂庙本身的神祇信仰是次要的,它们作为保界中的特定地点才是其中心。而如上所见,戒能通孝、福武直的质疑认为,小区的地缘"公共性"与村落是否具有地域空间本身的"公有"观念直接相关,而最直接的证据是"在地者"公产的存在。这需要从微观视角出发,对保界内部的构成方式加以认识。

二、公产与柱:"保界"叙事中的小区关系

现存的潘氏族谱一共两部,均题为《涂川潘氏宗谱》,分别刊成于咸丰二年和民国 37 年。两谱中转载了康熙十六年、康熙三十年、乾隆五十三、宣统二年四部族谱的"公产"列表,另外根据材料中的年代信息,这两部族谱还包含了崇祯八年、康熙十六年、康熙二十一年、康熙四十七年四次修谱形成的"公产"记述。

这些记述主要以财产列表的形式列入了族谱的祀产一册。在这一部分文献中,五姓保界诸神庙的相关庙产单独编入了一章,称之为"公产"。如上所见,乾隆五十三年谱是潘氏为纪念本保与本族在展复后最终重建而编修的版本,其中撰有《潘氏义产纪》,明确说明"祀产外又有所谓公业者",由此区别于祠产和墓田。具体而言,"公产"大致包含三项内容:首先,宗族成员失祀之后,由继嗣祀产改为"公祀"财产,由族内领袖掌管,指派房支领袖具体经管;其次,保界诸祠庙的相关财产;最后,村塾和后来村小学的财产。这部分财产在潘氏谱中又称为"义产"或"公业",除了第一部分之外大多涉及保界内的其他四个宗族,只有少部分则由潘氏独有,因此,它描述的是与"保界"相对应的一部份"公共"财产。

在与堂庙相关的"公产"中,无特别归属的部分共有田 11 亩,地 4 分,另

---

① 《杜桥志》编纂委员会编:《杜桥志》,浙江人民出版社 2009 年版,第 96 页。

有潘氏的牙税每年 900 文,这些应当用于保界日常事务开支;专属于某一堂庙的部分共有田 23.9 亩,地 2 亩,宅地以及房产 16 处,店面 3 间整,山 4 片,塘 3 亩以及其他零星不动产。其中闸头堂的庙产最多,有田 8.6 亩,其次为隐居庵,共有田 7.3 亩。这一财产数额可以与谱中记述的其他公共财产加以比较。潘氏包括潘家里在内,主要居住于镇区的共有五房,谱中记述的坟产总额大致在六百亩田左右,仅以大房计,共 27 位先人名下拥有坟产,共有田 150.88 亩,地 21.6 亩,山 22 片,店面 10 间整,摊两处,屋或屋基 8 间整,另有其他 45 项难以估计价值的财产(农具或场地出租权等)。因此,从财产总量上,保界堂庙的“公产”在整个潘氏“公产”中只占极少的比例。同时,“公产”在种类构成上较之其他公共财产更为复杂零散。所有“公产”共由 46 份零散财产组成,除了隐居庵康熙初年曾拥有三号共 1 亩 8 分,五姓殿乾隆庙产中有整 1 亩的完整田产以外,其他的堂庙“公产”都是由基本不足 5 分,大多仅两三分的田产或者各式小额财产拼合而成,其中包含的殿宇厢房或庵基财产都标明永世不移,显然缺乏经济意义,同时田租、屋税和各种收入方式也缺乏统一性。

以往对于这一类“公产”研究曾认为,它们是“公共”支出常态化的标志,但这一点从潘氏谱的记述中同样无法得到支持。相比于宗祠,包括五姓殿在内的保界诸堂庙事实上要承担更多的神事活动,包括每年正月、神诞、七月、十月以及其他神事活动都基本由诸堂庙承办,但相比之下,堂庙用于神事支出的财产却与祠产中的专门财产同样不成比例。以谱中单列的祠产而言,专用于潘氏祠堂元宵演戏一项的财产就共有田 9.6 亩,山 3 片,店面两间,屋六间以及其他 14 项难以准确估值的财产,同时另有散见于各房支,用于四月、八月、九月演剧庆典的戏田 15 亩以上。因此,上述的堂庙“公产”显然难以支付动辄数十两白银的堂庙修建费用,更难以应付每年上百两甚至数百两的各种祭祀庆典开支。从族谱以及口述史材料可见,“保界”包括神诞、正月出巡等神事主要由包括摊派、乐助等的方式筹集费用的。

潘氏五姓占据了杜桥西北面的主要耕地,同时以商业致富闻名本地,因此“公产”之少之散并非小区本身的经济状况所致,事实上,这种公共财产中的类别差异在本地的其他族谱、碑刻材料中十分常见。显然,这些“公产”的意义需要在“保界”的地缘小区语境之内加以理解,而在这册祀产表中将其与定居者的地缘身份联系在一起的是“柱”制度。

"柱"，民间文书中也异写为"株"，原始含义是指殿宇的梁柱，[①]引申为本地神事中的捐产和祭祀参与组织，在本地的族谱、碑刻和各式记载中十分常见。尽管祀产制度已经随着共和国时期的土地改革而消失，但在今天的田野考察材料中，依然可以看到以"柱"作为神事参与的群体单位。柱的划分主要来自不同的居住地名，不仅在堂庙"公产"中出现，在其他类型的公共财产中也有所见。潘氏宗谱在记载本族潘邦传祀产时提到：

> 保长纯卿、甲长国朝、房长吕煜、积卿堂兄庆全等五人为保管人……一号田一亩，正土座上岸倒落桥，当于姑娘手计洋三十八元。此田由石地地道柱众扛当，来计洋四十二元正。[②]

由"地柱柱众"一语可见，柱的划分主要以同一居住地域的群体构成。除了潘氏族谱记载了石地道柱、西洋柱、中透柱、衙门柱等柱名，均为潘氏同族在涂镇聚居地名称。同时，此条记载是潘邦传失嗣的情况下，将其祀产归入"公产"重新加以安排的记录。祀产本身指定了由保长、甲长、房长和族中长老为经管人，因此，石地道柱是负责祀产重组时将之前当出的"在地"财产收回的单位，与房支不同。这一祀产记载中还涉及另一个"下山岭柱"：

> 一号田七亩正土，坐上岸横泾浦，本年十月，此田西边扦出一亩半，出当于金良，当价法币一千两百元。再盟此田所余田三亩五分正，一亩助入潘氏宗祠祭冬费……计二亩五分助入二房，头坟田下山岭柱及石地道柱前，分柱对年挨轮清明祭扫。[③]

此条记载分别说明了两处重置财产的四至，而后者作为二房的祭祀支出，由下山岭柱和石地道柱共同承担神事，其中，下山岭柱应当拥有这份财产的"在地"权利。因此，"公产"的重新分配决定了两个与财产坐落相关的柱需要在清明祭扫时重新分配权责，"石地道柱"由于参与了这一次回收财产进入"公业"的过程，也就获得了头坟的祭扫"权利"。因此，"柱"制度存在

[①] 这一含义在台州可以找到实物证据。台州市临海县上盘镇的北涧村是宋代台州盐政衙门所在地，尚保留一座两层石亭，属于本村后堂庙。石亭由四根石柱支撑，柱上各刻当地罗、周、李、黄四个家族的"柱头"姓名，立庙时间以及阖村共祭誓言，本地人称为"四柱亭"。这一原始含义在台州全境，尤其府城周边的众多清早期祠庙遗存中叶多有可见，详情见《临海地区文物普查报告》临海市博物馆内部数据。

[②] 《潘邦传祀产》，见《涂川潘氏谱》（民国 37 年）。

[③] 《潘邦传祀产》。

三个基本因素:首先,定居地域与在地"公产"是分"柱"的基础;其次,柱对应的是"公产"捐产活动而非财产本身;最后,"柱"的权利是在神事祭祀中得以呈现的。

这一点在潘氏谱对于五姓殿庙产的记述中有着进一步的体现。在潘氏所录祀产中,协灵庙的祀产专门标注为三姓或五姓共有,尽管份额较闸头堂甚至隐居庵少,却在祀产一卷的开头形成专门的祀产表。除了前述新旧两个庙址的庙产情况之外,这部分还包括十条记录,引述如下:

> ——右侧旁基地,田三分,系翁亭章卖,吴王张潘翁陈共买,契价钱五千零;
>
> ——号殿前田亩基地二分,吴大位捐舍;
>
> ——右侧旁平屋二间,陈文耀捐钱八千文,六姓公共建造;
>
> ——号田一亩,坐倒落桥,东翁田,西南俱路,北坟界;
>
> ——号秧田一分五厘,坐堂屋西,东至墙角,西翁田,南潘田,北至沟界,田二号,陈文耀捐舍;
>
> ——号白岩大洞,系先祖捐舍基地,僧人结庵梵修;
>
> ——号白岩小洞,先僧人文来结庵,未有舍书;
>
> ——号舀底陈捣白,冈东斗西斗,东至郑项山,西上天,南至松浦李山,北至小芝佑半山,东北面岭□□□□。置田二号一亩,坐横路官路下,琴舟买;
>
> ——田五分五厘,坐七亩塘,翁家贵卖,以为义塾费用,又将牛场小过堂每牛捐十五文贴于塾师修金。此系潘姓己业,与翁陈无干;
>
> ——番薯行,坐西街、东南大街,南金姓店前,北吴姓祖祠大门界,其路基由五姓殿前直至□牛屋,西边正间搏外地道台门进出。[1]

尽管以财产列表形式记述,上述内容实际上是对五个"柱"捐产经过的记述。对比民国镇区图中的五姓保界,五姓殿的这份祀产表中标明的财产坐落,除了白岩小洞、白岩大洞两处庵基之外均位于五姓保界之内,而除了第二条说明有第六姓参与,所涉对象均是清代组成协灵庙"五姓"的五个宗

---

[1] 《协灵庙产》(乾隆五十四年撰,著者不详),见《涂川潘氏谱》(咸丰二年)。

族。因此,尽管潘氏谱中未曾言明,但联系口述史材料,这五个宗族实际上构成了五个"柱",既是固定每年神事轮值的基本单位,也是五个确定的祀产捐助者。而这份"公产"记述不仅说明了保界的构成,更重要的是,它同时说明了五个柱的相互关系。

首先,这份祀产表开头说明了通过修造路廊,潘氏出资将原先由张氏主导的庙宇旧址转化为了新保界庙的公产。这一举动连接了两个时代的保界主导者。更重要的是,这份祀产专门用作庙宇神诞庆寿戏的支出,潘氏因此成为神诞神戏的固定资助者。神诞演戏在保界信仰中有其特殊地位,是"保界"与神祇之间构建"护佑"关系的仪式环节,另一方面,也是除了殿宇修造以外,"保界"神事中耗资最多的一部分。因此,常规的保界信仰活动在资金捐助方面实际上是围绕神戏加以组织的。除了这一份祀产表列出的部分以外,从清至民国初年,潘氏在不断增加捐献额用于神诞。潘氏民国37年谱列出的新增祀产中就列出了一系列专门用于神诞的祀产:

> 一号平屋半间,坐鱼行殿前石阶北首,坐东向西,至王以增墙,南鱼行殿前石阶,西至大街,北至王以增屋。此屋系你大房时璋公遗产,因其无嗣,曾被吴成田侵占,后经昌琪嫂出舍潘翁陈三姓,由潘纯卿出力,据理争回,助作三姓公产,为协灵庙八月初二神诞用度,现仍租与王姓人放檐滴水,订明每年八月初三交食米四斗,倘日后租价增减悉照征收,否则须还平屋,交转三姓无阻,此据。

> 演戏用项:新置一号田,坐天灯口碑根,计田一亩,正东至潘田,南至翁氏众江田,西北俱至潘田。

> 新置一号田,坐五姓殿外,以作落麻,[1]基地东至金姓墙,西南俱至大□北至朱姓墙。[2]

这三份祀产中,第一份由本族成员的私产转为五姓殿的庙产,并注明为"三姓公产",标明潘翁陈三姓固定承担神诞演剧这一核心神事。可见,捐助神戏"公产"事实上成为潘氏以及三姓作为保界领导地位的象征。

另一方面,协灵庙的庙产表由复杂的买卖关系构成,既有一姓出卖,五姓共买,也有宗族之间互相买卖或租赁形成的祀产联系,而这些买卖事件的

---

[1] 即制麻晒场,使用者需向庙宇交纳租捐。

[2] 《潘氏新置公产》,见《涂川潘氏谱》(民国37年)。

记述表述五个轮柱的地位的差异以及互相关系。

如上表所见,在五姓殿"公产"中,陈氏的陈文耀捐舍了两处祀产,另有一处卖给潘氏后归入庙产,而翁家则卖出了两处田产作为庙产。在翁家第一份卖出的祀产中尚将旧保界张氏作为承买人,可能此时张氏依然作为一个轮柱存在。而第二份祀产的记述则颇有意味,潘氏谱中强调了为"翁家贵卖",田野考察中根据翁家的回忆和族谱材料,翁氏并无名为"家贵"的成员,因此此处应当是对这次交易的形容。同时,这份庙产和潘氏最重要的宗族收入牛场税一起用作三姓私塾的支出,并且强调其为潘氏的"已业"。联系上述闸头堂的"公产"记述可知,在旧保界中,潘氏与翁陈两姓的关系与后来的三姓联盟有所差异,《闸头堂记》只提潘陈而未提翁氏,同时在崇祯八年的闸头堂约书中,翁姓有五人署约,潘氏为四人,但在潘谱所述中,翁氏是主要的卖出者,而潘氏则是主要的购买者,并由其将族产转为庙产。在本例中所谓"贵买"仅是只言词组,以笔者所掌握的材料无法说明"贵"在何处。但如上所见,新保界是随着潘氏逐渐成为庙产的主要捐献者,并与翁陈两姓逐渐形成主从关系而建立起来的。因此,在张氏退出之后,潘翁陈之间的祀产买卖成为保界新关系的一种表述。

另一方面,清代的五姓殿祀产表中,吴氏捐助了一号殿前地基,而王氏则没有出现。而在民国的神戏公产记述中,王姓既不是捐产者,也不是"公产"的购买对象,与五姓"公产"只发生了租赁关系,在每年的神诞正日之后交付租金。这一内容有着"保界"信仰下特定的意涵。[①] 因此,这一记录不仅声明了王氏的轮柱地位,通过在庆典中安排"公产"活动,它也申明了三姓与王氏在保界中的主从关系。而如上表所见,潘氏与吴氏发生过财产争议,所争房产最后由潘氏族长充入庙产注明为三姓公产。因此,这些祀产记述事实上详细标明了潘—翁陈—吴王的主从关系。

---

① 这里涉及本地在神诞庆典中的时间习俗。包括保界庙、庵堂以及其他保界堂庙神麻,本地的神诞庆典一般在时间上都部分为两个阶段,以神诞前夜寅时为界分为寿夜和诞日。后者是本地神祇的寿诞日,但主要的公共护佑仪式,包括巡境、上祭、打醮都在寿夜时段举行,演剧则以当晚上演的神诞仪式剧《踏八仙》作为高潮。寿夜结束之后,神诞正日清晨举行接神,象征保界神的周年回归,之后事实上的保界信仰仪式即告结束,开始保界内的各个成员以助资演剧、宴请戏班或其他形式进行的个人活动。因此,保界神诞节庆可以划分为两个部分,止日之前属于全保界的仪式活动,正日之后则转入单个成员的求佑仪式活动。这一节日时间结构在本地民俗活动中十分常见,不仅是保界神诞,还包括小区一年中的各个节庆。详情见拙文《小区生活与村落节庆的时间结构》,《民俗研究》2012 年第 5 期。

这些"柱"之间"公产"事件不仅用于表述保界内部关系，同时，它们也以同样的方式在说明保界对外的边界关系。与五姓保界存在边界关系的主要是东北两侧金郑项三族的永宁庙（俗称猪行殿，以庙场设猪行而得名，以桑园郑氏为首）保界。这一保界除了当境庙，还拥有西岳庙、通应庙等数座堂庙，是杜桥地区最大的保界，与五姓保界也一直处于神事竞争中。民国 37 年潘氏族谱记载：

> ……民国七年，县府委为椒北猪牛只捐征收主任，惟思潘氏地域金郑项三大族毗连，非振兴文化不能与列强并峙……嗣值潘郑二姓为巡神赛会，致起纷争，几至失败，赖君一力主持，反弱为强，卒得美满之结果。①

虽然两个保界的族谱和口述史材料都没有说明发生争议的是哪个庙宇的巡赛神事，但潘氏谱中隐晦提及的巡神冲突可能正起于两个保界因捐产而起的"柱"权争议。

如上所述，五姓殿的"柱"由五个宗族组成，但是对于哪五个宗族，两个保界在各自的族谱中却有所不同。潘氏族谱所记载的五姓并不包括邻近的桑园郑氏和项氏，但在光绪十四年成谱的《涂川项氏宗谱》中留有一条五姓殿的记载："五姓殿坐街后，系项潘翁陈吴五姓经营合造合修。"②具体而言，五姓殿在项氏族谱中是由八年柱参与捐建的公产，与八年柱参与的秤行、布行等牙行以及与郑氏七年柱共同参与的西洋畔河道经营权并列。可见在项氏族谱中，五姓殿不仅归入本族"公产"范畴，而且项氏应为首柱。

这一争议还可体现在西街路廊上。如上所见，在明代保界庙旧址上重建西街路廊是潘氏作为保界主导者的象征，这一点从康熙三十六年到民国37 年的潘氏谱中都反复加以强调。但是项氏谱却说明西街路廊是其八年柱所捐建的公产，说明其为"项潘翁陈吴共五姓有份"。在潘氏谱中只有上述"六姓"一条说明在五姓之外，新保界庙还有他姓参与。但潘氏谱中所谓的"六柱"并未说明就是项氏，同时在乾隆谱中依然保留了"七姓保障庙"的称呼，所以它更应该解读为对张、曹两姓柱权的追认。因此，这第六个"姓"即使是项氏，也被潘氏谱以"柱"的制度话语加以否认。

---

① 《潘纯卿行传》（民国三十七年，项周楠撰），见《涂川潘氏谱》（民国 37 年）。

② 《公产》，见《涂川项氏宗谱》（光绪十四年）。

除了项氏本身的轮柱资格外,两个保界对于协灵庙柱权的争议更涉及五姓保界的其他轮柱。无论是庙宇本身还是西街路廊,项氏谱虽然承认三姓与吴氏,却都否认了桥头王氏的轮柱地位。如上所见,潘氏谱同样没有提及王氏对于五姓殿的捐献,项氏谱对于王氏轮柱地位的否定恐怕也因此而起,但潘氏谱较之项氏谱却强调了王氏的轮柱地位。而如上图所见,从五姓定居地的空间分布上,王氏较之其他四姓距离项氏所在保界最近。因此,王氏尽管是五姓保界中的边缘成员,对于"公产"并无明显的贡献,却是保界保护的对象,其因由正在于它标明了五姓保界的东界。口述史材料说明了项王两村两族在近代上发生过多次土地冲突,可以想见潘翁陈吴四姓作为同一保界小区的成员也卷入了这些涉及保界边界位置的争斗。

但在"保界"与"柱"的叙述语境下,这一冲突却不仅仅是项氏单方面对于五姓保界的柱权要求,事实上潘氏谱中也记述了本族通过"公产"捐献活动,对于金郑项三族的永宁庙保界进行的柱权争夺。

与项氏不同,潘氏没有对三姓保界的当境庙提出柱权要求,而是瞄准了保界中的另一重要庙宇鱼行殿。鱼行殿是通应庙的俗称,该庙是杜桥最大的一座关帝庙,因庙厢成为杜桥的鱼行所在而得名,始建年代不详,但道光十五年火毁后由金氏为首的三姓重建。从民国镇区图可见,这座神庙的位置在五姓殿以东不足五十米,而五姓保界可能正是根据这一"在地"关系对其提出了柱权诉求。潘氏谱中与这座庙相关的祀产共有两部份,第一部分直接涉及鱼行殿的庙宇建筑本身:

> 学海公土坐狭街,有屋基三间,捐入关帝庙,乾隆年间众将此基变卖,改建鱼行,惟其店前之摊税,每年收钱三千三百文以作祭扫之需。①

从行文可见,这条记载的记述方式与潘氏谱中的五姓殿殿厢记载如出一辙,完整说明了本族成员的私产捐入庙宇"公产"的过程。更重要的是,它指向了鱼行殿最重要的"公产"——鱼行的捐献出处,并且早于三姓保界的捐产记载。假如以此为基础,那么潘氏理所当然拥有鱼行殿的柱权,而且同样应该是其中的首柱,而其作为五姓保界的领导者,保界中的其他成员也应当随之拥有柱权。但正如项氏谱对于五姓殿的记载被潘氏谱委婉否定,潘

---

① 《公产》,见《涂川潘氏谱》(咸丰二年)。

氏谱中的这一记载同样不被项氏谱所承认。对于通应庙厢的鱼行,项氏光绪谱仅有一处记载:"鱼行座卖布行直上横街界"①,与上述五姓殿一起列于"公产"之内,同时,道光十五年后,三族的族谱均声明其重建鱼行殿时的贡献。可见,三姓直接将其作为本保界独有的"公产",因此彻底否定了潘氏的捐产活动以及相应的柱权,因此在潘氏民国37年谱中,这一记载已经消失。

但尽管没有了鱼行殿本身的祀产记述,潘氏民国族谱中还记载了一系列与鱼行殿相连的"公产",其中主要以大房成员为主的"西洋柱"完成捐产,并有另一个"衙门柱"参与(衙门指清代巡检司衙门附近的居住地)。详列如下:

> 十三号楼店一间,坐鱼行东首内,衙门柱承半间;
> 十一号西头屋基三间连后,基一间坐卖布行,东中堂,西大街,
> 南地道,北通应庙墙地道,十一合并,新置楼屋六间;
> 十二号化鱼行地基一间,坐通应庙前,东庙门坎,西大街。②

如上所见,这些新增"公产"主要为商铺。除了作为海产品的集散市场,鱼行殿也是杜桥镇区最密集商业街区的起点,按照民国时的商号分布,从其向北的横街、向东连接的中街和狭街分布着全镇三分之二以上的店铺。可见,在道光十五年三姓完全主导鱼行殿后,潘氏和五姓保界依然有向着这一方向扩展的努力,其中十二号"公产"就再次涉及鱼行本身的"公产"所有权。但是,这些"公产"同样没有在金郑项三族现存的民国文献或口述材料中得到确认,它们的真实性也只能在"柱"权的范畴内加以理解。

最后重修于民国初年的五姓殿老庙在 70 年代拆毁时,大殿主梁上只有上述五个宗族的梁题,可见项氏最终并未获得五姓殿的轮柱资格。同样,鱼行殿今天的神事活动中,也看不到潘氏和五姓保界成员参与的痕迹。正如潘氏谱中所言,协灵庙与永宁庙两个保界之间强弱悬殊。项氏是杜桥最大的宗族之一,仅次于金、李、郑三族,在近年的人口统计中,本地户籍的项姓人口达到 13726 人,远多于潘姓和翁姓,③而且在清民两代掌握了涂镇布匹、粮食等贸易特权,在仕进、民团上更具有绝对优势。从这一点看来,两族

---

① 《公产》,见《涂川项氏谱》(光绪十四年)。
② 《公产》,见《涂川潘氏谱》(民国三十七年)。
③ 《杜桥志》编纂委员会编:《杜桥志》,浙江人民出版社 2009 年版,第 99 页。

的冲突并非仅从宗族之间的财产冲突,而是建立在"柱"观念之上,两个小区的社会空间争夺。在这一范畴下,随着"柱"权的确定,这两个实力悬殊的群体的地缘身份也由此得以确定,随之而来的是保界之间稳定的边界关系。

因此,族谱中所记述的争夺实际指向的未必是绝对的对抗关系。乾隆三十三年,五姓保界的陈希圣和潘子贤会同三姓保界中郑家的郑子俊共同发起组织当时杜浃镇周边的八个保界庙小区的公议,议定农历一、六为涂下桥集市日。这次议定的市日成为椒江北岸沿海集市商贸体系的基础,形成杜下桥一、六,市场四、九,溪口二、七,大汾三、五、八、十的市日周期,西部涌泉和北部上盘、桃渚的市日时间也与之相协调。这形成了椒江下游北岸地区的市集体系,一直保持至民国35年。[①] 因此,两个保界之间形成的边界关系同样成为影响区域社会的重要因素,上文提及的巡神冲突如是,清末民初的集市贸易合作亦如是。

三、讨　论

自韦伯(Max Webber)提出了命题"村庙是乡村的主要代理人"[②]以来,村—庙的关系问题就是中国村落研究的核心路径之一。本文主要利用了一个宗族谱牒对于自身所在"保界"小区历史的记述。因此正如海登·怀特(Hayden V. White)所言:"历史领域中的要素通过按事件发生的时间顺序排列,被组织成为了编年史;随后编年史被组织成了故事,其方式是把诸事件进一步的编排到事件的'场景'或过程的各个组成部分中。"[③]尽管潘氏族谱是以宗族视角叙述的小区历史,但这一叙事的基调却是本族如何建立/获得"保界"身份。迁海展复使潘氏和五姓小区的建构凸显了保界的地缘特性在其中的作用,但推而广之,它的特殊意义不仅于此。

首先,从民间信仰与小区的关系而言,"保界"与"祭祀圈"理论所讨论的"地域崇拜"是相似的。[④] 但是,在笔者的考察中,包括保界庙在内,"保界"诸堂庙多次更换主奉神祇的情况并不罕见,却很少引起保界本身的变更。

① 《杜桥志》编纂委员会编:《杜桥志》,浙江人民出版社2009年版,第10页。

② 马克斯·韦伯:《中国的宗教　宗教与世界》,广西师范大学出版社2004年版,第146页。

③ 海登·怀特:《元史学:十九世纪欧洲的历史想象》,陈新译,译林出版社2004年版,第6页。

④ 林美容:《祭祀圈与地方社会》,台北博扬文化事业有限公司2008年版。

相反,笔者的考察对象中不仅有如上文五姓保界般不断联合扩展的例子,也有由单一保甲分立为数个独立保甲、不同保界成员重新组合为新保界以及保界之间互相吞并的例子。而如上所见,正如福武直所质疑的,五姓保界的地缘"小区"重建本身就是在多个信仰地点上进行的。因此,潘氏谱所描述的五姓保界并非仅仅是"一个以主祭神为中心,共同举行祭祀的居民所属的地域单位"①。这些保界遍布整个地区,形成了本地具有普遍性的村落小区传统,村与庙的对应关系建构起了民间社会自身的空间建构方式,但其中的关键词却并非是单纯的"崇拜",而其边界也并非单纯由单个庙祭传统所形成的谱系关系所决定的。

其次,这一"公共"小区与弗里德曼(Maurice Freedman)以来所归纳的"控产集团"(corporate group)小区也有很大不同。② 章毅通过对浙南石仓村会社组织与会簿记录的研究,认为会社在成员之间通过财产的互惠交易形成了一个平等的身份空间,而这使得会社内部围绕宗教"公共"意识具有"法人"性质。③ 但从潘氏谱所载"公产"而言,这一系列堂庙建设涉及的"公产"远小于坟产以及村落和宗族以其他形式拥有的"公共财富",它们在族谱叙事中所占篇幅和实际的财产经营价值相比是不成比例的。因此,除了闸头堂与潘氏试图拓展的鱼行之外,这些堂庙"公产"与五姓保界的经济生活并无直接联系。另一方面,在椒江下游繁荣的财产市场中,与其认为族谱中的这些"公产"记述是实际的财产份额与归属记录,不如将其看做族谱编辑者在当时情境下对于"公产"的一种主动表述。如上所见,族谱中的"公产"本身就是历代记述的叠加。以隐居庵为例,康熙十六年最早确立"潘姓子孙不得藉端觊觎"的田产已经转为私田,咸丰二年谱中记载的 7.3 亩庵田显然是后来重新配置"公产"的结果。因此,这些记述不是对于"公产"的簿记,无论是这些财产本身,还是记述这些财产的方式,它们所指向的都不是公有财产的经济意义。

因此,尽管五姓保界由宗族作为基本成员,同时以堂庙神事作为主要小

---

① 林美容:《乡土史与村庄史——人类学者看地方》,台北台原出版社 2000 年版,第 121 页。《祭祀圈与地方社会》,台北:博扬文化事业有限公司。

② Maurice Freedman, *Lineage Organization in Southeastern China*, London:Athlone Press,1965.

③ 章毅:《公共性的寻求:清代石仓契约中的会社组织》,《上海交通大学学报》(哲学社会科学版)2011 年第 6 期;《祀神与借贷:清代浙南定光会研究——以石仓〈定光古佛寿诞会簿〉为中心》,《史林》2011 年第 6 期。

区活动,但是它既不是简单等同于以"控产"为基础的"共有小区",也并非简单的"祭祀圈"。如上所见,"柱"是保界的基础,因此这一问题首先需要从"柱"制度加以解答。

如上所见,"柱"关注的与其说是财产的份额,不如说是"捐产"行为本身。在这一点上,"柱"的权利过程过程与科戴维(David Faure)的"入住权"既有相似之处,又有明显的不同。① 与"入住权"一样,"柱"是一种借由历史追溯而确定的群体权利,但不同的是它并非由祭祀活动追溯族源以获得小区身份相应的经济权利,相反,定居者的领地感(territoriality)来源于"私产"转化为"公产"这一过程中,自身与"在地"堂庙发生的联系。假如"入住权"的基础是先在的"共族"观念,那么由"柱"所维系的"保界"却是由捐产来不断确认和建构的"共地"认同。因此,"柱"权与房支权利不同,它所构建的并非"遗产",族谱中不断确认的"分柱"、"贵买"、"争庙"事实上讲述了乡村居民自身对于居住空间中的一系列特定地点不断进行的"共占和共同认同"。② 在这一前提下,堂庙"公产"更接近于"供物"而非"财产",同时,"捐产"所关注的是"谁在捐献"而非"向谁捐献"。如梅因(Henry Sumner Maine)所言,民间制度是遵循"从身份到契约"的路径发展的,那么"保界"成员的"身份"与小区认同正是由这样的捐产"契约"行为不断建构的。③

正如 Fiorella Allio 对于"祭祀圈"、吴滔与王键对于"庙界"的反思与讨论所见,④村落地缘小区首先是本地人基于"定居"认同所形成的内在传统,而非是某个外在制度话语或信仰传统对于本地聚落的塑造结果。而如上所述,无论是宗族、佛道宗教还是地方制度话语,它们都首先需要赋予"保界"所指向的"在地"属性,地缘性的小区认同成为其他文化元素在乡村社会中进一步展开的基础。新中国成立后,金郑项三姓保界成为杜东生产队以及后来杜东行政村的基础,与五姓保界形成的杜西村一起成为杜桥镇区中北

① 科戴维:《皇帝与祖宗》,卜永坚译,江苏人民出版社 2009 年版,第 5 页。

② 王斯福:《帝国的隐喻:中国的民间宗教》,赵旭东译,江苏人民出版社 2008 年版,第 284 页。

③ 亨利·梅因:《古代法》高敏、瞿慧虹译,中国社会科学出版社 2011 年版,第 129 页。

④ Fiorella Allio: *Spatial Organization in a Ritual Context: A Preliminary Analysis of the Koah-hiu Processional System of the Tainan Region and Its Social Significance.*《信仰、仪式与社会——第三届国际汉学会议论文集》,中央研究员民族学研究所出版 2002 年版,第 131—179 页;吴滔:《神庙界域与乡村秩序的重组——吴江庄家圩庙考察报告及其初步研究》,《民俗研究》2008 年第 2 期;王键:《明清以来江南民间信仰中的庙界:以苏、松为中心》,《史林》2008 年第 6 期。

部的两个主要行政村。而如笔者考察所见，即使经历了近代以来国家政治话语的更替，主流精英文化的变迁，尤其是土地制度的巨大变革，成百上千个边界明确的"保界"至今依然广布于椒江中下游地区。当它们随着 80 年代后民间信仰复兴而重新成为本地人公开的"地方"表述时，以其为基础的各种神事传统，包括民间仪式与演艺活动也随之迅速复兴，在极短的时间内从"迷信"成为乡村"公共"生活不可忽视的部分。因此，对于乡村社会而言，"保界"作为一种小区地缘认同的方式和结果并未随着 20 世纪下半叶的文化变革而消失，相反，它依然是本地村落生活的"底层结构"。本文仅仅是一个个案研究，更多内容需要在对保界更广泛的讨论展开，但是由此出发，这一特殊村落小区传统或许可以提供更多对于中国"基层"世界的认识。

《四库全书总目提要·湘湖水利志》辩证

宫云维　陈淑蒂

（浙江工商大学历史系）

　　毛奇龄著《湘湖水利志》是系统地记述萧山湘湖开湖以来的沿革、私占、清占等水利事件的重要萧山乡邦文献，也是迄今为止研究萧山湘湖形成及演变最系统、最详细的原始资料，对于研究湘湖及其相关问题很有价值。《四库全书总目提要》云："《湘湖水利志》三卷。国朝毛奇龄撰。……萧山湘湖为一邑水利所资，宋熙宁间县民殷庆倡议建塘而未行。至杨时为县令，始举其役。而明尚书魏骥修筑之。后为豪民所占，御史何舜宾又以死争复之。舜宾之婿金事富玹，因作《萧山水利志》。岁久残缺，奇龄因其旧本，补辑是编。前二卷详述湘湖沿革条约，第三卷则附录诸湖，而终以湘湖历代禁罚旧例。其大旨以杜侵占为本。"①语焉未详，与史实有所出入，且间有讹误。兹辩证如下。

一

　　萧山湘湖之有志，始于明人富玹。

　　富玹，字友柏，萧山人，明宪宗成化十七年（1481）进士及第。历任福建分巡道按察司金事分巡延平等。御史何舜宾女婿。弘治十四年（1501），富玹取明萧山县令张懋所刻《萧山水利事迹》及萧山人魏骥所著《萧山水利事述》合梓而成《萧山水利志》（以下简称《富志》），由其子富釬校刻，请致仕在家的资政大夫太子少保工部尚书侍经宴官刘璋为之作序。刘序云：

　　　　闽之佥宪富公玹分巡来延平，语予曰："吾世家萧山，地多濒海

---

① （清）永瑢等：《四库全书总目提要》（上册），中华书局1965年版，史部，第655页上。

枕江,自昔无湖塘闸壩以备旱潦。宋政和二年,龟山文靖杨先生来宰是邑,弗忍民艰,乃相县之西南,四围皆山,其地高亢,周围八十余里,创筑塘岸,名曰湘湖,悉受诸山之水以备暵旱,以潴淫潦……我朝洪武永乐间,亦有开垦为田,起科纳粮者,甚妨水利。景泰间,致仕尚书魏公骥力除宿弊,重加修葺,以羽先生之功,犹曰所开之田未尽为湖,病根尚在,其意盖有待焉。尚书公自著《湘湖水利事述》一书,并旧刻《萧山水利事迹》一册,授门人前南京湖广道监察御史何舜宾,又叮咛倘过侵占,力在修复。何公近见利归两涯之家,湖占为田半之,唯思恢复前功,不计身家利害,请白当道,而被惨祸。子庠生何竞两闻于朝,先遣给事中李举、刑部郎中李时,后遣巡按御史陈铨、大理寺评事曹廉先后覆实改正,尽复为湖,幸赖此书之存。今将锓梓以给吾邑之民,家藏一册,以备后日征验。"乃出是书,以序见嘱。予得遍而阅之。其湘湖兴废之由,前人修筑之方,靡不具载。①

刘序大致交代了富氏作志的原因、内容。《富志》成书后,虽然当时邑人"家藏一册",却没有很好地流传下来。毛奇龄作《湘湖水利志》(以下简称《毛志》)时已称其书多阙轶,"今历搜旧刻,无复原本,其子姓所传者,则又属启、祯之间残编断册依稀补缀,其颠倒荒略不可名状"②。稍晚,康熙五十七年(1718),邑人来鸿雯重订《萧山水利》二卷,跋中亦称"其本已漶漫,字多淆讹,且先后绝无伦次,读者不无遗憾"。来鸿雯遂在此基础上"稍为是正,且比次其先后,以年代为序,顾第一,张次之,魏又次之,富居后"③。这就是我们今天能看到的清人张文瑞刊行的《萧山水利书》之初集,④即是《富志》之基本内容。其篇目如下:

卷上:宋邑令顾公《萧山水利事迹》、宋邑令顾公《湘湖均水利约束记》、明邑令张公《湘湖水利图记》、《湘湖水利图跋》、明邑令张公《萧山水利事迹序》、明邑令张公《萧山湘湖志略》;

---

① (明)刘璋:《明金事富公重刻萧山水利事迹序》,(明)富玹、张文瑞:《萧山水利志》,(清)来鸿雯《续刻》,《四库全书存目丛书》,齐鲁书社,1996年影印本,史部,第225册。
② (清)毛奇龄,《弘治年何御史中清估始末》,《湘湖水利志》卷3,清康熙(1662—1722)刻本。
③ (清)来鸿雯:《萧山水利跋》,《萧山水利志》卷2。
④ 据《四库全书总目提要》,张文瑞又搜得黄震《万柳堂记》等12篇为续集,与初集合刊行之。

卷下：明英宗敕谕、明尚书魏文靖公《萧山水利事述》、明佥事富公《重刻萧山水利事迹》序、明御史何公父子复湘湖考备二条。①

二

按照四库馆臣的说法，《毛志》是在《富志》的基础上"补辑"而成的，"奇龄因其旧本，补辑是编"②。成书于康熙五十七年③。何鸿雯在重订《萧山水利》跋中称"毛太史有《湘湖水利志》，大约蓝本此书"。近来钱杭先生亦称《毛志》是"作者在明代富玹《萧山水利志》残稿的基础上，广泛搜集湘湖水利的成规、前例和轶事，按年代顺序编撰"的。④ 但从毛奇龄本人的叙述以及《毛志》的内容看，似乎并非如此。

毛奇龄在《毛志》卷三之首有言：

> 故宋时邑宰顾公著《萧山水利事迹》一书，则专载诸湖沿革。而明初乡官魏公著《萧山水利事述》一书，则专载诸塘兴废。……予尝求两公所著，皆残缺不全，仅取顾公之有事于湘湖者，录载前卷。以郑河口亦湘湖所系，故亦附入。而以其余者为之订补旧文，杂载于后。若魏公所著，则录其《均水约束》与《图记》、《图跋》入《湘湖水利》，而以其余者照原文载入，以其皆与湘湖无涉，故名曰附。

这是毛奇龄自己为编撰《湘湖水利志》所作的说明，这段文字对于我们理解毛奇龄编撰《湘湖水利志》至关重要。按照毛奇龄本人的说法，《毛志》卷1和卷3主要取材于顾著《萧山水利事迹》和魏著《萧山水利事述》：

期中卷1主要内容是顾著中之"有事于湘湖者"和魏著中的"《均水约束》与《图记》、《图跋》"。顾著中的"郑河口"一条附于后。

卷2，即毛氏所谓的"为之订补旧文"的"其余者"，也基本与《富志》没有关系。

---

① 来氏重订《萧山水利》初集下卷原有"明副使丁公《禁革侵占湘湖榜例》、明尚书张公致许金都论湘湖水利书"两篇，前者即来氏跋中的"正德十五年副使丁公沂禁革湘湖侵占榜"，系富玹子佺所附入，来氏"并依旧本，不敢所有增损"；后者原不见于《富志》旧本，系来鸿雯据家乘所附。此二篇非《富志》原文。

② （清）永瑢等：《四库全书总目提要·萧山水利书》（上册），史部，第655页中。

③ 《四库全书总目提要》作康熙五十八年，误。

④ 钱杭：《库域型水利社会研究》，上海人民出版社2009年版，第15—16页。

卷3，即附录部分，系顾、魏著中与湘湖无关的部分。

可见，《毛志》所依赖的"旧本"并非《富志》。验之《毛志》具体篇目，二《志》也有很大的不同。《毛志》篇目如下：

卷1：宋熙宁年县民殷庆等请开湖之始、政和年开湖、宣和年议罢湖不许、南宋绍兴年定《均水则例》、乾道年清占湖者、淳熙年清占立《均水约束记》、《萧山县湘湖均水利约束记》、清水穴、嘉定年疏濬定例、湖沿以金线为界、元至正年修湖、明洪武年颁《水利图记》刻石县庭、《湘湖水利图记》、《湘湖水利图跋》、景泰年清占有英宗皇帝敕禁谕文、钦奉敕谕；

卷2：弘治年何御史清占始末、萧山水利志、正德年清占勒榜、禁革侵占湘湖榜例、本朝康熙年清占乐石始末、水利衙报文节略、绍兴府发县票节略、本县第三申府详文节略、本府申请藩臬二宪司覆文看语节略、本府发县票节略、请毁私筑湖堤揭子节略、湘湖私筑跨水横塘补议节略、湘湖水利永禁私筑勒石记；

卷3：白马湖、詹家湖、瓜沥湖、落星湖梓湖、《萧山县水利事述》及《湘湖历代禁罚旧例》。

与前述《富志》相比，《毛志》卷1多出了：宋熙宁年县民殷庆等请开湖之始、政和年开湖、宣和年议罢湖不许、南宋绍兴年定《均水则例》、乾道年清占湖者、淳熙年清占立《均水约束记》、嘉定年疏濬定例、湖沿以金线为界、元至正年修湖、明洪武年颁《水利图记》刻石县庭、景泰年清占有英宗皇帝敕禁谕文、钦奉敕谕等内容，《富志》中的明邑令张公《萧山水利事迹序》、明邑令张公《萧山湘湖志略》则不见了踪影。

这从另一个侧面说明，《毛志》所依据的并非《富志》旧本。

从文字上看，二《志》收录有不少相同的篇目。按一般的常识，收录入不同书目的同一文献，内容有所差异，可以为我们判断其是否同一底本提供佐证。兹录《富志》之《邑令张公湘湖水利图记》与《毛志》之《湘湖水利图记》如下。

《富志》之《邑令张公湘湖水利图记》：

> 湘湖去县治之西仅二里许，四面多山麓，地势高广、筑塘汇水而成，湖周回八十余里，所以蓄水而防岁旱者也。水利可考者，凡九乡溉田一千四百六十八顷，有奇所溉田，验其远近高低均包湖税，则湖之尺寸、皆入贡赋矣。湖利宝自县令龟山杨先生创始湖

塘，自宋绍兴间，县丞赵善济缮治殆完。至淳熙间，邑宰顾冲立法始备，度地势之高下，议放水之先后，时刻分毫各有次第，勒记于石一，以示久远。自宋历元迄今，几三百载，民守其规，无少间焉。余忝民社之寄来治斯邑首询风土，躬历湖岸，视其放水之穴甚均。独顾公所立碑石，毁裂无存，旁求得其旧本所载，九乡放水之穴，十有八所班班可照，其立约束放水之穴尤明。诚有不可易者，余今为斯民计者，特念旧碑没，诚虑愈久而愈失其真，使民不守法者得以乘隙而更变，或通私穴而泄水，或倚堤而田，或汇岩而鱼。培高抑下适已自便，必致害湖之利，九乡之田，一过旱虐得无忧乎，于是，乃述顾公旧制约束之记，谋及丞簿重镌于石，以垂不朽。仍戒饬居民增筑堤防，以御泛滥并去私穴，以除盗泄禁过请田以杜侵夺，民利务使九乡之田均受其溉，而无旱荒之虞，上不失公赋，下可以厚民生，则湖之为利大矣。既而邑之士之庶复请绘图，刻石以为民？吁。余虽不敏，尝闻为政之道要在事约而施远也，昔郑大夫子产以乘与济人于溱洧，孟子识其惠而不知为政，为其施之不能远也。若夫我邑前贤约束水利之法，其庶乎得为政之要矣，余故重复斯言慎为民，劝俾而九乡之人追昔会计之功，视今缉绘之意，永守约束之法云。

洪武十年九月望日，萧山县知县张懋记。

《毛志》之《湘湖水利图记》：

湘湖在县治之西，四面多山，以地高可潴，筑而成湖，所以司蓄泄赦旱叹也。自龟山先生首为载事，而绍兴之末实赖县丞赵善济为之缮完，且复抵御权贵，创立法度。至淳熙间，邑宰顾冲增修之。乃为度地势高下，以定放水先后之序，分毫时刻皆有次第，因勒石讼堂以示久远。自宋迄今，几三百年于兹矣，余忝寄昕邑，躬历湖岸，历相其规制、踪迹，可谓极备。独顾公所立碑石，戕裂不存，乃于案牍之暇，搜剔旧本，见其放水之穴，班班可考。其约束次第，载在简册，尤皎然不可昧者特念旧碑，既没。迟久失真，则奸民之不守法者，得以乘隙而更变，而沿湖觊觎，或通私霭，或行盗泄，或倚堤而栽，或汇嵓而渔，培高抑下，适已自便其为湖害，何可胜道？于是细考旧图，谋及丞簿，重镌于石，以垂不朽。昔子产为政，乘与济

人以为小惠若兹之利,均一方泽流万世。前贤成法,煌煌具在庶几
得为政之要矣。余故于图,成之次重述斯言,以为民劝。

　　洪武十年九月望日,萧山县知县张懋记。

　　二者差异之大,出乎意料！何以会出现如此之大的差异？或以为毛奇
龄恃才傲物,喜臧否人物,好标新立异的性格所致。例如前引来鸿雯《萧山
水利跋》就批评道:"近太史毛先生有《湘湖水利志》,大约蓝本此书,而时有
异同。盖毛太史好逞臆见,弄笔锋,多以想当然之谈为确,如是之语不难。易
旧事之事迹,驰骋一日之文章,殊乖多闻阙疑、述而不作之旨。……其书断不
敢采入一语,以惑乱后人也。"钱杭先生用康熙十年(1671)及三十二年《萧山
县志》卷1《水利志》所载张氏《湘湖水利图记》与《毛志》作了对勘,得出的结论
是《富志》与《萧山县志》所录文本的文字价值极为接近,"显然出于同一底本"。
相比之下,毛氏所录之《湘湖水利图记》,"与其说是张懋四平八稳、立于县庭的
《图记》,还不如说是毛氏一贯所喜好、所擅长的论战强调"[1]。

　　诚如论者所指出的那样,《毛志》的确有一定的问题。比如,卷1"景泰年清
占有英宗皇帝敕禁谕文"以及相关内容,就已经被钱杭先生证实为刻意作伪。[2]
但倘若因此而全盘否定《毛志》与《富志》不同者即毛氏"逞臆见,弄笔锋","想
当然"之作,却是过于草率的。因为同样是被二《志》均收录的《湘湖均水利约
束记》的内容差异就没有这样明显。兹以《毛志》为例,以《富志》对勘如下。

　　谨按图经,湘湖在县西二里,周回(《富志》作"围")八十里,溉
田千余顷,水之所至(《富志》"至"字后有"者"字)九乡。绍兴二十
有八载,县丞赵善济以旱岁多讼,乃集塘长暨诸上户与之定议,相
高低以分先后,计毫厘以约多寡,限尺寸以制泄放,立为成规。人
皆悦之。第(《富志》无)八乡既均,其稍(《富志》无此二字)有未及
者,惟许贤一乡(《富志》无"一乡"二字),得水颇陋(《富志》作"居其
旁不预"),虽后有告不均者(《富志》作"后有告于上者"),为之开穴
以通其利(《富志》此句作"虽得开穴以通其利")。而旧约未改(《富
志》此句作"卒用旧约"),迄今垂二十余年(《富志》无"迄今"二字),

---

　①　《库域型水利社会研究》,第170—171页。
　②　所谓英宗皇帝《敕谕》一条已被钱杭先生证明为毛奇龄刻意虚构作伪。详见钱杭《库域型
水利社会研究》第五章《湘湖历史合法性的授权依据——〈英宗敕谕〉》。

莫之复位(《富志》"复位"作"重定")。(其新旧约惜俱不详)①淳熙九年,冲滥宰斯邑,适丁旱伤之余,历询湖利(《富志》此句作"知其湖有利于民甚溥"),去其侵夺为田者(《富志》"去"字前有"既"字),乃复谋于众(《富志》无"乃"字)。斟酌旧约(《富志》作"取旧约"),因少损八乡之水以益许贤(《富志》此句无"因"、"之水"三字),使之均等(《富志》此句作"利使均矣")。大约九乡管田得一十四万六千八百六十八亩二角(《富志》此句无"大约"、"得"三字),其水以十分为准(《富志》此句无"其"字),每亩合得六丝八忽一秒,积而计之。以地势有高低之异,故放水有先后之次,分为六等。柳塘最高,故先。黄家霪最低,故后。其间高低相若同等者,同放。此先后之序,不可易者。去水穴一十有八,每穴阔五尺,自水面掘深三尺,其傍,(《富志》作"并筑尺其傍")柱以石,底亦如之,非石则冲洗深阔去水无限矣。其放水次第约计有六(《富志》此句作"水已放畎浍皆盈,方得取之"),先者重罚(《富志》"重"作"有"),私置穴中夜盗水者其罚尤倍。(相传揭防断臂,窦水断趾,言折伤也,其后有割提剁指盗水钛趾之令)昔召信臣居南阳,作《均水约束》,刻石立于田畔,以防纷争,后人敬慕之。兹仿其意,亦以放水穴次与时刻先后开列于后(《富志》此句作"兹以放水穴次与时刻先后开列于后")。

……

淳熙十一年岁次甲辰十月乙亥十又二日庚午(承事郎知县主管劝农公务兼兵马监押钱塘顾冲复位)

除了个别遗、误之外,二《志》所录内容差异并不大,仅有个别字、句的变化。很显然,二志《文》中关于《湘湖均水利约束记》的内容之差异并不支持"毛太史好逞臆见,弄笔锋,多以想当然之谈为确"的结论,反而更有利于毛氏在《湘湖水利志》卷3之首的自述。更支持《毛志》并非来源于《富志》。

综上所述,笔者以为,在没有发现顾著《萧山水利事迹》和魏著《萧山水利事述》原本之前,说毛奇龄因《萧山水利志》岁久残缺,因其旧本,补辑而成《湘湖水利志》;《湘湖水利志》蓝本《富志》,是不合适的。

---

① 此为毛氏原注。下同。

浅议章学诚方志学的现实意义

方先勇

（浙江省温岭市地方志办公室）

　　章学诚（1738—1801），字实斋，号少岩，会稽（今浙江绍兴）人，清代杰出的史学理论家和方志学家。早年博涉史书，中年入京，遍览群籍。乾隆四十三年（1778）进士，曾援授国子监典籍，主讲定州定武、保定莲池、归德文正等书院。后入湖广总督毕沅幕府，协助编纂《续资治通鉴》等书。毕生致力于讲学、著述和编修方志，所著《文史通义》和刘知几的《史通》一直被视作我国古代史学理论的双璧。章学诚一生主修、参修各类地方史志十余部，并撰写了大量的志评著作。修志的过程也是章学诚史学理论逐步成熟的过程，在大量的修志实践中，对方志的性质、源流、作用、体例和编纂方法均有详细论述，形成较完整、系统的方志学理论，被梁启超称为"中国方志学的创始人"。本文试就章学诚方志学对当前普遍进行的二轮修志工作的现实意义作简要论述，以求教于方家。

一

　　章学诚对方志学的一大贡献是辨明方志的性质和作用。他明确指出"志乃史裁"，"方志乃一方之全史"，[①]其价值应与国史相同，这是章学诚的重要创见。方志与国史的不同仅在一记全国之事，一述地方之言，只有范围广狭之殊，绝无内容本质之异。从此，志为史体的概念牢固地树立起来，方志成为历史学一个名副其实的分支。他从史学的发展源流来论述志属史体，确定了方志的性质是属于史的范畴而绝不是地理著作。然后又针对方志的特点及其发展过程中所形成的规模和体式，最后选定要用纪传正史之体在编修方志。志为史

---

① 中国方志大辞典编辑委员会编：《中国方志大辞典》，浙江人民出版社 1988 年版，第410页。

体的本质属性,现在的修志工作者毫无异议,已经深入人心。作为地方志工作者,都非常清楚这样的道理,历史是实实在在的,它的重大价值就在于不含糊,不虚伪,不浮夸,绝不可随心所欲,任意裁剪;绝不可凭主观愿望加以扩大和缩小。正确的做法应该是老老实实地写出历史的真面目,开始怎样后来怎样都要真实记录,收集资料不可失其本来面目,让读者从这些原本的资料中得出历史结论,悟出历史经验和历史教训。要加强对资料收集的力度,积极拓展资料收集的范围。应重视社会调查,注意收集口述、音像等资料。做好资料的鉴别、筛选工作,避免失实、欠缺和选材不当等问题,保证资料的可靠性与完整性。对重要资料来源注明出处,对具有时代特征和地方特点的词汇作准确、简明、规范的注释。编写志稿前,应对入志资料进行系统梳理和研究。只有这样,才能符合历史唯物主义,才能使志书具有生命力,拥有权威性。

本着"经世致用"的观点,章学诚强调志书要"实用",为国史取材。他认为一方之志,要"切于一方之实用",材料必须取自当时的一方文献。要详近略远,多写当时之事,材料取之于当时现实生活。除了搜集现成的乡邦文献以外,还需要进行实地访问调查,掌握第一手资料。这些论断,提高了志书的地位和实用价值,对后来方志的编修影响很大。今天我们编修志书,自然要为社会政治、经济和文化建设服务,为建成"小康社会"服务,这是理所当然的,否则我们花费大量人力财力修志又有何意义?我们在修志工作中要认真研究考虑志书的"实用"性,确保志书的使用价值。志书应用的广泛性,取决于志书的高质量和实用性。志书有了实用价值,才有存世价值。不能等到志书修成以后,才来考虑志书的使用。而是要在志书编纂前就认真研究如何使志书有用并且好用。如文字、图片、数字资料的收集取舍,篇目设置和体式的选择,版式设计,附录和索引的设置等方面,都要考虑志书的"实用"性,提高其实用价值。志书出版后,作为地方志工作者,要主动、积极地发挥志书的使用价值,不断拓展读志用志的领域和范围,扩大读志用志的广度和深度,扩大方志资源的社会服务面。浙江省地方志办公室曾将读志用志工作发挥的作用概括为六个方面:分别是:(1)围绕党委、政府的中心工作,为领导决策服务,实现资政功能;(2)为当地经济建设服务;(3)为爱国爱乡教育和精神文明建设服务;(4)为促进两岸交流,实现祖国统一大业服务;(5)为促进对外交流,实现中华民族的伟大复兴服务;(6)为国内外社会科学工作者挖掘资料,开展对浙江经济、社会、文化和历史的研究提供线索和史料。使社会各界认识到,地方志是一个丰富的文化资源宝库,方志工作者应努力发掘志书的"实用"价值,争取使它发挥更大作用,为社会提供广泛的服务。

二

章学诚方志学的另一大重要贡献是确立方志体例结构,提出方志分立三书的主张。他经过长期的研究和实践,总结出欲撰好方志,必须分立三书。他说:"凡欲经纪一方之文献,必立三家之学,而始可通古人之遗意也。仿纪传正史之体而作志,仿律令典例之体而作掌故,仿文选文苑之体而作文征。三书相辅而行,缺一不可;合而为一,尤不可也。"①他主张志书由"志"、"掌故"和"文征"三部分组成,而志为主体,分纪、传、表、考等四体;他还明确了志书内容和编纂要求,提出志书内容应包括编年、方舆、建置、民政、秩序、选举、人物、艺文等八门。方志分立三书是章学诚所创立的方志学之精义所在,它的提出,标志其方志理论的成熟、修志体例的完备和方志学的建立。②这些重要方志理论对我们今天仍旧有非常现实的指导意义。志书采用何种体裁,章学诚是通过对各种史书体裁的比较、分析研究后,针对方志的内容、性质和特点而最后确定的,同时又通过自己的多次实践,证明是切实可行的。纪传体史书的长处,可以做到事类相从,容易寻检,所以他对司马迁所创立的这种史体极为称赞,"实为三代以后之良法"③。何况方志内容十分庞杂,是任何一种著作不能相比拟的,是其他任何史体都无法容纳的。修志者必须懂得,体例结构问题对编修一部志书是何等的重要。因而,《中国地方志指导小组关于第二轮地方志书编纂的若干意见》中关于体例篇目问题提出明确意见,要求严格遵守志书体例,注意处理好继承与创新的关系。注意融合章节体、条目体的长处。慎用"特载"、"专记"等形式,必需运用时应处理好与正文的关系。篇目设置要符合科学性,避免随意性。处理好容量、排列、层次、标题和升降格等问题,避免归属不当和缺项漏项以及不必要的交叉重复。章节体是在西方著作体裁的影响下形成的,目前在志书编修中普遍采用,它的长处在于逻辑领属关系非常清楚,弊端主要是在条目一级上

---

① 章学诚:《文史通义·大梁本》,"外篇一"。
② 仓修良:《仓修良探方志》,华东师范大学出版社 2005 年版,第 144 页。
③ 章学诚:《章学诚遗书》,文物出版社 1985 年版,第 4 页。

不适合纪事本末体式撰写。所以，一般的做法是对章节体进行分类统目，在条目一级上去序号保持纯条目体，这就是目前志书编写普遍采用的章节与条目结合体。条目体是中国传统史志体式，很适合资料撰写。条目不计序号，因为条目之间是并列的，没有统计性和第次关系。条目力求独立完整，免去序号的起承转合。章节与条目结合体兼具章节体与条目体二者优点，是当前流行的有利于编纂的史志科学体式。志书体例的采用和结构的架建，既要继承传统方志学的优点，又要敢于创新，不能墨守成规，但一定要以科学的理念为指导，积极稳妥地进行体例创新，并为志书内容服务，全面、系统地记述本行政区域自然、政治、经济、文化和社会的历史与现状。

三

章学诚还提出修志人员应具备史才、史识、史学和史德的重要论断，这对我们正在进行二轮修志的工作者具有极大的鞭策和警醒意义。任何一位修志人员都不会否认史才、史识、史学和史德的重要性，但在实际修志工作中，却往往被忽视或者遗忘。志书编修工作是一项政治性、学术性、业务性都很强的工作，不是随便什么人都能干好的。为了保证志书质量，必须要选配好编纂人员，应以是否具备史才、史识、史学和史德为标准，把好选人关。人员配备好后，要抓好业务培训，搞好修志队伍的思想建设。要使修志人员热爱地方志事业、树立干好地方志事业的决心和信心；磨炼吃得了苦、耐得住寂寞的意志；培养认真负责、严谨细致、精益求精、一丝不苟的精神。这就是新时期修志工作者应该具备的史才、史识、史学和史德。志书是人写的，只有人的政治素养、理论素养、业务素养高，思想作风、工作作风、学风文风好，志书质量才能得到保证。有些志书编纂不下去或者出版后很快失去使用价值，往往都是没有选配好具有一定史才、史识、史学和史德的修志人员，地方志工作部门一定要吸取教训，引以为戒。

章学诚在方志学理论上的巨大成就，首先是他用丰富的史学理论指导自己的修志实践，同时检验和总结前人的修志经验。更为重要的是，他能及时地把它们升华为理论，进而指导方志的编修工作，非常值得我们今天的方志学界同仁学习。章学诚方志学的内涵极为丰富，本文仅就几个方面对我们今天二轮修志工作的现实意义和深刻启示进行简要论述，期盼同行、专家教正，并以此自勉。

汪辉祖法律思想述论

鲍永军

（浙江大学历史系）

汪辉祖是清乾嘉时期的名幕良吏,在江浙地区佐理州县幕府34年,其中为刑名幕友26年,后任湖南宁远知县、道州知州等职,从事司法工作将近40年,以擅长断狱著称。他在《佐治药言》、《学治臆说》以及《病榻梦痕录》等书中,对司法实践作了介绍与理论总结。他的"循天理、遵国法、顺人情"司法理念,在清代产生了广泛的影响。

一、遵国法

清代司法官员断案,主要依据律、例、成案。法吏断案引律,一般有以下几种情况:在多数情形下,都有恰当条文可用;有时有数条相近似、相重叠的条文,但是因为轻重不同,须要斟酌选择;有时虽然有大致可用之法,但其规定与案情细节稍有出入,究竟应该扩充或限制适用,必须慎为诠释;还有许多情形并无妥当可用之法,司法者必须自行找出一个准则来,作为断罪解纷的依据。这个准则可以是法典内的一个类似的条文,也可以是法典外的一种规范。后三种情形,援引不易,必须司法者善为诠释、甄选、补正。

汪辉祖在长期的佐治任官过程中,所理民词刑狱无数,在引律断狱之时,曾经遇到上述各种情形。

第一类,引用律文。如童养妻与未婚夫叔通奸案[1],私家拜斗误为邪教案[2],林好等抢窃被诬为洋盗案[3]。

---

[1] 汪辉祖:《病榻梦痕录》卷上,乾隆二十一年,道光三十年清河龚裕重刻本。

[2] 汪辉祖:《病榻梦痕录》卷上,乾隆二十七年。

[3] 汪辉祖:《病榻梦痕录》卷上,乾隆三十年。

第二类，引用例文。如蒋虞氏被辱自尽案①，黄俞氏应承夫产案②，同姓不宗争继遗产案③。

第三类，引用成案。如在道州追积欠，详述乾隆四十二年浙民抗粮拒捕，终遭骈诛、遣戍案例，劝谕衿户；山阴诸氏辟置庶母墓圹一事，引用他在平湖幕中所拟的成案来说明。

审理案件以法律为准绳，以事实为依据。汪辉祖强调理讼须慎重行事，就是要认真地探求事实。汪辉祖强调不可轻信草供，一定要慎重审讯。办理重案、命案更需慎察情形。对于审讯时所用的方法，也十分慎重讲究。他反对用刑，有多种方法求得实情，如：多听，多讯问，分别研讯，依据证据断案，据人情、事理判断供辞之是非，神殿问供。

此外，理讼务求公正。汪辉祖服官后，从幕后走上前台，发现"官之问事，如隔壁看影戏，万难的确，但不敢徇私得钱，总无成心。剖断失平，官之咎，非民之辱"④。既然如此，要想将理讼一事办好，只有守住一个公字。如审判有误，必反复体访，果有屈抑，必示期再鞫，不惮平反。为官果能心无私念，无成见，反复再审，当然就可能得悉实情了。

二、顺人情

汪辉祖认为法律只是一种下层规范，"文义明析，学之不难"，"所虑者，知法而不通乎法之神明"⑤。他指出："神明律意者，在能避律，而不仅在引律。如能引律而已，则悬律一条以比附人罪，一刑胥足矣，何藉幕为？"⑥要熟悉法律条文不难，引律也不难，难的是能避律，"通乎法之神明"或"神明律意"。避律就是规避法律，适用法律只是达到社会安定、和谐的一种手段，如果法律不健全，就可以将法律置于脑后，直接运用法律以外的规范体系来实现这些终极目的。

汪辉祖"讲习律令，剖条发蕴，寻绎究竟，轻重之间，不爽铢黍。及其援

---

① 汪辉祖：《病榻梦痕录》卷上，乾隆二十六年。
② 汪辉祖：《病榻梦痕录》卷上，乾隆三十一年。
③ 汪辉祖：《病榻梦痕录》卷上，乾隆四十四年。
④ 汪辉祖：《病榻梦痕录》卷下，乾隆五十六年。
⑤ 汪辉祖：《梦痕录余》，嘉庆四年，道光三十年清河龚裕重刻本。
⑥ 汪辉祖：《佐治药言·读律》，道光三十年清河龚裕重刻本。

据比附,惟变所通,不为典要,律之所穷,通以经术"①。作为法家老手,他不仅善于运用律令,更重要的是能做到"律之所穷,通以经术"。在他看来,法律规范并不完备,需要依靠比较完备的礼来加以补充并解释。遇到法律规定不明确或者无法可依的案件,即可通于礼以裁决。

礼是儒家维持封建等级秩序的重要工具,礼主刑辅是中国传统法律文化的重要特征之一。"法律极端重视礼,礼成为法律的重要组成部分。因而礼具有合法性和强制性。同时礼成为判断有罪无罪的标准。礼认为对的,就是法认为合法的;礼所不容许的,也就是法所禁为的。"②古代法律本身就是依据儒家礼教原则制定的,因此,引经决狱是中国传统法律文化所认定的司法审判的最高境界,《后汉书·应劭传》云:董仲舒"作《春秋决狱》二百三十二事,动以经对,言之详矣"。可见,引经决狱是古代人们欣赏的一种才智的表现,能否用经用典,被看作是司法水平高低的体现。

汪辉祖引用礼经案例有周张氏请为殇子立继案③,陶氏争继案④,乏球求继远亲遗产案⑤。引用道义调解成功的有虞仲、言游后裔争夺墓道案⑥。从汪辉祖决狱的实践来看,手法灵活多样,时而引用律文,时而弃法用礼,时而严守律礼,时而委曲诠释,不从常说,见解独特。他的一些做法,开始时往往不为人理解而颇受批评,但是在绝大多数的案件中,他的主张最后都被上司接受乃至深为赞赏,可见他的见解是完全合乎情理的。

可是,礼也不是至高、万全的规范。汪辉祖认为"礼顺人情,情之所不可禁,不能执礼以夺之也"⑦。在《学治续说·法贵准情》篇,他举例进行阐述:"乾隆三十一二年间,江苏有干吏张某,治尚严厉,县试一童子怀挟旧文,依法枷示。童之姻友环跽乞恩,称某童婚甫一日,请满月后补枷。张不允,新妇闻信自经,急脱枷,童子亦投水死。夫怀挟宜枷,法也,执法非过,独不闻律设大法,礼顺人情乎?满月补枷,通情而不曲法,何不可者"?"法有一定,而情别千端。准情有用法,庶不干造物之和。"人情是社会伦理道德的基础,

① 王宗炎:《晚闻居士遗集》卷8,《汪龙庄行状》,道光十一年杭州爱日轩陆贞一仿宋写刻本。
② 瞿同祖:《法律在中国社会中的作用:历史的考察》,载《瞿同祖法学论著集》,第401页,中国政法大学出版社1998年版。
③ 汪辉祖:《病榻梦痕录》卷上,乾隆二十五年。
④ 汪辉祖:《病榻梦痕录》卷上,乾隆二十七年。
⑤ 汪辉祖:《病榻梦痕录》卷上,乾隆三十一年。
⑥ 汪辉祖:《病榻梦痕录》卷上,乾隆二十三年。
⑦ 汪辉祖:《梦痕录余》,嘉庆四年。

办案司法如能以情融法,以法律为准绳,而以人情为指归,就可以使法易于为人所接受,达到法律所追求的目标。因此,汪辉祖提倡"法贵准情"。他说:"法所不容姑脱者,原不宜曲法以长奸情,尚可以从宽者,总不妨原情而略法"①;"幕之为学,读律尚已,其运用之妙,尤在善体人情。盖各处风俗,往往不同,必须虚心体问,就其俗尚所宜,随时调剂,然后傅以律令,则上下相协"②。法贵准情,在不曲法的情况下,可以原情而略法,用人情变通法律。不仅如此,礼也顺人情,儒家设礼的目的就是要维护人际关系的和谐。

三、循天理

汪辉祖认为,礼之上还有更高、更基本的规范,那就是天理,在法制领域,天理体现为爱民、爱人。汪辉祖在《学治续说·办赈勿图自利》中谈道:"尹中堂文端公(继善)总督两江时,余尝见其办赈条告,末云:'倘不肖有司克赈肥家,一有见闻,断不能幸逃法纲。即本部堂稽察有所不到,吾知天理难容,其子孙将求为饿殍而不可得。'痛哉言乎!"可见,在法网之上,仍有天理这一最高范畴。天理在法制中体现为爱民、爱人。

这一观念,可以从他处理陶世侃企图冒继一案来作归纳。他承认引用经义并不严谨,但"一时权宜,不得不尔"。强调"从来令之折狱,幕之议事,当以爱民省事为主"。他引经决狱,"往往经旨不必如是,每多藉以厌服人心。惨淡经营,颇费神用",目的正是为了"爱民"。章学诚称赞他"读书通变而不失其正,可为经旨通其外义",只要动机"不失其正",即使引经不严谨,也是符合经旨之外义。

汪辉祖另一好友邵晋涵,对其司法行为与思想也作了深刻阐述,指出,礼以养人,律以养人,"审察于礼与法之相贯通,而后能明律,而后能养人"③。汪辉祖"明律而通于礼,本之以仁,持之以廉",正是深得"养人"思想之精髓。所谓法之神明、经旨之外义,也就是汪辉祖心中最终的法制目的,即"养人"、"爱民",这也是天理的体现。

汪辉祖在决断诉讼时,灵活地运用各种规范,不拘文义,变通法意和经

---

① 汪辉祖:《学治续说·能反身则恕》,道光三十年清河龚裕重刻本。
② 汪辉祖:《佐治药言·须体俗情》。
③ 邵晋涵:《南江文钞》卷6,《送汪焕曾之官宁远序》。

旨,追寻每一个案件里最妥善、最确当的决断,目的都是养人、爱民。他强调断案不如息案,"勤于听断,善已,然有不必过分皂白,可归和睦者,则莫如亲友之调处。盖听断以法,而调处以情;法则泾渭不可不分,情则是非不妨稍借;理直者既通亲友之情,义曲者可免公庭之法"①。能使民众免于涉讼,是汪辉祖首先追求的目标。

如果诉讼已无可避免,汪辉祖强调要千方百计防止种种司法弊端,一定要将株累减少到最低的程度。他在每个司法环节上都提出了相应的便民利民措施,几乎到了不厌其烦的程度。减少株累的办法有:尽量避免牵连无关人员;勤听讼,速结案,尽量少耗费百姓的时间、精力;防止差役、地棍、讼师等人借讼事敲诈钱财。

汪辉祖对待涉讼两造,矜恤周至,更难得的是,他时时处处为犯人着想。他说:"身为法吏,果能时时畏法,事事奉法乎?贪酷者无论,即谨慎自持,终不能于廉俸之外一介不取","故遇愚民犯法,但能反身自问,自然归于平恕"②。他在佐幕时,"无论事之大小,必静坐片刻,为犯事者设身置想,并为其父母骨肉通盘筹画。始而怒,继而平,久乃觉其可矜。然后与居停商量,细心推鞫,从不轻予夹楚,而真情自出,故成招之案,鲜有翻异"③。出任宁远县令之后,凡遇户婚田土案件,绝不轻易挞人,"至两造族姻,互评细故,既分曲直,便判输赢,一予责惩,转留衅隙",不如"将应挞不挞之故,明白宣谕,使知幡然自悟,知惧且感,则一纸遵依,胜公庭百挞矣"④。这种做法,对民事案件双方将来的和睦相处,很有帮助。

他特别注意为犯人求生,反复申明:"求生二字,崇公仁心,曲传于文忠公之笔,实千古法家要诀。法在必死,国有常刑,原非幕友所敢曲纵,其介可轻可重之间者,所争止在片语,而出入甚关重大,此处非设身处地,诚求不可,诚求反复,必有一线生机,可以藉手"⑤;"夫律例一书,于明刑之中,矜恤曲至,犯罪自首一条,网开一面,乃求生之路"⑥;"名例一门,义尽仁至,大概必不得已而用法者,尤宜细细体究,而自首各则,断不可略观大意。倘有投

---

① 汪辉祖:《学治臆说·断案不如息案》,道光三十年清河龚裕重刻本。
② 汪辉祖:《学治续说·能反身则恕》,道光三十年清河龚裕重刻本。
③ 汪辉祖:《佐治药言·须为犯人着想》。
④ 汪辉祖:《学治臆说·姻族互评毋轻笞挞》。
⑤ 汪辉祖:《佐治药言·求生》。
⑥ 汪辉祖:《续佐治药言·删改自首之报》,道光三十年清河龚裕重刻本。

案之犯,务在求生以全民命。欧阳崇公所谓'求其生而不得,则死者于我两无憾也'"①。

汪辉祖佐幕时,犯人按法当死,主官不忍而欲从宽典,同时又要有理由以对受害者。汪辉祖必定昼夜思索,以成主官之仁。按法应死者尚且如此,为被诬的嫌犯平反就更不遗余力了,上述林好、盛大案便是典型事例。他的辞馆,大部分也是欲为嫌犯解脱而致。基于此种态度,他审理户婚田土案件,力求平恕。在宁远匡学义侵吞寡妇李氏田产案中,匡学义招出伪书同买之后,汪辉祖念其尚非大恶,而且为李氏经营,颇为出力,乃勒令匡学义归宗,劝李氏勿再苛究。再如刘开扬一案,刘开扬主使其子闰喜,殴毙其弟开禄。依照清律规定,刘开扬父子均应处死,而汪辉祖念"开禄气已将尽,不殴亦死。以开扬父子抵之,情稍可悯",所以将下手之闰喜照故杀拟抵,不究余犯。后经臬司委员审出主使缘由,汪辉祖犯了"故出"之错,应受重罚,幸得巡抚予以回护,令其速自更正,改依谋杀稿拟详。② 汪辉祖熟稔律文,当然知道"故出"人罪至死者,当坐以死罪。他竟冒着生命的危险去为犯人求生,其精神真是可佩。

但是,汪辉祖也并非一味宽纵,在许多案件里,他都挺身而出,维护弱小的利益,抑制强暴的侵害。例如"周张氏请为殇子立继"一案,汪辉祖强调"与其绝殇而伤慈母之心,何如继殇以全贞妇之志";在殳球求继远亲遗产一案,汪辉祖因厌恶殳球贪鄙,力予摒斥,不允继承;在黄俞氏应承夫产一案,他指斥"无干之族长"攘夺嫠妇应继之产,令其不得过问;在同姓不宗争继一案,他引经据典,说明同姓不宗即如异姓,而禁止争继。诸案皆因刁徒图产而起,在他凌厉的笔锋之下,贪鄙却步,孤寡得保,真是大快人心。他一贯秉持除暴安良的原则,对于怙恶不悛之辈皆立予惩处,如严治地棍,痛杖凶丐老猴,枷系藉尸讹诈的地保,颊批讼师黄天桂及陈禹锡等等。然而即使对于这类刁徒,也不滥用非刑,可见其对待刑案被告的仁恕态度。

在汪辉祖看来,法律规范有三个层次,上者为天理,中者为礼经,下者为法律。司法制度的目的,在于依据天理,公正地解决纠纷,维护社会秩序,保障个人权利,起到养人、爱民的作用。对一个司法工作者而言,就是利用现有的法律或其他规范,去体现天理的公平正义。

---

① 汪辉祖:《学治说赘·名例切须究心》,道光三十年清河龚裕重刻本。
② 汪辉祖:《病榻梦痕录》卷下,乾隆五十六年。

四、信果报

因果报应是道家与佛教的戒条,宣扬天道好还、福善祸淫的因果规律,教人为善去恶。汪辉祖一生笃信因果报应,对其司法活动影响甚大。清代幕业的行业神是城隍神,因此,汪辉祖佐幕每到一地,必先敬礼城隍,目的就是为了求得神的宽容与保护,从而为从事幕业奠定心理基础。

汪辉祖 15 岁时,"得《太上感应篇注》,觉读之凛凛,自此晨起必虔诵一过。终身不敢放纵,实得力于此"①;"天之报施,捷于响应,是以窃禄数年,凛凛奉为殷鉴,每一念及,辄为汗下"②;"历五十年,幸不为大人君子所弃,盖得力于经义者犹鲜,而得力于《感应篇》者居多。故因果之说,实足纠绳"③。在其幕学吏治著作、家训、年谱中,屡申因果报应之诚,并举了大量事例,宣扬恶有恶报,善有善报。

当然,汪辉祖也看到有善恶不报的情况,甚至存在为善而遇祸、为恶而获福的不公现象。他对此的理解是:"理之一定,然亦有不可尽凭者。《阴骘文》所云:'近报在自己,远报在儿孙'也。为善必报,君子道其常而已。不当以他人恶有未报,中道游移,以致为善不终。"④尽管有好人遭祸、恶人得福的情况存在,也并不能推翻天道的福善祸淫性质。作为一个君子,只管积善修德,安于常理,而不应希图侥幸。

汪辉祖在长期的刑名职业过程中,虽然自誓兢兢业业,不敢负心,但是仍恐因一时差池,而祸及子孙。他说:"谚言'刑名吃儿孙饭',吾母尝不许,吾立誓入幕,尽心力为之,如非义财,祀吾父不享及不长子孙者,必不放入橐。故游幕以来,必诚必慎,念念以百姓为事,怨劳不辞。"他常以"为治当念子孙"自警,其幕馆对联为"苦心未必天终负,辣手须防人不堪",衙门对联为"人宜自积儿孙福,官最难居父母名",客座之联曰"官名父母须慈爱,家有儿孙望久长"⑤。宁远绅士临别赠行诗联中,他最喜欢的一联是:"为政真如慈父母,原公长得好儿孙。"

---

① 汪辉祖:《病榻梦痕录》卷上,乾隆十年。
② 汪辉祖:《学治说赘·福孽之辨》。
③ 汪辉祖:《双节堂庸训》卷 2,《因果之说不可废》,道光三十年清河龚裕重刻本。
④ 汪辉祖:《双节堂庸训》卷 2,《不可责报于目前》。
⑤ 汪辉祖:《善俗书·辨称谓》,乾隆五十五年刻本。

汪辉祖的因果报应说对后世也有不小的影响。光绪年间,梁恭辰撰成的《劝戒十录》,"具言因果,历历不诬,信为警世善本"①。其中《劝戒五录》卷3、卷6,收录汪辉祖著述中的因果报应说就有六条之多,如《敬城隍神》、《福孽之辨》、《法贵准情》、《妇女不可轻唤》、《勿破人机关》等。梁恭辰认为,汪辉祖在断狱中多修德而获善报,"今其子若孙,皆以科第文学显矣。人率谓习申韩者多积孽,似此则获福无疆,实足为幕者孽云乎哉!"②

汪辉祖司法活动的依据,很多来自于因果循环之说。因为他相信报应,所以严正律己,仁恕待人,务求公正。值得注意的是,他不是把人生的命运完全依赖于上天的赐予,而是反求诸己,确立去恶从善的道德选择,并成为内在的自觉的驱使力量,约束自己的言行。

五、后世影响

汪辉祖佐治为官,秉公执法,善断疑狱,为后世称道。清道光间学者陆以湉在《冷庐杂识》卷2《谳狱》条云:"萧山汪大令辉祖,由名幕而为循吏,所著《学治臆说》、《佐治药言》已风行海内,所有谳狱之词,略志于此。"卷5《博古通今》条记载了汪辉祖湖南郑宋氏立继案,并告诫云:"是知听讼者当通今也。"梁恭辰在咸丰三年撰成的《劝戒五录》卷3《名幕》条,亦称汪辉祖"幕游三十年,平反冤狱,不可胜数",并在卷6有《汪龙庄断案》、《法贵准情》、《妇女不可轻唤》等专门条目。徐珂《清稗类钞》第三册《狱讼类·汪龙庄折狱》条,记载了汪辉祖所断无锡浦四童养妻案。伍承乔《清代吏治丛谈》卷2,也有《汪龙庄由幕而宦》、《汪龙庄善断狱》、《疑狱难断》等条目。

汪辉祖的法学著作《佐治药言》、《续佐治药言》、《学治臆说》、《学治续说》以及《学治说赘》,对清代地方行政制度与司法作了很好的总结整理,构建了一个为官从政的理论体系,为清代后期官幕必读之官箴书,对于地方政治和司法运作有很大影响。同治年间,张廷骧在《入幕须知五种·例言四则》指出:"《佐治药言》、《学治臆说》二书刊本流传最多。"《病榻梦痕录》及《梦痕录余》详载汪辉祖的行谊事迹,可为后世官场典范,饶滁甫就指出:"此

---

① 梁恭辰:《劝戒十录》光绪六年沈成烈序,同治九年刻本。
② 梁恭辰:《劝戒五录》卷3,《名幕》,同治九年刻本。

书于近来官幕大有关系。为官幕者案上常置此书,眼见手常翻,大本必不甚错。"①《双节堂庸训》阐述为人处世之本,亦有裨吏治。咸丰年间邵纶曾说:"《佐治药言》、《学治臆说》早脍炙人口,世皆知先生为名幕也","中丞清河龚公每举先生为僚属法,并出二书相示曰:'人之立言有根柢,然后有枝叶,《药言》、《臆说》为吏与幕导之源者,先生之言也。言与行必相顾,《梦痕录》所以践其言也。言何以践,述诒谋,诵清芬。《庸训》者,学行之本,言之所由立也。合二书观之,庶可补《药言》、《臆说》之所未及乎?"②黄毓恩在光绪十六年刻本《宦海指南五种》序云:"《学治臆说》、《佐治药言》、《梦痕录》,甘苦自道,情理备赅,实为人处世不易之椠","诚吏治之津梁,仕途之舟楫也"。"入宦海者,苟以此为指南焉,安有覆餗之羞、鹈濡之诮哉!"所以,整部《汪龙庄遗书》,民国以前的清人都当作吏学著作来读。

清代官箴最多,现存五十余种,汪辉祖的《佐治药言》、《学治臆说》是其中影响最大的两种,在社会上流行最广。嘉庆之后,汪辉祖的吏治著作,成为清代地方官吏和幕僚必备的枕中鸿宝。贺长龄《皇朝经世文编》采《药言》、《臆说》数十条,称"其书之贵重于世久矣"。《佐治药言》、《学治臆说》等书翻刻无数,咸丰同治年间,名幕张廷骧在《入幕须知凡例》云:"是集各种,惟汪龙庄先生《佐治药言》、《学治臆说》二书刊本流传最多,尚无舛错,余则辗转抄写,鲁鱼亥豕之讹,不胜枚举。"

汪辉祖的吏治著作被清代后期官员奉为圭臬。同治年间,萧山王暐昌说:"忆昔壬申(同治十一年)冬,昌初需次吴门,参谒抚衙时,护抚篆者为长白恩竹樵方伯锡。旅见后,即首问曰:'萧山有汪龙庄先生,其后人落何矣?'昌举以对,方伯曰:'宜善人之有后也。'嗣见各上游,亦多有问及者,是则先生之为当今名公巨卿所景仰者,亦云至矣。"③曾国藩在同治年间详读《汪龙庄先生遗书》,在日记中提到:"阅汪龙庄先生辉祖所为《佐治药言》、《学治臆说》、《梦痕录》等书,直至二更。其《庸训》则教子孙之言也,语语切实,可为师法。吾近月诸事废弛,每日除下棋看书之外,一味懒散,于公事多所延阁,

---

① 饶滹甫:与杨希闵商刊《病榻梦痕录》手简,咸丰三年本《病榻梦痕录》附录。
② 邵纶:《〈梦痕录〉〈庸训〉合刻题跋》,见咸丰元年本《双节堂庸训》卷末。
③ 王暐昌:《龙庄先生诗稿》前言,浙江图书馆藏汪辉祖手稿本。

读汪公书,不觉悚然"①;"阅本日文件极少,阅汪龙庄书,徘徊庭院,不能治事"②;"阅汪龙庄书。中饭后至幕府久谈"③。左宗棠在同治光绪年间,大力经营开发西北,首先整顿吏治、刷新政风,将汪辉祖的《佐治药言》和陈宏谋的《在官法戒录》分发给官吏,"俾其知所儆畏"④。他还于同治十一年(1872年)在兰州精心选编了陈宏谋的施政文书、汪辉祖的《称职在勤》以及清代专论吏治的文章共18篇,编成《学治要言》一书,"颁诸寅僚",其目的是"冀同志诸君子玩索是编而有得焉","因公接晤时,当即是编相与考订往复,以求一是"⑤。长官们往往将此二书当作礼物,赠与初入仕途者作为参考。直至清末民初,幕友陈天锡仍强调它们是学幕者必读之书。⑥

① 《曾国藩全集》第17册《日记二》,同治四年十一月十三日,岳麓书社1988年版,第1205页。
② 《曾国藩全集》第17册《日记二》,同治四年十一月十四日,岳麓书社1988年版,第1206页。
③ 《曾国藩全集》第17册《日记二》,同治四年十二月初三日,岳麓书社1988年版,第1211页。
④ 《左宗棠全集》第14册《札件》,岳麓书社1996年版,第247页。
⑤ 《左宗棠全集》第14册《札件》,岳麓书社1996年版,第504页。
⑥ 陈天锡:《迟庄回忆录》,台北文海出版社1970年版,第35页。

个人·地方·总体史:以晚清族人法云和尚为个案的思考*

余新忠

（南开大学中国社会史研究中心）

笔者族中有位先辈叫法云,是晚清的一位僧人。在我家乡,有不少关于他的传说,在当地乡民的心目中,他是一位在京城都有影响的高僧。然而,若放眼全局,则又不能不说他是一个微不足道的边缘小人物。现在提笔意欲写下他的故事,当然不只是因为他是我的族人,或者作为历史工作者,有宣扬乡邦历史文化的冲动,比较重要的缘由可能还是,在我的人生经历中,法云的故事由传说而逐渐成为"历史"的过程,促发我去重新思考地方社会的民间传说;不仅如此,法云的生活场所纵跨相隔数千里的浙江昌化和京师两地,以一介微末之士却屡屡进入当时诸多京城的达官贵人的视野,也让我觉得通过对法云故事的钩沉,或将有助于我们更好地认识和理解当时的日常生活世界,更精细地思考地域与地域、人与人之间的关系。

钩沉一位家乡族人的故事,无疑可归入地方或区域研究的范畴,而探究边缘小人物,自然亦可被视为"微观史"的一部分①。无论是区域史还是微观史,大概都希望破除以往聚焦于上层与精英、政治与经济以及发展与进步的"宏大"叙事,而呈现具体的、个性化及具有日常社会性的"具象"历史。这类的研究,虽然在当今的史学界越来越受到欢迎,但无论中外,似乎都会遭

---

* 本文为教育部人文社科重点研究基础重大项目"清代的日常生活"的阶段性成果。在论文的完成过程中,曾得到南开大学历史学院的何孝荣教授、临安市高洪镇张发平书记和国税局赵利民副局长的重要指教,中山大学历史系谢湜博士和吴滔教授,亦在阅读初稿后,提出有益建言,谨此一并致以诚挚的谢意。当然,所有的错误和问题均由笔者负责。

① 关于西方的微观史学研究,可以参阅格奥尔格·伊格尔斯著:《二十世纪的历史学:从科学的客观性到后现代的挑战》,何兆武译,山东大学出版社 2006 年版,第 105—222 页;徐浩、侯建新著:《当代西方史学流派》(第 2 版),中国人民大学出版社 2009 年版。

遇流于细碎、断片的讥评①。毫无疑问,但凡受过专业训练的历史研究者,应该都不希望自己的研究就事论事,就个案而个案,就地方而地方,而往往会努力引入整体史的视野,将自己探究的地方和案例置于较大的区域、全国乃至世界的历史文化背景中来讨论。然而这种结构式的处置,真的可以让自己呈现的历史片段最终成为整体历史拼图的一部分吗? 或者说,自己以及他人(即便是具有整体视野)努力呈现的历史片段,最终有可能成功地拼成一幅整体的历史图景吗? 我想答案至少是不乐观的,甚至是不可能的。②既然如此,那我们从事这类微观、个案的研究,目的又何在呢? 又该如何去面对前述的讥评呢? 族人法云的故事③,或许可为回答以上问题提供一些有益的思考。

一、传说中的法云

笔者的家乡在今日的浙江省临安市昌化镇石铺村,在清代则为浙江省昌化县一都紫源庄④。紫源庄在县治东北方向,是沿山溪分布的一个狭长型的村庄,最近处与县城仅一岭之隔,最远者约有十里之程。昌化县自唐初建县以来,绝大多数时间均为杭州所辖,清代属杭州府⑤。虽然当时杭州为天下繁盛之地,但东距杭州约100公里的昌化,则是该区域的一个不起眼的末邑小县,无论从人口、经济、文化等诸多指标来看,昌化在当时的杭州所辖九县中,大都叨陪末座⑥。明代万历时昌化的县学教谕章允升曾言:"夫昌,

---

① 对于年鉴学派第三代的微观史等方面的研究,法国历史学家多斯曾有激烈的批评,认为其放弃了整体史观,导致了历史学的"碎片化"。参阅弗朗索瓦·多斯著:《碎片化的历史学:从〈年鉴〉到"新史学"》,马胜利译,北京大学出版社2008年版,特别是第153—232页。

② 关于西方对整体史的质疑,可以参阅斯特凡·纳尔丹主编:《历史科学基本概念词典》,孟钟捷译,北京大学出版社2012年版,第144页。

③ 族人和专业历史学者,这双重身份之间似乎天然就存在着某种内在的紧张,对于家族或地方的文史编纂者来说,彰显家族或地方的荣光乃是其不言而喻的自然情感,而专业的历史学者对家族或地方历史文化介入,从他们的角度来看,恐怕不无"刨祖坟"的意味,因为任何光荣伟大的家族和地方历史,在历史学者的笔下,都可能变得黯然失色,甚至子虚乌有。针对这种紧张,我必须说,长期的历史学专业训练,似乎已经让自己前者的身份感至少在提笔撰文时淡化得难以寻觅。

④ 道光《昌化县志》卷2《舆地·乡镇》;民国《昌化县志》卷首《山川疆域旧图》。

⑤ 民国《昌化县志》卷1,《舆地·沿革》;民国《杭州府志》卷2、卷3,《建置》。

⑥ 参阅拙稿:《清前期浙西北社会、经济和文化发展的三个层次》,《铁道师院学报》2001年第1期。

小邑也,……瘠畦荒垅,抵吴中一富家之产耳。"①不但与同属杭州的钱塘、仁和、海宁等大州县不可同日而语,就是与周边的新城、於潜等县相比也稍有不如。

昌化向称"九山缺水一分田",地形上属于丘陵山地,人口密度不大。②笔者从小居住的村庄,现在的居民有很大一部分是太平天国战争以后从东阳、浦江、义乌等浙东地区迁居而来的,不过余氏至少在 19 世纪时已算是土著③。既是土著,自然会有宗族组织,在我的童年时代,常听先父说起附近的某个村落和"街上"(即当时的昌化县城)都有余氏的祠堂,而且也有族谱,但这些在后来都已销毁,至少到我记事时都已经荡然无存。另外也因为是土著,自然会比新来的移民有较多祖上"光荣历史",记得先父曾说过余家的祖上曾出过御史,墓地就在离我家两三里地的另一个自然村中,但年代久远,具体情况谁也说不清了。④ 除此之外,另外两位晚近的先辈则多为族人乃至乡民津津乐道。一位是晚清中过秀才,病逝于 20 世纪 60 年代的石青先生。另一位就是本文的主角法云和尚。今天若去访问乡民,大凡先父那辈人(70 岁以上),大概都能说出他是一位写得一手好字,在北京当和尚的乡人。在我离开家乡之前,经常会听先父谈到这位和尚,而话头往往跟我家祖屋中堂曾悬挂的一幅字画有关。据说那幅字画中间是画着一条乌龙,两边则是对联,画的作者不详,对联则为翁同龢所书。⑤ 这幅字画在"文革"破四旧时,父母因自家成分不太好,担心若表现不积极会带来麻烦,主动交出去让革委会烧了。根据祖上的说法,这幅字画是法云从北京捎回来的,先父和乡人似乎也都知道翁同龢的显赫地位,说他是皇帝的老师。还说,法云和尚先在本地河桥的一个寺庙出家,后来不知怎么就到了京城,在那当了大寺庙的方丈,因为字写得好,很多达官贵人都争相跟他交往,还当了翁同龢的

---

① 民国《昌化县志》卷 16,《艺文·序》。

② 笔者曾对考察过乾隆中期杭州府各县的人口密度(每平方公里的人口数),即海宁 627 人,钱塘和仁和 583 人,余杭 188 人,新城 128 人,于潜 93 人,临安 76 人,昌化 73 人。(参阅拙著《清前期浙西北基层社会精英研究》第二章,南开大学硕士学位论文,1997 年,第 8—13 页)

③ 应该与此有关,在我记忆中,村中余姓人家的成分都不太好。

④ 据县记载,明初确有一位叫余敏的人当过山东道御史,且墓地方志中也有载,称其在下冲章村,县东十里。(康熙《昌化县志》卷 8《人物志·业绩》、卷 9《事类志·古迹》)跟父亲说的位置差不多。

⑤ 关于这幅对联,我老家的邻居,现年 79 岁的吴东清伯伯还能记得其中的大部分字句。2013 年 2 月 9 日晚,我在回乡拜访他时,向我叙说了他所记得的内容:"内史书成兰绪帖,两川图□□□;二西窃窥天外月,三山时落槛前云。"

代笔。我家曾有帝师的手迹,这让我当时感觉很自豪,但也为无缘见到而感到可惜,同时又产生了一些问题,比如我会问,那幅画是谁画的呢? 既然法云是翁同龢的代笔,那么,那幅对联究竟是翁同龢的亲笔,还是法云的代笔呢? 法云和尚又是怎么去的北京,怎么认识这么大的官的呢? 不过诸如此类的问题,从父辈那儿,都无法得到明确的答案。记得遇到这类的问题,父亲跟我说得最多的一句话就是,"那怎么晓得呢!"并说我是"打破茶瓶问到底"。

虽然经法云捎回的字画已经灰飞烟灭,不过法云的遗迹也并没有全然消亡,20 世纪 80 年代,我家改建老屋,在去除了原来外墙上"文革"期间刷上的标语后,发现大门门首还题有"斯干衍庆"四个字,村里的老人告诉我们,这是法云和尚的手迹①(见图 1)。但这几个字,父亲似乎并没有跟我们说过,难道他也忘了,或者他不觉得这是值得说的事,或者他也没见过? 如今父亲已经作古,显然已无从知晓其原委了。

图 1 法云和尚手迹

在我记忆中,我从父辈那儿得到有关法云的信息,也就如此而已。由于家乡晚近并未出现过什么有文字传世的文人,而且宗族体系也早已荡然,故而民间并未留下任何有关法云的文字记录。不过这并不影响他的故事通过口耳相传留在了族人和乡民的记忆中。法云是个背离家族和乡里的出家人,而且远在数千里之外的京城,但从现在其在乡民中的口碑便不难想象,他在外面的"辉煌"经历似乎并未被遥远的距离所隔绝,也一定为当时的族人和乡亲所津津乐道。虽然随着时间的推移,他的故事已只剩下并不连贯的梗概,既不具体,也不完整,但这并不妨碍乡民的确信,就像在我童年的记忆中,尽管他的故事留有很多没有答案的疑问,但无关"真实"与否。

---

① 这幅字是由我哥当时摹写下来的,其中最后一个"庆"当时字迹已经模糊,摹写可能有些失真。

二、从传说到历史

从地方社会的角度来说，以上有关法云故事无疑属于乡土历史的一部分，然而从专业的角度来看，由于其并无任何文字资料或历史实物做支持，这样的故事只不过是传说而已，至多也只是"口述历史"。关于这一传说的"真实性"，尽管在我年纪尚幼之时，并不是问题，不过随着自己年龄的增加，知识的日渐丰富，渐渐地了解了家乡和京城的巨大反差以及翁同龢在历史上的显赫地位后，不由得开始对这一传说的真实性产生了怀疑，特别是自己还走上了专业历史学学习和研究之路，专业的考据精神和"层累的古史造成"说的启示，更让我对这类传说充满警觉和疑虑。虽然我并不怀疑法云的存在，也知道家里曾有一幅字画不会有假，但总觉得，父辈有关法云在京城的"辉煌"经历的说法多半是对家族历史的一种不自觉的美化，我不太相信他会是贵为帝师的翁同龢的代笔，甚至怀疑他是否会跟翁有什么正式的交往。而那幅字画，即便真的是法云所捎来，也很有可能是他伪托翁之名的赝品。

不过多少出乎我意料的是，随着自己在历史研究道路上的不断前行，这样的疑虑反而逐渐消解了。因为一路走来，我所从事的研究大抵不出清代社会文化史的范围，在搜集和阅读史料的过程中，几次意外地看到文献中有关法云的记载，逐渐让我意识到，家乡有关法云的传说可能并不虚幻，并激发了我专门探究这一问题的兴趣，通过全面搜集相关资料，最终促成了这一故事从"传说"到"历史"的转变。

最早接触到法云的记载是在研究生阶段，当时笔者正在从事"浙西北基层社会精英"的研究，在阅读民国《昌化县志》时，看到了有关法云的传记，内容如下：

> 法云禅师，一都紫源庄人，姓余氏。幼业儒，二亲既殁，厌弃尘俗，出家于邑南石室寺。旋携瓶钵远游，流寓京师夕照寺。讲《法华》外，专习钟王，后以楷法名噪中外，洛阳为之纸贵，一时王公大臣争与之交游，而师处之淡如也。定慧禅空，飘然物外。享寿八十六岁。[①]

[①]　民国《昌化县志》卷 14《人物·仙释》。

看到这条记录,让笔者当时颇为兴奋,因为它似乎证明了我小时候听到的传说确有根据,自己的族人不仅字写得好,而且还俨然是一位得道高僧。但转念一想,又不免依然疑虑,因为该传记的后面,注明出处为"新增",表明其信息当是民初的方志编纂者采访所得,这依然只是地方社会对地方名人流传事迹的一种记录。如果没有其他的文献相佐证,那也只能证明,法云确实去了北京,并在那里做和尚,而且家乡流传有其在京城"风光无限"的传说,而无法确认他在外的"辉煌"是否属实。另外传记中也并未特别提到翁同龢,也让我进一步怀疑有关翁氏代笔的传说是否可能。

然而,前些年笔者在阅读震钧的笔记《天咫偶闻》时,无意中看到的一条资料,则促发了我开始重新思考以往一味怀疑的态度。在该笔记中,有一条有关夕照寺的记载谈道:

> 夕照寺,为东南城寺院之最整洁者。殿壁画松及"高松赋",今皆无恙。人传松为陈松绝笔,信然。即左壁王安国之书,壁高丈余而行款端若引绳,亦不易也。寺僧法云以能书名。其人本不识字,常往来于贺云甫尚书寿慈第,睹尚书作书,忽有所悟,遂能自运。尚书奇之,指授笔法,且聘为代笔,一时书名大噪,求者接踵,有铁门限之风。然胸既无书,目又无帖,遂流入甜熟一路矣[①]。

这里记录的法云,虽然形象与方志中的记载有天壤之别,但从中亦不难看到,家乡传说基本的内容大致确有根据,特别是关于代笔的记载,虽非翁同龢,但贺寿慈同样地位崇高(尽管后来不像翁那么有名)。这也激起了我进一步去看看翁同龢留下的文字中究竟是否有有关法云记载的兴趣,经过翻检,我发现《翁同龢日记》从光绪十年到二十年的十一年间,居然有 12 条有关与他交往的记录,颇出乎我的意料。这让我感到,之前自认为立足专业精神而产生的怀疑似乎并不见得一定有道理,不仅传说未必像自己以往认为的那样不可靠,而且历史的实际状貌可能也较我们一般想象的更为复杂。于是我决定对法云的故事一探究竟。

---

① 震钧:《天咫偶闻》卷 6《外城东》,北京古籍出版社 1982 年版,第 137 页。

三、夕照寺与法云

经过多方搜索，可以发现，现存有关法云的记载大都出现在方志、笔记、诗文集和日记等文献中，而且基本多与夕照寺相关，故而在钩沉法云的史迹之前，还是先来看看夕照寺的历史概貌。

（一）北京夕照寺概况

夕照寺是一座位于北京广渠门外的寺院（现址为东城区夕照寺中街13号），因未留下相关的碑刻资料，清代的人即以不知其确切始建年代。清中期的王启淑在《水曹清暇录》中尝言："夕照寺在崇南坊，前明所建，本朝修葺，然无碑记可考。今为寄顿旅榇之场矣。"①差不多同时代的吴长元亦言："夕照寺，在万柳堂西北，创建年月无考。……据赵吉士育婴堂碑记云：夕照寺，顺治初已圮，仅存屋一楹。盖其来久矣。雍正间，文觉禅师元信尝退居于此。殿宇修洁完整。乾隆间，地藏殿两墙，左为王安昆书高松赋，右为陈寿山画双松，皆一时名笔。"并在这段文字后作按语道："东南寺院多停旅榇，故旧址重新，颇为宏敞，夕照、南台，是其最著者也。"②从以上记录可以看到，夕照寺清初已遭损毁，雍正后重建，主要为寓京人士寄顿旅榇的场所，规模颇为宏敞。始建年代虽已无可考，但一般认为是在明代。民国时期（1928）调查认为其建于万历年间③，不过，据何孝荣引《明一统志》记载可知，夕照寺与其他城南诸寺"俱宣德、正统年间建"④。

该寺的规模虽然现在已很狭小，不过民国年间，仍然还保留着当初的宏敞气象，1928年的调查称：

> 本庙面积约二十余亩，殿房共一百零八间：附属义地八亩，位于四块玉地方，枯骨地十五亩，位于五里屯，余地十二亩，位于本庙外左右，瓦房三间，位于外三区四块玉地方。管理及使用状况为本庙除殿堂及自用房外并停灵柩。庙内法物有释迦牟尼、文殊、观

---

① 汪启淑著，杨辉君点校：《水曹清暇录》卷15，北京古籍出版社1989年版，第232页。
② 吴长元：《宸垣识略》卷9，北京古籍出版社1983年版，第170页。
③ 北京市档案馆编：《北京寺庙历史资料》，中国档案出版社1997年版，第135页。
④ 何孝荣：《明代北京佛教寺院修建研究》，南开大学出版社2007年版，第617—618页。

音、大悲、韦驮、十八罗汉、达摩、接引佛、文昌、关圣,均系木像,共二十七尊,铁钟一个,鼓一个,铁香炉十八个,铁磬两个,木鱼一个,另有树四十余株,石碑一座,砖井两眼。①

庙内房屋 100 余间,占地总面积 50 余亩,其规模无疑已相当可观。道光年间成书的《鸿雪因缘图记》也曾对其规模有所描述,书中"夕照飞铙"的图画显示,当时该寺在山门所演的《飞铙经》共有九位和尚参与。而图后的说明则指出,当时京城东南一带,万柳堂和法塔均成败落之象,"荒寂殊甚,唯夕照寺尚完整"。演出"妙音法曲,恍若步虚"。出演的寺僧"均披织龙袈裟,持铙者飞舞盘旋,能传师教"②。

从上述记载可知,在清代中后期,夕照寺是北京城东南非常重要的寺庙,不仅整洁,而且寺庙的占地面积和寺僧人数均颇为可观,为城东南最著者之一。

由于缺乏最初建寺的记录,现有笔记和方志中有关夕照寺的记载,均未谈及其最初的来历。李其威在 20 世纪 80 年代写作《夕照寺今昔》一文时,曾采访了该寺的末任住持秀泉,根据秀泉的说法,他是法云的徒孙,而夕照寺为浙江昌化县澄济寺的下院③。这就是说,尽管当时无论京师还是浙江的方志等文献,均未述及夕照寺与澄寂寺的关系,但庙里的僧众仍流传着其老庙的信息。不过从李其威的文章透露的信息来看,秀泉的回忆似乎并不可靠④,不过夕照寺为昌化寺庙下院的说法,倒是确有根据,我们可以从清代的一些诗文中得到证实。乾隆五十七年,杭州文人余集在一首悼念夕照

① 北京市档案馆编:《北京寺庙历史资料》,第 135 页。

② 完颜麟庆著,汪春泉等绘:《红雪因缘图记》第三集,浙江人民美术出版社 2011 年版,第 890—893 页。

③ 李其威:《夕照寺今昔》,载全国政协北京市崇文区委员会编:《文史资料选刊》第 7 辑,第 17—20 页。

④ 比如,他称其师祖法云为福建人。还有,李在介绍秀泉时,称他自 1921 年他(时年 17 岁)师父澄性圆寂后便继任住持。如此年幼便任住持,这颇令人怀疑,实际上查看民国时期的调查,可知,在 1947 年进行第二次寺庙总登记时,夕照寺的主持乃是秀灵,而非秀泉。(北京市档案馆编:《北京寺庙历史资料》,第 696 页)今人李俊玲依据民国档案所做的考察表明,秀泉乃秀灵之师弟,民国时期为夕照寺寺监,1949 年,秀灵还俗,秀泉也成为事实上的末代住持。(李俊玲:《古刹夕照寺》,《新东城报》2011 年 3 月 18 日,第 8 版)关于秀泉于民国期间即任住持的说法,并不限于李其成之文,比如李洪俊的《夕照寺往事》(《北京日报》2006 年 8 月 14 日)一文亦持同样说法,并称秀泉为四和尚,还将民国期间保护该寺功绩系于他的名下。秀泉后来在崇文区政协工作,多篇文章都颇为一致地叙述他在 1921 年后接任住持,应可认为这一说法出自他本人之口。

寺僧宗一的诗中写道,"卓锡金台下,传衣石室边",并在该句诗后注解道:"本昌化石室寺僧。"①这表明法云并不是第一个从石室寺出家后到夕照寺为僧的,石室寺和夕照寺显然有不一般的关系。而19世纪中期,曾随于昌化为官的父亲在昌化生活多年的山阴人陈锦则在多首与昌化举人方登俊(在卿)唱和或纪念他的诗中,谈到石室寺与夕照寺的关系。方登俊是道光乙亥(二十年,1840)科的举人②,与陈锦是在昌化时的旧识,后流寓京师,就在夕照寺落脚。咸丰初,陈锦在京城夕照寺与方登俊唱和时,作诗写道:"家山香火今何在,挂杖曾探石室不?"并在这句诗后注称:"夕照为昌化石室寺分支。"③从该诗的整体来看,这句诗所说当为当时夕照寺的住持云岩,由此不仅可以明确得悉夕照寺为石室寺之分院或下院,而且介于法云和宗一之间的云岩和尚也来自昌化的石室寺。十八年后,陈锦再次来到夕照寺,此时"在卿与僧云岩并卒于寺",令他颇为感伤,遂赋诗两首,其中言:"莫对阇黎谈石室,家山钟磬已茫然。"并在石室后再次注明:"寺为昌化石室寺分院。"④由此可见,夕照寺为昌化县石室寺的分院或下院,而该寺的住持,至少在乾隆中晚期以降,很长时间均由来自上院石室寺的僧人担任。那么秀泉所说的澄济寺与石室寺又是什么关系呢?

考诸当地方志可知,澄济寺当为澄寂寺之误,而石室寺乃澄寂寺之旧名。民国《杭州府志》就此记载道:

> 澄寂寺,在县南二十八里,旧名石室寺。宋开宝三年建,后有磐陀石,其大如屋,可容二三十人,名不碍庵。治平二年改额。元季毁。明万历三十一年重建,泰昌元年复整。⑤

可见,石室寺在清代正式的名称已改为澄寂寺,但民间似乎仍习惯以旧称石室寺名之。该寺建于970(或969)年,历史显然要远较夕照寺悠久,为其上院,亦合情理。该寺的遗迹仍存,在今日昌化南面的河桥镇曹家村,但建筑

---

① 余集:《忆漫庵剩稿·挽僧宗一》,续修四库全书影印道光刻本,第1460册,第348页。

② 民国《昌化县志》卷9《选举志·举人》。

③ 陈锦:《补勤诗存》卷2《过庭草下·夕照寺和方在卿孝廉可禅方外咏雪用万柳堂原韵》,续修四库全书影印光绪三年橘荫轩刻光绪十年增修本,第1548册,第274页。

④ 陈锦:《补勤诗存》卷17《日下重游》,续修四库全书影印光绪三年橘荫轩刻光绪十年增修木,第1540册,第112页。

⑤ 民国《杭州府志》卷38《寺观五》。民国《昌化县志》卷15《事类志·寺观》也有基本一致的记载,不过将创设时间系于开宝二年。

已完全毁坏,只剩地基而已。①

(二)法云史迹钩沉

关于法云的故事,除了家乡的传说和地方志的记载外,在社会上至少还有另外两个版本,一是夕照寺法云的传人的回忆;二是当时京城士林坊间的传言。关于前者,李其威在文中记录了法云徒孙秀泉的说法:

> 法云,福建人,本名即生年不详。道光间三次应试不第,自惭无言还乡,遂出家夕照寺。擅长书法,曾临摹柳公权的《玄密塔》,遒劲逼真。与当时的尚书贺寿慈交往甚密,并为之代笔。……光绪二十三年,归葬老庙澄济寺。②

至于后者,前述《天咫偶闻》中的叙述自当属于当时士林有关法云的认知。另外在清末的坊间,还流传了这样一首民谣:"手拿一吊四,来到夕照寺,夕照寺的和尚会写字。手拿水烟袋,来到穆家寨,穆家寨的妞儿会炒菜。"③

尽管以上三种说法展现的法云形象差异甚大,史实方面也有不少抵牾之处:首先籍贯有差,其徒孙言其为福建人,但家乡的传说和记载无疑表明其为昌化人,而京城士林和坊间的传言对其籍贯并无关心。其次,文化程度,三者说法也差别明显,京城士林的说法,他本不识字,但对书法似乎有特别的天分,成为贺寿慈的代笔的经历也颇为传奇。地方志的记载则称,"幼业儒",后来出家只是因为父母双亡后厌弃尘世而致。就是说,他从小是读书的,但并没有进过学,获得过功名。不过能"讲《法华》","习钟王",文化程度自然不低。秀泉则言其三次应试不第,才出家的,而且是无颜还乡,出家夕照寺。按照这种说法,他应是在京城考试不第,而要上京赶考,显然已有举人功名在身,那文化程度已相当高。再次,关于书法特点,京城士林坊间的看法,认为其"胸既无书,目又无帖",故而作品流于甜俗一路。而另外两种说法则均认为他的书法是经正规训练、有帖的,地方志言其习钟王,以楷法出名。秀泉曾称其曾摹写柳公权的楷书帖,字迹遒劲。最后,他为何人代

---

① 石室寺遗迹今日的状貌,可以参阅张发平:《探访石室寺》,《今日临安》2013 年 9 月 2 日,第 4 版。

② 李其威:《夕照寺今昔》,载全国政协北京市崇文区委员会编:《文史资料选刊》第 7 辑,第 20 页。

③ 孙兆时、关代烃编著:《中外古今书画故事集锦》,中国旅游出版社 1991 年版,第 755 页。

笔,家乡传说言其为翁同龢的代笔,而京城的说法,均认为他曾是贺寿慈的代笔。不过尽管存在颇多的歧异,但也不乏共通之处,一是他是一位从南方来的夕照寺的和尚;二是他擅长书法,在晚清的京城,无论是士林还是坊间,都有相当的名声;三是他与不少达官贵人有交往,而且还成为其中一人的代笔。

从以上几种不尽一致的传说和记载中,虽然亦可勾勒出法云的概貌,不过这些显然都是带有传言和回忆性质的二手资料,而非时人直接的记录。要探寻法云相对"真实"的历史,厘清以上说法的歧异,无疑还需要从时人直接的记录入手。

(1)籍贯生平　根据家乡的传说和方志的记载,应已基本可以肯定秀泉的记忆是误记,而且当时的文献中也有直接的证据。比如翁同龢在光绪十年九月初一第一次在日记中谈到法云时说:"过夕照寺,其僧法云,浙之昌化人。"①他的老乡、官至太常寺卿的袁昶亦在写给他的两首诗中注明他为昌化人②。

他生活的时代,以上的说法都表明应是晚清,但都没有具体的时间。不过时人的直接记载则有更进一步的信息。翁同龢在光绪十一年(1885)正月初三的日记中,则记下了他的年龄,63岁。这是翁同龢在见过法云后的记录,应是根据听法云自己所言。按此推算,法云应出生于道光三年(1823)。不过,这与袁昶日记中说法不尽一致,光绪十九年(1893)正月,法云去拜访袁昶,袁昶谈到他的年龄,说"僧腊正七十矣"③。僧腊为僧人受戒后的年岁,按照这一说法,法云受戒于1824年,若是1823年生人,两岁受戒,显然是不可能的。晚清诗人陈诗(1864—1943)曾言其八岁出家④,出家不见得立即受戒,即使是当年即受戒,其出生之年亦应是1817年,那这两种说法间,至少有六岁之差(实际上肯定不止)。那么,到底哪一种说法比较可靠呢?从后面的论述,我们可知,法云和袁昶的关系远较翁同龢亲近,按理说越是亲近之人的记载应更为准确,但这件事上似乎未必如此。原因有二,一

① 翁万戈编,翁以钧校订:《翁同龢日记》第四卷,中西书局2012年版,第1913页。

② 袁昶:《渐西村人初集》诗九《灞上舟杂兴》己卯,续修四库全书影印光绪刻本,第1565册,第358页;《安般簃集》诗续庚,光绪袁氏小沤巢刻本。

③ 袁昶:《毗邪台山散人日记》癸巳正月(光绪十九年),李德龙、俞冰主编:《历代日记丛钞》第73册,学苑出版社2006年版,第187页。

④ 野民(陈诗):《江介隽谈录·法云上人句》,《国风报》第1卷第11期,1910年。

者袁昶的日记是在其被杀后被人抢救出来的,现在看到的只是传抄本,而非原件,故有存在误植的可能;二者,法云虽然与袁昶关系较近,但也算不上是时相往来的至交,当时见面时,他们已经阔别十年。一方面因为是旧识,所以重逢就不太会去问他的年岁,另一方面,因为并非至交,记忆很可能有误,故袁昶的记录完全可能有误。而翁同龢不同,当时记录其年龄时,是他们第二次见面,两人关系还相当生疏,故其年龄一定是当时问出来的,故反而准确。另外,陈诗的记录,似乎也表明翁同龢的说法为是。1910 年的《国风报》的《江介隽谈录·法云上人句》谈道:

> 法云和尚,浙江昌化人,八岁出家,年登古稀,不废麴蘖,而耽韵语。与袁爽秋太常为方外交。尝有题大涤山栖真洞句云:"松梳凉露意珠圆,月印寒溪心镜澈。"语殊微妙,清越可诵也。①

陈诗这则记载是回忆性,言其"年登古稀,不废麴蘖",应是其当初的印象,根据后文分析,我们大致可推测他们的见面应在光绪二十年后法云返回家乡的途中,即 1894 年或稍后,那时他年登古稀,则正好与翁同龢的说法一致。

至于其卒年,地方志称他享年八十六岁。那应逝于光绪三十四年(1908),不过秀泉称他于光绪二十三年(1897)归葬澄寂寺。尽管秀泉的话不足为据,不过目前发现有关法云的直接记载,均在光绪二十年(1894)之前,翁同龢在日记中最后一次提到法云,是光绪二十年四月廿七日,那天,他去夕照寺见到了法云,并一起吃饭交流。他记道:"法云老矣,常病。"②而后,则再未提到法云。由此来看,秀泉的说法可能也不见得无据。他在光绪二十一年前后圆寂,似乎也比较合理。而且方志中为了彰显其得道高僧形象,夸张他的年龄也不是绝无可能。但法云对于修志者来说,是很近的前辈,特意在传记中注明并不属实的年寿(方志中的人物传记一般没有年寿信息),似乎也不好理解。对此,张发平最新发表的文章提供的信息,为我们解决这一矛盾提供了思路。他说法云在晚年又回到了家乡。③ 这一说法源自当地人的说法,应不会完全无据。④ 若是这样,以上的矛盾似乎就能解决。即法云在自感身体衰老的情况下,于光绪二十到二十三年间回到了家乡,并

---

① 《国风报》第 1 卷第 11 期,1910 年。

② 翁万戈编,翁以钧校订:《翁同龢日记》第 6 卷,第 2740 页。

③ 张发平:《探访石室寺》,《今日临安》2013 年 9 月 2 日,第 4 版。

④ 此承蒙张发平先生在电话中见告,谨致谢忱!

在那里又生活了十几年,于光绪三十四年去世。这样,光绪二十年之后,他未再出现在京城文人的记录中以及方志上特意载明其年寿,也就都不难理解了。这一点,上述陈诗记载中亦可为旁证。法云应于咸丰之前离开家乡前往京城(详后),当时陈诗尚未出世,不可能有交往。陈诗一生基本都在上海等江南一带居住生活,在光绪二十三年之前,并无踏迹京师的经历。[①] 若法云于此前圆寂于京城,那陈诗当无可能与他有交集,其所记当源于别人的转述。但这颇令人生疑,一者法云并不是重要的名人,也不以诗歌见长,一个与他并无任何关系的人,怎么会在其去世十几年后听别人所言记录下他的一句诗呢? 二者,大涤山在余杭,远在京师的法云又何以去咏诵呢? 比较合理的解释应是法云晚年由京城回到家乡,途中曾有和陈诗一同游览大涤山的经历[②],其所咏诗句为陈诗记下。陈诗这则笔记记于1910年,离法云离世(1908年)不远。

关于其出家时间,陈诗言其八岁出家,地方志称幼业儒,父母双亡后出家,而秀泉则回忆是道光间三次进京赶考不第后出家。秀泉的说法显然有误,首先他不是直接在夕照寺出家,而且他也不可能有功名在身,若真是有功名的和尚,士林坊间绝无可能传言其不识字。前两种说法,虽稍有不同,但可能并不矛盾,方志的记载应该带有一定的修饰成分,虽然八岁基本只是当时刚刚上学的年龄,但此前只要入塾读书,称其幼业儒,当无不可。若按上面的分析,陈诗与法云有过直接的交往,那八岁出家应是听法云本人所言。而其进京的时间,现有的文献和传说都并无直接的说法。我们只能根据一鳞半爪的信息做些大致的推断。首先秀泉的说法似可表明,他应该是在道光年间或之后出家夕照寺的,而方志称他出家石室寺后,"旋携瓶钵远游,流寓京师夕照寺"。若他八岁出家,那就是非常年幼的时候(19世纪30年代)就离开家乡前往京城。若是这样,他应很有可能是跟随其他年长的僧人或他的师父一同前往夕照寺的。前面的论述表明,夕照寺是石室寺的下院,当时从可见的信息来看,其住持均为来自石室寺的僧人。而在同治中期之前,夕照寺的住持为云岩上人,而他是云岩方丈的接任者(详后),那就有理由推断,他当初很有可能跟随师父云岩于道光中期前往夕照寺。

---

① 关于陈诗的生平事迹,可参阅王思豪、徐成志:《陈诗诗集·前言》,黄山书社2010年版,第1—6页。

② 之所以认为其应是途中或回来后不久,主要是因为他言及"年登古稀",那即是70岁左右,按照前面的论述,若回来较久的话,那他就远不止70岁了。

虽然现有的直接记录基本都是言其夕照寺僧,不过桐庐袁昶在日记中称其为"同乡寂照寺老方丈法云上人"。另外,根据当时的惯例,文人在访问寺庙提到寺僧时,一般指的都是其住持。我们现在看到最早有关法云的记载,是光绪二年三月十七日郭嵩焘在其日记中所记:"朱石翘邀同刘云生、魏赓臣游万柳堂,先过夕照寺小憩。寺僧法云能书,贺云湖倩之代笔,不减杨海琴之于何子贞也。"①这时他已成贺寿慈的代笔,已引起士人的关注。从前面的论述已经看到,云岩在同治七八年时已圆寂,他应该是在这前后接任住持的。其中所说的贺云湖即贺寿慈(1810—1891),贺寿慈是湖北蒲圻人,和郭嵩焘也算是湖广老乡,长期在京为官,同治末年,权势日炽,光绪三年(1877)升任工部尚书,五年因牵涉李钟铭案而被降级和褫职,六年离京。②贺寿慈颇有才华,是当时著名的书法家,但并未有著作留世。故现在已很难了解法云是何时和贺寿慈开始交往的,现在比较清楚的是,在光绪初年贺的权势如日中天之时,作为夕照寺住持的法云被当朝尚书聘为代笔,因此名盛一时。当时他五十余岁,新任住持也不久,正是他的得意之时。方志中和笔记中所说的"一时王公大臣争与之交游","一时书名大噪,求者接踵,有铁门限之风",应该就是指的这段时间。不过贺寿慈不久便因为官司失势并离开了京城,法云未必受到官司的牵连,但可以想见,其风光应已不再。

(2)社会交往　上述传言和传记都谈到他因为书法而名噪一时,与众多的王公大臣多有交往,俨然京城一介名流。家乡的传说指其与翁同龢过从甚密,京城的传言则称其为贺寿慈之代笔,而陈诗的笔记则言其与袁昶(爽秋)为"方外友"。这几位,特别是前两位都是当时京城响当当的权臣,都喜好书法并甚具造诣。若所言属实,其社会交往圈自已相当可观。贺寿慈虽然当时位高权重,而且"工书善诗",并著有诗文集若干卷,但因其不愿将其付梓③,至今已散落不知所踪,故而他们具体交往的情形已无从知晓。不过能被聘为代笔,他们的交往自然不少,法云的书法水平也应为贺所认可。根据《天咫偶闻》的记载,当时,法云常往来于贺寿慈府邸,因为常看贺写字,"忽有所悟,遂能自运。尚书奇之,指授笔法,且聘为代笔"。仅仅因为看人

---

① 郭嵩焘:《郭嵩焘日记》第3卷(上册),湖南人民出版社1982年版,第24页。
② 关于贺寿慈的生平,可以参阅《清国史·新办国史大臣传·贺寿慈列传》,中华书局1993年版,第11册,第130—132页。
③ 王安定:《致仕都察院左都御使前工部尚书贺公神道碑铭》,缪荃孙编:《续碑传集》卷15,文海出版社1980年版,第4b页。

作书而能自运,显然不合实际。这似乎只能说明,法云在书法方面比较有天分,为贺寿慈所赏识,并获得他的指导,而且风格也比较接近。

另外两位因有日记等文献存世,让我们能够窥见些许较为具体的情形。其中翁同龢在日记中对其的记载最多,达12条。时间在光绪十年到二十年之间,其中十二、十三年分别有两条记录,十八年没有,其余年份每年一条。现择其要者转录如下:

> (光绪十年九月朔)过夕照寺,其僧法云,浙之昌化人,爱书而俗,其布置却似苏杭小庙。①
>
> (光绪十一年正月初三)早饭,坐破车到卧佛寺,与俗僧谈,复至夕照寺。寺僧法云能书而未读书,年六十三矣。②
>
> (光绪十二年五月初五)晨起无憀,驱车至夕照寺寻法云谈,伊以薰笼一、山核桃见赠。③
>
> (光绪十三年八月廿七日)忽思游城南寺,遂诣放生池。又至夕照寺,与法云谈,吃油饼,发兴写一诗。④
>
> (光绪十四年二月廿九日)余易布衣晴鞋,呼一车,挟两仆出永定门,过安乐林小庙,……如沙窝门,访夕照寺僧法云谈,归已申初矣。今日之游极乐。⑤
>
> (光绪十六年七月十五日)归后忽欲出游,遂赴夕照寺与法云俗谈,又至万柳堂坐眺,归饭。⑥
>
> (光绪十九年三月十四日)至放生池,俗僧可恨,夕照寺法云它出,亦不快,乃出便门坐船。⑦
>
> (光绪二十年四月廿七日)晨起祠堂叩头,易衣乘车出东便门,……荒庙有道士,不惬,遂西绕入沙窝门至夕照寺,与法云上人谈。法云老矣,常病,即在禅堂饭。余本茹素,而僧以肉馈,相对举箸,

① 翁万戈编,翁以钧校订:《翁同龢日记》第4卷,第1913页。
② 翁万戈编,翁以钧校订:《翁同龢日记》第5卷,第1946页。
③ 翁万戈编,翁以钧校订:《翁同龢日记》第5卷,第2062页。
④ 翁万戈编,翁以钧校订:《翁同龢日记》第5卷,第2181页。
⑤ 翁万戈编,翁以钧校订:《翁同龢日记》第5卷,第2226页。
⑥ 翁万戈编,翁以钧校订:《翁同龢日记》第5卷,第2427页。
⑦ 翁万戈编,翁以钧校订:《翁同龢日记》第6卷,第2641页。

可笑也。六两廿吊。未正散。①

从这些记录中可以看到，他们见面的地点均在夕照寺，都是翁同龢专门或顺道访问夕照寺时与其交谈和吃饭，而未见法云登门造访。从中可见，虽然他们不时见面，但关系算不上亲密，特别是开始之时，言其"爱书而俗"，"能书而不读书"，笔端似不无轻视之义。但随着时间的推移，其与法云的关系似日渐密切，比如十六年时，退朝后，突然想出游，就去了夕照寺，与法云俗谈，也就是闲聊。而十九年时，还因为没有遇到法云而感到不快。二十年最后一次记载中，则以上人相称。前后相较，态度上的差异还是比较容易体会到的。关系虽然说不上很亲密，但不时在一起交谈，必然也会切磋书法技艺，故而法云留有翁的墨宝，亦当是自然之事。

在三人中，袁昶地位相对较低，年岁也较法云小，而关系则最为亲密。袁昶（1846—1900），浙江桐庐人，光绪二年进士，此后长期在京为官，直到十九年四月，离京前往芜湖就任徽宁池太广道。② 桐庐和昌化虽然分属严州府和杭州府，不过两地相邻，环境和风俗亦近，故以同乡相称。两人何时相识不得而知，现在能看到最早的交往记录，是光绪五年袁昶写了一首诗赠予法云。其诗云：

> 予饮天目水，君草西溪图。谁为五浆馈，并作一乘泭。乡味柑千个，石根松半枯。牛车不用觅，相对憩团蒲。③

诗中寄予着浓浓的乡情。从诗中的词意来看，两人此时应已是旧识。故两人应相识于法云得意之时，当时刚刚出仕的袁昶以乡谊与法云交往，或许也不无借助法云的人脉之意。而后，虽然我们没有看到直接的交往记录，不过应该不时有往来，光绪十九年，法云前往袁府拜访，袁昶言，他们当时已阔别十年，那就是说，他们在光绪九年前后应有会面。此后虽然没有见面，但也时有信息往来，光绪十六年，他曾写诗寄给法云：

> 不见云公竹解稍，麗居士亦滞西郊；绕身只用三条篾，容膝应支一把茅。赤濑紫溪归未得，山灵木客久相嘲；欲从结夏如乡社，

---

① 翁万戈编，翁以钧校订：《翁同龢日记》第6卷，第2740页。

②关于袁昶的生平经历，可参阅包琪：《袁昶年谱》，沈阳师范大学硕士学位论文，2012年。

③ 袁昶：《渐西村人初集》诗九《濑上舟杂兴·赠寂照寺法云长老》己卯，续修四库全书影印光绪刻本，第1565册，第358页。

元叟新衔已署聱①。

依然是乡谊盎然。十九年正月，法云突然造访袁昶，想来应是知道袁昶即将外放。袁昶就这段交往记载道：

> 同乡寂照寺老方丈法云上人来，十年阔别不见，发白面皱，僧腊正七十矣。共坐小斋吃面食，久谈始去。法老平生不持戒律，不诵梵夹，终日日课，临李北海书，亦彼法中别调也。能作擘窠，字虽多肉少骨，尚不甜俗。②

两人一起吃饭，并久谈始去，从字里行间不难看到两人较为亲切的关系。从中可以看到，法云与袁昶虽较少见面，远不如翁同龢频繁，但两人的关系似因乡谊而显得较为亲近。故而陈诗会将其称为袁昶的"方外友"。

除了以上三人外，上文已经提到，郭嵩焘也曾至夕照寺访问过他。另外，和袁昶同为张之洞学生的樊增祥也在光绪六年访问过夕照寺和法云，并留下了两首诗③。

由此可见，法云在京城与当时不少的达官贵人有较多的交往，应当不假，而且还与其中一些人，比如袁昶拥有不错的情谊。

（3）文化技艺　前面谈到，《天咫偶闻》说他本不识字，而秀泉则称三次赶考不第才出家，两种说法明显对立。前面的分析表明，秀泉的话不足为据，那么是不是说他真的本不识字呢？那也不合情理，阅读和书写绝不可能是一蹴而就的。实际上从袁昶寄赠其诗，和晚年曾咏出"松梳凉露意珠圆，月印寒溪心境澈"之诗句来看，他不仅识字，而且还具有一定的文学水平。根据前述，他八岁出家，在家即使上过学，学到的东西也必然很有限。他的识字和练习书法，无疑主要是出家后，特别是到夕照寺跟人学的。翁同龢称其"爱书"、"能书"，说明他爱好书法，而且书法也达到了一定的水准。但翁同时又批评他"俗"、"不读书"，这说明他文化水准还是有限，特别是跟翁同

---

① 袁昶：《安般簃集》诗续庚《戏简法云上人》，光绪袁氏小沤巢刻本。

② 袁昶：《毗邪台山散人日记》，癸巳正月（光绪十九年），李德龙、俞冰主编：《历代日记丛钞》第 73 册，第 187 页。

③ 其诗云："同车指东郭，楼殿望中移。驻马平林下，开门夕照时。晚花飘笛簟，流水入琴丝。坐觉诸天静，非绿半偈持。""一憩花幢侧，因过丈室闲。鸟鸣堂下竹，僧话浙中山。佛画经年闷，茶香半日闲。尘中几两屐，暂得印苔斑。"（樊增祥：《樊山集》卷 6《金台集·五月朔日同匡伯过夕照寺遇云上人茶话移时》，续修四库全书影印光绪十九年渭南县署刻本，第 1574 册，第 329 页）

穌这样的文化大家比,那自然就显得俗和没文化了。另外,袁昶也对其书法有评论,说法云终日"临李北海书,亦彼法中别调也。能作擘窠,字虽多肉少骨,尚不甜俗"。从中大概可以看到方志和秀泉的话都不准确,他专意临摹的乃是唐代行楷大家李邕的碑帖。在袁昶看来,他的书法虽然说不上遒劲有力,但尚不至于"甜俗"。由此亦可从侧面了解到震钧的关于"甜俗"的说法,流行于当时的京城士林,袁昶于此特意为友人辩解,尽管他也承认其确有不足。仔细琢磨这些评价,似不难体会到其背后的意思,即相对于他在书法上的名声和技艺上达到的水准,他因为读书少,而与那些真正名家比就显得俗和境界低了。如果仅仅作为一般人,他也许就像地方志编纂所描述的那样,不仅有文化,而且还颇具仙风道骨。所以看似矛盾的说法,其实并不矛盾,关键要看以何者为参照对象了。

(4)日常生活　由于法云本人并未留下任何文字资料,故而其基本的日常生活状况现在已难以了解,不过,时人的一些记载也为我们留下了若干其日常生活的片段。作为一个和尚,而且是一个京城颇具规模寺庙的方丈,按照一般的认知,其日常的生活应主要吃斋念佛为主。但法云似乎不是这样。前面所举的袁昶的记载显示,他"平生不持戒律,不诵梵夹,终日日课,临李北海书"。就是说他既不念经,也不守戒律,整日以练习书法为主。其不守戒律,从其他记录中亦可得到佐证,比如,翁同穌日记中的最后一次见面,他们一起吃饭,翁本来是吃素的,但寺庙却给他准备了肉,这应该不会仅仅是给客人吃的。而陈诗则称,他"年登古稀,不废麴蘖",就是说年过七十,还要喝酒。就此来看,称其为酒肉和尚,实不为过。

根据以上所述,我们已大体清楚法云和尚的基本状貌,于此不妨做一总结。

法云和尚(1823—1908),姓余,浙江昌化县一都紫源庄人。童年即失怙恃,八岁出家县南石室寺。不久随人前往该寺在北京的下院夕照寺为僧,以该寺住持云岩上人为师。在寺中跟人学习文化和写字,天性对书法情有独钟,并有禀赋。同治中期,其师云岩圆寂,法云接任夕照寺住持,遂较有机会接触京中的达官贵人,其书法作品亦受到当时朝中大员、书法家贺寿慈的赏识,并得其指点,技艺日进,被贺聘为代笔。于是一时风光无限,声名大噪。不久,贺寿慈在光绪五年后失势,法云的风光也日渐消退,但他对书法的痴心不改,虽为僧人,然不废酒肉,不诵佛经,终日以临帖写字为务。并以夕照寺方丈身份和自己的书法技艺，与翁同龢、袁昶等贵人时相往来。其书法技艺虽颇高，然因胸中文墨太少，在京中士林中多有"甜俗"之评。光绪二十年后，因感自己年逾古稀，身体渐衰，而携钵南归。南归途中或此后不久，曾与晚清民国诗人陈诗等文人同游余杭大涤山，留下了"松梳凉露意珠圆，月印寒溪心境澈"的诗句。光绪三十四年，终老家乡的清寂禅院。享年八十有六，被地方视为深具修为的有道高僧。

四、若干思考

至此，法云的故事已经讲完，尽管法云曾经也风光过，并在现存的史料中留下一些自己生活的痕迹，但整体而言，则不能不说他只是晚清芸芸众生中十分普通的小人物，既不富贵，也不穷困，没有大善，亦无大恶，也未有文字传世，甚至连他最为痴迷和擅长的书法作品也近乎绝迹，更不用说，他对当时的政局、社会演变以及中国历史进程有任何的影响了，而且作为一介和尚，他似乎也算不上有什么代表性。故而从传统历史学的眼光看，如此辛苦地钩沉这样一位人物的历史，似乎没什么意义。当然，他是我故乡的族人，挖掘族人、乡贤的光辉历史，乃是家族史和地方史的题中之义，然后，本文的钩沉，不仅没有为家族和地方的历史增添光彩，反而还褪去了法云在地方已有传说和记载中的光环，就家族和地方史来说，即便有意义，可能也是负面的。那么又有什么必要写作此文呢？本文开头的叙述已经表明，本文的撰著，除了自身兴趣方面的原因外，更为主要的是希望从微观史的角度，从这一个案入手，更好地来思考和理解历史。通过以上的论述，笔者认为，至少可以看到以下几点值得思考之处。

（一）人物传说和传记的形成

在历史研究中，一般都比较信任文字的记录，特别是正式的官方文献，而对民间的传说往往心存疑虑。然而通过法云历史的钩沉，似乎可以发现，民间的传说未必全然无据，而正式的文献记载也不见得全然可靠。通过前面的考论，我们已然看到，无论是传说、回忆，还是方志或笔记，其关于法云的说法，均有符合实际的一面，又都不无失真的内容。像家乡的传说和秀泉的回忆，虽然往往存在着张冠李戴的错误，但一些基本的内容似乎并非无据，比如关于曾为翁同龢代笔，虽是误会，但其确实做过重要人物的代笔，而且也确实跟翁同龢有较多的交往。秀泉言其光绪二十三年归葬昌化老庙,虽非事实,但他确实应在此前后离开了夕照寺。故而对于传说或口述,固然不可尽信,但也一定不能忽视作为钩沉史实线索的意义。而文字的记载,也同样需要我们去辨识,在现在的历史研究中,方志和笔记,特别是方志,是人们常用而且比较信任的史料,然而方志的传记,显然有美化和想当然的成分,法云明明不废酒肉,也少念经,而只是以写字为志业,但方志的作者却将其描绘成一个耆年硕德的高僧。而笔记中的记载,为了强调其书法作品的甜俗,而将其形成书法技艺的经历传奇化,并称其本不识字。由此可以看到,诸如传记等文本的制作,显然都是撰著者在一定事实的基础上,自觉不自觉根据自己的立场和认识铺陈而成。故而,要想获得相对可靠的历史真相,就需要我们搜集、考察各种不同角度的记载,才有可能。

(二)个案所反映的日常"常识"和时代性

法云重要的身份有三:和尚、书家和昌化人。作为一个独特的个体,他似乎很难说是这三种身份的代表者。但他无疑也不可能是一个孤立的个体,而无时无刻不在日常生活中与地方、职业身份以及生活交往圈发生着这样那样的关联。不用说,他既是极为纷繁复杂的整体社会关系网络某一个发射中心,同时又是聚焦点。这样的网络,我们看不见,摸不着,也未见得有明确的文字说明,但它却真真切切存在于人们的日常生活中,构成人们日常生活的舞台和背景。透过对相关关系的探究,我们似乎不难看到其中的一些日常"常识"及其时代特性。就法云的故事而言,至少可以让我们从中观察到以下两方面的情景:

一是地域间的交流。昌化是僻处山间的江南小县,与北京相距 2400 余里,在当时差不多有一个月的路程。经济既不繁荣,科第亦不兴盛。按照今日的想象,京城对于昌化人来说,就像天堂,遥不可及。实际上,对于当时大多数的昌化人来说,这可能也是实情,而且当我们今日回头围绕着昌化人的著述去搜寻两者间的关联,也基本上会一无所得(现代甚少有昌化人的著述存世)。但法云的故事却意外地告诉我们,小小的昌化县的一个寺庙,竟然在京城有一个颇具规模的下院,而且在数百年的时间里,它们之间还保留着密切的关联,仍不断地向京城下院输送住持。寺院无疑不单是一个宗教的场所,在当时的社会,显然还拥有众多其他的功能,就本文所述故事而言,夕照寺显然还是昌化人在京城的一个据点,像前述昌化举人方登俊,咸同年间前往京城考试，就以夕照寺为据点，在此居住读书，并终死于此。不难想见，对于当时的昌化那些有机会外出的人来说，一定会知道夕照寺作为可能的落脚点的意义。当时的昌化虽无法像那些通都大邑在京城建立会馆公所，但其也仍以自己独特的方式，拥有两地之间比较固定的交流管道。夕照寺的法云，尽管远离家乡，但他与家乡也不时有信息和物品的沟通往来。光绪十二年端午日，翁同龢驱车去夕照寺会见法云，"伊以薰笼一、山核桃见赠"①。这两种物品都是昌化的特产，特别是山核桃为昌化及周边所独有，一年一熟，秋天出产，保质期也基本只有一年。这些物品当是新近家乡人来访所捎带的。或可想象，法云在招待客人时，也定有茶叶和笋干。

二是日常交往和时代风气。从前面的叙述中已经可以看到，法云的社会交往圈颇大，跟相当多的士子和达官贵人都有交往，并与一些重要人物有颇为密切的关系，除了在寺庙接待他们外，有时还会登门造访。他作为一个微末之士，能够结交众多的官绅，显然得益于其夕照寺方丈的身份。从当时众多文人官僚的日志中可以看到，佛寺往往是日常外出游览的目的地，并成为他们吟诗作画的重要题材。从现有的资料来看，法云与他们的交往往往是从他们来寺游览，他作为方丈接待而开始的。从中可以看出，方外的身份虽不见重于主流社会，但僧人特别是较高级别的僧人无疑有较多结交达官贵人的机会，同时也可以看到，寺庙在当时也是一个非常重要的社交场所。

当然，即使在寺庙接待了官绅文人，也未必会让对方留下较为深刻的印象，要建立密切的交往，必定要拥有能吸引对方关注和交往的内容。法云读书不多，而且也较少念经诵佛，显然不可能有多少佛法修为，而众多的文人士大夫愿意与其交往，显然多缘于他的书法技艺。实际上，与他比较密切的人，都是书法上颇有成就之人。就此，我们亦可看到，作为职业的书画师，同医生、和尚等一样为当时社会所贱视，但作为一种技艺，却甚为当时的士林坊间所看重，这既是中国传统社会一种颇为矛盾的社会现象，也是当时京城的士风。对此，于光绪二十五年（1899）上京赶考的山西太原举人刘大鹏在当年二月二十二日的日记中写道：

> 京都习尚写字为先，字好者人皆敬重，字丑者人都藐视，故为

---

① 翁万戈编，翁以钧校订：《翁同龢日记》第5卷，第2062页。

> 学之士，写字为第一要紧事，其次则诗文，即诗赋，至于翻经阅史，
> 则为余事也。①

刘大鹏当时无疑是以相当不满的心情写下这段话的，因为在他看来，这样的做法已经偏离儒学和科举的本意，有些不务正业了。② 而作为和尚的法云，他无疑更是不务正业，前面已经谈到，称其为酒肉和尚亦不为过。然而，这并不影响他作为寺院住持与人交往。那些文人士大夫，虽然对他的不修佛法十分了解，但并未见他们因此而对其产生睥睨之情。像翁同龢见法云"以肉饷"，只是觉得可笑，并不影响在当天的日记中尊称他为"法云上人"。而袁昶显然早就知晓他的日常行为，却一直和他保持良好私交，在那则日记中，还为他"甜俗"的时评辩解，一点也看不出对他的不守戒律有任何嫌恶之情。陈诗也是谈到他"不废麴蘖"后，接着就称道他的韵语。由此，不仅让我们更真切地体会到当时士林特别重视书法的习气，同时也让人觉得，尽管当时佛寺盛行，但对于和尚来说，要获得声名和香火③，佛法修为并不是唯一重要的，某种情况下，甚至可能并不重要。

（三）总体史或全面史的实现

引言的论述已经谈到，地方史和个案的研究者，为了避免自己的研究流于琐碎和片段，往往会引入整体史的视角和方法，即试图通过将自己论述的具体案例放在整体的地域格局和历史框架中来考察，但这种结构式的处置，是否真能达致整体史的目标仍不无疑问，因为历史的个别面向和断片不尽其数，或许我们永远都无法将我们预先架构的整体结构的具体图景搭拼完成。而且这样的处理，也无法克服以往研究中"见物不见人"的问题，并不利于我们去考察不同个体和结构间的有机勾连。故而对于微观史和日常生活史视野下地方和个案研究来说，需要追求的应是"总体史"或"全面史"的研究路径，所谓总体或全面，就是指将社会的各种环节和因素，比如政治、经济、社会和文化等等有机地相结合，围绕着人来展开研究，将地方、事件和个

---

① 刘大鹏遗著，乔志强标注：《刘大鹏日记》，山西人民出版社 1990 年版，第 40—41 页。

② 关于刘大鹏生平思想，可以参阅沈艾娣：《梦醒子：一位华北乡居者的人生（1857—1942）》，北京大学出版社 2013 年版，特别是第 17—41 页。

③ 跟众多的达官贵人建立交往，自然意味着可以获得更多的香火钱。而当时京城流传的"手拿一吊四，来到夕照寺，夕照寺的和尚会写字"谚语，也说明，其书法技艺让其获得广泛的寺庙财源。

人视为整体社会网络中的一个点,既是发射中心又是聚焦所在,通过对相关网络,也即日常生活舞台和背景的方方面面的探究,来分析概括出一个时代和地区中人们生活的"常识",并从"常识"来透视和捕捉一个区域乃至国家的时代风貌和特性。这样,总体史或全面史显然不等于宏观史。我们前面对法云故事的论述,固然不能让我们对当时时代发展的大势或昌化地方历史的整体状貌这样的宏观问题的认识有所推进,却让我们对当时地域间的交流和日常生活中的时代风气产生了具体而真切的认识。法云是一个独特的生命个体,但我们能够从中看到一个时代总体或全面状貌的一部分,让我们感受到具体历史情境中人的生存方式。显然,这已不再是个别和局部,而已走向总体和全面。实际上,西方的史学实践业已表明,"'按照准则进行研究'的日常生活史与微观史也有可能被视作一种'总体史'的变体"①。

---

① 斯特凡·纳尔丹主编:《历史科学基本概念词典》,孟钟捷译,第 145 页。

海岛教案:文化的排异与和合

李学功

（湖州师范学院历史系）

1907 年春季,和着江南春雨带来的暖意,来自美国南监理会的代表蓝华德、柏乐文与湖州著名士绅——浙江保路风潮中的领袖人物刘锦藻,经过历时两个昼夜的谈判,在晚清著名藏书家"皕宋楼"主人陆心源的私家花园——潜园签订了《浙江湖州海岛案议结合同》。一如美国时任驻华公使柔克义所说,这是一份"和平议结"①。虽然它的签署显得有些姗姗来迟,从案起之 1902 年,到签约之 1907 年,几年光景,反反复复,屡次生变,但终究峰回路转。历史把这段曾备受关注的教案,借助"他者的叙述"——媒体文本的阐释传播,将地方精英人物活动的地方性及全国性影响存录迄今。从而使我们有可能依据这些文本的描述,从第三域②的视角出发,在介于社会领域和国家范围之间的维度中,建构一种史学的解释。

一、"海岛教案"相关资料与研究

海岛教案,一称"海岛案"、"湖州教案"。发生于清光绪二十八年(1902),美国南监理会教士韩明德以低价圈占湖州府城内"海岛"47 亩土地,并擅自将圈地范围扩大,结果引发当地绅民抗议浪潮。此案波及范围由

---

① 《美使议结湖州海岛案判词》,《申报》1907 年 5 月 10 日,第四版。

② 第三域,亦称第三领域(thirdrealm),系黄宗智为避免学界在使用哈贝马斯公共领域概念时出现误用与混淆而提出的一种理论分析概念。所谓"第三域",系指"在国家和社会之间存在一个两方都参与其间的区域"。黄宗智认为,哈贝马斯关于公共领域的概念不是太特定就是太宽泛,难于真正适合中国。基此,黄氏提出了国家与社会之间"第三域"(第三领域)的概念,并从司法体系、县级以下的行政和士绅的公共功能三个方面探究第三领域的范围及其运作。参见黄宗智《中国的"公共领域"与"市民社会"? ——国家与社会间的第三领域》,邓正来、J. C. 亚历山大编《国家与市民社会——一种社会理论的研究路径》,中央编译出版社 2002 年版,第 428—436 页。

湖州、杭州，继而上海、北京，声震一时，牵动清廷朝野上下，至 1907 年签订《浙江湖州海岛案议结合同》，凸显中央政府、地方官吏与地方社会精英——市镇绅商在第三领域的交集与合作。

在对"海岛案"的爬梳董理中，目今可以看到《海岛案议结合同》文本的资料，当以光绪二十七年（1901）创刊的《外交报》为最早。《外交报》系张元济所办，该刊于光绪三十三年五月初五日（1907 年 6 月 15 日）第一百七十八期（丁未第十一号）刊登了《湖州海岛案议结合同》①。随后，光绪三十三年七月二十五日（1907 年 9 月 2 日），《东方杂志》第四年之第七期刊发《浙江湖州海岛案议结合同》文本予以介绍。② "海岛案"发生后，沪上颇有影响的《申报》、《字林西报》均有相应的跟进和持续报道。③ "海岛案"相关史料并见于《光绪朝朱批奏折》④、《清实录·德宗景皇帝实录》⑤、《政治官报》⑥、《清末教案》⑦、《辛亥革命浙江史料选辑》⑧、《辛亥革命浙江史料续辑》⑨、《中华民国史纪要》⑩、《沈家本年谱长编》⑪、《南浔镇志稿》⑫等，目前尚未及见当事人的日记或回忆，亦缺乏美方教会资料⑬。对"海岛案"勾勒、介绍、评述性的文字，见诸相关报章、论著的概有：《湖州海岛案始末记》⑭、《海岛案始

---

① 上海图书馆：《中国近代期刊篇目汇录》第 2 卷（上册），上海人民出版社 1979 年版。

② 《浙江湖州海岛案议结合同》，《东方杂志》第四年，第七期。

③ 据笔者爬梳统计，《申报》报道"海岛案"概始自 1906 年 3 月 16 日，至 1909 年 2 月 23 日，总计有 19 件之多。《申报》引《字林西报》涉案消息 2 件，引"天津西报"涉案消息 1 件。

④ 参见中国第一历史档案馆《光绪朝朱批奏折》第 24 辑，中华书局 1995；《光绪朝朱批奏折》第 112 辑，中华书局 1996 年版。

⑤ 参见《德宗景皇帝实录》卷 530，卷 532。

⑥ 《浙江巡抚增韫奏请将王丰镐试署浙江交涉使折》，《政治官报·折奏类》，文海出版社 1965 年版。

⑦ 中国第一历史档案馆、福建师范大学历史系：《清末教案》（第 3 册），中华书局 1998 年版。

⑧ 《辛亥革命浙江史料选辑》，浙江人民出版社 1981 年版。

⑨ 《辛亥革命浙江史料续辑》，浙江人民出版社 1987 年版。

⑩ 《中华民国史纪要》（初稿），中华民国史料研究中心 1981 年版。

⑪ 李贵连：《沈家本年谱长编》，山东人民出版社 2010 年版。

⑫ 周子美：《南浔镇志稿》卷 2《人物》。

⑬ 按，据研究近代基督教问题的湖南师范大学历史文化学院李传斌教授见告，其查阅美监理会资料并未有涉湖州"海岛案"者。

⑭ 《湖州海岛案始末记》，《申报》1907 年 5 月 7 日，第十版。

末略记》①、《海岛公地交涉案始末》②、《辛亥革命与湖州资产阶级》③、《浙江省图书馆志》④、《湖州海岛案》⑤、《晚清中美地产交涉案》⑥、《浙江通史》⑦、《判案的智慧》⑧、《清末反教思想的变迁》⑨、《海岛教案》⑩等,需要说明的是,上述论著所涉文字一般多着眼于介绍"海岛案"事件的来龙去脉,且由于时过境迁,后来之文论涉此多语焉不详,学界专论性的研究文字亦不多见。

二、"海岛教案"之始末

从现有史料看,以《申报》之《湖州海岛案始末记》和《东方杂志》之《海岛案始末略记》对事件的介绍较为全面和具体。但二者对事件的述记文字仍过于简略。从光绪朝朱批奏折和宣统时奏章以及《申报》记载来看,"海岛教案"余波在 1908 年仍未消歇,直至是年 11 月始告结案,前后历时近七年。基此,兹据所掌握的相关资料对"海岛教案"的发生、过程及其结果作一分析厘辨。

以笔者目力所及的资料范围,"海岛教案"发生的过程中,时任浙江巡抚相继有任道镕(1901—1903 年履任)、聂缉椝(1903—1905 年履任)、张曾敭(1905—1907 年履任)、冯汝骙(1907—1908 年履任)、增韫(1908—1911 年履任)等。翻检上述时任浙抚的几位官员上报清廷的奏折以及《申报》当时的相关报道,概可捋出"海岛教案"的大体阶段和脉络。

---

① 《海岛案始末略记》,《东方杂志》第四年,第七期。

② 沈伯棠:《海岛公地交涉案始末》,《湖州文史》(第 6 辑),1987。按,沈伯棠,系沈谱琴长子。

③ 陈友益:《辛亥革命与湖州资产阶级》,《湖州师范专科学报》1991 年第 3 期。

④ 《浙江省图书馆志·海岛图书馆》,中国书籍出版社 1994 年版。

⑤ 《浙江省外事志·涉外房地产案》,中华书局 1996 年版。

⑥ 姚粟周:《晚清中美地产交涉案》,参见文安主编《奇案写真》,"清末民初系列丛书",中国文史出版社 2004 年版。

⑦ 《浙江通史·清代卷》(下),浙江人民出版社 2005 年版。

⑧ 曹曷:《判案的智慧》,中国法制出版社 2006 年版。

⑨ 段颖惠:《清末反教思想的变迁——以〈东方杂志〉为中心》,《宁夏大学学报》2009 年第 6 期。

⑩ 李学功:《海岛教案》,李学功、徐育雄主编《辛亥风云　民国岁月——湖州与近代中国》,中国社会科学出版社 2011 年版,第 6—8 页。

第一阶段，为"海岛教案"初起发酵阶段。事件起因于美国南监理会①传教士勾结官府侵夺湖州府城公地及民宅地，时在清光绪二十八年四月（1902 年 5 月）②南监理会教士韩明德勾结归安县知县朱懋清，以"建教堂、学校、医院，此皆条约规定，有利中国之事业"的名目，胁迫当地居民"召卖给价"③出卖房地，以低价圈占湖州府城内飞英铺，即"海岛"（位于湖州府城北门内、飞英塔南的一块四面环水的绿地，在今浙江省湖州市区人民广场一带）47 亩土地，并擅自将圈地范围扩大，使占地延扩到包括府学尊经阁、颜鲁公祠、曹孝子祠等古迹在内的 100 余亩土地。时任归安县知县朱懋清则以"收作地方公用"名义，"曲徇教士之请"，"逼卖民地公产"，将地价仅"估值四百圆"④，却不察"教会调换买地执据"便"率行盖印"，"绅教遂起争端"。⑤

第二阶段，为湖州绅民抵制圈占及向当地官府状诉无果阶段。美国教会如此掠占府学公地和民宅地，自然遭到当地绅民的抵制与反对，并公推沈

---

① 按，监理会（Methodist Episcopal Church，South，1844—1939 年），系 1844 年从美国卫理公会分立而出。北方教会称为美以美会，南方教会便是监理会。1939 年，南北教会再度联合，称为卫理公会（The United Methodist Church）。引自维基百科。

② 按，关于"海岛案"发生的时间，有光绪二十一年（1895）说，参见顾志兴《关于皕宋楼藏书之出售原因及评价》，《江南藏书史话》，上海古籍出版社 2009 年版，第 29 页；有光绪二十七年（1901）说，参见《浙江通史·清代卷》（下），浙江人民出版社 2005 年版，第 70 页；有光绪二十八年（1902）说，参见曹晶《判案的智慧》，中国法制出版社 2006 年版，第 31 页；有光绪二十九年（1903）说前后，参见陈友益《辛亥革命与湖州资产阶级》，《湖州师专学报》1991 年第 3 期，第 59 页；有 1904 年说，参见段颖惠《清末反教思想的变迁——以〈东方杂志〉为中心》，《宁夏大学学报》2009 年第 6 期，第 116 页，等等。经笔者覆核史料，《开缺浙江巡抚聂缉椝奏报湖州公地与教堂纠葛已结复翻历陈办理情形折》（中国第一历史档案馆、福建师范大学历史系：《清末教案》（第 3 册），中华书局 1998 年版，第 788 页）和浙江巡抚增韫《为湖州海岛交涉等案先后议结特参酿案各员弁请旨分别惩处以肃官方恭折》（中国第一历史档案馆：《光绪朝朱批奏折》第 112 辑，中华书局 1996 年版，第 138 页）均明确记载：海岛案发生于光绪二十八年（1902），特此说明。

③ 《开缺浙江巡抚聂缉椝奏报湖州公地与教堂纠葛已结复翻历陈办理情形折》，参见中国第一历史档案馆、福建师范大学历史系：《清末教案》（第 3 册），中华书局 1998 年版，第 788 页。

④ 参见《大清德宗景皇帝实录》卷 530；《开缺浙江巡抚聂缉椝奏报湖州公地与教堂纠葛已结复翻历陈办理情形折》，参见中国第一历史档案馆、福建师范大学历史系《清末教案》（第 3 册），中华书局 1998 年版，第 788 页。

⑤ 增韫《为湖州海岛交涉等案先后议结特参酿案各员弁请旨分别惩处以肃官方恭折》，中国第一历史档案馆《光绪朝朱批奏折》第 112 辑，中华书局 1996 年版，第 138 页；《浙抚奏惩酿成海岛案之县令》，《申报》1909 年 2 月 23 日，第十版。

谱琴(毓麟)①、俞恒农(宗濂)②等为代表向归安县衙状告美国传教士侵占海岛土地的行径,知县朱懋清却唯恐获罪于教会,以"力弱"为由拒绝受理,湖州知府"亦以不敌教会势力而不予审理"。③归安知县朱懋清的恐洋、惧洋行径,时人曾有追记:一次其乘轿出行,一路鸣锣开道,当行至府城骆驼桥边,远远看见一洋教士走来时,他却赶忙落轿并出轿拱立一旁,等洋教士经过后才上轿,活脱脱一副洋奴相。④如此一来,使得"海岛教案"的解决一拖再拖。不仅如此,至光绪二十九年十月(1903年11月),美传教士柏高德等再造事端,在湖州府城东门内证通铺、通济铺再行购地,时任归安知县丁燮未予勘验即行承认,对"海岛案"后"被迁被毁学基各地,复不亲行履勘,听任圈筑霸占"⑤,从而引发当地民众更大抗议声浪⑥。

第三阶段,为"海岛案"越出湖州界影响于外,中央政府开始介入,市镇绅商与清廷、地方官吏及美方相关机构争锋互动的阶段。湖州绅商为求得问题之解决,在示威抗议一途之外,亦开始以理性态度、合法途径表达诉求。沈谱琴、俞恒农等代表湖州绅民,特请湖商名士刘锦藻和曾游历美国、熟谙教会情况的张增熙(弁群)出面领衔,代表湖属七县(乌程、归安、安吉、武康、长兴、孝丰、德清)人士一同联署,开展了一场有理、有据、有节的诉讼案。"海岛案"由此牵动地方政务,官司由浙江而一路打到沪上乃至京师,凸显"正式司法体制与非正式司法体制的交互作用"⑦。在刘锦藻等的谋划、领

---

① 沈谱琴(1873—1939),名毓麟,湖州吴兴人。清末留学日本,参加同盟会。海岛教案中,作为地方代表出面交涉。曾任湖州府中学堂(今湖州中学)监督(校长),1911年辛亥革命中率学生武装占领湖州城,建立湖州军政分府。茅盾《可爱的故乡》称:"浙江出过许多人才。……还有一些现在也许不为人知的志士,在我的记忆中却保留着深刻的印象。这就是湖州中学校长沈谱琴。"

② 俞恒农,名宗濂,湖州归安人。海岛教案中,作为地方代表出面交涉,海岛案后,发起捐资倡议设立海岛图书馆。曾任湖州府中学堂(今湖州中学)监督(校长)、首届浙江谘议局议员、湖州医学会首任会长。

③ 沈伯棠:《海岛公地交涉案始末》,《湖州文史》(第6辑),1987,第63页。

④ 姚笑周:《晚清中美地产交涉案》,参见文安主编《奇案写真》,《清末民初系列丛书》,中国文史出版社2004年版,第130页。

⑤ 增韫《为湖州海岛交涉等案先后议结特参酿案各员弁请旨分别惩处以肃官方恭折》,中国第一历史档案馆《光绪朝朱批奏折》第112辑,中华书局1996年版,第139页;《浙抚奏惩酿成海岛案之县令》,《申报》1909年2月23日,第十版。

⑥ 《补录湖绅为海岛案上浙抚禀》,《申报》1907年5月8日,第四版。

⑦ 黄宗智:《中国的"公共领域"与"市民社会"?——国家与社会间的第三领域》,邓正来、J.C.亚历山大编《国家与市民社会——一种社会理论的研究路径》,中央编译出版社2002年版,第431页。

导下,湖州绅民发动京、沪、苏、浙本籍官员和商人发起保地斗争,吁请在京的湖籍官员施以援手,并派"俞恒农专程北上,办理此案"①。时任刑部侍郎沈家本为此上奏清廷,指出"官吏不谙交涉,贻害地方"②,要求彻查"海岛案"。此前,1904 年 6 月 24 日清廷即降旨称:"有人奏浙江归安县知县朱懋清等曲徇教士之请,逼卖民地公产,恐酿巨案,请旨饬查等。聂缉椝(按,曾国藩婿)查酌情形,妥为筹办,以安人心。"③1904 年 8 月 4 日清廷为"海岛案"再下旨给时任浙抚的聂缉椝:兹据沈家本所奏,"赶紧确查,妥筹议结,以顺舆情而免流弊"④。肩负奉旨查办职任的聂缉椝随即委派知府宗舜年与绅民代表沈谱琴和美方教士就柏高德购地案"往复磋商",在光绪三十年(1904)四月始"划清详报办结"⑤。而"湖州公地纠葛"案,即"海岛案",虽经浙抚聂缉椝委派知府宗舜年与湖州绅商、美方教会,往返数月,会同磋商,迄无定议。⑥ 至 1904 年 12 月,湖州绅商再诉美驻杭领事。"由驻杭安领事,邀同洋务局总理候补道许鼎霖暨湖绅在领事署会议",然而结果却是美方倒打一耙,"以原控为子虚,并令湖绅认缴讼费"⑦。为阻止美国传教士的强霸行径,迄光绪三十一年二月(1905 年 3 月),"经美国上海署领事白保罗、教会长潘慎文,会同洋务局许道鼎霖及韩明德所延之律师佑尼干商定还地之约"。此次谈判,中方"争回公地二十余亩"⑧。这一结果,对目睹并经历教案风潮中屡争屡败的地方大员而言,颇有一番"成就感",本想就势"签约议结","划界完案"了事。但湖州绅商"则始终坚执""海岛案"的全面公正解

① 姚粟周:《晚清中美地产交涉案》,参见文安主编《奇案写真》,《清末民初系列丛书》,中国文史出版社 2004 年版,第 129—130 页。
② 《大清德宗景皇帝实录》卷 532。
③ 《开缺浙江巡抚聂缉椝奏报湖州公地与教堂纠葛已结复翻历陈办理情形折》,参见中国第一历史档案馆、福建师范大学历史系《清末教案》(第 3 册),中华书局 1998 年版,第 787 页。
④ 《大清德宗景皇帝实录》卷 532,光绪三十年六月。
⑤ 参见增韫《为湖州海岛交涉等案先后议结特参酿案各员弁请旨分别惩处以肃官方恭折》,中国第一历史档案馆《光绪朝朱批奏折》第一一二辑,中华书局 1996 年版,第 138 页;《开缺浙江巡抚聂缉椝奏报湖州公地与教堂纠葛已结复翻历陈办理情形折》,参见中国第一历史档案馆、福建师范大学历史系《清末教案》(第 3 册),中华书局 1998 年版,第 788 页。
⑥ 《开缺浙江巡抚聂缉椝奏报湖州公地与教堂纠葛已结复翻历陈办理情形折》,参见中国第一历史档案馆、福建师范大学历史系《清末教案》(第 3 册),中华书局 1998 年版,第 787—788 页。
⑦ 《开缺浙江巡抚聂缉椝奏报湖州公地与教堂纠葛已结复翻历陈办理情形折》,参见中国第一历史档案馆、福建师范大学历史系《清末教案》(第 3 册),中华书局 1998 年版,第 788 页。
⑧ 《开缺浙江巡抚聂缉椝奏报湖州公地与教堂纠葛已结复翻历陈办理情形折》,参见中国第一历史档案馆、福建师范大学历史系《清末教案》(第 3 册),中华书局 1998 年版,第 788 页。

决，"坚请与美领事商办附约"，而美教士韩明德亦翻悔。[1]

于是绅商将控状转递美驻杭领事，其间《申报》在1906年3月16日、3月17日、3月18日以《驻杭美领事审判复控占地案》、《驻杭美领事审判复控占地案再志》、《驻杭美领事审判复控占地案三志》为题，连续三天跟进报道，表达时论、舆情，却换来"美领事信韩一面之词，反以湖绅之直为曲"，会谈以无果而终。[2] 消息传出，湖州绅商一面通过在沪新闻媒体继续关注事

图1 《申报》，《美使允湖州海岛纠葛案重行核办》1906年5月23日，第二版

态进展，进一步揭露海岛教案真相；[3]一面在湖州举行抗议集会、抵制美货；一面通过在京湖籍官绅沈家本等继续声援、申诉，直至清廷总理各国事务衙门及美驻华使馆，时任美驻华公使柔克义在了解案情之后表示："将湖州海岛地皮纠葛案重行核办。"[4]见图1。当其时，沈家本并通过修律馆美方专家上诉至美国国务院[5]。经过一系列斗争，最终迫使美方不得不作出让步。

第四阶段，为"海岛教案"议结合同订定、历经反复及善后结案阶段。1907年4月美国南监理会派遣蓝华德、柏乐文为"海岛教案"谈判全权代表专程抵湖，与湖州绅民代表刘锦藻、张增熙（弁群），会同沈谱琴、俞恒农、张宴南、蒋汝藻等亲至现场履勘，"是日适大雨，沈君谱琴等跋涉于泥淖之中，衣履尽湿，不辞劳瘁。蓝、柏至此始知韩实占地"[6]，双方经过两昼夜磋商，4

---

[1] 《开缺浙江巡抚聂缉椝奏报湖州公地与教堂纠葛已结复翻历陈办理情形折》，参见中国第一历史档案馆、福建师范大学历史系《清末教案》（第3册），第789页，中华书局1998。

[2] 《海岛案始末略记》，《东方杂志》第四年，第七期。

[3] 《申报》1906年3月22日第三版，以《西报述湖州教士购地辕轇案》为题，称"《字林报》云：浙江湖州绅民不服驻杭美领事所定教士购地案之判词，特开大会聚议抵抗"。

[4] 《美使允湖州海岛纠葛案重行核办》，《申报》译自《字林西报》引"天津西报"新闻，参见《申报》1906年5月23日，第二版。

[5] 沈伯棠：《海岛公地交涉案始末》，《湖州文史》（第6辑），1987年，第63页。

[6] 《湖州海岛案始末记》，《申报》1907年5月7日，第十版。

月 30 日在湖州潜园正式签署《浙江湖州海岛案议结合同》。兹据《东方杂志》①，将协议全文引录如下：

浙江湖州海岛案议结合同

大清国湖府代表特请公正绅士　　刘锦藻

张增熙

大美国南监理会监督特派员　　蓝华德

柏乐文

一、蓝华德、柏乐文系奉南监理会惠监督特派来湖，有议决海岛事件之全权。刘锦藻、张增熙系经湖绅代表沈毓麟、俞宗濂特请为议决此事之公正绅士，亦有全权。

二、议决：飞英铺内由教会划还府学公地，西边依前面天宁寺之东墙脚作一直线，由围墙起，自南至北，共二百九十英尺，又自此线北头起，自西至东边围墙止，再依墙势由北曲折至南，转而西至原起处止，所有界内均交府学收管。

三、靠天宁寺东首墙脚，由湖绅情让二十英尺阔之走路，直通至南首官路为止，为教会及湖人公共之用。此公路由湖绅出资铺砌。

四、教会既将府学公地划还，应将现设大门迁至划还界线外。惟湖绅因教会出路不便，愿于围墙内界线之极西，情让二十英尺阔之地一条，以便教会将现设大门移至直对第三条所载湖绅情让之路。

五、除教会已契买四十七亩零之外，应由教会补缴地价。惟教会系为地方设立慈善事业，现经湖绅公认作为教会慈善事业之用，毋庸缴价。

六、围墙以外学宫东西两旁地，本系湖州府学公地，应统归湖绅接管。其教会已税西面之一亩零，由湖绅偿以原契价收回。如此外尚有未经官盖印之契，湖绅概不承认，并须收回。

七、划还湖州府学之地上，教会建有医院一所，现由教会自行拆卸迁移，当由湖绅送给迁卸及以前一切用费，共鹰洋五百元，业

---

① 《浙江湖州海岛案议结合同》，《东方杂志》第四年(1907)，第七期。

已交付清楚。该地即归湖绅收管。

八、教会现在划还府学公地上所有围墙,及墙外新迁曹孝子祠之建筑费,由教会情让交与湖绅收管,不另给费。

九、教会划还府学公地南面墙外之路,应由湖绅圈入府学。

十、前由教会缴送归安县地价洋四百元,今议定交还蓝华德、柏乐文手收。

十一、前由浙江洋务局送交教会之规银一千两,今议定交还。

十二、此事现既凭蓝华德、柏乐文、刘锦藻、张增熙秉公议决,所有从前一切纠葛,一概解释。一面由湖绅刘锦藻、张增熙电致中国官府销案,一面由蓝华德、柏乐文电致监督暨驻京美使销案。

十三、此合同订立后,即由蓝华德、柏乐文、刘锦藻、张增熙亲笔签字,彼此永远遵守,不得违背。

十四、此合同用汉文、英文缮写各两份,一存南监理会,一存湖州府学。

十五、所订合同应以汉文为准。

大清国光绪三十三年三月十八日

大美国西历一千九百零七年四月三十日

由此,纠葛数年之久的"海岛教案"终以和局收官,美方归还侵占的湖州府学尊经阁等处土地,约合 50 余亩。见图 2。当然,这仅是就合同的订立而言,实际的执行过程当

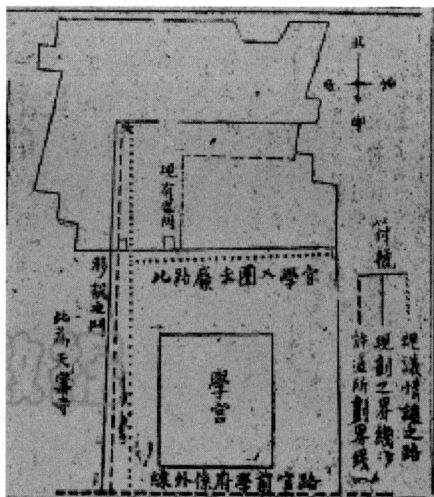

图 2 《申报》1907 年 5 月 7 日第十版所绘"海岛案"交涉结果图

更复杂些。据史料记载,在合同订立的一年之后,美方教士迟迟不予履行,"教会图翻前议,湖绅公愤难平,前赴上海美按察处控理"[①],湖州旅沪学会杨谱笙等积极行动起来予以声援。《申报》相继刊出《湖州海岛案又起交

---

① 冯汝骙:《为遵旨查明知县被参各款恭折》,中国第一历史档案馆《光绪朝朱批奏折》第二四辑,中华书局 1995 年版,第 700 页。

涉》、《湖州海岛案归美按察司审判》、《议争海岛续志》、《浙省洋务局王道致刘京卿电（为湖州海岛案）》、《湖州海岛案之余波》①等专题新闻，一时舆论哗然。时任浙江洋务局总办的王丰镐积极会同湖绅刘锦藻"延定佑尼干律师向美国法堂具控"。1908 年 11 月，双方最终议定："由前约划界内东面围墙让给教会地一块，其余悉照合同。报告该国法司允肯，即由两造律师签字，随发洋文判词二分，一交该绅收执，一送洋务局备案。"②声震一时的"海岛教案"至此尘埃落定，一干涉案之地方官员均受到革职处分。其中前归安县知县朱懋清"奏准革职……永不叙用"；前归安县"知县丁燨、归安县典史史悠斌、千总柳寿春……一并革职。史悠斌一员情节较重，并请永不叙用，以儆官邪而除民蠹"③。对于"海岛教案"中"热心公益，劳怨罔辞"的刘锦藻、沈谱琴、张增熙、俞恒农等，由时任浙抚增韫上折予以奏奖。④ 为纪念海岛教案斗争，1908 年俞恒农发动湖州旅美同乡捐资，在尊经阁遗址建造湖州第一家公立图书馆——海岛图书馆。⑤

三、"海岛教案"之启示

湖州"海岛教案"是近代史上中国人以理性方式解决、胜诉的一桩颇具范式意义的典型教案。在这一案件中，地方绅商的公共功能得到了极大地扩展，在这一过程中社会"分享"了国家手中的一部分权利，处于时代浪潮冲击中的清廷让渡了其国家权利影响渐趋衰变的地方社会的空间限度与范围。"海岛教案"的最终解决，可以说是由清廷官方与地方社会精英力量在第三领域争执、合作，共同推进的结果。

---

① 分见《申报》1907 年 11 月 8 日第五版、1907 年 12 月 2 日第十一版、1907 年 12 月 5 日第十一版、1908 年 1 月 1 日第五版、1908 年 1 月 18 日第十一版。

② 增韫《为湖州海岛交涉等案先后议结特参酿案各员弁请旨分别惩处以肃官方恭折》，中国第一历史档案馆《光绪朝朱批奏折》第 112 辑，中华书局 1996 年版，第 139 页；《浙江巡抚增韫奏请将王丰镐试署浙江交涉使折》，《政治官报·折奏类》，文海出版社 1965 年版。

③ 增韫：《为湖州海岛交涉等案先后议结特参酿案各员弁请旨分别惩处以肃官方恭折》，中国第一历史档案馆《光绪朝朱批奏折》第 112 辑，中华书局 1996 年版，第 139 页；《议处湖州办教人员》，《申报》1908 年 11 月 26 日第十版；《议结海岛案之抚批》，《申报》1909 年 1 月 2 日第十一版；《浙抚奏惩酿成海岛案之县令》，《申报》1909 年 2 月 23 日第十版。

④ 《奏奖绅士办理海岛教案》，《申报》1909 年 1 月 5 日第十一版。

⑤ 参见《浙江省图书馆志》，中国书籍出版社 1994 年版，第 183 页；姚粟周：《晚清中美地产交涉案》，第 130 页，文安主编《奇案写真》，"清末民初系列丛书"，中国文史出版社 2004 年版。

透过"海岛教案",一方面可以看到地方官吏对教案、教务的应对与认识的变化;另一方面可以看到湖州绅商所具有的理性、务实态度,在第三领域掌控事件进程的力量和从传统意义的国家手中"分享"一部分权利的独立性意识。

首先看地方官吏由"海岛教案"所引发的对教案的认识。

如时任浙抚的聂缉椝有谓:"洋人最重立约,既已由官议结,势难由官议改。"①增韫则称:"中外缔约以来,各国虽得于内地宣传教派、建设堂屋,然亦不能抑勒侵占。各地方官既未熟读约章,复鲜深明西例。每遇交涉重案,玩误良多。""地方官嗣后于各国购地传教、建筑房屋等案,务当查照成约,妥慎办理。勿因循以误事机,勿操切以滋弊窦。"②由此可见,自义和团运动之后,清末地方官员对待教案的态度和认识显然已超越了反洋教的狭隘层面,而上升到依约办事。同样,这种改变也发生在西方各国传教方式在义和团运动之后的因应调整。③

其次看湖州绅商所具有的理性、务实态度,在第三领域掌控事件进程的力量和从传统意义的国家手中"分享"一部分权利的独立性意识。

湖州绅商在"海岛教案"中的表现,概缘于其所兼具的世界视野。如所周知,湖商是上海开埠后工商界中的翘楚,近代开上海缫丝工业先河的就是湖商黄佐卿,1882年他创办了上海第一家民族资本企业——公和永丝厂。据不完全统计,清末湖商在上海创办的企业就有28家。④ 湖商不仅办厂,而且办学兴教。如"海岛教案"中绅商代表刘锦藻、张弁群(按,刘、张均出自著名的南浔"四象"家族)二人都有办学兴教的经历,刘锦藻本人系进士出身,撰著"十通"之一的《清朝续文献通考》,有"进士商人"之誉,1905年与汤寿潜一同发起浙江保路运动,担任浙路公司副理。张弁群系张静江长兄,曾

---

① 《开缺浙江巡抚聂缉椝奏报湖州公地与教堂纠葛已结复翻历陈办理情形折》,参见中国第一历史档案馆、福建师范大学历史系《清末教案》(第3册),中华书局1998年版,第789页。
② 增韫:《为湖州海岛交涉等案先后议结特参酿案各员弁请旨分别惩处以肃官方恭折》,中国第一历史档案馆《光绪朝朱批奏折》第112辑,中华书局1996年版,第139页。
③ 按,相关例证,如1904年沈阳发生法国传教士被杀事件,法方提出惩凶、树碑、索赔、惩办地方官等要求,但在中方官员的力争和劝说下,法方不再坚持索赔和惩官。应当说,这是义和团运动所释放影响之正向反映,当事双方均互有让步,达成解决。参见台湾"中研院"近代史研究所《教务教案档》第7辑,第1125—1129页。
④ 李学功、徐育雄主编:《辛亥风云 民国岁月——湖州与近代中国》,中国社会科学出版社2011年版,第32页。

创办湖州地区最早的女子学校——浔溪女校,聘请徐自华出任校长,辛亥志士秋瑾亦曾短期任教,张弁群之子张乃燕并为民国首任中央大学校长。湖州绅商的这样一种背景、视野,决定了他们在教案处理过程中不可避免地带有既传统又现代的两面性特征。所谓"传统",即是指在传统政治的框架内寻求解决路径。如教案发生后依序向县衙、府衙直至浙抚、京师总理衙门诉控;所谓"现代",则是指结合自身政经商学的背景,运用合法手段表达合理诉求。由此,"海岛教案"呈现于世人面前的记忆定格为:愤怒中的理性声音,诉求中的合理表达。尽管"海岛教案"初起时民众示威声势夺人,但抗议活动始终未溢出、转化为大规模的民众暴动,以沈谱琴、俞恒农为代表的湖州绅商集团在整个事件的天平中始终坚守以理性、和平方式处理教案交涉。可以说在整个"海岛教案"中,湖州绅商集团居间发挥了实际的组织、领导作用,在地方权力关系的运行图式中处于无可争辩的突出地位。但即便如此,地方社会精英力量在与地方政府的博弈中,正像魏斐德所认为的那样:也"并没有出现如通常所断言的那种民权与国家相对立的局面"①。当然,湖州绅商的坚守与执着本身,也迫使官府在实际的过程中不得不让渡其自身的部分权利,并在这种无形的不自觉的让渡中,其自身的角色亦由决策者、仲裁者而让渡为协调者,这种身份的移形换步,既有近代以降,中国由传统的朝贡体制,转而进入条约体系时代而带来的身份定位困惑,亦有因应时代变化,绅商经济地位的改变所带来的潜在政治诉求压力。也因此"海岛教案"令几任浙抚颇感头痛和焦躁。时任浙抚的聂缉椝即曾有感而谓:"浙省绅士大都自爱者多,然亦间有不知自爱假公搅扰者。即如另折奏报之湖州祠学各基与教堂纠葛一案,事隔经年,始行控告,始终坚执,强以所难。……既欲责难于官,又须听命于绅,办理之难,亦可概见。"②湖州地方社会精英力量在"海岛教案"中的影响、作用,由此可见一斑。

海岛教案的处理方式,亦可视作义和团运动所释放影响之正向反映,即暴力解决的高额社会成本付出,对于当事的任何一方无疑都会带来巨大风险。因此"海岛教案"比诸近代许多剧烈激进的教案风波,这种以理性、和平的手段化解中西民教冲突的方式,无疑提供了一种颇具价值的理性思考进

---

① 魏斐德:《清末与近代中国的公民社会》,魏斐德《讲述中国历史》(下卷),东方出版社2008年版,第742—743页。

② 《开缺浙江巡抚聂缉椝奏密陈浙省枭会滋蔓及民教不和最为后患折》,参见中国第一历史档案馆、福建师范大学历史系《清末教案》(第3册),中华书局1998年版。

路与解决方案。不惟如此,"海岛教案"的解决对于重构民教(民间与教会)、地教(地方与教会)关系与秩序,应当说给出了一个可凭依的样本与模式。

受海岛教案"和平议结"[①]之影响,笔者注意到,截至 1937 年,美国南监理会在华共设有六个教区,其中湖州地区即设有两个教区:湖州教区、南浔教区。[②] 另据《申报》载,1909 年 2 月,湖州府乌程、归安县令奉令将湖州地区教会所开办之教堂、学校、医院造册登记其中不乏地方政府借"海岛教案"处理的结果,有将教会纳入政府视野的意图与考量。经过一番造册登记,湖州一地概有教堂 14 处、教徒 755 名。[③] 见图 3、图 4。

图 3　湖州海岛堂大门　　　　　　图 4　湖州海岛堂教士住宅

---

① 《美使议结湖州海岛案判词》,《申报》1907 年 5 月 10 日,第四版。

② 参见李天纲《上海基督教中心地位的形成及其原因》,《基督教研究》(第四辑),宗教文化出版社 2001 年版,第 265 页。

③ 据《造送教堂学校医院册》统计,湖州教堂、教徒概分布于:湖州东门耶稣堂教士赖德懋(美国人)、牧师倪鸿文(鄞县人)共收教徒 107 名;北门耶稣堂美国传教士韩明德(按,海岛案之被告)、衡特立收徒 84 名;海岛耶稣堂牧司凌子□(上海人)收徒 65 名;隆兴桥真神堂教士赵湘泉(湖州人)收徒 26 名;菱湖镇耶稣堂传教士冯文炳(定海人)收徒 20 名;千金传教士潘衍庆(乌程人)收徒 33 名;袁家汇荻港传教士应会治(鄞县人)收徒 15 名;埭溪传教士凌培浩(本地人)收徒 40 人;双林含山连市三堂传教士程静山(上海人)收徒 120 名;善连(琏)传教士沈干青(本地人)徒 40 名;湖州右文馆前天主教堂神甫刘怀德(法国人)收教徒 140 人;双林传教士蒋廷之(归安人)收徒三 31 名;菱湖传教士史敬德(本地人)收徒 20 名;埭溪传教士沈子铭(武康人)收徒 14 名。参见《申报》1909 年 2 月 13 日,第十一版。

在旧学与新知之间——一个乡村士绅的阅读世界：以张棡《杜隐园日记》为中心[*]

尤育号

（温州大学人文学院历史系）

中外学界关于书籍历史的研究，大体经历了从传统的书籍史研究到阅读史研究的转向。前者立足于文本与作者本身，关注书籍的印刷、出版、传播和社会影响；后者强调书籍阅读者的角色，较多关注书籍与文化、政治及社会的关系，侧重读者群的构成以及他们如何阅读和阅读实践的变化。^①近年来，在传统书籍史、出版史的基础上，更为强调阅读者角色的近代阅读史研究，逐渐进入一些学者的视线，相关的研究成果，不仅有助于深化近代中国思想史和文化史的研究，同时也从更加多元的视野展示了近代中国社会历史图景的复杂样态。^② 然而，由于研究旨趣和史料的限制，既往的近代阅读史研究大都立足于精英层面，对中下层读者和地方上的复杂面向缺乏足够的注意。本文拟以浙江瑞安的乡村士绅张棡的读书生活史为中心，考察本地乡村士绅的阅读选择和阅读实践，以期为描摹近代中国读书人阅读世界的复杂图景提供可资借鉴的样本。

本文的研究主要依据张棡《杜隐园日记》而展开。张棡（1860—1942），

　＊　本文系浙江省哲学社会科学规划课题（13NDJC103YB）、温州市哲学社会科学规划课题（12WSK027）研究成果。

　①　参见张仲民：《从书籍史到阅读史——关于晚清书籍史/阅读史研究的若干思考》，《史林》2007年第5期，第151—180页。

　②　代表性的著述有：潘光哲：《追索晚清阅读史的一些想法——"知识仓库"、"思想资源"与"概念变迁"》，《新史学》第16卷第3期，2005年9月，第137—160页；潘光哲：《〈时务报〉和它的读者》，《历史研究》2005年第5期，第60—83页。章清：《五四思想界：中心与边缘——〈新青年〉及新文化运动的阅读个案》，《近代史研究》2010年第3期，第54—72页。张仲民：《阅读、表达与集体心态——以清末出版的卫生书籍为中心》（博士学位论文），复旦大学历史系，2007年6月。王标：《作为文化实践的读书——以李慈铭〈越缦堂日记〉为中心》，《杭州师范学院学报》（社会科学版）2007年第4期，第14—21页。

字震轩,号真叟,晚号杜隐主人,世居浙江瑞安汀田里,系功名社会中典型的乡村下层士绅,曾在科举这一"成功的阶梯"上奋斗了近三十年,但仅以廪贡生的功名而终。[①] 他终生以教职为业,且著述颇富,撰有《史读考异》、《杜隐园诗存》、《杜隐园文存》、《杜隐园日记》等多种。稿本《杜隐园日记》记录了他自光绪十四年(1888)至民国三十一年(1942)半个多世纪的日常和文化生活,广及此期温州所属各县之教育、经济、民俗、艺文等,内容丰富,其中有关其个人读书生活史的详细记载,展示了过渡时代一个乡村士绅虽旧亦新且颇具地方性色彩的阅读世界,具有很高的社会文化史的史料价值。[②]

一、士绅角色:奋志青云与舌耕为业

张棡出身于传统社会常见的耕读之家,并无显赫家世,曾祖张岳铭,附贡生;祖父张涵,生员;父张庆葵,廪贡生,因举办团练参与平定浙南金钱会起义而获赠奉直大夫,以五品知县录用,但未赴任,而是"隐居家园,延师课子,期振书香"[③]。作为家中独子的张棡,6岁即受业同里陈大启发蒙,从此开始他的读书应举生活,后又从邑中名儒池凤藻、潘楚篱、谢次舟、蔡蓉坡、许黻宸、张福英等受教,学业大进。光绪六年(1880),张棡获得科举最初的突破——中秀才进县学,其时年届21岁。[④]

张仲礼曾采太平天国之后无锡、金匮地方80个生员的自传材料,计算出考中秀才的平均年龄为24岁,考中举人和进士的平均年龄为30岁和35

---

① 关于士绅阶层的内部分层,张仲礼以学衔和是否入仕为依据,将其分为上、下两个阶层,并将贡生剖开,正途贡生为上层士绅,异途为下层士绅,廪贡生因其不属正途"五贡"而被列入下层士绅,参见张仲礼著,李荣昌译:《中国绅士——关于其在19世纪中国社会中作用的研究》,上海社会科学院出版社1991年版,第4—6页。

② 日记部分年份缺失,计1890、1892、1893、1894、1904、1905、1911,共七年。地方学者俞雄整理选辑部分内容,题为《张棡日记》,作为《温州文献丛书》之一公开出版,上海社会科学院出版社2003年版。沈不沉辑录日记戏剧方面的内容,以《杜隐园观剧记》为题公开出版,香港出版社2005年版。有关张棡及其日记的研究,集中于戏剧方面,参见刘水云、黄义枢《试论张棡〈杜隐园观剧记〉的戏曲史料价值》,《温州大学学报》(社会科学版)2007年第4期,第91—96页;黄义枢、刘水云:《张棡〈杜隐园日记〉中的地方戏剧史料》,《文献》2007年第3期,第109—115页;郝慧娜:《从〈杜隐园观剧记〉看清代光、宣年间温州戏曲演出之盛》,《温州大学学报》2010年第1期,第87—92页。

③ 张钧孙等编:《杜隐园诗文辑存》,香港出版社2005年版,第435页。

④ 参见戴若兰:《张震轩先生年谱简编》,见张钧孙等编:《杜隐园诗文辑存》,第531—532页。

岁。① 由此可见,张棡成为秀才的时间并不晚,但他此后的科途并不顺利,"六踏省闱苦眈睐,明经一席老岩阿"②。光绪八年(1882)、十四年(1888)、十五年(1889)、十七年(1891),他先后四度入浙江乡试,皆无功而返。光绪二十三年(1897),年近不惑的张棡再赴省垣,经过几年的准备,几乎志在必得。三场考罢,闱作深得房考好评,首场四书文,"入理精深,出笔名贵";二场经文,"气含风雨之润,笔吐星云之华,书味填胸,炉锤在手,思力识力,俱臻绝顶,专事涂泽者,无从望其项背";三场策问,"语有证佐,不同空衍"。③然省报传来,温州府仅瑞安、平阳两县各一人中副车,其他各县皆阙如。再次落榜的他不禁感慨:"吾乡素号文风之盛,今两科如此衰落,不能不归咎于气运风水矣。"④对科途颇感失望的他遂于两年后,捐廪出贡。光绪二十八年(1902),他最后一次晋省乡试,"三场得病,匆匆归里,三月不出门"⑤。张棡一生科场蹉跎,晚年曾自叙科考经历云:"予五困童试,始获一衿,五困院试,始食饩,贡成均。而六踏省闱,皆荐而不售。"⑥其中透露出的不仅是奋志青云的不懈努力和坚持,更多的还是怀才不遇的无奈。

科考生涯延续至 43 岁,却始终未能获得科名上的突破,如此经历和结局对张棡的人生和事业的影响不容忽视。一方面,科场乃"每个考生都程度不同要去分享的柯林斯所说的'身份文化'的场域"⑦,张棡六踏省闱以及为取得乡试资格而不断参加岁、科考试的过程,正是其周期性地进入科场场域体认自己的士人身份的过程,他一生的作为和思考,也就在这一过程中,同科场、"士"以及与之相伴的角色、觉悟、意识紧紧地捆绑在一起;另一方面,廪贡生的身份使得以跻身地方下层士绅之列,但高级正途科名的缺乏,又极大地限制了他的人生和事业的发展空间,出任教职,舌耕为业,成为他践履"如何是士绅"的最佳选择。

---

　　① 张仲礼著,李荣昌译:《中国绅士——关于其在 19 世纪中国社会中作用的研究》,第 93—94 页。
　　② 张钧孙等编:《杜隐园诗文辑存》,第 252 页。
　　③ 戴若兰:《张震轩先生年谱简编》,见张钧孙等编:《杜隐园诗文辑存》,第 549 页。
　　④ 俞雄选编:《张棡日记》,1897 年 9 月 18 日,第 39 页。另:日记记时,民国以前为农历,民国以后为阳历。
　　⑤ 戴若兰:《张震轩先生年谱简编》,见张钧孙等编:《杜隐园诗文辑存》,第 536 页。
　　⑥ 张钧孙等编:《杜隐园诗文辑存》,第 75 页。
　　⑦ 刘云彬:《帝国权力实践下的教师生命形态》,丁钢主编:《中国教育:研究与评论》(第 3 辑),教育科学出版社 2002 年版,第 155 页。

由于科途雍塞和科举生涯难以预料终期,底层士子在获得一定功名后,或兼作塾师,或外出游幕,是全面考虑个人前程的普遍而务实的安排。张棡在读书科考之间隙的职业选择便是私塾塾师。光绪十三年(1887),28岁的他开始居家设馆授徒,"家弟浩卿、雨村、侄香浦、甥陈乃珍等均假馆从游"①。光绪十七年(1891),他受聘晚清温籍名儒孙衣言、孙锵鸣兄弟为课其子弟设立的诒善祠塾,授课之余,得以与孙氏兄弟及朴学大师孙诒让切磋文史而获益匪浅,后因父亲去世而于是年底辞职归里。此后,他不再谋馆于外,转而居家授徒,因他的私塾在光绪二十四年(1898)和二十六年(1900)接二连三有学生考中秀才,名声越来越大,邑城甚至邻县都有生徒负笈来学。关于张棡做塾师的束修,日记并无详载,但民国初年他曾聘请塾师胡小塍坐馆其家并在其创办的乡普及学堂兼课,"本家连附馆计六十元,学堂计廿四元,共修金八十四元"②,由此可约略推测他自己做塾师的收入情形。不过,对于家境颇裕的张棡来说,③出任塾师并非仅仅为"糊口计",在教读相济的生活中践履士绅的角色并由此体认自身的士人身份或许更为重要。因此,对于很多士子颇不以为然的塾师身份,张棡却颇为认同。他一直珍藏诒善词塾的关约,并在晚年庆重游洙水时题诗其后云:"六十年前约诲蒙,书痕犹认一笺红。李桃润未酥时雨,乔梓亲欣炙惠风。"④或可为证。

张棡的塾师生涯一直延续至光绪二十八年(1902)六踏省闱失利,而他再执教鞭,已由一名乡村塾师转型为新式学堂的教员。光绪三十二年(1906),即清廷下诏废除科举的次年,他在家乡创办乡普及小学堂,兼校长与教员于一身,从此投身新式教育事业。日记载小学堂开学情形:"是日小宗祠内普及小学堂开堂,学生到者计三十余名。因先授以《时务三字经》及《蒙学读本》首编。"⑤光绪三十三年(1907),他应时任温处学务分处总理的孙诒让之邀,受聘瑞安中学堂史地教习,"修金大洋二百元,节敬、旅行费在内,膳费则由堂供给"⑥。次年,他转聘温州府中学堂文史教员,"钟点定每

---

① 张钧孙等编:《杜隐园诗文辑存》,第380页。
② 俞雄选编:《张棡日记》,1914年1月21日,第165页。
③ 张氏家族本系当地富室,世代业农贾盐,积累了丰厚的田产,从张棡晚年因家庭规模扩大、子女婚嫁负担沉重而陆续出售田园40余亩后,"检理自家田园数目仅有一百余亩"(俞雄选编:《张棡日记》,1932年8月31日,第475页)的记载看,他家拥有田园当不少于150亩。
④ 俞雄选编:《张棡日记》,1940年2月13日,第578页。
⑤ 俞雄选编:《张棡日记》,1906年2月5日,第105页。
⑥ 俞雄选编:《张棡日记》,1906年12月15日,第119页。

周十八点任课"，"修金则三百金"，①两年后，"束修已加至四百之数"，②至1911年则进一步增至月薪50元，以至于他感叹："教育如此优待，则膺此任者其可不认真行之乎！"③1916年以后，张棡还先后执教浙江省立第十师范、省立第十中学和瓯海公学，直至1927年退休返里。被孙诒让誉为"史学渊博"，"于唐宋古文家法，亦极淹贯"④的他，终以其文史方面的旧学修养而在新式教育中谋得一席之地。

张棡由一名乡村塾师转变为新式学堂教员的经历，彰显了在科举停废和学堂兴起这一巨大而深刻的社会变革中，像他这样旧学出身的乡村士绅在自身出路方面的调适和转型。关晓红曾以山西士绅刘大鹏和湖北士绅朱峙三为例，考察了科举停废与乡村士子的调适及其命运的变化，指出，"旧学出身者在科举停废后大都能够保持科举时代的出路，前景甚至更加宽阔"⑤。张棡的经历则提供了一个来自浙南温州的例证。而且，民国《瑞安县志稿》"造就后进无虑数千人"的评价，曾求学于浙江省立十中的词学大师夏承焘"予学字学词，皆张师（张棡）启之"的回忆⑥，似可说明他的调适和转型颇为成功。与此同时，张棡的后半生还担任了许多社会职务，曾先后充任县自治议会议员、乡工艺公司总理、上望场沙灶地垦放办事处主任、省志采访员、县志筹备委员及采访员等，还曾被举为乡自治会议长、瓯海道咨议、县特区委员会分会员等职，皆辞而未就。1937年，年已78岁的他接到县政治会议议员的委任状，"因年已耄期，俗务均谢，焉能舍平时怡悦之经书，而妄谈无谓之政策"⑦而辞之。由此看来，在科举停废而致士人没落和四民社会解体的过程中，⑧像他这样的乡村士绅不仅没有被边缘化，反而凭借科举积累的文化资本和自身的调适，在新式教育和地方社会中发挥着重要作用。

---

① 俞雄选编：《张棡日记》，1908年1月19日，第131—132页。
② 俞雄选编：《张棡日记》，1910年1月21日，第152页。
③ 俞雄选编：《张棡日记》，1911年7月6日，第160页。
④ 张宪文：《孙诒让遗文辑存》，浙江人民出版社1990年版，第195页。
⑤ 关晓红：《科举停废与近代乡村士子——以刘大鹏、朱峙山日记为视角的比较考察》，《历史研究》2005年第5期，第84—99页。
⑥ 夏承焘：《天风阁学词日记》（二），《夏承焘集》（6），浙江古籍出版社、浙江教育出版社1998年版，第449页。
⑦ 俞雄选编：《张棡日记》，1937年2月5日，第531页。
⑧ 参见罗志田：《科举制度的废除与四民社会的解体——一个内地乡绅眼中的社会变迁》，收入氏著：《权势转移——近代中国的思想、社会与学术》，湖北人民出版社1999年版，第161—190页。

二、读书"正课":经史旧籍和乡邦文献

张棡出身书香门第,自少读书应举,出任教职亦与书为伴,曾有诗云:"文章雅嗜马迁史,如听古乐奏韶咸。诂经尤喜高邮学,研求字义费雕镌。年来广购新闻纸,丛残堆次比海蜕。岂知贪多一无得,到门有客鸟题凡。"①他经常自订阅读计划,以读书为日常功课,阅读范围大体可分为经史旧籍和新学书报两部分,读书方法则深受汉学传统的影响,每读一书,必先考辨其版本、作者、卷目和句读,然后才对内容得失进行评骘阐释。

张棡日常阅读的旧学书籍以经史词章为主,尤嗜史学,兼及笔记、掌故、传奇等杂书。由于日记始于成年之后,关于他早年所受科举训练和研读经史词章的详细情形不得而知,此处借用他曾任塾师的诒善词塾的资料为观照补充。孙衣言曾为该塾生徒制订十则课约:"一临法贴,二看经,三看史,四看古文,五看乡先生遗书,六看时文,七看试贴,八看古赋律诗,九看其他诸书,十定期文课。"由此或可窥见士子在科举成功的道路上必须做好的功课。孙氏还详细规定各则课约的要求和读书门径,则可为了解科举士子经史词章的阅读世界提供参照,如"看古文",唐宋八家之外,"明之归震川、清之方灵皋、姚、恽、梅、曾诸家,亦宜多看","吕氏《博议》、马贵与《通考》诸序论,亦足增长识力,皆宜看";"看其他诸书"条则开列了一份选读书目:

> 经部如《说文》、《尔雅》诸书;史部如宋、元、明学案及舆地掌故之书;子部如《庄子》、《管子》、《荀子》、《韩非子》、《吕氏春秋》、汉魏诸子、宋五子书以及天算等书;集部如《楚辞》及唐宋以来其他名家之诗文;乡先生书,如横塘、二刘、竹轩、四灵、浣川、蒙川、霁山、五峰诸集,则各自视资力,恣意博览可也。②

自称"束发读书,即喜阅史"③的张棡,于正史、历代纪事本末及各家史论,皆尽心搜罗,细加研读,而用力最深者莫过于《史记》及其章句之学。自光绪十年(1884)起,他即致力于《史记》不同版本的校雠,因觉"诸家读史,句

---

① 张钧孙等编:《杜隐园诗文辑存》,第 44 页。

② 孙延钊著,徐和雍、周立人整理:《孙衣言孙诒让父子年谱》,上海社会科学院出版社 2003年版,第 177—178 页。

③ 张钧孙等编:《杜隐园诗文辑存》,第 404 页。

读均有不同,颇兹疑义。于是以别纸迻录,凡句之为点为读,或连上或属下者,详为罗列,间下隅见,择善而从"①,阅六年,始成《史读考异》初稿若干卷,后陆续增订,直至 1930 年方定稿。该书"于自来评骘之本,沿讹袭误者,既多所是正;即索隐正义,离句未安,亦援引经子及近儒诸说正之"②。张棡之钟情于史籍,系出于个人的为学志趣,多年的科考磨练则使他始终保持对"词章"旧籍的阅读兴趣。《唐宋八大家文》、《名文珠玑》、《古文辞类纂》之类的选本常置案头外,尤注重历代名儒著述文集的研读,揣摩谋篇布局和遣词造句,评点各家之优劣长短。如:"读戴表元先生《剡源集》。按先生文甚纯雅朴茂,具有八家风格,较明初唐、归诸家似乎稍胜。"③"晨检《西河合集》,按毛河右先生湛深经术,文笔瑰丽,于国初顾、黄、王三家外别树一帜。"④非独名家诗词古文,就是寿序、行状、时文之类,他也读之颇有趣味,如"读钱氏《有学集》中寿序,按钱氏于寿序文字颇极用意,非只泛泛以谀词应人者,亦足见明季于寿序一端,郑重言之也"⑤。可以说,拥有低级科举功名的张棡一直自觉地把经史词章旧籍作为读书的"正课",作为真正学问而用心研读,但这一点并不影响他对笔记、掌故、传奇等被读书人视为"小说"的娱情性阅读,日记常有"阅洪栋园《三生石传奇》、《留云洞传奇》"⑥,"晨起,看洪氏《夷坚志》"⑦,"阅《山居新语》,是元太史氏杨瑀撰,亦多详元朝奇闻佚事"⑧之类的记载。晚年,则倾心于清初褚人获之《坚瓠集》的校订,"喜其逐集辑录,凡诙谐、规劝、诗词、品物、遗闻、异事、辨讹、考据诸条,阅之皆可醒睡魔而开笑口,……老苦健忘,乃按集分类,而件系之"⑨,遂成分类索引二册。

张棡日常阅读的书籍还包括大量的乡邦文献,从而使他的阅读世界带有明显的地方性色彩。地处浙南一隅的温州,南宋时期曾迎来地域文化发展的高峰,以薛季宣、陈傅良、叶适等为代表的永嘉学派,以"见之于事功"、"以利和义"的思想而于朱熹理学、陆九渊心学之外别树一帜,在古代思想史

---

① 张钧孙等编:《杜隐园诗文辑存》,第 404 页。
② 柳诒徵:《〈史读考异〉序》,《浙江省立图书馆馆刊》1934 年第 3 卷第 5 期。
③ 俞雄选编:《张棡日记》,1899 年 1 月 16 日,第 50 页。
④ 俞雄选编:《张棡日记》,1914 年 12 月 21 日,第 185 页。
⑤ 俞雄选编:《张棡日记》,1924 年 3 月 9 日,第 322 页。
⑥ 俞雄选编:《张棡日记》,1896 年 9 月 15 日,第 32 页。
⑦ 俞雄选编:《张棡日记》,1918 年 6 月 26 日,第 252 页。
⑧ 俞雄选编:《张棡日记》,1927 年 4 月 2 日,第 387 页。
⑨ 张钧孙等编:《杜隐园诗文辑存》,第 405 页。

上占有重要的地位,全祖望曾言:"乾、淳诸老既殁,学术之会,总为朱、陆两派,而水心断断其间,遂称鼎足。"①永嘉学派的传承在宋元之际渐趋衰落,直至清道光以后,在学界反思汉学、回归宋学的学术背景下,才迎来了它的近代复兴。对此,清末学者宋恕曾精辟地指出:

> 宋室南流,瓯学始盛。陈、叶诸子,心期王佐,纯乎永康,实于新安。……闽党横行,百家畔降,而瓯学亦几绝矣。国朝右文,鸿儒稍出。瓯僻人荒,吾师孙太仆(孙衣言)、学士(孙锵鸣)兄弟,始表章乡哲遗书,勉英绍绪,瓯学复振。②

身处如此地方人文环境,加上读书人与生俱来的乡贤意识和振兴地域文化的使命感,使得张棡颇留意于乡贤的著述文集,并以此为阅读生活的日常功课。日记留下了不少这方面的阅读记录和评点,兹录几条如下:

> 看叶水心(叶适)先生文。按《水心文集》中墓志铭诸篇有极用意处,其卓练不减韩、欧、王三家。……看叶水心先生诗,品格句调均高浑,不落宋人窠臼。③
>
> 读薛季宣《浪语集》。薛氏年仅四十,而著作宏富,议论皆有见地,似较陈、叶两家有过之无不及,信乎永嘉经制之学为可贵也。④
>
> 午后,订换《逊学斋诗文集》。读孙太仆(孙衣言)诗,叹其格律之高华,用字之新颖,不愧一代作手。⑤
>
> 阅孙止庵(孙锵鸣)先生《海日楼遗稿》,先生文极有冲融恬雅、简洁不支之致,与逊学斋之势主驱迈者境微不同,然皆属桐城派之正轨也。⑥

对于酷好文史的张氏来说,不但可从这些乡贤的诗词文章中汲取文学养份,陶冶性情,他们的学术、事功和气节,更是砥砺和鞭策自己的精神动力。

张棡阅读世界的地方性色彩,还体现在热衷于地方掌故轶闻的阅读考

---

① 黄宗羲,全祖望:《宋元学案·水心学案(上)》,中华书局1986年版,第1738页。

② 宋恕:《书陈蜇庐〈治平通议〉后》,胡珠生编:《宋恕集》(上),中华书局1993年版,第238—239页。

③ 俞雄选编:《张棡日记》,1939年12月4日,12月12日,第574页。

④ 俞雄选编:《张棡日记》,1928年11月9日,第422页。

⑤ 俞雄选编:《张棡日记》,1935年6月5日,第522页。

⑥ 俞雄选编:《张棡日记》,1933年8月10日,第491页。

订和乡邦文献的搜集整理上。平日读书,凡有关地方和乡贤的掌故轶闻,他都用心辑录,以备考订。如"看洪氏《夷坚志》。按此志中间多载温、台、处三府轶事,可以摘出补瓯乘之缺"①。又如,"读《小腆纪年》。按《纪年》于顺治十四年四月记朱成功寇我温州,而县志则记顺治十五年五月海寇郑国胜攻温州、瑞安,屯兵于万松山,先后相隔一年,必有一误"②。当他得知邑人赵钧日记《过来语》于嘉道年间地方遗闻轶事多有记载时,便设法托人从其后人处借得稿本,连日阅读,并在致友人的信中称:"所录嘉道间奇闻、轶事、灾异、节烈,美不胜收,然总须细细阅之,随时摘出,方可付钞胥誊写装订,此月初头实难藏事。"③至于那些专述地方掌故轶闻的书籍,更是常置案头,读之不厌。日记点评的此类书籍包括姜准《歧海琐谈》、孙同元《永嘉闻见录》、孙衣言《瓯海轶闻》、孟剑秋《永嘉轶事随笔》、黄汉《瓯乘补》、洪守一《瓯乘拾遗》,等等。他还非常留意地方文献的搜集整理。清末民初,黄群等人致力于地方文献的整理并刊印《敬乡楼丛书》,就颇得力于张棡的私人收藏,如李维樾《谏垣奏议》,孙诒让《温州经籍志》注佚,黄群等人"尝广求之,卒不可得",后悉张棡处"藏有抄本文一十八篇",乃借抄得之。④ 张棡还将自己整理编定的嘉道年间地方名士林石笥《玉甐山馆诗》六册、所藏孙衣言评点本《陈止斋先生文集》八册交其移录刊印。他还辑有《卓忠毅遗稿》、《黄漱兰先生赋钞》、《梓乡耆旧文钞》等,现存温州图书馆。

三、阅读世界的扩展:新学书报

张棡虽钟情于经史旧籍和乡邦文献,但身处梁启超所说的"莽莽欧风卷亚雨"⑤的时代,时势所趋、世风所染,其阅读范围逐渐由旧籍扩展至新学书报,展示了一个旧学出身的传统士绅虽身处乡村却广泛接触"新学新知"的例证。

从日记看,张棡最早接触新学书报,是在光绪二十一年(1895)前后,本

---

① 俞雄选编:《张棡日记》,1918 年 6 月 26 日,第 252 页。

② 俞雄选编:《张棡日记》,1928 年 10 月 28 日,第 421 页。

③ 俞雄选编:《张棡日记》,1916 年 5 月 5 日,第 214 页。

④ 俞雄:《清末民国间温州乡邦文献的整理与研究》,《古籍整理研究学刊》2000 年第 5 期,第 4 页。

⑤ 梁启超:《奉酬星洲寓公见怀一首次原韵》,《饮冰室合集·文集之四十五(下)》,中华书局 1936 年版,第 9 页。

年二月十二日日记:"仲明送陈君志三《治平通议》及《报国录》来阅,因浏览至三更后始睡。"① 次日日记:"昨阅《申报》,旅顺及山东威海卫均被夺","买舟过头陀寺游玩……于舟中阅《申报》及《治平通议》"。② 连续两天所阅,一为新式报刊,一为维新思想家陈虬的著述,且携之于旅途,可见新学书报此时已成为他日常阅读生活的重要内容。而他留意此类新学读物的原因,除喜读求知、关心世事的秉性外,或可从孙诒让关于家乡温州的《时务报》购阅者主要是为了科举的观察中,得到进一步的认识:

> 敝里阅报之人,弟率稔知其人。盖慨时事之危迫,爱玩钦服者十之一二,而闻有科举变法之说,假此揣摩为场屋裹挟之册者,十之七八,其真能潜研精讨以究中西治乱、强弱之故者,无一也。今科秋试策题,犹然故辙,所谓十之七八者,意兴盖已索然。③

此处揭示的科举考试与士人对新学书报的阅读选择之间的联系,值得关注。事实上,由于科举取士的标准鼓励新旧学兼通,晚清士人阅读新学书报的原因,多半在于它可能有助于自己在"成功的阶梯"上奋力前行。罗志田和潘光哲就曾描述了晚清士人为了因应科举而购阅新学书籍的情形。④ 张棡早年之所以留意新学书报,或可作如是解。

从日记看,张棡始终保持早年养成的对新学书报的阅读兴趣,阅读范围颇为广泛。日记评点的新式报刊,既有上海、北京等地出版的全国性报刊《申报》、《时务报》、《湘学报》、《新闻报》、《清议报》、《中外日报》、《万国公报》、《蒙学报》、《国粹报》、《小说日报》、《教育杂志》、《新青年》等,也有本省乃至本地刊行的《浙江日报》、《杭州国民报》、《浙瓯日报》、《瓯风杂志》、《瓯江报》、《瑞安新闻报》等。阅读的时人著述,包括魏源《海国图志》、郑观应《盛世危言》、宋恕《六字课斋卑议》、陈虬《治平通议》、梁启超《清代学术概论》、吕思勉《白话中国通史》、严复译著《天演论》、《原富》,以及《西史纲目》、《中东战纪本末》、《欧洲列国战事本末》等。而且,其所在的地方,似乎很容

---

① 俞雄选编:《张棡日记》,第22页。
② 俞雄选编:《张棡日记》,第23页。
③ 上海图书馆编:《汪康年师友书札》(二),上海古籍出版社1986年版,第1472页。
④ 参见罗志田:《科举制的废除与四民社会的解体——一个内地乡绅眼中的近代社会变迁》,收入氏著:《权势转移——近代中国的思想、社会与学术》,第161—190页。潘光哲:《追索晚清阅读史的一些想法——"知识仓库"、"思想资源"与"概念变迁"》,《新史学》第16卷第3期,2005年9月,第137—160页。

易买到或读到这些新学书报。如创刊于光绪二十二年七月初一日（1896 年 8 月 9 日）的维新报刊《时务报》，他于七月廿七日函托友人购买，八月十三日日记即表示已取到前四册。① 创刊于光绪二十六年十月初八日（1900 年 11 月 29 日）的近代第一份综合性科学期刊《亚泉杂志》，十二月十三日日记表示已从友人处获阅。② 托人代购、从友人处获阅外，府城和县城为数不少的书坊书局，也为他购阅所需书籍报刊提供了较为便捷的渠道，日记中提及的就有简玉、日新、维新、正和、府前、商务等多家，这些他常去的书坊书局，不仅提供新学书籍的购阅，也提供新式报刊的订阅服务。光绪二十七年（1901）九月十七日的日记，则反映了阅报社一类的新式阅读机构在清末已成为士人和普通民众获阅新式书报的重要途径：

> 过学计馆访林君和叔，因问馆中近有何种报买。和叔开橱以视，则《申沪日报》、《清议报》外，尚有《汇报》、《南洋七日报》、《译书汇报》、《课林》等种。余因付买《蒙学报》洋十元，托馆中代购，和叔当即收洋充购也。馆中自报外一切新书均随时购备，有愿来阅者，只须出洋五角，即足大扩见识。③

瑞安学计馆系孙诒让、黄绍箕等创办的"专治算学"的新式学堂，该馆附设阅报社，购置新式报刊和各类书籍供民众阅读，并提供代购服务，从而为地方士人和普通民众提供了购阅新学书报的渠道和机会。④ 张㭎本人对创设此类民众阅读机构亦颇为热心。次年，他与河乡诸绅筹划改本地聚星书院为学堂，即倡议"提宾兴采购书报，俾河乡有志之士观摩益智"⑤。

对于所读新式书报，张㭎在日记中不乏评点。如"看《申报汇编》学校类《泰西教法》四篇，《女学堂议》一篇，较之近日《时务报》中《不缠足会议》、《倡女学议》，颇觉明白晓畅"⑥。又如，"漱翁出所买上海《蒙学报》第八册与阅，

---

① 俞雄选编：《张㭎日记》，第 32 页。
② 俞雄选编：《张㭎日记》，第 68 页。
③ 俞雄选编：《张㭎日记》，第 85—86 页。
④ 李孝悌曾从"下层社会"和"启蒙"的视野，勾画了清末各地遍设阅报社的情形，对于了解新式报刊如何深入下层社会，影响读书人的阅读世界和民众生活，大有助益。见氏著：《清末的下层社会启蒙运动：1901—1911》，河北教育出版社 2001 年版，第 48—64 页。
⑤ 俞雄选编：《张㭎日记》，1902 年 1 月 18 日，第 88 页。
⑥ 俞雄选编：《张㭎日记》，1898 年 1 月 6 日，第 41 页。

予略翻一过,颇有可开童智处,而艰深处亦尚有之"①。光绪二十六年(1900)十月的一则日记则比较各报云:"过学前访林君左髓……予见《亚东时报》、《知新报》均佳,《同文沪报》大致与《中外日报》仿佛,而附张《消闲报》则胜之。又有《工艺报》、《亚泉杂志》二种,均言制造之用。"②对于时人著述及其思想主张,日记中有的表示赞赏和认同,有的则有所保留甚至完全否定。如评郑观应《盛世危言》,"颇有言中綮处"③。评严复译著《原富》,"中多新理新义,阅之不觉耳目一扩"④。读梁启超《清代学术概论》,"是书于学术沿革颇能言之了了,而议论亦和平可喜,不似新派之主张白话者一味尊己而詈人也"⑤。阅同乡宋恕《六字课斋卑议》,则认为"议论平易间有之,然多偏驳不可行处"⑥,并斥宋氏在《上李中堂书》中提出的"欲更官制、设议院、改试令,必自易西服始"的维新主张,"真迂腐之谈,名不称其实也"⑦。这些评点虽没能从学理的层面作出更具体深入的探讨,然亦多少反映了他的思想文化观念和对"新学新知"的认同程度。关于阅读新学书报对张棡知识结构及思想文化观念的影响,日记和诗文中不时出现的"开民智"、"立宪"、"国民"、"地方自治"等清末民初的流行"话语",或可为例。如他获悉瑞安学计馆附设之阅报社"来阅者竟尔寥寥",不免感叹:"甚矣,民智之不易开也!"⑧其为乡普及小学堂撰写的联语,则有"旧邦立新宪,乡校铸国民","千载维新立宪基础,四民普及教育权兴"⑨之句。他还曾为禁烟赌事致函县署,并以"地方自治"立论:"故为民上者欲立地方自治之基础,非速禁烟赌不可。"⑩

然而,张棡毕竟是旧文化浸润养育出来的传统士绅,虽不可避免地受到时代新潮的濡染,但在思想观念和文化取向上仍显保守。1920年的一则日记写道:

> 赴府前日新书局看《新青年》报。按此报皆陈独秀、刘半农、胡

---

① 俞雄选编:《张棡日记》,1898年2月5日,第41页。
② 俞雄选编:《张棡日记》,1900年12月13日,第68页。
③ 俞雄选编:《张棡日记》,1896年5月18日,第30页。
④ 俞雄选编:《张棡日记》,1901年4月15日,第76页。
⑤ 俞雄选编:《张棡日记》,1922年3月18日,第302页。
⑥ 俞雄选编:《张棡日记》,1898年2月7日,第42页。
⑦ 俞雄选编:《张棡日记》,1907年4月25日,第125页。
⑧ 俞雄选编:《张棡日记》,1901年9月17日,第86页。
⑨ 张钧孙等编:《杜隐园诗文辑存》,第370页。
⑩ 张钧孙等编:《杜隐园诗文辑存》,第478页。

适之、钱玄同各位笔墨居多,中间论文学处颇有新颖之语。然抹杀国粹,专向白话,自谓特识,而按之实际究仍是依旁洋文,鄙薄前哲,此殆世运使然,所以生此种怪物令其扰乱文学界也。阅毕不禁废书三叹。①

"依旁洋文,鄙薄前哲"的批评,反映了他对《新青年》所象征的五四新文化在心理与文化上的双重隔膜。两年后,看了《教育杂志》一篇评论国文的文章,他又在日记中感叹:"此等少年略拾胡适之、陈独秀唾余,便自矜贯通教科,而语章总不免蹈轻薄之病,且崇奉胡、陈二人学说如金科玉律。噫!学风之坏,出此厄言,亦吾国文教之厄也。"②

四、结　语

张楣是近代中国众多旧学出身的乡村士绅的缩影,他的一生深深地烙上了时代的印痕。早年,他沿着传统士子的人生模式,奋志青云近三十载,过着科考与舌耕相济相需的生活,并在不断踏入科举场域的过程中,强化其士人的角色和身份认同。中年以后,他又在科举停废和乡村社会权势转移的过程中,藉着科举积累的文化资本和自身的调适,成功实现了从乡村塾师到新式学堂教员的转型,并且在乡村社会中继续着扮演地方精英的角色。

论者指出,"阅读不但只是种技能而已,更还是一道寻求意义的途径"③。张楣广泛且有些芜杂的阅读实践,与其说是为了知识和技能的习得,不如说是为了通过各式各样的阅读而寻找生命的意义,编织他作为士人的"意义之网"。对拥有低级科举功名的他来说,那些日常研读、百读不厌的经史词章旧籍,是其安身立命的学问根基,志趣所在,不离不舍,他也在此类旧籍的不断阅读中,获得并强化其士人的文化认同和角色定位。而他倾心于乡邦文献和地方掌故的阅读和整理保护,则反映了在西学涌入和新潮涌动的时代,一个乡村士绅强烈的地方文化自豪感和整理保护地方文化的责任感,亦与士绅在地方文化中的领袖作用以及撰修志书的传统相契合。旧

---

① 俞雄选编:《张楣日记》,1920 年 5 月 1 日,第 277 页。
② 俞雄选编:《张楣日记》,1922 年 3 月 13 日,第 302 页。
③ 潘光哲:《追索晚清阅读史的一些想法——"知识仓库"、"思想资源"与"概念变迁"》,《新史学》第 16 卷第 3 期,2005 年 9 月,第 160 页。

学出身的他还与时代的趋新变化之间有着一定的重合和包容度,其阅读实践向新学书籍和新式报刊的扩展,展示了过渡时代一个传统士绅虽身处乡村却广泛接触"新学新知"的例证。

张梱虽旧亦新且颇具地方性色彩的阅读生活史,为描摹近代中国读书人阅读世界的复杂图景提供了可资借鉴的样本。尽管在近代读书人阅读世界由旧趋新的变迁中,他的阅读实践并不占特殊地位,但是,这种不具备特殊性的阅读实践,恰恰可以作为一种"理想类型",反映那个时代乡村士绅在书籍阅读上的普遍性。

留日学生与清末浙江变革

徐立望

（浙江大学历史系）

一、前　言

甲午战争之后,清政府将向日本学习视为达到西方式富强的捷径,两国关系密切,以至于有学者提出此期间的中日关系是黄金十年[①]。相关的中国留日运动的研究论著亦是琳琅满目,其中杰出学者如实藤惠秀、阿部洋、黄福庆、谭汝谦、李喜所、王晓秋、王奇生等,研究领域涉及留日运动的发轫、发展,清廷政策演变,日本的态度和政策,留日学生的学习生活情况、文化活动、政治活动,以及留日学生与晚清新政、教育、语言文学、翻译出版、辛亥革命等各方面的影响和贡献,这些成果奠定了此领域的基石。近年来,学界旨趣有所变化,从通论式和整体式的留日运动研究,逐渐开始转向某一区域或某一时期的局部和微观研究,以期更深入理解留日运动与中国传统政治、经济、社会等方面变迁的关系。以某个省份为中心的留学生运动研究成果开始大量涌现,如直隶、江苏、江西、福建、安徽、山东、湖北、湖南、广东等省,都有论及,浙江的研究亦在此列。在中国诸多留日省份中,浙江因处于经济、文化发达地区,得风气之先,无论是出国规模还是回国后的影响程度,都处在全国的前列。与浙江在当时留日运动之地位相匹配,今人在此区域的研究水准也是相应甚高。吕顺长、何扬鸣等诸位学者无疑是其中的佼佼者。[②]

---

① ［美］任达著:《新政革命与日本——中国,1898—1912》,李仲贤译,江苏人民出版社 1998 年版,第 1 章。

② 吕顺长:《清末浙江与日本》,上海古籍出版社 2001 年版。何扬鸣:《浙江留日学生与辛亥革命》,《杭州大学学报》1993 年第 2 期;《浙江留日学生辛亥革命时期报刊活动述评》,《杭州大学学报》1994 年第 2 期。

尤其是吕顺长,长期从事浙江留日运动的资料梳理和研究,筚路蓝缕,贡献颇大。他利用留日学生监督处所发行的《官报》等史料,考证清末浙江留日学生人数、生源组成、地区分布、学校及专业分布诸方面,并对近代留日学生史的重要内容"五校特约"留学之计划进行考察,分析浙江留日学生在学校教育和教育行政岗位上所作的贡献。[①]

正如历史学任何领域的研究永远都不会穷尽,留日研究自有拓宽余地。我们发现学者多把留学生从中国社会阶层剥离,视作独特的群体,浙江的相关研究亦是如此。而与此形成鲜明对比的是,研究浙江清末政治、经济、社会变迁的论著,又往往把各个阶层视为一个整体,并未加以细致的划分——如浙江谘议局的研究,多把议员视为一个整体,新军的研究也是如此——以至于往往忽视了留日学生在其中发挥的独特而重要的作用。[②] 我们应该看到,留日群体虽有新学背景,却原是传统阶层的一部分,他们与传统阶层有着密切的关系。只有观察他们归国后与传统社会阶层的冲突、互动和整合,才能全面理解浙江留日学生在清末社会中的参与程度和影响力,由此来把握清末中国变革的进程。

二、传统社会阶层的加剧分化与留日群体的出现

为什么留学?为什么到日本留学?答案很清楚——甲午战争日本对中国的完胜,直接刺激中国重新审视近邻的发展成就。由此,清政府的政策引导、日本政府的主动参与和接纳、官员和士绅的鼓动、赴日成本的低廉、中日文化的类似性以及中国民众的救亡意识等诸种因素,共同促进了中国历史上首次大规模地向他国学习的历史进程。

清末重臣、湖广总督张之洞在 1898 年刊行的《劝学篇》中,得出一个比较留学日本与西洋之优劣的结论:"至于游学之国,西洋不如东洋:路近省费

---

① 吕顺长在此领域的研究成果,集中体现在他的 2007 年浙江大学博士论文《清末中日教育交流之研究——以教育考察记等相关史料为中心》(浙江大学图书馆馆藏)。主要的内容大多已经发表,参见《清末浙江籍早期留日学生之译书活动》,《杭州大学学报》1996 年第 6 期;《清末留日学生从量到质的转变——关于清末"五校特约"留学的考察》,《浙江大学学报》(人文社会科学版)2001年第 6 期,等等。

② 关于浙江谘议局的著作,可参考沈晓敏《处常与求变:清末民初的浙江谘议局和省议会》(生活·读书·新知三联书店 2005 年版),此书无疑是一部十分扎实而且具有开拓性的专著。但略有遗憾的是,该专著虽也注意到了留学议员的重要性,但未把议员群体细分并加以分析。

可多遣;去华近,易考察;东文近于中文,易通晓;西书甚繁,凡西学不切要者,东人已删节而酌改之;中东情势风俗相近,易仿行。事半功倍,无过于此。"①随即朝廷颁布鼓励留学日本上谕,几乎原封不动地照搬了这段话。

由于张之洞在晚清政局具有重大影响力,世人多认为他的论述开启了国人留学日本的意识觉醒。但事实上,在甲午战争后,留学日本已经逐渐成为国人的共识。1894 至 1898 年在任的浙江巡抚廖寿丰说:"东瀛学制原本西洋,伦理、汉文仍乃旧贯,历史、舆地本国为先,得要从宜,可谓善变。综其大指,不外由浅而深、由近而远二语,与古人循序渐进之旨吻合。……日本地属同洲,其课程、课书,大可以备参考。"②正是由于廖寿丰、林启等主政官员的推动,浙江派出了清政府第一批官费留学生。1897 年 8 月杭州蚕学馆获准成立,在申请设馆时,草拟的章程就明确以向日本学习为宗旨,"先行翻译日本蚕书图说,成书后要广为传播"③。同年 11 月,尚未开学的蚕学馆,就在维新人士罗振玉和大阪华商孙淦的建议下,派出德清稽侃和杭州汪有龄两名学生赴日学习蚕学,这两人也成为国内第一批官费留学生,开创了留学日本的先河。④ 1898 年 6 月,浙江又派出求是书院学生何燏时、陈榥、陆世芬、钱承志等四人赴日学习。两个月后,清廷才颁布留日学习的上谕。

我们注意到,求是书院派出的四人,专业分布比较均衡,何、陈、陆、钱分学冶金、兵工、商业和法政,加上 1897 年从事蚕学的二人,可见当时较为重视实业和工商业,这也是洋务运动以来求富求强、强调实学的具体反映。如果按照这样的趋势长期发展,将会出现传统社会阶层之外的拥有专业技能的新型知识分子阶层,此类技术精英阶层政治态度相对较为温和,本质上并不会挑战既得利益群体控制的政治资源,却又有所互补,较少与传统阶层发生冲突,反而能共享社会变革的益处。然而这种充满美好愿景的设计蓝图,却被充满忧患意识的国人一再修改。汪有龄是浙江最早派出的两名官费留学生之一,奉命赴日考察蚕务,但在时局刺激下,他已很难静下心埋头苦读。从日本寄给汪康年的信件中,汪有龄充满着对于政局的忧虑和自我责任感

① 张之洞:《劝学篇》(下),游学第二,载《张文襄公全集》第 203 卷,台北文海出版社 1963 年版,第 6 页。

② 廖寿丰致汪康年信,《汪康年师友书札》(3),上海古籍出版社 1989 年版,第 2834 页。

③ 《设立养蚕学堂章程》,《集成报》第 19 卷。

④ 郑晓沧:《戊戌前后浙江兴学纪要与林启对教育的贡献》,载《浙江文史资料选辑》第 1 辑,1962 年。

的强调,"大局日非,伏莽将起,我辈愿为大局效力,必须联络人才,以厚其势"①。他决定改变留学初衷,改学政法专业,而重换专业实非易事。为了取得当局的理解,汪有龄把留日期间所写的日记寄给杭州知府林启和浙江巡抚廖寿丰。林启读后,认为"语多悲愤,足见有心时局",廖寿丰对其也非常推许。② 汪有龄最终被允许改学专业,后于日本法政大学毕业,他的举动预示着未来浙江乃至中国人留学日本的风向。

1900 年庚子国变之后,清廷痛定思痛,改弦更张,掀起全面改革的热潮,亟需大批军事、教育、法政等方面的人才,此等新式人才极度缺乏,只能求助于赴日速成,而原有之派人出国学习实业、引进先进技术、逐步改变国家面貌的计划遂宣告破产。1901 年 9 月,清廷颁布全面改革的上谕:

> 造就人才,实为当今急务。前据江南湖北四川等省,选派学生出洋游学,用意甚善。著各省督抚一律仿照办理。务择心术端正、文理明通之士,前往学习。于一切专门艺学,认真肄业,实力讲求。③

此时的浙江仍走在全国前列,以浙江最高学府——求是书院为例,是年春天派遣蒋尊簋、蒋方震、王维忱等 18 人赴日留学,1902 年又资送许寿裳、钱家治、周承菼、厉家福、沈启芳等赴日,日后二蒋及周任职军界,许、钱、王则从事教育事业。浙江学生留日的专业布局,也是中国留日学生的缩影。

随着新政的大规模展开,这场暴风骤雨的运动迅速驱使大批各阶层人士赴日,随之则出现了具有留日背景的新式军人阶层和知识分子阶层。救亡的意识如此之强烈,国家和民众都已急不可待,以至于留日学习的时间一再压缩——普通科三年的学习时间太长,就变成速成科一年半,后来还是嫌过长,更是仅仅六个月就要求毕业。1908 年 1 月 3 日学部奏定的"日本官立高等学校收容学生名额折"曾提道:

> 在日本留学之人数,虽已逾万。习速成者居百分之六十,习普通科居百分之三十,中途退学,辗转无成者居百分之五六。入高等

---

① 汪有龄致汪康年信,《汪康年师友书札》(1),第 1058 页。
② 林启致汪有龄信件,《汪康年师友书札》(1),第 1077 页。
③ 《清实录》,第 58 册,中华书局 1987 年版,第 422 页。

及高等专门者居百之三四,入大学者仅百分之一耳。①

学制的缩短促使留日人数急剧增加,而清廷鼓励官员留日举措的出台,又极大地扩充了留日学生的来源,也大幅提升了留日学生对于国内政局的影响力。

1903 年 6 月,云南巡抚林绍年奏:"滇省需次人员,罕晓时务。兹当续遣学生出洋,特于候补各员中,选其明达可造者,一同游学日本。并添设中学教习随往,以资督率。"②

1906 年 9 月,湖广总督张之洞奏:"湖南湖北两省,新选新补实缺州县拟派令出洋游历。"③

从边疆地区的云南,到中部省份的湖广,中央政府和各地督抚已达共识,将官员出洋学习和游历作为一项政治改革基本政策。

1906 年 5 月,清廷根据直隶总督袁世凯的奏议,又决定遴选四十至五十名"志趣正大、学问优长,有志出洋者"之翰林,分游学与游历两项出国。④

同月稍后,御史陈庆桂之"遴选科道部曹出洋游学游历"奏议,经政务处讨论,决定由学部设立法政学堂,作为游学预备,三年毕业后由学部咨送出洋肄习,经费由各该衙门筹给。⑤

拥有相同的学习背景,又掌握了新时代的知识,留日学生们相互提携,很快成为统治阶层中的新贵,而新政改革所提供的大量空缺职位,因专业技能要求,势必只能为新式学堂的毕业者和留日者所占据,故而留日人士成为清末新政改革的中枢力量。清政府在 1906 年宣布预备立宪后,陆续设立了新官制编制馆、宪政编查馆等官制革新的中枢机构,这些重要的机构,即掌握于留日人士之手,彼等又借此平台,进一步挤压传统保守阶层之利益空间,形成人数极为庞大的留日阶层。

诚如徐珂所述:

> 留学生居各部要津,部曹最清苦,自晚近举行新政,设立新部,如外务、民政、邮传、农工,其组织皆采新法,经费裕,人才多,都人

---

① 舒新城:《近代中国留学史》,中华书局 1929 年版,第 133 页。
② 《清实录》,第 58 册,第 817 页。
③ 《清实录》,第 59 册,第 442 页。
④ 《清实录》,第 59 册,第 390 页。
⑤ 《清实录》,第 59 册,第 396 页。

士所啧啧称羡者也。其得上峰赏拔居要津者,大抵皆东西洋留学生。[①]

汪康年则对留日法政人员之优越感加以讽刺:

> 杭人有久客外者,归遇一故交,则趾高气扬,非复前之态度矣。问其所为,则法政学员也。且恣然曰:"吾父前者徒知用压力,否则如破悭囊使吾出洋,则今以毕业生归,官大金多,易中事矣!"语讫不胜忿慨。[②]

清廷通过中下层官员及翰林的出洋,力图填补新政人才的缺乏,掌控留日学生资源,实际效果却适得其反。留日人士无论学生或是官员,在日本领略了先进的政体、激进人士的革命鼓吹以及相对自由的新闻舆论,他们由此跳出了自身的窠臼,对于清廷的统治或多或少有了异样的认识。他们中的一部分人背离了清廷的初衷,反而成为推翻帝制的极其重要的力量。浙江嘉兴人沈钧儒的经历或许能说明此点。1904 年中进士后,沈钧儒签分法部主事,1905 年就被清廷派去日本留学。在日期间,他深受日本宪政运动的影响,很快就投入国内预备立宪运动,于 1907 年 5 月向政府提交《民选议员请愿书》。回国后,沈钧儒积极参与浙江地方自治运动,并于 1909 年当选为浙江谘议局副议长。对清廷的立宪举动失望后,他又积极与各方政治势力联系,投入光复浙江行动之中。[③] 短短几年,沈钧儒从清廷官员转变成为清廷的反对者,留日的经历对他至关重要。在日本获得的现代法政知识让他认识到,他首先是国家的公民,而非仅仅只是对清廷效忠的官员。挣脱了专制社会统治阶层所竭力灌输的愚忠思想的束缚,他的转变也就迅速、自然而合理。

三、留日学生与浙江自治运动、宪政运动

在政府的引导和开明人士鼓吹之下,留学之举动固然有大批人士趋之若鹜,反对的声音也是此起彼伏,反对者中既有传统秩序的捍卫者,也有既

---

① 徐珂编:《清稗类钞》,第 2 册,中华书局 1984 年版,第 715 页。
② 汪康年:《汪穰卿笔记》,上海书店出版社 1997 年版,第 166 页。
③ 沈钧儒:《我的生平》,载《沈钧儒文集》,人民出版社 1994 年版,第 514—515 页。

得利益的损害者,甚至包括开明的士绅,原因有以下几方面:

(一)传统功名的拥趸者敌视新晋阶层。《清稗类钞》记载:

> 科举时代之进士、举人,略如欧美日本之学位。宣统己酉,学部奏酌拟考试毕业游学生章程,中有分等给奖一条,列最优等者奖给进士,列优等、中等者奖给举人。各冠以某学科字样,习文科者称文科进士,文科举人,他科仿此。顽固之人以若辈皆自东西洋游学而归也,辄以异路功名视之,谓之曰洋进士、洋举人。斯言也,盖有彼哉彼哉之意焉。

(二)担忧皇权统治和纲常伦理受到威胁。1906年10月,翰林院官员李传元奏:请令游学之士,补习中文[1]。1909年8月监察御史胡思敬奏:

> 近闻东洋留学生,党派甚多,各省皆有领袖。潜相勾引,煽动四方。以洪秀全、杨秀清为英雄,以张汶祥、徐锡麟为义烈,托之文字诗歌,极口赞扬。内地学生,遥相唱和,不设计禁阻,而反提倡民权。罔民而陷,独何心乎。……送一出洋学生,岁破七八百金。自学务大兴,只日本一国,每岁吸我膏血,不下数千万金。[2]

(三)留学生学非所用,破坏原有政治官僚体系。1909年10月,御史赵熙奏:

> 考试游学毕业生名单,……以向例言之,皆有入翰林之望。夫以专门实业之士,充文学侍从之臣,责以撰文之任,所习非所用,彰彰明矣。即优等中等内凡农工商医诸科,以之为内阁中书,为知县,为不相当之主事,亦与立法之意相悖。是非可视为细故也,所习非所用,该生将无可办之事,而遇事又无可用之人。[3]

(四)留学日本者最多,大抵只重文科与军事,鲜有及于实业、自然科学者。国内颇有影响力之《中外日报》一直敦促政府改革,1904年6月1日却刊载《论士人不讲求实业之非》一文,对留日学生的专业加以批评:

---

[1] 《清实录》,第59册,第103页。
[2] 《清实录》,第60册,第442页。
[3] 《清实录》,第60册,第394页。

> 士大夫于农工两途,亦复不屑注意。试观游学日本诸生,其所占科目率不越文学、法律、政治数门,而近年新出译述诸书,浩如烟海,亦大约不出数门。较诸同治年间江南制造局所译算学、化学诸书,虚实之分,便已判然。①

正是出于以上几方面的考虑,众多官员敦促中央政府弃用或慎用留日学生。官员和士绅们忧心忡忡,担心留日人士抛弃纲常伦理,背离忠君思想。大学士陆润庠的一段话道出了他们的心声:

> 游学诸生,于实业等事学成而归者,寥寥可数,而又用非所学。其最多者惟法政一科。法政各国歧异,悉就其本国人情风俗以为制。今诸生根柢未深,于前古圣贤经传曾未诵习,道德风尚概未闻知,袭人皮毛,妄言改革;甚且包藏祸心,倡民权革命之说,判国家与君主为两途,布其党徒,潜为谋主。各部院大臣以为朝廷锐意变法,非重用学生不足以称上旨,遂乃邪说诐行,遍播中外,久之必致根本动摇,民生涂炭。②

不幸的是,历史事实恰恰证明了他们的判断——留日运动固然能为清廷培养大量的新政人才,但是也为它培养出足够的异己分子。清末新政的改革千头万绪,矛盾重重,但是归结于一点,即是民权与皇权的冲突与进退。

早期留日的人们,看到清廷在俄国层层进逼之下屈辱地退让,看到日本能在短时间内迅速崛起,意识到凝聚民众力量的地方自治无疑是救亡图存的大道。他们所办的各类报刊,竭力鼓吹地方自治的意义,希望能在国内掀起地方自治的浪潮,在日浙人所办的《浙江潮》无疑在其中起到了重要的作用。1903 年 2 月《浙江潮》第一期发刊词即言:"欲争自由,先言自治。"第二期发表《敬告我乡人》,直言"中国之改革实业,其前途之最有望者,莫过地方自治者",强烈呼吁浙人勇于冲破藩篱,担负起地方自治的重责。"地方自治之问题,在今日如新出世的产儿,其即能圆满直进乎?抑亦将一旦陷于悲境辗转而始达其目乎?某以为其责在诸君而已。诸君!诸君!地方自治者,诸君之天职也。"正是由于浙江留日人士将地方自治视为中国强盛之道,

---

① 《东方杂志》将此文摘录,见其第 1 卷第 6 号(1904 年),"实业"第 63 页。
② 《清史稿》列传 259《陆润庠》。

认为不从地方自治着手,"虽日日言强中国无益"①。他们的声声呼唤,很快得到国内开明官员的回应和支持。两位浙江官员孙宝琦和沈家本分别在1904年和1905年上书政务处,主张地方自治,前者主张地方选举士绅组成共议堂,"破除壅蔽之积习,冀决是非于公论,使营私罔之官吏无所窃其威福,使草野之愚民皆得涵濡"②;后者建议中西结合,在传统乡官基础上,兼容西式地方自治制度,乡镇成立"乡社",府县成立议会③。

1905年,日俄战争结束,国人普遍认为日本取胜之本在于实施立宪。受此刺激,立宪思潮席卷朝野,朝廷也反应迅速,同年7月即决定派出五大臣出国考察政治。五大臣归国后,竭力鼓吹立宪,期间内外官僚主张立宪的奏折也络绎不绝。1906年9月1日清廷颁布上谕,宣示预备立宪。经过多年研究讨论,各级官员和开明士绅逐渐达成共识——地方自治是立宪的基础和先导,地方自治的民间思潮得到官方认可,成为制度而得以实施。清廷相继发布乡镇、州府县地方自治章程及选举章程,最终促成省级谘议局的成立。1909年10月浙江谘议局成立,留日背景的议员人数虽只占13%的席位,却是极为活跃。④ 两位副议长陈时夏、沈钧儒皆就读于日本法政大学,褚辅成、阮性存等都是议员中的骨干力量,他们具备现代法政知识,年富力强,主导着谘议局的前进方向。同年浙局推选赴京资政员,十四个名额中,留日议员就占了九位。1910年谘议局第二届常年会议,共提出十九件议案,其中由褚辅成、刘耀东、阮性存、沈钧儒、王家襄等留日议员提出的即占到约40%。

浙江留日议员的影响力不仅体现在资政院的名额和议案的数量上,他们在会议中与官府交锋毫无退缩,言词坚定,彰显代议机构的主体意识,体现出集体的力量。1911年4月12日,浙江谘议局临时会议讨论龙元贴水问题、民政费用等案,《申报》曾有详细报道,有助于我们理解留日议员与官府的关系。

上午会议伊始,议员褚辅成就质问到场官员,一月前公呈巡抚的龙元贴水一案为何迟迟未批复。官员回答曰,官场与社会习惯使然。褚辅成立刻反驳:"是否法律不能战胜习惯?"官员又以划一币制困难搪塞,此时阮性存

---

① 匪石:《浙风篇》,《浙江潮》第5期。

② "出使法国大臣孙上政务处书",《东方杂志》第1卷第7号(1904年)。

③ "附沈侍郎原折二节",《东方杂志》第2卷第12期(1906年)。

④ 统计数字来源于沈晓敏《处常与求变:清末民初的浙江谘议局和省议会》,第29页。

起言:"社会习惯甚痼,办理果难操切,然官厅既有明文禁止贴水,似须遵照实行,不能骑墙两可。"经过一番交锋,议员们迫使官员将此案请抚院速定批答期限,巡抚随即答应在五日后答复。

下午会议主要讨论民政费用,其中一项涉及省城及府厅州县巡警经费征收情况。巡警道员要求发表意见,议员褚辅成首开其炮,认为此项预算系征收民政费,道员没有资格代表,应请布政使到会说明。巡警道员以退出会场要挟,议员阮性存、陈时夏、王世裕等群起斥责其扰乱会场秩序,要求议长照例执行,勒令复席。此时财政委员正拟登台演说,被褚辅成阻止,认为必先规复秩序方能开议。巡警道员无奈勉强复席,自找台阶:"方才彼此误会,均为地方公益起见,并非各为私图。"沈钧儒则起言:"议员所希望者说明警费规定之内容,其余可从缓议。"道员服软,当众将原稿宣读一过,众议员再逐节质问。①

参与质问发言的五位议员,阮性存、陈时夏、沈钧儒为留日人士,褚辅成是留日之同盟会员,王世裕早年参与徐锡麟光复会起义计划,是革命党人。《申报》的报道从侧面反映出他们对于谘议局的掌控,而他们的组合似乎也预示着几个月后,立宪派与革命派将联手推翻清政府在浙江的统治。

议员们的行径令保守官员非常不满,大学士陆润庠言道:

> 谘议局之设也,所举皆不谙掌故之议员,逞臆狂谈,箝制当道。督抚不得而禁之。其甚者,借筹款之名,鱼肉乡里;窃自治之号,私树党援。上年资政院开议,竟至戟手谩骂,藐视朝廷。以辩给为通材,以横议为舆论,众说沸腾,莫可究诘。②

这条奏议本意为怂恿当局查禁各级议会,不无诬蔑之词,但议员们"众说沸腾,莫可究诘"之状,确也是事实。

四、革命:新旧阶层整合的黏合剂

受选举资格所限,谘议局成员大多为士绅和商人阶层,但是正如上文所述,中坚力量实为留日人士。随着新政的深入,他们在政治领域的影响愈加

---

① 《申报》,1911 年 4 月 12 日。
② 《清实录》,第 60 册,第 1127—1128 页。

扩大,不过要推翻清政府的统治,军队是最关键的力量。毫无疑问,浙江光复的主力是新军,而新军的起义,与留日军事人才的归来有着莫大的关系。

清廷需要大批军事人才来编制新式陆军,留日人员能够较快地受到提拔,成为军队中的骨干,具有革命意识的年轻人和革命的政党都看到了这一点,意图控制军队。沈钧儒留学日本时,就跟革命党人有所接触,他虽然没有参加光复会和同盟会,但因为倾向革命,跟光复会领导人章炳麟过从甚密,所以也了解他们的一些计划。他自述道:"当时许多革命党人在日本学军事,准备回国后参加到军队里去,有计划地进行武装革命。"[1]光复会的领导层也确实是这样做的,徐锡麟、陶成章等人都决定捐官去日本留学。陶成章提出在国内接受军事训练教育显然不够,最好的办法是捐官去日本学陆军,以便回国后可以做官掌握兵权,实行革命。参与此事的陈魏回忆道:"徐烈士锡麟捐的是道台,填的是步兵科;陶烈士成章捐的是知府,填的是步兵科;陈志军捐的是知府,填的是炮兵科;陈魏捐的是同知,填的是骑兵科;龚宝铨捐的是同知,填的是工兵科。"[2]他们的计划较为周密,五人中就涉及三项兵种。

需要指出的是,正如浙江参与光复的军人并非全是光复会员或者同盟会员,革命并不是革命政党的专利。那些具有革命意识的年轻学生,多有自发赴日学习军事回国革命的举动。马叙伦、汤尔和、杜士珍将要从杭州府中学堂毕业时,因为学业优秀,学校预定派此三人到日本去留学,而他们却约定去学陆军,回国干革命。[3]

从日本学成归国的军事人才中,蒋尊簋无疑是其中的佼佼者。他早年就读于杭州求是书院,1900年官费选送日本学习军事,期间积极参加资产阶级民主思想宣传,担任《浙江潮》编辑,提倡尚武精神,并成为光复会和同盟会的骨干人员。1906年接受浙江巡抚张曾敭的邀请,蒋尊簋回国组建浙江新军第二标,担任标统一职,"同人异常爱戴"[4],随后创办弁目学堂,以训练初级军事干部。号召力所及,全省慕名而至者众多,但因名额限制,录取

---

① 沈钧儒:《辛亥革命杂忆》,《沈钧儒选集》,第704页。

② 陈魏:《光复会前期的活动片断》,《辛亥革命回忆录》,第4集,文史资料出版社1962年版,第127页。也见《浙案纪略 捐官之计划》,载汤志均编《陶成章集》,中华书局1986年版,第345—346页。

③ 马叙伦:《我在六十岁以前》,生活·读书·新知三联书店1983年版,第15页。

④ 顾乃斌:《浙江革命记》,载《辛亥革命浙江史料选辑》,浙江人民出版社1981年版,第499页。

了一百八十人。1907年第二标征兵,"全省因为听过武备、第二标弁目学堂和蒋伯器的关系,应征的人蜂拥而至,不多几时即征足逾额,……成立的这些部队中,文理畅通、思想进步的人很多,后来浙江成立第二十一镇(师)时,就隐隐成了全镇的骨干"①。他为浙江培养了大批具有革命意识的军人,奠定了浙江光复的基础。

新军吸纳留学人员(主要来自日本)的动向,已经引起朝廷的注意,一些重臣多有微词,直隶总督陈夔龙奏言:"各省编练新军,原以整军经武。乃军人既难合格,将领又复乏才。于是干城腹心之任,半以出洋学生承其乏。其中品地不齐,其不肖者无论矣。即有一二贤者,亦于军事毫无历练。坐此弊端百出,不可胜言。"②大学士陆润庠也谈到:"镇兵之设也,所用皆未入行伍之留学生,……甚至有不击同胞之谬说。国中有事,督抚非但不能调遣,今且反戈相向,其不可用也明矣。"③

然而,从中央练兵处、陆军部和军谘府到地方的督练公所,从各类军职到各级军事学堂,到处活跃着日本士官生的影子。毫不夸张的说,日本士官生的影响已经渗透到军队的各个领域,如此尾大不掉之势,岂能仅仅以危言"停办"了事?

当然,日本士官生在军界实力庞大,但是并非掌控一切。就参与革命的浙江新军出身学校而言,分为浙江(武备、弁目)、保定(速成)、南京(陆军和将备)、日本士官等四个系统,各自有联系活动的组织,而日本士官一派与浙派联系较密切。④ 总体而说,这些革命军人大多加入同盟会和光复会,在浙江光复运动中,来自各处的军人齐心协力,虽偶有摩擦,但都以反清革命为宗旨。"在杭州,光复会和同盟会,开会和办事有时在一起,不分界限,协力合作。"⑤

1907年夏,光复会的徐锡麟和秋瑾起义失败后,当局察觉蒋尊簋与革命党人的关系,将他调往广西。就在新军的革命力量暂时消歇不久,是年秋天,更大的风潮在浙江蔓延,这场起源于沪杭甬铁路的运动很快成为街头巷

---

① 葛敬恩:《辛亥革命在浙江》,《辛亥革命回忆录》,第2集,第94页。

② 《清实录》,第60册,第611页。

③ 《清实录》,第60册,第1127—1128页。

④ 项雄霄:《辛亥革命在浙江》,载《浙江辛亥革命回忆录》,浙江人民出版社1981年版,第170页。

⑤ 周亚卫:《光复会见闻杂忆》,载《辛亥革命回忆录》,第1集,第630页。

尾谈论的主要话题,激发着民众的爱国激情,削弱着各阶层对朝廷的忠诚,最终促成了清朝的覆灭。

早在 1898 年,英国怡和洋行代表英国银公司同清朝铁路公司总办盛宣怀订立苏杭甬铁路草约,获得该路的修筑权。草约签订后,测勘工作一直没有进行。1905 年 7 月,浙江绅商在上海议决成立浙省铁路有限公司,汤寿潜担任浙路公司总经理,决定自修铁路,但是遭到英方的阻扰。为了解决绅商和英国的争端,1907 年 10 月,清政府外务部抛出所谓"拟分办路、借款为两事"的方案:路由中国自造,但是需向英国借款。此方案一出,舆论大哗。

各阶层在挽回利权、爱国图存的共同旗帜下,采取了集会抗议、通电政府、舆论抨击等各项手段。10 月 22 日,杭州首先创立国民拒路会,并将主持此项借款的汪大燮等四人开除浙籍,苏州、绍兴、宁波也相继成立拒款会或拒约会,各地学校相继聚众抗议。留日学生十分关注此事,11 月 2 日东京同乡会召开临时紧急大会,决定派陈学汶、陈时夏、金保稚、蒋观云等四人至杭据约会协办。民众的抗议使清政府颇为紧张,11 月 12 日电寄两江总督端方等注意民变,"现在人心不靖,乱党滋多。近因苏杭甬铁路一案,各处绅民,纷争不已。难保无该党匪布散谣言,从中煽惑,阳藉争路为名,实则阴怀叵测"①。迫于各方人士的压力,署浙江巡抚信勤在 11 月 24 日代奏浙江 11 府绅士 115 人公呈,自办铁路,不借外债。三天后,杭州举行声势浩大的浙江全省拒款大会,此次会议并不仅以抗议政府告终,组织者更有深层用意,他们把各个地域、阶层的人士组织起来会商,具有广泛的代表性,"近于地方会议性质,外府县各厅州县代表限定十人以内(计须七百八十座),其他为官绅(如王中堂、柏研香)、商(商务总会)、学(如学务公所议长、教育总会议长)、军(如第一标、二标统及督练公所)、僧教育会、劳动界(如挑夫代表)、宗教界(如教会学堂)及旅沪学会代表、苏路协会代表、苏浙两公司总副理,后者均需另备专座,惟女界尚未议定。"②

这场拒款运动,浙江革命党人亦参与其中,并希望通过这场运动,宣传革命思想。位于东京的光复会总部曾致电浙江保路会,除表支持外,并提出"拒冯(冯汝骙,浙江抚台)、留信(浙江藩司信勤,此人对保路运动尚赞成,故

---

① 《清实录》,第 59 册,第 686 页。
② 浙江保路会会长王廷扬致沈骏民信(1907 年 11 月),载沈骏民《浙江拒款保路运动的群众斗争及其他》,《浙江文史资料选辑》第 2 辑。

东京电拟留他任巡抚）、救济（东京派留学生回国活动，到杭时，要保路会接济经费）”的办法。同时，光复会屡从东京致电会员，拟借保路运动，谋划浙江光复事业。同盟会在这场运动中也有所行动，浙江光复中最主要新军将领之一顾乃斌，接受东京同盟总会的指令，将两千份抵制政府之印刷物（不完粮、不纳税、谋浙江独立）在会场分送。军界人士亦痛恨盛宣怀，认定其为卖路罪人，1908 年春大学士王文韶去世后出殡，听闻盛宣怀将至杭州吊唁，夏超、顾乃斌等人决定于西湖边盛宅等候，当面羞辱，后因盛未来杭州，遂有火烧盛庄的计划。①

这场拒款运动虽未完全达到目的，却直接促成了各个阶层的动员和整合，相对封闭的新军因此加强了与政界、学界各等人物的交流。在浙江自治运动中十分活跃的留日人士褚辅成就在此时与军界相熟，其后一直参与军界的密谋反清计划。他在 1909 年进入谘议局后，俨然成为商绅代表与新军之间的桥梁。

1910 年 8 月，盛宣怀新任邮传部右侍郎，浙路公司总经理汤寿潜愤而上书军机处弹劾之，清廷反应迅速，次日将汤氏“即行革职，不准干预路事，以为沽名钓誉巧于趋避者戒”。愤怒的江浙立宪派立即采取各种手段进行大规模抗议活动，与 1907 年拒款抗议不同的是，此时的浙江已经有了民意的大本营——谘议局，能与官府直接对话，并被赋予了合法斗争的权力。谘议局将汤寿潜罢职事件视为紧要事件，呈请巡抚增韫召集临时会，遭到拒绝。10 月 3 日，谘议局第二届常年会开幕，立刻变更原有的议事安排，提议争回浙江铁路商办事件，议员议决后呈请抚院代奏，并于即日始停议待奏。增韫不允，从 10 月 6 日到 19 日连续五次行文谘议局，要求开议，但遭拒绝。此后双方争执日益加剧，②增韫不甘示弱，援引谘议局章程，以“逾越权限，不受督抚劝告”为由，两次致函浙局，处以停会共六日的惩罚。

清政府在浙路事件上屡次触及浙江民众的底线，而同时期国会运动召开日期的拖延，更是羞辱了各个阶层的民众，也一步步地把谘议局和革命的新军推向了更加紧密的合作，满清已了无希望。

最终结束清政府在浙江统治的力量是新军。1911 年 10 月武昌起义

---

① 顾乃斌：《浙江革命记》，载《辛亥革命浙江史料选辑》，第 501 页。
② 《陈黻宸致醉石弟》（1909 年 9 月底），陈德溥编《陈黻宸集》（下），中华书局 1995 年版，第 1151 页。

后,在上海的陈其美、黄郛等同盟会员或亲自赴杭,或频频派人与浙江新军接洽,这些多有留日背景的革命领导者谋划了较为周密的起义方案,决定军事方面由顾乃斌、朱瑞领导,政治方面由褚辅成联络谘议局两位副议长陈时夏、沈钧儒、议员张传保等人涉及筹备。^① 11 月 5 日凌晨,新军十分顺利地光复了杭州,第一任浙江都督由深孚众望的汤寿潜担任。各地受杭州影响,纷纷独立,浙江的光复终呈水到渠成之势。

综观晚清浙江历史,留日人士影响力至关重要。无论是走和平途径的 1901 至 1903 年拒俄运动、1905 年抵制美货运动、1907 至 1911 年浙江保路运动,还是对清廷已不抱有任何幻想、从事武力推翻清政府的革命行动,都活跃着留日人士的身影。遥想一千多年前的遣唐使给日本带去了深刻变化,一千多年后,奔赴日本的中国学生,给中国带来了变革的力量。时光流转,令人感慨。

---

① 褚辅成:《浙江辛亥革命纪实》,载中国近代史资料丛刊《辛亥革命》(7),上海人民出版社 1981 年版,第 155 页;沈钧儒:《辛亥革命杂忆》,载《沈钧儒选集》,第 704 页。

辛亥革命时期浙江的社会转型

熊　彤

（浙江省博物馆）

近代社会转型是指从传统社会向现代社会的变革,它是一个复杂的变化过程,包含着社会各个方面,即政治、经济、文化、思想、社会结构等方面整体的、全面的发展与变迁。

鸦片战争前,中国在政治上是处于清王朝统治下的独立、统一的中央集权的封建国家,经济上以小农业与手工业相结合的自然经济占主要地位,思想文化上以儒家的大一统思想为核心。1840 年鸦片战争后,随着西方列强的不断入侵以及一系列不平等条约的签订,中国逐渐沦为半殖民地半封建社会。在严峻的民族危机关头,有识之士认识到了中国社会的落后,开始了推动社会转型的变革,近代中国社会的转型由此开始缓慢艰难地进行,到辛亥革命时期出现了全方位的社会转型。辛亥革命,不仅是一场政治革命,也是一场社会革命,使中国经历了 20 世纪的第一次历史性巨变。这场革命从19 世纪末开始酝酿,1911 年武昌起义达到高潮,一直延续到 1913 年“二次革命”前后,这一时期也称为辛亥革命时期。浙江作为光复会的大本营、辛亥革命的策源地之一,在辛亥革命史上具有十分重要的地位。下面主要从这一时期浙江社会出现的新变化以及辛亥革命对这一转型的影响两方面展开论述。

一、近代社会转型中浙江出现的新变化

自 1840 年以来,随着西方列强的坚船利炮把中国的国门打开,西方的思想文化观念也不断输入,中国社会的传统观念逐渐改变,新思想、新观念得以形成。19 世纪末 20 世纪初,在“欧风美雨”的浸染之下,各种思潮在变动的社会中涌现;浙江同全国其他地方一样,政治、经济、文化、思想、教育等

方面都发生了巨大的变化。

（一）政治上，浙江出现了一些前所未有的新变化，仿效西方的新军和现代化的新设机构出现。清末"新政"其中一项是编练新军，根据规定，浙江新军 1902 年开始编练，1909 年正式编成 2 标 4 营。在革命者的策动下，新军转向革命，为光复浙江做出了重大贡献。1903 年 5 月，杭州设立巡警局，实施《浙江试办警察章程》，这是浙江施行近代警察制度的开始。1909 年 9 月浙江咨议局的成立，为资产阶级立宪派提供了一个进行政治活动的合法场所，使分散各地的立宪分子聚集一起，形成一股社会势力，他们凭借这一机构对封建专制体制的弊端表达他们的意见和愿望，甚至公开地进行批评和揭露。① 光复后成立的浙江军政府，开始了民主政治建设。考虑到"设立民意机关刻不容缓"，1911 年 11 月 6 日，革命党人组建临时参议部，作为临时立法机关。12 月 10 日，各地推选议员组成的省临时议会正式召开。在临时议会成立的半年多时间里，制定、议决了数十项重要法案，如《中华民国浙江省约法》、《浙江省议会法》、《浙江省议会议员选举法》、《浙江都督府官制》等。1912 年 1 月 22 日，军政府公布了省临时议会制定的《浙江军政府临时约法》（也称《中华民国浙江省约法》），这是一部具有资产阶级政权性质的地方性约法。它规定了浙江人民的权利和义务，浙江军政府的构成和各部门之间的关系。1912 年 1 月 24 日，浙江军政府公布了省临时议会议决通过的《浙江省法院编制法》，规定法院独立行使审判权，建立了独立的司法机关。随后一系列相应的法律法规制定颁布，浙江近代司法制度建立。这些都是前所未有的政治新现象。

（二）经济上，现代意义的银行、铁路、邮政等新事物不断出现，股票、债券也发行流传，传统经济开始向现代经济艰难、缓慢地转变。钱庄是中国土生土长的金融行业，最早出现于明朝中叶。鸦片战争后，外国银行在中国开始设立分行。1897 年，中国人自己创办的第一家银行——中国通商银行在上海成立。而中国第一家商办银行是 1907 年 10 月在杭州成立的浙江兴业银行，它也是浙江省第一家银行。随后，大通商业银行、浙江银行等民族金融机构在浙江相继建立，呈现出钱庄、银行并存的局面。现代意义的铁路和保险公司等在浙江也逐渐出现。1905 年 7 月浙江铁路公司成立。1906 年寓沪绅商在杭嘉湖地区成立华洋人寿保险公司，同年衢州商人设立衢州水

---

① 林正秋等：《浙江地方史》，浙江人民出版社 2006 年版，第 290 页。

险公司。1907 年浙江省电话总局成立。[①] 在邮政方面,1896 年 10 月,浙江以海关邮局为基础,开设了第一个官办邮政机构——大清温州邮政局;次年1、2 月,宁波、杭州相继开局;1911 年全省各局脱离海关,独立经营。中国人自己发行的第一张股票是在 1872 年由上海轮船招商局发行的,商部成立后,更多的股份有限公司出现。1905 年宁波和丰纺织股份有限公司经商部批准成立,集成股本银元 60 万元,共计 6000 股,每股计银元 100 元。这些商人在申请设立公司的禀文中,都有"抵制洋货"[②]、"挽回利权"[③]甚至有"与他国丝商角逐于商战之大舞场"[④]之类的爱国口号。浙江光复后,为解决财政困难,浙江军政府发行爱国公债 500 万元,军用票 300 万元。军用票和公债的发行,不仅使军政府缓解了财政上的燃眉之急,也有助于社会经济的恢复和发展。此外,革命政府还颁布了一些鼓励经济的政策,如取消厘金,减轻工商业者的捐税负担;整顿省城的商品陈列所,降低租金。[⑤]

(三)文化思想上,主要表现在各种思潮涌现、小说的繁荣、艺术的革新和新式教育出现等。

第一,为了挽救民族危亡,进步人士翻译了大量的西方著作,输入各种思想和理论,经与社会政治势力相结合,涌现出各种社会思潮,如民族解放思潮、民主共和思潮、君主立宪思潮、地方自治思潮、社会主义思潮、无政府主义思潮、国粹主义思潮、教育救国思潮、实业救国思潮,等等。孙中山从民族主义、民主主义、社会主义思潮中归纳出三民主义;君主立宪、地方自治、教育救国、实业救国等思想多为改良派人士所提倡,并成为他们政治实践和社会实践的思想动力。无政府主义、国粹主义是革命阵营所派生的两个别具特色的支流,对章炳麟、陶成章等人有很深的影响。

第二,资产阶级史学家批判传统史学,主张建立"新史学"。章炳麟即持此主张,他吸收借鉴各种新的史学思想和史学方法,对中国历史进行了开拓性研究,成为中国近代"新史学"的主力和旗手之一,其成就散见于《尊史》、

---

① 1883 年,洋务派架设上海至广东沿海各口岸电线 5600 余里,浙江各地电报相继开通。

② 《浙江官报》第 35 期,法令类乙,藩司吴会详复海宁州信成织布请予免厘缘由文,宣统三年(1911)。

③ 《浙江官报》第 18 期,法令类乙,劝业道董详请遵饬等拟保护宁绍公司航业办法文,宣统二年(1910 年)。

④ 《浙江官报》第 25 期,文牍类,劝业道董详据举人俞凤绍禀请设立丝厂呈部注册并请酌定专办年限文,宣统二年(1910 年)。

⑤ 《浙江近事谈》,《申报》1912 年 1 月 26 日。

《哀焚书》、《哀清史》等著述中。用新史学观点编写的第一部中国历史著作，则是浙江籍学者夏曾佑编著的《中国历史教科书》(后改名《中国古代史》)，于1904年出版。

第三，文学方面，在梁启超的倡导下，不登大雅之堂的小说盛行一时。《浙江潮》自创刊之日起就辟有小说专栏，连载《少年军》、《专制虎》等小说，以通俗的形式宣传民主革命思想。在艺术方面，新的学术团体、新的剧种在浙江出现。1904年，西泠印社在杭州孤山创办，它是研究篆刻的学术团体，吴昌硕为第一任社长。1906年越剧诞生，它发源于浙江嵊县(今嵊州)，发祥于上海。1907年话剧出现，当时被称为"新剧"、"文明戏"。《秋瑾》、《徐锡麟》等革命题材剧本被搬上了话剧舞台。

第四，新式学堂大量出现，新式教育得到迅速推广。1897年林启创办浙江求是书院[①]，它是浙江第一所新式高等学校。书院以振兴中华、御侮图强为办学方针，注重实学，反对科举，在教授数、理、化等课同时，也十分重视国文教育，注意培养学生的民族自强意识，造就了浙江第一批具有现代科学文化知识的新型人才。1905年科举制度被宣布废除，促进了新式学堂的发展。据统计，截至1911年，浙江省共有新式学堂2523所。此外，在清廷"奖游学"政策的刺激下，浙江留学生的队伍迅速壮大，仅1901年至1910年，浙江公派去日本、欧美等国的留学生有160多人，其中尤以留日学生为多。这些留学生在接受西方新思想的同时，更认识到了清廷的腐败无能，成为宣传民主革命思想的主力。

(四)社会习俗上，移风易俗，主要包括断发易服、禁止缠足、禁吸鸦片、提倡妇女解放、传统婚姻观转变以及历法新纪元等内容。

第一，断发易服。辫子是清王朝权威的象征，革命党人率先剪掉头上的辫子，如鲁迅1902年留学日本后即剪去发辫，留影纪念。革命爆发后，民军所到之处和革命浪潮波及的地方，人民纷纷行动起来，剪去辫子。浙江军政府厉行剪辫令，通令各属"一律剪辫"，限令浙江人民在一个月内剪除发辫，否则剥夺其公民权，要求各地广设剪辫会，善为劝导，以期一律剪除。在服饰问题上，当时有人主张穿西服，有人主张穿宋明古服，孙中山综合了西式服装与中式服装的特点，设计出一种直翻领有袋盖的四贴袋服装，下身是西式长裤，定名为中山装。1905年根据孙中山等人的意见，宁波红帮裁缝张

---

① 求是书院累经更名，1928年定名为"国立浙江大学"。

方诚设计出了最早的中山装。

第二,禁止缠足,提倡妇女解放。缠足严重摧残妇女的身心健康,1903年杭州妇女组成放足会。1912年浙江军政府发布《令各县知事禁止缠足文》,令各地"妥拟劝禁办法",要求各县城乡自治会"广为劝导",做到"已缠者令其必放,未缠者毋许再缠"等等。① 秋瑾是提倡妇女解放的杰出代表,写了大量的诗词和歌曲予以宣传。她在弹词《精卫石》中,控诉了妇女"一世的囚徒,半生的牛马"的生活,揭露清政府的黑暗,号召女同胞行动起来。1907年1月,她在上海创办《中国女报》,以通俗易懂的文字宣扬妇女解放,呼吁妇女走向社会,争取人格和尊严的独立。很多妇女用实际行动来提高自己的地位。她们走出家门,追求平等的工作权、受教育权、参政权等。

第三,禁吸鸦片,提倡卫生。1907年褚辅成在嘉兴组织"不吸烟会",戒吸鸦片,自任会长。辛亥革命后,他担任浙江军政府民政部长,大力禁烟。在他主政期间,公布了《浙江实行禁绝鸦片决议案》,强令限期禁毒,严禁私藏土膏及烟具,违者处以"三等至五等有期徒刑"②。军政府严惩禁烟不力的官员,如临海县知事冯杰因"玩视烟禁"而被下令撤职,③玉环县知事詹泰钟因对"境内私种私吸私售"查处不力而被记大过两次。④ 在讲卫生方面,仁钱劝学所编撰《劝卫生》一文,解释卫生就是保卫生命的意思,劝告大家多受阳光、流通空气、免受煤毒、不乱吐痰、乱堆垃圾、阴沟应该流通、饮水应清洁滚透、少饮茶酒、不应多吃猪肉、不吃腐烂食物等。⑤

第四,"父母之命,媒妁之言"的传统婚姻观念出现变化。接受西式教育的留学生以及革命党人率先改变传统观念。1902年9月7日天津《大公报》登载一则《文明婚礼》,"参用东西各国礼仪,将中国旧有之恶俗删除大半"⑥。蔡元培、章炳麟是倡导婚姻自由的表率。在结发妻子王昭去世后,

---

① 《令各县知事禁止缠足文》,《浙江公报》第48册,1912年3月26日。

② 《浙江实行禁绝鸦片决议案》,《浙江公报》第10册,1912年2月7日,第4页。

③ 《浙江公报》第118册,1912年6月9日,第12页。

④ 《浙江公报》第130册,1912年6月21日,第13页。

⑤ 浙江劝学所、教育会编《浙江风俗改良浅说》第一编,浙江官报兼印书局代印,1910年,第25—27页。

⑥ 《文明婚礼》,日本清华学校西文教授、东京工科大学毕业生、杭州高中翰淑琦文,定天津张女士淑德为室,兹于本月初四日假河东余宅举行婚礼。参用东西各国礼仪,将中国旧有之恶俗删除大半。闻张女士通晓汉英文字,丁酉年首隶不缠足会为会员。成婚三数月后,尚拟出洋游学云。载《大公报》1902年9月7日。

蔡元培写了一份《征婚启事》,列出了五个择偶条件:一是不缠足者;二是识字者;三是男子不得纳妾;四是意见不合可以离婚;五是夫死后妻子可以再嫁。章炳麟因为忙于革命事业而忽略了个人问题,在民国初年也曾登报征婚,其时距配偶去世已达十年之久,他要求对方符合湖北籍女子、文理通顺、出身于学校、反对女子缠足等条件。这些开了新式婚姻的先河。

第五,辛亥革命开创了中国历法的新纪元。中国历代月日记法都采用"阴历",并以帝王年号纪年。为了表示与清廷势不两立,有革命者提出使用黄帝纪元,《民报》等革命党人主办的杂志也采用之。武昌起义后,湖北军政府采用黄帝纪元,各省军政府也效仿使用。不过,在建立共和政府的讨论中,黄帝纪元被认为是基于帝王的纪年法,与民主共和的精神不相称。南京临时政府成立后,1912 年 1 月 2 日,孙中山以临时大总统的名义通电各省改用阳历,以 1912 年 1 月 1 日为中华民国建元之始,中国从此开始公历纪年。

此外,传统的"士农工商"观念也发生转变,新兴的绅商阶层崛起,地位上升。传统的社会阶层结构被打破。综上,当中国处于"数千年来未有之变局",非改革不足以生存的时代,为挽救民族危亡,中国民族资产阶级登上政治舞台,他们发动了辛亥革命,并在革命后建立了资本主义的政治制度,颁布了一系列发展资本主义的工商业政策,资产阶级的思想观念和生活方式也得以推广,也即政治、经济、文化、思想观念等方面出现亘古未有的新变化。这些新变化表明,当时的中国正处于由传统向现代转变的社会大转型时期。

二、辛亥革命在浙江社会转型中的作用

辛亥革命是资产阶级革命派领导进行的,目的是推翻清朝专制统治,建立资产阶级共和国。以孙中山为首的民主革命派在这场革命中起着十分重要的作用,他们宣传革命,动员广大民众,发动武装起义,为建立资产阶级共和国而奋斗。资产阶级立宪派也参与了这场革命,他们起先致力于资产阶级立宪运动,在革命形势高涨之时转到了革命方面,利用自己在各省咨议局中所取得的地位,策动清朝官员"反正",宣布"和平光复",对清王朝的崩溃起了积极作用。人民群众史是在这场革命中发挥了非常重要的作用,投身

于各种反帝爱国运动中。的确，"辛亥革命是社会各阶层合力下的结果"①，从而形成了一股巨大的社会潮流。

在 20 世纪初的社会大转型中，辛亥革命的作用是无可置疑的。南京大学历史学系教授张宪文著文指出：1911 年的辛亥革命及相继成立的中华民国，标志着中国由一个有两千多年封建专制历史的传统社会向现代社会的转变。"辛亥革命，作为一次暴力革命，完成了历史赋予的任务，即：第一，推翻了清王朝的政治统治，结束了中国实行了两千多年的封建专制制度；第二，初步建立起民主共和制度，实现了由传统社会向现代社会的转变，把中国引向建设现代社会的发展道路。这在中国来说，是破天荒的、也是前无古人的大事件。"②1912 年元旦南京临时政府成立，亚洲第一个资产阶级共和国由此诞生。之后颁布的《临时约法》是中国历史上第一部资产阶级共和国性质的宪法，尽管它没有实行，但它的意义很大，共和观念从此深入人心。

作为地方一省的浙江，辛亥革命对当地的社会转型起了很大的推动作用。这从浙江在辛亥革命史上的地位、革命主体为民主政治进程的推进所作出的努力、革命后的浙江军政府颁布的促进社会转型的政策法令以及革命党人示范带头作用等方面可以看出端倪。

首先，浙江在辛亥革命史上的地位和作用非常显著。以浙江籍人士为主体组成的光复会是辛亥革命期间主要的革命团体之一，光复会主要领导人蔡元培、章炳麟、陶成章、龚宝铨、徐锡麟、秋瑾等均是当时具有全国影响的有名人物。徐锡麟、秋瑾等谋划了浙皖起义，为革命不惜流血牺牲的精神赢得了国人的尊重。光复后成立的浙江军政府积极组建江浙联军会攻南京，并担任主攻部队，在攻克南京的战役中功绩最大，为中华民国的建立作出了巨大贡献。孙中山等人多次为牺牲的浙江同志祭拜、题词，缅怀纪念烈士。如徐锡麟在起义失败被捕后，被残忍地斩首剖心，孙中山为之题写挽联"丹心一点祭余肉，白骨三年死后香"③。1912 年 12 月 9 日，孙中山"出城致祭光复诸先烈"，参加秋瑾的追悼会，应允担任秋社的名誉社长。④ 他为秋瑾题写"巾帼英雄"及挽联"江户矢丹忱，感君首赞同盟会。轩亭洒碧血，愧

---

① 汪林茂：《浙江辛亥革命史》，浙江大学出版社 2001 年版，第 4 页。
② 张宪文：《论 20 世纪中国的社会转型》，《史学月刊》2003 年第 11 期。
③ 刘望龄：《孙中山题词遗墨汇编》，华中师范大学出版社 2000 年版，第 158 页。
④ 陈锡祺：《孙中山年谱长编》（上），中华书局 1991 年版，第 752 页。

我今招侠女魂"。① 1912 年 1 月 14 日,光复会领袖陶成章被暗杀,15 日孙中山电令沪军都督陈其美缉拿凶手,在电报中高度评价"陶君抱革命宗旨十有余年,奔走运动,不遗余力,光复之际,陶君实有巨功;猝遭惨祸,可为我民国前途痛悼"②,16 日,孙中山又致电浙江都督府,"命优恤陶成章家属并将生平之行谊及光复之劳勋,详细具报,备付将来民国国史"③。孙中山还为陶成章题写挽联"气壮河山"。1916 年 8 月,孙中山前往绍兴"陶社"祭奠陶成章。孙中山的褒扬从侧面反映了徐锡麟、秋瑾、陶成章等浙江人士对辛亥革命作出的巨大贡献,事实上,这也能反映出辛亥革命在浙江的社会影响力的大小和影响范围的深广。

其次,从革命主体在民主政治方面的努力看。民主革命派大力宣传革命思想,主张武力排满,建立资产阶级共和国。1903 年前后,资产阶级知识分子中间兴起了一个创办刊物、翻译介绍西方民主政治学说和各国民主革命历史的热潮。他们号召学习西方、奋起自救,制造革命舆论。章炳麟是当时著名的资产阶级民主革命家、思想家,他的《訄书》和《驳康有为论革命书》影响很大。《驳康有为论革命书》是 1903 年发表在《苏报》上,章炳麟在此文中全面、深刻地批驳了康有为的"保皇"论调,斥责光绪皇帝"载湉小丑,未辨菽麦",指责康有为是一个利欲熏心、甘当奴才的市侩。他歌颂革命为"启迪民智,除旧布新"的良药,并相信在革命之后中国人民完全有能力建立民主共和制度。革命的右翼立宪派则致力于君主立宪运动。在立宪运动中,浙江资本家是立宪派中的重要力量。浙江萧山人汤寿潜是当时立宪派中的领袖人物,在预备立宪诏令颁布后,他与张謇等人联络,发起组织团体。1906 年成立预备立宪公会,汤寿潜被推为副会长,另还有 84 位浙江籍人士加入,占总人数的 25% 以上。浙江的立宪派在本省组织立宪团体,创办刊物宣传立宪,如 1908 年创办的《绍兴公报》以"开启民智,提倡自由"为宗旨,1905 年创办于金华的《浙源汇报》、1908 年创办于杭州的《浙江日报》,也都是以宣传立宪为主旨。他们还创建阅报所开启民智,嘉兴张棣在商会内设阅报所,购买大量报刊,任人观览,并每天下午派人去演说,宣讲宪政知识;④其

① 刘望龄:《孙中山题词遗墨汇编》,第 177 页。
② 陈锡祺:《孙中山年谱长编》(上),第 629 页。
③ 陈锡祺:《孙中山年谱长编》(上),第 629 页。
④ 《各省商务汇志》,《东方杂志》第 3 卷第 13 号,1906 年 2 月 7 日。

他如新城、德清等州县也都设有这种任人观览的阅报社。① 咨议局成立后,立宪派通过咨议局参政议政,这唤醒了人民的民主意识和参政意识。但由于清政府的"顽冥不灵"以及革命形势的高涨,立宪派转身加入了革命阵营,对结束清朝专制王朝起到了一定作用。

再次,从浙江军政府颁布的政策法规看。杭州光复后,浙江结束了封建专制统治,建立了具有资产阶级地方民主政权性质的浙江军政府,汤寿潜被推选为首任都督。经省临时参议会议决公布的政令有:免本年全省赋税;奉行共和政体;实行新法律三级三审制;修改教育课本,添设各地小学;设立各县警察,禁鸦片、放女足、剪发辫;审查与共和国体相违之封建制度、法令、章则,禁止婢妾与贩卖人口,实行婚姻自主;等等。② 浙江军政府根据这些政令原则,开始了浙江的民主政治建设道路。如公布的《浙江军政府临时约法》是一部具有资产阶级共和国政权性质的地方性约法,按三权分立的原则,规定了法院具有独立的司法权;《浙江都督府官制》、《浙江省地方官制》是关于近代政府体制建立方面的;《浙江省修正新刑律施行法》、《浙江省审判章程》有利于建立近代法制社会的秩序。此外,颁布了经济改革和社会改革的政策法令,如《浙江省暂行商律施行法》、《浙江省暂行破产律施行法》有利于发展民族资本主义经济;《浙江省实行禁绝鸦片法》是针对吸食鸦片恶习的。显然,浙江军政府颁布的这些政策法规,涉及了政治、经济、社会、习俗等方面,为浙江社会的全面转型奠定了基础。

最后,革命党人在推动社会转型中起着带头示范的作用。民主革命派凭借着他们的人格魅力吸引其他人参与到政治变革的运动中来,经他们宣传动员后,革命成为一种潮流,广大人民群众成为革命的追随者。立宪派中有不少是实业家,如张謇、汤寿潜等人,创办了现代意义的股份有限公司,运用科学的管理制度。此外,这些革命党人传播新思想、新观念,并亲身力行。比如,他们把辫子看作是清王朝专制统治的象征,所以纷纷剪掉了自己头上的那根辫子;同时身着西服,在民主、平等思想下,以作揖、鞠躬等礼节代替跪拜礼仪;以先生、君的称谓代替大人、老爷的称呼。他们还倡导婚姻自由,并为他人所效仿,如"民国初年,金华有位小姐,公然在一家照相馆墙上题诗

① 《各省报界汇志》,《东方杂志》第4卷第7号,1907年9月2日;民国《德清县新志》卷3,"会所"。

② 黄元秀:《辛亥浙江光复回忆录》,见浙江省辛亥革命史研究会、浙江图书馆编:《辛亥革命浙江史料选辑》,浙江人民出版社1981年版,第521页。

征婚。当选的是我们的历史教师邵振清先生,一时传为佳话。振清先生,便是后来的记者:邵飘萍先生"①。这些做法,引导着社会转型时期人们的行为方式、生活方式和价值观念的改变。

总之,大量史实表明,时代呼唤革命,革命党人顺应了历史的潮流,推动了当时中国社会政治、经济、文化、生活等方面的进步,也反映出了辛亥革命在传统社会向现代社会的转型中所起的作用,正如马克思所言:革命是历史的火车头。

---

① 王启发:《曹聚仁笔下的金华人》,《金华日报》2001 年 7 月 15 日。

民国时期浙江水利事业述论

梁敬明　王大伟

（浙江大学人文学院历史系）

除水害，兴水利，为历代治国安邦大计。"为利为害，水不自知，去害兴利，无非人力"[①]。近代以来，在从传统向现代变迁的历史进程中，水利事业于除兴之间，也经历了从被动到主动，从以除为主、以兴为辅，到除兴结合、以兴为主的过程。无论是制度和体制层面还是科学和技术层面，民国时期的水利事业在延续传统的同时，也积累了一些现代的要素。本文以民国时期浙江省水利事业的演进为主线，阐释其转型的实态及困顿。

一

浙江的水利事业，历史悠久，成效显著，曾涌现了一批著名的河、湖、堰、塘大型水利工程。[②] 据冀朝鼎统计，浙江在唐、宋、元、明四代治水活动之多，均居于全国领先地位。[③] 至于清代，海塘建设进入鼎盛时期。甚至，浙江省境"开拓发展的过程，在某种程度上说，就是水利发展的过程"[④]。

民国时期，虽时局动荡、战乱频仍，但在近代国家形态建构的过程中，水利事业进入了从传统向现代转型的启程阶段。这一转型在制度和体制层面上的表现，就是水政趋向统一，法规逐步订定，水利事业从规划到实施具备一定的系统性和科学性。

---

① 曾养甫：《浙江省建设月刊》（水利专号）卷首语，浙江省政府建设厅编《浙江省建设月刊》第6卷第11期，1933年5月出版。本文所引《浙江省建设月刊》见民国浙江史研究中心、杭州师范大学选编《民国浙江史料辑刊》（第二辑），国家图书馆出版社2009年版。
② 参见张铁群主编：《浙江省水利志》，中华书局1998年版。
③ 冀朝鼎：《中国历史上的基本经济区与水利事业的发展》，朱诗鳌译，中国社会科学出版社1981年版。
④ 陈桥驿：《浙江省水利志》序三，张铁群主编《浙江省水利志》，中华书局1998年版。

民国以前，浙江向无主办全省水利的机构。而于水利事业，"志籍所见，皆载塘工，其他略焉不详"①。民国纪元，设立浙东水利测量队和浙西水利测量队，隶属浙江民政司。1914 年，全国水利局通令各省筹设水利局。1915 年 3 月，浙江巡按使根据全国水利局颁发的《各省水利委员会组织条例》，订立浙江水利委员会章程，成立浙江水利委员会，归并浙东、浙西两个水利测量队，扩建为附属第一、第二、第三测量队，继续开展水利工程建设和全省主要河流的测量工作。1917 年 9 月，苕溪流域杭县、余杭、海宁、嘉兴、嘉善、海盐、崇德、桐乡、平湖、吴兴、长兴、德清、武康、安吉、孝丰等十五县，每县推举一人，组织成立浙西水利议事会，专司修浚浙西区域内河道、坝闸及河岸工程，"凡遇浙西河工堤工择要浚筑，如各县财力不及，即酌量补助"②，成绩也属可观。而于海塘工程，除海宁、盐平分段设局外，又先后成立绍萧塘闸工程局和浙江海塘测量处。民国初期，浙江虽尝试统筹全省水利事业，但各机构彼此不相统属，浙江水利委员会"为经费所限，有测量而乏工程"③，"经办事件，以局部水利争执，奉命测勘之案为多"④。加之时局不稳，政非一贯，难见实效。

浙江水政的统一，是在南京国民政府建立后。1927 年 8 月，浙江水利委员会被裁撤，水利事业由建设厅直接管理。1928 年 8 月，浙江省政府委员会议决，撤销钱塘江工程局，改组成立浙江省水利局，隶属于建设厅，并任命戴恩基为局长。⑤ 浙江省水利局"统理全省水利建设，兼及浙西治河，浙东建闸，以至河流测量，与水文气象测量等基本工作"⑥。

此后 20 多年，浙江省水利局虽多次撤销、恢复，但浙江水政统一的方向和格局没有根本改变。1931 年 3 月，海塘工程从浙江省水利局划出，另设钱塘江塘岸工程处。1932 年 1 月，又将钱塘江塘岸工程处归并浙江省水利

---

① 孙寿培：《复员以来之浙江水利》，浙江省银行经济研究室编《浙江经济》第 3 卷第 5 期，1947 年 11 月出版。

② 赵震有：《浙江省办理水利事业之经过》，《浙江省建设月刊》（水利专号）第 6 卷第 11 期，1933 年 5 月出版。

③ 张自立：《浙江省之水利建设》，《浙江省建设月刊》（水利专号）第 6 卷第 11 期，1933 年 5 月出版。

④ 何之泰：《十年来之浙江水利》，《浙江省建设月刊》（十周纪念专号）第 10 卷第 11 期，1937 年 5 月出版。

⑤ 1930 年，戴恩基公务出国期间，一度由周尚任代局长。

⑥ 孙寿培：《复员以来之浙江水利》，浙江省银行经济研究室编《浙江经济》第 3 卷第 5 期，1947 年 11 月出版。

局,并任命张自立为局长。1936 年张自立辞职,先后改委任朱延平、周镇伦为局长。1936 年 6 月,复以省库支绌,浙江省水利局改组为浙江省建设厅水利工程处。1937 年 2 月,重组浙江省水利局,由何之泰任局长。抗战爆发后,浙西各县先后沦陷。1938 年 1 月,裁撤浙江省水利局,并入浙江省农业改进所,期间也曾在浙江省建设厅下设水利处。抗战胜利后,于 1946 年 1 月恢复浙江省水利局,由孙寿培任局长,重点抢修战时损毁水利设施,并继续规划、推进各项水利事业。

与统筹水政相一致,民国年间相关水利法律规章也陆续出台。1913 年,浙江省临时议会通过《调查全浙水利决战案》,随后颁布了《调查浙江水利施行细则》。这是浙江省第一个全省性的水利规章。[①]

南京国民政府建立后,从中央到地方开始制订、颁行符合近代水利科学技术要求的法律规章。[②] 在省水利局成立后,浙江省颁布了一系列堤防岁修、闸坝抢修、修复堰荡沟渠、乡镇水利公会章程等地方性法规。据《浙江省现行建设法规汇编》《浙江省建设月刊》等,先后制定的水利法律规章有:《浙江省水利局规程》(1928 年)、《修正浙江省水利局规程案》(1929 年)、《浙西水利工程事务所经临经费预算标准》(1929 年)、《浙江省水利测量规则》(1929 年)、《浙江省水利局施工测量规则》(1929 年)、《浙江省塘堤闸坝抢险暂行规则》(1930 年)、《浙江省各县修浚堰荡沟渠办法》(1931 年)、《浙江省各县堤塘修复规程》(1931 年)、《修订浙江省区乡镇办理水利工程征工规则》(1931 年)、《修正浙江省第一区水利议事会章程》(1932 年)、《浙西水利验收工程规则》(1932 年)、《浙西水利经费保存支付细则》(1932 年)、《修正浙江省第一区水利议事会补助浙西各市县水利工程经费规则》(1932 年)、《浙江省乡镇水利公会章程》(1932 年)、《浙西鱼籪管理规则》(1935 年)、《浙江省各段海塘工程处规程》(1936 年)等。[③]

浙江省地方性水利法规修订、新订的另一重要时期,是在抗日战争胜利后。1946 年,先后制订了《浙江省水利局测量队组织规程》《浙江省水利局查勘队组织规程》《浙江省管理沙区办法》等;1947 年,先后制订了《浙江省兴办水利工程受益费统一征收办法》《浙江省水利局组织规程》《浙江省督

---

① 张铁群主编:《浙江省水利志》,中华书局 1998 年版,第 885 页。
② 参见郭成伟、薛显林:《民国时期水利法制研究》,中国方正出版社 2005 年版。
③ 参见浙江省建设厅编:《浙江省现行建设法规汇编》,1936 年铅印本,见民国浙江史研究中心、杭州师范大学选编《民国浙江史料辑刊》(第一辑),国家图书馆出版社 2008 年版。

导兴修小型农田水利工程实施细则》、《浙江省○○○水利工程处组织通则》,修订了《修正浙江省水利参事会组织通则》等。战后还修订、新订了《修正浙江省各县水利协会组织通则》、《浙江省农田水利工程管理养护办法》、《浙江省农田水利贷款基金支付暂行办法》、《浙江省农田水利基金筹集办法》等。[①] 民国时期,浙江省区各市县也颁布过一些水利规章。

　　全省性水政机构的建立,相关法律规章的颁行,专业人士的主持、参与,为系统、科学地规划和实施水利事业提供了基础。"浙江水利,可分浙西平原、浙东运河、东西苕溪及钱塘江、甬江、灵江、瓯江、飞云江等流域,形势各殊,故治理之方法亦异",据此,浙江省建设厅于1934年编制了《浙江省水利工作五年计划》。[②] 后又制订了《浙江省水利工程计划分年进行方案》。[③] 一些水政主政者和有识之士也提出了意见和建议,如张自立的《水利建设之重要与本省水利事业之进行计划》[④],徐琳的《今后浙省水利建设之展望》[⑤],等等。值得注意的是,抗战胜利后,浙江省制订了一系列的水利计划,如《浙江省兴办水利工程计划》[⑥]以及《沟通钱塘江及运河工程计划书》、《江南大运河工程浙江部分初步计划》、《整理东苕溪第一期工程计划》、《浙江省东钱湖下水溪蓄水库工程计划》等。[⑦] 由于国共内战的爆发,政局剧变,这些计划当时不可能展开或完全实施,但其长远价值和意义却不能忽视。

二

　　于制度之外,在技术的层面上,水利事业从传统向现代转型的一大表征,即是从经验向科学的发展。传统水利事业具有很强的经验性,而现代水

---

　　① 参见《浙江省水利法规辑要》,浙江省银行经济研究室编《浙江经济》(浙江水利事业专号下)第5卷第5期,1948年11月出版。

　　② 浙江省建设厅编:《浙江省水利工作五年计划》,《浙江省建设月刊》第8卷第7期,1935年1月出版。

　　③ 浙江省建设厅编:《浙江省水利工程计划分年进行方案》,《浙江省建设月刊》第10卷第1期,1936年9月出版。

　　④ 《浙江省建设月刊》第6卷第1期,1932年7月出版。

　　⑤ 《浙江省建设月刊》(十周纪念专号)第10卷第11期,1937年5月出版。

　　⑥ 浙江省银行经济研究室编:《浙江经济》(浙江水利事业专号下)第5卷第5期,1948年11月出版。

　　⑦ 浙江省银行经济研究室编:《浙江经济》(浙江水利事业专号上)第5卷第4期,1948年10月出版。

利事业则超越经验上升为科学。

民国时期,一批在国内外受过专业训练的水利工作者,为推进浙江水利事业的发展作出了贡献。从戴恩基、周尚、张自立,到朱延平、周镇伦、何之泰、孙寿培等民国浙江水政的历任主持者,多为专业人士。周尚曾赴法留学,专攻水利,后获德国汉诺佛大学硕士学位;张自立曾赴美留学,毕业于伊利诺斯大学铁路土木工程系;周镇伦毕业于天津北洋大学土木工程系,曾留学美国;何之泰毕业于中国第一所水利专业学校南京河海工程专门学校,后赴美留学,获得康奈尔大学土木工程硕士、爱荷华大学水利工程博士学位。曾任浙江省水利局副总工程师的徐世大,毕业于北洋大学,曾留学美国;曾任钱塘江工程局总工程师的汪胡桢,毕业于南京河海工程专门学校,后赴美留学,获得康奈尔大学水利水电工程硕士。① 从民初,到战前、战时、战后,这些主政者,倡导规制,制定计划,延揽、培养人才。同时,注重基础测量资料的提取、积累和完备,注重新材料和新技术的引进,呼吁并开始发掘水利和水力资源。水利事业于除兴之间,也经历了从被动到主动,从以除为主、以兴为辅到除兴结合的过程,推动浙江水利事业艰难地向前发展。

民国时期,在水文测量、气象观测和各河流的基本测量等方面均有发端,且能持续推进,累积有功。时人有论:"水利事业,经纬万端,要皆以测量为前提。举凡河道之形势,水位之高下,河底之状况,雨量之多寡,气象之变迁,既须详细测量,尤应精确记载,非短时间所能仓促藏事。"② 或以为:"举办水利事业,非一朝一夕之功,对于江河历史,水文气象,以及地质变迁,均须先有详密之测量、考察与记录,方可树立百年之计划。"③

民元设立浙东、浙西水利测量队,即在过往的基础上,对省内主要河流钱塘江、曹娥江、浦阳江、瓯江、灵江、苕溪等进行地形水准测量。浙江省水利局成立初期的相关测量情况,张自立有过记述。④《浙江省水利总报告》专设一章,对战前的测量工作作了全面的总结。浙江省水利局成立后,为求

---

① 参见张铁群主编:《浙江省水利志》"传略",中华书局1998年版;中国水利百科全书编辑委员会编《中国现代水利人物志》,中国水利水电出版社1994年版。

② 赵震有:《浙江省办理水利事业之经过》,《浙江省建设月刊》(水利专号)第6卷第11期,1933年5月出版。

③ 徐琳:《今后浙省水利建设之展望》,《浙江省建设月刊》(十周纪念专号)第10卷第11期,1937年5月出版。

④ 张自立:《浙江省之水利建设》,《浙江省建设月刊》(水利专号)第6卷第11期,1933年5月出版。

迅速完成各河流测量,曾聘任奥地利籍总工程师白朗都,又陆续雇佣外籍技师,并从德国采购了测量飞机及航测绘图仪器等,但由于"事属创始,筹备需时,复以天时人事关系,致预定工作,多未能实行",所有飞机及仪器等均拨归中央陆地测量局接受,最后仍用普通方法实施测量。1932年4月,改组浙东第一第二测量队,成立地形测量队,一面补测未完工作,一面进行全省各河流地形测量,本项测量包括三角水准、河底地形等测量。同年成立水文测量队,办理全省各河流流量、水位、含沙量及河床变迁等测量。之前浙江各河的水文测量并无固定组织,即便在浙江省水利局成立初期,除水位记载委托县政府或当地机关代办外,仅于大汛期内派省局工程师分赴各河测量流量一两次。水文测量队成立后,先后共设水位站49处、流量站25处,取得了个河流重要的水文资料。① 1933年1月,在扩充原有雨量站的同时,设立各地测候站,并在省局设立测候所。由此,一些基本测量资料也在此前后时期完成。《浙江省水利总报告》列示了此一时期所获取的各河流、各站点的多年测量数据等,具有很高的应用价值。② 抗战爆发后,杭嘉湖各属和萧绍等县相继沦陷,省府搬迁,相关测量工作也陷停顿。1946年6月,成立浙江省水文总站,隶属水利部中央水利实验处,总理全省水文测量事宜。③

民国时期,新材料和新技术的引进,改进甚至取代了传统的方法和技术。特别是水泥和钢筋混凝土的引进,大大丰富了水利工程建筑材料。尤其是水泥的水凝性和可塑性,为水利施工带来便利,也提高了工程的效能。其他施工机械设备,也为大中型水利工程的建设创造了条件。④ 浙江的海塘建设有了新的变化,在改造旧塘、重建坍塘时出现了重力式混凝土塘,如弧面混凝土塘、平面混凝土塘、预制混凝土块塘、扶壁式钢筋混凝土塘。⑤ 在温黄平原,以钢筋水泥建设西江闸和新金清闸,为浙江建造现代水闸之始,⑥功效显见。

同时,运用近代科学和技术,开发水利和水力资源。"浙省河流,大都发

---

① 《浙江省之水利事业》,《浙江省建设月刊》第10卷第3期,1936年9月出版。

② 浙江省水利局编:《浙江省水利总报告》(上、下),1935年印行,见民国浙江史研究中心、杭州师范大学选编《民国浙江史料辑刊》(第一辑),国家图书馆出版社2008年版。

③ 吴睿:《浙江之水文》,浙江省银行经济研究室编《浙江经济》(浙江水利事业专号上)第5卷第4期,1948年10月出版。

④ 周魁一:《农田水利史略》,水利电力出版社1986年版,第134页。

⑤ 张铁群主编:《浙江省水利志》,中华书局1998年版,第264页。

⑥ 张铁群主编:《浙江省水利志》"概述",中华书局1998年版。

源山区,坡陡流急,蕴蓄水力极富。"①以当时的估计,浙江水力蕴藏量在50.3万匹以上,钱塘江流域约占一半,次为瓯江和灵江。② 1935年,资源委员会曾派队到浙南飞云江、瓯江流域勘查水力资源。抗战时期,浙西南山区成为浙江抗日的后方基地,为解决军需民生,在丽水、云和、龙泉、遂昌等地兴建了一批小规模的水电站,结束了浙江无水电的历史。战后,开建龙游灵山水力工程,开展钱塘江大型水力工程的查勘设计。③ 1947年,"承资源委员会全国发电总处,派员来浙,组织钱塘江水力发电勘测处,分别派队勘测,并已拟订初步水力工程计划,勘定水力厂地点,计富春江七里泷,新安江罗桐埠,淳安邵村,乌溪江衢县黄潭口,常山港灰埠等五处,估计发电量共二十二万千瓦,其中以七里泷形势最佳,可发电六万千瓦,拟即钻探坝址地质,详细计划,先行投资开发,供应扬子江三角地带工业区之电力,以适应目前工业生产之需要"④。此计划,展现了浙江水电发展的前景。另外,在杭州闸口、萧山闻家堰、上虞谭村等地建成机械翻水站,开创了向大江提水的范例。⑤

三

诚如朱延平所言,其时浙江的水利事业,就特性与需要而言,可谓"西河东闸海修补"⑥。综观民国时期浙江水利事业的演进,也部分验证了这一判断。下面仅就浙江省水利局成立以后20多年浙江水利事业的实施情况,分战前、战时和战后三个阶段简要概述。

第一阶段,战前时期(1928—1937)。

1928年,浙江省水利局成立。当时开展的一项重要工作,就是在原有

---

① 孙寿培:《复员以来之浙江水利》,浙江省银行经济研究室编《浙江经济》第3卷第5期,1947年11月出版。

② 吴睿:《浙江之水力资源》,浙江省银行经济研究室编《浙江经济》第2卷第6期,1947年6月出版。

③ 张铁群主编:《浙江省水利志》,中华书局1998年版,第552—553页。

④ 孙寿培:《复员以来之浙江水利》,浙江省银行经济研究室编《浙江经济》第3卷第5期,1947年11月出版。

⑤ 张铁群主编:《浙江省水利志》,中华书局1998年版,第264页。

⑥ 朱延平:《从办理水政所见到的浙江水利之重心》,《浙江省建设月刊》(十周纪念专号)第10卷第11期,1937年5月出版。

基础上,对全省主要河流的地形、水文、气象等进行测量,形成基础资料。另外就是兴办水利工程,仍以修理养护钱塘江海塘工程为主,兼及各地方水利工程。浙江省水利局成立初期,主持或参与的地方水利工程包括疏浚崇德崇桐运河、杭县上塘河、乍浦塘河、余杭蒋家潭河道工程,开辟嘉兴鸳鸯湖尾闾新河等,还制定了温岭、奉化两县的水利工程计划。这一时期仍以浙西的河道疏浚为主,其他各县虽有部分制定了工程计划,但离具体开工兴建依然有一段距离。①

20 世纪 30 年代初期,水利事业有一定推进,相关工程及计划也扩展到全省范围。所涉工程包括杭海段海塘工程、盐平段海塘工程、绍萧段塘闸工程、整理钱塘江江岸工程、浙西治河工程、浙东建闸工程、钱塘江南岸义渡码头工程及汲水站工程等。浙西的治河工程,包括疏浚桐乡城南河、炉头市河,长兴五里桥河,嘉兴城东濠河以及鸳鸯新河等;武康塘堤加筑土堤,孝丰许家庄堤埂筑护坡,孝丰塘湖建挑水坝等。而浙东黄岩西江闸的建造和温岭新金清闸的迁址重建,极大地改善了两县水利环境,二闸合作,调节蓄泄,可为 110 万亩农田提供水利支持。

另外,还制定了一批规模大、受益面广、收效高的工程计划。如整理钱塘江闸口三郎庙间江岸工程计划,除为整理江道工程之一部分外,还可新增约 2750 亩的使用土地;建筑东苕溪上游拦洪水库与整理南北湖两项工程计划,影响所及为临安、武康、余杭等 6 县,受益田地共约 500 万亩。整理东钱湖流域灌溉工程计划,受益面积约 50 万亩。整理浙江海塘工程计划,可保护浙西境内农田及市镇,受益有海宁、海盐、平湖等 8 县;整理萧山南沙农田水利工程计划,全部受益田亩计有 32 万亩;整理衢县石室堰、杨赖堰、东迹堰三堰灌溉工程计划,可保护乌溪港流域约 15 万亩农田。还有整理诸暨白塔湖、东泌湖防涝及灌溉工程计划,整理余姚牟山湖流域灌溉工程计划,曹娥江防洪工程计划等。②《浙江省水利总报告》图文并茂、翔实完备地介绍了这些工程情况,可供查实。

第二阶段,抗战时期(1937—1945)。

抗战爆发后,浙西各属和萧绍等县相继沦陷,政府迁移,辗转浙东南各

① 浙江省建设厅编:《两年来之浙江建设概况》,1929 年铅印本,见民国浙江史研究中心、杭州师范大学选编:《民国浙江史料辑刊》(第一辑),国家图书馆出版社 2008 年版。

② 浙江省水利局编:《浙江省水利总报告》(上、下),1935 年印行,见民国浙江史研究中心、杭州师范大学选编《民国浙江史料辑刊》(第一辑),国家图书馆出版社 2008 年版。

地。战时浙江国统区的水利事业格局和重心,因此而发生了根本的变化。为充裕本省民食,增强抗战力量,配合粮食增产和农业改进政策,致力于兴修各地农田水利工程,成为特殊时期浙江水利事业的中心工作。

1938年1月,裁撤浙江省水利局,水利业务并入浙江省农业改进所。由于浙东山区文化落后,经济枯竭,对于农田水利方面,"除尽量以技术供给农村外,并须先为农村筹措工款,组织团体,解决纠纷"。具体实施,"从空间言,则先以处属为据点,其后逐步扩大至整个浙东;从时间言,更可分为三个步骤,第一步测勘设计,第二步筹措工款,第三步指导兴工"[①]。先后完成较大工程有丽水之通济堰,衢县之吾平堰,龙游之为鸡鸣堰。战时农田水利建设,收到了较大的成效。据统计,从1938年到1945年,全省共计完成大型农田水利工程33处,受益农田112.356万亩,兴修小型农田水利工程1457处,受益田亩109.3108亩,合计受益农田221.6668亩。[②] 另外,还兴修了前述丽水、云和、遂昌、龙泉等地水力发电工程。

战时农田水利工程的兴修,从经费到劳力,大多依靠民间力量,如经费,除贷款外,均由地方自筹;土方工程,以利用国民义务劳动服役办理为主。战时农田水利事业的发展,也得益于农贷政策的实施。1942年3月,为办理农田水利工程贷款事务,在丽水成立了浙江省农田水利贷款委员会,云和惠云渠、龙泉安仁渠、庆元大畈垟、泰顺莒江等农田水利工程的兴修,均得到农贷的支持。这些农田水利工程,实际灌溉农田面积约7.4万余亩(包括吾平堰)。更重要的是,这些工程的兴修和取得的效益,得到地方人士的好评,"是以浙省之农田水利贷款概况款额虽少,而尚能收提倡示范之功效"[③]。

第三阶段,战后时期(1945—1949)。

抗战胜利后,恢复浙江省水利局。其时浙江省水利事业的首要任务,就是修复沦陷区损毁水利工程,包括钱塘江海塘工程和各县水利设施,大致可分为钱塘江北岸抢修时期、临时紧急抢修时期和抢修永久性工程时期。1946年秋潮涨发以前,完成堵塞海塘决口,建筑柴塘1700多公尺;并挑筑

---

① 浙江省建设厅编:《浙江省五年来建设工作报告》,1942年铅印本,见民国浙江史研究中心、杭州师范大学选编《民国浙江史料辑刊》(第一辑),国家图书馆出版社2008年版。

② 孙寿培:《十年来之浙江水利建设》,浙江省银行经济研究室编《浙江经济》(浙江水利事业专号上)第5卷第4期,1948年10月出版。

③ 孙寿培:《浙江省农田水利贷款工程述要》,浙江省银行经济研究室编《浙江经济》(浙江水利事业专号下)第5卷第5期,1948年11月出版。

土备塘、隔堤、月堤以及塘后附土工程。之后,开展永久性海塘的修复工程,治导江流,便利通航。其他河流的防洪工程,1947 年完成了金华江、浦阳江、曹娥江、东西苕溪等第一期紧急防洪工程;1948 年,继续整治金华江、浦阳江、东西苕溪等河流。嘉属运河两岸堤塘坝堰及堵塞等工程,也先后修筑完成。

关于大型农田水利工程,战时已取得相当成效。战后对于未竣工程,仍赓续办理。1945 年度计完成临海东大河等八处工程,受益田亩共 33.5 万亩。1947 年完成临海桃渚区洞港大闸,宁海车岙港闸、平阳北港南湖闸、丰安闸,衢县吾平堰进水闸,瑞安小篁竹陡门等工程。另外,修建了永瑞两县滨江滨海陡门,疏浚东钱湖,修理碶闸,抢修石室堰等工程,受益农田共 70 多万亩。①

各县兴修的小型农田水利工程,均利用冬闲时节,运用国民劳动办法积极推进。1945 年冬,于潜、德清、黄岩等 38 县完成工程 575 处,受益田亩 44.3 万多亩。1946 年起,配合行总浙署善后物质及农行小型农田水利贷款,订定实施办法,规定凡无水源旱田,应凿井开塘;平原地区,培修圩堤,疏浚河道,修理闸坝等。自 1946 年 10 月至 1947 年 6 月,计有杭市、杭县、新登、富阳、余杭等 69 市县,完成工程 1053 处,受益农田 236.1467 万亩。②

四

综上所述,民国时期浙江水利事业处于从传统向现代转型的启程阶段,在制度、法规、科学、技术以及水利工程的兴修等各方面都取得了一定的发展。但是,转型之困顿,推进之艰难,也是显而易见的。

民国浙江水政的主持者最能体验个中滋味,也深知困顿、艰难之所在。1935 年,《浙江省建设月刊》出"百期纪念号",浙江省建设厅各部门回顾自 1927 年南京国民政府成立以来八年的工作,张自立以《省库支绌下之浙江水利建设》为题,谈了水利事业开展之艰难:"浙江水利建设,已有较长历史,惟近四年来,以省库支绌及交通事业之突飞猛进,经常及事业诸费,历年递

---

① 参见孙寿培:《十年来之浙江水利建设》,浙江省银行经济研究室编《浙江经济》(浙江水利事业专号上)第 5 卷第 4 期,1948 年 10 月出版。

② 参见孙寿培:《十年来之浙江水利建设》,浙江省银行经济研究室编《浙江经济》(浙江水利事业专号上)第 5 卷第 4 期,1948 年 10 月出版。

减，维持原有工程，已觉襟穷见肘，如海塘岁修工程经费，十七年度戴任内列十八万九千二百元，是年办理之岁修工程，杭海、盐平、绍萧一段共计六十七处，嗣后水利经费，年有减少，甚至大汛期内所需抢修经费，亦须设法挪用。夫以浙省长远三百余公里之江塘海塘，浙西杭嘉湖及绍萧两县所视为田盐民命之屏障者，其经费支绌短发，尤复如是，其他工程，更无论矣。维持原有工程之筹款之艰难如是，新兴工程推动之不易，更可想见。"谈到 1935 年度的水利经费，他更是牢骚满腹："包括经常塘工等费在内，只列三十一万余元，往昔塘工经常费一项，尚不止此数，经费支绌如此，维持海塘及钱江已成各石坝等工程，已觉困难万状，大规模之水利建设，亦必有待于来兹。"[1]

何之泰认为，"组织屡更，又因行政机构不健全，及工程经费之年有递减，而影响于水利事业之进行者至巨"[2]。

孙寿培指出水利事业办理困难及其原因：第一，地方经八年抗战，元气未复，筹款困难，省级财政亦复支绌，缺乏水利基金；第二，各县政府财政贫富悬殊，凡贫瘠县份，县府财政困难特甚，对于县内应办水利事业，无法推进，全省水利，难期普遍发展；第三，物价未臻稳定，工程经费预算，无法控制，影响预定工程进度；第四，各县推行国民义务劳动服役，事前大都缺少准备，管理欠善，工作效率减低；第五，水利团体无经常的款，专任人员太少，组织不免空虚，地方人士意见，亦未能集中；第六，各地已办完成之水利工程，地方对于养护管理，甚少注重，工程效用减低，且易遭损毁；第七，自中央与地方财政系统划分后，水利经费全恃地方征收受益费为主要来源，但施工范围以内之受益土地，所有地籍面积，未经清丈整理，分等征收费用，发生困难；第八，按照水利法规定，凡汲引天然河流水源，必先举办水权登记，取得合法水权，以杜用水纠纷，而各县对于水权登记，大都尚未举办，水利纠纷迭起，不易解决。[3]

显然，水利经费应属核心问题。水利事业，既耗时间，又耗资金，如无充裕经费，难为无米之炊。浙西水利的发展，得益于区位优势和良好传统，得

---

① 张自立：《省库支绌下之浙江水利建设》，《浙江省建设月刊》（百期纪念号）第 9 卷第 3 期，1935 年 9 月出版。

② 何之泰.《十年来之浙江水利》，《浙江省建设月刊》（十周纪念专号）第 10 卷第 11 期，1937 年 5 月出版。

③ 孙寿培：《复员以来之浙江水利》，浙江省银行经济研究室编《浙江经济》第 3 卷第 5 期，1947 年 11 月出版。

益浙西水利议事会(第一区水利议事会)的成功运作,也得益于稳定的经费来源。"其水利经费,每地丁一两带征银元六分,随征捐代收;丝捐,以丝包出省者,每包抽大洋一元,由统捐者代收;茧捐,每百斤加抽大洋五角,由茧捐委员代征,年可收入约二十余万元。"①浙江省水利局曾试推浙西模式,1931 年 8 月,参照浙西水利议事会办法,以流域关系,将全省划为五个大区,组织了第一、第二、第三、第四、第五等五区水利议事会。临安县同属苕溪流域,划入浙西,改浙西水利议事会为第一区水利议事会,计辖 16 县;第二区为钱塘江流域,计辖 24 县;第三区为曹娥江甬江流域,计辖 11 县;第四区为灵江流域,计辖 9 县;第五区为瓯江流域,计辖 15 县。同年 9、10 月间,各会先后成立。"所有水利经费,经各该会议复,请拨建设特捐、建设附捐、船舶牌照捐、地丁附捐、营业税附捐、轮汽船客货票附捐暨沙田收入等项;惟是项附捐,或已指定用途,或与税法抵触,或经支配有案,均属窒碍难行。"②经费既无着落,事业即无从进行。1932 年 4 月,除第一区外,其他各区即告结束。

从全省看,1927 年以前,浙江水利经费,杭海、盐平两端塘工经费由省库指拨,绍萧段塘工经费由两县就地筹措;浙西水利工程经费由前述相关 16 县田赋及各项货物统捐内附带征收;其他各县则就地临时筹集。浙江省水利局成立后,经费来源可分为省款和地方两类。水利局经常和临时经费、塘工工程经常和临时经费,均由省库拨发,其他临时工程及测量经费,则或由省库拨补一部分,不敷之数,由相关各县筹措,或全部由地方筹集。其他地方水利工程,虽由省水利局主持,但经费系由地方受益田亩担负。③ 但或限于时之经济发展水平,或由于百废待兴,如优先发展交通之考虑,或处临战、战时状态,抑或认识水平,长官意志,也因水利工程所需十分巨大,民国时期浙江水利经费始终处于短缺状态。

当然,时局动荡、战乱频仍,加之水利建设,尤其是大型水利工程耗时较长,不能在短期内即收成效,也为其中重要影响因素。"筑堤防洪,建库蓄

---

① 赵震有:《浙江省办理水利事业之经过》,《浙江省建设月刊》(水利专号)第 6 卷第 11 期,1933 年 5 月出版。

② 赵震有:《浙江省办理水利事业之经过》,《浙江省建设月刊》(水利专号)第 6 卷第 11 期,1933 年 5 月出版。

③ 浙江省水利局编:《浙江省水利总报告》(上、下),1935 年印行,见民国浙江史研究中心、杭州师范大学选编《民国浙江史料辑刊》(第一辑),国家图书馆出版社 2008 年版。

水,或竟数年不发大水,几等无用",且"主持水利工程,非有远大眼光,决心终身从事于此,不能得优良之效果"①。而在体制、机制上,浙江省水利局虽为统筹全省的水政管理机构,但其地位和权威性并不高,难以整合全省的水利事业。制定了一系列的相关法律规章,如引入水权理论并以成文法的方式确立下来,但实际的执行也较困难。而在运作上,民间力量的动员也显不够。朱延平曾指出:"政治机关是指导人民作事,而非代替人民作事,办理水利事业,政府应提醒人民对于水利事业之认识,晓谕人民对于振兴水利之方法,督促人民对于水利事业之工作,若代替人民作事,虽成立千百机关,尤难望其普沾化雨也。"②

以上诸多因素,均影响、冲击、限制浙江水利事业的发展和转型。尽管如此,民国时期浙江水利事业也积累起一些现代的要素,为长远的发展奠定了一定的基础。

---

① 张自立:《水利建设之重要与本省水利事业之进行计划》,《浙江省建设月刊》第 6 卷第 1 期,1932 年 7 月出版。

② 朱延平:《从办理水政所见到的浙江水利之重心》,《浙江省建设月刊》(十周纪念专号)第 10 卷第 11 期,1937 年 5 月出版。

国民政府时期的地方党政关系：以 1927—1945 年的浙江为例

温伟伟　夏卫东

（杭州师范大学人文学院历史系）

1924 年，孙中山"以俄为师"，改组了中国国民党。此次改组为中国国民党的一个重大转折，李剑农认为中国国民党这次改组并不彻底："一是党章和干部机关的组织虽然经过一番改变，但还不曾采用苏俄那种细密严切方法；二是干部人员的分配虽然有变更，新旧党员的吸收淘汰尚未充分的进行……"①王奇生称这次改组为"中国国民党组织形态的'革命性'变革"②。经过改组后的中国国民党，最高的机关为全国代表大会，大会闭会期间由执行委员会行使权力；中央设有中央党部，以下逐级设有省党部，县市党部，区党部，区分部。其中，区分部是中国国民党最基层的组织，省党部则介于中央与县之间，司掌中央党部与地方党部间之承转联络。本文通过 1927—1945 年间的中国国民党浙江省党部的运作，希图反映国民政府时期地方的党政关系。

一、国民党浙江省党部的成立

1924 年 1 月，中国国民党在广州召开第一次全国代表大会，"浙江省代表戴任、胡公冕、宣中华，沈定一、戴季陶、杭辛斋（沈定一、戴季陶、杭辛斋为孙中山指派）出席"③。沈定一、宣中华（共产党党员，以个人身份加入国民

---

① 李剑农：《中国近百年政治史（1840—1926）》，复旦大学出版社 2002 年版，第 549 页。

② 王奇生：《党员、党权与党争—1924 年—1949 年中国国民党的组织形态》，上海书店 2010 年版，第 1 页。

③ 荣孟源：《中国国民党历次代表大会及中央全会资料》，光明日报出版社 1985 年版，第 61 页。

党)在此次全国代表大会上当选为国民党中央候补执行委员。同年2月,沈定一奉孙中山的命令到浙江筹备党部,并于3月30日在杭召开党员会议,选举产生了国民党浙江临时委员会。最后,沈定一、宣中华均被推为常务委员,设临时党部于杭州。5月,成立了临时省执行委员会,"沈尔乔(萧山)为妇女部部长,王超凡(永嘉)为商人部部长,王欣为(诸暨)为工人部部长,孔雪雄(萧山)为农人部部长,萧明新(嘉兴)宣传部部长,蒋剑农(嘉兴)组织部部长,刘冠世(金华)常务委员兼青年部部长,姜邵谟(江山)常务委员,王讷言(天台)常务委员兼秘书长"①。同时,蒋梦麟、蒋伯诚、沈定一、何应钦、蔡元培以中央特派员身份视察指导浙江党务。当时国民党中央执行委员会限定浙江省于六个月内筹备完成,实际上在半年后正式成立市县党部也只有六处左右,因此临时省执行委员会也就无法召开全省代表大会。

1925年7月5日,沈定一在萧山衙前召开国民党临时执行委员会全体会议。同年11月23日,以林森、邹鲁、谢持为首的一部分中国国民党中央委员在北京西山碧云寺召开会议,反对孙中山的三大政策,会商通过并发表了"取消共产派在本党之党籍案"、"顾问鲍罗廷解雇案"、"开除汪精卫党籍案"以及"开除共产党在中国国民党中央执行委员等职务决议案"。沈定一、王讷言参加了国民党"西山会议派"在北京西山召开的所谓"一届四中全会",回浙后以后的沈定一便以临时省党部名义,开除了宣中华等共产党员的国民党党籍,并将临时党部移至杭州小车桥52号。12月15日,以宣中华为首坚持革命统一战线,在海宁召开了国民党浙江省各县市党部联席会议(称为"东山会议"),通电全国,声讨"西山会议派",否定沈定一把持的临时党部,并决定以各县市党部联席会议代行省党部职权,与沈定一把持的国民党省党部决裂。此举得到广州国民党中央的支持,于是宣中华等人在杭州设立办事处,代行临时党部职权。

1926年1月,国民党第二次全国代表大会,浙江省选举代表蒋介石、经亨颐、宣中华等人出席。宣中华在大会上作党务工作报告,揭露与批判沈定一等人的分裂破坏活动,弹劾了"西山会议派",大会通过了"沈定一在浙江省党部作反动之举,应予以警告,令其立时停止进行"②的决议,国民党中央

---

① 中国国民党浙江省党部临时委员会编:《中国国民党浙江省党部临时委员会会刊》,1926年版,第1—2页。

② 荣孟源:《中国国民党历次代表大会及中央全会资料》,光明日报出版社1985年版,第153页。

明令解散沈定一等盘踞便私的国民党浙江临时省党部。浙江各县市党部即行组织"各县市党部联席会"，并经国民党中央同意，由该组织代行省执行委员会的功能。

浙江省"各县市党部联席会"第七次会议提出要筹备召集浙江第一次省代表大会，决定于当年 3 月 5 日召集大会，并指定由经子渊、胡识因、宣中华、宋云彬、陈国咏、丁济美、顾作之、孙斌等八人为大会筹备员，即日成立大会筹备处。由筹备处拟定大会选法，向中央党部备案，后通告各市县党部依照执行。3 月 5 日，各地代表陆续到省筹备处开全体会议；3 月 6 日，举行大会开幕典礼。各县市党部出席大会代表由各地党员选举，"杭县五人，宁波市五人，嘉兴县三人，海宁县三人，平湖县三人，永嘉县三人绍兴县一人，上虞县（筹备处）一人，南浔区分部一人，富阳区分部一人，定海区分部一人；筹备处指派出席的有临海区分部一人，诸暨区分部一人，宁波市女代表二人"①。奉化县、镇海县均委托由宁波市代表兼任。最后，正式代表实到三十一人，联席会委员五人，代表了浙江省的十五个县区。大会在杭州公众运动场演讲厅举行，历时 5 天。② 国民党浙江省第一届执行委员会以宣中华、潘风涂为常务委员，正式设党部于杭州头发巷 15 号。此次会议的意义在于，国民党浙江省党部从此在浙江省正式成立。

二、"清党"背景下的浙江党政斗争

1927 年 1 月，沈定一以特派员身份赴宁波，组建浙江临时省政府。随后，率浙江省党部代表团去温州等地迎接北伐军由福建进军浙江。2 月 24 日，在杭州主持召开省党部执行委员会会议，再次当选为执委会常务委员。1927 年 3 月，吴稚晖呈中国国民党监察委员会，倡导"护党为的是救国，救国必先要护党，清党运动，是护党的行为，即是救国的行为"③。1927 年 4 月，国民党中央监察委员会于上海通过弹劾案，其中央执行委员会于 4 月 2

① 《国民党浙江省第一次全省代表大会报告》(1926 年 4 月 16 日)，中国第二历史档案馆编：《中国国民党中央执行委员会常务委员会会议录》第 2 册，广西师范大学出版社 2000 年版，第 42 页。

② 中国第二历史档案馆编：《中国国民党中央执行委员会常务委员会会议录》（第 2 册），广西师范大学出版社 2000 年版，第 47 页。

③ 浙江省清党委员会编：《中国国民党清党运动》，1927 年版，第 11 页。

日开始执行,"潜伏党内的一切共产份子,各省同时遵行,清党运动遂收相当之效果"①。同年 4 月 11 日,浙江国民党右派包围了省党部、省政府等机构,搜捕共产党员和国民党左派人士,宣中华逃离杭州。

自蒋介石在南京自立中央党部后,继续"清党",浙江省党部频繁改组。1927 年 4 月 15 日,国民党中央任命萧铮、郑异、葛武棨、陈希豪为中央特派员,会同中央政治会议浙江分会委派的周祜、姜绍谟、邵元冲来杭接收省党部,以萧铮、郑异、邵元冲为常务委员,成立国民党浙江省执行委员会。同年 5 月 13 日,国民政府任命"马叙伦、蒋梦麟、陈其采、周佩箴、程振钧、阮性存、朱家骅、蒋中正、邵元冲、徐鼎年、蒋伯诚、陈希豪、周凤岐等 20 人为浙江省政务委员会委员"②。浙江省党部电国民党政治会议、国民政府等,声讨中国共产党,称:"本党自经中央监察委员会举发共产分子卖国叛党之逆谋以后,各处清党运动风起云涌,措危为安……俄人鲍罗廷指挥中国共产党党员扰乱中国,罪恶显著,我全国民众应一致为国民政府之后盾,肃清共产分子以外,对于俄人鲍罗廷决计驱逐,以清乱源……"③6 月 20 日,国民党中央又派张静江、蔡元培、邵元冲、林森、陈希豪、沈尔乔为常务委员,改组成立国民党浙江省改组委员会,厉行"清党"。

当时"清党委员会"在陆军监狱设特别法庭,组织密查队,设置反省院,专司侦捕和屠杀"不法分子"。国民党中央规定所有党员须每个月向自所属党部报告其工作,无故一月不报告工作者,党部加以警告,三月不报告者取消党员资格。"浙江省清党委员会"积极配合南京方面国民党的"清党"政策,声称:"共产分子,土豪劣绅,贪官污吏,反动、投机、腐化、恶化等分子,为民族社会的进化障害分子,即是为中国国民党革命进程中的障害分子。清党委员会的责任,在党内固然要肃清这些障害分子。……在本党每一个党员都具有侦查报告的责任,而且每一个党员,都该先审查自己的本身,有没有被清除的质点。"④国民党浙江省党部在当地推行"清党"政策,标志着国共两党在浙江的合作局面彻底破裂。

1927 年 7 月 27 日,浙江省政务委员会集体免职,开始实行主席制度,

---

① 中国国民党浙江省党部编印:《政治训育丛刊·社会军训讲义》,1937 年,第 10 页。
② 刘寿林、万仁元等编:《民国职官年表》,中华书局 1995 年版,第 689 页。
③ 中华民国史事纪要编辑委员会编:《中华民国史事纪要(初稿)》,台北黎明文化事业股份有限公司 1982 年版,第 871 页。
④ 浙江省清党委员会编印:《清党条例》,1927 年,第 11 页。

张静江任浙江省政府主席。8 月，蒋介石因被逼迫下野。9 月，南京成立了以"西山会议派"为主体的中央特别委员会。在南京政府"清党"之后，最初只有宁、沪的合作；待到武汉"清党"以后，于是就由汉、沪合作进而演变为汉、宁、沪的合作，最终由三方合作，成立中央特别委员会。"西山会议派"对此毫不掩饰自己的反共立场，声称"沪方中央党部之成立，其主要目的全为清党"①。在此大环境下，浙江省党部的重新改组是不可避免了。10 月，中央特别委员会不仅派蔡元培、何应钦、沈定一、蒋伯诚、蒋梦麟为浙江特派员，还派了姜绍谟、王讷言、沈尔乔、孔雪雄、萧明新、刘冠世、王超凡、周欣为、蒋剑农为浙江省临时执行委员，并由王讷言、刘冠世、姜绍谟为常务委员，成立了国民党浙江省党部临时执行委员会。此时，何应钦担任浙江省政府主席。

1928 年 1 月，蒋介石重新上台取消中央特别委员会，排挤"西山会议派"，恢复中央执行委员会。在此背景之下，浙江省的党政关系开始出现变化，双方出现了摩擦。

蒋介石派陈希豪、洪陆东于 1928 年 2 月 4 日接收省党部临时执行委员会，恢复前改组委员会。陈希豪代行组织部长职务，洪陆东代行宣传部长职务。就"清党"事宜，浙江省党部改组委员会与省政府发生纠纷多次，浙江省政府代理主席蒋伯诚等抗交"清党"案卷。浙江省党部经交涉数次，省政府仍未交出，浙江省党部与省政府的相互攻讦，浙江省党部电呈中央："省政府竟然故扣留清党科案卷，民国日报馆……现属部所派检查员，复经省政府拒绝检查；且将属部往来公私文件，概加扣留。党务停滞，人心慌乱。值此党部横被省政府摧残干涉，无法行使职权……当全党疾呼提高党权之日，浙省府竟行以政治党之实，殊属异闻。"②并指责浙江省政府"乃该省政府别具肺腑，不顾党纲党纪，故意为难。其症结所在，纯系仍以派别自负；于党中造成小组织，乘机夺所党权所致"③。浙江省党部认为地方政府"擅管党部统属机关，拥护临时执委人员"，"省政府坚不交出《民国日报》和清党案卷，未与

---

① 荣孟源主编：《中国国民党历次代表大会及中央全会资料》，光明日报出版社 1985 年版，第 496 页。

② 浙江省党部改组委员会编：《浙江军政府压迫下省党部之呼声》，临时执行委员会组织部印，1928 年，第 4—5 页。

③ 《浙省党部再电呈中央，驳辩该省政府携电》，1928 年 2 月 26 日《中央日报》(1)，上海书店出版社、江苏古籍出版社 1993 年版，第 310 页。

党部接洽,封禁党部小组工会,另与省政府添设农工科,管理指导农工团体,拒绝党部检查邮件,不发党费,未与党方接洽,通缉党员等等,党方认为干涉党务,侵越党权",浙江省政府则认为省党部"陈洪两委员不能代表整个党部,无接收之权"。[①] 浙江省党部与省政府之间的摩擦,其实不止于此。在浙江省党部恢复之初,浙江省政府蒋伯诚、蒋梦麟便剥夺省党部的邮电寄收权,以农工科代党部职权,自行通令各县长禁止党部活动。浙江省党部为此先后向浙江省政府发了七份函文,没有得到任何回复。可见,浙江省党部在全力"清党"时,内部还是充满矛盾的。

三、国民党中央对浙江党政冲突的态度

国民党改组后,国民党中央特别委员会任命浙江省党部临时执行委员会之外,又委任了五位中央特派员,大半均是浙江省政府委员。依理来说,省党部开会,中央特派员只有列席发言权。事实上,浙江的中央特派员对省党部是用训令的。"蒋伯诚,蒋梦麟以五分二的人数训令省党部,临时执行委员会奉令转令,奉命维谨的。怪不得临时执行委员会打破了饭碗,忘记了党员的立场,党治的原则,借政治的力量来压迫党部。"[②]省党部高呼:"提高党权!""严禁以政治党!"到浙江党部改组委员会阶段,前已提及之浙江省政府"抗交清党事权、民国日报及党部经费",并否认陈希豪、洪陆东有接收权,以为不足代表整个该组委员会,造成了陈、洪两委员接收党部困难,党务停滞。

除此之外,省政府还令公安部封闭工会。更甚"因省政府横加干涉,未能全部接受,故对于民众团体并未实行指导,即各市县党部,亦从未改组一人至杭市各种民众运动,几皆由省政府越俎代庖,属会在此政权压迫之下,早已无法行使职权!……惟近闻各市县党部,暗中活动甚力,竟有前经撤销之各属指导员,及各县代表,密开联席会议之事"[③]。浙江省党部改组委员

---

① 《浙省政府侵越党权详情》,1928 年 2 月 17 日《中央日报》(1),上海书店出版社、江苏古籍出版社 1993 年版,第 202 页。

② 浙江省党部改组委员会编,《浙江军政府压迫下省党部之呼声》,临时执行委员会组织部印,1928 年,第 4 页。

③ 浙江省党部改组委员会编,《浙江军政府压迫下省党部之呼声》,临时执行委员会组织部印,1928 年,第 42 页。

会向国民党中央电告浙江省政府对其的种种压迫,但没有任何成效。1928年 8 月,国民党第二届第五次中央全会决定于年底取消各地政治分会,以加强中央的权力,并通过《各级党部与同级政府关系临时办法案》,"凡各级党部对于同级政府之举措有认为不合时,得报告上级党部,由上级党部请政府依法查办。各级政府对于同级党部之举措有认为不满意时,亦得报告上级政府,转咨其上级党部处理"①。1929 年浙江省执行委员会要求将浙江反省院管理、训练两部均移交法院党部,结果国民党中央否决:"反省院归法院管理,惟关于党义训导人员,须向党部延请。"②党部与政府关系紧张,形成对立局面。

在国民党浙江省第二次全省代表大会会议上,国民党中央的代表认可了浙江省政府的做法,从一个方面否定了"党权高于政权"的观点,他认为:"现在浙江党务与政治,我们平心而论,是比各省成绩都好。无论哪一省,党部与政府都长有意见的冲突,因此党务不能发达,政治亦受障碍,党部与政府,本是整个的,革命要在政治方面建设新国家,而以党来指导政治,所以党部与政府,是万不能分离,亦不能有些冲突的,否则党的效力在政治方面失了作用,且处于绝对相反的地位。"③国民党中央代表还以安徽为反面例子,说明党政关系的相处情况,认为安徽党务情况相较浙江而言,"一切经济权利,要宽裕得多,大得多,一个县党部规定每月经费有七百元,由省党部决议请政府支援,政府不敢不支付,但党部指委仍对政府不满意,攻击起来一点不留余地……因此政府对于党部有敢怒而不敢言的景象",他就浙江省抗租罢工事件,将责任全部推到浙江省党部的身上,指出:"我们党部就应该负完全责任。"④

在浙江省的党政职权冲突的过程中,国民党中央并没有如浙江省党部所愿站在其一边,而是选择了行政权的方面。这其中与国民党的政党理论

---

① 荣孟源:《中国国民党历次代表大会及中央全会资料》(上),光明日报出版社 1985 年版,第543 页。

② 《中国国民党第三届中央委员会第四十三次会议》(1929 年 10 月 24 日),中国第二历史档案馆编:《中国国民党中央执行委员会常务委员会会议录》第 10 册,广西师范大学出版社 2000 年版,第 1 页。

③ 《中央蒋组织部长训词》,浙江省执行委员会秘书处编:《中国国民党浙江省第二次全省代表大会会议记录》,1929 年,第 35 页。

④ 《中央蒋组织部长训词》,浙江省执行委员会秘书处编:《中国国民党浙江省第二次全省代表大会会议记录》,1929 年,第 38 页。

与政治权力划分具有密切关系。例如在关于党部与政府的职责方面,国民党元老胡汉民就曾提出:"政的工作是由党交给政府去做的,教的工作,领导人民训练人民,是必须由党自己做的,政教分工而合成党治,事实上党部绝不会同政府的事权冲突,例如地方自治一事,去设法实行自治乃政府的工作,宣传领导人民去做,使人民懂得自治的道理,乃党的责任……现在省政府县政府旁边,都有党部在着,往往彼此为对抗的形势,而无分工合作的精神。"提出"政与教应兼收分工合作之效"①。孙科更是指责党部:"现在我们看到各地的党部,好似当地的太上政府,无论什么事不是干涉政府的行政,就是扰乱人民予以人民不良好的影响。……各省省党部、各县县党部,没有一个党部不是和同级政府不发生纠纷,不过多少而已。其实政府已经有命令要人民服从,那么党部毋庸弄出新的花样使人民无所适从。"②由此可见,国民党倡导党权高于一切,不是党部之权高于一切。

关于党政关系,陈铭枢认为"这几年来,下级党部的纠纷很多,纠纷的总源泉,都是因为权利问题。党政之间的纠纷,固然有些是因为下级政府不理党部,也有些是因为党部没有得到私人的利益而干涉政治。党部内的纠纷,假使甲方是因为主义,那乙方自然是争权利,这就是说,至少一方是争权利"③。电气实业为重要公用事业之一,关系一个地方的工商业与农田灌溉。各县党部遇有电气事业纠纷事件时,认为事关公众福利,准许当地电气用户组织用户联合或其他类似之名称,致使纠纷日益扩大,甚或认此等联合会与工商各业之联合会相同,竟亦派员指导,与政府是职权有所抵触。为此,国民党中央通令"各省市党部转饬各地方党部不得干涉电气行政职权"④。本来一个政权必寄托于政党,即政治是政党的政治,政党的力量要在政治中表现,政党的政策是要通过政治来表现,然而在国民党看来,党部往往是干涉政治,以致党政间有摩擦。孔祥熙对此痛心疾首:"日人且在国际间宣传,谓我无组织之国家,无统一之政府……当此危机之时,本党先进,

---

① 胡汉民:《训政时期党部的责任如何——十九年三月三日在立法院》,中国第二历史档案馆编:《中央党务月刊》第 7 册,南京出版社 1994 年版,第 428—431 页。

② 孙科:《办党的错误和纠正》(1930 年 12 月 1 日),中国第二历史档案馆编:《中央党务月刊》第 9 册,南京出版社 1994 年版,第 263 页。

③ 陈铭枢:《军民分治与党政合作》(1930 年 10 月 20 日),中国第二历史档案馆编:《中央党务月刊》第 27 期,南京出版社 1994 年版,第 12 册,第 160 页。

④ 陈铭枢:《军民分治与党政合作》(1930 年 10 月 20 日),中国第二历史档案馆编:《中央党务月刊》第 27 期,南京出版社 1994 年版,第 12 册,第 161 页。

亟宜精诚团结,在党义之下,集成一整个力量,俾本党实力,得以充实,并望党外耆英,凛之国难,群集与三民主义之下,一致合作,俾中央政权,得以巩固,先谋整饬国防,收复失地,然后确定方案,力图建设。"①

胡汉民就党与政府这一弊病,提出"党政合作"。可是在现实中,根本无法做到。就浙江省政务官员和党部人员来看,薪俸、政治资源的控制都相互冲突。党部对低薪俸不满,对权力不够,就用指导民众运动的权力去和政府抗争。例如"二五减租",虽然客观上是有利于民众的,但也有国民党内部党派纷争的影子。②

四、战时浙江党政的相对合作

抗日战争全面爆发之后,中国国民党于 1938 年 3 月 29 日至 4 月 1 日在武汉举行临时全国代表大会。调整党政关系之原则:(1)中央采取以党统政的形态;(2)省级特别市采取党政联席的形态;(3)县采取党政融化,即党与政的形态。③ 在省一级,具体方法是省党部委员会采取主任委员分区督察制,由中央执行委员会特派中央执行委员一人为省党部主任委员,同时由全国代表大会选举若干人充任省党部委员,除以主任委员驻省办理省党部事务外,其余委员必须按区分派担任督察各该区内所有各县党部之工作,予以指导,并随时报告省党部主任委员。省党部委员会议,至少每月开常会一次,以主任委员为主席;主任委员对于会议之决议,有最后决定权。会议还规定:"省党部省政府每月须举行联席会议一次;省党部主任委员,应出席省政府会议,以收党政联络之效;省党部之监察职务,由中央监察委员会派中央监察委员常驻制定省党部执行之,省党部监察委员会之制度撤废之。"④到国民党五届四次全体会议时,该事项被修改为"省党部委员得参加省政府

---

① 孔祥熙:《最近各国之党与政之关系》,中国第二历史档案馆编:《中央党务月刊》第 56 期,南京出版社 1994 年版,第 22 册,第 85 页。

② 王合群:《国民党派系斗争与浙江"二五减租"运动的兴起》,《民国档案》2002 年第 2 期。

③ 荣孟源:《中国国民党历次代表大会及中央全会资料》(下),光明日报出版社 1985 年版,第 477 页。

④ 荣孟源:《中国国民党历次代表大会及中央全会资料》(下),光明日报出版社 1985 年版,第 477 页。

会议,省党部监察制度照旧"①。五届八中全会,"省政府之不兼厅委员,以省党部委员充任为原则,经中央党部之提荐后任命之。省党部之主任委员与书记长及委员,应于担任省政府主席、秘书长、厅长及委员之党员划编为一特别小组,直隶省党部实施党团办法"②。以上便是抗战爆发后,国民党政府党政关系的大致沿革情况,浙江省在该时期党政关系比前期要好的多,处于互相合作配合时期。

浙西行署为浙江省政府主席及国民抗敌自卫团总司令留驻前方之合并办公机关,其实际"是'政治进攻'的前敌指挥机关;为健全失陷地区政权实行政治进攻之先锋",是"为加强接近失陷地区的各种抗战工作,为保证'政治进攻'的安全"③。浙江省政府主席黄绍竑对行署人员与党政工作人员提出要求,明确希望:"党政军切实合作,合力对敌。过去党政军各方面相互牵制,为对敌力量减弱之主因;此后如仍重蹈覆辙,党牵制政,政牵制军,则力量不集中之结果,实为失败之征兆,吾人应警惕前非,彻底改造。"④他在对浙西游击区工作之检讨批评中,说:"工作联系尚欠周密。这就是说在工作推行上缺乏党政军各方面力量一致集中的表现,因为有了这个现象,所以在工作上常遭受不应有的损失,而致成就很少,如海宁过去党政军的不协调,工作做得最差,相反在长兴等地,因为党政军的充分协调,工作便做得很好,这是给大家以很好的教训,党政军各方面,未能一致协作。"⑤不过,省党部还是比战前更好地配合政府。

浙江省部分地区沦陷后各县粮价暴涨,拥有余粮大户,希图奇居营利,匿不出售,以致市上粮食供不应求,人民发生心理上的恐慌,间接刺激到其他物品,以致价格亦随种价日益提高,影响抗战及社会治安。省党部的挽救之策,"案经总裁明令指示,本省省政府为奉行此项命令起见,近亦通令各县县政府克日动员全体所属人员,挨户查报存粮,如有罔顾大义,囤积操纵者,人民均得检举告密。本部为协助政府彻底执行。总裁手谕,特令全省各级

---

① 荣孟源:《中国国民党历次代表大会及中央全会资料》(下),光明日报出版社1985年版,第521页。
② 荣孟源:《中国国民党历次代表大会及中央全会资料》(下),光明日报出版社1985年版,第697页。
③ 黄绍竑:《黄主席对浙西政治之指示》,《浙西分团丛书之二十四》,1944年3月,第9页。
④ 黄绍竑:《黄主席对浙西政治之指示》,《浙西分团丛书之二十四》,1944年3月,第10页。
⑤ 黄绍竑:《黄主席对浙西政治之指示》,《浙西分团丛书之二十四》,1944年3月,第75页。

党部协助当地政府积极进行，尤应以身作则，为民表率，资为楷模"①。

在抗战胜利在望之时，党政军各首脑部门密切配合，尤其是党政机关之行动，与军事行动相配合，"加强其对于军队物质之供应与精神之鼓励，俾由军民之密切合作，以期民气发扬，士气旺盛"②。譬如募征寒衣以及募捐飞机、经济管制等一系列活动，都是为了配合军事，赢得胜利。

但同时也应看到，该时期浙江的党政关系也并非是全无矛盾的，方青儒在《在本省战时宣传会议开幕典礼中演词》中提及，"报纸舆论亦在党部指导之下，因此在政府机关负责的同志，就以为报纸是党部办的报纸，所以不肯为政府多多宣扬政绩，只能为党做好高骛远的宣传，以致彼此不能呼应，宣传归宣传，施政归施政，造成宣传与施政脱节的现象"。这亦说明，党部和政府部门还是不能完全密切地进行合作。

政党的成立与发展，就是为了获取政治权力，国民党自然也不能例外。国民党对于政权的态度："只有我们国民党，是赤裸裸的把自己高置于政府之上，自以统治者自居……过去数年的训政，本党哪里有机会实行过真正的党治……本来党治的真谛，是以党治的力量，掌握政权，来实行他的主义和政纲的，所以本党党治是否取消，不在是否召集国民大会和颁布宪法，乃视本党今后能否掌握中国的政权以为断。"③国民党并未以政权来实行其主义和政纲的，因为还未能以党员牢牢抓住中国政权，中国的政治还未完全是"党治"。因此，国民党提出"不应只消极的希图掌握政权和维持党治，而要积极的树立党的力量，以巩固政权，而实现党治"；"我们主张开放政权，不放弃政权，积极的巩固政权，不消极的维持政权，开放政权的目的，是统一全国民众的意志，集中全国民众的力量，使全国民众与闻国事，参加革命，而不予反动势力以复活的机会，更不予他们以政权，换句话说，本党政权，要开放于革命民众，不开放于反动势力"。④ 这正是国民党力量薄弱，缺乏党力的有效证明。

① 《本党部协助政府推进粮政》，中国国民党浙江省党部编印：《党员知识·特大号》，1941 年 1 月 30 日，第 110 页。

② 中国国民党浙江省党部印发：《政治座谈（第一次第二次研讨大纲）》，1944 年，第 2 页。

③ 《本党同志对于政权的态度》，中国第二历史档案馆编：《中央党务月刊》第 61 期，南京出版社 1994 年版，第 23 册，第 169 页。

④ 《本党同志对于政权的态度》，中国第二历史档案馆编：《中央党务月刊》第 61 期，南京出版社 1994 年版，第 23 册，第 170 页。

"浙东史学"与民国经史转型:以刘咸炘、蒙文通为中心

张 凯

（浙江大学历史系）

道咸以降,西学东渐,如何转化传统学术应对外来学术的冲击,成为萦绕于新旧学人心中的难题。重新阐释、构建中国学术的渊源流变成为近代学人沟通中西的枢纽,各种道统、派分由此而生,或被不断强化,"浙东学派"即是其中典型。时下学界有关"浙东学派"及"浙东史学"的论著汗牛充栋,学者多认同宋代以来"浙东学派"一脉相承,并不断追认和重塑"浙东学派"。近年来已有学者开始反思"浙东学派"的道统与派分,转向挖掘清代以来浙东学派学术系谱的构建历程。[①] 综观晚清民国经史嬗递的历程,"浙东史学"特别是章学诚文史校雠之学,成为各派学人创新史学的重要媒介。胡适对章学诚的推崇侧重于"六经皆史料",何炳松赞誉浙东史学是南宋以后史学革新的代表,何氏所希冀的通史新义,是指赋予历史以意义的撰述,即"通古今之变,而成一家之言"的"独断"之学。[②]

与此同时,巴蜀学人蒙文通、刘咸炘均以"兴蜀学"为口号,意图实现传统学术的近代转化,"浙东史学"成为二人出入经史的关键。蒙文通、刘咸炘过从甚密,往复论辩,相互推重。1927 至 1929 年,二人同时担任成都大学国文学教授,并协助唐迪风、彭云生创办敬业书院。刘咸炘治学以浙东史学为宗,正是在他的启发之下,蒙文通"发现"南宋浙东史学。不过,经史旨趣的差别,导致刘咸炘、蒙文通"史学观念"迥异,二人建构浙东史学的主旨截然分流。

---

① 郑吉雄:《浙东学术名义检讨》,周积明:《清代浙东学派学术谱系的构建》,均载陈祖武主编《明清浙东学术文化研究》,中国社会科学出版社、宁波出版社 2004 年版。戚学民:《"国史儒林"与"浙东学术"——阮元《儒林传稿》叙学成就管窥》,《中山大学学报》(社科版)2010 年第 6 期。

② 关于胡适与何炳松"新史学"理念的差别,参见桑兵:《近代中国的新史学及其流变》,《晚清民国的学人与学术》,中华书局 2008 年版。

一、道家史观与今文学立场

20 世纪 20 年代初,胡适等人提倡整理国故,国学研究成为时尚,"西学"成为国学的参照物,"科学"成为整理国故的关键词。当东部学人倡言国故时,巴蜀学人则纷纷"兴蜀学",各张旗帜与东部学人相抗衡。宋育仁主持重修《四川通志》,希望修成一部国学分门、蜀学研究参考书,以此"维持旧学,以恢张国学",进而改良社会。① 蒙文通主张"兴蜀学",应当本于礼制,分别今古家法,由传以明经,依经以决传,弘扬廖平今文学与以小学考据为本的清代考据学"各张其帜以相抗";② 刘咸炘认为:"蜀学崇实,虽玄而不虚","统观蜀学,大在文史。寡戈矛之攻击,无门户之眩昧"。③ 以重修《四川通志》而论,刘氏自称,"咸炘于史学服膺会稽章氏,章氏分别撰述、记注,其所发明别识心裁,发凡起例,皆撰述之事。今之通志似犹未可及,此旧志体例,且勿深论,即言记注亦无所成,缺略孔多,考证之功几于无有"④。蜀学"长于深而短于广",若要弥补此弊端,"当复宋世之史学",绍复章实斋所提倡的浙东史学,"中兴蜀学,非吾蜀学者之当浙东史学务乎?"宋育仁、蒙文通以今文学的立场,发扬蜀学;刘咸炘则以浙东史学为旗帜,发扬蜀学的文史传统。20 世纪 30 年代蒙文通由经入史,这一转变得益于刘咸炘的启发与浙东史学的"发现",但兴蜀学途径的区别暗示二人构建浙东史学谱系的立场各异。

刘咸炘尝言:"吾之学,《论语》所谓学文也,学文者,知之学也,所知者事物之理也。所从出者家学祖考槐轩先生,私淑章实斋先生也。槐轩言道,实斋言器。槐轩之言总于辨先天与后天,实斋之言总于辨统与类。"章学诚将六经义理落实于以事明理的史学,这从道与器、统与类两方面启发刘咸炘,前者演化出六经皆史观,后者则转变为文史校雠,这促使刘咸炘超越家学,"槐轩言先天,吾言后天,槐轩言本吾言末,实斋名此曰史学,吾则名此曰人事学"⑤。"六经皆史说"肇端于先秦道家,马宗霍认为:"六经,先王之陈迹,

---

① 宋育仁:《修志重言》《重修四川通志例言》,成都昌福公司 1926 年版,第 236 页。
② 蒙文通:《议蜀学》《经史抉原》,巴蜀书社 1996 年版,第 101—103 页。
③ 刘咸炘:《推十文集·蜀学论》《推十书》,成都古籍书店影印,1996 年,第 2100 页。
④ 刘咸炘:《推十文集·复宋芸子书》《推十书》,第 2207 页。
⑤ 刘咸炘:《推十文集·自述》《推十书》,第 2124 页。

此为庄生所述老子之言,陈迹者,史实也。后儒六经皆史之说,盖从是出。"①"六经皆史说"是槐轩家学与章学诚学说的契合点,道家史观是刘咸炘学术的根本。刘咸炘自称:"我全部学问,其对象可一言以蔽之曰史,其方法可一言以蔽之曰道家,何故舍经而言史,舍儒而言道,此不可不说。"他特著《道家史观说》,表明史学宗旨:"此学以明事理为的,观事理必于史,此史是广义,非仅指纪传、编年,经亦在内;子之言理,乃从史出,周秦诸子,无非史学而已。横说谓之社会科学,纵说则谓之史学,质说括说谓之人事学可也。"②在刘咸炘看来,经在史学范围内,周秦诸子皆为史学,儒学也不例外。治史要贯通事理,就必须疏通知远,藏往知来,通古今之变。刘咸炘将此命名为"察势观风"。刘咸炘称此法得自章学诚,道家史观与浙东史学一以贯之,浙东史学成为融合文史、儒道,实践人事学的典范。就方法论而言,刘咸炘强调:"因者观变,道家法也,正者用中,儒家法也。先观变而后用中,此其方法也。所施者,子与史,于子知言,于史论世。"③无论治子还是治史,贵在能出能入,以治史之法治子,论子家所处之世;以治子之法治史,则贯通历史变迁之理。治子与治史,知言与论世互为依托,相辅相成。

据蒙默先生回忆,蒙文通认为刘咸炘"讲史学讲得最好",就是指"观风察势";相反,对于刘咸炘的道家史观,蒙文通"就不大同意"。④蒙文通认可刘咸炘"观风察势"的史学方法,以治子之法研究经史之学。蒙文通屡次称道:"从事六经,亦以从事诸子之法求之,而义理之途遂启","以视清世之以治经之法治诸子,岂不霄壤间哉?"⑤"懂哲学讲历史要好些,即以读子之法读史,这样才能抓得住历史的生命,要不然就是一堆故事。"⑥不过,蒙文通对刘咸炘道家史观的不满,源自他的今文学立场。

1915年,廖平主持四川国学学校时,蒙文通撰写了《孔氏古文说》,以今文学的观点来讨论晚周秦汉的六经与旧史之别,明确地提出了"博士之经同符孔籍",并"考还博士之旧,肇复古文"。⑦此文得到廖平的称赞,此事或可

① 马宗霍:《中国经学史》,上海:商务印书馆,1936年,第1页。
② 刘咸炘:《道家史观说》,《中书·认经论》,《推十书》,第32页。
③ 刘咸炘:《推十文集·自述》,《推十书》,第2124页。
④ 牛敬飞、张颖:《追忆国学大师蒙文通先生——蒙默老师采访记》,《天健》2004年第17期。
⑤ 蒙文通:《中国中学史》,《经史抉原》,第304页。
⑥ 蒙文通:《治学杂语》,《蒙文通学记》(增补本),生活·读书·新知三联书店2006年版,第51页。
⑦ 蒙文通:《孔氏古文说》,《经史抉原》,第4页。

为蒙文通自称"少好今文家言"的源头，今文学立场、扬弃廖平学术贯穿蒙文通学术历程的始终。廖平为了重构道与六经的关系，一方面综览全局地吸收经学研究成果，讲家法、重条例，重建古代文献的历史层次；一方面发展出极强的经世意志，将"六经"放在"孔经哲学"的框架上重新解释。蒙文通在廖平《今古学考》的基础上，谨守家法、条例研究经学，力图恢复周秦儒学的原貌，寻求孔学嫡派，确立"道之所系"的经传，以穷源溯流的方式阐述经学流变，实现"通经明传"再"明道"的抱负。蒙文通的经学研究历经三变：其一，复古求解放，由今古之争上溯至齐学、鲁学之别；其二，破弃今古家法，探明周秦学术、民族与文化变迁的主旨；其三，以理想与事实分别今文与古文，以"秦汉新儒学"阐明今文学的革命理想与制度精义。

在经学三变的同时，蒙文通的经史观念经历了从以史证经到儒史相资的演化。在《古史甄微》中，蒙文通以义理与事实分别经史，研究古史为"羽翼经学"，以古史三系说，重建上古国史，申明儒学在中国文化中的地位。[①]史学在其学术体系中独立的学术特质并未显现，刘咸炘就此劝诫蒙文通以"纯美者示人，必大过于炘，其功非考证古史之所能比"[②]。1930年初读了刘氏的著作之后，蒙文通才会在北平、南京等地四处搜寻南宋浙东诸儒的文集。通过理解浙东史学，蒙文通得以体会史料与史学的差别，研史"稍知归宿"，进而发展为儒史相资的模式：儒学立足于周秦两汉时代的变迁，并在历史中不断发展；儒学义理同时也引领和规范中国文明的演进历程。[③] 正所谓"义与制不相遗而后学明"，蒙文通曾说："《经学抉原》所据者制也，《古史甄微》所论者事也，此皆学问之粗迹。制与事既明，即将进而究于义，以阐道术之精微。"[④]在经史嬗递的时代，蒙文通以"秦汉新儒学"与"南宋浙东史学"实践儒史相资的模式，以此阐释与落实以"西汉家言"为中心的儒学义理。

蒙文通自称："余少年习经，好西汉家言；壮年以还治史，守南宋之说。"[⑤]南宋浙东史学是蒙文通学术发展的催化剂，而今文学立场则是蒙文

---

① 张凯：《出入"经""史"："古史三系说"之本意及蒙文通学术旨趣》，《史学月刊》2010年第1期。

② 刘咸炘：《推十文集·复蒙文通书》，《推十书》，第2208页。

③ 张志强：《经、史、儒关系的重构与"批判儒学"之建立——以〈儒学五论〉为中心试论蒙文通"儒学"观念的特质》，《中国哲学史》2009年第1期。此文对笔者多有启发。

④ 蒙文通：《古史甄微》，《蒙文通文集》第5卷，巴蜀书社1999年版，第15页。

⑤ 蒙文通：《跋华阳张君〈叶水心研究〉》，《经史抉原》，第254—259页。

通不认同刘咸炘"哲学"的根源所在。刘咸炘侧重以史学察变,通观古今历史变迁之理,进而衡量儒学义理的价值。蒙文通强调儒史相资,考察儒学义理与历史变迁的能动关系,由此创造性地阐发儒学义理。道家史观与今文学立场的分流,促使刘咸炘、蒙文通构建"浙东史学"的方式各有侧重。

二、文史校雠与史学义理

章学诚曾言:"鄙人所业,文史校雠。文史之争义例,校雠之辨源流。"[①]章学诚以校雠文史的方式论述历代著作的义例,考察经典的形成。刘咸炘认为章学诚"舍经子集而但言史,又加文于史上者,盖谓凡书皆文,文之原则史"[②]。刘咸炘以"读书人"自称,其文史之学是一种"学文之学",即"博学于文",而非《论语》首章所谓"学为人之道"之学。文史校雠成为刘咸炘学术的门径:"校雠者乃一学法之名称,非但校对而已,不过以此二字代表读书辨体知类之法。章实斋先生全部学问都从校雠出,我全部学问亦从校雠出。"[③]刘咸炘与章学诚有所差别,"章先生之书至精者,一言曰为学莫大于知类",刘咸炘"进以一言曰为学莫大乎明统,然后能知类"[④]。察势观风必须知言论世,读书是知言的前提,明统知类成为刘咸炘"博学于文"的总归。刘咸炘在"知言论世总于明统知类"的框架下,重新条理经、史、子的关系。古文皆以事言理,理在事中。《礼》记载"现在事",《尚书》、《春秋》记述"以往事",《易》预测"未来事"。经为明统知类的准则,六经统摄事、理、情,具备后世群书的雏形。子"用中"以知言,史"御变"以论世。"史、子皆统于经,史衍经各异之体,传其外","子分经一贯之义,传其内"。史法统于《尚书》、《春秋》、纪传三体,"明于三体而后史可成"[⑤]。

刘咸炘以三体梳理历代史法、史体衍化,论断各家史学。《史学述林》以《史体论》为首,开篇就说:"欲究真史学(不止考证事实、品评人物,一切治史之功力,不能为真史学),须读真史书(不止编纂材料、记载事实,一切记事书

① 章学诚:《与孙渊如观察论学十规》,仓修良编注《文史通义新编新注》,浙江古籍出版社2005年版,第398页。
② 刘咸炘:《〈文史通义〉识语》,《推十书》,第696页。
③ 刘咸炘:《中书·认经论》,《推十书》,第23页。
④ 刘咸炘:《中书·三体》,《推十书》,第8—9页。
⑤ 刘咸炘:《中书·学纲》,《推十书》,第9页。

不能皆为真史书)。故必讲明史体。"刘咸炘认为章学诚谈史体最精,其要点有三,一为分别记注与撰述,"即真史书与广义史书之分";二为"甄明《尚书》、《春秋》左丘、司马演变之故";三为"于三体之后别创新体"。若要明了历史变迁的历程,必须知晓史书的体系。刘咸炘认为,从广义上而言,"凡记事书,皆为史";真史书,"必有寻常记事书所无之素质","真史书惟撰述足以当之"。①《史体论》明确指出不能把史料与史学混为一谈,而"今之读章君书者,犹混史料与史为一"。此论明显针对胡适所阐发的"六经皆史料"说。钱穆对胡适等人将"六经皆史"说引申为"六经皆史料"颇为不满,赞誉刘咸炘是"近代能欣赏章实斋而来讲求史学的"。② 刘咸炘以史体区分"广义史书"与"真史书"、"记注"与"撰述"的界限;单纯的考据只是治史的功力,一般的记事书只是史料,都不是真史学;真正的史学必须建立在"真史书"和"撰述"的基础上,与寻常记事书有质的区别。

金毓黻批评刘咸炘撰《史学述林》,"盛推章实斋,多皮傅至语,而故高自位置,以《六经》为史书之极准,卑视马、班以下,殊昧史家进化之旨"③。相反,蒙文通以"撰述"与"记注"区分"史学"与"史料",强调贯通《春秋》大义的"撰述"才是"史学",重新阐释中国史学。蒙文通在事实层面申明六经非虚构,"儒以六经为依归,六经皆古史"。史学不仅是注重史籍、史迹的"记注",更是通观明变的"撰述"。就史迹、史事而言,"法家者流,最明于史,持论明确,亦最可观"。若以"明变"、"论治"立论,法家史说,"义有所难通,而治有所不验",而"儒家之论又不可废者也"。儒家井田论、谨庠序、申孝弟的学说比法家学说,更知晓社会的多元,更适于"安世宁人"。孔子编定《春秋》,因行事而加王心,所重在窃取之义;孔子洞彻三代之变,且损益之,以俟后王。孔孟之学既"宗仁义、秉礼乐",又通观史事,知晓古今的变易。蒙文通撰《古史甄微》以三晋为史学正宗,著《中国史学史》则认为代表东方文化的孔孟学说比承继三晋文化的法家更为懂史学,"传统史学,本于儒家"。

刘咸炘、蒙文通都以撰述为"真史书",轻视以考据为学。不过,二人所言"撰述"各有侧重。文史校雠首重分类,刘咸炘认为分类的标准,不外体与义,"体者,著述之体裁。义者,学术之统系也"。二者之间,刘咸炘更重视辨

---

① 刘咸炘:《史学述林》,《推十书》,第 1410 页。
② 钱穆:《中国史学名著》,生活·读书·新知三联书店 2000 年版,第 270 页。
③ 金毓黻:《静晤室日记》,辽沈书社 1993 年版,第 4602—4603 页。

体,"条别著述虽以义为主,而分别部居则以体为主","后世不知辨体,而执辨义,往往以义混体"。① 在刘咸炘明统知类的体系中,"凡一切文字之体无不本于六经,故六经统群书。辨六艺以辨群书则得其体,因所载之殊而后体殊,故辨体即辨义,是谓校雠"②。若以史学论,当注重史体、史法与史识。刘咸炘认为史学要分为四端:史考(考证事实)、史论(论断是非)、史法(明史书义例)、史识(察势观风)。史考与史论"为他学者所事",史法与史识"则所谓史学专门之长"。③ 真史学必须史法与史识兼备,察势观风,所以刘咸炘告诉学生史法"必人人专精",史识"是人人的通课,才是真正史的功用"。④ 金毓黻评价蒙文通《中国史学史》时,指出蒙文通"治史盖由经学入,其治经学,更以《公》、《穀》为本柢,故所重者为研史之义理,而非治史之方法"⑤。此语诚为见道之论。蒙文通认为"记注、撰述,判若渊云",史学必须"揆诸《春秋》所以为《春秋》之义"。史学不仅是考察时代兴衰的事实,更要明古今变易。若由"史"升格至"史学",必须熔铸义理、经制和事功于一炉,兼备内圣外王之道方可称"学"。所谓儒学义理不脱离历史,孔子"于行事洞见源流",但义理可贵之处更在于"究发展之程序","为后王立法"。⑥ 宋育仁曾言:"研经以求所载之道是之为学,而非即以研经为学",史学"皆传述孔门经学之绪余,乃发挥孔门之学而非自辟一途为学也"。⑦

刘咸炘文史校雠之学注重考察史法与史体的演变,并以道家史观、察势观风判断史家史识。蒙文通对刘咸炘文史校雠与察势观风均给予较高评价。在魏晋六朝史学"史识"一节中,他通篇引用刘咸炘的观点赞誉袁宏、干宝等史家以观子之法论史,兼容并包,史识宏远。同时赞扬干宝、孙盛在儒说已坠、诸夷乱华的时代,秉持《春秋》之义,发明史例,维持社会风尚与民族正道。不过,蒙文通《中国史学史》侧重阐发义理史学的传统及其精髓。刘咸炘与蒙文通学术立场的分歧,导致两人对中国史学传统的认知有别。

刘咸炘认为"六朝史学为专科,唐人犹多专习,至宋世则厄于经家义理

---

① 刘咸炘:《续校雠通义》,《推十书》,第 1592—1593 页。
② 刘咸炘:《中书·认经论》,《推十书》,第 23 页。
③ 刘咸炘:《治史绪论》,《推十书》,第 2386 页。
④ 刘咸炘:《讲〈治史绪论〉》,《授徒书·戊辰春讲语》,《推十书》(增补全本),上海科学技术文献出版社 2009 年版,第 370 页。
⑤ 金毓黻:《静晤室日记》,第 4591 页。
⑥ 蒙文通:《中国史学史》,《经史抉原》,第 254—259 页。
⑦ 宋育仁:《论史学》,《国学月刊》1923 年第 20 期。

之论,一被阻于王氏之徒,再被贱于程、朱之流,然后世一线之传则宋人所遗留"。在刘咸炘看来,"经家义理"导致宋代史学"高言《尚书》、《周官》、《春秋》、《左氏》而不明于马、班,于《尚书》又惟知训戒,于《春秋》又惟求褒贬,其治史则重议论而轻考索,于史迹则重朝代兴亡,而忽风俗之变迁,于史体则好编年之严而昧纪传之广,知书志之载实制而不知列传之载虚风"。北宋王安石新学、二程洛学、三苏三派皆"皆以经术为标,故皆轻视史学,一及于史,则惟持褒贬,正谊之旨盛而观变之风衰"。刘咸炘认为北宋诸家不过"儒家、道家论史之见","犹非以史为学","《春秋》之盛,则史学之衰也"。① 浙东学人重视史学,摆脱经学义理的束缚,发扬史学通观明变的特长。吕祖谦"兼容并包,近于道家,而为史家之特长","始脱经家之隘论,而明史家之本法,上及《尚书》,下取左、马,惜仍囿于编年之见"。吕氏"不言《春秋》而讲《尚书》、《左传》","不斤斤于褒贬,而能加意于观大体",所著《读史纲目》"实史家通观之要,而非儒者一概之量"。永嘉之学偏重制度,"永嘉诸儒说《尚书》、《春秋》、《周官》者最多,盖皆以治史法治之者也"。陈傅良"知史书甚广","直道太史本旨";叶适"不忽三代以下,乃浙东史学之异于闽、湘者","其《记言》一书以论史事者为长,尤在论东汉三国南北朝,颇能察其风习,为平允之论,斯不失为史学者";陈亮"于史法考索皆不详",然"其平生宗旨则下取汉、唐,不高亢圣道","经史通观,亦史学异于经学家之一大端"。可见,刘咸炘以察世观风、史体广隘、史法得失评述南宋浙东史学,格外强调南宋浙东诸家"史学"与"经学"的分别,对上述诸家所涉"经谊"多有批评。陈傅良认为《左传》乃传经之作,刘咸炘即批评"《左传》非主于明义,经本古称,非夫子所作,《国语》自是别记,然亦不尽以与不与经谊为断限,凡此皆君举之误说"②。

蒙文通认为刘咸炘颇有"自况之意,亦不免于有道家之见"。在蒙文通看来,"哲学发达之际,则史著日精,哲学亡而史亦废","宋代史学以南渡为卓绝",南宋浙东史学"以女婺为大宗,实集北宋三家之成"③。蒙文通将南宋浙东史学分为三派六家:义理派史学的吕祖谦、叶适二家,经制派史学的唐仲友、陈傅良二家,事功派史学的陈亮、王自中二家。三派之中,蒙文通称

---

① 刘咸炘:《史学述林·宋史学论》,《推十书》,第1188—1400页。
② 刘咸炘:《史学述林·宋史学论》,《推十书》,第1493—1495页。
③ 蒙文通:《评〈学史散篇〉》,《经史抉原》,第411页。

"我爱叶水心讲史学"①。"水心同与东莱,称治史而究乎义理之源",不过,"水心于伊洛多微词,则于东莱究异致"。蒙文通称赞叶适能"稽合孔氏之本统",论述时代变迁与历朝制度必本于儒学义理,"是则绝异于伊洛与东莱者"。不仅如此,叶适深达古今之变,论史"恒多独造之言,远乎迂阔之习","举三代而不遗两汉,道上古而不忽方来"。② 此或符合蒙文通所言"孔孟书中本来既有经(常)、有权(变)两部分言论,经是同于世俗之儒,是孔子经常谈到的,是局限于时代的一面。权是高于出于世俗之儒,是孔子很少谈到的,是不局限于时代的一面"③。可见,南宋浙东义理派史家,既探求义理,阐发"内圣"之"道",又结合经制和事功,致力于"外王"之"政",因而"于道之精粗,政之本末,皆于是乎备","于内圣外王之事,无乎不具","主义理、重制度"。吕祖谦、叶适论述历代政治制度得失,"切事情而又得前人制法之义,尽有超越汉师处,乃清儒一概屏之,此真清代史学不讲之过"④。蒙文通视南宋浙东史学为"绝学",非清代汉学考据家所能比拟。

刘咸炘认为南宋浙东史学是宋代史学的一线之传,有着辨明史体、兼容并包、察势观风等专长。蒙文通强调南宋浙东史学以义理派史学为中心,贯彻了"义与制不相遗"的学术精神。此种差别根源于两人道家史观与今文学立场、文史校雠与义理史学等学术理念与方法的分歧,这决定了两人构建的"浙东史学"系谱及其旨趣貌同心异。

三、"婺州史学为表,姚江理学为里"

汉宋之分与汉宋之争是清代学术发展的一大主线。乾嘉以降,学界扰攘于汉宋相争。民初整理国故运动与清代汉学不论是治学方法、还是人员组成、师友关系、人际脉络都有着千丝万缕的联系,乃至整理国故运动被时人冠以"新汉学",视作乾嘉考据学的变相复兴。刘咸炘称,"近世汉宋两家之争最烈,然汉儒非不言义理,宋儒非不言考据,帖括狂禅非程朱之所有,掇拾考订又岂许郑之所有乎?","嘉道学者已多言考据而不毁程朱,盖汉儒自

---

① 蒙文通:《治学杂语》,《蒙文通学记》(增补本),第51页。
② 蒙文通:《中国史学史》,《经史抉原》,第322—330页。
③ 蒙文通:《孔子和今文学》,《经史抉原》,第165页。
④ 蒙文通:《致柳翼谋(诒徵)先生书》,《经史抉原》,第414—416页。

汉儒,宋儒自宋儒;狂禅只可谓之明学,考据只可谓之清学"。① 也就是说,清代以考据为学,非汉学,非宋学。蒙文通也认为清代学术"只是反对宋明理学。说是汉学,其实只是考证而已"②。刘咸炘、蒙文通批评清代考据学,所针对的正是"新汉学"一系。乾嘉考据学的末流与西学东渐相配合,导致"国学中斩,政教学术无不仰之异域,固早已全盘西化也","治国学亦必以西洋汉学家治吾国学问为师。所谓国学者,岂非徒具其名哉? 与此可知汉学宋学之异同,与清代汉学之非汉非宋。今日国学之非国学"。③ 那么,如何救弊,扭转世风呢? 刘咸炘构建"浙东史学"志在复兴宋学,蒙文通以此宣扬秦汉新儒学。

刘咸炘首先区分宋学之中的"宋朱"、"明王"二派,称"有清之世,理学最衰,人皆谓汉学夺宋学,此粗概皮相之言也。理学有宋朱、明王之异,人所知也,考据有宋派、汉派之殊,人所不知也。近世理学之衰,王派也,朱派未尝衰,后乃变而为考据之盛者,宋派也,汉派未尝盛。故汉宋之盛衰,毋宁谓为朱王之盛衰"④。程朱理学为官方正统,并未衰落,章学诚就认为清代汉学是朱子之再传。刘咸炘强调:"顺康以来,反王崇朱,乾嘉以来,大体虽反宋儒,而学风实承朱派","近日欧化美风之行,虽似墨子,实承朱派,若胡适之宗戴东原,其明征也"。因此,提倡王学是对症之药,王派学风是浙东史学的根基:"浙东史学者,远始南宋之婺学","后至黄黎洲,史学始成,而黎洲之学则出于其乡先生王阳明、刘蕺山,兼采南宋朱、吕、叶、陈之学,王派圆通广大之风遂为史学之本,章实斋之态度与其所持原理皆出于此"。刘咸炘认为乾嘉以来,王学衰落,考据盛兴,唯独浙东史学与"吴皖经学相对","独守宋学";考据学风源自朱子,浙东史学则"独守王学"。不过,浙东史学"传授希润,竟少人知,然其绍宋承明,关系明白,隐然为一大宗"⑤。这里,刘咸炘有意发扬浙东史学、陆王心学,与吴皖经学、程朱理学相抗衡。

章学诚晚年为追认自己的学术而构建出一个浙东学术的谱系。章氏认为浙东学术"言性命者,必究于史,此其所以卓也"。章学诚认为浙东学术以陆王为根底,同时兼备朱子与陆王之长,而将南宋事功派学人排除在之外。

---

① 刘咸炘:《学略》,《推十书》,第 2300 页。
② 蒙文通讲,黎明记:《国史体系》,《国立东北大学校刊》第 6 期,1944 年 12 月 1 日。
③ 李源澄:《汉学宋学之异同》,《论学》第 7 期,1937 年 7 月。
④ 刘咸炘:《学史散篇·近世理学论》,《推十书(增补全本)·纲旨》,第 1272 页。
⑤ 刘咸炘:《史学述林·重修〈宋史〉述意》,《推十书》,第 1537 页。

在《浙东学术》一文中，章学诚先讲浙东学派出自婺源的朱子，随后建构浙东学术的学统：三袁、王阳明、刘宗周、黄宗羲、万氏兄弟、全祖望、章学诚。刘咸炘认为浙东史学从南宋直至清代一脉相传，他撰写《先河录》，以章学诚为核心，构建浙东史学系谱："会稽章先生之学，可谓前无古人，然实承其乡先生之绪。所谓浙东学术者，今世罕知其详，盖以宋世婺州史学为表，以明之姚江理学为里，而成于黄黎洲者也。"①刘咸炘认为："圆通广大之论，北宋已有，至明尤多，皆可与章君之言相证。至于校雠之学，史体之议，原本宋人尤为显著，今将明此绝学，幸得溯其微绪。"南宋浙东学人正是宋代辨明史体、圆通广大学风的代表，浙东史学出于婺州。永嘉之后，浙东学风传衍至元明，为史学大宗。第一辈为黄溍、柳贯，第二辈为王祎、宋濂，"皆以文章称，而兼长史学"②。王阳明为浙东学术的大宗，影响后世，"其乡后辈刘蕺山能发明之，黄黎洲宗阳明而师蕺山，讲学于四明，其学兼宗金华、永嘉，文则师法戴宋，合诸派而一之，其传为四明万季野、余姚邵念鲁，其后则四明全谢山，至实斋、邵二云则其复兴也，后此无所见"③。至此，刘咸炘构建出由南宋至清的浙东史学系谱。章学诚将吕祖谦等人排除在浙东学术之外，而刘咸炘则认为南宋浙东史学乃中原文献之传，"浙东之学远出金华，其风博大，不以考据长"④，吕祖谦史学的特长就是通观明变。

在浙东学术的起源问题上，刘咸炘强调浙东学术以婺州（即吕祖谦）为表，与章学诚所言浙东学派出自婺源的朱子有所差别。如果说，章学诚有意以浙东学术调和朱陆异同，刘咸炘似乎更倾向以浙东史学弘扬姚江理学。刘咸炘认为理不离事、道公学私是章学诚学术的核心，章学诚提倡浙东学术表面上于朱陆无所专主，实际上"得于陆者多"，章氏之论"多从阳明出"。⑤在朱子与阳明之间，刘咸炘明显偏向后者。刘咸炘曾言："吾于性理不主朱，亦不主王，但以为王稍近耳。顾独服膺浙东之史学，浙东史学，文献之传固本于吕氏、黄、柳诸公，而其史识之圆大则实以阳明之说为骨，即心即物，即动即静，即上即下之说，即荆川之即道即艺，黎洲之即气即理，皆章实斋先生

---

① 刘咸炘：《先河录序》，《推十书》，第 743 页。
② 刘咸炘：《史学述林·宋中学论》，《推十书》，第 1498 页。
③ 刘咸炘：《先河录序》，《推十书》，第 743 页。
④ 刘咸炘：《右书·宋元明实学论》，《推十书》，第 388 页。
⑤ 刘咸炘：《文史通义识语》，《推十书》，第 714 页。

之道器合一也。道器合一，故学问、事功合一，而阳明则其验也。"①朱熹、王阳明二人学术异同在于：王阳明主张"理生于心，当以心贯物"，朱熹认为"理在于物，当以心合物"，二人并非"一废事一不废事"。不过，在刘咸炘看来，二人的差异导致学术类别分立："朱学功夫虽繁碎，而其致趋于狭隘，其流乃止于经书讲义；王学功夫虽简易，而其致趋于宽广，其流则通于史学子术。"②也就是说，王学更能广纳事物，兼容并包。朱子及其后学多注重经书、义理，阳明学派多谈经济，倾向史学。浙东学术圆通广大，导源于王阳明；浙东史学以姚江理学为里，已不在寻常史学范围之中。然而，清代以来，学人讲宋学，多诋斥陆、王。刘咸炘认为"近世之排陆、王者，直是无聊"。清代汉宋之争，考据与义理之间，"大氐交互，有偏兼之异而非不相容"，其不能相容之处，"斥阳明而已"。在排斥阳明学这一点上，"汉宋兼采，汉宋调和，与专宗汉师、专守程朱之所同也"。刘咸炘强调"近人好利"，根源在于乾嘉以降，宋学不振，所谓"轻忽义理，自足以败风俗"，"阳明所见，自深于晦庵，其精刻之处，近三百年多忽略，不可不发明"。③

也就是说，一方面，乾嘉考据学风"反王崇朱"，衍至民国，与欧化、西学相配合，导致近代学术以考据为成名捷径。这既无法吸纳西学专科的系统，更使得中国文化精神隐而不彰；另一方面，乾嘉以来，宋学不振，导致近代风俗崇拜功利，不重节义。若要扭转此风气，必须提倡王学。同时，道不可空讲，必须以史学为依托。刘咸炘主张："今欲复宋学，必并复此学，然后本末俱备，可以光大。故《宋史》于今当修，而修《宋史》必用浙东史学，不独为当然之理，亦必然之势也。"④浙东史学既无阳明后学虚妄之弊，又兼有阳明学"圆通广大"之长。刘咸炘正是以"姚江理学为里"的浙东史学，纠正考据学繁琐支离、破碎大义的弊端，进而沟通中西，扭转学风与世风。

四、南宋史说与秦汉新儒学

蒙文通早年认为"孔孟的道理，到了阳明的时候，可算是阐发得非常透

---

① 刘咸炘：《阳明先生传外录》，《推十书（增补全本）·论世》，第1473页。
② 刘咸炘：《左书·姚江学旨述》，《推十书》，第135页。
③ 刘咸炘：《学史散篇·近世理学论》，《推十书（增补全本）·纲旨》，第1272—1279页。
④ 刘咸炘：《史学述林·重修〈宋史〉述意》，《推十书》，第1537页。

彻,到了近溪、海门一派,更是说得十分尽致,本没有可疑的地方"①。20 世纪 30 年代初,蒙文通由经入史,以南宋浙东史学为典范;在义理层面,蒙文通领悟"朱子、阳明之所弊端在论理气有所不彻"。刘咸炘曾致信蒙文通,"炘喜王之所见更深,而亦服朱之方法密。窃以为专学象山,病尤大于专学阳明"②。在陆、王之间,刘咸炘偏向后者。蒙文通撰《儒家哲学思想之发展》,认定真正明孔孟要旨者,非陆象山莫属,以此与秦汉新儒学相呼应。就浙东史学而言,刘咸炘认为浙东史学以姚江理学为中心,从南宋至清代一脉相承;蒙文通区分南宋与清代,侧重考察南宋浙东史学独特的学术品质,秦汉新儒学与南宋史说遥相呼应。

刘咸炘以章学诚为浙东史学的集大成者,阐发南宋浙东学术仅为溯其源流,弥补《宋元学案》的缺失,"《学案》囿于义理,史学则略焉"。全谢山修《宋元学案》,推行广博,然"吕氏所承北宋道家之风,更以暗昧而失之,无论不足以明宋学之全,即濂洛关闽,亦失其比较,此学史之大阙也"③。不过,刘咸炘认为浙东史学以"明之姚江理学为里",南宋浙东诸家仍被纳入理学的范畴。李源澄指出:"《宋元学案》虽有艮斋、止斋、水心、龙川诸儒学案,其所去取,实不足以窥见其全,惟取其与理学诸儒同者,著于篇,风气之囿人,虽豪杰之士,亦无从而矫之。"④可见,后人不明学术脉络,南宋浙东史学被混入程朱理学,暗而不彰。蒙文通首先区分南宋浙东史学与清代浙东史学。他认为黄宗羲、全祖望将南宋浙东学术的渊源归至二程伊洛之学,衍其流于朱子,对于浙东学术明显异于朱子的内容,"《学案》仍必主于洛、闽,不惜割裂变乱其系统而淆之,于其为学大体,又未能具言"。在蒙文通看来,黄宗羲、全祖望两人为浙东史学巨擘,但清代浙东史学无法囊括宋代浙东史学。"黄黎洲、全谢山世推浙东理学家,乃《学案》一书,于诸家史学不论及,而于学派渊源亦若未明晰。其书本义理,不为史学可也,而一归之为洛学之徒,其传及于明初王、方,于其流亦足以见其源,而并以为朱之徒,恐黄、全于宋人浙东史学实有轻心处。"⑤也就是说,黄、全所说浙东学术仍是"理学",混淆南宋浙东史学的源流,《学案》一出,导致"宋人浙东史学"全系于程朱一系之下。

---

① 蒙文通:《经学导言》,《经史抉原》,第 10 页。
② 刘咸炘:《推十文集·复蒙文通书》,《推十书》,第 2209 页。
③ 刘咸炘:《学史散篇·宋学别述》,《推十书(增补全本)·纲旨》,第 1237 页。
④ 李源澄:《南宋政论家叶水心先生》,《论学》第 3 期,1937 年 3 月。
⑤ 蒙文通:《致柳翼谋(诒徵)先生书》,《经史抉原》,第 414—415 页。

那么,南宋浙东史学到底渊源何处呢?何炳松认为南宋以来我国的学术思想上承北宋以前儒、道、佛三家之旧,形成程颐、朱熹、陆九渊三大派,其中程颐一派继承儒家正宗思想而转入史学研究。南宋以后,此派流入浙东,演化而成前期的浙东史学,程颐就是"浙东学派的宗主"①。何炳松自许此说"大胆",视程颐为浙东学派的宗主,"浙东史学"与朱、陆对峙,打破以理学、心学为宋学主流的传统观念。不过,蒙文通仍视此未脱正统之见。在蒙文通的启发下,邓广铭撰文指出:"若因袭了宋儒之所谓'传道统'的那种陋见,而强把他们派作程门的嫡传,洛学的正宗,如过去谈此问题的一切人以至现在的何炳松先生在《通史新义》和《浙东学派溯源》二书中的那种说法,则是为了挂一而故意漏万,是不能见出他们的学问的全面目的。"②北宋学术有以二程为代表的洛学、以苏轼为代表的蜀学和以王安石为代表的新学三家,南宋浙东史学则汇集北宋三家之大成,蒙文通认为,"吕氏(祖谦)尚性理,则本于程者为多,唐氏(仲友)尚经制,则本于王者为多,陈氏(亮)先事功,则本于苏氏者为多"。因此,何炳松将南宋浙东史学的渊源纯粹系于洛学一派,甚为不妥,"以女婺之学亦有本之伊洛则可,谓纯出于伊洛则不可"③,"分看各家,虽畸轻畸重各不相同,若作为一个整体而看浙东之学,则正是熔铸性理、经制、文史三方面的学问于一炉之内的。性理之学本于伊洛,经制之学沿溯新经,而文史之学则出诸苏氏"④。

蒙文通提倡宋代浙东史学,与《学案》立异,"南渡之学,以女婺为大宗,实集北宋三家之成,故足以抗衡朱氏","其流之既远,为金华文献之传,后与朱学合而为一,入明犹盛"。蒙文通以此构建了一个与朱子学相抗的宋学别派:"南渡之学,以女婺为大宗,实集北宋三家之成,不仅足以对抗朱氏,而一发枢机系于吕氏。"也就是说,浙东史学以吕祖谦为核心,是一个渊源于北宋、传承于元明的整体。每派每家都是熔铸性理、经制和事功而来,但各有侧重,殊途同归,随后,蒙文通梳理南宋浙东史学的传承。他说:"自吕、叶诸家而下,楼昉、陈耆卿、叶邦、王瀚为一辈,王撝、徐侨、王柏、吴子良为一辈,

① 何炳松:《浙东学派溯源·自序》,《浙东学派溯源》,广西师范大学出版社 2004 年版,第 3—5 页。

② 邓广铭:《浙东学派探源——兼评何炳松浙东学派溯源》,《益世报·读书周刊》第 13 期,1935 年 8 月 29 日,第 11 版。

③ 蒙文通:《南渡女婺史学源流与三派》,《中国史学史》,第 83 页。

④ 邓广铭:《浙东学派探源——兼评何炳松浙东学派溯源》,《益世报·读书周刊》第 13 期,1935 年 8 月 29 日,第 11 版。

王应麟、车若水、舒岳祥、金履祥为一辈，吴师道、戴表元、闻人梦吉、许谦为一辈，柳贯、黄溍、吴莱、袁桷为一辈，宋濂、王祎、胡翰、戴良为一辈，以迄于方孝孺，其流若斯之永也"，"所谓金华文献之传也"。①

至此，蒙文通总结，清人所言浙东史学乃"理学家言"，偏于"内圣"。北宋史学同样高谈性道，不识治法，"虽激论变法，而北宋究无能论法者"。北宋史学偏于人治，而废典制之学，"北宋言史而史以隘，专主人治而遗史之全体，是北宋之言史专于理道之旨，义每狭而浅，未若南宋之广且深矣"。然南宋浙东诸儒，"言史必以制度为重心"，"言内圣不废外王，坐言则可起行，斯其所以学独至而无弊"。② 南宋浙东学派的独特之处就在于"大抵均以先王之道为己任，先王之制为必行"，"其为文也，本诸圣贤为经，考求汉唐之史，凡天文、地理、井田、兵制，郊庙之礼乐，朝廷之官仪，下至族性、方技，莫不稽其源袭，究其同异"。③ 这正是"女婺学术之纲领"。国难之际，蒙文通撰述《中国史学史》，举南宋浙东史说与朱子相抗；著《儒家哲学思想之发展》，服膺陆象山，究程朱之弊。蒙文通壮年以后，守南宋史说，似乎有携"左"、"右"二派，夺程朱正统之席的味道。

蒙文通坚信经史关系应是儒史相资，孔子"推本历史之经验，撰为应物之良规"，"于始言之，则儒也资于史"，"于后言之，则史也固资乎儒"，此特指秦汉新儒学所发明的"一王大法"。所谓"世益降，史益变，而儒亦益变。儒史相资于无穷，为变不可极"。南宋浙东史学可贵之处在于以史学表达儒学义理，是儒史相资的典范。只有南宋浙东史学将义理、制度与事功结为一体，"义与制不相遗"，才能最完整地体现儒家义理。此义理源自秦汉新儒学。秦汉之际，儒生融合墨、道、法诸家之学，综其旨要于儒家，越出孔孟"偏于世族政治"的成见，发展出秦汉新儒学："西汉之儒家为直承晚周之绪，融合百氏而一新之"，"不知今文之中心者，不足以知周秦学脉之相毕注于此。知其中心而不求之周秦，亦不足以见今文之恢宏"。④ 秦汉新儒学既融会百家，又在内圣外王两端直得孔孟之传，"汉师著述之存于后者，亦义理与证据

---

① 蒙文通：《跋华阳张君〈叶水心研究〉》，《经史抉原》，第 472 页。

② 蒙文通：《四库珍本〈十先生奥论〉读后记》，《图书季刊》新第 3 卷第 1—2 期合刊，1941 年 6 月。

③ 苏天爵言，转引自蒙文通：《四库珍本〈十先生奥论〉读后记》，《图书季刊》新第 3 卷第 1—2 期合刊，1941 年 6 月。

④ 蒙文通：《论经学遗稿三篇》，《经史抉原》，第 148 页。

不偏废","孟氏以性善明内圣,以革命明外王,其义宛存于汉师之说,而未或息焉淯焉"。在蒙文通看来,以内圣而言,秦汉新儒家"祛其似,究其变,说益晚而益邃,以推孔孟之说于至精,而诐邪之辞不得作";以外王而论,秦汉新儒家以井田、辟雍、封禅、巡狩、明堂五种制度支撑今文学革命思想,宣扬一王大法,构建"非常异义之政治学说"。秦汉新儒学承前启后,"先秦以往之思想,至汉而集其成。故后汉而下之思想,亦自西京而立其本。虽后来义有显晦,学有偏精,然其或出入者,为事亦仅。六经之道立,而百世楷模以定"①。

秦汉新儒学树立六经之道,百世楷模,但其精义不显于后世;南宋浙东史学是儒史相资的典范,也最终与道学合流,由此导致治史多局促于事迹之得失,"不知考于义理之原",遂"无以拔生人于清正理想之域,固将不免于丧志之惧"。② 国难之际,蒙文通批评讲义理者多高谈性命,整理国故运动更是"卑者坏形体"。蒙文通既不空言义理,更不妄自菲薄。他会通秦汉新儒学与南宋浙东史学,儒史相资,阐发儒家内圣外王之义。蒙文通在中国历史演进实情的基础上,表达"建国宏规"的抱负:"儒者内圣外王之学,匪独可行于今日之中国,以西方之学术趋势衡之,直可推之于全人类而以创造将来。"③

五、结　语

1940 年,李源澄指出浙东史学特征有五:"经史合一;子史并重;学贵宏通;注重当代历史;文以适用为主",而"每当浙东学术之兴起,即具有反时代色彩,此五者必为标帜"。④ 考察民国学人对浙东学术的建构,的确皆有"反时代"、推陈出新的意图。在新史学家眼中,"浙东史学"成为沟通中西,以新史学再创文明的有效途径。而被视为文化保守主义者的刘咸炘、蒙文通,则以"浙东史学"为名,钩沉绝学,寻求传统学术的近代出路。

刘咸炘自诩:"初得实斋法读史,继乃推于子,又推及西洋之说,而自为

---

① 蒙文通:《儒学五论·题辞》,《儒学五论》,广西师范大学出版社 2007 年版,第 14 页。
② 蒙文通:《中国史学史》,《经史抉原》,第 317 页。
③ 蒙文通:《儒学五论·自序》,《儒学五论》,第 155 页。
④ 李源澄:《浙东史学之远源》,《史地杂志》第 1 卷第 3 期,1940 年。

两纪以御之。"①诚如萧萐父先生总结,"所谓'两纪以御之',乃以'两'为纪纲、通贯一切事物、学理,于史'论世',通古今之变;于子'知言',明左右之异","以道家法'观变',以儒家法'用中',辨其同异、察其纯驳,定其是非"。② 刘咸炘贯彻"两纪"之法,调和古今中西学术之争,"知进化之专属智巧,则廖平之说不攻自破;知死道之传于二氏,则宋儒之偏不辨自明","知冷后热前之非中,则印度、西洋不如中国;梁漱溟知其分而不知其合,今日东西学人之迷惘无主,诚可哀也"。③ "两纪"之法是"采西方专科中系统之说,以助吾发明整理也","此非求功凿于他山,乃是取釜铁于陶冶"。④ 这种原理方法"得之章先生实斋,首以六艺统群书、以道统学、以公统私,其识之广大圆通,皆从浙东学术而来"。刘咸炘构建以章实斋为核心,"以宋世婺州史学为表,以明之姚江理学为里"的浙东学术系谱,旨在塑造、贯彻"浙东史学"以公统私、广大圆通的学术特质。这成为刘咸炘重建中国文化,回应中西古今之争的基本方法与宗旨。

蒙文通"少好今文家言",晚年曾作诗明志,"当年桶底脱耶(也)非,只(缘)今犄领(解)圣言微。传经伏女曾过我,为检遗书(编)述(测)指归"⑤。今文学解圣言、测指归的宗旨是蒙文通学术的根亥,传承、扬弃廖平今文学贯穿其学术生涯始终。程千帆先生曾言:"他(蒙文通)的学问源于清末四川今文经学的大师廖季平。他是把廖季平那些稀声古怪的想法用现代语言加以表现出来的。"⑥如果说,廖平"不免尊孔过甚,千溪百壑皆欲纳之孔氏"⑦,蒙文通则以史证经,秉持以经御史、以简执繁之意,通过南宋浙东史学阐扬儒学在中国文化中积极的历史意义与现实价值。蒙文通将南宋浙东史学阐释为儒史相资的典范,批评"近数十年来论中国历史者,受'历史法则'影响甚巨"。针对这种现象,蒙文通以浙东史学为典范,著《儒学五论》,以此构建中国的国史体系。⑧ 蒙文通强调:"以科学整理国故,不若以国故整理科学

---

① 刘咸炘:《推十文集·自述》,《推十书》,第2124页。
② 萧萐父:《〈推十书〉影印本序》,《推十书》,第2页。
③ 刘咸炘:《两纪》,《推十书》,第692页。
④ 刘咸炘:《浅书·塾刻详说》,《推十书》,第2329页。
⑤ 蒙文通:《诗、曲遗草》,蒙默编:《蒙文通学记》(增订本),第56页。
⑥ 程千帆:《书绅杂录》,《桑榆忆往》,上海古籍出版社2000年版,第157页。
⑦ 蒙文通:《廖季平先生传》,《新四川月刊》第1卷第1期,1939年5月。
⑧ 蒙文通讲,黎明记:《国史体系》,《国立东北大学校刊》第6期,1944年12月1日。

为效之宏。"①蒙文通以秦汉新儒学为根本,以南宋浙东史学为凭借,以期
"推昔人之陈说,示大法于将来"②。

李源澄认为浙东史学"其力量仅足以与其时代有权威势力之学术相抗,
而不能代之而兴者,其短长得失亦宜深论"。此语颇有以古喻今、夫子自道
的意味。的确,在经史递嬗的洪流中,"输入新知"成为"再造文明"的关键,
科学史学成为学术主流,刘咸炘、蒙文通等学人立足于传统文化、"以复古求
解放"的方式实现学术转型的努力隐而不彰。在言必称"与国际接轨"的当
下,构建中国学术本位迫在眉睫,回到晚清民国中西新旧之争的源头,以疏
源浚流的方式呈现晚近各派学人转化传统学术的本意与主旨,当上可探明
传统学术流变,下可考究未来学术走向。

---

① 蒙文通:《〈周官〉〈左传〉中所见之商业》,《图书集刊》第 4 期,1943 年 3 月。
② 蒙文通:《儒学五论·自序》,《儒学五论》,第 155 页。

国民教育与乡村社会变迁：以 20 世纪 40 年代龙泉县为中心

钟　健　肖如平

（浙江大学历史系）

一、问题的缘起及相关学术回顾

晚清新政以来，学制改革成为制度变迁的主体内容之一。20 世纪初科举制废除，近代教育制度得以确立，由此引动了千年如斯的传统乡村社会变迁。但新学的发展并没有给乡村注入新的活力，反而造成了乡村文化的贫化和人才的流失，危机重重。[①] 二三十年代，乡村危机在教育层面凸显，备受时人关注。余家菊发表《乡村教育的危机》一文，指出乡村教育已经破产，乡村教育事业大家都不愿意干。一些有识之士开始以乡村教育为突破口来挽救日益严重的乡村危机，如晏阳初推行平民教育、陶行知试验师范教育，取得了不错的成效。[②] 但这种局部的乡村改良只能在特定的时空环境下进行，不可复制，更不可能全面推广。换言之，乡村危机依旧未能得到改善。

"我国义务教育倡行甚久，而未见成效。即有一二地方之试行，也不过昙花一现。查考政府所颁行的义教推行法令，自清末至民国廿四（1935）年计有六次，但无一次实现。又民众教育的实施，始于清末的识字运动，至民

————————————

　　① 本文系教育部人文社科项目《民国时期的保甲与乡村社会治理——以龙泉档案为中心》（10YJC770102）的前期成果。本文曾提交"传承与创新：浙江地方历史与文化学术讨论会"（浙江杭州，2012 年 12 月），得到曹树基教授、朱海滨教授的指点，特致谢忱。

　　相关研究参见王先明：《变动时代的乡绅——乡绅与乡村社会结构变迁（1901—1945）》，人民出版社 2009 年版，第 2 章；郝锦花：《新旧学制更易与乡村社会变迁》，人民出版社 2009 年版。

　　② 丛小平：《社区学校与基层社会组织的重建——二三十年代的乡村教育与乡村师范》，《二十一世纪》（网络版）2002 年第 8 期，http://www.cuhk.edu.hk/ics/21c/supplem/essay/0209058g.htm，2013 年 7 月 15 日。

初尚在进行中;民九(1920),晏阳初等又提倡平民教育运动;至国府奠都南京后,对于民众教育更加注重,自民十八(1929)至民廿八(1939),共颁布法令多次,也未有显著成效。"①可见,清末以降无论是义务教育还是民众教育,都未能取得很好的成效。

1928 年南京国民政府肇基,政权逐步稳定,对新学制进行了一系列的改革以适应国家建设的需要。抗战军兴后,国民政府面临着抗战建国的双重负担,为了完成这一历史任务,推行新县制,与之相配套地实施国民教育(为便于行文,以下简称"国教")。国民党总裁蒋介石称:"立国之道,千头万绪,然着手所在,不外提高国民之道德智能与体力,养成人人皆为健全之公民,俾人人皆能担当应负之任务,然后生活得以改进,国力由此增加,故一言以蔽之,即国民教育为一切之根本是已。"②以"国教立国",这也是新学制实施以来,基础教育达到前所未有的高度。

"抗战军兴,斟酌事势之异宜,审察需要之迫切,更觉基础教育与成年补习教育,应在可能范围之内,打成一片;鉴于教育事业与地方自治关系之密切,宜使教育人员以为之师者为之长,规定每保必设一国民学校,每一乡镇必设一中心学校;教育机关(指中心学校、国民学校)与政治基层组织相互配合,取三位一体之制,凡乡镇保之学校校长教员,即为基层政治建设之干部。"③从制度设计来看,国教将义务教育和社会教育揽于一身,兴办教育与地方自治相结合,"政教合一",依托保甲制度来实施,按保设校,乡镇设中心学校。

40 年代所推行的国教,从外延和内涵两方面观之,可谓是一次巨大的基础教育变革,那么这次变革如何落实到地方? 变革能挽救乡村教育危机吗? 其与乡村社会变迁关系如何? 迄今为止,学界还无专文从乡村社会变

---

① 张劻定:《国民教育引叙篇》,《浙江教育月刊》第 3 卷第 3、4 期合刊,1940 年。

② 蒋介石:《国民教育实为建国之根本》,《先总统蒋公思想言论总集》第 17 卷,台北"国民党中央党史会",1984 年,第 184 页。

③ 蒋介石:《国民教育实为建国之根本》,《先总统蒋公思想言论总集》第 17 卷,台北"国民党中央党史会",第 184—185 页。

迁的角度对此进行探讨,已有相关研究仅从教育史和乡村治理的路径展开。[①] 本文以龙泉县[②]为中心,同时参照其他地区的情况,互为比较,利用龙泉县档案资料和浙江省图书馆馆藏的民国期刊,探讨国教与乡村社会变迁的问题。

二、乡村教育危机的缓和

在 20 世纪的前几十年,新学在广大乡村地区并未普遍推广,私塾仍占统治地位。1931 年,全国中小学校共 262889 所,平均每 4 个村才有 1 所学校。[③] 广西省小学踪迹仅限于各县城区,大部分乡村儿童仍在私塾势力支配之下。[④] 国民政府虽曾多次颁布法令,倡行义务教育和民众教育,对乡村而言,收效甚微。

1939 年春,国民政府通过了抗战建国纲领,决定改订教育制度。9 月,颁行《县各级组织纲要》,把县作为自治单位,县以下为乡(镇),乡(镇)内编制保甲,确立了"政教合一"的策略。"乡镇长、乡镇中心学校校长及乡镇壮丁队队长,暂以一人兼任之;保长、保国民学校校长、保壮丁队长,暂以一人兼任之;在经济、教育发达之区域,乡镇中心学校校长、保国民学校校长以专任为原则。"[⑤]

1940 年 3 月,教育部正式颁布《国民教育实施纲领》,规定:国教分义务教育及失学民众补习教育两部分,应同时在保国民学校及乡镇中心学校实施;国民学校以每保设立一所为原则,称某保国民学校,如受限于人口及面积,得就二保或三保联合设立一所,称某某保联立国民学校;每一乡镇应设

---

① 肖如平:《民国时期保学在江西推行的历史考察》,硕士学位论文,江西师范大学历史系,2003 年;肖如平:《论抗战时期江西的保学教育》,《抗日战争研究》2007 年第 2 期;李红梅、肖如平:《民国保学与江西乡村教育的近代化》,《江西教育学院学报》(社会科学)2011 年第 5 期;汪巧红:《试论"新县制"下国民教育专制统治的强化》,《学术论坛》2006 年第 12 期;万勇:《抗战时期国民政府推行国民教育述论(1940—1945)》,硕士学位论文,四川师范大学历史系,2007 年,等等。

② 龙泉县位于浙江省西南山区,与福建省接壤,全县面积大约 2700 平方公里,1940 年全县人口为 163685 人。参见浙江省龙泉市档案局(馆)编:《龙泉民国档案辑要》,中国档案出版社 2010 年版,第 1、25 页。

③ 王先明:《变动时代的乡绅——乡绅与乡村社会结构变迁(1901—1945)》,第 59 页。

④ 李桂林等编:《中国近代教育史资料汇编·普通教育》,上海教育出版社 1995 年版,第 515 页。

⑤ 《县各级组织纲要》,《浙江省政府公报》1939 年第 3184 期。

立中心学校一所，称某乡镇中心学校，兼负辅导本乡镇各保国民学校之责；保国民学校及乡（镇）中心学校，均应设置小学部及民教部，国民学校之小学部，以完成四年制小学为原则，但为迅速普及义务教育起见，得办理一年或二年结束之班级，民教部以办理初级成人班及初级妇女班为原则，乡（镇）中心学校之小学部，以办理六年制小学为原则，民教部以办理高级成人班及高级妇女班为原则。^① 国教的推广和实施正式提上议事日程。

据此，浙江省教育厅饬令各县市每一乡镇成立中心学校一所，第一年（1940）开始，应至少成立半数以上，并得就原有县区乡镇立小学改设之，改设后尚不敷时，应即筹设，或指定私立小学代用中心学校；保国民学校在第一年至少应以每三保立一校为原则，亦可就原有县区乡镇立初级小学改设之，或指定私立初级小学为代用国民学校。随后根据教育部电令，教育厅又重新制定计划，计划于 1940 年全省新设与改设乡镇中心学校各五百所，保国民学校各三千所，并以各县乡镇数及保数之多寡比例分配。如超过计划数者，得列表呈报教育厅核办，但以县与地方确已筹到各四分之一经费者为限。但不久国民政府行政院议决国教缓办，教育部在转达该决议的同时，补充说明如该省能筹得经费，可缩小范围办理。在中央政策摇摆不定的情况下，浙江省政府经商酌决定，认为国教非办不可，电令各县查明设校确数。根据各县汇报情况及对全省经费的估量，教育厅决定，各县报告已开办或正在筹设之校数，符合或如少于本厅规定数者，依照各县报告数核定，超过本厅规定数者，暂以规定数为限，并再度修订了各县应设校数。^②

为使国教顺利过渡、平稳实施，浙江省教育厅还出台了整合各级学校的办法。主要有：原有县区乡立小学得以改设成为乡镇中心学校，如同一乡镇内原有之县区乡镇立小学有二所以上者，除改设一校外，其余应迁移至未设校之乡镇办理；原有县区乡立初级小学得以改设为保国民学校，同样如有两所以上者，或移设，或合并，由县酌定办理；无条件筹设中心学校和保国民学校的地区，可指定私立学校代用。当指定私立学校为代用乡镇中心学校或国民学校时，其校董会应改为校务协助委员会，所有学校一切财产，仍由校务协助委员会管理，但校长之人选，须由县政府委派。各县市实施国教之经

---

① 《国民教育实施纲领》，《浙江省政府公报》1940 年第 3221 期。
② 罗迪先：《本省实施国民教育设校计划》，《浙江教育月刊》第 3 卷第 3、4 期合刊，1940 年。

费，由中央、省、县及地方分别负担，在第一年内，暂各负担四分之一。①

根据教育厅的再三指示，各县市也在积极推行国教。根据全省的设校计划，1940 年龙泉县要完成新设中心学校 4 所，改设 8 所，共计 12 所；新设国民学校 30 所，改设 31 所，共计 61 所。② 当值县长唐巽泽提出"分保设校为二十九(1940)年中心工作之一"。最终，1940 年上学期成立有中心小学 12 所(新设 4 所，改设 8 所)，国民学校 61 所(新设 30 所，改设 31 所)，完全按照教育厅的计划行事。全县教育经费支出共 267157 元，中央及省拨补 8500 元，县款 45870 元，地方自筹 212787 元。③ 在经费方面，中央、省、县及地方各担四分之一的情形并未出现，近 80％的经费靠地方自筹。国教的推行，乡村地区的教育现状有所改善，保国民学校普设，入学儿童剧增。1946 年，龙泉县共有国民学校 255 所，学生 9699 人，另外还有妇女班 145 班，成人班 110 班，民教学生 6597 人。④ 其时，该县有 317 保，总人口达 125578 人。⑤ 平均每 0.8 保设一所国民学校，受教育人口约占总人口的 13％。

三、官绅冲突和教政腐败

国教推行以后，乡村教育有明显改善，至少在量的方面满足了乡村儿童及失学民众的教育需求，但并不能就此判定其成效，事实上，乡村教育依旧问题丛生。

由于国民政府无力提供足够多的资金和人才，国教尚不能以"山雨欲来风满楼"之势横扫整个乡村地区，不得不一仍其旧，允许私立学校、私塾的存在，甚至借重于私学代行国教之责。如慈溪县 1940 年开始实施国教，"除了极少数仍维持私立小学的名义外，大部分都是代用中心学校和代用国民学

---

① 《浙江省二十九年度各县市筹设乡镇中心学校及保国民学校应行注意事项》，《浙江省政府公报》1940 年第 3233 期。
② 罗迪先：《本省实施国民教育设校计划》。
③ 浙江省龙泉市档案局(馆)编：《龙泉民国档案辑要》，第 110—111 页。
④ 《龙泉县概括调查表》，1946 年 12 月，J10/1/156－1，龙泉市档案馆藏(下文所引档案材料均出自龙泉市档案馆藏，馆藏地从略)。
⑤ 浙江省龙泉市档案局(馆)编：《龙泉民国档案辑要》，第 20、25 页。

校"①。但公、私混搭，不公不私，亦公亦私，很快就出现了问题。不少地方即以此来应付上级。1941 年，教育部即下达严电称，"国教推行之始务须认真办理，如有仅挂校牌希图冒领补助费及搪塞功令者，应随时取缔及惩处"②。慈溪教育主管部门发现，有些学校使用着两种名义，即对政府用"国民学校"，对校董用"私立学校"，阴阳怪气，身份不明。县教育经费供不应求，无力作普遍维持，且支配亦甚困难，很想把各校设置的性质确定一下。公私混乱，非得有一翻彻底的整顿不可，但究竟恢复到何种状态，公私比例如何分配，又是一大问题。③

公、私纠葛还触及更深层次的乡村教育主导权的争夺。此前，私学、私塾占主导，意味着乡村教育操控在乡绅手里。国教推行后，政府规定代用中心学校、国民学校校长须由县政府派委。由于无人可派、人地不相宜等因素的存在，很难做到，由地方报委而产生的校长尚不在少数。派委和报委，争议颇大。地方人士批评县政府偏面派委权力过高，近于独裁；主管教育人员则责备地方人士不应侵越行政职权，为各方牵制而感到头痛。慈溪县教育人士房子长还透露："记得前一时期政府与好些地方人士洽商校长人事问题的时候，他们提出来校长应有的条件是教书以外不得与闻地方事件。"④地方人士与政府之间的暗战集中体现在校长的产生，矛盾也最大。

试举一例加以说明。龙泉县黄鹤乡第二保国民学校由吴岱初级小学改设而成。1939 年 6 月，该保保长方关仁、方观传等七人奉令整理吴岱初小，筹集办学基金。⑤ 1940 年 1 月 9 日，方观传等筹备人员召集会议，公推方观传为校长，并向县长唐巽泽报告，请求批准。⑥ 国教推行以后，吴岱初小改设成保国民学校。县政府委派李友仁出任校长取代方观传，由此招致方观传等人的不满。仅上任三天，李便向县政府提出辞职。李称，该校经费须等到秋收时租谷收入才能到位，而他系一介寒儒，家境贫寒，无力在秋收前垫

---

① 房子长：《地方教育行政问题商榷》，《慈溪教育》第 1 卷第 2 期，1948 年。注：慈溪县位于浙江省东部，自古以来便是人文荟萃之地，经济、教育发达。国教推行时，出版发行《慈溪教育》和《重光教育月刊》两大刊物，记录了当时教育的实施情况及存在的问题。

② 《公牍》，《浙江省政府公报》1941 年第 3297 期。

③ 房子长：《地方教育行政问题商榷》。

④ 房子长：《地方教育行政问题商榷》。

⑤ 《道泰区黄鹤乡乡立吴岱初级小学校款整理委员会呈县府函》，1939 年 6 月 28 日，J12/2/25。

⑥ 《黄鹤乡第二保办公处报告书》，1940 年 1 月 10 日，J12/2/25。

付一切费用，经该校赞助会决议，由原校长方观传接替其校长职，并负责学校所有经费。① 方观传身为赞助会主任，负责学校经费本是分内之事，此举意图非常明显，即以经费为手段相要挟，逼迫李友仁去职，重新夺回校长一职。县长唐巽泽并没有批准李友仁辞职，方观传的计谋并未得逞。

但方观传等人并未就此善罢甘休，反而采取动员保内学龄儿童不入学、校赞助委员会不作为等手段抵制办学。"本校自开学以来，入校就学儿童，仅居十名之谱，并查全保学龄男女，确已超过三十有奇……保长方关仁亦系受过相当训练之干部人员，岂其胞弟，正达学龄，迄今尚未送校，似此其破坏存意，一想可知。"②"赞助会主任方观传、赞助员方关仁、方士谦、方关发、方振华、方赵寿七人，皆是敷衍表面，各怀鬼胎，绝无光明磊落之态度，并且都是自私自利不管公益事业。"③在县府的支持下，李友仁与方观传等人抗争近一年，办学毫无成绩，对地方教育毫无贡献可言。最终，县府派巫复元接替校长职。据保民反映，巫复元系黄鹤乡第三保壮丁，为了逃避兵役，用金钱运动而获职，"一载未来校维持校务"④，反倒与方观传等人相安无事，各取所需。继巫之后上任的第三任校长方士强又遇到与李友仁同样的困境。"本校开课已久，就学儿童寥寥无几，按户督促已十余次，可恨一般儿童家长目无法纪，心无礼仪，均以置若罔闻"⑤；"本校校租自系保管会征收，但该员等心怀不测，诡计多端……并同时假冒职权，擅往佃家唆言免缴校租"⑥。

地方政府要完全取代乡绅接管乡村教育，尽管会遭到不同程度的抵制，却仍要寻求保长、乡绅等地方人士的支持，解决经费、民众动员等问题。在国教会议上，蒋介石就明确表示，"望策动地方贤达士绅，一致协成此举"⑦。后果亦十分明显。筹募地方经费，总离不了要借重地方有势力的人去张罗，因此往往养成新"土豪劣绅"。"富人们想藉私人的资本，握住国家的教育

① 《龙泉县黄鹤乡乡立吴岱初级小学赞助会记录》，1940 年 3 月 18 日，《为必须经费无从开支，况职家贫无力垫付，因事势所迫请求准予更换校长由》，1940 年 3 月 21 日，J12/2/25。

② 《呈为呈报本校学龄儿童不来就学，致碍推行，恳请派警督促，同时严令该保长负责，强迫乞令知由》，1940 年 4 月 11 日，J12/2/25。

③ 《为报告本校两月来工作经过及困难情形由》，1940 年 8 月 3 日，J12/2/25。

④ 《为本保国民学校校长巫复元擅离职守，请求准予撤职查办由》，1941 年 7 月 17 日，J12/2/25。

⑤ 《为呈请迅予派警莅校执行强迫儿童入学由》，1942 年 12 月 11 日，J12/2/25。

⑥ 《为呈请即予派员莅校监算本年出入经费由》，1942 年 12 月 8 日，J12/2/25。

⑦ 《国民教育会议昨晨闭会，委座颁训词希望四点》，《东南日报》1940 年 3 月 17 日，第 2 版。

权，使许多人仰他的鼻息，做他的工具，他可以财阀而兼学阀，造成一种潜势力。"①政府则牢牢抓住校长和教员的任命，"有些县份，校长的委派，完全集权在县政府"②。

更严重的冲突还在于新旧文化的内在冲突。一般而言，保长、甲长等职务多由德高年韶的地方人士充任，或可称之为传统乡绅。他们是传统乡村社会的发言人，主持乡村公共事务，教育也不例外。他们受传统文化影响较深，比较认可私塾那一套，对新学不太能够接受。缘于此，"政教合长"弊端极为明显，不久即被弃用。"以非师范学校出身的乡镇长及保长兼任（校长），纵因有政治之力量，可使各种对外困难的问题易于解决，但校内的一切措施，或将反因校长之不得其人，或无暇兼顾而遭受牺牲，尤以一般情形下之保长，因种种关系，非但具有校长资格者不可多得，且竟有目不识丁或思想顽旧行为不检之人。"③同样，由乡绅充任的校董们，对办学也有较多的干涉。"对学校行政妄加干涉的校董亦不在少数。因为校董们不合理的要求，校方为了经费关系，不得不勉强接受，驯至违背了我们的教育宗旨和目标。最显著的例是，有些校董们要求废除音、劳、体、美等科目，增加英语、古文等必修课。"④

国教推行伊始，普遍存在一个吊诡的现象。即国教的推行不得不依靠在乡村有威望的乡绅，但是，乡绅又不愿轻易放弃对乡村社会的控制，他们所接受的传统教育与新学也格格不入，反而不利于国教的推行。

除了官绅冲突外，国教推行遇到的另一大问题便是教政腐败。新学不仅中断了千年以来士绅阶层在乡村社会的常规继替，且其传授的内容与乡村实际生活格格不入，导致很大部分乡绅和读书人"弃乡入城"，相对造成了乡村社会的文化和人才贫乏。在"青黄不接"之际，国教的推行亟须人才的投入，尤其是师资。国教推行短短六年间，全国中心学校、保国民学校近乎增长了一倍，教员数急增，其中保国民学校教员增长了一倍多（见表1）。

---

① 龚占鹤：《我对于革新慈溪教育的意见》，《慈溪教育》第 1 卷第 3 期，1948 年。
② 孙德民：《我对于革新慈溪教育的意见》，《慈溪教育》第 1 卷第 3 期，1948 年。
③ 张勋定：《国民教育引叙篇》。
④ 翁茂庭：《我对于革新慈溪教育的意见》，《慈溪教育》第 1 卷第 3 期，1948 年。

表1　全国国民学校校数及教职员数(1940—1945学年度)(单位:校;人)

学年度	中心学校	教职员	保国民学校	教职员
1940学年度	16627	114279	112792	209868
1941学年度	19692	148101	140119	278215
1942学年度	25154	191684	184682	373079
1943学年度	27419	201925	208781	410850
1944学年度	26949	205842	199350	378159
1945学年度	32015	151892	214658	438047

资料来源:教育年鉴编纂委员会:《第二次中国教育年鉴·教育统计》(14编),商务印书馆1948年版,第60、63页

庞大数目的师资,若由正式的师范与简师去造就,是缓不济急的,势必大举短期训练。这样,在量的方面或可以勉强解决,但粗制滥造,师品日下,将成为自然的趋势。[①] 龙泉县小学教员由正式的师范与简师培养的非常少,绝大多数是小学毕业,而国教推行以后,其他非教育系统出身的教员增长明显,在1944年和1945年甚至占据最多数(见表2)。

表2　龙泉县民国时期小学教师学历表(1939—1948年)

年份	大学高师毕业	普师毕业	简师毕业	旧制中学毕业	高中毕业	初中毕业	小学毕业	其他	合计
1939年		11	27	4	1	10	227	1	281
1941年		5	21	8		10	386	64	494
1943年	4	7	87	11	66	44	332	43	594
1944年		6	53	16	7	91	180	190	543
1945年	3	4	55	16	11	91	180	198	558
1947年		7	50	18	59	97	246	95	572
1948年	1	3	50	18	55	94	220	91	532

资料来源:浙江省龙泉县志编纂委员会:《龙泉县志》,汉语大词典出版社1994年版,第552页

国教的推行正值战乱年代,兵役成为乡村的重要负担。由于"现任小学以上教师具有学校正式聘书,并报主管教育行政机关备案者"[②],可以缓召,

---

① 张勋定:《国民教育引叙篇》。
② 浙江省龙泉市档案局(馆)编:《龙泉民国档案辑要》,第114页。

"大家都不愿意干"的乡村教育一时也是趋之若鹜。"一年前,因教育经费没有着落,于是各校陷于无法维持的境界,一般教员纷纷向外流,或者另谋他业,大闹'溜人潮',所遗留的空缺,一时物色不到适当人选,当然只好另找人马,滥竽充数。现在不但'溜人潮'平息,且有'粥少僧多'、'人浮于事'的现象。"①由于经费有限,师资缺乏,国教的推行不得不另辟蹊径,另有所谋的人士也竞相争逐,教政腐败在所难免。

龙泉县办学舞弊案层出不穷。上东乡第四保国民学校校长李蓁、教员李功怠教,敷衍塞责,贻害地方,遭致该保保长周文彬及儿童家长等众怒,一度召开保民大会将其撵走而后快。② 但保民屡试却难奏效,李蓁依旧未能撤换,原因是县政府批准该乡中心小学校长派员复查,而中心小学毛校长系李蓁妻之房侄,碍于裙带关系,迟迟不派员到当地查明,致使问题迟迟不得到解决。③ 兰渠乡第六保国民学校校长周兆生,"其出身乃系一铁匠,全未受过教育,甚至连何谓算术、作文均不懂,真是白字连天,对于举办教育之宗旨尚不明了。除照学校历体假外,时常停课。现法定公务员不能经商,其反将学校经费,置作经商之用。再查周兆生虽经考试合格,但闻系托人代考,以保其兵役不会征抽"④。天平乡第三保国民学校校长季永盛"办学腐败,贻害学童,霾挂空名,坐食学租,置校务全不顾,以赌博为常业",还滥用职权,"历聘避役之壮丁为教员,非但不要薪给支出,尚有缓役□之贴入,纯是利用学校营私"⑤。……黄鹤中心小学校长李芳自从 1921 年起开始担任该校教员,1940 年 8 月升任为校长,在当地教育界颇有口碑,甚而邻县家长皆慕其名送子弟前来就学。"松(松阳县)遂(遂昌县)两邑人士,慕芳虚名,均送子弟就学,生徒亦似日添。"⑥李芳任教长达二十余年,熟稔当地教育状况。1943 年,他无奈地感叹道:"本乡近年以来,各保国民学校虽普遍设立,但因办理不善,管教无方,人事时局,两相关系,致入学儿童日见减少,殊堪扼腕。"⑦

---

① 龚占鹤:《我对于革新慈溪教育的意见》。

② 《龙泉县上东乡第四保保民大会记录》,1941 年 9 月 1 日,J12/2/31—3。

③ 《为本保第一国民学校校长李蓁、教员李功教务恶劣,贻害儿童,一再请求准予更换由》,1942 年 1 月 15 日,J12/2/31—3。

④ 《为周兆生滥司教职避兵役,贻害子弟,请予更委以维教育由》,1944 年 7 月,J12/2/1—3。

⑤ 《天平乡第三保学童家长代表季子文等呈县长崔履塑函》,1942 年 6 月,J11/2/169。

⑥ 《黄鹤乡中心学校校长李芳致徐县长函》,1943 年 10 月 25 日,J12/2/5—2。

⑦ 《请转饬本乡乡保长及国民学校校长,保送儿童前来本校升学,并迄令遵由》,1943 年 1 月,J12/2/5—2。

　　龙泉县位于浙西南山区，相对闭塞，文化落后，推行国教不尽理想自在情理之中，然而位于全国东南教育文化最发达地区的慈溪县，情形亦不容乐观。"本县教师(包括校长)近年来流动性之大，实在可怕。不论是自动或被动，普通一年半载，总要换一个地方。这种流动现象之发生，主因自然在'人事制度'欠健全。只要和校董不洽，不管你有正义、有理由，可依照法令报请更委；只要校长不满，不管你的过失大小程度如何，可以解聘，甚至并无过失或不无微劳的，也可以被有背景的来挤出你。地方长官的任免，校董在事业上的成败或一时的爱憎，都可以引起教师的流动。久任的教师，享不到优待，或竟被目为'无活动能力'，常换岗位的教师，并不受指责，或竟被誉为'有办法'，甚至中途改业离职，也可不管学生的损失，不受聘书的约束。"①

　　面对日益严重的基层教政腐败，上级政府也是听之任之，使得民众无从监督。如淳安县民宋继唐等不满县府对于太平乡中心小学校长邵顺来舞弊事件的处置，向省府提出诉愿，省府竟然不追究事实原委，以县府的处置"无论其是否适当，与诉愿人之权利或利益并无损害"为由，依照"人民因中央或地方官署之违法或不当处分致损害其权利或利益者，得提起诉愿"，认定"来书于法不合"，未便受理，驳回诉愿；②遂昌县农民毕据等为请求解聘保国民学校教员事件不服县政府教育科之处分提起诉愿，省府亦以同样的理由驳回诉愿。③

　　国教的推行实施，从表面上看对乡村教育危机有所缓解，但事实上依旧是危机重重。其一，地方政府借委派校长之实逐步侵夺乡村教育权，给乡村教育的原主乡绅造成冲击，但地方政府又不得不依赖乡绅筹集经费、动员民众，结果便是官绅均对乡村教育有足够的发言权，冲突在所难免。这集中体现在校长的聘任上，时人呼吁"教育行政当局与地方人士对校长人事问题，必须建立合理关系，取得协调，政府要放弃权力观念，地方人士要除去感情用事"④。显然这不切实际，龙泉县黄鹤乡第二保国民学校的校长之争便是一大例证。其二，国教的普遍推行，由正式的师范与简师所造就的师资不足

① 忻天趣：《教师搬位》，《慈溪教育》第 1 卷第 5 期，1948 年。
② 《淳安县民宋继唐等为淳安县太平县中心小学校(长)邵顺来舞弊事件不服淳安县政府处分提起诉愿由》，《浙江省政府公报》1947 年第 3439 期。
③ 《遂昌农民毕据等为请求解聘保国民学校教员事件不服县政府教育科之处分提起诉愿由》，《浙江省政府公报》1949 年第 68 期。
④ 房子长：《地方教育行政问题商榷》。

应付需求，不得不由其他途径聘请教员填补巨大的缺额。加之经费有限，教员的薪给微薄，教员流转或另谋他业的现象普遍，只好"另找人马，滥竽充数"。这客观上给地方教育当局、校长、校董们徇私舞弊提供了不少机会，"人事时局，两相关系"，国教推行的成效也大打折扣。

四、乡村社会的新陈代谢

国教在起步阶段，对保长、甲长等基层自治人员和乡绅的依赖非常之大。以龙泉县岱垟乡第九保国民学校的成立为例加以说明。该保"村落散漫，儿童众多，创设保校急不容缓。业经八都区教育指导员翁福畴来保督促，并召开保民大会，当场公推李致中、李君荣、李君长、李君敬、李先梧、李先保、李君位等七人为基金保管委员，并互推李致中为主任委员，李君荣为校长等职。并于当日分头向本保各神会、祭产及股富等筹集田租五□石充作基金，不足之数，俟陆续补筹，一面择定校址，于一月廿八日先行开校，聘定王先彬为教员"①。保长、甲长、乡绅在该保国民学校的创立过程中发挥了中流砥柱的作用，并担任基金保管委员，维持学校的正常运转（见表3）。

表3　龙泉县岱垟乡第九保岱源代用国民学校各委员履历表（1944 年 4 月 28 日）

职别	姓名	年龄	籍贯	经历
校长	李君荣	二九	龙泉岱源	长安中心学校毕业
主任委员	李致中	五九	龙泉岱源	曾任保长
委员	李君长	四一	龙泉岱源	现任甲长
委员	李君敬	六一	龙泉岱源	士绅
委员	李先梧	六一	龙泉岱源	士绅
委员	李先保	五六	龙泉岱源	士绅
委员	李君位	四二	龙泉岱源	现任保长

资料来源：《龙泉县岱垟乡第九保岱源代用国民学校各委员履历表》，1944 年 4 月 28 日，J13/3/432－2，龙泉市档案馆藏

国教推行时期正值战乱年代，起步容易，经营困难，尤其是经费不易筹集，政府只能对乡村进行一轮又一轮的盘剥，而保长、甲长等地方自治人员

---

① 《岱垟乡第八保保长叶礼均致龙泉县县长徐渊若函》，1944 年 5 月 2 日，J13/3/432－2。

难免参与其间。以慈溪县为例，可见一斑。为解决经费困难，该县一度征募文化献谷，每乡成立"文化献谷保管委员会"，由乡长为主任，乡公所负责征募，校长、教员挨户称谷，但远不济实际需要数。后来，浙江省政府决定随（田）赋征国教经费，经费问题有所缓解。但法币贬值严重，省府又电令各县教育经费均应征收实物，且可酌量变更预算，提送县参议会通过。行政院颁布"地方国民教育经费整理及增筹办法"，其第三条明定"学谷捐"一项，使随赋附征法律的保障又高了一级。[①] 各级政府只能通过募捐、征税、修法等手段变相榨取乡村资产，来满足国教推行所需的经费。此外，逃学问题非常严重，尤其是成人班。龙泉县政府曾制订《教育行政实施计划》，组织调查统计学龄儿童及失学民众，建立乡镇强迫入学委员会，当然委员由乡保长、乡保队附兼，聘任委员一般为教员。[②]

由此不难看出，国教的推行给保长、甲长等基层自治人员带来极大的压力，横亘在他们面前的选择也越窄，要么与政府合作，甘愿充当政府的"扒手"，要么辞职，明哲保身。保长、甲长等已经不再是风光的职务，避而远之，或许是明智之举。1946 年，龙泉县三溪乡一、二、三保保长改选，新当选的均不愿就任。乡民代表李继标被选任为第一保保长，因不愿接充，以选举不足法定人数，体弱多病等为由，呈请改选。[③] 第二保选举保长，保民郭哲绵因病未参加，其他保民将他选任为保长。郭哲绵充任该保邮政代办所代办人并兼保民代表，当选保长似不为过。郭不愿赴任，以"家境贫寒，人口繁多，全凭双手胼胝耕种以度日，而且学识能力十分薄弱，更无主持保政之才力"为由辞任。[④] 第三保新任保长邱华林曾在县立简易师范就读，后在庆元县四源乡公所任职干事，以"年轻识浅，能力绵薄，年龄并未符达合格充任保长，经验乏缺，对于保务难以推行"等为由，请辞保长职。[⑤] 在地方有信仰的乡民不愿接充保长职，视保长一职为畏途，显系乡村境况恶化，保务难以推行，其根源在于国家权力已经渗透到乡村社会内部，掠夺太甚。这种情形在 40 年代末更为普遍。1949 年，浙省政府电令称，"乡镇保甲长为县级基层干

---

① 翁茂庭：《我对于革新慈溪教育的意见》。

② 浙江省龙泉市档案局（馆）编：《龙泉民国档案辑要》，第 113 页。

③ 《呈请令乡改选贤能接充以维保务由》，1946 年 3 月 17 日，J10/1/448。

④ 《为身充邮政代办所代办人兼本保代表，绝对无力兼任本保保长要职，请求准于免委由》，1946 年 2 月 26 日，J10/1/448。

⑤ 《呈为身有业务不能兼任，请求令饬本乡公所另行改选由》，1946 年 1 月 15 日，《为据情转请辞职，祈鉴核指令只遵由》，1946 年 5 月 5 日，J10/1/448。

部,值此治安严重之日,务须选用年青负责而有勇气者任之,始克负荷艰苦工作。各县乡镇保甲长如有年迈力衰不能推动政令者,应一律加以调整,另行选委年富力强有勇气能任事者接充"①。

乡民"主动"退出乡村事务的治理,拱手相让于政府,由政府派员接管。龙泉县上东乡第四保第一国民学校基金保管委员会的换届足资说明。"本校基金保管委员会,任期早已届满,且各委员年老事烦,不能继任,自愿卸责于青年办理。"②除当然委员保长周真溥稍微年长外,其余各委员均为年轻人,都曾担任或现任公职,并且除邱大奶外,皆为(国民党)党员、(三青团)团员,清一色国家公教人员(见表 4)。这也反映了地方自治人员政治化、党化的趋向。

表 4 上东乡第四保第一国民学校基金保管委员会委员履历表(1943 年 9 月 25 日)

姓名	性别	职别	年龄	籍贯	职业	党员或团员	略　履
毛培瑞	男	主任委员	二四	龙泉	教员	党员	小学教员登记合格 现任小学教员
李 功	男	当然委员	二八	龙泉	校长兼教员	党员	小学教员登记合格 现任校长兼教员
周真溥	男	当然委员	四七	龙泉	保长	党员	曾任乡民代表二年
李 攒	男	聘任委员	三五	龙泉	商	党员	现任第三十八区分部书记
姜 崑	男	聘任委员	二三	龙泉	保队附	团员	现任黄鹤乡保队附
毛叶青	男	聘任委员	二三	龙泉	教员	党员	现任民众学校校长兼教员
李友仁	男	聘任委员	二四	龙泉	教员	党员	小学教员登记合格 现任本校级任教员
李光荣	男	聘任委员	二一	龙泉	警	党员	现任特务班班长
邱大奶	男	聘任委员	二五	龙泉	工		曾任县警察一年

资料来源:《为改组本校基金保管委员会检送记录履历表等件,祈核备案即予发给聘书由》,1943 年 9 月 25 日,J12/2/31－3,龙泉市档案馆藏

---

① 《为乡镇保甲长应一律选用年富力强青年接充,希遵办具报》,《浙江省政府公报》1949 年第 67 期。

② 《为改组本校基金保管委员会检送记录履历表等件,祈核备案即予发给聘书由》,1943 年 9 月 25 日,J12/2/31－3。

如前所述,私学代用中心小学或保国民学校,不公不私,亦公亦私,导致问题丛生。比如人事上的不合理,校董由地方人士充任,而校长、教员由政府委派,彼此之间时生龃龉,互相掣肘,于地方教育极为不利。如无行政力量作后盾,政令往往难以推行。时人透露,"有几乡中心学校比较切实负责的,但你要规劝保校某项须改进时,他不但不采纳,而且背后还骂你'勿识相',原来感情很好的保校,也曾因此而疏远了。自从提高中心学校校长职权办法实施后,这种情形已改良了许多"①。因而,将私学加以整改,由政府统一办理,势在必行。

另外私立小学校董无法维持时,不得不向政府请求津贴或归政府接办,抑或为了在经费上获取政府支持,乐见政府接管。1941 年慈溪县沦陷以后,"各校经济状况大有变动,县教育经费不得不普遍支配,因此不但代用学校要仰给县费,自动取消代用名义,连私立学校也有归政府接办的趋势。这在政府固然加重了负担,但在系统上正符合了国民教育制度的要求"②。教育部随后颁布了"代用国民学校规则",规定私立小学改代为国民学校后经常费由政府供给,校产收入作设备费用,充实内容,以示奖励。③ 1946 年慈溪县仅有私立小学 1 所,从学校、学级、教职员、学生数来看,私小所占比重微乎其微,完全可以忽略不计(见表 5)。1948 年,龙泉县有乡镇中心国民学校 30 所,保国民学校 226 所,私立完全小学 2 所,私立初级小学 10 所。④ 经过一番整改之后,国教在乡村教育中已占据绝对地位,这也反映了政府已经完全取代乡绅成为乡村教育的主导者。

表 5　慈溪县国民教育统计(1946 年)　　　　(单位:校;级;人)

学校类别	学校数(校)	学级数(级)	教职员数(人)	学生数(人)
中心学校	41	167	259	8440
保国民学校	141	198	277	8606
私立小学	1	6	9	270
共计	183	371	545	17316

资料来源:《本县国民教育统计》,《重光教育月刊》第 3、4 期合刊,1946 年

---

① 孙德民:《我对于革新慈溪教育的意见》。
② 房子长:《地方教育行政问题商榷》。
③ 翁茂庭:《我对于革新慈溪教育的意见》。
④ 浙江省龙泉县志编纂委员会编:《龙泉县志》,汉语大词典出版社 1994 年版,第 534 页。

随着国家权力在乡村社会的纵深,势必加强对地方事务的管制,在国家财力无力提供足够支持的情况下,又必然会加强对地方的掠夺。对传统乡村社会而言,这无疑是一个巨大的"悖论",即政府既要剥夺乡绅对乡村社会的控制权,又要乡绅替政府卖命剥夺乡民;政府不仅要加强对乡民的管制,而且还要乡民为政府的这种行为买单。国教的推行多少存有这个色彩。乡绅纷纷主动退出乡村教育的经营,视保长、甲长等公职为畏途,权力空白由政府培植的党、团人员或甘愿投入政府怀抱榨取乡村的劣绅填补,国家建制在乡村社会取得了进一步的成功。以国家权力做后盾的强制性制度变迁,对乡村社会的改变往往是决定性的。

五、结　语

20 世纪初中国乡村制度的变革浪潮虽然激越,但根基于乡村社会中的传统的制度内容,并没有被新潮所彻底倾覆。事实上,晚清以来近代"国家政权建设"在中国没有完成,它没有构成强大的约束力规范基层权威,村民仍在很大程度上停留在权威性自治的控制之中。[1] 正因为如此,直至 40 年代,国民政府在新县制下推行国教,对乡村社会而言才称得上是一次真正意义上的学制变革。和以往的学制变革不同的是,这次变革在广度和深度上更加触及乡村社会的实质,最终也改变了乡村社会的社会关系。

首先,国教集义务教育和民众教育于一身,保设国民学校,乡镇设中心小学,客观上缓解了新学制变革以来的乡村教育危机,惠及更多的学龄儿童及失学民众。其次,国教的推行彻底暴露了乡村教育的各种问题,包括经费、人事、效率等问题。国教推行以前,私学、私塾在乡村地区占主导,地方教育的各项权利由乡绅掌握,但国教推行后,政府通过委派校长、教员之实,逐步介入、掌控地方教育,给乡绅阶层造成巨大冲击。在经费方面,囿于国家财力的不足,政府又不得不依赖乡绅就地筹集经费,也让乡绅参与到地方教育中来。然而,官、绅不仅存有办学理念之歧义,在权益分配方面亦互为竞争,和平共处不大可能,对地方教育颇为不利。解决这一问题的唯一出路便是政府独揽大权,将地方教育彻底纳入国教体系中。事实发展亦复如此。

---

[1]　王先明:《从自治到保甲:乡制重构中的历史回归问题——以 20 世纪三四十年代两湖乡村社会为范围》,《史学月刊》2008 年第 2 期。

时人认为,"国民教育是公共的事业,应该由政府负责办理,使人民权利均等,义务相同,合于公平的原则,像现在田赋征教育经费,确定县总预算中所应占的百分比,由政府各县税收中拨给,不要枝枝节节的向地方筹私人募"①。政府大权独揽的同时,也意味着政府要承担更为沉重的人才和经费负担。教员奇缺,迫使地方政府不得不就地取材以填补空白,客观上给予地方官任人唯亲、徇私舞弊的机会,直接导致地方教育不得其人,办学无方,贻害无穷;为应付统一支配的庞大经费,政府只能巧立名目,对民众进行一轮又一轮的盘剥。由国家建制所开启的恶性循环链,恶果集中体现在基层政权的日益痞化。传统乡绅纷纷退出乡村社会的舞台,拒绝充当政府的"扒手",而完全听命于政府的党、团人员和劣绅却大显神威。最终,国教作为国家建制在乡村社会取得了成功,但乡村社会却陷入更大的危机之中。

---

① 龚占鹤:《我对于革新慈溪教育的意见》。

浙江通志局旧址沿革考

徐逸龙
（浙江省永嘉县地方志办公室）

民国元年（1912），在杭州清泰街南侧佑圣观巷内（今梅花碑省水利厅驻地）设立省长公署（省政府），在将军路设立督军署。民国4年（1915）春，浙江省督军朱瑞、巡按使（省长）屈映光，议修《浙江通志》，以浙江省议会会所作为通志局办公场地。近百年来，因道路名称和进驻机构不断变化，浙江通志局旧址的历史沿革逐渐模糊不清。今据浙江通志局提调徐定超裔孙、浙江省公安厅老干部徐贤辅回忆，结合《武林坊巷志》、《杭州街路里巷古今谈》、《杭州市上城区地名志》等文献，按图索骥，实地考证浙江通志局旧址即今浙江省公安厅驻地，钩沉历史沿革，以资纪念。

一、从总织局到通志局

金蓉镜《致沈曾植书》有言："议会原驻员役四人，岁支六百元，现闻有归志局融通之说。或留原员或派新员，其移交手续极繁。而志局时暂，似留原驻或分认经费，均待讨论。"这件书信交代浙江通志局利用省议会驻地为办公场所的史实。浙江省议会的前身为清末浙江省咨议局，再追溯上去，就是省城总织局旧址，南面的道路俗称总织局前。东西走向的丰家兜、回回新桥直街和南北走向的高桥巷形成三岔路口，正是总织局前的大门口。民国元年，成为浙江省议会会所。不久，成为浙江省通志局驻地。

清丁丙《武林坊巷志》介绍总织局周边道路及其人文古迹说："高桥巷，北出总织局前，南出荐桥（今清泰街横跨中河桥梁）与林木梳巷斜对。祠庙有兴福社，祀施将军全。"施全为宋殿司小校，带刀刺杀秦桧不成，被杀。[1]

---

① 清丁丙《武林坊巷志》第4册《松盛坊二》，浙江人民出版社1984年版，第405页。

回回新桥,《乾道临安志》作道明桥,《成化杭州府志》作积善桥,旧有西域礼拜堂,俗呼回回新桥。"回回新桥街,西对扁担巷,东出总织局前。"①

总织局前,"西对回回新桥,东出丰家兜,明有常平仓、织染局。明赵文华、国朝金丙燮居此。汤沐、聂心汤、严嵩、黄杨镰、吴子修俱附见。……《康熙钱塘县志稿》:织染局,在布政司后。又积善桥复有新局,隆庆(1567—1572)中,改尚书赵文华宅为之,督织监造于此"。金丙燮(1799—?),字愿谷,钱塘人。道光壬辰(1832)举人,官内阁中书。住杭城总织局西首。其外孙吴子修录其诗并轶事收入《杭郡诗三辑》。② 吴子修就是民国浙江通志局分纂吴庆坻。

无名氏《〈武林坊巷志〉重考》介绍:

> 总织局前,东出丰家兜,西对回回新桥。明有常平仓、织染局。钱塘县常平仓有东南西北四仓,均废,后在总织局重建。织染局,在布政司后,又在积善桥建有新局。隆庆(1567—1572)中,改尚书赵文华宅建成。

> 据《浙江省城图》载,总织局前,东起丰家兜,西对回回新桥。

> 据《浙江省城全图》载,省议会前,东起丰家兜,西对回回新桥。

> 省议会,东为丰家兜,有葛仙庙、隆恩院,南为省议会前(民权路),西为欢乐巷,北为小塔儿巷。

> 明织染局,隆庆(1567—1572)间,改尚书赵文华宅建成。清为总织局,民国建为省议会,解放后为省公安厅,现址民生路66号。

> 钱塘县常平仓,明万历年间建造,分东南西北四仓,俱毁。东仓,明万历二十四年(1596)建成,后改为生捐局。三十五年(1607)复为仓,明末清初废,在清总织局后,现址为浙江省公安厅。③

> 清咸丰十一年(1861),常平仓在战火中烧毁。④

光绪三十四年(1908)十月初一,开办浙江省咨议局,择定省城总织局旧址,建造咨议局会所,共耗费工料银68925两。又在宣统元年(1909)和二年(1910),分别如数足额拨付咨议局议员薪金及办公费等47708元和66230

---

① 清丁丙《武林坊巷志》第4册《松盛坊二》,浙江人民出版社1984年版,第416、422页。
② 清丁丙《武林坊巷志》第4册《松盛坊二》,浙江人民出版社1984年版,第474—476页。
③ 《〈武林坊巷志〉重考》,松盛坊,中华网,2011年11月。
④ 浙江省文史馆编:《杭州街路里巷古今谈》,中央文献出版社2002年版,第46页。

元。因开会期近,工程不及完成,故第一届开会,系借用全浙两级师范学堂为会场,而借用镇海试馆为办事处。选举陈黻宸为议长,陈时夏、沈钧儒为副议长,常驻议员 24 人。[①] 两级师范学堂监督(校长)徐定超的侄儿徐象严(端甫)为议员,后选为驻会议员,兼任浙江两级师范学堂总务工作。[②]

民国元年(1912)一月,组织临时省议会,选举莫永贞为议长,以前咨议局为会场。[③] 浙江两级师范学堂、法政学校毕业生徐定趄(字承轩)为议员。[④] 省议会(后为国民党省党部)设在清泰路北侧高桥巷(今民生路省公安厅址)。该地当时为杭州城区的政治、商业中心。[⑤]

徐定超任提调后,浙江通志局成为省城的政治活动和修志学术交流中心。民国 4 年(1915)11 月 27 日,汤寿潜在浙江通志局招饮童保暄,同席为徐班侯、徐允中等 10 余人。5 年(1916)12 月 6 日,童保暄访问徐班侯先生于寓所,为屈映光选举参议员事。8 日夜,童保暄与夏超(字定侯)、王文庆公宴范仰乔、徐班侯、沈剑侯(名定一)、秦吉人、沈复生、朱益夫、俞丹屏诸君,席间谈及屈映光(字文六)选举参议员事。[⑥]

1919 年 5 月 6 日,北京"五四"运动的请求声援电传到杭州。浙江工大机械科学生方兆镐和夏衍率领同学上街游行,他们拿着写有各种标语的旗帜,手举绘有山东省地图和曹汝霖、章宗祥、陆宗舆三人的漫画像,在省公署军警前高喊"不怕流血"的口号,并在省议会前宣读请愿书。5 月 12 日,革命斗争的洪流涌向杭城各处。这时,方兆镐被推选为杭州市学联会会长。因工大学生在抵制日货时,出动人数最多,故省督军杨善德下令解散工大学生会,并勒令校方开除方兆镐。[⑦]

---

① 孙孟晋、余绍宋:《重修浙江通志稿》第 64 册《议会略》,方志出版社 2010 年版,点校本第 9 册,第 5650、5658 页。沈晓敏:《清末民初的浙江咨议局和省议会》,生活·读书·新知三联书店 2005 年版,第 20、31、33 页。

② 沈晓敏:《清末民初的浙江咨议局和省议会》,生活·读书·新知三联书店 2005 年版,第 430 页。上海社科院哲学研究所徐顺教回忆补充。

③ 孙孟晋、余绍宋:《重修浙江通志稿》第 64 册《议会略》,方志出版社 2010 年版,点校本第 9 册,第 5658 页。

④ 沈晓敏:《清末民初的浙江咨议局和省议会》,生活·读书·新知三联书店 2005 年版,第 106、439 页。

⑤ 浙江省文史研究馆编:《杭州街路里巷古今谈》,中央文献出版社 2002 年版,第 116 页《清泰街》。

⑥ 宁海县政协文史委编:《童保暄日记》第 7 卷,宁波出版社 2006 年版。

⑦ 《〈武林坊巷志〉重考》,松盛坊,中华网,2011 年 11 月。

二、从省议会到省党部

北伐军占领杭州之后,浙江省议会会所改为国民党省党部驻地。此后,这里和更多的永嘉人发生联系。自晚清至今,永嘉乡贤徐定超、徐象严、徐定趋、萧铮、张强、郑侧尘、胡识因、潘德松、徐贤辅、徐青等人先后在此地办公,蝉联百年,历史传承脉络清晰。

1926 年 10 月,浙江省长夏超独立失败,被孙传芳所杀。沪杭一带军警滥捕党人,国民党浙江省党部成员均避居上海租界不敢活动。徐定超的孙女婿萧铮找到宣中华、韩宝华、查人伟、潘枫涂等人磋商,主张浙江省党部应返浙工作,响应北伐军事,暂时迁至温州,得到大家赞成。1927 年 1 月 26 日,省党部代表团抵达温州,办公地点设在虞师里中一花席厂。省党部与永嘉县党部召开联席会议,讨论党务工作,部署迎接北伐军事宜。他们多是共党或共党同路人,因不懂温州话,不明地方情形,不能不倚仗萧铮开展工作。开会大多在温州甜井巷萧铮家里举行。①

中共温州独立支部党员潘德松(永嘉枫林镇新强村人)居住温州虞师里中一席厂里,协助省党部宣中华、中共温州独立支部郑侧尘(徐定超表侄和学生)等同志翻译电报。后到楠溪组织 100 余人,建立 3 个大队的运输兵,潘为第一大队队长,驻温州城隍庙,计划到杭州后改编为省党部赤卫队。1927 年 2 月 18 日,北伐军东路军占领杭州。19 日(农历正月十八),小部分运输兵跟随省党部宣中华等,取道宁波转到杭州,在省党部驻地(青年路)守卫,先住清华旅社,后到民生路省参议会里办公。主要干部有省党部常务委员兼宣传部长、省党部中共党团书记宣中华、商民部长郑侧尘、妇女部长胡识因(侧尘妻子)、组织部长潘枫涂、省政务委员会主席褚辅成、委员和秘书长沈钧儒,中共杭州地委书记庄文恭(1927 年 6 月任省委书记)、地委宣传部长华林等同志。潘德松在省党部庶务处工作,负责一切内外勤事务。②

1927 年 4 月 11 日上午 8 时,杭州市警察局长章烈指挥国民党军队,包围杭州民生路浙江省党部,搜捕共产党人和国民党左派人士。宣中华、郑侧

---

① 萧铮:《清党前后的浙江党务与农民运动》,春秋战国全球中文网。《浙江通史》(民国卷上),浙江人民出版社 2005 年版,第 320 页。

② 潘德松:《回忆录》,1985 年 2 月 26 日,永嘉县民政局档案。

尘、潘枫涂以及青年部部长蒋本青、妇女部长胡识因等同志事前得到消息，均未到省党部办公。国民党军警旋即迫使省党部经济部主任带路包围忠孝巷(民权路西段南侧小巷)12 号，这是郑恻尘、胡识因、宣中华等同志的秘密住处，也是国民党左派褚辅成(省政务委员会主席)、沈钧儒(省政务委员会秘书长)、朱少卿(省政务委员)和省党部工人部长查人伟(中共党员)、省党部农民部长韩宝华等和共产党员同志开联席会议的地方。宣中华早已避开，胡识因在潘德松掩护下出走。当军警在屋内逮捕 15 人时，郑恻尘掩护中共杭州地委书记庄文恭、地委宣传部长华林和省党部组织部长潘枫涂 3 人躲进房内暗弄内脱险。郑恻尘(永嘉表山人)、孙道济、陈卓生、陈叔平(永嘉芙蓉人)、潘德松等 34 人(其中 2 名女同志)被捕，监押杭州将军路 1 号东路军总指挥部行营楼上。不久，郑恻尘等同志转移杭州陆军监狱。①

潘德松在上车时乘军警戒备不严逃脱，暗住忠孝巷 12 号，通过监狱剃头老司，与在押同志秘密通信。《杭州市上城区地名志》载："忠孝巷，南起清泰街西段，北至民权路。长 120 米，宽 4 米。宋时名中沙后巷。《西湖游览志》卷 13，'忠孝巷，旧名中沙巷'。亦呼后忠孝巷。于谦曾居此，故名。《康熙钱塘志》，忠孝巷，在回回新桥东北旧中沙巷，今名丝纲巷。西侧有工商银行浙江分行。"中沙后巷，宋时属临安府城右三厢东巷坊，即上中沙巷，在荐桥东南。②

后来，在温州同乡会会长林同庄(瑞安人)安排下，潘德松到杭州温州会馆(花市路，今邮电路西段)居住，再转移到竹竿巷(庆春路北，延安路与永丰巷之间)天竺寺居住。潘在杭州国民党警卫团谢次如(永嘉蓬溪人)任连长的连队当传令兵作为公开身份，暗中仍做党内工作，与监狱里的同志联系。③ 沈钧儒和褚辅成被章烈邀请到杭州行营驻地楼上，行营主任罗为雄以保护为名，派守卒轮番持枪监视。④ 14 日，宣中华在上海新龙华火车站下车被捕，17 日牺牲。7 月 5 日凌晨 1 时许，郑恻尘、王宇春、何景辉、宣中禅(宣中华弟)4 人被枪杀于陆军监狱刑场。郑恻尘遗体由其在杭戚友谢寿算(永嘉蓬溪人，胡识因舅表弟)、潘德松买棺殡殓，葬于清泰门外荒郊。

① 胡识因：《郑恻尘烈士革命事迹回忆录》手稿，1964 年 10 月 1 日。李立敬为潘德松证明材料，1985 年 2 月 2 日，永嘉县民政局档案。
② 杨宽：《中国古代都城史研究》，上海人民出版社 2003 年版，第 383 页。
③ 潘德松：《关于潘德松历史真相问题的补充材料》，1985 年 9 月 11 日，永嘉县民政局档案。
④ 周天度：《沈钧儒传》，人民出版社 2006 年版，第 84—86 页。

1927 年 4 月 15 日,国民党中央派萧铮、郑异、葛武棨、陈希豪为中央特派员,会同中央政治分会委派的周祜、姜绍谟、邵元冲、许宝驹等人来浙接收省党部,成立清党后的国民党浙江省执行委员会,其中萧铮(组织部长)、郑异(乐清人)、邵元冲为常务委员。6 月 23 日,中央清党委员会委任沈定一(主任委员)、张静江、姜绍谟、蔡元培、洪陆东(清党工作审判长)、陈希豪、李超英(永嘉人)、卢仲英、蒋伯诚等 9 人为委员,成立浙江省国民党清党委员会。① 萧铮因任常务委员兼组织部长,格外忙碌,邀张强任省党部秘书长,经常在省部主持一切。为了开展农民运动和推行二五减租工作,萧铮选任郑异为省党部农民部长。浙江政治分会主席张静江主张以许宝驹为农民部长。许是杭州世家,拥有资财之大地主。要他作农民部长,就是要停止减租运动。萧、张两人为此矛盾对立。张静江携带抄没的宣中华日记,亲自到南京向国民党中央告发萧铮通共密谋,并给浙江省警备司令蒋伯诚与浙江省政务委员会主席褚辅成发电报说:"奉谕:萧铮、郑异扣留在杭,候弟十六日返杭处决。葛武棨一名押解来京,听候审办。"萧铮与洪陆东到南京通过陈果夫,协调平息事端。② 葛武棨曾任北伐东路军前敌指挥部政治部主任。

1927 年,国民党浙江省党部大院前的三条路,分别改名民族路(丰家兜)、民权路、民生路,纪念孙中山先生的三民主义。新中国成立后,这里成为浙江省公安厅大院。2005 年版《杭州市上城区地名志》载:"民生路,南起清泰街西段,北至丰家兜(民国时曾改名民族路)。长 110 米,宽 8 米。旧称高桥巷。民国十六年(1927)改为民生路。1966 年改称爱民路,1981 年复原名。省公安厅驻此。民权路,东起民生路接丰家兜,西至中河中路。长 80 米,宽 6 米。东段明清时称总织局前。西段宋时名新开北巷,后改称回回新桥直街。民国时,东西段合并更名为民权路。杭州市财政局、城南供电局在此。"新开北巷,又名曰新桥巷,在小河曰新桥东,新开南巷之北,为南宋临安府城右二厢十八坊之一。③ 1931 年"九一八"事变后,杭州学生举行游行示威活动,到国民党省党部请愿要求抗日,即今省公安厅所在地。

---

① 《浙江通史》(民国卷下),浙江人民出版社 2005 年版,第 29 页。袁成毅:《民国浙江政局研究》,中国社会科学出版社 2007 年版,第 56 页。萧铮:《清党前后的浙江党务与农民运动》。

② 萧铮:《清党前后的浙江党务与农民运动》。

③ 杨宽:《中国古代都城史研究》,上海人民出版社 2003 年版,第 382 页。

三、从省党部到省公安厅

从新中国成立前的浙江省党部驻地到新中国成立后的省公安厅驻地，浙江通志局提调徐定超嫡孙徐贤辅是这段历史的亲历者。采访徐贤辅口述情况得知，1950年，浙江省公安厅从将军路搬到民生路。1952年7月，徐贤辅从温州军分区转业，担任浙江省公安厅研究室副科长。中统保密局的房子还保持原状，国民党的党徽被涂盖后还能看出痕迹来。徐贤辅的办公室在公安厅第一进靠东南的2间房子的楼下，这是国民党省党部书记长张强坐过的办公室。张强（1895—1968），字毅夫，温州永嘉人，毕业于黄埔军校，任教于东吴大学。1927年6月，任浙江省党部秘书长、民国第一届国民大会代表。1947年7月，担任浙江省党部主任委员兼浙江省参议会议长、第六届中央执监委委员。新中国成立后，参加台北市温州同乡会组织。

国民党浙江省党部办公楼大院，坐北朝南，前后三进，都是两层楼西洋风格粉红色建筑，正门开口比较小。第一进左右各三间二层楼，中间是天桥连接，桥上是铁栏杆防护两侧。中间第二进是罗马式铁皮圆顶的礼堂，半腰有天桥围着礼堂一圈。礼堂两侧各有一个小会议室，三间房子，中间也有天桥连接。大院西北角一座三间二层洋房，为国民党浙江中统局办公室的房子，门朝西。1942年，国民党浙江省调查统计室主任刘怡生就是坐在这里谋划，指使特务在温州抓捕中共浙江省委书记刘英。新中国成立后，刘怡生被浙江省公安厅抓捕，送到山东的战犯管教所管教。

1975年，公安厅的办公楼开始改造，第一进加高为三层楼，大礼堂拆去铁皮圆顶。当时，徐贤辅看到，拆下的木头都是进口优质材料，没有变形，也没有蛀虫腐蚀的痕迹。1984年，徐贤辅调到浙江省人民政府打击走私办公室任秘书组组长。1990年，徐贤辅离休后，担任《浙江省人民公安志》和《浙江警察志》副主编，遗憾的是找不到民生路的省公安厅办公楼的老照片了。

徐贤辅的女儿徐青（现任浙江省公安厅出入境管理局局长），仍在曾祖父和父亲工作过的地块上办公，她向笔者告知省公安厅的坐落道路和区域环境。2012年7月24日，笔者根据《杭州市上城区地名志》记载，按图索骥，实地考察浙江省公安厅大院及周围道路环境，并拜访浙江省公安厅方志办主任胡军，核实有关情况。公安厅大院位于民生路北端，南界民权路、丰家兜路，北界解放路，东界茅廊巷，西界欢乐巷，占地面积22.8亩。

20世纪60年代初"精简城镇人口"中安置
工作的实际效果研究：以浙江省为例

朱　珏

（浙江中医药大学社科部）

1959年至1961年，中国的国民经济由于"大跃进"运动的失误而陷入了严重的困难。为了渡过难关，从1961年开始，中共中央对国民经济进行调整。在对国民经济进行调整的一系列举措中，"精简城镇人口"政策的实施可以说对实现国民经济的好转起到了十分重要的作用。三年多的时间，全国有2200万城镇人口被精简，浙江有近100万城镇人口被精简。当如此众多的人员被精简后，如何安置他们今后的生产、生活，让他们尽快地适应生产、生活上的转变，成为精简工作中一个必不可少的环节、一个必须要解决的问题。笔者以精简安置中各接收地作为考察对象，探讨精简中安置工作的实际效果。

一、农村的安置效果

农村作为安置工作中最主要的接收地，虽然从中共中央到各级政府都强调各人民公社、生产队要认真做好被精简人员的安置工作，但事实上，农村对被精简人员的安置工作还是出现了较为复杂的情况。

以浙江省为例，各地农村的安置情况大致分为以下几种：

第一种情况是安置工作总体良好。这类生产队在浙江省还是较多的。例如，诸暨县牌头公社通过召开大队、生产队队长会议，进行形势教育，在提高认识的基础上，部署安置工作，对被精简人员的生活与生产资料以及生产任务进行统一平衡、统一调整，还适当对一些生产有困难的人员予以照顾，真正做到 520 名回乡人员户户落实,人人满意。① 绍兴县袁川大队则采取了因人制宜的方式,对过去曾经从事过农业生产,农活比较熟悉的 17 人,安排直接参加农业生产;对农业生产不大内行但有一定文化水平的 1 人则安排在第八生产队担任会计;对有手艺技术的 2 人则安排他们继续从事手工业劳动,为大队搞副业;对一些妇女或是家里负担重的人员则加以照顾,安排一些轻便的任务。② 余杭县的鲶鱼角生产大队尽管是一个被称之为"地少、人多、缺粮"的生产队,但由于自上而下对安置工作十分重视,因此也能根据实际情况妥善安置被精简人员,使得 98 个回乡人员全部安置落实。③ 余姚县城南公社瓜瓞大队共有 85 户,375 人,土地 602 亩,平均每人 1.6 亩;劳动力 153 人,平均负担 3.93 亩。虽然被精简人员回乡后,这个队的人均耕地减少了,但由于生产队做了比较细致的工作,思想认识一致,解决了一些实际问题,因此这个队 16 名回乡人员全部安置落实。④ 平湖县对回乡职工根据本人不同情况做了妥善安排,解决了其生活用房、日用品和粮油的供应以及生产用的工具,自留地等,使回乡职工表示满意,安心生产。⑤ 德清县洛舍公社何家坝大队采取了因人制宜、因地制宜,使得回乡、下乡人员基本得到妥善安置。⑥ 余姚县芦棚大队团支部热情接待回乡青年,对其量才使用,还组织回乡青年学习农业技术,开展文娱活动,活跃生活。⑦ 嘉善县工农大队采取加强宣传教育,统一思想认识的方法,打消了村干部和社员的顾虑,解决好回乡人员的口粮分配问题。⑧

---

① 《诸暨县牌头公社 520 名回乡人员户户落实人人满意》,《精简工作简报(第 59 期)》,档案号:J040-021-157,浙江省档案馆藏。

② 《绍兴县袁川大队因人制宜安排回乡人员》,《精简工作简报(第 59 期)》,档案号:J040-021-157,浙江省档案馆藏。

③ 《余杭县"地少、人多、缺粮"的鲶鱼角生产大队 98 个回乡人员已全部安置落实》,《精简工作简报(第 68 期)》,档案号:J040-021-157,浙江省档案馆藏。

④ 《关于余姚县城里公社瓜瓞大队和宁波临江公社五里牌大队安置回乡人员情况的比较》,《精简工作简报(第 59 期)》,档案号:J040-021-157,浙江省档案馆藏。

⑤ 《平湖县安排回乡职工工作基本落实》,《整编工作情况(第 17 期)》,档案号:J040-021-156,浙江省档案馆藏。

⑥ 《德清县洛舍公社何家坝大队安置回乡、下乡人员采取了因人制宜、因地制宜》,《精简工作简报(第 60 期)》,档案号:J040-0210157,浙江省档案馆藏。

⑦ 《余姚县芦棚大队团支部热情帮助回乡青年》,《精简工作简报(第 62 期)》,档案号:J040-021-157,浙江省档案馆藏。

⑧ 《嘉善县工农大队安排好了回乡、下乡人员的口粮》,《精简工作简报(第 105 期)》,档案号:J040-021-158,浙江省档案馆藏。

由此可见,对被精简人员的安置工作做得较好的生产队,根据不同情况,采取不同的做法,即使本身条件有限,也能尽量做到使回到农村的被精简人员得到妥善安置。

第二种情况是安置工作基本到位,但在某一方面存在一定问题。这类生产队虽然在安置工作实施过程中,对大多数的被精简人员落实了有关的安置措施,但是在安置过程中仍存在各种问题,主要包括以下几个方面。

一是落户困难。虽然从浙江全省的情况看,大多数生产队都对被精简人员落实了户口,但还是有一些生产队出于各种各样的考虑,或是因为怕下乡人员到农村后会占社员的便宜;或是因为担心下乡人员家庭负担重,需要其他社员照顾;还有的认为下乡人员到生产队后,队里的土地、生产工具会不够,自己的工分就会减少,等等,因此不让下乡人员在生产队落户。如富阳县的灵桥地区,到1962年5月为止,已回到农村的共有155人,实际已安置落户的只有135人,还有20余人尚无着落;同时,灵桥公社下放到各队的60余名手工业者中,由于安置工作做得不到位,有11人提出要求回原单位。① 此外,有些生产队虽然对下乡人员落实了户口,但对于下乡人员的子女却拒绝落实户口。如温州城西公社庆年居民区的李某某,1960年被动员回乡支农,回乡后在家生出小孩后,温州市莲池派出所不同意在市里报户口,而生产队也拒绝落户以及供给口粮,三个多月没有供应粮食,造成出生的孩子户、粮两头没有着落。② 落户是安置工作的第一步,落户问题不解决,直接关系到下乡人员之后的各种生活与生产资料的分配,影响其被精简后的生产生活;同时因为落户问题没有解决,会导致一些人员在农村生产不安心,出现被精简后重新回到城市的倒流现象,给社会稳定造成一定的压力。

二是对被精简人员的生活、生产资料分配不足甚至不予分配。这种情况在各生产队有不程度地存在。究其原因,主要是两方面:第一是因为生产队确实产粮少,负担重,无法根据国家有关规定提供足量的生活、生产资料给被精简人员。如当时温州市的一些生产队,由于受到自然灾害的影响以及本身农业生产条件的限制,本来口粮水平较低,社员的生活困难。因此当

① 《粮油工作简报:富阳县城镇回乡人员生活安置工作情况》,档案号:J132－14－5,浙江省档案馆藏。
② 《粮油工作简报:温州市支农回乡人员粮食供应上的问题》,档案号:J132－14－5,浙江省档案馆藏。

时一些回乡、下乡人员到这些生产队后,生产队无法为其提供足量的口粮,导致其生活出现困难,这些人员无法安心从事农业生产,多次要求将户粮关系重新迁回市里。① 然而,对被精简人员生产生活资料分配不足的一个更为普遍的原因就是生产队和社员对被精简人员存有歧视态度,对其采取了与其他社员不同的分配方式,降低生活、生产资料的供应额度。有些农村干部和社员认为,回乡、下乡人员是"吃农",不是"支农"。所谓"支农",指的是当时的有关宣传中都将精简城镇人口的目的归纳为主要为了支援农业生产,发展农业。而事实上,许多被精简人员回乡后,增加了生产队的压力,降低了社员原有的生活水平。如台州地区温岭温西区双峰生产队的干部群众就有这样的情绪,他们认为:"回乡人员是增加农民负担,一要分给口粮,二要分给自留地,三要安排生产和生活,把我们碗里的饭分去吃了。"②存在这样想法的农村干部、群众占了相当的比例,因此就了"吃农"的说法。还有些生产队的社员甚至认为农村劳动力已经过剩,拒绝接受回乡、下乡人员,或不安排他们参加集体生产。③ 如温州市原城西公社居民蔡某和一个小孩回乡后,由于家务拖累,很少参加劳动,生产队连续 6 个月停止供应他们母子两人的粮食,强行要他们迁回温州市。再如温州市行前街居民区陈某原籍平阳县山门公社,被动员回乡支农后,因怀孕体弱不能参加农业劳动,这个生产队晚季口粮仅供给 60 斤稻谷,同时还要先投资 34 元才给供应,但陈某无钱投资,以致口粮无着,只能靠市乳品厂做工的丈夫的口粮过活,使陈某一家生活困难。部分支农回乡人员因劳动能力较差或子女的牵累,不能参加田间劳动,有些生产队则认为他们不是劳动力,因此口粮不落实或安排过低,影响了这些人员的生活。④ 根据对象山县丹城郑家岙大队的调查,1962年全大队投入生产成本 720 元,每个正劳力平均 50 元;每个正劳力的股份基金 62.2 元,两项合计 112.2 元。社员们担心如果回乡人员和社员一样分配口粮和经济收益,那就占了广大社员的便宜。因此西门大队干部提出,要

---

① 《粮油工作简报:温州市支农回乡人员粮食供应上的问题》,档案号:J132－14－5,浙江省档案馆藏。

② 《台州地区当前精简工作中的一些思想反映》,《精简工作简报(第 86 期)》,档案号:J040－021－157,浙江省档案馆藏。

③ 《关于回乡、下乡人员的安置情况和今后意见的报告》,档案号:J002－63 年 38 卷－003,浙江省档案馆藏。

④ 《粮油工作简报:温州市支农回乡人员粮食供应上的问题》,档案号:J132－14－5,浙江省档案馆藏。

回乡人员把回乡补助费向生产队投资。此外,如被精简到象山丹城东门大队的运输工人俞某,全家七口,一个半劳动力,到秋收只能做 150 工,可分口粮 1000 斤左右,但如果按照有关规定,他们一家七个人的基本口粮是 2550 斤,因此两者之间相差 1500 多斤,都需要队里照顾。因此队里许多社员思想不通,不愿照顾,农活不给他做。因此,对吃口多、劳力少的下放户,有些生产队里不照顾,认为应该由国家补助。萧山通济公社屠家头大队第二生产队长说,劳力来支援还可以多生产一些粮食,妇女、小孩只会吃勿会做,照顾不了。存在这一思想的生产队,普遍对一些家庭负担重、劳动能力较差的回乡人员采取区别对待的态度,违反有关的安置规定,降低甚至不给分配口粮和土地。①

三是部分生产队对被精简人员采取选择性接收。据对富阳县、象山县丹城和萧山县通济公社等城镇人员安置的情况的调查,有的生产队对回乡人员提出"三要三不要"。三要是:劳力强的要;本队出生的要;有技术(木匠、竹工等)的要。三不要:拖儿带女的妇女不要;外地安排来的不要;城镇居民不要。本着这一接受原则,象山县丹城 13 个生产大队中,对下放的城镇人员,有 5 个大队只对有劳力的安排,劳力弱、吃口多的不安排,应付拖延;还有 4 个大队强调困难,不安排被精简到本大队的城镇人员。萧山县通济公社屠家头生产大队,对已还乡的 38 人,只安置了 14 人,对 16 个妇女、小孩未作安排。对正在联系要回乡的 27 人,不打算接受。② 富阳县新登、灵桥等地区的部分生产队也本着类似的"三要三不要"的接收原则,对一些负担重的回乡人员不予接收安置,或是坚持采取统一的分配标准,不予照顾。认为"要实行完全按劳分配,做多少工分,分多少粮,我们不给他们吃白食"。甚至部分社员还提出:"土地是我们的,他们来后借给他们两把锄头,叫他们到山上去开荒。"③乐于接收劳动能力强或是有一技之长的被精简人员,而对于劳动力相对较弱、家庭吃口多的被精简人员(主要是一些拖儿带女的回乡女工)则不接收不安置的做法在一部分生产队中存在。采取这样

---

① 《粮油工作简报第 8 号:关于城镇回乡人员安置情况和存在的问题》,档案号:J132－14－5,浙江省档案馆藏。

② 《粮油工作简报第 8 号,关于城镇回乡人员安置情况和存在的问题》,档案号:J132－14－5,浙江省档案馆藏。

③ 《粮油工作简报:富阳县城镇回乡人员生活安置工作情况》,档案号:J132－14－5,浙江省档案馆藏。

有选择性地接受对于一部分回乡人员是相当不公平的，会导致其生活无着，生活更加困苦。

四是一些生产队借安置回乡人员为名向政府提出各种要求，主要是要求减少粮食征购任务。如象山县丹城羊行街大队干部反映，全队 201 人，耕地面积 221 亩，包干产量 144940 斤，每人每年平均口粮 365 斤；回乡 21 人后，每人每年口粮只能分到 323 斤，要比原来减少 42 斤。方井头大队支部书甚至说道："你们讲讲好听，下放支农，实际是加重农民负担，征购任务不减，我们不安排。"萧山县通济公社屠家头大队干部说，全大队增加 57 人，粮田面积中要划出自留地 4 亩，减少产量 2900 斤；基本口粮每人原来 341 斤，要减少到 301 斤；每个劳动力按劳分配的粮食，也要由 58 斤减到 51 斤。要安置回乡人员，就要减少国家征购任务。①

除了生产队在安置过程中出现的种种问题之外，还有一个因素也直接影响到了安置的实际效果，那就是被精简人员自身的问题。部分的被精简人员被精简到农村后，尽管户粮关系已转到了农村，生产队对其也分配了口粮以及其他的生产、生活资料，但其不接受这些安置，仍然留在城市无所事事，或是外出打工赚钱，不安心农业生产。如富阳食品公司的一名工人的家属经动员后被安置到春江公社建设大队，但其在办理粮、户迁移手续时，母去子不去(小孩仍留在机关供应)，迁到生产队后"粮去人不去"，人一直留在城镇，粮食到生产队去拿，当地社员一致反映说，真是枉养了一个白吃饭的人。② 这些被精简人员大致分为两种情况：一种是，户口、粮食关系已经迁到生产队，但人仍住在城镇。再一种是，户口、粮食关系和人都已到了农村，但没有参加生产和分配口粮。出现这一情况的原因，一是因为被精简人员对回到农村参加农业生产存在种种顾虑，二是因为其对生产队的安置措施感到不满意，因此长期逗留在城镇或是私自外出打工。这一类人员不配合安置的做法，既影响到社会的稳定性，也大大影响到了安置的效果。

第三种情况是安置工作不到位。如浙江省新昌县的新溪公社，据 1962 年 6 月对 8 个生产队的统计，共有回乡人员 27 人，粮食安排落实的仅 5 人，占 19%；自留地安排落实的 14 人，占 52%。新溪公社的安置工作之所以不

---

① 《粮油工作简报第 8 号：关于城镇回乡人员安置情况和存在的问题》，档案号：J132－14－5，浙江省档案馆藏。

② 《粮油工作简报：富阳县城镇回乡人员生活安置工作情况》，档案号：J132－14－5，浙江省档案馆藏。

到位,其主要原因包括了四个方面:一是该公社实行包产到户,大部分生产队春季都已包产到户,因此被精简人员回乡后粮食没有分配,口粮接不上。二是生产队干部畏难,感到自留地没法解决。丁村生产队干部说:"自留地按照总面积7%已全部分光,现在回乡人员要分没土地了,万一要分只好分包产土地,但过去公社宣布包产土地不能再动了,怎么办?"三是供销部门没有主动配合,公社打证明给回乡人员去购买锄头、铁耙、锅子等生产、生活必需品,供销部门不供应。四是回乡人员本人思想不定。某大队回乡人员丁某从回乡一个多月,户粮关系仍未转回大队。[①] 由此可见,这一类型的生产队基本对被精简人员采取不管的态度,不提供住房、口粮等基本的生活资料,也不提供小农具、自留地等生产资料,一切由回乡人员自行解决,使得被精简人员不能很好地投入农村的生产、生活之中。由于得不到很好的安置,导致许多回乡人员生活困难,不能安心农业生产,严重影响了安置的效果。

二、农、林、牧、渔场的安置效果

除了农村生产队以外,各个农场、林场以及渔场也接收了一部分城镇被精简人员。根据大致的统计,在精简过程中,被精简到农、林、牧、渔场的城镇人口大概在六万以上。那么,各场对于精简人员的安置措施的实施情况如何呢?

农、林、牧场安置被精简人员的方式主要是顶替(将一部分被精简人员顶替农场原有的农民工)、补充(安置一部分被精简人员以补充各场的劳动力)、扩建(扩建原有的农场以安置更多的城镇人口)、新建(新建一批农场以安置被精简人员)这四种方式进行。[②] 安置的被精简人员主要包括职工及其家属,青年学生以及城镇闲散人员。

为了安置更多的被精简人员,全省新建了农场,新开垦大量的生产用地。到1961年底,全省的农场从1957年的112个增加到152个,增长了

---

① 《新昌县新溪公社安置工作为什么做得那么差》,《精简工作简报(第59期)》,档案号:J040
－021－157,浙江省档案馆藏。
② 《浙江省农业厅关于本省国营农场精简职工和安置家在城市的职工、学生的初步意见》,档案号:J116－16－28,浙江省档案馆藏。

35.5%,新增生产用地 151%,这些新建的农场基本用于被精简人员的安置。① 到 1962 年,被精简到各场的人员总共有 4.2 万人,其中:充实国营林场 3 万人;充实国营农场 3 千人;顶替国营农场农民工 6 千人;组织集体开荒生产的 2 千人;在有条件的地区创办劳动学校,吸收城镇青年学生 1 千人。安置这些人员的经费共 5000 万元,包括了房屋建设费 2625 万元、生活补助和差旅费 1400 万元、农具购买费 180 万元、农林垦殖补助费 575 万元、预备费 220 万元。② 1963 年,在国营农、林、牧、场又安置城市下放人员 1 万多人,开荒 2.2 万多亩。③

除了农、林、牧场安置了大量的城镇被精简人员以外,全省的水产养殖系统以及渔场也安置了一部分人员。海水养殖方面:全省扩建了 7 个水产养殖场,即:宁波海带育苗厂、鄞县海水养殖场、象山海水养殖场、宁海海水养殖场、温州是海带养殖场、海麂海带化海水养殖场、台州专署海水试验场;恢复二个场,即:乐清海涂养殖场、奉化海水养殖场;新建三个场,即:温岭海涂养殖场、玉环海涂养殖场、三门海涂养殖场。这些淡水养殖场共安置了 2000 多人。淡水养殖方面:全省扩建 8 个场,即:宁波市鱼种场、余姚四明湖水库养鱼场、宁波姚江养鱼场、温州专署养鱼场、文成百丈际养鱼场、黄岩淡水鱼苗养殖场、临海淡水鱼种场、吴兴鱼种场。增补 12 个场,即:绍兴养鱼场、上虞养鱼场、诸暨养鱼场、东钱湖养鱼场、杭州市育苗场、新安江经济开发建设公司、省淡水研究所。恢复德清养鱼场。新建 2 个场,即:乐清淡水养鱼场、省淡水试验场。另外,在淡水研究所、试验场等事业单位适当安排一部分。在淡水养殖各场安置了近 900 人。④ 安置到各场的人员的工资水平基本按照 1956 年全省的统一标准,最低 27 元,最高 59.40 元。⑤

对于精简到农、林、牧、渔场的人员的安置主要包括了到各场的工资发

---

① 《浙江省农业厅关于本省国营农场精简职工和安置家在城市的职工、学生的初步意见》,档案号:J116－16－28,浙江省档案馆藏。

② 《关于安置城镇人口参加农业生产的报告》,档案号:J002－62 年 16 卷－003,浙江省档案馆藏。

③ 《浙江省农业厅、浙江省林业厅、浙江省水产厅关于在国营农、林、牧、渔场安置城市下放人员》,档案号:J122－15－028,浙江省档案馆藏。

④ 《关于 1963 年在水产方面安置城市精简职工和青年学生的方案(草稿)》,档案号:J122－15－028,浙江省档案馆藏。

⑤ 《浙江省水产厅关于国营水产养殖场安置人员的工资待遇工人工资标准问题的通知》,档案号:J122－15－028,浙江省档案馆藏。

放以及住房、家具等生活、生产资料的分配。被安置到各场的人员的补助、工资以及生活生产资料的发放都由国家统一管理,而且对于这些费用与物资的发放都有严格的规定。根据规定:各场的安置计划经省编委核定后,由省各主管厅和财政厅联合下达经费指标,按进度分批拨款。各市、县的安置计划和经费指标具体落实到企业单位,企业根据安置计划和经费指标编制年度及季度用款计划,报当地主管部门,由当地主管部门审查汇总,报同级财政部门核定后拨款。这项安置费用的实际使用情况,各有关企业单位应于每月终了后五天内向当地主管部门和财政部门专案报账一次同时抄报省主管厅,各地主管部门与财政部门应当对安置费的使用情况经常进行检查,并于每季度终了十天内将经过审核后的企业上报的当季月报汇总,联合上报省主管厅和财政厅,对于安置费的拨付、使用情况和存在问题,改进措施,应附详细说明,省主管厅应该专案汇编季度结算报告和年度决算报告,报送的时间和程序,按中央规定办理。① 由此可见,下到各场的被精简人员的安置工作基本由国家统一管理,经费统一划拨,并有相对严格的审批监督程序。此外,各场原来人员不多,房屋、土地以及生产工具比起农村而言要宽裕一些,因此安置下放人员也较为容易,再加上国家对其的扶持政策,因此,从总体情况而言,农、林、牧、渔场对被精简人员安置的实际效果是不错的,没有出现普遍性的问题,从已有资料来看,虽然初下到各场时,有一部分人员会因为劳动强度较大而感到不适应,但大部分人员对安置工作总体是满意的,其生产生活得到了有效保障。

三、被精简后仍留城镇人员的安置效果

在精简的过程中,一部分人员被精简后依然留在了城市,这部分人员占被精简总人数的 25%。因此城镇是继农村后被精简人员的第二大去向。这部分人中,有些人员在精简过程中从全民所有制企业转到了集体所有制企业;有些人员被精简后从事一些小商小贩或是自谋生计;还有一些人员被精简后不再从事任何工作,而是回家从事家务劳动。不论这部分人员被精简后从事什么样的工作,有一个特点是共同的,就是国家不再向其发放工

---

① 参见《关于精减职工、青年学生和闲散人员下放国营农垦、林业和水产养殖安置经费的管理规定》,档案号:J125—15—332,浙江省档案馆藏。

资,不再对其提供各种生活必需品。那么,被精简后这部分人员生活如何,对这部分人员的安置工作是否到位呢?

对于这部分人员,主要考察的是其被精简后总体的生活情况。从已掌握的资料来看,被精简后仍留城镇人员被精简后的生活情况不容乐观。

1962 年 8 月,据中共闲林钢铁厂委员会对本厂被精简人员的安置工作进行了调查,发现被精简后回乡的人员中,生活水平比以前好的以及跟以前持平的占了绝大多数。而被精简后仍留在城市的人员的情况是:在 24 个被精简后仍留在城镇的职工中,有 20 个职工的户口,粮食关系已经迁入,并得到了落实,占 83.33%。这些人员中有 18 个从事家务劳动,有 2 个做商贩,有 1 个学缝纫手艺,有 2 个做临时工,有 1 个参加杭州市江干区曲艺、魔术演出队,基本属于无工作或临时性的工作,此外还有一些属于自谋生计。根据他们对精简后仍留在杭州市的 16 个工人的调查,全家平均生活水平,在回家前是:每月收入在 30 元以上的 2 人,20 元至 30 元的 4 人,15 元至 20 元的 6 人,10 元至 15 元的四人。在被精简后的情况是:20 元以上的 1 人,15 元至 20 元的 4 人,10 元至 15 元的 5 人,6 元至 10 元的 6 人。如该厂的家属工王某,精简回家后,全家 6 口,靠丈夫每月 36 元工资维持生活,平均每人生活费只有 6 元,可见被精简后仍留在城市的人员的生活水平下降明显。①

另据 1962 年 8 月杭州市上城与下城区所辖的三个居民区和宁波市苍水公社的调查统计,已精简回去的职工共 611 人,加上家属共有 3138 人,平均每户 6 人。他们的经济情况:每人每月平均生活费在 9 元以上,生活无问题的,有 305 人,占总人数的 49.9%;每人每月平均生活费在 8 至 9 元,生活有些困难,通过生产自救,适当安排后可以维持生计的,有 225 人,占 36.8%;每人每月平均生活费在 7 元以下,生活困难较大的有 81 人,占总人数的 13.2%,其中有占总人数的 6% 到 8% 的人,无固定职业、无固定收入,需要国家救济。再如嘉兴市某工厂的调查结果:被精简的 1512 个职工中,生活已发生困难的有 179 人,占被精简回乡职工的 11.8%;因为当时正值夏季,有些被精简人员被精简后贩卖瓜果、摆茶水摊,等等,可以维持生计,两三个月后,这些临时性的工作不能再继续,因此生活发生困难的被精简人

---

① 《中共闲钢委员会文件:关于对精减回家人员访问调查安置情况的报告》,档案号:J145—1—44,浙江省档案馆藏。

员数会增加,家庭生活困难面可能扩大。①

　　另据 1962 年对杭州市区部分省、市属企业被精简后仍留在城镇的 2016 人的调查,这些被精简人员具有以下几个特点:一是年轻的多。2016 名需要安置的人员中,25 岁以下的有 672 人,占 33.3％;26 岁至 35 岁的有 795 人,占 39.4％;36 岁至 45 岁的有 386 人,占 19.1％;46 岁以上的只有 163 人,占 8.3％。二是女性居多。2016 人中,被精简的女职工有 1497 人,占 74.3％;男的仅 519 人,占百分之 25.7％。三是家庭生活困难的多。据调查在需要安置的职工中,家庭收入按人口平均计算,人均每月收入不满 6 元的有 792 人,占 37.3％;6 元以上不满 10 元的有 1224 人,占 62.7％。②

　　可见,在被精简人员中,35 岁以下的人员占了很大比例,同时又以女性居多。这部分人员都是家中的主要劳动力,原来作为企业职工,其工资可以作为家里主要的收入来源,被精简后,收入无固定来源。与此同时,未精简前,其作为企业职工,不仅有固定的收入来源,而且有医疗及其他的社会保障,包括其子女的教育、医疗等。而在其被精简后,这一系列的保障措施都不能再享受。失去了固定的工资收入,同时又失去所有的保障,势必导致其整个家庭的生活出现困难。

　　综上所述,对于被精简后仍留在城镇的人员,除了被精简时由精简单位发给一定的精简补助和口粮补贴之外,在其被精简后的安置措施:一条途径是转到集体所有制企业。但由于当时整个国民经济处于调整时期,所有的企业部门都处于一种压缩状态,因此集体企业所能安置的被精简人员是相当有限的。另一条途径就是给被精简人员提供一些临时工作的机会。但这些就业机会毕竟是临时性的,存在着很大的不稳定性。还有一条途径是根据被精简人员自身的一技之长,从事一些手工业劳动或者是一些服务性的工作。但由于掌握一技之长的人员本身数量不多,再加上在当时的经济体制下束缚了他们技能的发挥。另外,还有一部分人员被精简后回家从事家务劳动,国家对其基本没有安置措施。此外,城镇相较于农村而言,自谋生计的途径更为狭小。据调查,被精简后回乡的人员,如果在生产队得不到有效的安置,他们还可以依靠自己的劳动力从事开荒、运输以及另辟田地种植

---

　　①《关于退职职工救济问题的调查资料》,档案号:J103－14－39,浙江省档案馆藏。
　　②《杭州市广找门路安置家住城区的多余职工》,《精简工作简报(第 64 期)》,档案号:J040－021－157,浙江省档案馆藏。

经济作物、饲养家畜等方式来维持或者改善自身的生活。而在城市,不可能通过开荒劈地、饲养牲口等方式来维系生活。因此,总体而言,被精简人员被精简后由于失去了国家的工资供给以及生活必需品的供应,同时也缺乏其他的途径来维持、改善生活,其生活水平较被精简前明显下降。

此外,对于退休以及因老、弱、病、残等原因而退职的人员的安置情况也不容乐观。这些人员原本就因为年老体弱或是生病、伤残等原因被精简,虽然国家对其有补助措施,但由于这些人员基本失去了劳动力,被精简后靠一点微薄的补助来维持其自身以及家庭的生活是极其困难的。这部分人员被精简后的生活水平也呈现明显下降趋势。

由此可见,精简工作中,被精简人员被精简到了农村、城镇以及各类农、林、牧、渔场,他们之中的大部分得到了有效的安置,但也出现了许多违反或是不执行安置政策施的情况,同时加上客观条件的限制,使得部分回乡、下乡人员以及相当一部分留在城市的人员没有得到有效安置,被精简后的生产受到影响,生活水平大幅度下降。可见,就安置的实际效果而言,出现了不同的类型,暴露了不少的问题,相当一部分被精简人员被精简后生活和生产受到了不同程度的影响,可以说存在着十分复杂的情况。

20世纪90年代浙江史学研究:以专书为中心

钱茂伟

(宁波大学人文学院历史系)

本文关注的浙江研究是一种本土学人研究,不同于传统的浙江籍贯学人研究法。所谓本土,就是在浙江范围内工作的人,可能是浙江籍的学者,也可能是其他省籍的学者。以十年作为一个观察时间段,完全是逻辑的划分法而不是自然的划分法,这可以看出一些问题所在。以著作作为主而不及论文,是因为论文数量太多。本文主要是量化分析,间及定性分析。有了明确的时空,有了明确的学人与作品,也就有了明确的研究对象,就可以进行群体的量化分析了。做浙江史学的量化分析,主要是两大种类,即学人的分析与作品的分析。具体地说,可从四个方面入手:一是作者与作品的时空分析,二是作品的学科归类,三是作品形态的筛选,四是作品主题与时代互动分析。本文的量化分析,不用图表而用文字罗列来表达,那样可能更为直观一些。这些可以构成一种当代中国区域史学的量化研究模式。20世纪90年代的浙江史界出了多少种书?有多少人参与了创作?这些学人与作品分布在哪些城市与单位?哪些二级学科作品多?其类型作如何?这些作品的主题是如何时代特色的?这些问题,是本文要关注的。本文拟用归纳法对10年的史学发展状况作出分析,重点在分析趋势与把握特点,让大家对这些作品有一个宏观的把握。这是关于20世纪90年代浙江史学发展现状的破题之作,一切均在探索之中。①

---

① 钱茂伟:《20世纪80年代浙江史学研究》,《浙江学刊》2012年第5期;赵丽锋:《21世纪浙江地区史学发展动向研究——以学术专著为中心分析》,《宁波教育学院学院》2010年第4期;赵丽锋:《近三十年浙江史学发展特点与变迁——以学术专著为中心》,宁波大学专门史2010年硕士论文。

一、作者与作品的时空分析

为什么要做人员与作品的时空分布研究？人是最为活跃的要素，史学成果是通过学人努力来实现的，所以治史学史首先应关注史学从业者的研究。根据笔者的《当代浙江史学编年》统计，学人与作品的时空分布情况如下。

1. 作者的时空分析

数量与质量是衡量一支队伍学术水平的指标所在。在 90 年代，存在不同年龄段的史学从业者。本文所及的史学工作者，仅指有史学作品的史学从业者。其他有论文而没有著作的人员当更多一些。

20 年代出生的史家，有徐规、倪士毅、王正平、胡珠生、胡国枢、周梦江、蒋兆成等 7 人。

30 年代出生的，有仓修良、金普森、黄时鉴、杨树标、丁建弘、梁太济、郑云山、楼子芳、林正秋、沈雨梧、董楚平、管敏义、方祖猷、方如金、杨渭生、楼均信、戴成钧、徐明德、魏得良、戴尔俭、陈学文、张关钊、孙达人、顾学宏、朱顺佐、顾志兴、胡一华、毕英春等 28 人。

40 年代出生的，有陈植锷、陈剩勇、王加丰、曹屯裕、陈梅龙、王慕民等 6 人。

50 年代出生的，有沈坚、严建强、吕一民、王渊民、杨杰、包伟民、郭世佑、林华东、蔡克骄、许序雅等 10 人。

60 年代出生的，有龚缨晏、徐吉军、叶建华、袁成毅、鲍志成、钱茂伟、梁敬明、张学继、陈国灿、杨菁等 10 人。

90 年代，在浙江史坛活动的史学工作者人数，总量在 60 人左右。

从作者单位分布来看，均为大学、研究院、博物馆。自从进入 20 世纪以来，历史研究学院化是一个普遍的现象。

从职称来说，40 后、50 后多数是副教授，只有少数成为教授。职称的变迁，也可以反映出专著的多少。

学位制度渐趋成熟，培养出了相当多的硕士生，博士数量也在增加。学位制度起步晚，高校历史系师资多为本科留校或硕士留校，博士数量相当稀少。

30 后人员是主力军，其次是 50 后人员、60 后人员、20 后人员、40 后人员。90 年代是 30 后的成熟期，40 后、50 后明显接不上。这正是"文革"的结果。"文革"前留校人员多,所以 30 后多。"文革"浪费了十年,导致人才梯队结构不合理,40 后、50 后进入历史学行业的人员不多,而且出现人才叠压现象。出道晚,年龄不大,积累不多。历史研究是项积累时期较长的行业,他们虽然用功,但先天不足。外部因素,出版社出书困难,使他们只关注写论文,而不太会想到或不敢写书。总之,90 年代的大环境与小环境不同。

从人员的空间(以地级城市为单位)布局来看,集中于杭州,金华、宁波、温州、绍兴的成果远不及。至于湖州、台州、丽水、衢州没有成果。从单位来说,几乎全部集中在浙江大学,其他有社科院、浙江师范大学,其他高校人数少。空间上说,历史研究的格局严重不均衡。这正是传统中国行政重省城轻地市观念的结果。

2. 作品的时空分析

作品的时间分布,1990 年 8 部,1991 年 12 部,92 年 8 部,1993 年 6 部,1994 年 9 部,1995 年 11 部,1996 年 22 部,1997 年 10 部,1998 年 29 部,1999 年 19 部。如外加浙江文化小丛书 7 种,则共 148 种,平均年产 15 种。

从作品生产的时空分布来看,集中于杭州。

1985 年之前刚走出"文革",继承传统多些,1985—1995 年十年是中国市场经济大潮的高峰期,1996 年以后回归平稳。90 年代,浙江史界以发表论文为主,出书观念不强。专著不多,课题体制刚兴,不够普及。出版补助不多,学术著作的出版困难较多。

二、作品的学科归类

为什么要做作品的学科分类研究?可以看见史界内部的发展状况。1997 年,教育部学科调整,历史学分为八个二级学科。下面按二级学科作一观察。

1. 史学理论、史学史、方志学研究 6 部。有王正平《史学理论与方法》(1990),严建强、王渊明《西方历史哲学:从思辨的到分析与批判的》(1997),仓修良《方志学通论》(1990),仓修良主编《中国史学名著评介》(1990),仓修良主编《史记辞典》(1990),仓修良主编《汉书辞典》(1996)。

2. 中国古代史研究共 14 部,其中宋史研究 12 部,有龚延明《宋史职官志补正》(1991),何忠礼《宋史选举志补正》(1992),陈植锷《北宋文化史述论》(1992),林正秋《宋代生活风俗研究》(1997),杨渭生《两宋文化史研究》

(1998),梁太济《两宋阶级关系的若干问题》(1998),龚延明《宋代官制辞典》(1997),徐规《李焘年表》(1995),杨渭生主编《徐规教授从事教学科研工作五十年周年纪念文集》(1995),徐规《仰素集》(1999),何忠礼、徐吉军《南宋史稿》(1999)。其他明清史研究 3 部,有蒋兆成《明清杭嘉湖社会经济研究》(1993)、蒋兆成等《康熙传》(1998)、包伟民等《江南市镇及其近代命运》(1998)。宋史与明清史,是杭州大学的强项。

3. 中国近现代史研究 15 部,有王学启、杨树标《中国社会主义时期史稿》(1994),杨树标、梁敬明《民族的苦难,民族的骄傲——抗日战争史新论》(1995),胡珠生《清代洪门史》(1996),郭世佑《晚清政治革命新论》(1997),汪林茂《中国走向近代化的里程碑》(1998),胡国枢《蔡元培评传》(1990),童富勇、胡国枢《陶行知传》(1991),朱顺佐等《胡愈之传》(1991)、陈梅龙《陈其美传论》(1996)、王慕民《朱镜我评传》(1998)、张学继《八桂骁将——白崇禧》(1996),杨树标《"中国战区的最高统帅"——抗战中的蒋介石》(1996),杨菁《宋子文传》(1999),曹屯裕《探索者的足迹》(1996),邱钱牧主编《中国政党史》(1991),郭世佑等《民族觉醒的历程》(1999)。其中人物 9 部,通史 1 部,专论 3 部,编著 2 部。

4. 世界史研究成果 25 部,可分为 6 个小门类加以观察。(1)法国史研究 9 部,沈炼之主编《法国通史简编》(1990),楼均信等《法兰西第三共和国兴衰史》(1996),吕一民、张忠其、戴成钧译《一九一八——一九三九年的法国》(1997),沈炼之《沈炼之学术文选》(1998),楼均信主编《法兰西第一至第五共和国论文集》(1994),楼均信、郑德弟、吕一民主编《中法关系史论》(1996)楼均信主编《世界通史》绘画本(1997),楼均信主编《中国法国史研究信息》(1997),沈坚《近代法国工业化新论》(1999)。(2)德国史研究共 3 部,丁建弘主编《德国通史简编》(1991),丁建弘《普鲁士的精神和文化》(1994),丁建弘《战后德国的分裂和统一》(1997)。(3)英国史研究 1 部,杨杰《英国工资劳动者,1500—1550 年》(1991)。(4)韩国史研究 4 部,鲍志成《高丽寺与高丽王子》(1995)、沈善洪主编《韩国研究》三辑(1994—1996)、沈善洪主编《韩国研究日文文献 1912—1993》、王加丰《朴正熙"开发独裁"体制研究》(1999)。(5)世界现代化研究 3 部,有王渊明《历史视野中的人口与现代化》(1995)、丁建弘主编《发达国家的现代化道路》(1999)、王加丰《扩张体制与世界市场的开辟——地理大发现新论》(1999)。(6)通史教材 4 部,顾学宏主编《二十世纪世界史》(1994),顾学宏、黄书孟主编《亚洲史》

（1996），顾学宏主编《非洲通史》（1998）。

5. 专门史研究 13 部。中国文化史 8 部，徐吉军等《中国丧葬礼俗》（1991），徐吉军主编《浙江历代名人录》（1994），徐吉军主编《中国丧葬史》（1998），徐吉军主编《中国饮食史》（1999），李学勤、徐吉军主编《长江文化史》（1995），陈剩勇《中国第一王朝的崛起——中华文明与国家起源之谜破译》（1994）。中外交流史研究 4 部，黄时鉴主编《解说插图中西关系史年表》（1994）、黄时鉴主编《东西交流论谭》第一辑（1998）、黄时鉴《东西交流史论稿》（1998）、杨渭生《宋丽关系史研究》（1997）、杨渭生主编《十至十四世纪中韩关系史料汇编》（1999）。中国农民史研究 1 部，孙达人《中国农民变迁论》（1996）。顾志兴《浙江出版史研究：中唐五代两宋时期》（1991）。

6. 浙江地方历史与文化研究 48 部，可分为几下几类。（1）浙江地方史 4 种，如乐承耀《宁波古代史纲》（1995）、《宁波近代史纲》（1998），李志庭《浙江地区开发探源》（1997），楼子芳主编《浙江抗日战争史》（1995），林正秋《浙江历史与旅游文化》（1996）。（2）浙江经济史 3 种，如沈雨梧《浙江近代经济史稿》（1990）、沈雨梧《走向世界的宁波帮企业家》（1990）、金普森主编《浙江企业史研究》（1991）。（3）浙江文化史 25 种，滕复、徐吉军、叶建华等《浙江文化史》（1992），董楚平《吴越文化志》（1998），曹屯裕主编《浙东文化概论》（1997），方杰、徐吉军主编《越国文化》（1998），钱茂伟《吴越文化》（见《中华地域文化集成》，1997），戈觉梧主编《瓯越文化丛书》（1998）12 册（蔡克骄等人所著《瓯越文化史》、《温州故实杂录》、《历史人物与温州》、《温州历史人物》、《温州南戏考述》、《温州历代书藏》、《王十朋评传》、《叶适评传》、《刘伯温评传》等），吴光主编《浙江文化史话丛书》（1999）7 种（钱茂伟《浙东学术史话》等）。（4）浙江学术史 3 种，如王凤贤等《浙东学派研究》（1993）、管敏义主编《浙东学术史》（1993）、方祖猷《清初浙东学派论丛》（1996）。（5）浙东学派人物研究 8 种，周梦江《叶适与永嘉学派》（1992），周梦江《叶适年谱》（1995），仓修良、叶建华《章学诚评传》（1996），仓修良等《章学诚评传》（1996），方祖猷《万斯同评传》（1996），陈训慈、方祖猷《万斯同年谱》（1991），周梦江《叶适评传》（1998），方如金、方同义、陈国灿《陈亮与南宋浙东学派研究》（1995）。（6）浙江历史人物研究 5 种，如金普森主编《虞洽卿研究》（1996）、陈梅龙主编《商海巨子：活跃在沪埠的宁波商人》（1998）、王慕民主编《政坛名人：民国政治舞台上的浙东人物》（1998）、戴光中主编《文化群星：近现代宁波籍文化精英》（1998）、单锦珩主编《浙江古今人物大辞典》

（1998）。在这些作品中，有 25 种属编纂。其他 22 种，均属研究型专著。

7. 历史文献研究 2 部，倪士毅《中国古代目录学史》（1998）、管敏义主编《中国历史要籍介绍及选读》（1998）。

8. 历史地理研究有 1 部，陈桥驿、徐吉军主编《中国都城辞典》（1999）。

9. 考古与文博研究 2 部，林华东《河姆渡文化初探》（1992）、林华东《良渚文化研究》（1998）。

专著数量大增，这表明了浙江史界研究实力的大增，可以称为稳步发展的 90 年代史学。

以由上结构分析可知，浙江历史与文化研究 48 部最多，其次是世界史研究研究 25 部，再次是中国近现代史 15 部、中国古代史研究 14 部、专门史研究 13 部，最后是史学理论、史学史、方志学研究 6 部，历史文献 2 部，考古与文博 2 部，历史地理研究 1 部。在历史学中，后面四个学科一直是小学科，中国史、世界史、专门史、地方史一直是大学科。具体从浙江来说，地方史研究成果最多。如果将中国史、专门史、地方史归入中国史，仍是中国史成果最多。其中，文化研究涉及多学科，面更广些，边界稍难把握。

三、作品形态的分析

为什么要做类型研究？分析成书模式，是为了说明学术成果的形态及其学术水平的多层次性。从形态进行分析，可以筛选出优秀作品，从而给予重点关注。由此可知，作品是如何产生的，花了多少时间，学术含金量有多高。讨论作品学术含金量比例的多少，是评判这些作品学术价值的一种办法。

1. 通识性作品多。世界通史如顾学宏主编《二十世纪世界史》，顾学宏、黄书孟主编《亚洲史》，顾学宏主编《非洲通史》。断代史如何忠礼、徐吉军《南宋史稿》，王学启、杨树标《中国社会主义时期史稿》，汪林茂《中国走向近代化的里程碑》，郭世佑《民族觉醒的历程》，王慕民主编《中国现代史》。专门史如楼子芳主编《浙江抗日战争史》，滕复等《浙江文化史》，董楚平《吴越文化志》，方杰主编《越国文化》，王凤贤等《浙东学派研究》，曹屯裕主编《浙东文化概论》，管敏义主编《浙东学术史》，杨渭生《两宋文化史研究》，徐吉军《中国丧葬史》，徐吉军主编《中国饮食史》，李学勤、徐吉军主编《长江文化史》，胡珠生《清代洪门史》。国别史如沈炼之主编《法国通史简编》、楼均信等《法兰西第三共和国兴衰史》。地方史如乐承耀《宁波古代史纲》、乐承耀《宁波近代史纲》、林正秋《浙江历史与旅游文化》。史学理论与方法如王正平《史学理论与方法》,严建强、王渊明《西方历史哲学:从思辨的到分析与批判的》,王慕民主编《历史教学基本技能训练》,历史文献如倪士毅《中国古代目录学史》,方志学如仓修良《方志学通论》。这类作品的特点是专著兼教材。大学教授的特点是教学与科研结合,所以往往出版一些专著兼教材的图书。他们的著作多是在讲义基础上形成的,在教材基础上加进自己的一些体会。大凡集体合编的教材是纯粹的教材,而个人编纂的教材同时是专著,后者价值大于前者。

2. 专题著作增加,如沈雨梧《浙江近代经济史稿》,李志庭《浙江地区开发探源》,林华东《河姆渡文化初探》,林正秋《宋代生活风俗研究》,徐吉军等《中国丧葬礼俗》,陈剩勇《中国第一王朝的崛起——中华文明与国家起源之谜破译》,陈植锷《北宋文化史述论》,袁成毅《中日间战争赔偿问题》,包伟民主编《江南市镇及其近代命运》,杨树标、梁敬明《民族的苦难,民族的骄傲——抗日战争史新论》,沈坚《近代法国工业化新论》,杨渭生《宋丽关系史研究》。有问题意识相当重要,否则就没有学术性。

3. 个人专题论文集,如蒋兆成《明清杭嘉湖社会经济研究》、梁太济《两宋阶级关系的若干问题》、黄时鉴《远迹索心契——东西交流史论稿》、方祖猷《清初浙东学派论丛》、孙达人《中国农民变迁论》、郭世佑《晚清政治革命新论》。个人综合论文集,如徐规《仰素集》、沈炼之《沈炼之学术文选》。

4. 人物专题研究,如周梦江《叶适与永嘉学派》,周梦江《叶适年谱》,仓修良、叶建华《章学诚评传》,仓修良等《章学诚评传》,方祖猷《万斯同评传》,陈训慈、方祖猷《万斯同年谱》,周梦江《叶适评传》,方如金、方同义与陈国灿《陈亮与南宋浙东学派研究》,徐规《李焘年表》,胡国枢《蔡元培评传》,童富勇、胡国枢《陶行知传》,朱顺佐等《胡愈之传》,陈梅龙《陈其美传论》,王慕民《朱镜我评传》,曹屯裕《探索者的足迹》。出评传,是 80 年代末 90 年代初学界新风之一。

5. 正史补正,传统治学方式的继承。如龚延明《宋史职官志补正》、何忠礼《宋史选举志补正》。正史补正是传统历史文献考据学研究。补正是传统治学风格,受陈乐素影响大。陈氏有《宋史艺文志考证》,1941 年起写,

1946 年完成一稿，1964 年完成二稿。① 由于他有这种兴趣，于是宋史研究室的集体项目也偏重此。1979 年，徐规出面申报了浙江省"七五"重点规划项目《宋史补正》，下面分三个方向，一是职官志补正，二是选举志补正，三是食货志补正，分别由龚延明、何忠礼、梁太济三人承担。这三个方向，也正好是三人的专长所在。经过近十年的磨炼，终于完成了。这个项目的开展，对龚延明的学术成长影响特大。自从接受《宋史职官志补正》项目以后，他从做卡片开始，走上专门治史之路。前后共花了五年时间，完成了近三千条补正条目、50 余万字的《宋史职官志补正》。②

6. 学术会议论文集，如楼均信、郑德弟、吕一民主编《中法关系史论》，方祖猷等《论浙东学术》，楼均信主编《法兰西第一至第五共和国论文集》，金普森主编《虞洽卿研究》，杨渭生主编《徐规教授从事教学科研工作五十年周年纪念文集》，林华东主编《良渚文化研究》。只有 5 部会议论文集，说明 90 年代学术活动少，结集出版的论文集尤少。

7. 集体编纂作品。主编制也带动了一些科研活动，如邱钱牧主编《中国政党史》，黄时鉴主编《解说插图中西关系史年表》，仓修良主编《中国史学名著评介》，沈雨梧编著《走向世界的宁波帮企业家》，金普森主编《浙江企业史研究》，陈梅龙主编《商海巨子：活跃在沪埠的宁波商人》，王慕民主编《政坛名人：民国政治舞台上的浙东人物》，戴光中主编《文化群星：近现代宁波籍文化精英》，吕一民、张忠其与戴成钧编译《一九一八——一九三九年的法国》。

8. 工具书类，90 年代是工具书编纂热，徐吉军主编《浙江历代名人录》，单锦珩主编《浙江古今人物大辞典》，仓修良主编《史记辞典》与《汉书辞典》，陈桥驿、徐吉军主编《中国都城辞典》，楼均信主编《中国法国史研究信息》。

9. 普及类，戈觉梧主编《瓯越文化丛书》12 册、吴光主编《浙江文化史话丛书》7 种。张学继《八桂骁将——白崇禧》、钱茂伟《吴越文化》（见《中华地域文化集成》）、杨树标等《"中国战区的最高统帅"——抗战中的蒋介石》、杨菁《宋子文传》。

从来源来说，学者课题无非是自选课题与他选课题两大类，他选课题又可分为纵向与横向两大来源。从需求来说，无非是社会需求与专业需求两

① 陈智超：《宋史艺文志考证·前言》，广东人民出版社 2002 年版。
② 龚延明：《滚雪球：资料与学术积累的成功之道》，《史学月刊》2009 年第 1 期。

种。杂志与出版社、政府、企业组织，可以归入他选与社会需求行列，而导师及个人的专业志趣可以归入自选与专业需求行列。接受过不同训练、不同性格、不同志趣的学者，会接受不同类型的课题。编纂教材与辞典是由当时社会需求与教学需要引起的。出版社约稿，在其中起到了很大的导向作用。

著作的作者结构，无非是个人与集体两种方式。主编制促成的成果有三个特点，一是集体项目，二是编纂，三是有一个策划与组织者。80年代开始，学界兴起编纂风，尤其是辞典编纂风。在这个背景下，仓修良作为中国历史文献研究会副会长，与山东教育出版社合作，策划了一套二十四史专史辞典计划，他本人承担了《史记辞典》与《汉书辞典》。80年代后期，文化研究热，在这个背景下，仓修良又与山东教育出版社合作，策划了《中国史学名著评介》计划，邀请全国著名史家来写历史上的著名史家。传统的观念，独著优于合著。部分专家如徐规、梁太济、龚延明，擅长细小问题的实证分析，而对宏观的建构兴趣不浓。他们喜欢独著，而不喜欢合著。由此可知，学者性格在学问风格形成中有较大的作用。而青年一代的学者，因受现代专题研究训练，更喜欢专题研究。陈植锷《北宋文化史述论》、袁成毅《中日间战争赔偿问题》、郭世佑《晚清政治革命新论》、沈坚《近代法国工业化新论》均是他们的博士论文。专题博士论文的加入，大大提升了浙江史坛专题研究的水平。有分量专著的大量增加，说明浙江史界的学术水平在提升之中。专题研究以解决问题为目标，全面展示以提供完整知识为目标，前者突出学术价值，后者强调社会价值，各有不同的价值所在。

四、作品主题的特色分析

为什么要做作品主题特色研究？主题分法与学科归类有所不同，前者是按历史学二级学科来分类的，后者重点考察作品主题与时代的互动关系。

1. "浙江"成为研究单位。80年代，出版《浙江古代史》、《浙江近代史》以后，浙江地方史研究转而向深入的方向发展。李志庭《浙江地区开发探源》是从历史地理角度探讨浙江发展过程的专著。林正秋《浙江历史与旅游文化》是从旅游文化角度阐述浙江发展过程的书。沈雨梧《浙江近代经济史稿》是从浙江经济史角度思考浙江历史进程的。80年代末90年代初，中国的市场经济大潮来临，这种思潮在历史学界也折射出来，史学工作者被迫关注浙江企业家及企业史研究，于是有了沈雨梧编著的《走向世界的宁波帮企业家》、金普森主编《浙江企业史研究》、钱茂伟主编的《宁波服装》。

2．"浙东"成为研究对象,浙东学术研究的成果大兴。如王凤贤等《浙东学派研究》、管敏义主编《浙东学术史》,是两部系统论述浙东学派或浙东学术发展过程及其代表人物学术成就的专著。著名的浙东学派人物叶适、章学诚、万斯同、陈亮,均有了专书研究,如周梦江《叶适与永嘉学派》,周梦江《叶适年谱》,周梦江《叶适评传》,仓修良、叶建华《章学诚评传》,仓修良等《章学诚评传》,方祖猷《万斯同评传》,陈训慈、方祖猷《万斯同年谱》,方如金、方同义与陈国灿《陈亮与南宋浙东学派研究》。方祖猷《清初浙东学派论丛》则汇集了作者对清初浙东学派研究的相关论文。以浙东为单位加以研究,是这个时期浙江学术研究的特点所在,浙东的宁波、温州、金华及杭州均如此。

3．"宁波"成为研究单位。浙江的高校,行政级别决定其研究视野。浙江大学、浙江师范大学是"浙江"字头的高校,所以他们研究地方史以"浙江"为单位,而副省级城市宁波则以"宁波"为单位加以研究。宁波学者乐承耀写出了《宁波古代史纲》、《宁波近代史纲》,这是第一部副省级城市通史系列作品。在浙江各个地级市中,只有宁波实现了这项成绩,其他城市没有,由此可见乐老师的坚持与努力是非常值得肯定的。

4．"江南"成为研究单位,江南市镇一直是学界关注的热点,蒋兆成《明清杭嘉湖社会经济研究》汇集了作者一生的研究成果,是一部区域经济史力作。包伟民《江南市镇及其近代命运》借助现代化理论作为分析工具,分别从八个方面对江南市镇的近代变迁进行实证研究。"从一个富有新意且具挑战性的命题入手:在中国近代发生巨大变化的时候,江南市镇在其中处于怎样的一个位置? 它们是否或在多大程度上被纳入了近代转轨的过程? 这一思路将江南市镇史的研究从传统的资料排比和现象描述导向了理论分析,显示出作者对于中国社会历史的与众不同的理解。"①

5．宋史成绩显著。阶级关系是新中国马克思主义史学十分重视的视角,梁太济选择了宋代阶级关系作为自己的观察领域,最终出版了《两宋阶级关系的若干问题》,收集了 12 篇论文。只写论文,只出论文集而不编书,是其特点所在。龚延明《宋代官制辞典》是一部全面介绍宋代官制状况的专科工具书,突破了以往工具书的缺陷。何忠礼、徐吉军《南宋史稿》填补了南

---

① 曹树基:《包伟民:〈江南市镇及其近代命运(1840—1949)〉》,《中国学术》2000 年第 1 期。

宋断代史写作的空白。① 杨渭生《两宋文化史研究》是一部系统全面论述两宋的"大文化"之作。可以看得出来,杨渭生、何忠礼的风格更为接近,喜欢建构完整的专史。

6. 国别史研究高峰。法国史研究室编纂出了属于自己的法国史专书,有了中国人对法国历史的理解。沈炼之主编《法国通史简编》,楼均信等《法兰西第三共和国兴衰史》,吕一民、张忠其、戴成钧译《一九一八——一九三九年的法国》,沈炼之《沈炼之学术文选》,楼均信主编《法兰西第一至第五共和国论文集》,楼均信、郑德弟、吕一民主编《中法关系史论》,楼均信《世界通史》,楼均信主编《中国法国史研究信息》,沈坚《近代法国工业化新论》。《近代法国工业化新论》采用了目前最新的工业化理论,通过对法国工业化道路全面分析,总结了法国工业化道路的特殊性,对"法国是工业化失败的典型"这一观点提出了挑战。② 德国史研究有丁建弘主编《德国通史简编》、丁建弘《普鲁士的精神和文化》(1994)、丁建弘《战后德国的分裂和统一》。由此可知,杭州大学的德国史研究,完全由丁建弘教授一人在撑着。一个人就完成了三部德国史研究专书,说明了他研究能力之强。英国史研究1部,杨杰《英国工资劳动者,1500—1550年》。韩国史研究4部。由于韩国大宇集团的财政资助,浙江大学成为四所资助的研究所之一,1993年成立了韩国研究所,于是浙江有了韩国研究。鲍志成《高丽寺与高丽王子》、沈善洪主编《韩国研究》、沈善洪主编《韩国研究日文文献1912—1993》、王加丰《朴正熙"开发独裁"体制研究》。此后,浙江大学的德国史、英国史研究衰落。

7. 现代化研究的受人重视,如丁建弘主编《发达国家的现代化道路》、王加丰《扩张体制与世界市场的开辟——地理大发现新论》、王渊明《历史视野中的人口与现代化》。现代化是一股世界思潮,中国要步入现代化,自然得研究世界现代化进程。《发达国家的现代化道路》对西欧诸国现代化的前提条件、现代化进程的不同阶段以及现代化周期问题进行了深刻的阐述。《扩张体制与世界市场的开辟——地理大发现新论》从新的角度重新审视这场运动,并就许多重大问题提出自己的看法。《历史视野中的人口与现代化》是一部以人口与现代化发展为主题的系统的专著。

---

① 赵冬梅:《〈南宋史稿〉(政治军事编)辨误举例》,《中国史研究》2000年第4期。
② 王玉华:《重估近代法国工业化的"失败"——评〈近代法国工业化新论〉》,《世界历史》2001年第6期。

8. 历史人物研究大行其道。古代人物如许序雅等《宗泽评传》，近代人物如陈梅龙主编《商海巨子：活跃在沪埠的宁波商人》、王慕民主编《政坛名人：民国政治舞台上的浙东人物》、戴光中主编《文化群星：近现代宁波籍文化精英》。现代人物如胡国枢《蔡元培评传》，童富勇、胡国枢《陶行知传》，朱顺佐等《胡愈之传》，陈梅龙《陈其美传论》，王慕民《朱镜我评传》，张学继《八桂骁将——白崇禧》，杨树标等《"中国战区的最高统帅"——抗战中的蒋介石》、杨菁《宋子文传》、曹屯裕《探索者的足迹》、金普森主编《虞洽卿研究》。世界人物传如吕一民《世界著名记者传》、吕一民《世界著名首相传》。这些人物，既有其他省籍的名人，如《探索者的足迹》，更多的是浙江籍的历史名人。

9. 中外交流史研究的兴起，是 90 年代的一大亮点。中西关系史，如黄时鉴主编《解说插图中西关系史年表》、黄时鉴主编《东西交流论谭》第一辑、黄时鉴《远迹索心契——东西交流史论稿》、黄时鉴整理《东西洋考每月统记传》。黄时鉴初治元史，因元代是一个横通中外的时代，于是视野较为开阔。80 年代中叶，得有机会出访过澳洲，当时又正时兴中西文化比较研究，于是开始关注中西文化交流史研究。世界史方向的几个老师如龚缨晏、计翔翔，随他读中西文化交流史方向博士，于是这个方向成为历史系新的增长点。《解说插图中西关系史年表》是一部通史式编年作品，是一部总结性中西关系史工具书，全面展示了中西文化交流史迹，为编《中西文化交流史纲》奠定了基础。两部论文集，则体现了他本人及其团队关于中西文化交流研究成果。《东西洋考每月统记传》的整理影印推动了对新教教士入华与中西文化交流历史的深入研究。[①]

东亚关系史，杭州大学的日本文化研究所成绩相当大，尤其是王勇教授的贡献特别大。中日关系史研究如陆坚与王勇《中国典籍在日本的流传与影响》，王勇、王宝平《日本文化的历史踪迹》，王勇《中日文化交流事典·艺术卷》，王勇《中日汉籍交流史论》，严绍璗、王勇等《比较文化：中国与日本》，王勇《中国江南：寻绎日本文化的源流》，王勇、大庭修《中日文化交流史大系·典籍卷》，王勇、中西进《中日文化交流史大系·人物卷》，王勇、上原昭一《中日文化交流史大系·艺术卷》。此外，中韩关系史有杨渭生《宋丽关系

---

① 黄时鉴：《我和古代中外关系史研究》，《学林春秋》三编，朝华出版社 1999 年版，第 502—519 页。

史研究》。

10. 文化史、社会生活史的受人关注。徐吉军是 80 年代成长起来的史学工作者，虽没有读过研究生，但因做责任编辑，阅读了大量的来稿，提升了自己的鉴赏眼光，且与外界联系广泛，善于捕捉社会热点，选题的敏感性特强。90 年代是徐吉军体现策划与组织能力的最高期。他较为关注社会热点，组织策划的《长江文化史》、《中国饮食史》，有较大的社会影响。《长江文化史》弥补了长江文化研究这一学术空白。《中国饮食史》为中国饮食史研究的里程碑。独著的《中国丧葬史》、与人合著的《中国丧葬礼俗》，让大家关注到了一个不太受受学界注意但与人类生活息息相关的中国丧葬礼俗问题。陈剩勇眼光敏锐，善于思考，《中国第一王朝的崛起——中华文明与国家起源之谜破译》，"将中华文明的探讨置于全人类的大氛围之中，从而获得了世界意义"[①]。它提出了夏文化萌生于中国史前时代的东南文化圈；夏族的原居地在长江下游地区，而不是传统史家所说的黄河流域，中国历史上第一王朝——夏朝崛起于东南地区。[②] 自成一说，影响较大。

区域文化成为研究热点。文化是 90 年代成果较多的领域之一，区域文化如吴越文化、浙江文化、瓯越文化，古文化如河姆渡文化、良渚文化、越国文化也受人关注。有滕复等《浙江文化史》、董楚平《吴越文化志》、曹屯裕主编《浙东文化概论》、方杰主编《越国文化》、林华东《河姆渡文化初探》、林华东主编《良渚文化研究》、戈觉梧主编《瓯越文化丛书》12 种、吴光主编《浙江文化史话丛书》7 种、连晓鸣等《台州文化史话》。《河姆渡文化初探》是本全面揭示河姆渡文化的著作。滕复等《浙江文化史》为中国区域文化史研究的开创之作。《越国文化》是一部系统全面研究越国文化的专著。《浙东文化概论》是从横向分块方式揭示浙东文化面貌的。系统描述与展示某种文化，是这些作品的共同特点。

11. 某些专史的开拓，如中国农民史研究的出现。孙达人以研究农民战争而起家，回归史学队伍后，复治更为平实的中国农民变迁史，于是有了《中国农民变迁论》。此书开创了中国农民史研究。如中国政党史研究，邱钱牧主编的《中国政党史》是一部引用频率相当高的中国政党研究起步之

---

① 陈天心：《中华文明起源研究的新视野——评陈剩勇〈中国第一王朝的崛起〉的学术价值》，《浙江社会科学》1995 年第 2 期。

② 陈潜之：《走向世界学坛——评陈剩勇著〈中国第一王朝的崛起〉》，《东南文化》1995 年第 2 期。

作，"堪称建国以来大陆出版的第一部反映中国政党史全貌的学术著作"。

12. 近现代史研究的成绩。"晚清"、"民国"是 90 年代人谈得较多的概念，郭世佑《晚清政治革命新论》独辟蹊径，以基础理论突破和史料考证为前提，敢于对学术界早已视为通说定论的一些认识发起挑战，提出了一系列发人深思的新论。抗日战争成为热点之一，《民族的苦难，民族的骄傲——抗日战争史新论》展示了这方面的研究。《中国社会主义时期史稿》是多卷本中华人民共和国国史之一，至此完成全书的编纂。

13. 小学科的坚强声音。史学概论建设有浙江学者的声音。1978 年以后，王正平承担了史学概论教学任务。当时没有类似教材，于是，王先生开始编纂出了讲义。教学之余，王先生思考有关理论，开始写出了一些论文。最后，出版了《史学理论与方法》一书。王先生退休以后，其弟子王渊明承担了史学概论教学任务，于是编纂出了介绍西方历史哲学的专书《西方历史哲学：从思辨的到分析与批判的》。这是 90 年代代表浙江大学史学理论的两部作品。

在方志学建设中有浙江学者的声音。80 年代后，全国兴起地方志编纂热，于是仓修良在章学诚研究基础上转治地方志，开设方志通论课。在教研基础上，编纂出了《方志学通论》。此书成为方志学领域与复旦大学黄苇等《方志学》齐名的专书，退休后的仓修良转而重点关注地方志编纂研究。

浙江的史学研究，有世界视野，也有中国视野，更有地方视野。世界，中国，浙江，宁波，浙东，江南，均成为研究的空间单位。

这些成果紧跟时代需求。社会的转型，促使历史学研究向社会史与文化史转移。区域的发展，也使浙江地方研究受到高度的关注。这些作品既有学术价值，又有社会价值。

浙东学派研究、宋史研究、法国史研究、德国史研究、江南研究、方志学研究、中外文化交流史研究、中国政党史研究、中国农民史研究处于全国前沿。

五、余　论

本文行将结束时，已经可以明确地回答以上诸问题了。90 年代的浙江史界，共出版了 151 种著作。约有 60 位、五个年龄段的史学从业者参与了，其中以 30 后出生居多。这些学人与作品集中于杭州，以浙江大学居多。其次是浙江社科院、浙江师范大学、宁波大学、杭州师院。其内容集中在中国史、世界史、专门史、地方史几个学科。这些作品的类型以编纂为主，同时专题研究也占了相当大的份额。文化史、社会史、地方史、国别史、现代化研究受到关注，充分体现了时代变迁色彩。其中，浙东学派研究、宋史研究、法国史研究、德国史研究、江南研究、方志学研究、中外文化交流史研究、中国政党史研究、中国农民史研究处于全国前沿。

我们应该站在学术前沿，想别人没有想到的事，做别人没有做过的事。笔者的计划是，先完成《当代浙江史学编年考》（目前已经完成 26 万字初稿）、《当代浙江史家资料集》，然后完成《当代浙江史学专题研究》，最后做成一部《当代浙江史学史》。目前最为重要的是当代浙江史家资料的搜集整理。刚刚发生的历史，往往是不受人重视的历史，资料的积累工作尤其不受人重视。首先可以编辑一些学案性的资料图书，如《执着的史学追求——仓修良教授八十华诞庆寿文集》之类，供以后的研究之用。其次编纂一部当代浙江史家资料汇集，收录不同时期不同史家的介绍资料，为后人治学提供方便。可以通过公开征集方式，约请相关先生写回忆录或提供相关的图片与资料。或直接做一个当代史家口述采访录，如《温州都市报》组织的温州学人访谈录一样。再者编辑出版一些学人文集，方便后来的学术史研究。从学术史研究来说，学人文集是相当重要的，因为可以汇集学人一生的大部分成果。如今，浙江史界大部分有名的专家均有了文集，但仍有不少学者如李絜非、王正平、戴尔俭、陈梅龙等，只有论文而没有文集，亟待加强重视。

当下中国需要公共的学术史建构。学者的个人生活是平凡的，但同时也是有意义的，这种意义是通过一定的公共载体学术史编纂来体现的。没有宏观的关注，微观的意义是看不出来的。学者本人可以低调而不重视自己的学术位置，但从当代浙江史学史来说不能不关注。从当代浙江史学来看，不同的史家在不同的领域作出了不同的贡献，他们的整体成绩就是当代浙江史学史。反思是相当重要的，有了反思才会有关注，才会知道要什么东西，搜集什么东西。材料是被问题整合进来的，没有问题，材料的意义无法体现；有了问题，材料的意义就体现出来了。写出一部有问题意识的当代史学史才是成功的关键，应从浙江学人的选题中提出一些问题，看他们是如何引导学术进步的。而且，当代浙江史学史研究最好不要做成封闭式的纯学术专史，视野要宽一些，有更多的生活气息。

近 30 年日本宋代江南区域史浅探：以《日本宋史研究的现状与课题》为中心[*]

清水浩一郎

（浙江大学历史系）

一、引言——《日本宋史研究的现状与课题》

本文的目的是以《日本宋代研究的现状与课题》[①]为题材，探讨现今日本宋代史学会的江南地域史研究现状以及研究方向性。

首先我想结合日本宋代史研究的历程来阐述一下《日本宋代研究的现状与课题》是怎样的一本著作。

该书在"前言"中将日本的宋代史研究划分为第 1 期至第 3 期这 3 个时期。第 1 期（1945 年以前）是日本中国史研究的开拓时期，这一时期为后来的宋代史研究奠定了基础。"唐宋变革论"也是在这一时期被提出来的。第 2 期（1945—20 世纪七八十年代）在第 1 期研究的基础上，主要进行了地主佃户制、农民斗争和民众叛乱等扎根于历史唯物史观的各方面的研究。进入第 3 期（20 世纪七八十年代至今）后，拘泥于某些特定观念的研究及言论被废除，取而代之的是与民俗学、社会学、人类学等多方面学问相结合的研究[②]。在第 3 时期中，随着 80 年代、90 年代、21 世纪等时间的推移，日本宋代史研究的手法逐渐多样化，并且对既定概念、思考以及研究框架的重新探讨也开始渐渐活跃起来。

---

* 本稿是浙江大学人文学部人文研究重点项目"差异性与一体性：江南区域史的研究与问题"分工课题下的初步成果。另外，在日本是将"区域史"称为"地域史"的。因此本稿除标题和各章的章目外，均标注为"地域史"。

① 原名《日本宋史研究の現状と課題》（汲古書院：東京，2010）。

② 《日本宋史研究的现状与课题》"前言"ⅲ—ⅶ页。

该书主要叙述的是第 3 时期的研究。并将其划分为政治史研究(平田茂树)、法制史研究(小川快之)、财政史研究(宫沢知之)、地域社会史研究(冈元司)、家族宗族史研究(远藤隆俊)、都市史研究(久保田和男)、地方志石刻研究(须江隆)、儒教思想研究(市来津由彦)、佛教道教史研究(松本浩一)、文学研究(内山精也),古典小说研究及其在史学研究中的活用(勝山稔)、绘画史研究(板仓圣哲)、五代十国史研究(山崎觉士)、辽金史研究(饭山知保)和日宋交流史研究(榎本涉)这 15 个类别。这 15 个类别并不是各自独立的,而是各个类别间互相关联。关于这一点,不仅在"前言"中,该书在其他章节中也都加以了强调。

然而,在更早期的日本也并非没有类似的著作。阐述第 1 时期和第 2 时期的日本宋代史研究的著作有山根幸夫所编的《中国史研究入门(上、下)》[①]和岛田虔次等编著的《亚洲历史研究入门(1—5)》[②]等。阐述第 3 时期研究的还有佐竹靖彦等编著的《宋元时代史的基本问题》[③]以及砺波护等编著的《中国历史研究入门》[④]等入门书籍和专业书籍。另外,史学会编的《史学杂志》上设有"回顾和展望"特集,这一特集几乎网罗了在日本出版的与宋代史相关的所有著作和论文。[⑤] 既然已经有了众多的著作和论文,为何《日本宋史研究的现状与课题》一书仍得以出版问世呢?

该书在"前言"中说道,该书的主要目的并非是网罗式地介绍日本宋代史研究第 3 时期的研究成果,而是为了指出各研究领域的作者们所面临的现状以及今后的展望方向。此外,日本宋代史研究自进入第 3 时期以来已有了 30 多年,研究方向正在逐渐产生变化。因此,在"总括迄今为止的研究,展望下一阶段的研究是有其意义的"这一理由之下,[⑥]该书出版问世了。我选择《日本宋史研究的现状与课题》作为本稿的题材是为了考证该书中"研究者们所共有的问题意识"。在现今的信息化社会里,与其逐一阐述日本中国地域史的研究成果,不如分析日本人以一种怎样的思维方式去研究中国地域史并指出研究的结果。

---

① 山川出版社(东京),1983。
② 原名《アジア历史研究入门(1—5)》同朋舍(京都)1983—84.别卷 87 年。
③ 汲古书院(东京),1996。
④ 日本名古屋大学出版会(名古屋),2006。
⑤ 众所周知,上海古籍出版社出版了《史学杂志》的"回顾与展望"中译版《日本中国史研究年鉴》。
⑥ 《日本宋史研究的现状与课题》"前言"iv 页。

本文抱着对如上各问题的兴趣,以《日本宋史研究的现状与课题》"地域社会史研究(冈元司)"为依据,抽选出江南地域史——特别是以浙江省为中心——的相关项目来对日本地域史研究的现状进行研究。首先概括出至今的研究成果,其后阐明日本宋代地域史研究的意义和课题。在本文的最后部分将站在现今日本地域史研究者们抱有的问题意识的立场上,探讨他们是以怎样的观点进行研究的。

二、日本"地域社会史研究"的介绍

在本节中,将以"地域社会史研究"为依据阐述日本宋代地域史研究的概要。依次概括性地指出截至 20 世纪 70 年代的研究成果,80 年代的研究成果以及 90 年代后有关浙江的研究成果。

(一)70 年代前的江南地域史[①]

在 1945 年以后的日本,推崇唯物史观的研究者与反对唯物史观的研究者间展开了对"地主佃户关系"和"土地所有形式"的激烈议论。从此地域史这一领域衍生出了有关土地所有形态、江南开发以及水利问题的著作。

致力于研究土地所有形态及江南开发的有周藤吉之。[②] 曾我部静雄和柳田节子等对乡村制度进行了研究。[③] 而着眼于江南的水利关系的研究者则有池田静雄和长濑守等。[④]

当时盛行的有关"地主佃户关系"的议论现在几乎已不再被重视。不过在当时的议论过程中所建立的一些基础性事项在 80 年代后得到了批判性的发展继承。

---

① 《日本宋史研究的现状与课题》,第 84—85 页。

② 周藤吉之:《宋代官僚制と大土地所有》(《社会构成史体系第二部东洋社会构成の发展》日本评论社:东京 1950)、《中国土地制度史研究》(东京大学出版会:东京 1954)、《中国经济史研究》(东京大学出版会:东京 1962)、《唐宋社会经济史研究》(东京大学出版会:东京 1965)、《宋代史研究》(东洋文库:东京 1969)。

③ 曾我部静雄:《中国及び古代日本における乡村形态の变迁》(吉川弘文馆:东京 1963)。柳田节子:《宋代土地所有にみられる二つの型》(《东洋文化研究所纪要》第 29 册 1963)、《宋代乡村制の研究》(创文社:东京 1986)。柳田节子:《宋代乡村制的研究》(创文社:东京 1986),收录其 20 世纪 50—80 年代的论文。

④ 池田静雄:《支那水利地理史研究》(生活社:东京 1940)、长濑守:《宋元水利史研究》(国书刊行会:东京 1983)。

(二)80 年代的江南地域史[①]

到了 80 年代,包括水利史在内的社会经济史方面的著作和论文较 70 年代以前有了增加。首先在水利史方面,本田治发表了有关温州等的水利开发、民众移居的研究成果,小野泰着眼于明州"湖田"开发中赞成派和反对派的对立,对导致水利开发的时代变化进行了研究。另外,他还研究了台州的都市水利问题并有了一定成果。[②③] 其次在江南的开发方面,京都大学东南亚研究中心在宋元时代至明清时代的研究成果的基础上,召开了尝试将中国史、农业史、地形史、作物学、生态学等领域从比较史的观点加以综合化的"长江三角洲研讨会"。《中国江南的稻作文化——其跨学科的研究》是在此基础上所编著的一本书。[④] 此外,在农业生产力研究的方面,大泽正昭和足立启二批判了有关两浙稻作生产力的通说并主张"围田"生产的不安定性。[⑤] 可说他们二人的业绩不仅影响了明清史的研究,也是放长视线考察宋代的地域时应该引以参考的成果。

另外,斯波义信以宋代的长江下游地区和宁波、绍兴为分析对象,明确划分出以上对象的时间和空间,对这些地域的农业生产性、地域开发、流通、都市化等问题进行了系统性地考察。[⑥] 他的研究作为采用包括水利史和开发史的经济地理学手法所做研究的最好成果公开出版,堪称日本中国地域社会史研究的一大成果。

---

① 《日本宋史研究的现状与课题》,第 86—88 页。

② 本田治:《宋代婺州の水利开发——陂塘を中心に——》(《社会经济史学》41－31975)、〈宋,元时代浙东の海塘について〉(《中国水利史研究》91979)、〈唐宋时代・两浙淮南の海岸线について〉(布目潮渢:《唐,宋时代の行政,经济地图の作成研究成果报告书》1981)、〈宋元时代の滨海田开发について〉(《东洋史研究》40－41982)、〈宋元时代温州平阳县の开发と移住〉(中国水利史研究会编:《佐藤博士退官记念中国水利史论丛》国书刊行会:东京 1984)。

③ 小野泰:《宋代明州における湖田问题——废湖をめぐる对立と水利——》(《中国水利史研究》171987)。

④ 渡部忠世、樱井由躬雄编:《中国江南の稻作文化——その学际的研究——》(东京:日本放送出版会,1984)

⑤ 大泽正昭:《"苏湖熟天下足"——「虚像」と「实像」のあいだ——》(《新しい历史学のために》179 号 1985)、足立启二:《宋代两浙における水稻作の生产力水准》(《熊本大学文学部论丛》17 号 1985)。

⑥ 斯波义信:《宋代江南经济史の研究》(东京:汲古书院,1988)。

(三)90 年代后的浙江地域史①

随着上述社会经济史、水利史等研究的逐步深入,论述地域社会史的论文也开始渐渐增多。特别是在 90 年代以后,研究以当地士大夫为中心的地域社会史和着重于研究当地士大夫的研究开始占据主要地位。在本节中将着眼于对各个府州士大夫的研究,概述其研究成果。

首先,在有关明州(庆元府)的研究方面,森田宪司以碑文撰述为线索,对南宋最末期活跃于庆元府的有识人士间的相互关系进行了探讨。② 而近藤一成研究了南宋后半期庆元府的学术倾向和科举合格人数间的关联。③ 另外,寺地遵发表了论述"权利中心之眼"和"当地之眼"如何表现在明州出身的思想家身上的研究成果。④ 冈元司在《日本宋史研究的现状与课题》中评价寺地遵的研究是考察当地的地域文化史时应引作参考的。

其次,在有关绍兴府的研究方面,近藤一成通过分析《绍兴十八年同年小录》著写了论述山阴陆氏的科举合格者与政治的关系的论文。⑤ 此外,山口智哉通过对新昌县石氏一族的探讨,阐述了私学书院在地域社会所发挥的作用及私学书院与地方官学间的相互关系,并论述了新昌县的"教育空间"是如何形成的。⑥

接着是台州地区的研究。伊藤正彦指出,地方官对"义役"有很大的影响力并强调了地方社会结合的脆弱性。⑦ 对此,寺地遵强调通过义役、社仓、乡约这几个方面所表现出来的黄岩县民众的团结,反驳了伊藤的意见。他们二人对国家的领导力、主导性所持有的意见是相反的。

---

① 《日本宋史研究的现状与课题》,第 89—90 页。

② 森田宪司:《碑记の撰述から見た宋元交代期の庆元における士大夫》(《奈良史学》17 号 1999)。

③ 近藤一成:《南宋地域社会の科举と儒学——明州庆元府の場合——》(土田健次郎编《近世儒学研究の方法と課題》,东京:汲古书院,2006)。

④ 寺地遵:《地域发展史の视点——宋元代,明州(庆元府)をめぐって——》(今永清二:《アジア史における地域自治の基础的研究》平成 3 年度科学研究费补助金总合研究(A)研究成果报告书 1992)。

⑤ 近藤 成:《宋代の修谱と国政——青木报告によせて——》(井上彻、远藤隆俊编:《宋一明宗族の研究》,东京:汲古书院,2005)。

⑥ 山口智哉:《宋代地方都市における教育振兴事业と在地エリート——绍兴新昌县を事例として——》(《都市文化研究》9 号 2007)

⑦ 伊藤正彦:《"义役"——南宋期における社会的结合の一形态——》(《史林》75—21992)。

最后要谈的是温州地区。在有关永嘉学问支柱的士大夫们的研究上,伊原弘做了从以都市为舞台的有识人士的视角出发的考察;[①][②]冈元司则在分析温州士大夫们的婚姻关系和他们各人间的联系的同时,摈弃儒教所代表的"Elite Culture",而选择从"空间"的视角上对温州存在包括摩尼教等"Popular Culture"的区域进行了探讨。[③]

以上所述的第 1 时期至第 3 时期的研究动态大致可归纳成下面这些内容。

80 年代以前盛行的以某些特定思想为基础的研究在第 2 时期后完全消隐。取而代之的是采取实证主义手法的,排除特定思想的研究。虽然在第 2 时期以后累积了许多有关地方的具体个例,但各地区的主干力量和地区的具体情况并未受到重视。而第 3 时期则尝试把在第 2 时期里未得到重视的"地域社会"加以分析。

在此我要补充一点是:第 3 时期将石刻史料作为接近地域社会的一个方法从史料学的视角作了分析。例如,须江隆以分布在两浙的徐偃王庙为材料,不仅考察了地域社会的庶民阶级与指导者阶级的关系,还考察了地方神和缔约社会间的关系。此外,须江就宋代湖州南浔县的祠庙分析了宋朝朝廷和地域社会,提出在碑文上所见的"地域元老"中所指的"地域"并非基于当地人们的地域观,而是"朝廷的地域观"这一疑问。[④] 本稿先前所述冈元司的把地域作为"空间"来理解的论述和须江隆提出的以上疑问可扩展地域史的范围,并将其研究深化。

本文对日本宋代地域史的研究的概述至此结束。下节中,将对冈元司提出的宋代地域史研究的意义和课题进行探讨。

① 寺地遵:《南宋末期台州黄巌県事情素描》(吉冈真編:《唐、宋間における支配層の構成と変動に関する基礎的研究》平成 3—4 年度科学研究費助成金(一般研究 C)研究成果報告書 1993)。

② 伊原弘:《中国知識人の基層社会——宋代温州永嘉学派を例として——》(《思想》802 号 1991)。

③ 冈元司:《南宋期温州の思想家と日常空間——東南沿海社会における地域文化の多様性——》(平田茂樹、遠藤隆俊、冈元司編:《宋代社会の空間とコミュニケーション》,東京:汲古書院,2006)。

④ 須江隆:《徐偃王庙考——宋代の祠庙に関する一考察——》(《集刊東洋学》69 号 1993)、〈祠庙の語る「地域」観〉(宋代史研究会編:《宋代人の認識——相互性と日常空間——》,東京:汲古書院,2001)。

三、日本宋代地域史研究的意义与课题

在本节中，将阐述冈元司对日本宋代地域史研究的意义和未来课题的总括的要点。本节的目的是透过冈元司的论议探讨日本地域史研究者们的"现状"。

(1)宋代地域史研究的意义①

冈元司对宋代地域史研究的意义的论述大致可概括为以下内容。

地域社会史研究的最大特色是从"地域这一场所"上来看历史，而不是从国家或首都的立场。由国家编纂的中国古代史史料中有对政治动态和政治制度的详细记载，但少有对地域情况的详细记载。因此，搜罗私撰史料等各种资料，探究"地域这一场所"中经济和文化等诸要因是如何交集并形成地域社会是很重要的。

将地域作为研究对象，这并不意味着缩小了研究视野。其目的是透过地域探讨各个复合性要因的关联，进而对历史进行考察。例如，就文化性要素而言，不仅是有关士大夫的"Elite Culture"，考察其与"Popular Culture"间的相互作用，也是具体分析地域社会时的一个有效手法。另外，类似这样的定点观测不仅限于宋代史，还能延展到对宋代在更长期的历史中有何意义的研究。通过这样的研究，能够探明中国社会"内发性变化"的过程和要因。

再者，持续对"地域偏差"进行个别的具体的研究，有助于更具灵活性地考虑"中国"这一框架。可说这也是地域社会史的一大意义。

(2)宋代地域史研究的今后的课题②

冈元司就宋代地域史研究的今后的课题列举了四点。本稿将以这四点为依据，概括日本宋代地域社会史研究今后的课题。

第一，进行同时考虑到"Elite Culture"和"Popular Culture"的研究是有其必要的。至今的日本宋代地域社会史研究主要是与思想史及文学相结合的。这样的研究以士大夫的思想和文化为中心，对"Popular Culture"的关心程度不够。因此，今后有必要将佛教、道教、民间信仰也考虑进去。例如，

① 《日本宋史研究的现状与课题》，第 83—84 页。
② 《日本宋史研究的现状与课题》，第 93—96 页。

考虑如何应用以竺沙雅章的宋代佛教社会研究和松本浩一的宋代道教史研究为首的宗教史研究的成果,这也有必要的。[①] 此外,还应更积极地研究水越知正尝试阐明的不受行政区划限制的"信仰圈"这一问题[②]。

第二,应当加强地域经济史和地域社会史研究之间的有机联系。90 年代后有关士大夫的研究逐步深入,而这些士大夫所处的各地域的个性这一问题并未得到很好地研究。但是,正因为对一定程度的事例的研究有了进展,所以更有必要将地域的特性结合社会经济史的特征进行系统性地探讨。这一作业在综合"Elite Culture"和"Popular Culture"的同时,还需要站在包括宋代以后的朝代的长期视角上。因而在研究宋代地域史时,应从一个长期的,考虑到地域开发史、水利史的研究成果和近年来备受瞩目的生态环境史动向的视点出发。

第三,上述的地域开发、生态环境具有不同于行政区划和国境的地域特色。因此,不仅是微观的地域社会,还应考虑到宏观的地域社会。

第四,地域社会史研究这一研究手法本身就和重视社会的"内在的发展"这一立场息息相关。因此,地域社会史的研究需要探明宋代地域不同于包括世界各地域在内的其他地域的"共同性"是如何形成的。例如斯波义信所说,"乡评"和"公心好义"也许可以直译为公德心。但它们是在地域共识基础上成立的。在上有科举官僚及其文化的扎根,在下有社会自律性的成长。深入研究上流人物为何把这些称为"义"或者"公"也有其必要。[③]

正如斯波义信的这番话,在今后的地域史研究中应该更深入地考察强调士大夫和民众的"中间领域"的视点。并且有必要逐一斟酌史料上的用语来探究支撑"中间领域"的价值观。例如,寺地遵着眼于"仁"这一用语,探究

① 竺沙雅章:《中国佛教社会史研究》(京都:同朋舍,1982)、《宋元佛教文化史研究》(东京:汲古书院,2000),松本浩一:《宋代の道教と民间信仰》(东京:汲古书院,2006)。

② 水越知:《宋代社会と祠庙信仰の展开——地域核としての祠庙の出现——》(《东洋史研究》60-4 2002)、《宋元时代の东岳庙——地域社会の中核的信仰として——》(《史林》86-5 2003)、《伍子胥信仰と江南地域社会——信仰圈の构造分析——》(《宋代社会の空间とコミュニケーション》,东京:汲古书院,2006)。

③ 斯波义信:《南宋における"中间领域"の登场》(《宋元时代史の基本问题》,东京:汲古书院,1996,第 202 页)。

兄弟相友的关系；①山口智哉把眼光投向"科举同年"的关联；②冈元司着手于分析地域社会中"友"的关系。③能否将这些把人与人连结起来的理论从地域社会全体出发进行考察，并提出一个宏观的文化框架，还要看今后更进一步地研究。

以上便是对冈元司所提出的地域社会史的意义和今后的课题的概括。我认为对冈元司来说，地域社会史研究应该超越既定概念，而是"复合性的"且"柔软"的研究。例如在冈元司所写的"地域社会史研究"中几乎排除了国家和地方二项对立的议论（并未排除"国家和地方的相互关系的具体现状探究"这一观点）。从中不难发现冈元司把目光投向地域的日常生活及共同体，地域的人们间的纽带，并尝试探明地域的真实姿态。由此可以推测出他不是把"地域"这一用语看作一个"行政区划"单位，而是把"地域"看作"空间"，进而尝试描绘出一个更具柔软性的地域形象。在本节"（1）宋代地域史研究的意义"中所写的"地域这一场所"正体现了如上所述的含义。

四、结　语

本文对《日本宋史研究的现状与课题》所载的冈元司"地域社会史研究"的探讨至此结束。最后，本稿将阐述冈元司的问题意识是在日本一个怎样的学术环境中产生的，以此作为本稿的总结。

1976 年，以当时的年轻研究者们为主体的日本宋代史研究会成立了。从此，宋代史研究者们不拘泥于毕业院校的交流开始盛行。该研究会每年夏天举行一次，随着次数的增多，参加者们的年龄层也渐渐变宽。不仅是在大学工作的，研修生们也有了参加研究会的机会，研究会的从属人员也随之增加。日本的中国学研究大致可分为"东洋史"、"中国哲学"、"中国文学"几个类别，在宋代史研究会中还进行了这三个类别的宋代史研究者间的交流。以下是该研究会每 2 到 5 年便会出版的宋代史研究会研究报告集的题目。《宋代的社会和文化》（第一集）、《宋代的社会和宗教》（第二集）、《宋代政治

---

① 寺地遵：《义役、社仓、乡约（南宋期台州黄岩县事情素描 续编）》（《广岛东洋史学报》创刊号 1996）。

② 山口智哉：《宋代"同年小录"考——"书かれたもの"による共同意识の形成——》（《中国——社会と文化》17 号 2002）。

③ 冈元司：《南宋期の地域社会における"友"》（《东洋史研究》61－4 2003）。

和社会》（第三集）、《宋代的知识份子——思想、制度、地域社会——》（第四集）、《宋代的规范和习俗》（第五集）、《宋代社会的联网》（第六集）、《宋代人的认识——相互性和日常空间——》（第七集）、《宋代的长江流域——从社会经济史的视角出发——》（第八集）。①从上面这些题目可以看出，以 1993 年出版的第四集为分界线，此后的书名有了一贯性。这里正包含了对上一节中所述冈元司的地域社会史意义的定义以及今后的课题。可说在 80 年代酿成的有关地域社会史的问题意识在 90 年代后开始表露出来。

特别是收录在 2001 年出版的第 7 集《宋代人的认识——相互性和日常空间——》中的冈元司、胜山稔、小岛毅、须江隆、早坂俊广所编"相互性和日常空间——以'地域'为起点"，清楚地表明了日本地域社会史的指向性。②该论文从近年来地域史研究的状况开始写起，提出所谓"地域"是什么这一疑问，提议地域社会史的研究手法由掌握"地域"的手法转化为掌握"空间"的新的地域社会史基本视角与研究手法。将该论文进行大胆归纳可得出以下两个问题：现代的研究者们的"地域认识"与宋代居住于某地域的人们的"地域认识"是否有混淆？是否将史料中所示的行政区划无批判地理解成了"地域"？此外，该论文还强调了"地域"只是议论的出发点，而不是议论的最后到达点。

时至 2005—2009 年，日本开展了"东亚的海域交流和日本传统文化的形成——以宁波为焦点的跨学科的创生——"这一庞大的研究课题③。该计划从历史学、思想史、文学史、美术史、艺能史、佛教学、考古学、人类学、建筑学、船舶工学、数学等多种领域出发，着眼于"地域"而非以海域为主轴的"国家"，尝试探明当时交流的诸种情况。这里所说的"地域"是指宁波或者浙江地区。

冈元司一直以来都是宋代史研究会的中心人物，他还是上文中提起的

---

① 宋代史研究会编，汲古书院出版：第一集 1983 年、第二集 1985 年、第三集 1988 年、第四集 1993 年、第五集 1995 年、第六集 1998 年、第七集 2001 年、第八集 2006 年发行。

② 《宋代人的认识——相互性和日常空间——》，第 1—28 页。

③ 原题"東アジアの海域交流と日本伝統文化の形成——寧波を焦点とする学際的創生" Maritime Cross-cultural Exchange in East Asia and the Formation of Japanese Traditional Culture: Interdisciplinary Approach Focusing on Ningbo. 2005—2009 年度日本文部科学省特定领域研究 http://www.l.u-tokyo.ac.jp/maritime/index.html. 计划的"研究概要"中说，宋代是研究会研究报告集第 6 集《宋代社会的联网》和第 7 集《宋代人的认识——相互性和日常空间》的编写过程中（大致为 1988—2002 年）所进行的议论是该研究课题的核心。

"相互性和日常空间——以'地域'为起点——"的执笔者之一。此外，冈元司也是"东亚的海域交流和日本传统文化的形成"的中心人物。由以上这些情况可以推断出，本稿先前所述《日本宋史研究的现状与课题》中冈元司的问题意识也是宋代史研究会和研究课题所共有的认识。

但是，"相互性和日常空间——以'地域'为起点——"中所提出的研究方向性说到底只是提出了问题，有关这些问题的具体研究成果的发表还需要一些时间。另外，虽然汲古书院出版了有关"东亚的海域交流和日本传统文化的形成"的研究报告集，但这还只是个开端。因此，可将现今日本的地域社会史研究者们的现状理解为正处在尝试跳出"地域"这一固定观点，摸索出一种更具柔韧性的不限定范围的研究手法的过程中。我们需要密切关注今后日本地域社会史领域将发表怎样的研究成果，以及将如何突破旧有的条条框框。

"传承与创新:浙江地方历史与文化"
学术研讨会综述

江　略　周上海

（浙江大学历史系）

2012 年 12 月 20 至 22 日,由浙江大学(中国古代史研究所)、浙江省方志办、浙江省历史学会、浙江省地方志学会联合主办的"传承与创新:浙江地方历史与文化"学术研讨会在浙江大学召开。来自中国社会科学院、清华大学、浙江大学、复旦大学、南京大学、上海交通大学、南开大学、浙江省社科院等高校和科研院所以及浙江省地方志系统 80 余名专家学者参加了会议,本次会议共收到专家学者论文 70 余篇。

本次研讨会主题包括"浙江区域历史文化","浙江史志编纂研究"、"浙江史学与文士"、"浙江地方制度和历史地理变迁"、"中外交流与浙江城乡社会"、"地方空间、经济与社会"、"近代浙江经济、社会与文化转型"、"民国时期浙江政治格局与社会变迁"、"地方文化、习俗的传承与变迁"、"江南史的审思"等 10 个方面,与会学者广泛研讨,对浙江地方历史与文化的传承和创新进行了一次跨越时空经纬的梳理、总结与探讨。现将会议研讨内容综述如下:

一、浙江区域历史文化研究。陶磊提出:先秦的吴越文化,从文化基质的角度讲,缺乏具有明显血统意味的祖先崇拜,是一种单一的萨满主义文化,无法保持文明连续发展,决定了这一文化最终要被中原文化所取代。陈国灿探讨了宋代江浙城市社会救助体系,认为两宋构筑了城市救助的初步框架,有临时性向社会保障发展的趋向。韩错认为浙江文化侧重务实,并从历史发展的各个阶段探讨浙地的务实文化,指出这一务实的内涵已成为当代浙江精神的集中体现。

二、浙江史志编纂研究。余新忠的以浙江昌化地区法云禅师传说展开论述,指出在地方史的研究中要注意民间传说与地方史的关系、注意地方史的局限性、注意跨地区交流、注意游子与家乡的联系、注意整体史与全面史的关系等。钱茂伟关注的浙江当代史学研究状况,采取量化分析及定性分析方法,探讨近三十年来浙江史学发展趋势与特征。方先勇阐述章学诚方志学理论对当前修志工作的现实意义。

三、浙江史学和文士研究。陈志坚经考证,指出日本静嘉堂文库所藏原陆心源皕宋楼影写元刊本《大德昌国州图志》,保存有四库馆臣有意删去不录的佚文,并分析了佚文的重要史料价值。赵晶对明代浙派画家吕纪的生卒年、官职、入宫时间及子嗣与传人作了详细辨析。张凯探讨浙东学术与近代经史转型,分析晚近各派学人转化传统学术的主旨,考辨传统学术的流变。柴伟梁以历史学家谈迁和机械工程专家沈鸿为对象,凸显两位先贤的人文精神。鲍永军阐述了清乾嘉时期法学家汪辉祖的司法实践及其法学思想,指出其"循天理、遵国法、顺人情"的司法特征及影响。

四、浙江地方制度和历史地理变迁研究。陈健梅论述孙吴政权下浙江开发的区域特征及其历史影响,从县级政区的设置及密集程度来探究孙吴政权对浙江的开发。何勇强从《水浒》中宋江征方腊之役行军路线与历史上童贯征方腊行军路线的比较研究,揭示宋元时期杭州地区交通路线的发展变化,分析岳飞开辟杭徽通道对《水浒》创作的影响。莫艳梅否定萧山建县汉置说,论证了秦置说。徐逸龙考证浙江通志局旧址及其变迁。宫云维对毛奇龄《湘湖水利志》的相关问题进行探讨,指出毛、何结亲及富铉为何氏之婿,使得毛氏之作较之富铉的著作有所提高。

五、中外交流与浙江城乡社会研究。龚缨晏介绍了宁波象山小白礁清代沉船的水下考古发掘情况,对船主身份、沉船原因、出水文物等问题进行探讨。杨雨蕾从港口与腹地角度研究江南海外贸易史,认为海禁期间,江南民间私人贸易发展迅速,海外贸易并没有衰落。李学功指出,海岛案以理性、和平的手段解决,是清廷官方与地方社会精英共同推动的结果。周运中以《全浙海图》为突破口,通过朱纨所述战争经过,分析双屿港城的地理形势,认为双屿港城就在今六横岛西北部的小平原。范立舟探究宋元摩尼教与白莲教的杂糅情况,认为宗教是人类群体的集体表象,宗教的整合功能与宗教世俗化倾向密切相关。

六、地方空间、经济与社会研究。苏辉探究浙江萧山衙前出土青铜盉的器形、纹饰,指出衙前仿古盉的龙纹摹自西周早、中期的收翼龙纹,此青铜盉属于宗庙或学官用于祀典的礼器。王镇宇研究余杭地区仓储体制的沿革及其运作,认为明清时期仓储与赈济制度的完善是政府与民间合作与博弈的产物。刘峰阐述浙江海宁硖石优越的地理位置推动其成为米市,后经陆路交通发展、抗战时期海宁沦陷及新中国后的统购统销政策,使得米市最终消失。龚剑锋从发展历程、代表人物及其源派师承关系三个方面,对金华儒学进行了探讨。

七、近代浙江经济、社会与文化转型研究。丁贤勇论述 20 世纪 30 年代杭江铁路开通对沿线乡民的影响。尤育号通过《杜隐园日记》,展示了过渡时代一个乡村士绅张楣地方性色彩的阅读世界。屈啸宇、彭连生以清代台州椒江下游滨海地区的村落为例,讲述通过宗教信仰、经济活动等方式建构村落的过程。周田田以孙诒让开矿为例,解析永嘉学派经世致用传统。熊彤考察了辛亥革命时期浙江的社会变化以及辛亥革命在社会转型中的作用。

八、民国时期浙江政治格局与社会变迁研究。梁敬明、王大伟以民国时期浙江省水利事业的演进为主线,阐释其转型的实态及困顿。夏卫东论述从 1924 至 1947 年的国民党在浙江的党政关系。钟健、肖如平以龙泉为例,讲述民国时期保学逐渐走向制度化、规范化与法制化,又受到乡村社会组织体系、传统习俗等方面的限制。徐立望分析了 1914 至 1927 年的浙江大学重建运动,从各种利益群体的博弈,对北洋军阀时期中央对地方的影响力、政治体制的运转作一重新的评估。

九、地方文化、习俗的传承与变迁研究。马雪芹从吴越争霸,探讨浙江历史时期的人文精神及对当代浙江社会发展和建设的作用。朱海滨考察了周新信仰的建立过程。马俊亚指出,清代中期专制政府妖魔化"刁生劣监"这一群体,作为不良政体和执政无能的替罪羊。朱珏以浙江省为例,概括20 世纪 60 年代初期的"精简城镇人口"安置工作。

十、江南史研究的审思。清水浩一郎回顾了近 30 年来日本对宋代江南区域史研究成果。陆敏珍以宋代草市镇研究为例,区别定量研究和定性研究方法及其互补性。曹树基以石仓账簿为例,解释"在地"与"有机"的民间文书分析模式,提倡建立民间账簿的分类目录检索系统和"村内归户"账簿的全文查询系统,对村落文书进行经济史、社会史的多学科比较研究。倪毅介绍了浙江博物馆馆藏的契约文书研究状况。孙竞昊对江南史研究进行了回顾与展望,指出江南史研究应该在环境史、商品化和城市化研究领域有进一步的拓展。

　　浙江历史悠久,是中国经济和文化发达地区之一,自近代开埠以降,特别是改革开放后的 30 多年里,浙江经济发展的奇迹也让学界重点关注该区域历史文化传统研究。浙江地方史志的研究和编纂具有悠久的传统和鲜明的特色,也是当代历史研究和文化传承的重要遗产。同时,浙江作为江南地区的主要组成部分,浙江区域历史研究在半个多世纪来的海内外中国史学研究中占据显要的位置。本次研讨会为各界专家学者提供了认识与进一步沟通的契机,使大家能在以后的研究中加强交流与合作,共同推进浙江地方历史与文化研究,推进江南史研究。

图书在版编目(CIP)数据

传承与创新:浙江地方历史与文化学术研讨会论文
集 / 孙竞昊,鲍永军主编. —杭州:浙江大学出版社,
2014.11
 ISBN 978-7-308-13975-5

 Ⅰ.①传… Ⅱ.①孙…②鲍… Ⅲ.①浙江省—地方
史—学术会议—文集②文化史—浙江省—学术会议—文集
Ⅳ.①K295.5-53

 中国版本图书馆 CIP 数据核字(2014)第 246817 号

传承与创新:浙江地方历史与文化学术研讨会论文集

孙竞昊 鲍永军 主编

责任编辑 胡 畔(llpp_lp@163.com)
封面设计 春天书装
出版发行 浙江大学出版社
     (杭州市天目山路 148 号 邮政编码 310007)
     (网址:http://www.zjupress.com)
排 版 浙江时代出版服务有限公司
印 刷 杭州日报报业集团盛元印务有限公司
开 本 710mm×1000mm 1/16
印 张 30
彩 插 1
字 数 505 千
版 印 次 2014 年 11 月第 1 版 2014 年 11 月第 1 次印刷
书 号 ISBN 978-7-308-13975-5
定 价 56.00 元